Patrick Fähnle

Die Schließung gesetzlicher Krankenkassen aus arbeitsrechtlicher Sicht

WÜRZBURGER
RECHTSWISSENSCHAFTLICHE SCHRIFTEN

Herausgegeben
von
der Juristischen Fakultät der Universität Würzburg

Band 99

ERGON VERLAG

Patrick Fähnle

Die Schließung gesetzlicher Krankenkassen aus arbeitsrechtlicher Sicht

ERGON VERLAG

Zugl.: Würzburg, Univ., Diss., 2017

Bibliografische Information der Deutschen Nationalbibliothek
Die Deutsche Nationalbibliothek verzeichnet diese Publikation in der Deutschen Nationalbibliografie; detaillierte bibliografische Daten sind im Internet über http://dnb.d-nb.de abrufbar.

Gedruckt auf alterungsbeständigem Papier.
Satz: Matthias Wies, Ergon-Verlag GmbH
Umschlaggestaltung: Jan von Hugo

www.ergon-verlag.de

ISSN 1432-0339
ISBN 978-3-95650-276-7

Meinen Eltern

und

Elli

Vorwort

Das vorliegende Werk verfasste ich während meiner Tätigkeit als Wissenschaftlicher Mitarbeiter in der Sozietät Freshfields Bruckhaus Deringer LLP im Bereich des Arbeitsrechts in Frankfurt am Main. Die im Jahr 2016 eingereichte Arbeit wurde als Dissertation an der Juristischen Fakultät der Julius-Maximilians-Universität Würzburg angenommen und von Herrn Professor Dr. Christoph Weber betreut.

Ich danke an dieser Stelle den zahlreichen Personen, die mich sowohl in persönlicher als auch in fachlicher Hinsicht im Verlaufe meines Studiums, meines Referandariats und insbesondere bei der Erstellung dieser Arbeit unterstützt, gefördert und begleitet haben. Ich schätze mich sehr glücklich, dass ich in jeder dieser Phasen verlässliche und loyale Begleiter um mich wusste, die mit mir den Weg gegangen sind.

In besonderem Maße danke ich Herrn Professor Dr. Christoph Weber für die Bereitschaft, mich als externen Doktoranden angenommen zu haben. Er hat trotz meiner gleichzeitigen beruflichen Tätigkeit stets an den Erfolg der Dissertation geglaubt. In diesem Zusammenhang weiß ich auch zu schätzen, dass mich mein Team bei Freshfields Bruckhaus Deringer LLP unterstützt und außerhalb meiner Arbeitszeiten durchweg in Ruhe an der Dissertation hat arbeiten lassen.

Ganz besonderer Dank gilt meinem privaten Umfeld. Meine Eltern förderten meine juristische Ausbildung uneingeschränkt und hielten mir stets den Rücken frei. Sie glaubten immer an mich und behielten in jeder Lebensphase die Ruhe. Sie haben es erst möglich gemacht, dass ich sowohl in beruflicher als auch in privater Hinsicht den Weg gehen konnte, den ich gehen wollte. Dafür danke ich euch aus tiefstem Herzen!

Meiner bezaubernden Ehefrau Elli danke ich ganz besonders für die sagenhafte Geduld und Unterstützung, die sie mir während der Erstellung der Dissertation und aller meiner Vorhaben entgegenbrachte. Ich erinnere mich gerne an die Zeit, die wir gemeinsam nebeneinander in der Bibliothek verbracht haben, als wir beide an unseren Dissertationen gearbeitet haben. Mit ihr blicke ich gerne in die Zukunft und freue mich auf weitere Projekte, bei denen wir uns gegenseitig unterstützen und die wir gemeinsam in Angriff nehmen werden.

Stuttgart, 04. April 2017 *Dr. Patrick Fähnle*

Inhaltsverzeichnis

Abkürzungsverzeichnis

2. BesVNG	Zweites Gesetz zur Vereinheitlichung und Neuregelung des Besoldungsrechts in Bund und Ländern.
a.A.	andere Auffassung.
a.F.	alte Fassung.
AbgG	Abgeordnetengesetz.
Abs.	Absatz.
AcP	Archiv für civilistische Praxis (Zeitschrift).
AG	Aktiengesellschaft.
AGG	Allgemeines Gleichbehandlungsgesetz.
AktG	Aktiengesetz.
allg.	allgemein.
Anm.	Anmerkung.
AOK	Allgemeine Ortskrankenkasse.
AP	Arbeitsrechtliche Praxis.
APS	Ascheid/Preis/Schmidt (Publikation).
ArbG	Arbeitsgericht.
ArbR	Arbeitsrecht.
ArbRAktuell	Arbeitsrecht Aktuell (Zeitschrift).
ArbRB	Arbeits-Rechts-Berater (Zeitschrift).
Art.	Artikel.
ATG	Altersteilzeitgesetz.
ATZG	Altersteilzeitgesetz.
AuR	Arbeit und Recht (Zeitschrift).
BAG	Bundesarbeitsgericht.
BAT	Bundes-Angestelltentarif.
BB	Betriebs-Berater (Zeitschrift).
BBesG	Bundesbesoldungsgesetz.
BBG	Bundesbeamtengesetz.
BBiG	Berufsbildungsgesetz.
BDSG	Bundesdatenschutzgesetz.
BeamtStG	Beamtenstatusgesetz.
BeckOK	Beck'scher Online-Kommentar (Publikation).

BeckRS	Beck-Rechtsprechung.
BEEG	Bundeselterngeld- und Elternzeitgesetz.
Begr.	Begründer.
BetrAVG	Gesetz zur Verbesserung der betrieblichen Altersversorgung.
BetrVG	Betriebsverfassungsgesetz.
BG	Die Berufsgenossenschaft (Zeitschrift).
BGB	Bürgerliches Gesetzbuch.
BGBl.	Bundesgesetzblatt.
BGH	Bundesgerichtshof.
BImSchG	Bundesimmissionsschutzgesetz.
BKK	Betriebskrankenkasse.
BKK	Die Betriebskrankenkasse (Zeitschrift).
BKR	Zeitschrift für Bank- und Kapitalmarktrecht (Zeitschrift).
BLV	Bundeslaufbahnverordnung.
BPersVG	Bundespersonalvertretungsgesetz.
BPUVZ	Betriebliche Prävention und Unfallversicherung (Zeitschrift).
BRD	Bundesrepublik Deutschland.
BRRG	Beamtenrechtsrahmengesetz.
BSG	Bundessozialgericht.
BSGE	Entscheidungen des Bundessozialgerichts.
bspw.	beispielsweise.
BT-Drucks.	Bundestagsdrucksache.
BuP	Betrieb und Personal (Zeitschrift).
BVA	Bundesversicherungsamt.
BVerfG	Bundesverfassungsgericht.
BVerfGG	Gesetz über das Bundesverfassungsgericht.
BVerwG	Bundesverwaltungsgericht.
bzgl.	bezüglich.
CDU	Christlich Demokratische Union.
CSU	Christlich-Soziale Union.
DÄ	Deutsches Ärzteblatt (Zeitschrift).
DB	Der Betrieb (Zeitschrift).

DDR	Deutsche Demokratische Republik.
DM	Deutsche Mark.
DO-Recht	Dienstordnungsrecht.
DÖV	Die öffentliche Verwaltung (Zeitschrift).
DStR	Deutsches Steuerrecht (Zeitschrift).
DstR-Beih.	Deutsches Steuerrecht Beihefter (Zeitschrift).
DVBl.	Deutsche Verwaltungsblätter (Zeitschrift).
e.V.	eingetragener Verein.
EG	Europäische Gemeinschaften.
EGBGB	Einführungsgesetz zum Bürgerlichen Gesetzbuche.
Einl.	Einleitung.
EL	Ergänzungslieferung.
ErfK	Erfurter Kommentar (Publikation).
f.	folgende.
FamFG	Gesetz zur Reform des Verfahrens in Familiensachen und in den Angelegenheiten der freiwilligen Gerichtsbarkeit.
FDP	Freie Demokratische Partei.
ff.	fortfolgende.
Fn.	Fußnote.
FS	Festschrift.
G+G	Gesundheit und Gesellschaft (Zeitschrift).
GbR	Gesellschaft bürgerlichen Rechts.
GenG	Gesetz betreffend die Erwerbs- und Wirtschaftsgenossenschaften.
GesR	GesundheitsRecht (Zeitschrift).
GewArch	Gewerbearchiv (Zeitschrift).
GewO	Gewerbeordnung.
GG	Grundgesetz.
ggf.	gegebenenfalls.
GKÖD	Gesamtkommentar Öffentliches Dienstrecht (Publikation).
GKV	Gesetzliche Krankenversicherung.
GKV-FQWG	Gesetz zur Weiterentwicklung der Finanzstruktur und der Qualität in der gesetzlichen Krankenversi-

	cherung.
GKV-OrgWG	Gesetz zur Weiterentwicklung der Organisationsstrukturen in der gesetzlichen Krankenversicherung.
GKV-VStG	Gesetz zur Verbesserung der Versorgungsstrukturen in der gesetzlichen Krankenversicherung.
GKV-WSG	Gesetz zur Stärkung des Wettbewerbs in der GKV – Wettbewerbsstärkungsgesetz.
GmbH	Gesellschaft mit beschränkter Haftung.
GmbHG	Gesetz betreffend die Gesellschaften mit beschränkter Haftung – GmbH-Gesetz.
GRC	Charta der Grundrechte der Europäischen Union.
GRG	Gesetz zur Strukturreform im Gesundheitswesen (Gesundheits-Reformgesetz).
GSG	Gesundheitsstrukturgesetz.
GuP	Gesundheit und Pflege (Zeitschrift).
GWB	Gesetz gegen Wettbewerbsbeschränkungen.
GWR	Gesellschafts- und Wirtschaftsrecht (Zeitschrift).
h.M.	herrschende Meinung.
HGB	Handelsgesetzbuch.
HK	Handkommentar.
hrsg.	herausgegeben.
Hs.	Halbsatz.
HwO	Handwerksordnung.
i.S.	im Sinne.
i.S.d.	im Sinne des.
i.S.v.	im Sinne von.
i.V.m.	in Verbindung mit.
insb.	insbesondere.
InsO	Insolvenzordnung.
JuS	Juristische Schulung (Zeitschrift).
Kap.	Kapitel.
KK	Krankenkassen.
KKInsV	Verordnung zur Aufteilung und Geltendmachung der Haftungsbeiträge durch den Spitzenverband Bund der Krankenkassen bei Insolvenz oder Schließung einer Krankenkasse.

KKW	Kommentar zum Sozialrecht (Publikation).
KR	Kündigungsrecht.
KrV	Die Krankenversicherung (Zeitschrift).
KSchG	Kündigungsschutzgesetz.
KSchR	Kündigungsschutzrecht.
LAG	Landesarbeitsgericht.
LG	Landgericht.
LKV	Landes- und Kommunalverwaltung (Zeitschrift).
LPK-SGB V	Lehr- und Praxiskommentar zum Sozialgesetzbuch V (Publikation).
Ls.	Leitsatz.
LSG	Landessozialgericht.
LSV	Landwirtschaftliche Sozialversicherung.
LSV-NOG	LSV-Neuordnungsgesetz.
m.E.	meines Erachtens.
m.w.N.	mit weiteren Nachweisen.
MAH	Münchener Anwaltshandbuch (Publikation).
MDR	Monatsschrift für Deutsches Recht (Zeitschrift).
MedR	Medizinrecht (Zeitschrift).
Morbi-RSA	morbiditätsorientierter Risikostrukturausgleich.
MTV	Manteltarifvertrag für die Beschäftigten der Betriebskrankenkassen vom 15.03.2010.
MüKo	Münchener Kommentar (Publikation).
MuSchG	Mutterschutzgesetz.
n.V.	nicht veröffentlicht.
NJOZ	Neue Juristische Online-Zeitschrift (Zeitschrift).
NJW	Neue Juristische Wochenschrift (Zeitschrift).
NJW-Beil.	Neue Juristische Wochenschrift Beilage (Zeitschrift).
Nk	NomosKommentar (Publikation).
Nr.	Nummer.
NVwZ	Neue Zeitschrift für Verwaltungsrecht (Zeitschrift).
NVwZ-Beil.	Neue Zeitschrift für Verwaltungsrecht Beilage (Zeitschrift).
NVwZ-RR	Neue Zeitschrift für Verwaltungsrecht Rechtsprechungs-Report (Zeitschrift).

NZA	Neue Zeitschrift für Arbeitsrecht (Zeitschrift).
NZA-RR	Neue Zeitschrift für Arbeitsrecht Rechtsprechungs-Report Arbeitsrecht (Zeitschrift).
NZI	Neue Zeitschrift für Insolvenzrecht (Zeitschrift).
NZS	Neue Zeitschrift für Sozialrecht (Zeitschrift).
öAT	Zeitschrift für das öffentliche Arbeits- und Tarifrecht (Zeitschrift).
OLG	Oberlandesgericht.
OVG	Oberverwaltungsgericht.
PersR	Der Personalrat (Zeitschrift).
PersV	Die Personalvertretung (Zeitschrift).
PflegeZG	PflegezeitGesetz.
PKV	Private Krankenversicherung.
PostPersRG	Postpersonalrechtsgesetz.
PSV	Pensions-Sicherungs-Verein Versicherungsverein auf Gegenseitigkeit.
RdA	Recht der Arbeit (Zeitschrift).
RGBl.	Reichsgesetzblatt.
Rn.	Randnummer.
RVO	Reichsversicherungsordnung.
S.	Seite.
schweiz.	schweizerischen.
SDL	Soziale Sicherheit in der Landwirtschaft (Zeitschrift).
SG	Sozialgericht.
SGB	Sozialgesetzbuch.
SGb	Die Sozialgerichtsbarkeit (Zeitschrift).
SGG	Sozialgerichtsgesetz.
SozialR	Sozialrecht.
SozR	Sozialrecht.
SozSich	Soziale Sicherheit (Zeitschrift).
SPD	Sozialdemokratische Partei Deutschlands.
StGB	Strafgesetzbuch.
TV-Ärzte	Tarifvertrag für Ärztinnen und Ärzte.
TV-L	Tarifvertrag für den öffentlichen Dienst der Länder.
TVG	Tarifvertragsgesetz.

TVöD	Tarifvertrag des öffentlichen Dienstes.
TzBfG	Teilzeit- und Befristungsgesetz.
u.a.	unter anderem.
UmwG	Umwandlungsgesetz.
v.	vom.
Var.	Variante.
VG	Verwaltungsgericht.
VGH	Verwaltungsgerichtshof.
vgl.	vergleiche.
Vorb.	Vorbemerkung.
Vorbem.	Vorbemerkung.
VSSR	Vierteljahreszeitschrift für Sozialrecht (Zeitschrift).
VVG	Gesetz über den Versicherungsvertrag.
VW	Versicherungswirtschaft (Zeitschrift).
VwGO	Verwaltungsgerichtsordnung.
WiVerw	Wirtschaft und Verwaltung (Beilage zur Zeitschrift Gewerbearchiv) (Zeitschrift).
WzS	Wege zur Sozialversicherung (Zeitschrift).
WZVG	Wissenschaftszeitvertragsgesetz.
ZBR	Zeitschrift für Beamtenrecht (Zeitschrift).
ZESAR	Zeitschrift für europäisches Sozial- und Arbeitsrecht (Zeitschrift).
ZfA	Zeitschrift für Arbeitsrecht (Zeitschrift).
ZfF	Zeitschrift für das Fürsorgewesen (Zeitschrift).
ZfS	Das Zentralblatt der Sozialversicherung, Sozialhilfe und Versorgung (Zeitschrift).
ZInsO	Zeitschrift für das gesamte Insolvenzrecht (Zeitschrift).
ZIP	Zeitschrift für Wirtschaftsrecht (Zeitschrift).
ZM	Zahnärztliche Mitteilungen (Zeitschrift).
ZPO	Zivilprozessordnung.
ZRP	Zeitschrift für Rechtspolitik (Zeitschrift).
ZSR	Zeitschrift für Sozialreform (Zeitschrift).
ZTR	Zeitschrift für Tarifrecht (Zeitschrift).

Schrifttumsverzeichnis

Altmann, Rolf: Kein Rechtsschutz für Mitarbeiter einer geschlossenen Betriebskrankenkasse, BuP 2013, 515 - 516.

Altmann, Rolf: Pleite für die erste Krankenkasse, BuP 2011, 371 - 372.

Altmann, Rolf: Wahlrechte bei Schließung einer Krankenkasse, BuP 2012, 154 - 155.

Altvater, Lothar/Baden, Eberhard/Berg, Peter/Kröll, Michael/Noll, Gerhard/Seulen, Anna: Kommentar für die Praxis zum Bundespersonalvertretungsgesetz mit Wahlordnung und ergänzenden Vorschriften sowie vergleichbaren Anmerkungen zu den Landespersonalvertretungsgesetzen, 8. Auflage, Frankfurt am Main 2013 (Zitierweise: *Altvater/Baden/Berg/Kröll/Noll/Seulen*, BPersVG).

Amshoff, Bernhard: Positive Fortführungsprognose und nachhaltiges Existenzsicherungsprogramm. Maßnahmen zur Vermeidung von Insolvenzen oder Kassenschließungen (Teil 1), KrV 2010, 260 - 264.

Amshoff, Bernhard: Positive Fortführungsprognose und nachhaltiges Existenzsicherungsprogramm. Maßnahmen zur Vermeidung von Insolvenzen oder Kassenschließungen (Teil 2), KrV 2010, 303 - 309.

Amshoff, Bernhard: Positive Fortführungsprognose und nachhaltiges Existenzsicherungsprogramm. Maßnahmen zur Vermeidung von Insolvenzen oder Kassenschließungen (Teil 3), KrV 2010, 351 - 356.

Andelewski, Utz/Brachmann, Carsten: Arbeitsrechtliche Fragestellungen bei Fusionen von Trägern der gesetzlichen Sozialversicherung, NZA 2010, 1103 - 1109.

Andelewski, Utz/Steinbring, Kristin: Das rechtliche Schicksal von Dienstvereinbarungen und Tarifverträgen nach der Fusion gesetzlicher Krankenkassen, KrV 2012, 192 - 199.

Andres, Dirk/Leithaus, Rolf/Dahl, Michael: Kommentar zur Insolvenzordnung (InsO), 3. Auflage, München 2014 (Zitierweise: Andres/Leithaus/Dahl/*Bearbeiter*, InsO).

Ascheid, Reiner: Aktuelle Rechtsprechung zum Einigungsvertrag, NZA 1993, 97 - 108.

Ascheid, Reiner/Preis, Ulrich/Schmidt, Ingrid (Hrsg.): Kündigungsrecht. Großkommentar zum gesamten Recht der Beendigung von Arbeitsverhältnissen, 4. Auflage, München 2012 (Zitierweise: APS/*Bearbeiter*).

Auerbach, Bettina: Das Beamtenstatusgesetz in der Praxis, ZBR 2009, 217 - 222.

Axer, Peter: Finanzierung und Organisation der gesetzlichen Krankenversicherung nach dem GKV-Wettbewerbsstärkungsgesetz. Zu verfassungsrechtlichen Fragen der Errichtung eines Gesundheitsfonds und eines Spitzenverbandes Bund, GesR 2007, 193 - 200.

Axer, Peter: Rechtsetzung des Spitzenverbandes Bund der Krankenkassen, SGb 2012, 501 - 509.

Badura, Peter: Die Verantwortung des Bundes für die amtsangemessene Beschäftigung der im Bereich der Deutschen Telekom AG tätigen Beamten, DÖV 2010, 533 - 542.

Badura, Peter: Die Weiterbeschäftigungsgarantie des Bundes für die nach der Privatisierung der Deutschen Bundespost bei der Deutschen Telekom AG beschäftigten Beamten, DÖV 2006, 753 - 761.

Baierl, Marion: Das Gesetz zur Weiterentwicklung der Finanzstruktur und der Qualität in der gesetzlichen Krankenversicherung (GKV-FQWG), jurisPR-SozR 20/2014 Anm. 1.

Balzer, Hartwig: Änderungen des Selbstverwaltungsrechts und des Dienstrechts der gesetzlichen Krankenkassen durch das GSG, NZS 1994, 1 - 6.

Bamberger, Georg/Roth, Herbert: Kommentar zum Bürgerlichen Gesetzbuch, Band 1, §§ 1 - 610, 3. Auflage, München 2012 (Zitierweise: Bamberger/Roth/*Bearbeiter* BGB).

Bath, Clemens: Behördenabwicklung nach der Wiedervereinigung, NVwZ-Beil. 2001, 27 - 32.

Battis, Ulrich: Kommentar zum Bundesbeamtengesetz, 4. Auflage, München 2009 (Zitierweise: *Battis*, BBG).

Battis, Ulrich: Reform des Beamtenrechts - eine Zwischenbilanz, ZBR 2010, 21 - 25.

Bauer, Jobst-Hubertus/Powietzka, Arnim: Kündigung schwerbehinderter Arbeitnehmer - Nachweis, Sozialauswahl, Klagefrist und Reformbedarf, NZA-RR 2004, 505 - 515.

Bayer, Detlev: Selbstverwaltung - Grundbegriff des Organisationrechts, LKV 1991, 371.

Bayreuther, Frank: Böswilliges Unterlassen eines anderweitigen Erwerbs im gekündigten Arbeitsverhältnis, NZA 2003, 1365 - 1370.

Beck, Siegfried/Depré, Peter (Hrsg.): Praxis der Insolvenz. Ein Handbuch für die Beteiligten und ihre Berater, 2. Auflage, München 2010 (Zitierweise: Beck/Depré/*Bearbeiter*, Praxis der Insolvenz).

Becker, Harald/Franke, Edgar/Molkentin, Thomas (Hrsg.): Lehr- und Praxiskommentar zum Sozialgesetzbuch VII - Gesetzliche Unfallversicherung, 3. Auflage, Baden-Baden 2011 (Zitierweise: Becker/Franke/Molkentin/*Bearbeiter*, SGB VII).

Becker, Marco: Personalrechtliche Regelungen des Gesetzes zur Neuordnung der Organisation der landwirtschaftlichen Sozialversicherung (LSV-NOG), SDL 2012, 35 - 47.

Becker, Ulrich/Kingreen, Thorsten: Der Krankenkassenwettbewerb zwischen Sozial- und Wettbewerbsrecht – Zur geplanten Ausdehnung der Anwendung des GWB auf das Handeln der Krankenkassen, NZS 2010, 417 – 423.

Becker, Ulrich/Kingreen, Thorsten (Hrsg.): Kommentar zum SGB V – Gesetzliche Krankenversicherung, 4. Auflage, München 2014 (Zitierweise: Becker/Kingreen/*Bearbeiter*, SGB V).

Becker, Ulrich/Schweitzer, Heike: Wettbewerb im Gesundheitswesen – Welche gesetzlichen Regelungen empfehlen sich zur Verbesserung eines Wettbewerbs der Versicherer und Leistungserbringer im Gesundheitswesen? NJW-Beil. 2012, 82 -86.

Beck'scher Online-Kommentar zum Arbeitsrecht (hrsg. von Christian Rolfs, Richard Giesen, Ralf Kreikebohm, Peter Udsching), Edition: 37, Stand: 01. September 2015, München 2015 (Zitierweise: BeckOK/*Bearbeiter*, ArbR).

Beck'scher Online-Kommentar zum Bürgerlichen Gesetzbuch (hrsg. von Georg Bamberger, Herbert Roth), Edition: 37, Stand: 01. November 2015, München 2015 (Zitierweise: BeckOK/*Bearbeiter*, BGB).

Beck'scher Online-Kommentar zum Grundgesetz (hrsg. von Volker Epping, Christian Hillgruber), Edition: 26, Stand: 01.09.2015, München 2015 (Zitierweise: BeckOK/*Bearbeiter*, GG).

Beck'scher Online-Kommentar zum Sozialrecht (hrsg. von Christian Rolfs, Richard Giesen, Ralf Kreikebohm, Peter Udsching), Edition: 39, Stand: 01. September 2015, München 2015 (Zitierweise: BeckOK/*Bearbeiter*, SozR).

Benz, Manfred: Dienstordnung und Dienstordnungs-Angestellte in der gesetzlichen Unfallversicherung, SGb 2000, 53 – 60.

Berkowsky, Wilfried: Möglichkeiten und Grenzen der Änderungskündigung, NZA-Beil. 2010, 50 – 60.

Besemann, Ann-Kathrin: Aktuelle Entwicklungen im Organisationsrecht der gesetzlichen Krankenkassen, Hamburg 2010 (Zitierweise: *Besemann*, Aktuelle Entwicklungen im Organisationsrecht der gesetzlichen Krankenkassen).

Bieback, Karl-Jürgen: Arbeitsrechtliche Probleme der Fusion öffentlich-rechtlicher Körperschaften, ZTR 1998, 396 – 405.

Bieback, Karl-Jürgen: Fusion öffentlich-rechtlicher Körperschaften und § 613a BGB, PersR 2000, 13 – 18.

Bieback, Karl-Jürgen: Solidarität und Sozialversicherung, SGb 2012, 1 – 8.

Bieback, Karl-Jürgen: Sozial- und verfassungsrechtliche Aspekte der Bürgerversicherung, Baden-Baden 2005 (Zitierweise: *Bieback*, Aspekte der Bürgerversicherung).

Bieback, Karl-Jürgen: Verfassungsrechtliche Probleme der Vereinheitlichung der Besoldung der Angestellten und Arbeiter der Sozialversicherungsträger, VSSR 1979, 111 – 143.

Biletzki, Gregor C.: „Amtswürde“ contra Flexibilität - Die Zuweisung von Bundesbeamten zu Tochterunternehmen der Deutschen Telekom AG. Zugleich Besprechung von OVG Münster, Beschl. v. 16.3.2009 - 1 B 1650/08 -, ZTR 2010, 10 - 16.

Biletzki, Gregor C.: Zur Zuweisung nach § 4 IV PostPersRG, NVwZ 2009, 1275 - 1277.

Bitter, Georg/Rauhut, Tilman: Grundzüge zivilrechtlicher Methodik - Schlüssel zu einer gelungenen Fallbearbeitung, JuS 2009, 289 - 298.

Boemke, Burkhard: Anm. zu BSG 12.03.2013 - B 1 A 1/12, SGb 2014, 89 - 94.

Boemke, Burkhard: Keine Auflösung des tariflich ordentlich unkündbaren Arbeitsverhältnisses infolge Schließung der Beklagten aufgrund gesetzlicher Vorschrift, Anm. zu LAG Berlin-Brandenburg 12.04.2012 - 5 Sa 2555/11, jurisPR-ArbR 38/2012 Anm. 2.

Boetticher, Arne von: Der Spitzenverband Bund der Krankenkassen, SGb 2009, 15 - 18.

Bohlen-Schöning, Sylvia: Die geschlossene Krankenkasse - Rechtsprobleme und erste Erfahrungen mit der Abwicklung, KrV 2012, 101 - 105.

Bohlen-Schöning, Sylvia: Krankenkasse in Finanznot - Fusion, Schließung oder Insolvenz? KrV 2009, 289 - 294.

Bohlen-Schöning, Sylvia: Rechtliche Stellung der Mitarbeiter bei Schließung oder Insolvenz einer Krankenkasse, KrV 2011, 85 - 89.

Bohlen-Schöning, Sylvia/Otto Frank: Rechtsfragen zur Erhebung von Zusatzbeiträgen nach § 242 SGB V - gleichzeitig eine Erwiderung zu Thüsing et al., NZS 2013, 207 - 211.

Bosbach, Gerd/Bingler, Klaus: Droht eine Kostenlawine im Gesundheitswesen? Irrtümer und Fakten zur Überalterung der Gesellschaft, SozSich 2008, 5 - 12.

Brand, Jürgen (Hrsg.): Kommentar zum Sozialgesetzbuch Arbeitsförderung - SGB III -, 7. Auflage, München 2015 (Zitierweise: Brand/*Bearbeiter*, SGB III).

Braun, Eberhard (Hrsg.): Kommentar zur Insolvenzordnung (InsO), 6. Auflage, München 2014 (Zitierweise: Braun/*Bearbeiter*, InsO).

Braun, Elmar: Stellenpools und Personalvermittlungsstellen in der öffentlichen Verwaltung. Eine Darstellung der Stellenpoolmodelle und der jeweiligen Rechtsschutzmöglichkeiten, ZBR 2009, 397 - 405.

Britz, Gabriele: Der allgemeine Gleichheitssatz in der Rechtsprechung des BVerfG. Anforderungen an die Rechtfertigung von Ungleichbehandlungen durch Gesetz, NJW 2014, 346 - 351.

Bröhl, Knut: Aktuelle Tendenzen der BAG-Rechtsprechung zu ordentlich unkündbaren Arbeitnehmern, RdA 2010, 170 - 178.

Buddenbruck, Christian Freiherr von/Manhart, Jörn: Pensionsverpflichtungen – Berechnungspflicht der Krankenkassen für notwendiges Deckungskapital, BB 2013, 1083 - 1088.

Bulla, Eckart: Zur Rechtsdogmatik des Dienstordnungsrechts, S. 352 - 364, in: Festschrift für Herbert Lauterbach zum 80. Geburtstag, Grundfragen der sozialen Unfallversicherung, Band II, Münster 1981 (Zitierweise: *Bulla*, FS Lauterbach (1981), S. 352).

Bultmann, Britta: Die Insolvenzfähigkeit der gesetzlichen Krankenkassen nach dem GKV-OrgWG, MedR 2009, 25 - 32.

Butzer, Hermann: Bundesverfassungsgericht und duales Krankenversicherungssystem, MedR 2010, 283 - 290.

Conze, Peter/Karb, Svenja/Wölk, Wolfgang: Personalbuch Arbeits- und Tarifrecht öffentlicher Dienst. TVöD, TV-L, TV-Ärzte mit Lohnsteuerrecht, Sozialversicherungsrecht und Exkursen zum Beamtenrecht, 4. Auflage, München 2014 (Zitierweise: *Conze/Karb/Wölk*).

Dathe, Uwe: Die Auswirkung ausgewählter Vereinbarungen auf die Sozialauswahl, NZA 2007, 1205 - 1211.

Daubenbüchel, Rainer: Eine Analyse von Fehlleistungen des Gesetzgebers. Die Finanzierung der Gesetzlichen Krankenversicherung nach dem GKV-WSG und dem GKV-OrgWG, KrV 2010, 234 - 236.

Däubler, Wolfgang (Hrsg.): Kommentar zum Tarifvertragsgesetz mit Arbeitnehmer-Entsendegesetz, 3. Auflage, Baden-Baden 2012 (Zitierweise: Däubler/*Bearbeiter*, TVG).

Däubler, Wolfgang/Hjort, Jens Peter/Schubert, Michael/Wolmerath, Martin (Hrsg.): Handkommentar Arbeitsrecht. Individualarbeitsrecht mit kollektivrechtlichen Bezügen, 3. Auflage, Baden-Baden 2013 (Zitierweise: HK-ArbR/*Bearbeiter*).

Dauner-Lieb, Barbara/Langen, Werner (Hrsg.): NomosKommentar BGB Schuldrecht, Band 2, 2. Auflage, Baden-Baden 2012 (Zitierweise: Dauner-Lieb/Langen/*Bearbeiter*, Schuldrecht).

Depenheuer, Otto: „Bürgerversicherung" und Grundgesetz. Auf dem Wege zu einer Totalisierung des sozialen Sicherheitsdenkens, NZS 2014, 201 - 207.

Doubrawa, Kurt: Selbstverwaltung, Aufsicht und Dienstrecht der Sozialversicherungsträger, 2. Auflage, Stuttgart 1961 (Zitierweise: *Doubrawa*, Dienstrecht Sozialversicherungsträger).

Duden (hrsg. von Kathrin Kunkel-Razum, Werner Scholze-Stubenrecht, Matthias Wermke), Deutsches Universalwörterbuch, 5. Auflage, Mannheim Leipzig Wien Zürich 2003 (Zitierweise: Duden, Universalwörterbuch).

Eichenhofer, Eberhard/Wenner, Ulrich (Hrsg.): Kommentar zum Sozialgesetzbuch V, Köln 2013 (Zitierweise: Eichenhofer/Wenner/*Bearbeiter*, SGB V).

Eis, Uta: Effizienzoptimierung im Krankenkassenmanagement, KrV 2011, 321 - 324.

Erfurter Kommentar zum Arbeitsrecht (hrsg. von Rudi Müller-Glöge, Ulrich Preis, Ingrid Schmidt), 16. Auflage, München 2016 (Zitierweise: ErfK/*Bearbeiter*).

Erman, Walter: Handkommentar zum Bürgerlichen Gesetzbuch (hrsg. von Barbara Grunewald, Georg Maier-Reimer, Peter Westermann), 14. Auflage, Köln 2014 (Zitierweise: Erman/*Bearbeiter*, BGB).

Etzel, Gerhard/Bader, Peter/Fischermeier, Ernst u.a.: Gemeinschaftskommentar zum Kündigungsschutzgesetz und sonstigen kündigungsschutzrechtlichen Vorschriften, 10. Auflage, Köln 2012 (Zitierweise: KR/*Bearbeiter*).

Eylert, Mario/Sänger, Niki: Der Sonderkündigungsschutz im 21. Jahrhundert - Zur Entwicklung der Rechtsprechung des Bundesarbeitsgerichts zum Sonderkündigungsschutz, RdA 2010, 24 - 44.

Felix, Dagmar: Die Haftung für Verpflichtungen geschlossener Betriebskrankenkassen. Zur Auslegung des § 155 Abs. 4 SGB V, NZS 2005, 57 - 62.

Figge, Gustav (Hrsg.): Sozialversicherungsrecht-Handbuch Beitragsrecht. Das Beitrags- und Versicherungsrecht der Kranken-, Renten- und Pflegeversicherung sowie der Arbeitsförderung, 9. Auflage, 110. Lieferung, Stand: 11/2015, Köln 2015 (Zitierweise: Figge/*Bearbeiter*, Sozialversicherungsrecht).

Förster, Michael: Die Reform des Dienstrechts in Brandenburg und anderen Bundesländern, LKV 2009, 497 - 504.

Frank, Götz/Heinicke, Thomas: Die Auswirkungen der Föderalismusreform auf das öffentliche Dienstrecht - das neue Spannungsfeld von Solidarität, Kooperation und Wettbewerb zwischen den Ländern, ZBR 2009, 34 - 39.

Freckmann, Anke/Wörz, Sylvia: Harmonisierung der tariflichen Arbeitsbedingungen beim Betriebsübergang noch möglich? BB 2013, 2549 - 2553.

Freund, Renate/Baron, Michael: Notwendigkeit einer Neuorganisation der landwirtschaftlichen Sozialversicherung im Kontext der Fusionsentwicklungen in der allgemeinen Sozialversicherung, SDL 2012, 9 - 19.

Fritz, Hans-Joachim/Erren, Judith: Der Zumutbarkeitsbegriff im Sinne von § 615 S. 2 BGB, § 11 Nr. 2 KSchG und seine Auswirkungen auf die Praxis, NZA 2009, 1242 - 1247.

Froehner, Jan: Das Altersteilzeitverhältnis in der Insolvenz des Arbeitgebers, NZA 2012, 1405 - 1411.

Fuhlrott, Michael/Hoppe, Christian: Die Amtszeit des Betriebsrats: Regelfall und Ausnahmen, ArbRAktuell 2010, 81 - 84.

Fürst, Walther (Hrsg.): Gesamtkommentar Öffentliches Dienstrecht GKÖD, Band I: Beamtenrecht des Bundes und der Länder, Richterrecht und Wehrrecht, Berlin 2007 (Zitierweise: Fürst/GKÖD/*Bearbeiter*, Band I).

Füsser, Sonja: Das GKV-OrgWG – Gesetz zur Weiterentwicklung der Organisationsstrukturen in der gesetzlichen Krankenversicherung – Inhalte und Motive, SGb 2009, 126 – 131.

Gagel, Alexander (begr. von Alexander Gagel; hrsg. von Sabine Knickrehm und Olaf Deinert), Kommentar zum SGB II/SGB III Grundsicherung und Arbeitsförderung, Band 1, Stand: 59. Ergänzungslieferung, München 2015 (Zitierweise: Gagel/*Bearbeiter*, SGB III).

Gaßner, Maximilian: Neuregelung des Insolvenzrechts der Krankenkassen. Bewertung der Regelungen des GKV-WSG und des GKV-OrgWG aus Ländersicht, GesR 2009, 121 – 135.

Gaßner, Max-Theo/Hager, Johannes: Die Schließung von Krankenkassen wegen Überschuldung, NZS 2004, 632 – 638.

Gaul, Björn/Bonanni, Andrea: Altersdiskriminierung im Rahmen der Sozialauswahl? BB 2008, 218 – 224.

Gaul, Björn/Süßbrich, Katrin: Die Bedeutung einer einzelvertraglichen Anrechnung von Vordienstzeiten für die Sozialauswahl, ArbRB 2006, 54 – 57.

Geserich, Stephan: Auslegung und Rechtsfortbildung, DStR-Beih 2011, 59 – 66.

Grau, Timon/Sittard, Ulrich: Die Schließung von Krankenkassen als arbeitsrechtlicher Problemfall, KrV 2012, 6 – 13.

Greiner, Stefan/Benedix, Mathias: Struktur und Systematik des Wirtschaftlichkeitsgebotes im SGB V, SGb 2013, 1 – 6.

Groeger, Axel (Hrsg.): Arbeitsrecht im öffentlichen Dienst, 2. Auflage, Köln 2014 (Zitierweise: Groeger/*Bearbeiter*, Arbeitsrecht im öffentlichen Dienst).

Groß, Simone: Gesetzliche Krankenkassen in der Krise und Insolvenz, Hamburg 2013 (Zitierweise: *Groß*, Krankenkassen).

Gründer, Stefan: Ist weniger manchmal mehr? Reflektionen zur Debatte um die Reform des Morbi-RSA, KrV 2011, 250 – 255.

Gutzeit, Martin: Verfassungsfragen einer gesetzlichen Beendigung von Arbeitsverhältnissen bei der Schließung von (Betriebs)Krankenkassen (Teil 1), NZS 2012, 361 – 367.

Gutzeit, Martin: Verfassungsfragen einer gesetzlichen Beendigung von Arbeitsverhältnissen bei der Schließung von (Betriebs)Krankenkassen (Teil 2), NZS 2012, 410 – 417.

Haft, Fritjof: Reformbedarf beim System der gesetzlichen Sozialversicherung, ZRP 2002, 457 – 462.

Hänlein, Andreas/Kruse, Jürgen/Schuler, Rolf (Hrsg.): Lehr- und Praxiskommentar zum Sozialgesetzbuch V – Gesetzliche Krankenversicherung, 4. Auflage, Baden-Baden 2012 (Zitierweise: LPK-SGB V/*Bearbeiter*).

Harnisch, Ines: Das (neue) Insolvenzrecht in der GKV – eine juristische Zusammenfassung, BKK 2010, 110 – 111.

Hauck, Ernst: Entwicklungsperspektiven der gesetzlichen Krankenversicherung (GKV), SGb 2007, 203 - 209.

Hauck, Karl/Noftz, Wolfgang/Udsching, Peter (Hrsg.): Sozialgesetzbuch Gesamtkommentar, 1. Band, SGB IV Gemeinsame Vorschriften für die Sozialversicherung, Stand 01/2016 (Zitierweise. Hauck/Noftz/*Bearbeiter*, SGB IV).

Hauck, Karl/Noftz, Wolfgang (Hrsg.): Sozialgesetzbuch Gesamtkommentar, 4. Band, SGB V Gesetzliche Krankenversicherung, Stand 01/2016 (Zitierweise: Hauck/Noftz/*Bearbeiter*, SGB V).

Hauck-Scholz, Peter: Voraussetzungen und Folgen der „Warteschleife", LKV 1991, 225 - 228.

Hebeler, Timo: Die Vereinigung, Auflösung und Schließung von Sozialversicherungsträgern, NZS 2008, 238 - 244.

Heberlein, Ingo: Die Insolvenz von Krankenkassen aus Sicht der Versicherten, GesR 2009, 141 - 146.

Heeg, Volker/Kehbel, Jan Gerrit: Risiken und Nebenwirkungen der Gesundheitsreform - Droht die Insolvenz von gesetzlichen Krankenkassen? ZIP 2009, 302 - 310.

Heidel, Thomas/Hüßtege, Rainer/Mansel, Heinz-Peter/Noack, Ulrich (Hrsg.): NomosKommentar Bürgerliches Gesetzbuch Allgemeiner Teil mit EGBGB, Band 1, 2. Auflage, Baden-Baden 2012 (Zitierweise: NK-BGB/*Bearbeiter*).

Hengst, Jennifer: Insolvenzfähigkeit von Krankenkassen. Recht- und Zweckmäßigkeit der Neuregelungen in §§ 171b ff. SGB V, Baden-Baden 2012 (Zitierweise: *Hengst*, Insolvenzfähigkeit von Krankenkassen).

Henssler, Martin/Lutz, Strohn (Hrsg.): Gesellschaftsrecht, 2. Auflage, München 2014 (Zitierweise: Henssler/Strohn/*Bearbeiter*, Gesellschaftsrecht).

Henssler, Martin/Willemsen, Heinz Josef/Kalb, Heinz-Jürgen (Hrsg.): Arbeitsrecht Kommentar, 6. Auflage, Köln 2014 (Zitierweise: HWK/*Bearbeiter*).

Herbert, Manfred/Oberrath, Jörg-Dieter: Die soziale Rechtfertigung der betriebsbedingten Änderungskündigung, NJW 2008, 3177 - 3182.

Herder-Dorneich, Philipp: Gesetzliche Krankenversicherung heute. Erfahrungen aus der Kostenexplosion und Steuerungsaufgaben in den 80er Jahren, Köln 1983 (Zitierweise: *Herder-Dorneich*, Krankenversicherung).

Herrmann, Klaus/Buchheim, Christin: Auswirkungen des Lebenszeitprinzips bei Dienstordnungsangestellten, LKV 2014, 49 - 58.

Hof, Bernd: Auswirkungen und Konsequenzen der demographischen Entwicklung für die gesetzliche Kranken- und Pflegeversicherung. Gutachten im Auftrag der Deutschen Versicherungswirtschaft e.V. und des Verbandes der privaten Krankenversicherung e.V., Köln 2001 (Zitierweise: *Hof*, Auswirkungen demographische Entwicklung Krankenversicherung).

Hoffmann, Jörg: Die Insolvenzproblematik aus Sicht der Kassenärztlichen Vereinigungen, GesR 2009, 135 - 139.

Holthausen, Joachim: Gewichtung der Sozialdaten bei der betriebsbedingten Kündigung, ArbRAktuell 2011, 212 - 214.

Honig, Gerhart/Knörr, Matthias: Kommentar zur Handwerksordnung mit Berufsausbildungsrecht, 4. Auflage, München 2008 (Zitierweise: *Honig/ Knörr*, HwO).

Howald, Bert: Vorbeschäftigungszeiten im öffentlichen Dienst, öAT 2012, 51 - 53.

Hoyningen-Huene, Gerrick von: Der Grundsatz der Wirtschaftlichkeit und Sparsamkeit im Sozialversicherungsrecht, BB 1991, 1345 - 1350.

Hoyningen-Huene, Gerrick von: Die Diskussion zur Neuerrichtung von Betriebskrankenkassen, NZA 1990, 81 - 85.

Hoyningen-Huene, Gerrick von/Linck, Rüdiger/Krause, Rüdiger: Kommentar zum Kündigungsschutzgesetz, 15. Auflage, München 2013 (Zitierweise: Hoyningen-Huene/Linck/Krause/*Linck*).

Hromadka, Wolfgang: Grenzen des Weisungsrechts. Zur Auslegung des § 106 GewO, NZA 2012, 233 - 239.

Hromadka, Wolfgang: Möglichkeiten und Grenzen der Änderungskündigung, NZA 1996, 1 - 14.

Ilbertz, Wilhelm: Personalvertretungsrecht des Bundes und der Länder - mit Wahlordnung - , 15. Auflage, Berlin 2010 (Zitierweise: *Ilbertz*, Personalvertretungsrecht).

Jacobs, Klaus: Zur Zukunft des wettbewerblichen Krankenkassensystems, NZS 1993, 194 - 200.

Jarass, Hans D./Pieroth, Bodo: Kommentar zum Grundgesetz für die Bundesrepublik Deutschland, 13. Auflage, München 2014 (Zitierweise: Jarass/Pieroth/*Bearbeiter*, GG).

Jauernig, Othmar (hrsg. von Rolf Stürner): Kommentar zum Bürgerlichen Gesetzbuch mit Rom-I-, Rom-II-, Rom-III-VO, EG-UntVO/HUntProt. und EuErbVO, 16. Auflage, München 2015 (Zitierweise: Jauernig/*Bearbeiter*, BGB).

Jung, Eberhard: Die neue „Sozialversicherung für Landwirtschaft, Forsten und Gartenbau“ und die neue „landwirtschaftliche Berufsgenossenschaft, BPUVZ 2012, 366 - 367.

Juris Praxiskommentar BGB - Band 2 Schuldrecht (hrsg. von Maximilian Herberger, Michael Martinek, Helmut Rüßmann, Stephan Weth, Markus Junker, Michael Beckmann), 7. Auflage, Saarbrücken 2014, Stand: 01.10.2014 (Zitierweise: juris-PK-BGB/*Bearbeiter*).

Juris Praxiskommentar SGB IV - Sozialgesetzbuch Viertes Buch (SGB IV) Gemeinsame Vorschriften für die Sozialversicherung (hrsg. Rainer Schlegel, Thomas Voelzke), 2. Auflage, Saarbrücken 2011, Stand 19.02.2014 (Zitierweise: juris-PK-SGB IV/*Bearbeiter*).

Juris Praxiskommentar SGB V – Sozialgesetzbuch Fünftes Buch (SGB V) Gesetzliche Krankenversicherung (hrsg. Rainer Schlegel, Thomas Voelzke, Klaus Engelmann), 3. Auflage, Saarbrücken 2016, Stand 01.01.2016 (Zitierweise: juris-PK-SGB V/*Bearbeiter*).

Kaiser, Dagmar/Dahm, Katharina: Sozialauswahl ohne Lebensalter! NZA 2010, 473 – 481.

Karb, Svenja: Besonderer arbeitsrechtlicher Schutz der Schwerbehinderten und der ihnen gleichgestellten Personen, öAT 2011, 153 – 155.

Kasseler Kommentar zum Sozialversicherungsrecht (hrsg. von Anne Körner, Stephan Leitherer, Bernd Mutschler), Band 1, Stand: 87. Ergänzungslieferung, München 2015 (Zitierweise: KassKom/*Bearbeiter*).

Kirchhof, Ferdinand: Verfassungsrechtliche Probleme einer umfassenden Kranken- und Rentenversicherung – Bürgerversicherung, NZS 2004, 1 – 7.

Kittner, Oliver: Beschränkter Umfang des Übergangsmandats nach § 21a BetrVG, NZA 2012, 541 – 546.

Kleeis, Friedrich: Die Geschichte der sozialen Versicherung in Deutschland. Nachdruck der Ausgabe von 1928 (hrsg. von Dieter Dowe), Bonn 1981 (Zitierweise: *Kleeis*, Geschichte der sozialen Versicherung).

Klimpe-Auerbach, Wolf: Die Schließung der City BKK und die katastrophalen Folgen für die Beschäftigten und Personalvertretungen, SozSich 2011, 270 – 274.

Kollbach, Klaus: Kasseninsolvenz mit Quotengarantie von 100 % – warum? ZInsO 2011, 956 – 960.

Kommentar zum Sozialrecht (hrsg. von Knickrehm, Sabine/Kreikebohm, Ralf/Waltermann, Raimund), 4. Auflage, München 2015 (Zitierweise: KKW/*Bearbeiter*).

Kopke, Wolfgang: Plädoyer für eine Streichung des Kriteriums „Lebensalter" bei der Sozialauswahl nach § 1 KSchG, ZRP 2009, 41 – 43.

Kossens, Michael/Heide, Dirk von der/Maaß, Michael (Hrsg.): Kommentar zum SGB IX Rehabilitation und Teilhabe behinderter Menschen mit Behindertengleichstellungsgesetz, 4. Auflage, München 2015 (Zitierweise: Kossens/von der Heide/Maaß/*Bearbeiter*, SGB IX).

Krasney, Martin: Das Insolvenzrecht und gesetzliche Krankenkassen, NZS 2010, 443 – 449.

Krauskopf, Dieter (Hrsg.): Kommentar zur sozialen Krankenversicherung und Pflegeversicherung, München 1973 (Zitierweise: Krauskopf/*Bearbeiter*, Soziale Krankenversicherung, 1973).

Krauskopf, Dieter (hrsg. von Regine Wagner, Stefan Knittel): Kommentar zur sozialen Krankenversicherung und Pflegeversicherung, 89. Ergänzungslieferung, München 2015 (Zitierweise: Krauskopf/*Bearbeiter*, Soziale Krankenversicherung).

Kreikebohm, Ralf (Hrsg.): Kommentar zum Sozialgesetzbuch Gemeinsame Vorschriften für die Sozialversicherung – SGB IV, 2. Auflage, München 2014 (Zitierweise: Kreikebohm/*Bearbeiter*, SGB IV).

Kremer, Arnold: Versetzung, Abordnung, Umsetzung und Geschäftsplanänderung, NVwZ 1983, 6 – 10.

Kugele, Dieter: Kommentar zum Beamtenstatusgesetz, Münster 2011 (Zitierweise: *Kugele*, BeamtStG).

Kugele, Dieter: Kommentar zum Bundesbeamtengesetz, Münster 2011 (Zitierweise: *Kugele*, BBG).

Kugele, Dieter: Kommentar zum Bundesbesoldungsgesetz, Münster 2011 (Zitierweise: *Kugele*, BBesG).

Kulbe, Arthur: Die gesetzliche und private Krankenversicherung – Das neue Recht nach dem Gesundheitsstrukturgesetz 1993, Freiburg 1993 (Zitierweise: *Kulbe*, Gesundheitsstrukturgesetz).

Küttner, Wolfdieter (hrsg. von Jürgen Röller): Personalbuch 2015, Arbeitsrecht, Lohnsteuerrecht, Sozialversicherungsrecht, 22. Auflage, München 2015 (Zitierweise: Küttner/*Bearbeiter*, Personalbuch 2015).

Larenz, Karl: Methodenlehre der Rechtswissenschaft, 6. Auflage, Berlin Heidelberg New York 1991 (Zitierweise: *Larenz*, Methodenlehre).

Laufs, Adolf/Kern, Bernd-Rüdiger (Hrsg.): Handbuch des Arztrechts, 4. Auflage, München 2010 (Zitierweise: Laufs/Kern/*Bearbeiter*, Arztrecht).

Lechtermann, Dirk: „Versetzung" in die Untätigkeit? Zum Problem der Zuweisung von Beamten zur Personalservice-Agentur (jetzt Vivento) der Deutschen Telekom AG, DVBl. 2004, 1334 – 1341.

Legerlotz, Christoph: Mutterschutz und besonderer Kündigungsschutz nach dem Einigungsvertrag, NZA 1992, 201 – 205.

Leopold, Dieter: Gesetzliche Krankenversicherung auf einem soliden finanziellen Fundament, WzS 2013, 114 – 115.

Leuchten, Alexius: Freikündigungspflicht zur Weiterbeschäftigung, NZA 2007, 585 – 589.

Lewinski, Kai von: Öffentlichrechtliche Insolvenz und Staatsbankrott, Rechtliche Bewältigung finanzieller Krisen der öffentlichen Hand, Tübingen 2011 (Zitierweise: *von Lewinski*, Insolvenz und Staatsbankrott).

Lorenz, Stephan: Grundwissen – Zivilrecht: Rechts- und Geschäftsfähigkeit, JuS 2010, 11 – 13.

Lorenzen, Uwe/Etzel, Gerhard/Gerhold, Diethelm/Schlatmann, Arne/Rehak, Heinrich/Faber, Bernhard: Kommentar zum Bundespersonalvertretungsrecht, 54. Update, Dezember 2015, Heidelberg (Zitierweise: *Lorenzen/Etzel/Gerhold u.a.*, BPersVG).

Lorse, Jürgen: Neues Dienstrecht in Bayern – Die Föderalismusreform entlässt ihre Kinder, ZRP 2010, 119 – 121.

Löwisch, Manfred/Rieble, Volker: Kommentar zum Tarifvertragsgesetz, 3. Auflage, München 2012 (Zitierweise: *Löwisch/Rieble*, TVG).

Lüdtke, Peter-Bernd (Hrsg.): Handkommentar zum Sozialgerichtsgesetz, 4. Auflage, Baden-Baden 2012 (Zitierweise: Hk-SGG/*Bearbeiter*).

Lundberg, Udo/Sänger, Benjamin: Die Insolvenz von Krankenkassen – gesetzliche Regelung trifft Wirklichkeit, ZInsO 2012, 1556 – 1562.

Lundberg, Udo/Sänger, Benjamin: Krankenkassen und Insolvenz – Überblick über die neue Gesetzeslage, ZInsO 2010, 1211 – 1214.

Macht, Günther: Selbstverwaltung in der Sozialversicherung, NZS 1995, 405.

Magiera, Siegfried/Siedentopf, Heinrich (Hrsg.): Das Recht des öffentlichen Dienstes in den Mitgliedstaaten der Europäischen Gemeinschaft: Forschungsprojekt des Forschungsinstituts für Öffentliche Verwaltung bei der Hochschule für Verwaltungswissenschaften Speyer in Verbindung mit dem Bundesministerium des Innern, Berlin 1994 (Zitierweise: Magiera/Siedentopf/*Bearbeiter*, Öffentlicher Dienst).

Mann, Thomas/Worthmann, Esther-Maria: Berufsfreiheit (Art. 12 GG) – Strukturen und Problemkonstellationen, JuS 2013, 385 – 392.

Marburger, Horst: Gesundheits-Strukturgesetz und betriebliche Praxis, BB 1993, 1 – 7.

Maunz, Theodor/Dürig, Günter: Grundgesetz Kommentar (begr. von Theodor Maunz, Günter Dürig; hrsg. von Roman Herzog, Rupert Scholz, Matthias Herdegen, Hans H. Klein), 75. Lieferung, München 2015 (Zitierweise: Maunz/Dürig/*Bearbeiter*, GG).

Meier-Hayoz, Arthur: Der Richter als Gesetzgeber. Eine Besinnung auf die von den Gerichten befolgten Verfahrensgrundsätze im Bereiche der freien richterlichen Rechtsfortbildung gemäß Art. 1 Abs. 2 des schweiz. Zivilgesetzbuches, Zürich 1951 (Zitierweise: *Meier-Hayoz*, Richter als Gesetzgeber).

Meinel, Gernod/Heyn, Judith/Herms, Sascha (Hrsg.): Kommentar zum Teilzeit- und Befristungsgesetz, 5. Auflage, München 2015 (Zitierweise: Meinel/Heyn/Herms/*Bearbeiter*, TzBfG).

Meydam, Jan: Amtsfunktion und Anstellungsverhältnis der Vorstände gesetzlicher Krankenkassen, NZS 2000, 332 – 337.

Meyer, Michael: Leistungswilligkeit und böswilliges Unterlassen beim Annahmeverzug im gekündigten Arbeitsverhältnis, NZA-RR 2012, 337 – 341.

Meyer-Ladewig, Jens/Keller, Wolfgang/Leitherer, Stephan: Kommentar zum Sozialgerichtsgesetz, 11. Auflage, München 2014 (Zitierweise: Meyer-Ladewig/Keller/Leitherer/*Bearbeiter*, SGG).

Michalski, Lutz (Hrsg.): Kommentar zum Gesetz betreffend die Gesellschaften mit beschränkter Haftung (GmbH-Gesetz), 2. Auflage, München 2010 (Zitierweise: Michalski/*Bearbeiter*, GmbHG).

Mohr, Jochen: Schutz vor Diskriminierungen im Europäischen Arbeitsrecht – Die Rahmenrichtlinie 2000/78/EG vom 27. November 2000 – Religion, Weltanschauung, Behinderung, Alter oder sexuelle Ausrichtung – Darstellung der methodischen Grundlagen und Auslegungen insbesondere des Anwendungsbereichs Arbeitsentgelt – unter Berücksichtigung der aktuellen Rechtsprechung zur Geschlechtergleichheit, Berlin 2004 (Zitierweise: *Mohr*, Schutz vor Diskriminierungen im Europäischen Arbeitsrecht).

Moll, Wilhelm (Hrsg.): Münchener Anwaltshandbuch Arbeitsrecht, 3. Auflage, München 2012 (Zitierweise: Moll/*Bearbeiter*, MAH Arbeitsrecht).

Morlin, János: Die Befugnis kommunaler Unternehmen in Privatrechtsform zu Spekulationsgeschäften am Beispiel von Zinsswaps, NVwZ 2007, 1159 – 1162.

Mronz, Dieter: Körperschaften und Zwangsmitgliedschaft. Die staatsorganisations- und grundrechtliche Problematik der Zwangsverbände aufgezeigt am Beispiel von Arbeitnehmerkammern, Berlin 1973 (Zitierweise: *Mronz*, Körperschaften und Zwangsmitgliedschaft).

Muckel, Stefan: Die Selbstverwaltung in der Sozialversicherung auf dem Prüfstand des Demokratieprinzips, NZS 2002, 118 – 125.

Müller, Bernd/Landshuter, Francisca: Arbeitsrecht im öffentlichen Dienst, 7. Auflage, München 2009 (Zitierweise: *Müller/Preis*, Arbeitsrecht).

Münch, Ingo von/Kunig, Philip (Hrsg.): Kommentar zum Grundgesetz Band 1: Präambel bis Art. 69, 6. Auflage, München 2012 (Zitierweise: Münch/Kunig/*Bearbeiter*, GG).

Münchener Anwaltshandbuch Insolvenz und Sanierung (hrsg. von Jörg Nerlich und Georg Kreplin u.a.), 2. Auflage, München 2012 (Zitierweise: MAH Insolvenz und Sanierung/*Bearbeiter*).

Münchener Anwaltshandbuch Sozialrecht (hrsg. von Hermann Plagemann), 4. Auflage, München 2013 (Zitierweise: MAH SozialR/*Bearbeiter*).

Münchener Handbuch zum Arbeitsrecht (hrsg. von Reinhard Richardi, Otfried Wlotzke, Hellmut Wißmann, Hartmut Oetker), Band 1: Individualarbeitsrecht, 3. Auflage, München 2009 (Zitierweise: MünchArbR/*Bearbeiter*, Band I).

Münchener Handbuch zum Arbeitsrecht (hrsg. von Reinhard Richardi, Otfried Wlotzke, Hellmut Wißmann, Hartmut Oetker), Band II: Kollektivarbeitsrecht/Sonderformen, 3. Auflage, München 2009 (Zitierweise: MünchArbR/*Bearbeiter*, Band II).

Münchener Kommentar zum Bürgerlichen Gesetzbuch (hrsg. von Franz Jürgen Säcker, Roland Rixecker, Hartmut Oetker, Bettina Limperg),

Band 1, Allgemeiner Teil §§ 1 – 240, ProstG, AGG, 7. Auflage, München 2015 (Zitierweise: MüKo/BGB/*Bearbeiter*, Band 1).

Münchener Kommentar zum Bürgerlichen Gesetzbuch (hrsg. von Franz Jürgen Säcker, Roland Rixecker, Hartmut Oetker, Bettina Limperg, Martin Henssler), Band 4, Schuldrecht Besonderer Teil II §§ 611 – 704, EFZG, TzBfG, KSchG, 6. Auflage, München 2012 (Zitierweise: MüKo/BGB/*Bearbeiter*, Band 4).

Münchener Kommentar zum Bürgerlichen Gesetzbuch (hrsg. von Franz Jürgen Säcker, Roland Rixecker, Hartmut Oetker, Bettina Limperg, Mathias Habersack), Band 5, Schuldrecht Besonderer Teil III, §§ 705 – 853, Partnerschaftsgesellschaftsgesetz, Produkthaftungsgesetz, 6. Auflage, München 2013 (Zitierweise: MüKo/BGB/*Bearbeiter*, Band 5).

Münchener Kommentar zum Handelsgesetzbuch (hrsg. von Karsten Schmidt), Band 6, 3. Auflage, München 2014 (Zitierweise: MüKo/HGB/*Bearbeiter*, Band 6).

Münchener Kommentar zum Versicherungsvertragsgesetz (hrsg. von Theo Langheid, Manfred Wandt), Band 3: §§ 192 – 215 VVG, München 2009 (Zitierweise: MüKo/VVG//*Bearbeiter*, Band 3).

Münchener Kommentar zur Insolvenzordnung (hrsg. von Hans-Peter Kirchhof, Horst Eidenmüller, Rolf Stürner), Band 2, §§ 80 – 216, 3. Auflage, München 2013 (Zitierweise: MüKo/InsO/*Bearbeiter*, Band 2).

Nerlich, Jörg/Römermann, Volker (Hrsg.): Kommentar zur Insolvenzordnung (InsO), Stand: Januar 2015, 28. Ergänzungslieferung, München (Zitierweise: Nerlich/Römermann/*Bearbeiter*, InsO).

Neumann, Werner: Anm. zu BVerwG 28.11.2012 – 6 P 11/11, jurisPR-BVerwG 18/2013 Anm. 4.

Nokiel, Werner: Die Beschäftigung von Bundesbeamten bei der Deutschen Telekom, ZTR 2006, 235 – 245.

Odenbach, Joachim: Schwellenüberschreitende Solidarität, KrV 2008, 169 – 171.

Ortmann, Karl Michael: Über die demografisch bedingte Entwicklung der Gesundheitskosten, KrV 2010, 144 – 147.

Osterloh, Falk: City BKK – Die letzten Tage, DÄ 2011, 1462.

Palandt, Otto: Bürgerliches Gesetzbuch, 75. Auflage, München 2016 (Zitierweise: Palandt/*Bearbeiter*, BGB).

Palsherm, Ingo/Palsherm, Kerstin: Entwicklung des Sozialversicherungsrechts im Jahr 2009, BG 2009, 83 – 90.

Pechstein, Matthias: Das Laufbahnrecht in der Gesetzgebungskompetenz der Länder, ZBR 2008, 73 – 77.

Peschke, Paul: Geschichte der deutschen Sozialversicherung, Berlin 1962 (Zitierweise: *Peschke*, Geschichte der deutschen Sozialversicherung).

Peterhoff, Erich Werner/Müller, Hans-Jürgen: Medizin zwischen Ethik und Ökonomie, KrV 2005, 89 – 90.

Peters, Cornelia/Lösch, Bettina/Grunewald, Beate: Paradigmenwechsel im Laufbahnrecht des Bundes, ZBR 2009, 1 – 8.

Peters, Horst: Die Geschichte der sozialen Versicherung, Sankt Augustin 1978 (Zitierweise: *Peters*, Geschichte der sozialen Versicherung).

Pfister, Florian Michael: Das duale Krankenversicherungssystem in Deutschland nach dem GKV-WSG: gesundheitsökonomische Analyse der Allokation unter besonderer Berücksichtigung von Gerechtigkeit und Nachhaltigkeit, Frankfurt am Main 2010 (Zitierweise: *Pfister*, Das duale Krankenversicherungssystem).

Pfohl, Andreas/Sichert, Markus: Der Gesundheitsfonds: Sondervermögen des Bundes oder der Krankenkassen? NZS 2009, 71 – 79.

Pitschas, Rainer: Der Konflikt zwischen Solidarität und wettbewerblicher Subsidiarität im Gesundheitswesen – Gegliederte Krankenversicherung oder „Einheitskrankenkasse"? NZS 1996, 266 – 272.

Pitschas, Rainer: Die Gesundheitsreform 2007. Verfassungskonformer Einstieg in den Systemwechsel der GKV, GesR 2008, 64 – 77.

Poertzgen, Christoph/Meyer, Benedikt: Haftungsrisiken für Vorstände gesetzlicher Krankenversicherungen bei Verstoß gegen § 171b Abs. 2 SGB V? MedR 2012, 301 – 306.

Pressel, Holger: Die Veränderung des Organisationsrechts der gesetzlichen Krankenkassen und ihrer Verbände durch die Große Koalition – Entstehung, Bestandsaufnahme und Ausblick, ZSR 2010, 347 – 372.

Pressel, Holger: Umgang mit den GKV-Überschüssen – Stand der Diskussion und erste Ergebnisse, KrV 2012, 110 – 113.

Quaas, Michael/Zuck, Rüdiger/Clemens, Thomas: Medizinrecht – Öffentliches Medizinrecht – Pflegeversicherungsrecht – Arzthaftpflichtrecht – Arztstrafrecht – , 3. Auflage, München 2014 (Zitierweise: Quaas/Zuck/Clemens/*Bearbeiter*, Medizinrecht).

Ramsauer, Ulrich: Der Risikostrukturausgleich in der gesetzlichen Krankenversicherung – verfassungswidrig? NJW 1998, 481 – 487.

Ramsauer, Ulrich: Soziale Krankenversicherung zwischen Solidarprinzip und Wettbewerb, NZS 2006, 505 – 511.

Rehborn, Martin: Anm. zu BVerwG 28.11.2012 – 6 P 11.11, GesR 2013, 341.

Rehm, Thomas: KKInsoV – Eine große Unbekannte? KrV 2013, 12 – 15.

Reinecke, Gerhard: Weisungsrecht, Arbeitsvertrag und Arbeitsvertragskontrolle – Rechtsprechung des BAG nach der Schuldrechtsreform, NZA-RR 2013, 393 – 400.

Richardi, Reinhard (Hrsg.): Kommentar zum Betriebsverfassungsgesetz mit Wahlordnung, 15. Auflage, München 2016 (Zitierweise: Richardi/*Bearbeiter*, BetrVG).

Richardi, Reinhard/Dörner, Hans-Jürgen/Weber, Christoph (Hrsg.): Kommentar zum Personalvertretungsrecht. Bundespersonalvertretungsgesetz mit Erläuterungen zu den Personalvertretungsgesetzen der Länder, 4. Auflage, München 2012 (Zitierweise: Richardi/Dörner/Weber/*Bearbeiter*, Personalvertretungsrecht).

Richter, Ronald: Gesundheitsreform – Das GKV-Wettbewerbsstärkungsgesetz, DStR 2007, 810 - 815.

Rieble, Volker: Das Übergangsmandat des § 21a BetrVG, NZA 2002, 233 - 241.

Rolfs, Christian: Die Auswirkungen der Schließung einer Krankenkasse auf die Arbeitsverhältnisse der Mitarbeiter, NZA 2013, 529 - 534.

Rolfs, Christian: Die Beendigung von Arbeitsverhältnissen bei Schließung einer Krankenkasse, GuP 2013, 8 - 13.

Rübsteck, Reiner: Artikel VIII und seine Folgen, SozSich 1976, 111 - 117.

Rüfner, Wolfgang: Das Gesetz zur Sicherung und Strukturverbesserung der gesetzlichen Krankenversicherung (Gesundheitsstrukturgesetz), NJW 1993, 753 - 757.

Rüfner, Wolfgang: Das Gesetz zur Strukturreform im Gesundheitswesen (Gesundheits-Reformgesetz), NJW 1989, 1001 - 1006.

Ruge, Jan/Maerker, Justus: Arbeits- und personalvertretungsrechtliche Aspekte bei der Vereinigung von Krankenkassen, ZTR 2007, 663 - 669.

Ruhl, Marion/Kassebohm, Kristian: Der Beschäftigungsanspruch des Arbeitnehmers, NZA 1995, 497 - 503.

Rust, Helge/Wostry, Thomas: Die Tätertauglichkeit des Vorstandes einer gesetzlichen Krankenkasse nach §§ 331 ff. StGB, MedR 2009, 319 - 324.

Saatkamp, Jörg: Vom Payor zum Player. Krankenkassen zwischen öffentlicher Körperschaft und modernem Management, KrV 2010, 318 - 320.

Sager, Krista: Den demografischen Wandel gestalten, KrV 2005, 163 - 165.

Sauter, Eugen/Schweyer, Gerhard/Waldner, Wolfram: Der eingetragene Verein. Gemeinverständliche Erläuterung des Vereinsrechts unter Berücksichtigung neuester Rechtsprechung mit Formularteil, 19. Auflage, München 2010 (Zitierweise: Sauter/Schweyer/Waldner/*Bearbeiter*, Vereinsrecht).

Schaub, Günter: Auslegung und Regelungsmacht von Tarifverträgen, NZA 1994, 597 - 602.

Schaub, Günter (Begr.): Arbeitsrechts-Handbuch. Systematische Darstellung und Nachschlagewerk für die Praxis, 16. Auflage, München 2015 (Zitierweise: Schaub/*Bearbeiter*, Arbeitsrecht).

Schenke, Ralf P.: Auslegung und Rechtsfortbildung. Überlegungen zu Grundfragen der rechtsmethodischen Systembildung am Beispiel der „Auslegung gegen den Wortlaut“, DStR-Beih 2011, 54 - 59.

Schenke, Ralf P.: Der Wettbewerbsgedanke im Recht der gesetzlichen Krankenversicherung aus Sicht des Verfassungs- und Europarechts, GewArch Beilage WiVerw Nr. 01/2006, 34 - 72.

Schiefer, Bernd: Die Sozialauswahl bei der betriebsbedingten Kündigung, NZA-RR 2002, 169 - 180.

Schirbel, Eugen: Geschichte der sozialen Krankenversicherung vom Altertum bis zur Gegenwart, Erstes Buch - Die soziale Krankenversorgung bis zum Krankenversicherungsgesetz vom 15. Juni 1883, Berlin 1929 (Zitierweise: *Schirbel*, Geschichte der sozialen Krankenversicherung).

Schlaich, Klaus/Korioth, Stefan: Das Bundesverfassungsgericht. Stellung, Verfahren, Entscheidungen, 10. Auflage, München 2015 (Zitierweise: *Schlaich/Korioth*, Bundesverfassungsgericht).

Schleusener, Axel Aino: Die Freikündigung eines Arbeitsplatzes zugunsten eines Betriebsratsmitglieds bei Stillegung eines Betriebsteils, DB 1998, 2368 - 2371.

Schmidt, Benjamin: Das Recht auf Wahl der Krankenkasse - insbesondere zum Sonderkündigungsrecht bei Beitragsanhebungen, NJW 2004, 2628 - 2631.

Schmidt, Karsten: Ultra-vires-Doktrin / tot oder lebendig? AcP 1984, 529 - 540.

Schmitt, Jochem: Kommentar zum SGB VII - Gesetzliche Unfallversicherung, 4. Auflage, München 2009 (Zitierweise: *Schmitt*, SGB VII).

Schnapp, Friedrich: Die Rechtsstellung geöffneter und „virtueller" Krankenkassen, NZS 2004, 113 - 120.

Schnapp, Friedrich: Kassenschließung trotz fehlerfreier Errichtung? - Über die Vergesslichkeit des Sozialgesetzgebers und den Zustand der Kommentarliteratur, NZS 2002, 449 - 454.

Schnapp, Friedrich/Rixen, Stephan: Die Unzulässigkeit der Aufnahme von Krediten durch die gesetzlichen Krankenkassen, BKR 2006, 360 - 366.

Schneider, Uwe H./Burgard, Ulrich: Die ultra-vires-Lehre: Grenze der Rechtsfähigkeit oder der Organvertretungsmacht bei öffentlich-rechtlichen Kreditinstituten, S. 499 - 526, in: Festschrift für Carsten Peter Claussen zum 70. Geburtstag, Köln 1997 (Zitierweise: *Schneider/Burgard*, FS Claussen (1997), S. 499).

Schneider, Werner/Vieß, Gerhard: Der Risikostrukturausgleich in der gesetzlichen Krankenversicherung - verfassungsgemäß! NJW 1998, 2702 - 2708.

Schnellenbach, Helmut: Beamtenrecht in der Praxis, 8. Auflage, München 2013 (Zitierweise: *Schnellenbach*, Beamtenrecht).

Schoch, Friedrich/Schneider, Jens-Peter/Bier, Wolfgang (Hrsg.): Kommentar zur Verwaltungsgerichtsordnung, Band I, Stand: 29. Ergänzungslieferung, München 2015 (Zitierweise: Schoch/Schneider/Bier/*Bearbeiter*, VwGO).

Scholz, Rupert/Buchner, Reimar: Überleitung der Beschäftigungsverhältnisse bei den Verbänden, KrV 2007, 77 - 81.

Schönrock, Sabrina: Die amtsangemessene Beschäftigung von Beamten nach behördlicher Umorganisation - zugleich Besprechung des Urteils des Bundesverwaltungsgerichts vom 25. Oktober 2007 -, ZBR 2008, 230 - 235.

Schönrock, Sabrina: Versetzung und Zuweisung nach neuem Beamtenrecht, ZBR 2010, 222 - 229.

Schulze, Reiner (Schriftleitung): Handkommentar zum Bürgerlichen Gesetzbuch, 8. Auflage, Baden-Baden 2014 (Zitierweise: Schulze/*Bearbeiter*, BGB).

Schwarzburg, Tim: Zum Restmandat und Übergangsmandat des Personalrats, öAT 2010, 79 - 82.

Schweiger, Maximilian D.: Der Anspruch des Beamten auf amtsangemessene Beschäftigung, ZBR 2011, 245 - 249.

Schweiger, Maximilian D.: Rechtsfragen rund um die „Jobbörse" der Bundesagentur für Arbeit, NZS 2013, 288 - 295.

Sichert, Markus/Göpffarth, Dirk: Das System der Zuweisungen aus dem Gesundheitsfonds, SGb 2010, 394 - 400.

Siebeck, Theo: Das Dienstrecht der Versicherungsträger, 2. Auflage, Sankt Augustin 1986 (Zitierweise: *Siebeck*, Dienstrecht).

Simon, Oliver/Hidalgo, Martina/Koschker, Maximilian: Flexibilisierung von Bonusregelungen - eine unlösbare Aufgabe? NZA 2012, 1071 - 1077.

Sinß, Falk: City BKK wird geschlossen, VW 2011, 682.

Sinß, Falk: Gesundheit. Der gesetzlichen Krankenversicherung droht eine Pleitewelle, VW 2010, 926.

Sodan, Helge: Das GKV-Wettbewerbsstärkungsgesetz NJW 2007, 1313 - 1320.

Sodan, Helge: Die „Bürgerversicherung" als Bürgerzwangsversicherung, ZRP 2004, 217 - 221.

Sodan, Helge: Die gesetzliche Krankenversicherung nach dem GKV-Modernisierungsgesetz, GesR 2004, 305 - 310.

Sodan, Helge/Gast, Olaf: Der Risikostrukturausgleich in der gesetzlichen Krankenversicherung als Verfassungsproblem, NZS 1999, 265 - 276.

Soergel, Hans Theodor: Kommentar zum Bürgerlichen Gesetzbuch, Band 1, Allgemeiner Teil 1 §§ 1 - 103, 13. Auflage, Stuttgart/Berlin/Köln/Mainz 2000 (Zitierweise: Soergel/*Bearbeiter*, BGB).

Spickhoff, Andreas: Medizinrecht, 2. Auflage, München 2014 (Zitierweise: Spickhoff/*Bearbeiter*, Medizinrecht).

Spiegl, Hans-Peter: Gesetz zur Sicherung und Strukturverbesserung der gesetzlichen Krankenversicherung (Gesundheits-Strukturgesetz) – Wesentliche Inhalte im Überblick, DStR 1993, 443 – 446.

Spirolke, Matthias: Der – böswillig unterlassene – anderweitige Erwerb i.S. der § 615 BGB, § 11 KSchG, NZA 2001, 707 – 712.

Staudinger, Julius von: Kommentar zum Bürgerlichen Gesetzbuch mit Einführungsgesetz und Nebengesetzen, Buch 1, Allgemeiner Teil §§ 21 – 79 (Allgemeiner Teil 2) – Neubearbeitung von Norbert Habermann und Günter Weick, Berlin 2005 (Zitierweise: Staudinger/*Bearbeiter*, BGB).

Staudinger, Julius von: Kommentar zum Bürgerlichen Gesetzbuch mit Einführungsgesetz und Nebengesetzen, Buch 2, §§ 611 – 613 (Dienstvertragsrecht 1) – Neubearbeitung 2016 (Zitierweise: Staudinger/*Bearbeiter*, BGB).

Staudinger, Julius von: Kommentar zum Bürgerlichen Gesetzbuch mit Einführungsgesetz und Nebengesetzen, Buch 2, §§ 613a – 619a (Dienstvertragsrecht 2) – Neubearbeitung 2011 (Zitierweise: Staudinger/*Bearbeiter*, BGB).

Staudinger, Julius von: Kommentar zum Bürgerlichen Gesetzbuch mit Einführungsgesetz und Nebengesetzen, Buch 2, §§ 620 – 630 (Dienstvertragsrecht 3) – Neubearbeitung 2012 (Zitierweise: Staudinger/*Bearbeiter*, BGB).

Staudinger, Julius von: Kommentar zum Bürgerlichen Gesetzbuch mit Einführungsgesetz und Nebengesetzen, Buch 2, §§ 705 – 740 (Gesellschaftsrecht) – Neubearbeitung 2003 (Zitierweise: Staudinger/*Bearbeiter*, BGB).

Stehr, Gregor: Die unzulässige Zuweisung von Beamten zu „Vivento" – rote Karte für die Deutsche Telekom? NVwZ 2005, 285 – 287.

Steinmeyer, Heinz-Dietrich: Haushaltskontrolle und Selbstverwaltung in der Sozialversicherung, NZS 2013, 361 – 368.

Steinmeyer, Heinz-Dietrich: Krankenkassen zwischen Sozialrecht, Haftung und Insolvenz, NZS 2008, 393 – 402.

Stellpflug, Martin/Meier, Sybille/Tadayon, Ajang: Handbuch Medizinrecht. Grundlagen – Rechtsprechung – Praxis, 22. Aktualisierung, Heidelberg 2011 (Zitierweise: *Stellpflug/Meier/Tadayon*, Handbuch Medizinrecht).

Stoffels, Markus: Gestaltungsmöglichkeiten durch Änderungskündigungen, ZfA 2002, 401 – 426.

Stuppardt, Rolf: Zentralismus pur, Wettbewerb null, KrV 2008, 127.

Terwiesche, Michael: Handbuch des Fachanwalts Verwaltungsrecht, 2. Auflage, Köln 2012 (Zitierweise: *Terwiesche*, Handbuch Verwaltungsrecht).

Thelen, Werner: Darf der Zusatzbeitrag als Sanierungsinstrument eingesetzt werden? KrV 2013, 154 - 156.

Thomma, Holger: Anmerkung zu den arbeitsgerichtlichen Entscheidungen ArbG Berlin 25.11.2011 - 33 Ca 7824/11, ArbG Chemnitz 28.11.2011 - 11 Ca 1506/11, ArbG Hamburg 12.10.2011 - 20 Ca 116/11, ArbG Hamburg 7.11.2011 - 22 Ca 168/11, KrV 2012, 28 - 31.

Thüsing, Gregor/Traut, Johannes/Pötters, Stephan: Die Erhebung von Zusatzbeiträgen nach § 242 SGB V - Zusatzbeiträge als Mittel der Krankenkassenfinanzierung und Sanierung? NZS 2012, 641 - 647.

Thüsing, Gregor/Wege, Donat: Sozialauswahl nach neuem Recht, RdA 2005, 12 - 25.

Töpfer, Armin/Opitz, Frank: Stärkeres Kostenbewusstsein und Preis-Leistungs-Denken von Versicherten - Realität oder Fata Morgana? -, KrV 2011, 215 - 220.

Uhlenbruck, Wilhelm/Hirte, Heribert/Vallender, Heinz (Hrsg.): Kommentar zur Insolvenzordnung, 14. Auflage, München 2015 (Zitierweise: Uhlenbruck/*Bearbeiter*, InsO).

Uwer, Dirk: Der rechtliche Rahmen der Insolvenz von Krankenkassen, GesR 2009, 113 - 121.

Valentini, Albrecht: Zur Entwicklung und aktuellen Situation des Dienstrechts in der Unfallversicherung, S. 334 - 351, in: Festschrift für Herbert Lauterbach zum 80. Geburtstag, Grundfragen der sozialen Unfallversicherung, Band II, Münster 1981 (Zitierweise: *Valentini*, FS Lauterbach (1981), S. 334).

Vietmeier, Hans: Die Vertretungsmacht des Bürgermeisters bei fehlendem Ratsbeschluß, LKV 1995, 178 - 180.

Vlahovic, Tomislav: Zufriedene Kunden bleiben länger, KrV 2009, 205 - 207.

Vöcking, Johannes: Beiträge zur Insolvenzproblematik - aus Sicht der Beteiligten und Betroffenen, GesR 2009, 138 - 141.

Vogt, Axel: Fusionen in der gesetzlichen Krankenversicherung, KrV 2009, 170 - 173.

Wahrig, Gerhard (Hrsg.): Deutsches Wörterbuch, 7. Auflage, Gütersloh München 2002 (Zitierweise: Wahrig, Wörterbuch).

Wank, Rolf: Die Auslegung von Tarifverträgen, RdA 1998, 71 - 90.

Weber, Hansjörg/Weber, Jörg-Andreas: Zur Dogmatik eines allgemeinen Beschäftigungsanspruchs im Arbeitsverhältnis, RdA 2007, 344 - 352.

Weber, Werner: Die Rechtsstellung der Dienstordnungsangestellten der Sozialversicherungsträger, ZBR 1955, 129 - 134.

Weck, Jochen/Schick, Michael: Unwirksamkeit spekulativer Swap-Geschäfte im kommunalen Bereich, NVwZ 2012, 18 - 22.

Welti, Felix: Selbstverwaltung im sozialen Gesundheitswesen, SGb 2011, 485 – 491.

Wernsmann, Rainer: Wer bestimmt den Zweck einer grundrechtseinschränkenden Norm – BVerfG oder Gesetzgeber? NVwZ 2000, 1360 – 1364.

Werres, Rüdiger: Betriebsstilllegung und Sonderkündigungsschutz, NZI 2009, 24 – 29.

Wiedemann, Herbert: Kommentar zum Tarifvertragsgesetz mit Durchführungs- und Nebenvorschriften, 7. Auflage, München 2007 (Zitierweise: Wiedemann/*Bearbeiter*, TVG).

Wiegand, Dietrich: Der Wettbewerb in der Krankenversicherung aus sozialrechtlicher Sicht, BB 1995, 94 – 96.

Wienbracke, Mike: Juristische Methodenlehre, Heidelberg 2013 (Zitierweise: *Wienbracke*, Methodenlehre).

Willemsen, Heinz Josef/Jansen, Jan-Philip: Die Befristung von Entgeltbestandteilen als Alternative zu Widerrufs- und Freiwilligkeitsvorbehalten, RdA 2010, 1 – 10.

Wind, Ferdinand/Schimana, Rudolf/Wichmann, Manfred: Öffentliches Dienstrecht. Das Beamten- und Arbeitsrecht für den öffentlichen Dienst, 4. Auflage, Köln 1998 (Zitierweise: *Wind/Schimana/Wichmann*, Öffentliches Dienstrecht).

Winzer, Thomas: Arbeitsrechtliche Folgen der Schließung einer Betriebskrankenkasse, Anm. zu BAG 23.11.2013 – 2 AZR 598/12, ArbRAktuell 2014, 362.

Wolter, Henner: Kurzer Prozess mit den Arbeitnehmern gesetzlicher Krankenkassen bei Schließung nach SGB V? Das Erlöschen von Arbeitsverträgen kraft Gesetzes; der Staat in der Doppelrolle als Gesetzgeber und Arbeitsvertragspartei, S. 675 – 688, in Arbeitsgerichtsbarkeit und Wissenschaft, Festschrift für Klaus Bepler zum 65. Geburtstag, München 2012 (Zitierweise: *Wolter*, FS Bepler (2012), S. 675).

Ziekow, Jan: Die Fortentwicklung des Dienstrechts der Bundesbeamten, DÖV 2008, 569 – 576.

A. Einleitung

I. Problemaufriss

Das Krankenversicherungssystem nimmt eine besondere Bedeutung in der sozialen Absicherung der Menschen ein. Es trägt damit zu einem geordneten Zusammenleben innerhalb einer Gesellschaft bei. Gleichzeitig verursacht es hohe Kosten, die größtenteils von den Versicherten zu tragen sind. Das führt zu einem Spannungsverhältnis zwischen dem Interesse an einer optimalen Absicherung der Bevölkerung vor den Gefahren, die von Krankheiten ausgehen und dem Interesse an einer geringen Kostenbelastung. In den letzten Jahren verschärfte der Gesetzgeber den Wettbewerb zwischen den einzelnen gesetzlichen Krankenkassen mit dem Ziel, die Kosten des Krankenversicherungssystems in Grenzen zu halten. Er setzte diese dadurch einem erhöhten Kostendruck aus. Die nunmehr gestiegene Wahrscheinlichkeit, dass Krankenkassen in ihrer finanziellen Leistungsfähigkeit bedroht und möglicherweise zu schließen sind, ist eine nicht unbedeutende Begleiterscheinung dieser Reformen. Die Folgen einer Kassenschließung für die Versicherten halten sich dabei in Grenzen. Sie wechseln zu einer anderen Krankenkasse. Der Versicherungsschutz ist in vollem Umfang und in jeder Phase gewährleistet.

Diese Arbeit widmet sich dem Schicksal der Krankenkassenbeschäftigten im Falle der Kassenschließung. Die Rechtslage unterscheidet sich erheblich von derjenigen bei der Abwicklung eines außerhalb des Krankenversicherungssystems tätigen Arbeitgebers. Die Arbeitsverhältnisse enden dort spätestens mit der vollständigen Abwicklung des Arbeitgebers. Eine Weiterbeschäftigung ist nicht gesichert. Im Falle der Kassenschließung geht das Gesetz einen anderen Weg. Der Gesetzgeber schuf mit der Regelung des § 164 Abs. 2 bis 4 SGB V besondere arbeitsrechtliche Vorschriften für die Krankenkassenbeschäftigten von Innungskrankenkassen. Kraft Verweisung finden sie auch auf die Schließung einer Ortskranken-, einer Betriebskranken- sowie einer Ersatzkasse Anwendung. Die Vorschrift des § 164 Abs. 3 SGB V sieht die Unterbringung der Mitarbeiter bei einer anderen Krankenkasse vor, während die Regelung des Abs. 4 unter bestimmten Voraussetzungen zur Beendigung ihres bisherigen Arbeitsverhältnisses führt. Dieser Regelungsmechanismus sichert die Beschäftigten vor der andernfalls drohenden Arbeitslosigkeit ab. Er stellt den Rechtsanwender aber zugleich vor erhebliche Herausforderungen. Die Verwendung unbestimmter Rechtsbegriffe führt dazu, dass sich die genauen Anforderungen an die Unterbringung der Beschäftigten bei einer anderen Krankenkasse nicht sicher bestimmen lassen. Es ist darüber hinaus unklar, inwieweit die verschiedenen Regelungen im Zusammenhang stehen und aufeinander aufbauen. Zugleich fehlt es an einem, den Vorschriften ähnlichen Pendant, auf das als Auslegungshilfe zurückgegriffen werden kann.

Einen Grund für das eigens mit Wirkung für das Recht der Krankenkassenschließung entwickelte arbeitsrechtliche Abwicklungssystem nennt der Gesetzgeber nicht. Das Bundesarbeitsgericht führt dies zurück auf die Tatsache, dass auch nach der Schließung einer Krankenkasse die Versicherten „im System der gesetzlichen Krankenkassen weiterhin verwaltet werden“[1] müssen. Diese Erklärung alleine überzeugt allerdings nicht. Auch bei der Schließung und Abwicklung anderer Körperschaften des öffentlichen Rechts bleibt der Verwaltungsaufwand im System erhalten. Die Absicherung der Weiterbeschäftigung durch eine Unterbringung der Mitarbeiter bei einer anderen Körperschaft müsste insofern die Regel und eben nicht die Ausnahme sein.

Die beiden Kassenschließungen aus dem Jahr 2011 rückten die Auslegungsschwierigkeiten im Zusammenhang mit den arbeitsrechtlichen Schließungsvorschriften in den Fokus der juristischen Diskussion und offenbarten schnell ein unterschiedliches Verständnis. Nach der einen Auffassung schränken sie die Rechtsstellung der betroffenen Mitarbeiter erheblich ein. Dies mündete beispielsweise in eine Veröffentlichung unter dem Titel „Die Schließung der City BKK und die katastrophalen Folgen für die Beschäftigten und Personalvertretungen. Äußerst fragwürdige Bestimmungen im SGB V hebeln Kündigungsschutz aus“[2]. Wendet man dagegen die Beendigungsanordnung des § 164 Abs. 4 Satz 1 SGB V erst dann auf Mitarbeiter an, wenn diese ein ihnen zuvor angebotenes ordnungsgemäßes Unterbringungsangebot abgelehnt haben, erscheinen die arbeitsrechtlichen Abwicklungsvorschriften in einem anderen, für die betroffenen Mitarbeiter besonders günstigen Licht. Die Beantwortung solcher Einzelfragen entscheidet letztlich darüber, ob die arbeitsrechtlichen Schließungsvorschriften die Krankenkassenbeschäftigten gegenüber sonstigen Arbeitnehmern besonders privilegieren oder belasten. Die Diskussion um die arbeitsrechtlichen Schließungsvorschriften erreichte auch das tagespolitische Geschäft. Die SPD brachte beispielsweise am 6. Juli 2011 erfolglos einen Änderungsantrag in den Bundestag ein. Er zielte darauf ab, dass sämtliche Krankenkassenbeschäftigte bei Schließung einer Krankenkasse gleich behandelt werden.[3] Das verdeutlicht, dass die Regelungen nicht nur von Seiten der ju-

---

1 BAG 21.11.2013 – 2 AZR 474/12, BeckRS 2014, 69409 (Rn. 69).

2 *Klimpe-Auerbach*, SozSich 2011, 270 (270).

3 BT-Drucks. 17/6485, S. 1. Auf den Änderungsantrag weist auch *Klimpe-Auerbach*, SozSich 2011, 270 (274) hin.

ristischen Literatur thematisiert wurden, sondern diese auch auf politischer Ebene auf Widerstand stießen.

Die beiden im Jahr 2011 geschlossenen Krankenkassen folgten damals der für die Mitarbeiter nachteiligeren Auslegung der arbeitsrechtlichen Schließungsvorschriften und vertraten den Standpunkt, dass sämtliche Arbeitsverhältnisse bedingungslos zum Schließungszeitpunkt endeten. Sie kündigten den Beschäftigten zusätzlich hilfsweise betriebsbedingt[4] und unterbreiteten diesen gleichzeitig Angebote zum Abschluss befristeter Anstellungsverträge mit der nach der Schließung entstehenden Abwicklungskörperschaft, um den verbleibenden Abwicklungsbedarf in personeller Hinsicht abzudecken. Diese Auslegung stellt Mitarbeiter einer geschlossenen Krankenkasse schlechter als Beschäftigte aus anderen Bereichen, deren Arbeitgeber abgewickelt werden muss oder über dessen Vermögen das Insolvenzverfahren eröffnet wird. Ein in der Abwicklungsphase fortbestehender Beschäftigungsbedarf, der dort zum Ausschluss betriebsbedingter Kündigungen führt, ließe die Beendigungswirkung der Arbeitsverhältnisse bereits zum Schließungszeitpunkt unberührt.

Diese Auslegung der Abwicklungsvorschriften führte dazu, dass nach den beiden Kassenschließungen mehr als 300 Klagen von Krankenkassenbeschäftigten vor den Arbeitsgerichten anhängig waren.[5] In den ersten Entscheidungen ließ sich keine einheitliche Linie der Arbeitsgerichte zu den gegenständlichen Fragen erkennen, sie widersprechen sich teilweise grundlegend.[6] Im Mittelpunkt der arbeitsgerichtlichen Streitigkeiten stand die Frage, ob die Arbeitsverhältnisse der Beschäftigten nach dem Schließungszeitpunkt mit der Abwicklungskörperschaft fortbestehen. Das könnte einmal mangels Überleitungsvorschriften dann zu verneinen sein, wenn man die geschlossene Krankenkasse und die Abwicklungskörperschaft als zwei verschiedene Rechtspersönlichkeiten ansieht. Eine Beendigung der Arbeitsverhältnisse zum Schließungszeitpunkt kommt außerdem nach § 164 Abs. 4 Satz 1 SGB V zum Schließungszeitpunkt in Betracht. Die Auslegung dieser Regelung ist höchst umstritten. Man könnte sie losgelöst von der Unterbringungsverpflichtung des § 164 Abs. 3 SGB V auf sämtliche Mitarbeiter der geschlossenen Krankenkasse anwenden mit dem Ergebnis, dass die Abwicklungskörperschaft keine Bestandsmitarbeiter mehr beschäftigt und die Möglichkeit hat, durch den Abschluss von befristeten Arbeitsver-

---

4 *Wolter*, FS Bepler (2012), S. 675 (675).

5 *Klimpe-Auerbach*, SozSich 2011, 270 (270); *Wolter*, FS Bepler (2012), S. 675 (675).

6 Vgl. *Thomma*, KrV 2012, 28 (28), der sehr anschaulich die Unterschiede einzelner Entscheidungen der Arbeitsgerichte aufzeigt. Streitigkeiten zwischen den Beschäftigten und den Krankenkassen waren nicht nur an den Arbeitsgerichten, sondern auch an den Verwaltungsgerichten anhängig; vgl. u.a. BVerwG 28.11.2012 - 6 P 11.11, NZA-RR 2013, 330; VGH Mannheim 20.12.2011 – PB 15 S 2128/11, NZS 2012, 381.

trägen ihre Abwicklung ausschließlich mit Mitarbeitern ihrer Wahl zu begehen. Eine andere Auffassung wendet die in dieser Form im deutschen Recht einmalige Beendigungsanordnung nur auf die Mitarbeiter an, die ein ihnen zuvor unterbreitetes ordnungsgemäßes Unterbringungsangebot ablehnen. Die Entscheidungen des Bundesarbeitsgerichts im Jahr 2013[7] dürften zumindest einen Teil der zuvor streitigen Rechtsfragen klären und für ein Mindestmaß an Rechtssicherheit sorgen.

Auch wenn der mögliche Fortbestand von Arbeitsverhältnissen über den Schließungszeitpunkt hinaus die meiste Aufmerksamkeit auf sich zog, stellen sich aus arbeitsrechtlicher Perspektive eine Vielzahl weiterer Fragen, die teilweise noch nicht behandelt oder geklärt wurden. Diese reichen über die Anforderungen an ein ordnungsgemäßes Unterbringungsangebot bis hin zum Auswahlverfahren zwischen den einzelnen Mitarbeitern. Eine spannende Rechtsfrage resultiert auch aus zwei Verweisungen[8], die sich im Organisationsrecht der Betriebskranken- und Ersatzkassen finden. Diese nehmen die ordentlich kündbaren Mitarbeiter dieser beiden Kassenarten von der Unterbringungsverpflichtung aus. Neben den verfassungsrechtlichen Bedenken dieser Ausnahmen ist hier insbesondere von Interesse, ob die Beendigungsanordnung des § 164 Abs. 4 Satz 1 SGB V auf diesen Beschäftigtenkreis Anwendung findet. Die individualarbeitsrechtlichen Fragestellungen werden abgerundet durch die Besonderheit, dass die gesetzlichen Krankenkassen noch immer Dienstordnungsangestellte beschäftigen. Die Eigenart dieser Anstellungsverhältnisse zwingt zu einer eigenständigen Betrachtung ihres Schicksals im Falle einer Kassenschließung.

Die vorliegende Arbeit setzt sich zum Ziel, die wesentlichen individual- und kollektivarbeitsrechtlichen Fragen im Zusammenhang mit der Kassenschließung zu klären. Sie soll eine Hilfestellung für die gesetzeskonforme Abwicklung einer gesetzlichen Krankenkasse aus arbeitsrechtlicher Perspektive bieten. Das setzt voraus, dass sie sich nicht nur Einzelfragen widmet, sondern dass allgemeine Maßstäbe entwickelt werden, anhand derer die Interessen aller Beteiligter im konkreten Fall berücksichtigt werden können. Ein Schwerpunkt der folgenden Überlegungen liegt dabei auf Sachfragen, die bisher von den Gerichten noch nicht endgültig entschieden werden mussten. Dazu gehören insbesondere die genauen Anforderungen an die ordnungsgemäße Unterbringung von Mitarbeitern, die Behandlung von Dienstordnungsangestellten, der Ablauf des Unterbringungsverfahrens sowie die Besonderheiten des kollektiven Arbeitsrechts. Nichtsdestotrotz wird

---

7 Vgl. BAG 21.11.2013 – 2 AZR 474/12, BeckRS 2014, 69409; BAG 21.11.2013 – 2 AZR 495/12, NJOZ 2014, 1548; BAG 21.11.2013 – 2 AZR 598/12, BeckRS 2014, 70205; BAG 21.11.2013 – 2 AZR 966/12, BeckRS 2014, 70808.

8 Vgl. §§ 155 Abs. 4 Satz 9, 171 Satz 1 SGB V.

auch die umfassend diskutierte Auslegung der Beendigungsanordnung nach § 164 Abs. 4 Satz 1 SGB V und die dazu ergangenen Gerichtsentscheidungen einbezogen.

II. Gang der Untersuchung

Der erste Teil dieser Arbeit erläutert die Grundlagen, die für das Verständnis der arbeitsrechtlichen Probleme bei Schließung einer Krankenkasse erforderlich sind. Dazu gehört ein kurzer Überblick über die verschiedenen Arten von gesetzlichen Krankenkassen und die wesentlichen Merkmale über deren Aufbau. Die Ursachen der Schließung von Krankenkassen ergänzen diese allgemeinen Ausführungen. Die Reformen der vergangenen Jahre, die den kassenübergreifenden Wettbewerb verschärften, sind hier besonders hervorzuheben. Neben dem allgemeinen Ablauf einer Kassenschließung ist insbesondere auch auf das besondere Haftungskonzept einzugehen. Es verdeutlicht, dass eine zu weite Auslegung der arbeitsrechtlichen Schließungsvorschriften Gefahren für das Krankenversicherungssystem birgt. Zuletzt bietet sich ein Blick ins Verwaltungsrecht an. Die Mitarbeiter könnten den der Kassenschließung zugrunde liegenden Schließungsbescheid anfechten und dafür sorgen, dass die gesetzliche Krankenkasse als solche und damit ihre Arbeitsplätze fortbestehen. Dieser Weg steht ihnen nur dann offen, wenn man den Mitarbeitern eine Klagebefugnis zugesteht.

Der zweite Teil der Arbeit widmet sich den individualarbeitsrechtlichen Problemen, die sich bei der Schließung von Krankenkassen stellen. Vor die Klammer zu ziehen ist hier die Frage, ob es sich bei der geschlossenen Krankenkasse und der Abwicklungskörperschaft um zwei verschiedene Rechtspersönlichkeiten handelt und sich die Arbeitsverhältnisse der Mitarbeiter deswegen nicht mit der Abwicklungskörperschaft fortsetzen. Die Teilrechtsfähigkeit der Abwicklungskörperschaft könnte ebenfalls zur Beendigung von Arbeitsverhältnissen führen. Diesbezüglich sind insbesondere die Parallelen zum Vereinsrecht interessant. Die im Folgenden vorzunehmende Erarbeitung der Anforderungen an ein ordnungsgemäßes Unterbringungsangebot bildet einen Schwerpunkt der vorliegenden Arbeit. Die bisherigen Stellungnahmen sowohl in der Literatur als auch in der Rechtsprechung beschränken sich auf einzelne Punkte wie beispielsweise der Zumutbarkeit eines Ortswechsels oder von Einkommenseinschränkungen. Es fehlt dagegen an einer dogmatisch tragfähigen Herleitung von allgemeinen Regeln, nach denen die Ordnungsgemäßheit von Unterbringungsangeboten gegenüber Dienstordnungsangestellten und den übrigen Beschäftigten zu beurteilen ist. Die Organisation und die Auswahl zwischen den Mitarbeitern im Unterbringungsverfahren ist ebenfalls zu erörtern. Nach der Darstellung der Rechtsfolgen der Kassenschließung für die unterbringungsberechtigten Mitarbeiter schließt der zweite Teil mit den Besonderheiten, die aus der Herausnahme der ordentlich kündbaren Mitarbeiter von Betriebskranken- und Ersatzkassen aus der Unterbringungsverpflichtung des § 164 Abs. 3 Satz 3 SGB V resultieren. Hier ist zu prüfen, wer als ordentlich kündbar in diesem Sinne gilt und unter welchen Voraussetzungen die Beendigungsanordnung des § 164 Abs. 4 Satz 1 SGB V Anwendung findet. Die Parallelen und die Unterschiede zur Insolvenz von Krankenkassen aus arbeitsrechtlicher Sicht runden den zweiten Teil dieser Arbeit ab. Der Schwerpunkt liegt hier in der unterschiedlichen Behandlung von ordentlich kündbaren Mitarbeitern von Betriebskranken- und Ersatzkassen, die starke verfassungsrechtliche Bedenken auslösen.

Der dritte Teil dieser Arbeit widmet sich einzelnen kollektivarbeitsrechtlichen Fragen, die sich bei der Schließung einer Krankenkasse stellen. Die Ausführungen beschränken sich hier bewusst auf die Punkte, die sich von der Schließung beziehungsweise Auflösung anderer Körperschaften des öffentlichen Rechts unterscheiden. Eine besondere Rolle spielen hier die Beteiligung des Personalrats und der Gewerkschaften im Unterbringungsverfahren sowie die Frage, ob Rationalisierungstarifverträge Regelungen vorsehen dürfen, die den Mitarbeitern im Falle der Beendigung ihrer Arbeitsverhältnisse auf Grundlage der Beendigungsanordnung des § 164 Abs. 4 Satz 1 SGB V Abfindungen gewähren.

B. Gesetzliche Krankenversicherung im Überblick

Für das Verständnis der arbeitsrechtlichen Probleme bei Schließung von Krankenkassen ist es unerlässlich, sich einen – wenn auch nur kurzen Überblick – über die Organisation der Krankenversicherung im deutschen Rechtssystem zu verschaffen. Ausgelöst durch gesellschaftliche Veränderungen, insbesondere den Wandel einer überwiegend landwirtschaftlich geprägten Wirtschaft hin zur industriellen Arbeit wuchs Ende des 19. Jahrhunderts die Anzahl der in abhängiger Arbeit beschäftigten Menschen.[1] Auf Grundlage der kaiserlichen Botschaft vom 17. November 1881 wurde unter anderem das Krankenversicherungsgesetz vom 15. Juni 1883 erlassen.[2] Auf der Grundkonzeption dieses maßgeblich auf Bismarck zurückzuführenden Gesetzes baut bis heute die gesetzliche Krankenversicherung auf.[3] Mit dem Gesetz sollten die zunehmend in Abhängigkeit beschäftigten Arbeitnehmer gegen Krankheit, Unfall, Invalidität und Alter abgesichert werden.[4]

Im Folgenden wird in der gebotenen Kürze dargestellt, welche rechtlichen Grundlagen dem Sozialversicherungssystem und insbesondere dem Krankenversicherungssystem in Deutschland zugrunde liegen. Auf dieser Grundlage lassen sich die Arbeitsverhältnisse der Mitarbeiter einordnen, mögliche Mitbestimmungsrechte bestimmen und Grenzen für die Schließung von Krankenkassen definieren.

---

1 Zur Absicherung von Krankheiten vor den durch Bismarck ausgelösten Reformen vgl. die ausführlichen Monographien von *Kleeis*, Geschichte der sozialen Versicherung, S. 20 ff.; *Peschke*, Geschichte der deutschen Sozialversicherung; *Peters*, Geschichte der sozialen Versicherung, S. 15 ff.; *Schirbel*, Geschichte der sozialen Krankenversicherung, S. 1 ff. Zusammenfassend *Besemann*, Aktuelle Entwicklungen im Organisationsrecht der gesetzlichen Krankenkassen, S. 7 ff.

2 RGBl. 1883, S. 73; Becker/Kingreen/*Becker/Kingreen*, SGB V, § 1 Rn. 12; Quaas/Zuck/Clemens/*Zuck*, Medizinrecht, § 4 Rn. 4.

3 Eichenhofer/Wenner/*Axer*, SGB V, § 1 Rn. 4; MünchArbR/*Richardi*, Band I, § 2 Rn. 13. Vgl. auch *Haft*, ZRP 2002, 457 (458): danach werden auch heute noch dieselben Prinzipien zur Abgrenzung der gesetzlichen Krankenversicherung von der Privatversicherung und Fürsorge herangezogen wie schon zur Zeit des Erlasses des Krankenversicherungsgesetzes im Jahre 1883.

4 MünchArbR/*Richardi*, Band I, § 2 Rn. 13.

I. Grundstrukturen des Systems der gesetzlichen Krankenkassen

In Deutschland existiert ein duales Krankenversicherungssystem[5], in dem zwischen der privaten (PKV) und der gesetzlichen Krankenversicherung (GKV) unterschieden wird.[6] Beide Versicherungsarten sichern den Menschen gegenüber Gefahren ab, die von einer Krankheit und einer krankheitsbedingten Arbeitsunfähigkeit ausgehen.[7]

Die vorliegende Untersuchung widmet sich ausschließlich der Schließung gesetzlicher Krankenkassen. Das Recht der privaten Krankenversicherung wird nur insoweit einbezogen, als dies für das Verständnis der Schließung gesetzlicher Krankenkassen erforderlich ist.

1. Gegliedertes Krankenkassensystem

Das so genannte gegliederte System der gesetzlichen Krankenversicherung[8] kennzeichnet das deutsche Krankenversicherungssystem.[9] Es zeichnet sich durch ein Nebeneinander verschiedener Krankenkassenarten aus.[10] Damit hat sich der Gesetzgeber zugleich gegen die Einrichtung einer sog. Einheitskrankenkasse[11], die als einziger Rechtsträger für sämtliche Versicherte zuständig ist, entschieden.[12] Demzufolge kennt das deutsche Krankenversi-

---

5 Vgl. auch BVerfG 10.06.2009 - 1 BvR 706/08 u.a., NJW 2009, 2033 (Rn. 190); *Butzer*, MedR 2010, 283 (283). Zur Geschichte des dualen Krankenversicherungssystems vgl. *Pfister*, Das duale Krankenversicherungssystem, S. 97 ff. Zu den diskutierten Vorschlägen bzgl. der Einführung einer Bürgerversicherung unter Abschaffung des bisherigen dualen Krankenversicherungssystems in Deutschland vgl. u.a. *Butzer*, MedR 2010, 283 (283 ff.); *Depenheuer*, NZS 2014, 201 (204 ff.); *Isensee*, NZS 2004, 393; *Kirchhof*, NZS 2004, 1 (1 ff.); *Sodan*, ZRP 2004, 217 (217 ff.).

6 *Butzer*, MedR 2010, 283 (283).

7 KKW/*Berchtold*, § 5 SGB V Rn 49; MüKo/VVG/*Boetius*, Band 3, Einf. Rn. 16.

8 So etwa Hauck/Noftz/*Noftz*, SGB V, § 4 Rn. 8; KassKom/*Peters*, § 4 SGB V Rn. 8.

9 BT-Drucks. 11/2237, S. 158; juris-PK-SGB V/*G. Becker*, § 4 Rn. 24; Hauck/Noftz/*Noftz*, SGB V, § 4 Rn. 8; KassKom/*Peters*, § 4 SGB V Rn. 8.

10 Juris-PK-SGB V/*G. Becker*, § 4 Rn. 18; Hauck/Noftz/*Noftz*, SGB V, § 4 Rn. 2; KassKom/*Peters*, § 4 SGB V Rn. 4; Quaas/Zuck/Clemens/*Zuck*, Medizinrecht, § 7 Rn. 11.

11 Zum Begriff der Einheitskrankenkasse vgl. *Pitschas*, NZS 1996, 266 (267 f.). In jüngerer Zeit finden sich vor allem in der Politik Vorschläge zur Einführung einer Bürgerversicherung. Vgl. hierzu z.B. den Vorschlag der SPD im Wahlprogramm zur Bundestagswahl im Jahr 2013 auf S. 73, abrufbar unter http://www.spd.de/linkableblob/96686/data/20130415_regierungsprogramm_2013_2017.pdf (zuletzt abgerufen am 31.01.2016). Bestehende verfassungsrechtliche Probleme bei Einführung einer Bürgerversicherung besprechen *Kirchhof*, NZS 2004, 1 (1); *Sodan*, GesR 2004, 305 (308 f.). Zu den sozial- und verfassungsrechtlichen Aspekten der Bürgerversicherung ausführlich *Bieback*, Aspekte der Bürgerversicherung, S. 1 ff.

12 Hauck/Noftz/*Noftz*, SGB V, § 4 Rn. 8, 19; KassKom/*Peters*, § 4 SGB V Rn. 4. Der Gesetzgeber erteilte dem System der sog. Einheitskrankenkasse im Gesetzgebungs-

cherungssystem – abgesehen von der Trennung zwischen privaten und gesetzlichen Krankenkassen – die in § 4 Abs. 2 SGB V aufgezählten verschiedenen Krankenkassenarten.[13] Dieses gegliederte System der gesetzlichen Krankenkassen besteht aus insgesamt sechs Krankenkassenarten, nämlich den Allgemeinen Ortskrankenkassen, Betriebskrankenkassen, Innungskrankenkassen, der Sozialversicherung für Landwirtschaft, Forsten und Gartenbau als Träger der Krankenversicherung für Landwirte, der Deutschen Rentenversicherung Knappschaft-Bahn-See und den Ersatzkassen.[14] Diese lassen sich wiederum grob gliedern nach Regionen, nach Berufszugehörigkeit und nach der Betriebszugehörigkeit der Versicherten.[15] Ein Rangverhältnis besteht zwischen ihnen nicht.[16] In der Vergangenheit wies ein Gesetz die Versicherten den einzelnen Krankenkassen nach bestimmten Kriterien fest zu.[17] Mittlerweile ist die Zuweisung von Versicherten durch die nahezu freien Kassenwahlrechte der Versicherten abgelöst worden.[18]

2. Gemeinsamkeiten

a) Grundsätzliches

Das sechste Kapitel des SGB V (§§ 143 – 206 SGB V) regelt die Organisation der Krankenkassen.[19] In Bezug auf die Schließung einer Krankenkasse ist insbesondere der erste Abschnitt relevant, der die einzelnen Arten der Krankenkassen behandelt. Das Gesetz widmet jeder einzelnen Krankenkas-

verfahren eine ausdrückliche Absage, vgl. hierzu u.a. BT-Drucks. 11/2237, S. 147, 158; juris-PK-SGB V/*G. Becker*, § 4 Rn. 16; Krauskopf/*Krauskopf*, Soziale Krankenversicherung, § 4 SGB V Rn. 6; Hauck/Noftz/*Noftz*, SGB V, § 4 Rn. 19. Zur Verfassungsmäßigkeit des Nebeneinanders mehrerer Krankenkassen vgl. BVerfG 08.02.1994 – 1 BvR 1237/85, NJW 1994, 2410 (B II 1); *Hauck*, SGb 2007, 203 (206).

13 Krauskopf/*Krauskopf*, Soziale Krankenversicherung, § 4 SGB V Rn. 9; Becker/Kingreen/*Mühlhausen*, SGB V, § 4 Rn. 5; Spickhoff/*Nebendahl*, Medizinrecht, § 4 SGB V Rn. 6.

14 BeckOK/*Heberlein*, SozR, § 4 SGB V Rn. 4; Becker/Kingreen/*Mühlhausen*, SGB V, § 4 Rn. 5; Spickhoff/*Nebendahl*, Medizinrecht, § 4 SGB V Rn. 6; Hauck/Noftz/*Noftz*, SGB V, § 4 Rn. 19; *Stellpflug/Meier/Tadayon*, Handbuch Medizinrecht, A 1000 Rn. 6, 7.

15 Hauck/Noftz/*Noftz*, SGB V, § 4 Rn. 19; KassKom/*Peters*, § 4 SGB V Rn. 8.

16 *Besemann*, Aktuelle Entwicklungen im Organisationsrecht der gesetzlichen Krankenkassen, S. 105; *Groß*, Krankenkassen, S. 24; Krauskopf/*Krauskopf*, Soziale Krankenversicherung, § 4 SGB V Rn. 7.

17 Juris-PK-SGB V/*Blöcher*, § 173 Rn. 5; KassKom/*Peters*, § 173 SGB V Rn. 4; *Schmidt*, NJW 2004, 2628 (2628); Hauck/Noftz/*Sonnhoff*, SGB V, § 173 Rn. 6.

18 Krauskopf/*Baier*, Soziale Krankenversicherung, § 173 SGB V Rn. 2, 5; juris-PK-SGB V/*Blöcher*, § 173 Rn. 13; KassKom/*Peters*, § 173 SGB V Rn. 5; Hauck/Noftz/*Sonnhoff*, SGB V, § 173 Rn. 3.

19 Becker/Kingreen/*Mühlhausen*, SGB V, § 143 Rn. 1; KassKom/*Peters*, § 143 SGB V Rn. 3.

senart einen eigenen Titel.[20] Diese ergänzen die „Allgemeinen Vorschriften“ des SGB V (§§ 1 - 4 SGB V) und treffen insbesondere Regelungen zur Errichtung, der Auflösung, der Schließung und der Vereinigung von Krankenkassen.[21] Weiterhin lassen sich hier deren einzelne Zuständigkeitsbereiche finden.[22] Prägendes Merkmal des Abschnitts zu den einzelnen Krankenkassenarten ist die vom Gesetzgeber angewandte Verweisungstechnik. Wegen der Vielzahl an Querverweisen ähneln sich die organisationsrechtlichen Regelungen der einzelnen Krankenkassenart teils erheblich, obwohl das Gesetz jeder Einzelnen einen eigenen Titel widmet. Dieses Phänomen tritt auch im Schließungsrecht der Krankenkassen auf.

b) Körperschaften des öffentlichen Rechts

Die rechtliche Einordnung einer juristischen Person spielt bei ihrer Abwicklung eine entscheidende Rolle. Sie zeichnet bereits allgemeine Prinzipien und Abläufe vor, die den unterschiedlichen Rechtsformen immanent sind.[23] Das Schließungsverfahren einer juristischen Person des öffentlichen Rechts unterscheidet sich beispielsweise in vielen Punkten von der Abwicklung privatrechtlicher juristischer Personen, wenngleich auch innerhalb dieser beiden Gruppen Unterschiede bestehen.[24]

Die Organisationsform der gesetzlichen Krankenkassen ergibt sich aus den gemeinsamen Regelungen der § 29 SGB IV, § 4 SGB V.[25] Danach sind gesetzliche Krankenkassen Körperschaften des öffentlichen Rechts. Durch diese ausdrücklich von Art. 87 Abs. 2 GG zugelassene Organisationsform[26] wird die gesetzliche Krankenversicherung durch vom Mitgliederwechsel unabhängige und selbstständige Körperschaften ausgeführt.[27] Die Vorschriften der § 29 SGB IV, § 4 Abs. 1 SGB V knüpfen an das Selbstverwaltungsrecht[28] der Krankenkassen an. Neben dessen Auswirkungen auf den

20 KassKom/*Peters*, § 143 SGB V Rn. 3.

21 Krauskopf/*Krauskopf*, Soziale Krankenversicherung, § 4 SGB V Rn. 9; Hauck/Noftz/*Noftz*, SGB V, § 4 Rn. 5.

22 Hauck/Noftz/*Noftz*, SGB V, § 4 Rn. 5.

23 So im Ergebnis *von Lewinski*, Insolvenz und Staatsbankrott, S. 202.

24 *Von Lewinski*, Insolvenz und Staatsbankrott, S. 202 ff. arbeitet allgemeine Prinzipien zur Abwicklung einer juristischen Person des öffentlichen Rechts heraus.

25 Krauskopf/*Krauskopf*, Soziale Krankenversicherung, § 4 SGB V Rn. 2; *Kulbe*, Gesundheitsstrukturgesetz, S. 27 f.; Hauck/Noftz/*Noftz*, SGB V, § 4 Rn. 5.

26 Becker/Kingreen/*Mühlhausen*, SGB V, § 4 Rn. 3.

27 Becker/Kingreen/*Mühlhausen*, SGB V, § 4 Rn. 3; Hauck/Noftz/*Noftz*, SGB V, § 4 Rn. 10.

28 Zum Selbstverwaltungsrecht der Krankenkassen ausführlich *Besemann*, Aktuelle Entwicklungen im Organisationsrecht der gesetzlichen Krankenkassen, S. 73 ff.; *Muckel*, NZS 2002, 118 (121 ff.); *Steinmeyer*, NZS 2013, 368 (368 ff.); *Welti*, SGb 2011, 485 (485 ff.).

Umfang der staatlichen Aufsicht folgt hieraus das Recht der Krankenkassen, ihre eigenen Angelegenheiten mittels Satzungen selbst zu regeln.[29] Die §§ 194 ff. SGB V treffen unter anderem Regelungen zum Mindestinhalt[30] und zur Genehmigungsbedürftigkeit der Satzungen.[31]

Der öffentlich-rechtliche Charakter der gesetzlichen Krankenkassen gibt das Schließungsverfahren bereits in groben Zügen vor.[32] Das deutsche Recht kennt allerdings kein allgemeines und übergeordnetes Abwicklungsrecht, das einheitliche Regelungen für die Abwicklung aller juristischen Personen des öffentlichen Rechts aufstellt.[33] Es finden je nach Einzelfall spezielle Abwicklungsvorschriften Anwendung, die teils in die einzelnen Fachgesetze integriert oder in eigens für diesen Zweck erlassenen Gesetzen geregelt sind.[34] Trotz dieser auch im Krankenversicherungsrecht existierenden speziellen Abwicklungsregelungen wird deren Auslegung durch allgemeine Prinzipien bestimmt. Dazu gehört insbesondere der Grundsatz, dass die Abwicklung juristischer Personen des öffentlichen Rechts in der Regel actus contrarius zu ihrer Errichtung zu erfolgen hat.[35] Beispielsweise ist eine durch Gesetz errichtete juristische Person des öffentlichen Rechts wiederum durch ein Gesetz aufzulösen.[36]

c) Staatliche Aufsicht über die Krankenkassen

Die mit einem Selbstverwaltungsrecht ausgestatteten Krankenkassen unterstehen der staatlichen Aufsicht.[37] Nach § 87 Abs. 1 Satz 2 SGB IV erstreckt diese sich „auf die Beachtung von Gesetz und sonstigem Recht, das für die Versicherungsträger maßgebend ist“. Eine derartige Aufsicht über Selbstverwaltungsorgane ist unter anderem auch aus den Gemeindeordnungen der Länder bekannt und damit keine Eigenart des Sozialversicherungs-

---

29 Hauck/Noftz/*Becker*, SGB V, § 194 Rn. 5; *Becker/Kingreen*, NZS 2010, 417 (417 f.); Krauskopf/*Krauskopf*, Soziale Krankenversicherung, § 4 SGB V Rn. 5; Spickhoff/*Nebendahl*, Medizinrecht, § 4 SGB V Rn. 5.

30 Krauskopf/*Baier*, Soziale Krankenversicherung, § 194 SGB V Rn. 2; Hauck/Noftz/*Becker*, SGB V, § 194 Rn. 7; Becker/Kingreen/*Kaempfe*, SGB V, § 194 Rn. 2; KassKom/*Peters*, § 195 SGB V Rn. 1.

31 Krauskopf/*Baier*, Soziale Krankenversicherung, § 195 SGB V Rn. 2; KassKom/*Peters*, § 194 SGB V Rn. 2.

32 Zu den Prinzipien der Abwicklung *von Lewinski*, Insolvenz und Staatsbankrott, S. 202 ff.

33 *Von Lewinski*, Insolvenz und Staatsbankrott, S. 191.

34 *Von Lewinski*, Insolvenz und Staatsbankrott, S. 191.

35 OVG Berlin 22.02.1996 – 5 B 93/94, NVwZ 1997, 396 (I 1); *Bohlen-Schöning*, KrV 2012, 101 (101); *von Lewinski*, Insolvenz und Staatsbankrott, S. 204.

36 So *von Lewinski*, Insolvenz und Staatsbankrott, S. 204.

37 Juris-PK-SGB IV/*Engelhard*, § 87 Rn. 7; Spickhoff/*Nebendahl*, Medizinrecht, § 4 SGB V Rn. 5; Quaas/Zuck/Clemens/*Zuck*, Medizinrecht, § 7 Rn. 48, 49.

rechts.[38] §§ 90, 90a SGB IV legen fest, wem im konkreten Fall die Aufsicht über eine Krankenkasse obliegt.[39] Hier ist ein besonderes Augenmerk insbesondere auf das Bundesversicherungsamt (§ 94 SGB IV) zu richten, das nach § 90 Abs. 1 Satz 1 SGB IV die zuständige Aufsichtsbehörde für bundesunmittelbare Versicherungsträger ist.[40]

Bereits aus dem Wortlaut des § 87 Abs. 1 Satz 2 SGB IV ist abzuleiten, dass die staatliche Aufsicht grundsätzlich nicht zu einer Zweckmäßigkeitsprüfung ermächtigt ist.[41] Der Grund hierfür liegt darin, dass Krankenkassen als Selbstverwaltungsorgane selbstständig in ihrem durch Gesetz übertragenen Aufgabenbereich tätig werden.[42] Es handelt sich damit um eine reine Rechtsaufsicht, die nach § 87 Abs. 1 Satz 2 SGB IV lediglich die Rechtmäßigkeit des Handelns von Krankenkassen beurteilen darf.[43] Insgesamt folgt der Prüfungsmaßstab der Aufsichtsbehörde den aus anderen Gebieten des öffentlichen Rechts bekannten allgemeinen Regeln. Den Krankenkassen kommt dabei eine Einschätzungsprärogative zu.[44] Das im öffentlichen Recht an verschiedener Stelle vorzufindende Gebot der vertrauensvollen Zusammenarbeit prägt ebenfalls das Verhältnis zwischen der Krankenkasse und ihrer Aufsichtsbehörde.[45] Dies bringt der Gesetzgeber mit der Regelung des § 89 Abs. 1 Satz 1 SGB V besonders zum Ausdruck.[46] Danach soll die Aufsichtsbehörde nach Feststellung einer Rechtsverletzung zunächst beratend auf die Krankenkasse einwirken[47], damit diese die Rechtsverletzung selbst behebt.[48]

---

38 *Bayer*, LKV 1991, 371; Maunz/Dürig/*Ibler*, GG, Art. 87 Rn. 190 f.; Schoch/Schneider/Bier/*Pietzcker*, VwGO, § 42 Rn. 56 ff.

39 Krauskopf/*Baier*, Soziale Krankenversicherung, § 90 SGB IV Rn. 4 ff.; juris-PK-SGB IV/*Engelhard*, § 90 Rn. 14; Kreikebohm/*Schütte-Geffers*, SGB IV, § 90a Rn. 2.

40 Vgl. Krauskopf/*Baier*, Soziale Krankenversicherung, § 90 SGB IV Rn. 4 f.

41 Krauskopf/*Baier*, Soziale Krankenversicherung, § 87 SGB IV Rn. 4, auch zu den Ausnahmen; Spickhoff/*Nebendahl*, Medizinrecht, § 4 SGB V Rn. 5.

42 Hauck/Noftz/*Noftz*, SGB V, § 4 Rn. 10. *Mühlhausen* bezeichnet die staatliche Rechtsaufsicht daher auch zutreffend als „Wesensmerkmal der Selbstverwaltung", Becker/Kingreen/*Mühlhausen*, SGB V, § 4 Rn. 4.

43 *Macht*, NZS 1995, 405 (405); Becker/Kingreen/*Mühlhausen*, SGB V, § 4 Rn. 4; Hauck/Noftz/*Noftz*, SGB V, § 4 Rn. 10; Spickhoff/*Nebendahl*, Medizinrecht, § 4 SGB V Rn. 5.

44 BSG 26.08.1983 – 8 RK 29/82, BSGE 55, 277; Hauck/Noftz/*Fattler*, SGB IV, § 87 Rn. 3c.

45 Kreikebohm/*Schütte-Geffers*, SGB IV, § 89 Rn. 7.

46 BSG 11.12.2003 – B 10 A 1/02 R, BeckRS 2004, 40298 (II 2 b); Krauskopf/*Baier*, Soziale Krankenversicherung, § 89 SGB IV Rn. 5; *Macht*, NZS 1995, 405 (405); Kreikebohm/*Schütte-Geffers*, SGB IV, § 89 Rn. 7.

47 Krauskopf/*Baier*, Soziale Krankenversicherung, § 89 SGB IV Rn. 3, 4a; Kreikebohm/*Schütte-Geffers*, § 89 SGB IV Rn. 7. Zu möglichen Ausnahmen von dieser Soll-Vorschrift vgl. Krauskopf/*Baier*, Soziale Krankenversicherung, § 89 SGB IV Rn. 6.

48 Krauskopf/*Baier*, Soziale Krankenversicherung, § 89 SGB IV Rn. 7; *Macht*, NZS 1995, 405 (405).

3. *Krankenkassenarten im Einzelnen*

a) Allgemeine Ortskrankenkassen

aa) Grundlagen

In den §§ 143 – 146a SGB V finden sich spezielle Regelungen zu den Ortskrankenkassen. Die in § 4 Abs. 2 SGB V gewählte Bezeichnung „Allgemeine Ortskrankenkassen" ist historisch bedingt und nicht mehr geläufig.[49] Das Gesetz spricht meist nur von „Ortskrankenkassen".[50] Sie dienten ursprünglich dazu, durch ein lückenloses Verbreitungsnetz insbesondere die Versorgung von Versicherten zu garantieren, die keiner anderen Krankenkassenart zugeordnet werden konnten.[51] Nach Einführung der Kassenwahlrechte für alle Versicherten lässt sich dieser Zweck nicht mehr auf die heutige Zeit übertragen, da die Versicherten grundsätzlich eine Krankenkasse frei wählen können und ihr Wahlrecht nicht auf eine bestimmte Kassenart beschränkt ist.[52] Nach § 143 Abs. 1 SGB V, wonach Ortskrankenkassen „für abgegrenzte Regionen bestehen"[53], wird ein rein territorialer Anknüpfungspunkt zur Bestimmung der Zuständigkeit von Ortskrankenkassen gewählt.[54]

Die Anzahl der Ortskrankenkassen hat in den letzten Jahren abgenommen.[55] Im Jahr 2013 existierten noch insgesamt elf verschiedene Ortskrankenkassen (AOKs).[56] Mit etwa 24 Millionen Mitgliedern beheimatet diese Krankenkassenart die meisten Versicherten.[57]

---

49 Becker/Kingreen/*Mühlhausen*, SGB V, § 143 Rn. 1.

50 Hauck/Noftz/*Engelhard*, SGB V, § 143 Rn. 5; Becker/Kingreen/*Mühlhausen*, SGB V, § 143 Rn. 1.

51 Krauskopf/*Baier*, Soziale Krankenversicherung, § 143 SGB V Rn. 3; KassKom/*Peters*, § 143 SGB V Rn. 4.

52 BT-Drucks. 12/3608, S. 108; Krauskopf/*Baier*, Soziale Krankenversicherung, § 143 SGB V Rn. 3; Hauck/Noftz/*Engelhard*, SGB V, § 143 Rn. 5; juris-PK-SGB V/*Koch*, 2. Auflage 2012 (Altauflage), § 143 Rn. 1; Becker/Kingreen/*Mühlhausen*, SGB V, § 143 Rn. 4.

53 § 143 Abs. 1 SGB V.

54 Juris-PK-SGB V/*Koch*, § 143 Rn. 5; Becker/Kingreen/*Mühlhausen*, SGB V, § 143 Rn. 3 (sog. „Regionalprinzip").

55 Becker/Kingreen/*Mühlhausen*, SGB V, § 143 Rn. 4; KassKom/*Peters*, § 143 SGB V Rn. 7.

56 Becker/Kingreen/*Mühlhausen*, SGB V, § 143 Rn. 4 (bezugnehmend auf den Stand am 01.05.2012); KassKom/*Peters*, § 143 SGB V Rn. 8, auch zur allgemeinen Aufteilung der Ortskrankenkassen nach Regionen und unter genauer Aufschlüsselung der Zuständigkeitsbereiche.

57 Vgl. http://www.aok.de/bundesweit/die-aok/ueber-die-aok-2692.php (zuletzt abgerufen am 31.01.2016); Becker/Kingreen/*Mühlhausen*, SGB V, § 143 Rn. 4.

bb) Errichtung und Vereinigung

Die Errichtung neuer Ortskrankenkassen ist gesetzlich nicht mehr vorgesehen.[58] Es existierte in der Vergangenheit bereits ein lückenloses Netz allgemeiner Ortskrankenkassen.[59] Die Bildung weiterer Ortskrankenkassen ist aus diesem Grund nicht mehr erforderlich.[60] Der Gesetzgeber betonte dies auch ausdrücklich im Gesetzgebungsverfahren.[61]

Eine neue Ortskrankenkasse kann allerdings aus der Vereinigung zweier bestehender Ortskrankenkassen hervorgehen.[62] Dies ist auf freiwilliger Basis gemäß § 144 SGB V sowie auf Antrag einer Ortskrankenkasse oder der Landesregierung zwangsweise nach § 145 SGB V[63] möglich. Nach Ablauf des von der Aufsichtsbehörde zu bestimmenden Termins werden die bisherigen Krankenkassen geschlossen.[64] Die neu entstehende Ortskrankenkasse tritt als Gesamtrechtsnachfolgerin in die Rechte und Pflichten der geschlossenen Krankenkassen ein.[65]

b) Betriebskrankenkassen

aa) Grundlagen

Als weitere Krankenkassenart sieht das Gesetz die Betriebskrankenkassen vor, zu denen sich in den §§ 147 - 156 SGB V besondere Regelungen finden.[66] Die beiden im Jahr 2011 geschlossenen Krankenkassen gehörten diesem Kassentypus an.

---

58 Krauskopf/*Baier*, Soziale Krankenversicherung, § 143 SGB V Rn. 3; *Besemann*, Aktuelle Entwicklungen im Organisationsrecht der gesetzlichen Krankenkassen, S. 107; Hauck/Noftz/*Engelhard*, SGB V, § 143 Rn. 5.

59 Krauskopf/*Baier*, Soziale Krankenversicherung, § 143 SGB V Rn. 3.

60 Krauskopf/*Baier*, Soziale Krankenversicherung, § 143 SGB V Rn. 3; *Besemann*, Aktuelle Entwicklungen im Organisationsrecht der gesetzlichen Krankenkassen, S. 107.

61 BT-Drucks. 11/2237, S. 208; Krauskopf/*Baier*, Soziale Krankenversicherung, § 143 SGB V Rn. 3.

62 Vgl. ausführlich zum Ablauf der Fusion von Krankenkassen Hauck/Noftz/*Engelhard*, SGB V, § 144 Rn. 5 ff.; *Hebeler*, NZS 2008, 238 (240); Becker/Kingreen/*Mühlhausen*, SGB V, § 144 Rn. 2 ff.; *Vogt*, KrV 2009, 170 (170 ff.).

63 Zur Möglichkeit der zwangsweisen Vereinigung von Krankenkassen und dem zugrunde liegenden gesetzgeberischen Willen siehe Krauskopf/*Baier*, Soziale Krankenversicherung, § 145 SGB V Rn. 2, 12 ff.

64 Krauskopf/*Baier*, Soziale Krankenversicherung, § 144 SGB V Rn. 28; Hauck/Noftz/*Engelhard*, SGB V, § 144 Rn. 5; Becker/Kingreen/*Mühlhausen*, SGB V, § 144 Rn. 16.

65 Krauskopf/*Baier*, Soziale Krankenversicherung, § 144 SGB V Rn. 29; Hauck/Noftz/*Engelhard*, SGB V, § 144 Rn. 5; Becker/Kingreen/*Mühlhausen*, SGB V, § 144 Rn. 16.

66 KassKom/*Peters*, § 147 SGB V Rn. 3.

Es ist zwischen geöffneten und geschlossenen Betriebskrankenkassen zu unterscheiden.[67] Ausgangspunkt der Unterscheidung zwischen diesen beiden Organisationsformen ist der Kreis der Versicherten. Nur die geöffneten Betriebskrankenkassen stehen auch nicht im Betrieb tätigen Versicherten offen.[68] Grundsätzlich können sich damit auch Personen bei einer geöffneten Betriebskrankenkasse versichern, die in keinem Verhältnis zum Betrieb selbst stehen.[69] Im Gegensatz hierzu ist der Kreis der Versicherten bei einer geschlossenen Betriebskrankenkasse auf die im Betrieb beschäftigten Mitarbeiter beschränkt.[70] Ob eine Betriebskrankenkasse geöffnet oder geschlossen ist, bestimmt sich nach ihrer Satzung, die nach § 173 Abs. 2 Satz 1 Nr. 4 SGB V die Öffnung für Dritte vorsehen kann.[71] Die Einführung der freien Kassenwahlrechte für die Versicherten berührt damit den möglichen Mitgliederkreis geschlossener Betriebskrankenkassen nicht.

Die Unterscheidung zwischen geöffneten und geschlossenen Betriebskrankenkassen spielt nicht nur bei der Bestimmung der Versichertengruppe eine Rolle, sondern ebenso bezüglich der Haftung nach Schließung einer Krankenkasse.[72] Unterschiede bestehen aus arbeitsrechtlicher Sicht außerdem in der Möglichkeit eines Betriebes, Personal für die Betriebskrankenkasse zu bestellen.[73] Handelt es sich um eine geschlossene Krankenkasse, steht es dem Arbeitgeber offen[74], nach § 147 Abs. 2 Satz 1 SGB V die für die Führung der Geschäfte einer geschlossenen Betriebskrankenkasse erforderlichen Mitarbeiter auf eigene Kosten zur Verfügung zu stellen.[75] Diese Möglichkeit besteht allerdings nicht für geöffnete Betriebskrankenkassen.[76]

---

67 KassKom/*Peters*, § 173 SGB V Rn. 23 ff.; Spickhoff/*Spickhoff*, Medizinrecht, § 173/174 SGB V Rn. 10. Zu Folgefragen bei Schließung des Betriebs einer geöffneten Betriebs- oder Innungskrankenkasse vgl. *Schnapp*, NZS 2004, 113 (113 ff.).

68 Krauskopf/*Baier*, Soziale Krankenversicherung, § 147 SGB V Rn. 35; Becker/Kingreen/*Just*, SGB V, § 173 Rn. 8.

69 Krauskopf/*Baier*, Soziale Krankenversicherung, § 173 SGB V Rn. 13; Becker/Kingreen/*Just*, SGB V, § 173 Rn. 8.

70 *Besemann*, Aktuelle Entwicklungen im Organisationsrecht der gesetzlichen Krankenkassen, S. 119 f.; KassKom/*Peters*, § 173 SGB V Rn. 24.

71 Krauskopf/*Baier*, Soziale Krankenversicherung, § 173 SGB V Rn. 13; juris-PK-SGB V/*Blöcher*, § 173 Rn. 26; Becker/Kingreen/*Just*, SGB V, § 173 Rn. 8; *Schnapp*, NZS 2004, 113 (113); Hauck/Noftz/*Sonnhoff*, SGB V, § 173 Rn. 22.

72 Vgl. Kap. B IV 3 c dieser Arbeit.

73 Krauskopf/*Baier*, Soziale Krankenversicherung, § 147 SGB V Rn. 20; Hauck/Noftz/*Engelhard*, SGB V, § 147 Rn. 25 f.; KassKom/*Peters*, § 147 SGB V Rn. 22.

74 Eine Pflicht zur Bestellung des Personals besteht dagegen nicht, vgl. KassKom/*Peters*, § 147 SGB V Rn. 22.

75 Krauskopf/*Baier*, Soziale Krankenversicherung, § 147 SGB V Rn. 20.

76 Krauskopf/*Baier*, Soziale Krankenversicherung, § 147 SGB V Rn. 20; Hauck/Noftz/*Engelhard*, SGB V, § 147 Rn. 25 f.; KassKom/*Peters*, § 147 SGB V Rn. 22.

Der Grund für die unterschiedliche Behandlung im Hinblick auf eine mögliche Personalbestellung liegt auf der Hand. Eine geöffnete Betriebskrankenkasse, deren Personal durch den Arbeitgeber auf dessen Kosten bestellt werden könnte, hätte gegenüber den übrigen Krankenkassen einen unangemessenen Wettbewerbsvorteil.[77] Sie könnte sich wegen der geringeren Personalkosten und den größeren finanziellen Spielräumen im Wettbewerb um die Versicherten, beispielsweise durch bessere Betreuungsangebote, Vorteile gegenüber den anderen Krankenkassen verschaffen. Letztendlich führte dies zu einer nicht gewollten Wettbewerbsverzerrung.[78]

In den vergangenen Jahrzehnten hat der Trend zur Verringerung der Krankenkassen in Deutschland auch vor den Betriebskrankenkassen nicht Halt gemacht. Existierten nach dem zweiten Weltkrieg alleine in den alten Bundesländern noch über 1000 Betriebskrankenkassen[79], ist die Anzahl der Betriebskrankenkassen mittlerweile auf 109 gesunken.[80] Sie betreuen etwa 12 Millionen Versicherte.[81]

bb) Errichtung und Vereinigung

Die Errichtung einer Betriebskrankenkasse ist unter den in §§ 147, 148 SGB V genannten Voraussetzungen möglich. Unter „Errichtung" in diesem Sinne versteht man die „Gründung einer Krankenkasse als juristische Person des öffentlichen Rechts durch öffentlich-rechtliches Rechtsgeschäft, die durch einen staatlichen Hoheitsakt in Kraft tritt"[82].[83] Die Besonderheit gegenüber der Entstehung anderer Körperschaften besteht bei Betriebskrankenkassen darin, dass es hier einem privaten Unternehmen möglich ist, die Errichtung einer Körperschaft des öffentlichen Rechts zu initiieren[84], wenngleich zusätzlich eine Genehmigung der Aufsichtsbehörde erforderlich ist.[85]

Das Gesetz stellt an die Errichtung einer Betriebskrankenkasse eine Reihe von Anforderungen. Nach § 147 Abs. 1 SGB V kann ein Arbeitgeber für einen oder mehrere Betriebe eine Betriebskrankenkasse errichten, wenn in diesen Betrieben mindestens 1.000 versicherungspflichtige Personen be-

---

77 Hauck/Noftz/*Engelhard*, SGB V, § 147 Rn. 26; Becker/Kingreen/*Mühlhausen*, SGB V, § 148 Rn. 18; KassKom/*Peters*, § 147 SGB V Rn. 22.

78 BT-Drucks. 15/1525, S. 134. So auch Krauskopf/*Baier*, Soziale Krankenversicherung, § 147 SGB V Rn. 35; KassKom/*Peters*, § 147 SGB V Rn. 22.

79 KassKom/*Peters*, § 147 SGB V Rn. 4.

80 Stand: 11.06.2013, vgl. Becker/Kingreen/*Mühlhausen*, SGB V, § 148 Rn. 1a.

81 Becker/Kingreen/*Mühlhausen*, SGB V, § 148 Rn. 1a.

82 Becker/Kingreen/*Mühlhausen*, SGB V, § 148 Rn. 2.

83 Becker/Kingreen/*Mühlhausen*, SGB V, § 148 Rn. 2.

84 Becker/Kingreen/*Mühlhausen*, SGB V, § 148 Rn. 3.

85 Becker/Kingreen/*Mühlhausen*, SGB V, § 148 Rn. 14.

schäftigt werden und die Leistungsfähigkeit der Betriebskrankenkasse auf Dauer gesichert ist. Der Begriff des Arbeitgebers im Sinne dieser Vorschrift ist gleichbedeutend mit dem allgemeinen arbeitsrechtlichen Arbeitgeberbegriff.[86] Die nach Errichtung der Krankenkasse zuständige Aufsichtsbehörde muss gemäß § 148 Abs. 1 SGB V zusätzlich ihre Genehmigung erteilen.[87] Diese darf sie nur aufgrund der in § 148 Abs. 1 Satz 2 SGB V genannten Gründen versagen.[88] Die Aufzählung der Versagungsgründe in § 148 Abs. 1 Satz 2 SGB V verdeutlicht, dass der mit der Genehmigung beauftragten Aufsichtsbehörde lediglich eine Rechts- und eben keine Zweckmäßigkeitsprüfung obliegt.[89] Die dem Arbeitgeber grundsätzlich zustehende Entscheidungsfreiheit in Bezug auf die Einrichtung einer Betriebskrankenkasse wird dadurch eingeschränkt, als dass es zur Errichtung der Betriebskrankenkasse noch der Zustimmung der Mehrheit der im Betrieb beschäftigten Mitarbeiter bedarf, § 148 Abs. 2 Satz 1 SGB V.[90]

Nach § 150 Abs. 1 und 2 SGB V ist neben der Neuerrichtung auch eine freiwillige sowie eine von der Stellung eines entsprechenden Antrags abhängige zwangsweise Vereinigung von Betriebskrankenkassen möglich. § 150 Abs. 2 SGB V verweist diesbezüglich auf das Organisationsrecht der Ortskrankenkassen. Der Verweis führt dazu, dass die Rechtsfolgen der Vereinigung einer Betriebskrankenkasse und einer Ortskrankenkasse weitestgehend einander entsprechen.[91]

c) Innungskrankenkassen

aa) Grundlagen

Die §§ 157 – 164 SGB V regeln das Organisationsrecht der Innungskrankenkassen. Nach § 157 Abs. 1 SGB V können eine oder mehrere Handwerksinnungen (§§ 52 ff. HwO) für Handwerksbetriebe ihrer Mitglieder In-

---

86 BSG 20.12.1962 – 3 RK 31/58, BeckRS 1962, 30408885 (II). Zur Definition des Arbeitgeberbegriffs Krauskopf/*Baier*, Soziale Krankenversicherung, § 147 SGB V Rn. 4; Hauck/Noftz/*Engelhard*, SGB V, § 147 Rn. 11; Becker/Kingreen/*Mühlhausen*, SGB V, § 148 Rn. 6.

87 Becker/Kingreen/*Mühlhausen*, SGB V, § 148 Rn. 14.

88 Es ist nicht ganz klar, ob die Versagungsgründe des § 148 Abs. 1 S. 2 SGB V als abschließend anzusehen sind, vgl. hierzu KassKom/*Peters*, § 148 SGB V Rn. 6. Bejahend *Schnapp*, NZS 2002, 449 (449).

89 Krauskopf/*Baier*, Soziale Krankenversicherung, § 147 SGB V Rn. 3; *Schnapp*, NZS 2002, 449 (449 f.).

90 Krauskopf/*Baier*, Soziale Krankenversicherung, § 147 SGB V Rn. 3; Becker/Kingreen/*Mühlhausen*, SGB V, § 148 Rn. 13.

91 Krauskopf/*Baier*, Soziale Krankenversicherung, § 150 SGB V Rn. 9; KassKom/*Peters*, § 150 SGB V Rn. 3 f.

nungskrankenkassen errichten.[92] Handwerksinnungen sind gemäß § 53 Satz 1 HwO ebenfalls Körperschaften des öffentlichen Rechts. Sie fördern nach § 54 Abs. 1 Satz 1 HwO die gemeinsamen gewerblichen Interessen ihrer Mitglieder.[93]

Nach § 173 Abs. 2 Satz 1 Nr. 3, 4 SGB V wird – wie bereits bei den Betriebskrankenkassen – zwischen geschlossenen und geöffneten Innungskrankenkassen unterschieden.[94] In geschlossenen Innungskrankenkassen können nur Mitarbeiter der Innungen selbst versichert sein, geöffnete Innungskrankenkassen stehen auch Dritten gegenüber offen.[95]

bb) Errichtung und Vereinigung

Die Errichtung einer Innungskrankenkasse ist unter den in §§ 157, 158 SGB V genannten Voraussetzungen möglich. Das Gesetz sieht mit § 160 SGB V außerdem freiwillige oder zwangsweise Vereinigungen vor. Für Vereinigungen von Innungskrankenkassen trifft § 160 SGB V entsprechende Regelungen, wobei der Gesetzgeber innerhalb dieser Normen auf Vorschriften anderer Krankenkassenarten verweist.[96] Auch wegen der angewandten Verweisungstechnik stimmt das Errichtungsverfahren von Innungskrankenkassen mit dem der Betriebskrankenkassen weitestgehend überein.[97] Einem Handwerksbetriebs steht es außerdem offen, statt einer Innungs- eine Betriebskrankenkasse für seine Mitarbeiter zu errichten.[98]

d) Ersatzkassen

Nach § 168 Abs. 1 SGB V sind Ersatzkassen „am 31. Dezember 1992 bestehende Krankenkassen, bei denen Versicherte die Mitgliedschaft bis zum 31. Dezember 1995 durch Ausübung des Wahlrechts erlangen können“[99]. Die-

---

92 Krauskopf/*Baier*, Soziale Krankenversicherung, § 157 SGB V Rn. 3; Becker/Kingreen/*Mühlhausen*, SGB V, § 158 Rn. 2.

93 Zu den einzelnen Aufgaben der Handwerksinnungen vgl. *Honig/Knörr*, HwO, § 54 Rn. 1 ff.

94 *Schnapp*, NZS 2004, 113 (115).

95 Krauskopf/*Baier*, Soziale Krankenversicherung, § 161 SGB V Rn. 14; *Besemann*, Aktuelle Entwicklungen im Organisationsrecht der gesetzlichen Krankenkassen, S. 135.

96 Zur Systematik KassKom/*Peters*, § 158 SGB V Rn. 3.

97 Vgl. unter Kap. B I 3 b bb dieser Arbeit. Zu den Abweichungen zwischen den beiden Errichtungsverfahren und den Voraussetzungen der Errichtung von Innungskrankenkassen siehe *Besemann*, Aktuelle Entwicklungen im Organisationsrecht der gesetzlichen Krankenkassen, S. 135 ff.; Becker/Kingreen/*Mühlhausen*, SGB V, § 158 Rn. 1.

98 KassKom/*Peters*, § 157 SGB V Rn. 17.

99 § 168 Abs. 1 SGB V.

ser im SGB V zu findenden Definition lässt sich nicht entnehmen, was unter einer Ersatzkasse zu verstehen ist.[100] Ein Rückgriff auf § 168 Abs. 1 SGB V a.F. verschafft Klarheit.[101] Danach sind Ersatzkassen Krankenkassen, bei denen Versicherte die Mitgliedschaft nicht kraft Gesetzes, sondern durch Ausübung des Wahlrechts erlangen.[102] Infolge von Gesetzesänderungen in der Vergangenheit ist diese Definition überholt. Die Ersatzkassen stehen wie die übrigen bereits dargestellten Kassenarten grundsätzlich allen Angestellten und Arbeitern offen.[103]

Es fehlt im Organisationsrecht der Ersatzkassen an Errichtungsvorschriften.[104] Die Neuerrichtung von Ersatzkassen ist daher nicht mehr möglich.[105] Die Entstehung einer neuen Ersatzkasse ist einzig durch die Vereinigung zweier bereits existierender Ersatzkassen nach § 168a SGB V denkbar.[106]

e) Sonstige Krankenkassenarten

Die „Sozialversicherung für Landwirtschaft, Forsten und Gartenbau als Träger der Krankenversicherung der Landwirte“[107] (Landwirtschaftliche Krankenkasse) und die „Deutsche Rentenversicherung Knappschaft-See-Bahn“[108] zählen nach § 4 Abs. 2 SGB V ebenfalls zu den gesetzlichen Kassenarten.[109]

Seit Inkrafttreten des Gesetzes zur Neuordnung der Organisation der landwirtschaftlichen Sozialversicherung (LSV-Neuordnungsgesetz – LSV-NOG) zum 1. Januar 2013[110] existiert nur noch eine einzige Landwirtschaftliche Krankenkasse.[111] Strukturelle Veränderungen sowie rückläufige Versi-

---

100 Krauskopf/*Baier*, Soziale Krankenversicherung, § 168 SGB V Rn. 8; KassKom/*Peters*, § 168 SGB V Rn. 8.

101 KassKom/*Peters*, § 168 SGB V Rn. 8.

102 Krauskopf/*Baier*, Soziale Krankenversicherung, § 168 SGB V Rn. 8; KassKom/*Peters*, § 168 SGB V Rn. 8.

103 Krauskopf/*Baier*, Soziale Krankenversicherung, § 168 SGB V Rn. 12; Becker/Kingreen/*Mühlhausen*, SGB V, § 168 Rn. 5; KassKom/*Peters*, § 168 SGB V Rn. 9.

104 KassKom/*Peters*, § 168 SGB V Rn. 8.

105 Krauskopf/*Baier*, Soziale Krankenversicherung, § 168 SGB V Rn. 9; Hauck/Noftz/*Engelhard*, SGB V, § 168 Rn. 7; Becker/Kingreen/*Mühlhausen*, SGB V, § 168 Rn. 3; KassKom/*Peters*, § 168 SGB V Rn. 8.

106 Zu den Abweichungen und Voraussetzungen der zwangsweisen Vereinigung auf Antrag vgl. Krauskopf/*Baier*, Soziale Krankenversicherung, § 168a SGB V Rn. 3 f.

107 § 4 Abs. 2 SGB V.

108 § 4 Abs. 2 SGB V.

109 Krauskopf/*Krauskopf*, Soziale Krankenversicherung, § 4 SGB V Rn. 9; Becker/Kingreen/*Mühlhausen*, SGB V, § 4 Rn. 5.

110 BGBl. I S. 579.

111 *Freund/Baron*, SDL 2012, 9 (9); KassKom/*Peters*, § 166 SGB V Rn. 5. Ausführlich zu den Neuerungen *Jung*, BPUVZ 2012, 366 (366 f.).

chertenzahlen erforderten die Neuordnung dieser Krankenkassenart.[112] Anders als die übrigen Kassenarten steht sie nicht allen Versicherten offen.[113] Die Öffnung gegenüber Dritten ist gesetzlich nicht vorgesehen.[114]

Die Rentenversicherung Knappschaft-See-Bahn wird ebenfalls durch nur eine einzige Krankenkasse ausgeführt.[115] Die Regelung des § 167 SGB V, wonach die Deutsche Rentenversicherung Knappschaft-Bahn-See die „Krankenversicherung nach den Vorschriften dieses Buches"[116] durchführt, ist lediglich deklaratorischer Natur.[117] Es existieren keine anderweitigen, die Vorschriften des SGB V verdrängenden Regelungen.[118]

Die beiden Krankenkassen folgen nicht dem für Orts-, Betriebs- und Innungskrankenkassen sowie Ersatzkassen bekannten Abwicklungssystem.[119] Trotz der Einführung der insolvenzrechtlichen Regelungen unter dem achten Titel im SGB V, der kassenübergreifende Regelungen vorsieht, gelten sie weiterhin als insolvenzunfähig.[120] Das SGB V regelt ebenso die Schließung der beiden Krankenkassen nicht.[121] Entscheidet sich der Gesetzgeber für die Auflösung einer dieser beiden Krankenkassentypen, müsste er gesonderte Abwicklungsvorschriften erlassen.

II. Ursachen für die Schließung von Krankenkassen

Die Möglichkeit, in ihrer Leistungsfähigkeit bedrohte Krankenkassen abzuwickeln, existierte im Krankenversicherungsrecht schon vor den beiden Kassenschließungen im Jahr 2011.[122] Die Vorschriften führten in der juristischen Fachliteratur aber lange Zeit ein Schattendasein, da die Schließung

---

[112] Krauskopf/*Baier*, Soziale Krankenversicherung, § 166 SGB V Rn. 4. Ausführlich zu den Hintergründen *Freund/Baron*, SDL 2012, 9 (9 ff.). *Becker*, SDL 2012, 35 (35 ff.) stellt die personalrechtlichen Regelungen umfassend dar.

[113] BeckOK/*Heberlein*, SozR, § 4 SGB V Rn. 5 f.; KassKom/*Peters*, § 166 SGB V Rn. 4.

[114] *Besemann*, Aktuelle Entwicklungen im Organisationsrecht der gesetzlichen Krankenkassen, S. 152.

[115] *Besemann*, Aktuelle Entwicklungen im Organisationsrecht der gesetzlichen Krankenkassen, S. 165.

[116] § 167 SGB V.

[117] Krauskopf/*Baier*, Soziale Krankenversicherung, § 167 SGB V Rn. 5.

[118] Krauskopf/*Baier*, Soziale Krankenversicherung, § 167 SGB V Rn. 5.

[119] So auch in Bezug auf die Insolvenzfähigkeit KassKom/*Peters*, § 171b SGB V Rn. 7.

[120] Becker/Kingreen/*Mühlhausen*, SGB V, § 171b Rn. 3; KassKom/*Peters*, § 171b SGB V Rn. 7.

[121] *Besemann*, Aktuelle Entwicklungen im Organisationsrecht der gesetzlichen Krankenkassen, S. 151 f.

[122] Vgl. *Besemann*, Aktuelle Entwicklungen im Organisationsrecht der gesetzlichen Krankenkassen, S. 24 zu den §§ 280 ff. RVO a.F., die vor Ablösung durch das SGB V Regelungen zur Auflösung, Schließung und Vereinigung enthielten; bspw. § 279 Nr. 4 RVO a.F. zur Abwicklung einer Innungskrankenkasse, deren Leistungsfähigkeit nicht mehr auf Dauer gesichert ist.

einer Krankenkasse als unwahrscheinlich galt.[123] Das änderte sich mit den Gesetzesreformen in den letzten beiden Jahrzehnten.[124] Der Gesetzgeber reformierte die Finanzierungsmechanismen und sorgte zugleich für einen verschärften Wettbewerb im Krankenversicherungsrecht.

Die inhaltliche Auseinandersetzung mit den Ursachen der Schließung einer Krankenkasse sowie den Rahmenbedingungen des Schließungsverfahrens auch gegenüber den Beschäftigten erfordert die Inblicknahme der Finanzierung der gesetzlichen Krankenversicherung und der Regeln zum Wettbewerb zwischen den Krankenkassen. Dabei zeigt sich schnell, dass die Reformen gerade die Verringerung der Anzahl von Krankenkassen zum Ziel hatten.[125] Ein Blick auf die Finanzierung der Krankenversicherung offenbart die Ursachen für die Schließung von Krankenkassen, während die Analyse der zum verschärften Wettbewerb führenden jüngeren Gesetzgebung aufzeigt, weshalb diese Thematik erst in den vergangenen Jahren in den Fokus der Öffentlichkeit rückte.

1. Finanzierung der gesetzlichen Krankenversicherung

Die Schließung einer Krankenkasse dürfte am ehesten in Verbindung mit Problemen einer Krankenkasse mit der Bedienung ihrer laufenden Verbindlichkeiten stehen. Den Gesetzgeber trifft zwar der verfassungsrechtliche Auftrag, ein funktionierendes Gesundheitssystem zu schaffen.[126] Ihm steht allerdings bei dessen Ausgestaltung ein Spielraum zu.[127] Wegen der fortschreitenden Überalterung der Gesellschaft[128] und der immer höher werdenden Kosten für die Behandlung[129] von Versicherten ist er zunehmend gezwungen, Kostensenkungen in der Krankenversicherung zu bewirken.[130]

---

[123] So auch *Amshoff*, KrV 2010, 260 (260) und *Bohlen-Schöning*, KrV 2009, 289 (289). Letztere in Bezug auf die geringe Wahrscheinlichkeit einer Insolvenz von Krankenkassen in der Vergangenheit.

[124] *Bohlen-Schöning*, KrV 2009, 289 (289).

[125] BT-Drucks. 16/3100, S. 155 f.; Krauskopf/*Baier*, Soziale Krankenversicherung, § 171a SGB V Rn. 2; Eichenhofer/Wenner/SGB V/*Marburger*, Vor §§ 143 - 173 Rn. 4; KassKom/*Peters*, § 171a SGB V Rn. 2 f.

[126] KKW/*Waltermann*, Einl. zum SGB V Rn. 5 f.

[127] KKW/*Waltermann*, Einl. zum SGB V Rn. 6.

[128] *Baierl*, jurisPR-SozR 20/2014 Anm. 1; *Ortmann*, KrV 2010, 144 (144); *Peterhoff/Müller*, KrV 2005, 89 (89); *Sager*, KrV 2005, 163 (163). Gegen diese These: *Bosbach/Bingler*, SozSich 2008, 5 (7 ff.). Umfassend zu den Auswirkungen und Konsequenzen der demografischen Entwicklung auf die gesetzliche Krankenversicherung vgl. *Hof*, Auswirkungen demographische Entwicklung Krankenversicherung, S. 13 ff.

[129] *Baierl*, jurisPR-SozR 20/2014 Anm. 1; *Peterhoff/Müller*, KrV 2005, 89 (89): In diesem Zusammenhang wird von einem medizinisch-technischen Fortschritt gesprochen. Gegen diese These: *Bosbach/Bingler*, SozSich 2008, 5 (9 ff.). Die Sorgen rund um die Finanzierung der gesetzlichen Krankenversicherung bestehen nicht erst seit den letz-

Sowohl in den §§ 20 ff. SGB IV als auch in den §§ 220 ff. SGB V finden sich detaillierte Regelungen zur Finanzierung der gesetzlichen Krankenversicherung. Soweit die für das Krankenversicherungssystem normierten besonderen Regelungen in den §§ 220 ff. SGB V Regelungslücken aufweisen, kann auf die Vorschriften des SGB IV – also die gemeinsamen Vorschriften des Sozialversicherungsrechts[131] – zurückgegriffen werden.[132] Es existiert damit kein spezialgesetzliches Finanzierungsrecht für die gesetzliche Krankenversicherung, wenngleich das SGB V zahlreiche von allgemeinen Bestimmungen des Sozialversicherungsrechts abweichende Regelungen trifft.[133] Heutzutage ist zwischen der Mittelaufbringung und ihrer Verteilung zu unterscheiden.

a) Aufbringung der Mittel

Nach § 220 Abs. 1 SGB V werden die Mittel der Krankenversicherung „durch Beiträge und sonstige Einnahmen aufgebracht"[134]. Zu den „sonstigen Einnahmen" zählen insbesondere[135] Gebühren und Zwangsgelder.[136] Der hieraus gewonnene Anteil an dem Gesamtbudget ist allerdings in der Praxis zu vernachlässigen, da die von den Mitgliedern erhobenen Beiträge den wesentlichen Teil der Einnahmen einer Krankenkasse ausmachen.[137]

Das dem Sozialversicherungsrecht zugrunde liegende Solidaritätsprinzip beeinflusst die Beitragserhebung.[138] Es führt dazu, dass weder jedes Mitglied denselben Krankenkassenbeitrag zu leisten hat noch sich die konkrete Bei-

---

ten Jahren, vgl. die Abhandlung von *Herder-Dorneich*, Krankenversicherung, S. 9 ff. aus dem Jahr 1983, der sich mit der Kostenexplosion vor und in den 1980er Jahren auseinandersetzt und mögliche Lösungsansätze herausarbeitet.

130 *Ortmann*, KrV 2010, 144 (147); *Peterhoff/Müller*, KrV 2005, 89 (89 f.). Teils wird diese These mit überzeugenden Argumenten bestritten und das Problem auf die Einnahmenseite der gesetzlichen Krankenversicherung verlagert. An dieser Stelle soll diese Frage nicht näher vertieft und bezüglich der Gegenansicht auf *Bosbach/Bingler*, SozSich 2008, 5 verwiesen werden.

131 Zum sachlichen Geltungsbereich des SGB IV Krauskopf/*Baier*, Soziale Krankenversicherung, § 1 SGB IV Rn. 3 ff.

132 Hauck/Noftz/*Luthe*, SGB V, § 220 Rn. 7; KassKom/*Peters*, § 220 SGB V Rn. 13; Becker/Kingreen/*Rixen*, SGB V, § 220 Rn. 5.

133 KassKom/*Peters*, § 220 SGB V Rn. 13; Becker/Kingreen/*Rixen*, SGB V, § 220 Rn. 5.

134 § 220 Abs. 1 SGB V.

135 Zu den weiteren sonstigen Einnahmen vgl. die Aufzählung in Krauskopf/*Böttiger*, Soziale Krankenversicherung, § 220 SGB V Rn. 5.

136 Krauskopf/*Böttiger*, Soziale Krankenversicherung, § 220 SGB V Rn. 5.

137 *Bohlen-Schöning/Otto*, NZS 2013, 207 (208); *Groß*, Krankenkassen, S. 44; *Hengst*, Insolvenzfähigkeit von Krankenkassen, S. 44; Krauskopf/*Krauskopf*, Soziale Krankenversicherung, § 3 SGB V Rn. 3; KassKom/*Peters*, § 220 SGB V Rn. 14; Becker/Kingreen/*Rixen*, SGB V, § 3 Rn. 2.

138 Hauck/Noftz/*Gerlach*, SGB V, § 241 Rn. 15. Sehr ausführlich zur Solidarität in der Sozialversicherung *Bieback*, SGb 2012, 1 (1 ff.).

tragshöhe nach seinem individuellen Risiko bemisst.[139] Die Beiträge berechnen sich vielmehr nach einem Prozentsatz des individuellen Einkommens und damit nach der Leistungsfähigkeit des Mitglieds.[140] Sie setzen sich zusammen aus dem allgemeinen Beitragssatz, einem ermäßigten Beitragssatz und möglicherweise einem von den Krankenkassen festgelegten einkommensabhängigen Zusatzbeitrag.[141] Im Unterschied zu anderen Bereichen des Sozialversicherungsrecht schließt § 220 Abs. 1 SGB V die durch die allgemeinere Regelung des § 20 Abs. 1 SGB IV ermöglichte Finanzierung durch staatliche Zuschüsse grundsätzlich aus.[142]

Als ein Grund für die Schließung von Krankenkassen sind die Veränderungen der Mittelaufbringung anzusehen.[143] Bis in das Jahr 2008 hinein konnten Krankenkassen den allgemeinen Beitragssatz auf Grundlage des § 241 SGB V a.F. selbst bestimmen.[144] Dies führte zwar zu teils erheblichen Unterschieden unter den Beitragssätzen der einzelnen Krankenkassen.[145] Das Bestimmungsrecht gab den Krankenkassen jedoch ein Mittel an die Hand, selbst für höhere Einnahmen[146] und für die Deckung der im Haushaltsplan vorgesehenen Ausgaben zu sorgen.[147] Dem schob der Gesetzgeber

---

[139] *Bieback*, SGb 2012, 1 (2 f.); Krauskopf/*Böttiger*, Soziale Krankenversicherung, § 241 SGB V Rn. 5.

[140] BVerfG 06.12.2005 - 1 BvR 347/98, NJW 2006, 891 (Rn. 5); *Bieback*, SGb 2012, 1, (2 ff.); Hauck/Noftz/*Gerlach*, SGB V, § 241 Rn. 15; Krauskopf/*Krauskopf*, Soziale Krankenversicherung, § 3 SGB V Rn. 6 ff; KassKom/*Peters*, § 3 SGB V Rn. 2, 5; Becker/Kingreen/*Rixen*, SGB V, § 3 Rn. 2 ff.

[141] Ausführlich zu den Einzelheiten der Beitragserhebung, die an dieser Stelle nicht näher behandelt werden sollen: Krauskopf/*Böttiger*, Soziale Krankenversicherung, § 241 SGB V Rn. 5 ff.; KassKom/*Peters*, § 241 SGB V Rn. 4 f.

[142] Krauskopf/*Böttiger*, Soziale Krankenversicherung, § 220 SGB V Rn. 3. Eine Ausnahme hiervon ist bei der Finanzierung der Landwirtschaftlichen Krankenkasse sowie im Anwendungsbereich des § 221 SGB V bei versicherungsfremden Leistungen vorgesehen, dazu näher Krauskopf/*Baier*, Soziale Krankenversicherung, § 20 SGB IV Rn. 8. In den Fällen des § 242 Abs. 3 SGB V ist der seit dem Jahr 2015 eingeführte durchschnittliche Zusatzbeitragssatz des § 242a SGB V zu erheben, dazu *Baierl*, jurisPR-SozR 20/2014 Anm. 1 (I).

[143] In diese Richtung auch *Bohlen-Schöning*, KrV 2009, 289 (289). Sie sah die Insolvenz einer Krankenkasse bereits vor den Schließungen im Jahr 2011 unter anderem wegen der Änderungen im Finanzierungssystem als realistischeres Szenario an.

[144] Hauck/Noftz/*Gerlach*, SGB V, § 241 Rn. 4; *Groß*, Krankenkassen, S. 41; juris-PK-SGB V/*Mack*, § 241 Rn. 18; KassKom/*Peters*, § 241 SGB V Rn. 3; *Sodan*, NJW 2007, 1313 (1317). Es handelt sich hier um eine stark vereinfachte Darstellung des früheren Finanzierungssystems, das ebenfalls Einschränkungen für die Krankenkassen vorsah. Es kommt an dieser Stelle im Wesentlichen auf die Feststellung an, dass das GKV-WSG erheblich in die Finanzautonomie der Krankenkassen eingriff. So auch u.a. *Sodan*, NJW 2007, 1313 (1316).

[145] KassKom/*Peters*, § 241 SGB V Rn. 3.

[146] *Groß*, Krankenkassen, S. 44.

[147] Hauck/Noftz/*Gerlach*, SGB V, § 241 Rn. 16.

im Jahr 2009 einen Riegel vor.[148] Fortan legte eine Rechtsverordnung, seit dem Jahr 2011 ein Gesetz (§ 241 SGB V), den Beitragssatz einheitlich fest.[149] Reichen einer Krankenkasse heute die ihr zugewiesenen Mittel nicht aus, hat sie einen kassenindividuellen einkommensabhängigen[150] Zusatzbeitrag nach § 242 Abs. 1 Satz 1 SGB V von ihren Mitgliedern zu erheben.[151]

Die mit Wirkung zum Jahr 2015 eingeführten Neuerungen bewirken zwar teilweise eine faktische Rückkehr zur vorherigen Rechtslage.[152] Eine Steuerung ihrer Einnahmen durch die Krankenkasse selbst wird insofern erleichtert, als kassenindividuelle Zusatzbeiträge künftig sehr viel häufiger zu erwarten sind.[153] Krankenkassen sollten allerdings zur Deckung ihrer Ausgaben nicht vorschnell Zusatzbeiträge nach § 242 SGB V erheben, da bereits der Höhe nach geringe Mehrbelastungen[154] zum Wechsel der oftmals leistungsfähigen Versicherten führen.[155] Denn bei Einführung oder Erhöhung des Zusatzbeitrages steht sämtlichen betroffenen Versicherten ein Sonderkündigungsrecht nach § 175 Abs. 4 Satz 5 SGB V zu.[156] Darauf hat sie die Krankenkasse explizit hinzuweisen, und zwar seit dem Jahr 2015 nicht mehr durch bloße Veröffentlichung in der Mitgliedszeitschrift, sondern nach § 175 Abs. 4 Satz 6 SGB V mittels eines gesonderten Schreibens an jedes einzelne Mit-

---

148 Zu den Gesetzesreformen, die den Beitragssatz betrafen, ausführlich *Sodan*, NJW 2007, 1313 (1316 f.).

149 Hauck/Noftz/*Gerlach*, SGB V, § 241 Rn. 5; KassKom/*Peters*, § 220 SGB V Rn. 6 f.

150 Eine wichtige Neuerung des GKV-FQWG ist der einkommensabhängige Zusatzbeitrag zum 01.01.2015. § 242 Abs. 1 Satz 1 SGB V i.d.F. bis zum 31.12.2014 sah lediglich einen einkommensunabhängigen Zusatzbeitrag der Krankenkassen vor. Dazu BT-Drucks. 18/1657, S. 50; *Baierl*, jurisPR-SozR 20/2014 Anm. 1 (I).

151 *Bohlen-Schöning/Otto*, NZS 2013, 207 (210); *Daubenbüchel*, KrV 2010, 234 (235); *Sichert/Göpffarth*, SGb 2010, 394 (394).

152 *Baierl*, jurisPR-SozR 20/2014 Anm. 1 (II).

153 *Baierl*, jurisPR-SozR 20/2014 Anm. 1 (II).

154 Der Nutzen von Zusatzbeiträgen ist umstritten. Auf die Diskussionen rund um den Zusatzbeitrag soll hier allerdings nicht näher eingegangen werden. Eine interessante, in der juristischen Fachliteratur diskutierte Frage ist, inwieweit Zusatzbeiträge zur Sanierung und zum Schuldenabbau von Krankenkassen erhoben werden können. Vgl. hierzu insb. *Bohlen-Schöning/Otto*, NZS 2013, 207 (207 ff.); *Thelen*, KrV 2013, 154 (154 ff.); *Thüsing/Traut/Pötters*, NZS 2012, 641 (641 ff.).

155 *Thüsing/Traut/Pötters*, NZS 2012, 641 (641), welche die Möglichkeit des erhöhten Zusatzbeitrages zutreffend unter der Überschrift „Faktische Grenze: Akzeptanz bei Versicherten" diskutieren. Ganz abgesehen davon sind die hohen bürokratischen Kosten der Krankenkasse zu berücksichtigen, die durch die Einführung eines Zusatzbeitrages anfallen, vgl. *Daubenbüchel*, KrV 2010, 234 (236). Die Veröffentlichungen beziehen sich allerdings auf die vor dem Jahr 2015 geltende Rechtslage.

156 Krauskopf/*Baier*, Soziale Krankenversicherung, § 175 SGB V Rn. 45 f.

glied.[157] Der durch die Erhebung eines Zusatzbeitrages ausgelöste Mitgliederschwund kann damit schnell einen Teufelskreis in Gang setzen.[158]

Die Neustrukturierungen der letzten beiden Jahrzehnte haben deswegen auch weiterhin zur Folge, dass die Krankenkassen weniger Einfluss auf die Höhe der ihnen zur Verfügung stehenden Mittel haben.[159] Sie können nicht mehr wie zuvor ihre Einnahmen durch Festlegung eines höheren Beitragssatzes selbst beeinflussen[160], sondern sollten ihre Bemühungen, bestehende Defizite zu verringern, auf die Ausgabenseite konzentrieren, um nicht die von der Einführung eines kassenindividuellen Zusatzbeitrags ausgehenden Risiken eingehen zu müssen.[161]

b) Mittelzuweisungen

Die Krankenkassen ziehen die Beiträge von ihren Mitgliedern nach § 271 Abs. 1 SGB V ein.[162] Ihre Zuständigkeit folgt aus § 28i Satz 1 SGB IV.[163] Allerdings nimmt der nach § 271 Abs. 1 SGB V vom Bundesversicherungsamt als Sondervermögen verwaltete Gesundheitsfonds eine zentrale Rolle bei der Mittelzuweisung ein.[164] Die von den Mitgliedern der einzelnen Krankenkassen gezahlten Beiträge werden grundsätzlich[165] im Gesundheitsfonds gesammelt und den Krankenkassen hieraus nach § 271 Abs. 5 Satz 1 SGB V anteilig zugewiesen.[166]

---

157 *Baierl*, jurisPR-SozR 20/2014 Anm. 1 (V 4).

158 *Bohlen-Schöning/Otto*, NZS 2013, 207 (207 f.). *Töpfer/Opitz*, KrV 2011, 215 (216) weisen zudem auf die Ergebnisse des M+M Versichertenbarometers 2011 hin. Danach führe ein Zusatzbeitrag gerade in der Altersgruppe der 31-50-Jährigen Versicherten und Versicherten mit abgeschlossenem Hochschulstudium und höherem Einkommen zum Krankenkassenwechsel.

159 *Sodan*, NJW 2007, 1313 (1317).

160 *Groß*, Krankenkassen, S. 44. Schon vor dem GKV-WSG galten diesbezüglich Einschränkungen. Vgl. hierzu Hauck/Noftz/*Gerlach*, SGB V, § 241 Rn. 20, insb. zum sog. Beitragsentlastungsgesetz (BGBl. I, 1631), durch das zum 01.01.1997 in die Finanzautonomie der Krankenkassen eingegriffen wurde. Zu den weiteren Beschränkungen Hauck/Noftz/*Gerlach*, SGB V, § 241 Rn. 27 ff.

161 So wohl letztlich auch *Thüsing/Traut/Pötters*, NZS 2012, 641 (641 f.), welche die faktischen Grenzen des Zusatzbeitrages hervorheben.

162 *Bohlen-Schöning/Otto*, NZS 2013, 207 (207 f.); *Thüsing/Traut/Pötters*, NZS 2012, 641 (641).

163 Becker/Kingreen/*Göpffarth*, SGB V, § 271 Rn. 3 f.; BeckOK/*Mette*, SozR, § 28i SGB IV Rn. 3, auch zu den Ausnahmen.

164 Becker/Kingreen/*Göpffarth*, SGB V, § 271 Rn. 10.

165 Zu den Ausnahmen, in denen eine Direktzahlung an den Gesundheitsfonds erfolgt vgl. Becker/Kingreen/*Göpffarth*, SGB V, § 271 Rn. 5 f.

166 Krauskopf/*Rappl*, Soziale Krankenversicherung, § 271 SGB V Rn. 2.

Die Mittelzuweisung aus dem Gesundheitsfonds richtet sich nicht nach dem tatsächlichen Finanzbedarf der Krankenkassen, sondern berechnet sich gemäß § 266 Abs. 1 SGB V nach abstrakten Kriterien unter Berücksichtigung von „alters-, geschlechts- und risikoadjustierte[n] Zu- und Abschläge[n]".[167] Dieser Berechnungsschlüssel gleicht strukturelle Nachteile aus, unter denen beispielsweise eine Krankenkasse mit einem überproportional hohen Anteil an älteren Versicherten leidet, die statistisch gesehen höhere Kosten verursachen.[168] Der Gesetzgeber wollte den Krankenkassen anhand dieses sog. Risikostrukturausgleichs bestehende Anreize, bevorzugt junge, gutverdienende Versicherte anzuwerben, nehmen.[169] Wegen diesen Neuerungen nützt es heutzutage den Krankenkassen auch tatsächlich weniger, ihre Mitgliederwerbung auf risikoärmere Versicherte zu beschränken, die über ein höheres Einkommen verfügen.[170] Insoweit hat der Gesetzgeber sein mit der Einführung des Risikostrukturausgleichs verfolgtes Ziel[171] erreicht.

Diese zweite Ebene in der Finanzierung der Krankenkassen, die den Wettbewerb zwischen den Krankenkassen verschärft, ist als weiterer Grund für die Schließung von Krankenkassen anzusehen.[172] Auch wenn die Berechnungskriterien unmittelbar an die Mitgliederstruktur innerhalb der Krankenkassen anknüpfen, treten durch die abstrakte Bestimmung der Mittel im Einzelfall Defizite auf.[173] Sie entstehen beispielsweise dann, wenn die Verwaltungskosten einer Krankenkasse überdurchschnittlich hoch sind oder Verbindlichkeiten aus der Vergangenheit ihren finanziellen Spielraum erheblich einengen.[174] Es wird zudem kritisiert, dass der Gesetzgeber zwar die Berücksichtigung bestimmter Risiken bei der Verteilung der Mittel vorsah, er aber nicht alle risikorelevanten Faktoren erfasste.[175] Eine höhere Ausgabenbelastung der Krankenkassen, deren Mitglieder vermehrt in Ballungszentren und großen Städten leben, bleibt beispielsweise unberücksichtigt.[176]

---

167 Zum Risikostrukturausgleich vgl. Becker/Kingreen/*Göpffarth*, SGB V, § 266 Rn. 4 ff.; *Pitschas*, GesR 2008, 64 (70); *Thüsing/Traut/Pötters*, NZS 2012, 641 (641).

168 So etwa BVerfG 18.07.2005 - 2 BvF 2/01, NVwZ 2006, 559 (Rn. 186), das in seiner Entscheidung zur Verfassungsmäßigkeit des Risikostrukturausgleichs unter anderem auf das erhöhte Krankheitsrisiko älterer Versicherter hinweist.

169 *Palsherm/Palsherm*, BG 2009, 83 (85).

170 *Jacobs*, NZS 1993, 194 (196).

171 Dazu BT-Drucks. 12/3608, S. 74 f.

172 Kritisch zur Mittelzuweisung durch den Risikostrukturausgleich bereits *Ramsauer*, NJW 1998, 481 (481), der in diesem Zusammenhang von einem anhaltenden Kassensterben spricht.

173 *Thüsing/Traut/Pötters*, NZS 2012, 641 (641).

174 Krauskopf/*Böttiger*, Soziale Krankenversicherung, § 266 SGB V Rn. 9; *Thüsing/Traut/Pötters*, NZS 2012, 641 (641), auch mit weiteren Beispielen.

175 Dazu bspw. *Sodan/Gast*, NZS 1999, 265 (265).

176 Krauskopf/*Böttiger*, Soziale Krankenversicherung, § 266 SGB V Rn. 9; *Ramsauer*, NJW 1998, 481 (484 f.).

Für diese Versicherten fallen statistisch gesehen aber höhere Kosten an als für diejenigen, die im ländlichen Bereich leben.[177] Die Trennung zwischen dem tatsächlichen Finanzbedarf und der Mittelzuweisung aus dem Gesundheitsfonds bleibt auch nach der letzten größeren Gesundheitsreform durch das GKV-FQWG[178] bestehen.[179] Die Neuregelungen sollen jedoch für eine noch genauere Erfassung der bestehenden Risikofaktoren sorgen.[180]

c) Wirtschaftlichkeitsgebot

aa) Grundsätzliches Gebot der Krankenversicherung

Das Krankenversicherungsrecht dient zwar dem Schutz vor Belastungen, die von Krankheiten ausgehen.[181] Auf der anderen Seite darf es die Versicherten allerdings von Verfassungs wegen keinen unangemessen hohen Beiträgen aussetzen.[182] Die Akzeptanz gegenüber einem Krankenversicherungssystem schwindet, wenn sich die finanziellen Belastungen der Versicherten nicht in Grenzen halten. Auch um diesen Vorgaben gerecht zu werden, hat das sog. Wirtschaftlichkeitsgebot Einzug in das Sozialversicherungsrecht gehalten. Dadurch sollen Anreize sowohl zur Kostensenkung als auch für einen effizienten Einsatz der zur Verfügung stehenden Mittel geschaffen werden.[183]

Das Wirtschaftlichkeitsgebot ist als Gebot des Krankenversicherungsrechts ausdrücklich in § 2 Abs. 4 SGB V, im Leistungsrecht in § 12 SGB V und im Leistungserbringungsrecht in § 70 SGB V verankert.[184] Danach ist nicht jedwede Leistung zu gewähren, sondern eine solche muss „ausreichend, zweckmäßig und wirtschaftlich sein".[185] Nach § 12 Abs. 1 Satz 1 Hs. 2 SGB V darf das „Maß des Notwendigen" nicht überschritten werden.[186]

---

177 Krauskopf/*Böttiger*, Soziale Krankenversicherung, § 266 SGB V Rn. 9; *Gründer*, KrV 2011, 250 (254); *Klimpe-Auerbach*, SozSich 2011, 270 (270); *Osterloh*, DÄ 2011, 1462; *Ramsauer*, NJW 1998, 481 (484 f.); *Sinß*, VW 2010, 926.

178 BGBl. 2014, 1133.

179 *Baierl*, jurisPR-SozR 20/2014 Anm. 1 (I Fn. 15).

180 Dazu *Baierl*, jurisPR-SozR 20/2014 Anm. 1 (III).

181 KKW/*Berchtold*, § 5 SGB V Rn. 49; MüKo/VVG/*Boetius*, Band 3, Einf. Rn. 16.

182 Juris-PK-SGB V/*Engelhard*, § 12 Rn. 26, 30 zum Schutz der allgemeinen Handlungsfreiheit des Versicherten (Art. 2 Abs. 1 GG) vor einem unangemessenen Verhältnis zwischen Beiträgen und Leistungen.

183 *Greiner/Benedix*, SGb 2013, 1 (1).

184 Becker/Kingreen/*Scholz*, SGB V, § 12 Rn. 1.

185 Juris-PK-SGB V/*Engelhard*, § 12 Rn. 17; Spickhoff/*Trenk-Hinterberger*, Medizinrecht, § 12 SGB V Rn. 2 f.; Krauskopf/*Wagner*, Soziale Krankenversicherung, § 12 SGB V Rn. 4 ff.; KKW/*Waltermann*, § 12 SGB V Rn. 2.

186 Juris-PK-SGB V/*Engelhard*, § 12 Rn. 17; Spickhoff/*Trenk-Hinterberger*, Medizinrecht, § 12 SGB V Rn. 2; Krauskopf/*Wagner*, Soziale Krankenversicherung, § 12 SGB V Rn. 9; KKW/*Waltermann*, § 12 SGB V Rn. 6.

Es ist für sämtliche Beteiligte der Krankenversicherung verbindlich.[187] Das kommt bereits mit der Regelung des § 2 Abs. 4 SGB V zum Ausdruck.[188] Inwieweit das Wirtschaftlichkeitsgebot tatsächlich auch den Versicherten selbst vermittelt werden kann, die keiner den Krankenkassen ähnlichen Aufsicht unterstehen, ist dagegen fraglich.[189] Unabhängig davon bekommen sie die von ihm ausgehenden Wirkungen allerdings dadurch zu spüren, indem die Krankenkassen und die Leistungserbringer unwirtschaftliche Leistungen grundsätzlich verweigern dürfen, § 12 Abs. 1 Satz 2 SGB V.[190] Dadurch existiert ein Spannungsfeld zwischen dem Recht der Versicherten auf eine gute Gesundheitsversorgung auf der einen Seite und den durch die Abwehrrechte der Versicherten vor unverhältnismäßig hohen Beitragspflichten gesteckten Grenzen auf der anderen Seite.[191]

Es ginge zu weit, das Wirtschaftlichkeitsgebot als unmittelbare und entscheidende Ursache für eine Krankenkassenschließung heranzuziehen. Allerdings verdeutlicht es, dass Krankenkassen nicht nur im Hinblick auf den Erhalt ihrer Leistungsfähigkeit sorgfältig wirtschaften müssen. Es bewirkt nicht nur auf Ebene der Leistungsbeziehungen Einschränkungen, sondern beeinflusst ebenso die Beziehungen zwischen einer Krankenkasse in ihrer Eigenschaft als Arbeitgeberin und ihren Mitarbeitern.

bb) Arbeitsrechtliche Auswirkungen des Wirtschaftlichkeitsgebots

Das im Krankenversicherungsrecht angelegte Wirtschaftlichkeitsgebot wirkt sich auf die laufenden Arbeitsverhältnisse aus.[192] Eine Krankenkasse ist nach § 69 SGB IV verpflichtet, im Bereich der eigenen Verwaltung nach

---

187 Krauskopf/*Krauskopf*, Soziale Krankenversicherung, § 2 SGB V Rn. 16.

188 BT-Drucks. 11/2237, S. 158; KassKom/*Roters*, § 12 SGB V Rn. 2.

189 Es drängt sich in diesem Zusammenhang die Frage auf, ob es nicht geboten wäre, mehr Anreize für die Versicherten zu schaffen, die gesetzliche Krankenversicherung nur dann in Anspruch zu nehmen, wenn dies wirklich nötig ist. Das gegenwärtige Krankenversicherungssystem sieht eine einheitliche Beitragspflicht unabhängig davon vor, ob und in welcher Häufigkeit Leistungen der Krankenversicherung in Anspruch genommen werden. Je mehr man diese leistungsunabhängige Beitragspflicht abschaffen will, desto mehr nimmt man allerdings Abschied vom in der gesetzlichen Krankenversicherung enthaltenen Solidarprinzip. Das kann kaum gewollt sein, vgl. zu diesem Themenkomplex *Bieback*, SGb 2012, 1; *Töpfer/Opitz*, KrV 2012, 215 (219).

190 *Greiner/Benedix*, SGb 2013, 1 (1).

191 KassKom/*Roters*, § 12 SGB V Rn. 2. Vgl. hierzu auch die wichtige Entscheidung des BVerfG zur Zulassung alternativer Behandlungsmethoden bei lebensbedrohlicher Erkrankung, für die es noch keine anerkannte Behandlungsmethode gibt, BVerfG 06.12.2005 – 1 BvR 347/98, NJW 2006, 891. Die Entscheidung ist mittlerweile in der Regelung des § 2 Abs. 1a SGB V verankert.

192 Das folgt bereits aus der Entscheidung des BSG 26.08.1983 – 8 RK 29/82, BSGE 55, 277, welche die Zulässigkeit eines Tarifvertrages am Maßstab des Wirtschaftlichkeitsgebotes beurteilt.

den Prinzipien des Wirtschaftlichkeitsgebots zu agieren.[193] Ein entscheidendes Kriterium bei der Gewährung sonstiger Leistungen gegenüber den eigenen Mitarbeitern ist deshalb, ob die Ausgaben der Sicherung der Funktionsfähigkeit der Verwaltung dienen.[194] Den Krankenkassen steht diesbezüglich eine Einschätzungsprärogative zu.[195]

Die Rechtsprechung setzte ihnen in der Vergangenheit in dieser Hinsicht Grenzen.[196] In einem Fall wehrte sich beispielsweise eine Krankenkasse gegen die Anordnung der Aufsichtsbehörde, die sie zur Kündigung eines für die Krankenkasse verbindlichen Tarifvertrages verpflichtete.[197] Dieser sah eine besondere Fahrtkostenerstattung für die Krankenkassenbeschäftigten vor.[198] Das Bundessozialgericht erachtete die Anordnung der Aufsichtsbehörde als zulässig, da die treuhänderische Verwaltung der Beiträge durch die Krankenkassen es gebiete, bei Sonderzuwendungen gegenüber den eigenen Beschäftigten zurückhaltend zu agieren.[199]

Die im Urteil enthaltenen Aussagen geben Anlass zur Prüfung des Handlungsspielraums der Krankenkassen beispielsweise bei Abschluss eines Sozialplanes für den Fall ihrer Schließung. Man könnte damit argumentieren, dass das Wirtschaftlichkeitsgebot einem solchen entgegensteht.[200]

---

193 Krauskopf/*Baier*, Soziale Krankenversicherung, § 69 SGB IV Rn. 9.

194 BSG 26.08.1983 - 8 RK 29/82, BSGE 55, 277 (II); Krauskopf/*Baier*, Soziale Krankenversicherung, § 69 SGB IV Rn. 9; *Hoyningen-Huene*, BB 1991, 1345 (1346).

195 BSG 24.11.1983 - 8 RK 6/82, BeckRS 1983, 30710567 (II); LSG Nordrhein-Westfalen 09.09.1998 - L 11 KA 33/97, BeckRS 1998, 41789 (II c); Krauskopf/*Baier*, Soziale Krankenversicherung, § 69 SGB IV Rn. 6; Hauck/Noftz/*Borrmann*, SGB IV, § 69 Rn. 8.

196 Hierzu BSG 26.08.1983 - 8 RK 29/82, BSGE 55, 277. Vgl. zu möglichen Einschränkungen für die Beschäftigten infolge des Wirtschaftlichkeitsgebotes auch Hauck/Noftz/*Borrmann*, SGB IV, § 69 Rn. 13a.

197 BSG 26.08.1983 - 8 RK 29/82, BSGE 55, 277 (I).

198 BSG 26.08.1983 - 8 RK 29/82, BSGE 55, 277 (I).

199 BSG 26.08.1983 - 8 RK 29/82, BSGE 55, 277 (II).

200 In diese Richtung auch der Parteivortrag im Verfahren vor dem VG Stuttgart 02.03.2011 - PB 21 K 4633/10, BeckRS 2013, 46048, wobei das Gericht in den Gründen seiner Entscheidung nicht weiter auf diesen Einwand eingeht. Diese Arbeit diskutiert die Einflüsse des Wirtschaftlichkeitsgebots auf die Arbeitsverhältnisse der Krankenkassenbeschäftigten bei den jeweils einschlägigen Fragen. Das Wirtschaftlichkeitsgebot thematisieren insb. *Grau/Sittard*, KrV 2012, 6 (13) im Zusammenhang mit Abfindungsansprüchen in Sozialplänen. Vgl. dazu Kap. D I 1 dieser Arbeit.

2. *Gesetzgeberische Initiativen für mehr Wettbewerb*

a) Grundentscheidung

Der durch verschiedene Gesetzesänderungen der letzten Jahre verschärfte Wettbewerb zwischen den einzelnen Krankenkassen ist ebenfalls als Grund dafür anzusehen, dass nach Jahrzehnten ohne Schließung einer Krankenkasse diese Gefahr heute viel höher ist.[201] Der Gesetzgeber verschärfte in der jüngeren Vergangenheit den Wettbewerb zwischen den Krankenkassen durch mehrere Reformen, um insgesamt auf Kostensenkungen hinzuwirken.[202] Dieser bleibt auch nach den Gesetzesänderungen im Jahr 2015 bestehen.[203] Die Krankenkassen sind aller Voraussicht nach in Zukunft viel häufiger gezwungen, Zusatzbeiträge zu erheben.[204] Wegen der dadurch ausgelösten drohenden Abwanderungsbewegungen von Versicherten dürfte der Kostendruck aber weiter steigen.[205]

Ohne einen gesamten Überblick über die Gesetzgebungsgeschichte der Krankenversicherung seit den Bismarck'schen Reformen im Jahr 1883 geben zu wollen, widmet sich die Arbeit im Folgenden kurz den wichtigsten Gesetzen, die wegen des dadurch verschärften Wettbewerbs mit der Schließung von Krankenkassen und den Folgen für die Krankenkassenbeschäftigten im Zusammenhang stehen.

b) Gesetz zur Sicherung und Strukturverbesserung der gesetzlichen Krankenversicherung

Prägenden Einfluss auf den Wettbewerb zwischen den Krankenkassen hatte das Gesetz zur Sicherung und Strukturverbesserung der gesetzlichen Krankenversicherung (Gesundheitsstrukturgesetz – GSG[206]) vom 21. Dezember 1992.[207] Es ist am 1. Januar 1993 in Kraft getreten.[208]

---

201 Ebenso *Bohlen-Schöning*, KrV 2009, 289 (289), die nach Erlass des GKV-OrgWG die Insolvenz einer Krankenkasse fortan als realistischeres Szenario bezeichnet.

202 Bspw. BT-Drucks. 12/3608, S. 69; BT-Drucks. 18/1657, S. 51; *Becker/Schweitzer*, NJW-Beil. 2012, 82 (83); Hauck/Noftz/*Noftz*, SGB V, § 4 Rn. 23; *Wiegand*, BB 1995, 94.

203 So im Ergebnis auch *Baierl*, jurisPR-SozR 20/2014 Anm. 1 (I).

204 *Baierl*, jurisPR-SozR 20/2014 Anm. 1 (II). Die Vorsitzende des GKV-Spitzenverbandes erwartet sogar, dass künftig keine Krankenkasse mehr ohne die Erhebung von Zusatzbeiträgen auskommt, vgl. die Pressemitteilung des GKV-Spitzenverbandes vom 29.07.2014, abrufbar unter http://www.gkv-spitzenverband.de/presse/pressemitteilungen_und_statements/pressemitteilung_156864.jsp (zuletzt abgerufen am 31.01.2016).

205 So auch *Baierl*, jurisPR-SozR 20/2014 Anm. 1 (I).

206 BGBl. I, 2266.

207 Becker/Kingreen/*Becker/Kingreen*, SGB V, § 1 Rn. 29; *Rust/Wostry*, MedR 2009, 319 (320). Vgl. zum GSG insgesamt auch Laufs/Kern/*Krauskopf*, § 22 Rn. 22 ff.; *Rüfner*,

Eine grundlegende Weichenstellung nahm der Gesetzgeber im Rahmen dessen durch die Reformierung der Kassenwahlrechte (§§ 173 ff. SGB V) vor. Fand vor der Neuregelung noch eine Zuweisung der Versicherten, insbesondere der Arbeiter, zu einer bestimmten Krankenkasse statt[209], lösten die durch das GSG eingeführten freien Kassenwahlrechte nunmehr diese Restriktionen ab.[210] Den Versicherten stehen damit die jeweils zuständigen Ortskranken- und Ersatzkassen, geöffnete Betriebs- und Innungskrankenkassen sowie die Deutsche Rentenversicherung Knappschaft-Bahn-See zur Auswahl, § 173 Abs. 2 SGB V.[211] Die vorherige Rechtslage schränkte einerseits die Versicherten ein, die sich ihre Krankenkasse nicht aussuchen konnten.[212] Dieses System ermunterte die Krankenkassen andererseits nicht zur Schaffung besserer Rahmenbedingungen und Service-Leistungen, da der Mitgliederbestand selbst von solchen Anstrengungen unberührt blieb.[213]

Mit den Wahlrechten einher ging der mit dem GSG eingeführte Risikostrukturausgleich, der besondere Nachteile in der Mitgliedsstruktur einzelner Krankenkassen kompensiert.[214] Er ist dafür gedacht, im Wettbewerb zwischen den Krankenkassen für gleiche Rahmenbedingungen zu sorgen.[215] Er gleicht die durch eine ungünstige und unbeeinflussbare Mitgliederstruktur einer Krankenkasse entstehenden höheren Kosten gegenüber anderen Krankenkassen finanziell aus.[216] Sein Ausgleichsmechanismus verhindert insbesondere, dass der Wettbewerb zwischen den Krankenkassen zu Lasten einzelner Versicherter ausgetragen wird.[217] Gegen den Risikostrukturausgleich bestehen verfassungsrechtliche Bedenken, unter anderem weil das

---

NJW 1993, 753; *Saatkamp*, KrV 2010, 318 (318); *Schenke*, GewArch Beilage WiVerw Nr. 1/2006, 34 (40); *Spiegl*, DStR 1993, 443.

208 *Rüfner*, NJW 1993, 753 (753).

209 *Jacobs*, NZS 1993, 194 (194).

210 *Ramsauer*, NZS 2006, 505 (505); *Rüfner*, NJW 1993, 753 (756). Kritik wurde vor diesen Neuerungen insb. an der Ungleichbehandlung von Angestellten und Arbeitern geübt. Während die Angestellten bereits zuvor eine Kasse wählen konnten, stand den Arbeitern ein solches Wahlrecht ohne sachlichen Grund nicht zu, vgl. *Jacobs*, NZS 1993, 194 (194).

211 Becker/Kingreen/*Baier*, SGB V, § 173 Rn. 4; *Rüfner*, NJW 1993, 753 (756).

212 Becker/Kingreen/*Baier*, SGB V, § 173 Rn. 1.

213 *Vlahovic*, KrV 2009, 205 stellt fest, dass mit Einführung des einheitlichen Beitragssatzes neue Wege gefunden werden müssen, Mitglieder zu gewinnen und vor allem bestehende Mitglieder in der Versicherung zu halten. Er schlägt hierfür vor, die Servicequalität und die Kundenbetreuung zu verbessern. Zu weiteren Gründen der Reform vgl. KassKom/*Peters*, § 173 SGB V Rn. 6.

214 *Rüfner*, NJW 1993, 753 (756 f.).

215 Krauskopf/*Böttiger*, Soziale Krankenversicherung, § 266 SGB V Rn. 8.

216 BT-Drucks. 12/3608, S. 69; *Jacobs*, NZS 1993, 194 (196); *Sodan/Gast*, NZS 1999, 265 (265 ff.); Hauck/Noftz/*Sonnhoff*, SGB V, § 173 Rn. 6.

217 Ähnlich Becker/Kingreen/*Göpffarth*, SGB V, § 266 Rn. 5.

Gesetz die ausgleichsrelevanten Faktoren beschränkt und damit nicht alle strukturellen Nachteile im Mitgliederbestand berücksichtigt.[218]

c) Gesetz zur Stärkung des Wettbewerbs in der gesetzlichen Krankenversicherung

Das Gesetz zur Stärkung des Wettbewerbs in der GKV (Wettbewerbsstärkungsgesetz – GKV-WSG[219]) vom 26. März 2007 ist ebenfalls besonders hervorzuheben. Es ist in Teilen am 1. April 2007 in Kraft getreten.[220]

Das GKV-Wettbewerbsstärkungsgesetz führte zum 1. Januar 2009 den Gesundheitsfonds ein.[221] Er bewirkte grundlegende Änderungen in der Mitteleinziehung.[222] Fortan werden die Beiträge der Versicherten im Gesundheitsfonds zusammengefasst und mittels einer abstrakten Berechnung unter Berücksichtigung der Mitgliederstrukturen an die Krankenkassen verteilt.[223] Ziel der Neuregelungen war es, den zunehmenden Finanzierungsproblemen der gesetzlichen Krankenversicherung entgegenzuwirken[224] und durch die Möglichkeit der Erhebung von Zusatzbeiträgen und der Ausschüttung von Überschüssen Wettbewerbsanreize für die Krankenkassen zu schaffen.[225] Die Reform beeinflusste auch die Organisation der Krankenversicherung.[226] § 171a SGB V ermöglicht nunmehr die kassenübergreifende freiwillige Vereinigung von Krankenkassen. Nach dem Willen des Gesetzgebers sollen sich in Anbetracht der gestiegenen Anforderungen in der Verwaltung der Krankenkassen insbesondere kleine Krankenkassen zu größeren Einheiten zusammenschließen, um die dauerhafte Leistungs- und Wettbewerbsfähigkeit beizubehalten.[227]

---

218 *Ramsauer*, NJW 1998, 481 (483 ff.); *Schneider/Vieß*, NJW 1998, 2702 (2705 ff.). Nach der Rechtsprechung des BVerfG ist der Risikostrukturausgleich verfassungsgemäß, BVerfG 18.07.2005 – 2 BvF 2/01, NVwZ 2006, 559.

219 BGBl. I, 378 ff.

220 BGBl. I, 378 ff.; *Axer*, GesR 2007, 193 (193). Ausführlich zu den Neuerungen *Axer*, GesR 2007, 193 (193 ff.); *Heeg/Kehbel*, ZIP 2009, 302 (302 f.); *Richter*, DStR 2007, 810 (810 ff.).

221 *Axer*, GesR 2007, 193 (194), der den Gesundheitsfonds als „Herzstück" des GKV-WSG bezeichnet; *Pfohl/Sichert*, NZS 2009, 71 (72).

222 *Pfohl/Sichert*, NZS 2009, 71 (72).

223 *Axer*, GesR 2007, 193 (196). Vgl. hierzu die Ausführungen unter Kap. B II 1 b dieser Arbeit.

224 BT-Drucks. 16/3100, S. 170; Krauskopf/*Rappl*, Soziale Krankenversicherung, § 271 SGB V Rn. 2; Hauck/Noftz/*Huck*, SGB V, § 271 Rn. 3; KassKom/*Peters*, § 271 SGB V Rn. 2.

225 BT-Drucks. 16/3100, S. 2; *Axer*, GesR 2007, 193 (195).

226 Laufs/Kern/*Steinhilper*, Arztrecht, § 23 Rn. 45.

227 BT-Drucks. 16/3100, S. 155 f.; Krauskopf/*Baier*, Soziale Krankenversicherung, § 171a SGB V Rn. 2; KassKom/*Peters*, § 171a SGB V Rn. 3.

Wegen verschiedener Einwände[228] führte der Gesetzgeber dagegen die eigentlich vorgesehene Insolvenzfähigkeit von Krankenkassen noch nicht ein, weshalb das GKV-Wettbewerbsstärkungsgesetz mit § 171b SGB V a.F. lediglich eine Einführungsregelung zur Insolvenzfähigkeit aller Krankenkasse aufnahm.[229] § 171b SGB V a.F. SGB V verpflichtete diese, vom 1. Januar 2010 an einen Kapitalstock zur Absicherung ihrer Verpflichtungen aus Versorgungszusagen für den Fall einer Insolvenz zu bilden.[230] Die nähere Ausgestaltung und die tatsächliche Insolvenzfähigkeit von Krankenkassen sollte nach § 171b SGB V a.F. durch ein weiteres Bundesgesetz geregelt werden.[231]

d) Gesetz zur Weiterentwicklung der Organisationsstrukturen in der gesetzlichen Krankenversicherung

Durch das Gesetz zur Weiterentwicklung der Organisationsstrukturen in der gesetzlichen Krankenversicherung (GKV-OrgWG) vom 15. Dezember 2008[232] fügte der Gesetzgeber die geplante[233] Insolvenzfähigkeit aller Krankenkassen mit Ausnahme der Landwirtschaftlichen Krankenversicherung und der Deutschen Rentenversicherung Knappschaft-Bahn-See ins Gesetz ein.[234] Sie ist als logische Konsequenz des verschärften Wettbewerbs zwischen den Krankenkassen zu verstehen.[235] Es liefe dem Wettbewerbsgedanken zuwider, wenn die Krankenkassen zwar um Mitglieder werben und sich um eine Senkung der Verwaltungskosten sowie Rationalisierungen bemühen müssten, eine Auffanggarantie bedrohter Krankenkassen durch das Krankenversicherungssystem letztlich aber wieder zu einer gemeinsamen Haftung führte.[236] Die Existenz der Vorschriften zur Schließung einer Krankenkasse und die seit dem Jahr 2010 mögliche Insolvenz aller Krankenkassen verhindern einen solchen Widerspruch.

---

228 Vgl. ausführlich *Uwer*, GesR 2009, 113 (114 f.).
229 *Uwer*, GesR 2009, 113 (115).
230 *Uwer*, GesR 2009, 113 (115).
231 *Uwer*, GesR 2009, 113 (115).
232 BGBl. I, 2426.
233 BT-Drucks. 16/9559, S. 1; Becker/Kingreen/*Mühlhausen*, SGB V, § 171b Rn. 1.
234 *Buddenbruck/Manhart*, BB 2013, 1083 (1083); *Lundberg/Sänger*, ZInsO 2010, 1211 (1211); ausführlich *Pressel*, ZSR 2010, 347 (348). KassKom/*Peters*, § 171b SGB V Rn. 7: Träger dieser Krankenkassenarten sind keine Krankenkassen, sondern andere Sozialversicherungsträger. Aus diesem Grund fallen sie auch nicht unter den Begriff der Krankenkasse im Sinne des § 171b Abs. 1 SGB V.
235 So auch *Gaßner*, GesR 2009, 121 (122).
236 Das durch den Gesetzgeber gewählte Haftungskonzept bei Schließung oder Insolvenz einer Krankenkasse widerspricht dieser These nicht. Die Krankenkassen haften im Falle einer Kassenschließung erst dann gemeinsam für Verbindlichkeiten, wenn die betreffende Krankenkasse abgewickelt wird. Es kommt dadurch nicht zur fortgesetzten Finanzierung einer ineffizienten Krankenkasse auf Dauer.

Mit der Einführung der Insolvenzfähigkeit aller Krankenkassen beseitigte der Gesetzgeber die zuvor bestehende ungleiche Rechtslage zwischen bundes- und landesunmittelbaren Krankenkassen, die eine Kasseninsolvenz nur in den Grenzen des § 12 Abs. 1 Nr. 2 InsO zuließ.[237] Die Neuregelungen schafften gleiche Rahmenbedingungen für alle Krankenkassen und sorgten für mehr Transparenz über deren tatsächliche finanzielle Situation. [238] Nach der alten Rechtslage waren beispielsweise nur die insolvenzfähigen Krankenkassen verpflichtet, zur Insolvenzabsicherung betrieblicher Versorgungszusagen an den Pensions-Sicherungs-Verein Versicherungsverein auf Gegenseitigkeit (PSV) Beiträge zu zahlen.[239] Das führte zu finanziellen Mehrbelastungen gegenüber den nicht insolvenzfähigen Krankenkassen.[240]

Mit dem GKV-OrgWG setzte der Gesetzgeber damit seine Bemühungen fort, die Anzahl der Krankenkassen zu verringern und darauf hinzuarbeiten, dass bisher dem Wettbewerb nicht gewachsene, insbesondere kleine Krankenkassen sich entweder freiwillig vereinigen oder durch Schließung beziehungsweise Insolvenz aufgelöst werden.[241]

3. *Tatsächliche Auswirkungen der Reformen*

Die Reformen der Finanzverfassung und die Maßnahmen für mehr Wettbewerb zwischen den Krankenkassen veränderten das Krankenversicherungssystem in Deutschland nicht nur in normativer, sondern auch in tatsächlicher Hinsicht.[242] Es kam erstmals zur Schließung zweier Krankenkassen, nämlich der City BKK und der BKK für Heilberufe. Die Krankenkassenlandschaft hat sich in Deutschland insgesamt stark verändert und der Druck auf die Beschäftigten ist gestiegen.

---

237 *Füsser*, SGb 2009, 126 (130). Ausführlich zur alten insolvenzrechtlichen Rechtslage unter Anwendung des § 12 Abs. 1 Nr. 2 InsO *Bultmann*, MedR 2009, 25 (25 f.). Die Insolvenz einer Krankenkasse galt wegen des früheren Haftungssystems als unwahrscheinlich, vgl. *Amshoff*, KrV 2010, 260 (260); *Bohlen-Schöning*, KrV 2009, 289 (289); Becker/Kingreen/*Mühlhausen*, SGB V, § 171b Rn. 3.

238 BT-Drucks. 16/9559, S. 1; *Bultmann*, MedR 2009, 25 (25); *Heeg/Kehbel*, ZIP 2009, 302 (302); Becker/Kingreen/*Mühlhausen*, SGB V, § 171b Rn. 1. Kritisch dagegen *Stuppardt*, KrV 2008, 127: Das GKV-OrgWG bewirkt seines Erachtens gerade keine Stärkung des Wettbewerbs.

239 Krauskopf/*Baier*, Soziale Krankenversicherung, § 171b SGB V Rn. 3.

240 *Uwer*, GesR 2009, 113 (113). Zu einer nennenswerten Wettbewerbsverzerrung führte dies allerdings nicht, so auch *Bohlen-Schöning*, KrV 2009, 289 (290); *Gaßner*, GesR 2009, 121 (125).

241 Ebenso *Bohlen-Schöning*, KrV 2009, 289 (290).

242 Vgl. dazu die Aufstellung von Krauskopf/*Krauskopf*, Soziale Krankenversicherung, § 4 SGB V Rn. 10; Eichenhofer/Wenner/SGB V/*Marburger*, Vor §§ 143 – 173 Rn. 4.

a) Schließung zweier Krankenkassen im Jahr 2011

Der durch die Gesetzesreformen bewirkte verschärfte Wettbewerb trug wesentlich zur Schließung der beiden Betriebskrankenkassen im Jahr 2011 bei. Eine Krankenkasse, die einer anderen Kassenart angehört, ist bisher noch nicht geschlossen worden.[243]

aa) Schließung der City BKK

Mit Bescheid vom 4. Mai 2011 schloss die zuständige Aufsichtsbehörde die City BKK zum 30. Juni 2011.[244] Diese zählte zu diesem Zeitpunkt etwa 168.000 Versicherte und beschäftigte über 400 Mitarbeiter.[245] Das zuständige Bundesversicherungsamt begründete die Schließung damit, dass das durch die City BKK vorgelegte Sanierungskonzept insbesondere wegen des hohen Mitgliederabganges nicht den erhofften Erfolg gebracht habe.[246] Zuvor war versucht worden, durch die Erhebung eines Zusatzbeitrages in Höhe von monatlich 15,00 Euro Finanzlücken zu stopfen.[247] Dies führte allerdings zur Abwanderung insbesondere von jungen Versicherten zu anderen Krankenkassen, die keinen Zusatzbeitrag erhoben.[248] Hinzu kam, dass ein Großteil der Versicherten in Berlin und Hamburg wohnten[249] und gerade in Großstädten aufgrund der höheren Arztdichte, mit der häufigere Arztbesuche und Überweisungen einhergehen, pro Versichertem höhere Kosten anfallen.[250] Dieser Faktor wird jedoch nicht als risikorelevantes Element in die abstrakte Berechnung der einer Krankenkasse zustehenden Mittel einbezogen, was auch schon unmittelbar nach den Reformen von verschiedener Seite kritisiert wurde.[251]

---

243 *Rolfs*, NZA 2013, 529 (530) zu Orts- und Innungskrankenkassen.

244 *Altmann*, BuP 2011, 371 (371); *Klimpe-Auerbach*, SozSich 2011, 270 (271).

245 *Altmann*, BuP 2011, 371 (371); *Klimpe-Auerbach*, SozSich 2011, 270 (270); *Sinß*, VW 2011, 682; *Wolter*, FS Bepler (2012), S. 675 (675).

246 *Sinß*, VW 2011, 682.

247 *Altmann*, BuP 2011, 371 (371); *Klimpe-Auerbach*, SozSich 2011, 270 (270 f.).

248 *Altmann*, BuP 2011, 371 (371); *Klimpe-Auerbach*, SozSich 2011, 270 (270).

249 Von den insgesamt 168.000 Versicherten der City BKK lebten 85.000 in Berlin und 50.000 in Hamburg. Der sehr hohe Anteil von Versicherten, die in einer Großstadt wohnten, führte zu erheblichen finanziellen Mehrbelastungen im Vergleich zu Krankenkassen, deren Mitglieder größtenteils in ländlichen Gebieten wohnten, vgl. *Osterloh*, DÄ 2011, 1462.

250 *Gründer*, KrV 2011, 250 (254); *Klimpe-Auerbach*, SozSich 2011, 270 (270); *Osterloh*, DÄ 2011, 1462; *Sinß*, VW 2010, 926.

251 *Ramsauer*, NJW 1998, 481 (484 f.). Dazu auch Krauskopf/*Böttiger*, Soziale Krankenversicherung, § 266 SGB V Rn. 9.

bb) Schließung der BKK für Heilberufe

Das Bundesversicherungsamt als zuständige Aufsichtsbehörde schloss die BKK für Heilberufe zum 31. Dezember 2011 mit Bescheid vom 2. November 2011.[252] Es begründete seine Entscheidung mit den bei der BKK für Heilberufe seit Jahren rückläufigen Mitgliederzahlen und wies besonders darauf hin, dass der Mitgliederschwund bereits vor Einführung des Gesundheitsfonds eingesetzt habe.[253] Die im Vorfeld ergriffenen Sanierungsmaßnahmen erzielten - wie bereits bei der City BKK - nicht den gewünschten Erfolg.[254]

cc) Folgeprobleme

Es offenbarten sich neben den im Problemaufriss dieser Arbeit aufgezeigten arbeitsrechtlichen Fragen im Zusammenhang mit der Schließung der beiden Krankenkassen weitere Probleme.[255] Dazu zählte insbesondere die Unterbringung der Versicherten bei den übrigen Krankenkassen.[256]

Die Rechtslage zum Schicksal der Versicherten nach Schließung einer Krankenkasse ist an sich eindeutig. Die übrigen Krankenkassen sind nach der allgemeinen Regelung des § 175 Abs. 1 Satz 2 SGB V gesetzlich verpflichtet, Versicherte der geschlossenen Krankenkassen aufzunehmen.[257] Es zeigte sich aber schnell, dass die Krankenkassen versuchten, risikobehaftete und ungünstige Versicherte von einem Beitritt abzuhalten.[258] Eine derartige Risikoauswahl ist nicht zulässig.[259] Wegen dieses gesetzwidrigen Verhaltens schaltete sich letztendlich das Bundesversicherungsamt ein, das den Krankenkassen damit drohte, in seiner Eigenschaft als Aufsichtsbehörde die Aufnahme von Versicherten zwangsweise durchzusetzen.[260] In der Pressemitteilung zur Schließung der BKK für Heilberufe wies das Bundesversicherungsamt nochmals auf die freien Kassenwahlrechte der betroffenen

---

252 Vgl. die Pressemitteilung des Bundesversicherungsamtes vom 02.11.2011, S. 1, Download verfügbar unter http://www.gkv-spitzenverband.de/presse/pressemitteilungen_und_statements/pressemitteilung_2190.jsp (zuletzt abgerufen am 31.01.2016); LAG Düsseldorf 23.11.2012 - 6 Sa 660/12, BeckRS 2013, 68318 (II 2 a).

253 Pressemitteilung des Bundesversicherungsamtes vom 02.11.2011, S. 1.

254 Pressemitteilung des Bundesversicherungsamtes vom 02.11.2011, S. 1.

255 Vgl. zu den Problemen im Zusammenhang mit den beiden Kassenschließungen ausführlich *Bohlen-Schöning*, KrV 2012, 101 (101 ff.).

256 Pressemitteilung des Bundesversicherungsamtes vom 02.11.2011, S. 1 f.; *Bohlen-Schöning*, KrV 2012, 101 (101).

257 Becker/Kingreen/*Just*, SGB V, § 175 Rn. 7.

258 Figge/*Minn*, Sozialversicherungsrecht, 2.15.4.5; Becker/Kingreen/*Mühlhausen*, SGB V, § 155 Rn. 15.

259 Becker/Kingreen/*Just*, SGB V, § 175 Rn. 7.

260 Pressemitteilung des Bundesversicherungsamtes vom 02.11.2011, S. 1 f.

Mitglieder hin.[261] Der Gesetzgeber reagierte ebenfalls auf diese negativen Erfahrungen aus diesem Schließungsverfahren, indem er mit dem Gesetz zur Verbesserung der Versorgungsstrukturen in der gesetzlichen Krankenversicherung (GKV-VStG) vom 22. Dezember 2011 die Einhaltung einen Mindestzeitraum zwischen Erlass des Schließungsbescheids und dem tatsächlichen Schließungszeitpunkt vorschrieb.[262]

b) Veränderung der Krankenkassenlandschaft

Der verschärfte Wettbewerb zwischen den Krankenkassen führte zu einer erheblichen Verringerung der Anzahl gesetzlicher Krankenkassen in Deutschland.[263] Die etwa 70 Millionen in der gesetzlichen Krankenversicherung versicherten Menschen teilen sich mittlerweile[264] auf die lediglich 118 verbleibenden gesetzlichen Krankenkassen auf.[265] Die Anzahl der gesetzlichen Krankenkassen zum Zeitpunkt des Inkrafttretens des GRG im Jahr 1998 war erheblich höher.[266] Zurückzuführen ist dieser Schwund allerdings nicht auf eine Vielzahl von Auflösungen oder Schließungen, sondern auf die sehr große Anzahl von Fusionen einzelner Krankenkassen.[267] Dies ist ganz im Sinne des Gesetzgebers, der bei Erlass der einzelnen Gesetze immer wieder darauf hingewiesen hat, dass besonders kleine Krankenkassen durch freiwillige Vereinigung zu größeren wettbewerbsfähigen Krankenkassen heranwachsen sollen.[268] Eine Alternative dazu besteht häufig nicht. Mit

---

261 Pressemitteilung des Bundesversicherungsamtes vom 02.11.2011, S. 1 f.

262 BGBl. I, 2983; *Bohlen-Schöning*, KrV 2012, 101 (101); Figge/*Minn*, Sozialversicherungsrecht, 2.15.4.5. Der Mindestzeitraum stellt sicher, dass die Versicherten bereits zum Schließungszeitpunkt eine neue Krankenkasse gewählt haben, vgl. BT-Drucks. 17/8005, S. 122. Die Regelung findet sich in den folgenden Schließungsvorschriften: § 146a Satz 2 SGB V (Ortskrankenkassen), § 153 Satz 2 SGB V (Betriebskrankenkassen), § 163 Satz 2 SGB V (Innungskrankenkassen), § 170 Satz 2 SGB V (Ersatzkassen). Weiterhin treffen den Vorstand wegen diesen schlechten Erfahrungen nunmehr nach § 155 Abs. 2 Satz 5, 6 SGB V Informationspflichten über die Kassenwahl gegenüber den Versicherten, um deren Kassenwechsel zu erleichtern, vgl. Hauck/Noftz/*Engelhard*, SGB V, § 155 Rn. 10a; Becker/Kingreen/*Mühlhausen*, SGB V, § 155 Rn. 15.

263 Krauskopf/*Krauskopf*, Soziale Krankenversicherung, § 4 SGB V Rn. 10; Eichenhofer/Wenner/SGB V/*Marburger*, Vor §§ 143 – 173 Rn. 4.

264 Stand: 31.01.2016.

265 http://www.gkv-spitzenverband.de/service/versicherten_service/krankenkassenliste/krankenkassen.jsp (zuletzt abgerufen am 31.01.2016).

266 Dazu Krauskopf/*Krauskopf*, Soziale Krankenversicherung, § 4 SGB V Rn. 10.

267 *Andelewski/Steinbring*, KrV 2012, 192 (192), wonach im Jahr 2007 noch 362 Krankenkassen existierten. Es ist zu erwarten, dass sich auch in Zukunft die Anzahl der Krankenkassen stark verringert, vgl. *Andelewski/Steinbring*, KrV 2012, 192 (192); *Hebeler*, NZS 2008, 238 (239); *Ruge/Maerker*, ZTR 2007, 663 (663).

268 BT-Drucks. 16/3100, S. 155 f.; *Bohlen-Schöning*, KrV 2009, 289 (290); *Poertzgen/Meyer*, MedR 2012, 301 (301); *Ruge/Maerker*, ZTR 2007, 663 (663). *Amshoff*, KrV 2010, 260 (261) meldet Zweifel daran an, dass durch die Vereinigung von Kranken-

freiwilligen finanziellen Hilfen anderer Krankenkassen nach § 265b SGB V können wirtschaftlich in Not befindliche Krankenkassen nur selten rechnen, da aufgrund des verstärkten Wettbewerbs alle Krankenkassen sehr bedacht wirtschaften müssen.[269] Das hemmt diese Art von Zuwendungen.[270]

c) Folgen für die Krankenkassenbeschäftigten

Der gestiegene Kostendruck im Krankenversicherungsrecht führt nach den Erfahrungen der vergangenen Jahre nicht zur massenhaften Schließung oder Insolvenz von Krankenkassen. Doch auch ohne diesen vom Gesetzgeber als „ultima ratio"[271] bezeichneten Fall leiden die Beschäftigten unter den neuen Rahmenbedingungen. Die meisten der bedrohten Krankenkassen retten sich in die Fusion mit einer anderen Krankenkasse. Dieser Trend gefährdet eine hohe Anzahl der zuvor bestehenden Arbeitsplätze.[272] Solche Zusammenschlüsse bringen für die Krankenkassen den Vorteil, dass im Verhältnis zu den Versichertenzahlen weniger Mitarbeiter zur Verwaltung der nun größeren Krankenkasse erforderlich sind.[273] Nicht umsonst warnte unter anderem die Gewerkschaft ver.di schon früh davor, dass durch die Fusionswelle der Krankenkassen 30.000 Mitarbeiter vom Stellenabbau gefährdet seien.[274]

Neben der berechtigten Angst vor der Schließung oder Vereinigung einer Krankenkasse und daraus resultierender möglicher Arbeitslosigkeit ist vor allem davon auszugehen, dass die Beschäftigten aufgrund des verstärkten Wettbewerbs und den damit einhergehenden Rationalisierungsmaßnahmen einem erhöhten Leistungsdruck ausgesetzt sind. Dieser wird auch deswegen verschärft, weil Krankenkassen Defiziten künftig vermehrt durch Personalabbau begegnen werden, da andere Maßnahmen, insbesondere die Einführung eines Zusatzbeitrages, wie bei der City BKK gesehen, verheerende Fol-

---

kassen tatsächlich die Leistungsfähigkeit der neu entstandenen Krankenkasse auf Dauer gesichert werden kann.

269 *Amshoff*, KrV 2010, 260 (260); *Bohlen-Schöning*, KrV 2009, 289 (290).

270 So auch *Amshoff*, KrV 2010, 260 (260); *Bohlen-Schöning*, KrV 2009, 289 (290).

271 BT-Drucks. 16/9559, S. 16.

272 Hierzu die Meldung aus der Berliner Zeitung vom 18.04.2007, abrufbar unter http://www.berliner-zeitung.de/archiv/verdi--fusionswelle-kostet-bis-zu-30-000-jobs-forderung-nach-korrektur-der-gesundheitsreform-jede-fuenfte-stelle-bei-krankenkassen-gefaehrdet,10810590,10470778.html (zuletzt abgerufen am 31.01.2016).

273 Zu den weiteren Vorteilen einer Fusion gegenüber der Schließung einer Krankenkasse vgl. *Bohlen-Schöning*, KrV 2009, 289 (290).

274 Berliner Zeitung vom 18.04.2007, abrufbar unter http://www.berliner-zeitung.de/archiv/verdi-fusionswelle-kostet-bis-zu-30-000-jobs---forderung-nach-korrektur-der-gesundheitsreform-jede-fuenfte-stelle-bei-krankenkassen-gefaehrdet,10810590,10470778.html (zuletzt abgerufen am 31.01.2016).

gen und den Schwund vieler Versicherter mit sich brachten.[275] Der erhebliche Kostendruck der Krankenkassen wird sich auch in Zukunft trotz der in der jüngeren Vergangenheit durch viele Krankenkassen erwirtschafteten Überschüsse[276] nicht verringern, da mit der fortschreitenden Alterung der Gesellschaft in Deutschland auf lange Sicht mit hohen Kosten der Krankenversicherung zu rechnen ist.[277] Anzeichen für eine Verschlechterung der Finanzausstattung der Krankenkassen sind bereits zu erkennen.[278]

4. Fazit

Es geht zu weit, die Schließung einer Krankenkasse alleine auf die Gesetzesänderungen der jüngeren Vergangenheit zurückzuführen. Diese neuen Spielregeln sorgen allerdings dafür, dass ineffizientes Wirtschaften und ein zu großer Verwaltungsaufwand schneller zu einer finanziellen Schieflage führen können als noch zuvor. Früher konnten die Krankenkassen diese Schieflagen durch eine Erhöhung ihrer Beiträge zu Lasten der Versicherten ausgleichen. Dieser Lösungsweg ist wegen des nunmehr festgeschriebenen Beitragssatzes und der Mittelzuweisung vom Gesundheitsfonds mit Ausnahme des Zusatzbeitrages abgeschnitten. Selbst die Einführung eines Zusatzbeitrages führte im Fall der beiden geschlossenen Krankenkassen nicht zu gewünschten Erfolg. Hinzu kam der verschärfte Wettbewerb zwischen den Krankenkassen. Den Krankenkassen mangelte es früher an Anreizen, ineffiziente Strukturen aufzuweichen, da der feste Zuweisungsmechanismus einen Versichertenwechsel durch die Versicherten ausschloss. Mittlerweile

---

275 *Altmann*, BuP 2011, 371 (371); *Klimpe-Auerbach*, SozSich 2011, 270 (270) zur Abwanderung von Versicherten nach der Einführung von Zusatzbeiträgen durch die geschlossenen Krankenkassen.

276 Vgl. die Pressemitteilung Nr. 65 des Bundesministeriums für Gesundheit v. 05.09.2013, Download unter http://www.bmg.bund.de/fileadmin/dateien/Pressemitteilungen/2013/2013_03/130905_PM_Finanzergebnisse_im_1._Halbjahr_2013_-_Positive_finanzielle_Bilanz_der_gesetzlichen_Krankenversicherung_zum_Abschluss_der_Legislaturperiode.pdf (zuletzt abgerufen am 31.01.2016); *Leopold*, WzS 2013, 114; *Pressel*, KrV 2012, 110 (110). Die Techniker Krankenkasse zahlte beispielsweise ihren Mitgliedern eine sog. TK-Dividende für die Beitragsjahre 2013 und 2014 wegen vorhandener Überschüsse von jeweils 80 Euro zurück.

277 *Baierl*, jurisPR-SozR 20/2014 Anm. 1; *Ortmann*, KrV 2010, 144 (144); *Peterhoff/Müller*, KrV 2005, 89 (89); *Sager*, KrV 2005, 163 (163).

278 Vgl. die Pressemitteilung Nr. 38 des Bundesministeriums für Gesundheit v. 02.09.2014, Download unter http://www.bmg.bund.de/fileadmin/dateien/Pressemitteilungen/2014/2014_03/140902_PM_GKV-Ergebnisse_1-Halbjahr-2014.pdf (zuletzt abgerufen am 31.01.2016), die bereits auf eine angespanntere Finanzsituation der gesetzlichen Krankenversicherung hinweist, wenngleich hierin noch keine Bedrohung gesehen werden kann. So auch die Pressemitteilung des Deutschen Gewerkschaftsbundes v. 13.06.2014 (PM 110), abrufbar unter http://www.dgb.de/presse/++co++b6f51332-f2db-11e3-9ec9-52540023ef1a (zuletzt abgerufen am 31.01.2016).

steht den Versicherten ein nahezu freies Kassenwahlrecht zu. Eine Krankenkasse kann es sich heute nicht mehr leisten, gegenüber den Versicherten einen schlechten Service anzubieten oder Zusatzbeiträge in beliebiger Höhe zu erheben, da sie sich sonst einem Mitgliederschwund gegenübersieht.

Zwar gab es in jüngerer Zeit nur zwei Schließungen von Krankenkassen, doch wirkt sich der erhöhte Wettbewerb bereits jetzt grundlegend auf das Krankenkassensystem aus.[279] Denn der Weg in die Schließung oder Insolvenz wird meist bereits im Vorfeld durch Krankenkassenfusionen vermieden.[280] Für die Mitarbeiter der betroffenen Krankenkassen bedeutet dies wiederum, dass es insgesamt zum Personalabbau kommen kann. Kündigungen wegen des Übergangs selbst dürften jedoch vor dem Hintergrund der möglichen Anwendbarkeit des § 613a BGB[281] ausgeschlossen sein.

III. Verschiedene Schließungstatbestände

Das SGB V sieht für Orts-, Betriebs-, und Innungskrankenkassen sowie Ersatzkassen eigens Schließungsvorschriften vor, die sich insbesondere wegen der vom Gesetzgeber angewandten Verweisungstechnik ähneln. Den vier hier besprochenen Krankenkassenarten ist gemeinsam, dass sie durch zwangsweise[282] oder freiwillige Vereinigung[283] mit einer anderen Krankenkasse geschlossen werden können.[284] Sie verlieren im Zeitpunkt der Vereinigung ihre Rechtsfähigkeit[285] und es entsteht eine neue Krankenkasse.[286] Eine solche Fusion von Krankenkassen wirft weitere arbeitsrechtliche Fragen auf.[287]

---

279 Ebenso *Gaßner*, GesR 2009, 121 (122), der es als unerlässlich ansieht, wegen des verschärften Wettbewerbs zwischen den Krankenkassen spezielle Insolvenzregelungen mit Wirkung für die Krankenkassen ins Gesetz aufzunehmen.

280 *Bohlen-Schöning*, KrV 2012, 101 (101).

281 Ausführlich zur Anwendbarkeit des § 613a BGB bei Krankenkassenfusionen vgl. *Andelewski/Brachmann*, NZA 2010, 1103 (1104 ff.).

282 Zur zwangsweisen Vereinigung vgl. u.a. §§ 145, 146 SGB V (Ortskrankenkassen), § 150 Abs. 2 Satz 2 SGB V (Betriebskrankenkassen), § 160 Abs. 2, 3 SGB V (Innungskrankenkassen) und § 168a Abs. 2 SGB V (Ersatzkassen).

283 Zur freiwilligen Vereinigung vgl. u.a. § 144 SGB V (Ortskrankenkassen), § 150 Abs. 1, 2 Satz 1 SGB V (Betriebskrankenkassen), § 160 Abs. 1 SGB V (Innungskrankenkassen) und § 168a Abs. 1 SGB V (Ersatzkassen).

284 Vgl. bspw. § 144 Abs. 4 Satz 1 SGB V; BAG 29.09.2010 - 10 AZR 588/09, NZA 2011, 151 (Rn. 22) bzgl. Ortskrankenkassen.

285 BAG 29.09.2010 - 10 AZR 588/09, NZA 2011, 151 (Rn. 22) zum Wegfall der Rechtsfähigkeit bei der Vereinigung zweier Ortskrankenkassen.

286 BAG 21.01.2014 - 3 AZR 860/11, NZA 2014, 1154 (Ls.) = NZA-RR 2014, 440 (Rn. 45).

287 Zu den arbeitsrechtlichen Problemen bei der Fusion von Krankenkassen vgl. u.a. *Andelewski/Brachmann*, NZA 2010, 1103; *Andelewski/Steinbring*, KrV 2012, 192; *Bieback*, ZTR 1998, 396.

1. *Allgemeine Ortskrankenkassen und Ersatzkassen*

a) Überblick

Die Aufsichtsbehörde schließt nach § 146a SGB V eine Ortskrankenkasse, wenn ihre Leistungsfähigkeit nicht mehr auf Dauer gesichert ist.[288] Im Gegensatz zu den Schließungsvorschriften von Betriebs- und Innungskrankenkassen knüpft § 146a SGB V lediglich an die nicht mehr auf Dauer gesicherte Leistungsfähigkeit an.[289] Das Gesetz enthält für die Ersatzkassen mit § 170 Satz 1 SGB V eine vergleichbare Vorschrift.[290] Auch hier ist die Schließung einzig für den Fall der nicht mehr auf Dauer gesicherten Leistungsfähigkeit vorgesehen.[291]

b) Begriff der auf Dauer nicht mehr gesicherten Leistungsfähigkeit

Der Gesetzgeber verzichtete auf eine Definition des unbestimmten Rechtsbegriffs der „nicht mehr auf Dauer gesicherten Leistungsfähigkeit".[292] Der für den Erlass des Schließungsbescheides zuständigen Aufsichtsbehörde steht bei Prüfung dieser Schließungsvoraussetzung kein Ermessen[293], sondern nur ein Beurteilungsspielraum zu.[294]

Anhaltspunkte für das Verständnis von einer „auf Dauer nicht mehr gesicherten Leistungsfähigkeit" könnte eine alte Gesetzesfassung liefern.[295] Nach der Vorschrift des § 147 Abs. 1 Satz 2 SGB V a.F., die Regelungen zur Errichtung von Betriebskrankenkassen traf, ist die Leistungsfähigkeit einer Ortskrankenkasse insbesondere dann gefährdet, wenn der Bedarfssatz einer betroffenen Ortskrankenkasse den landesdurchschnittlichen Bedarfssatz aller Ortskrankenkassen um mehr als zehn von Hundert oder den bundesdurchschnittlichen Bedarfssatz aller Ortskrankenkassen um mehr als 12,5 von Hundert übersteigt.[296] Die ältere Rechtsprechung des BSG befass-

---

288 Becker/Kingreen/*Mühlhausen*, SGB V, § 146a Rn. 1.

289 Krauskopf/*Baier*, Soziale Krankenversicherung, § 146a SGB V Rn. 4; Becker/Kingreen/*Mühlhausen*, SGB V, § 146a Rn. 2.

290 Becker/Kingreen/*Mühlhausen*, SGB V, § 171 Rn. 1 f.

291 KassKom/*Peters*, § 170 SGB V Rn. 3.

292 *Lundberg/Sänger*, ZInsO 2012, 1556 (1559).

293 Hauck/Noftz/*Engelhard*, SGB V, § 146a Rn. 5; juris-PK-SGB V/*Koch*, § 146a Rn. 6; Becker/Kingreen/*Mühlhausen*, SGB V, § 146a Rn. 3.

294 Hauck/Noftz/*Engelhard*, SGB V, § 153 Rn. 8; *Gaßner/Hager*, NZS 2004, 632 (634); *Krasney*, NZS 2010, 443 (448).

295 So BSG 17.07.1985 – 1 RR 8/84, NZA 1986, 339 (II); Becker/Kingreen/*Mühlhausen*, SGB V, § 146a Rn. 2.

296 Hauck/Noftz/*Engelhard*, SGB V, § 146a Rn. 4. Vgl. § 147 Abs. 1 Satz 3 SGB V in der im Jahr 1993 gültigen Fassung. Hintergrund dieser Vorschrift war § 147 Abs. 1 Satz 1

te sich ebenfalls mit der Frage, wann die Leistungsfähigkeit einer Ortskrankenkasse nicht mehr gesichert ist.[297] Danach ist von der Leistungsfähigkeit einer Krankenkasse auszugehen, wenn sie imstande ist,

> *„die vergleichbaren Kassen entsprechenden Leistungen (Regel- und Mehrleistungen) zu gewähren, sich also annähernd im durchschnittlichen Beitrags- und Leistungsniveau der Vergleichskassen halten zu können."*[298]

Die Legaldefinition des § 147 Abs. 1 Satz 2 SGB V a.F. kann zur Ermittlung des heutigen Verständnisses nur bedingt übernommen werden, da sich – wie oben bereits dargestellt – die Finanzierung der Krankenversicherung, insbesondere durch die Einführung des Gesundheitsfonds, wesentlich verändert hat.[299] Insbesondere wird auch angenommen, dass nur noch eingeschränkt auf das Merkmal des durchschnittlichen Beitragsniveaus abgestellt werden kann, da die Reformen der vergangenen Jahre einen allgemeinen und für alle Versicherten geltenden Beitragssatz gebracht haben, der von den Krankenkassen selbst weder erhöht noch verringert werden kann.[300] Angesichts der durch das GKV-FQWG im Jahr 2014[301] eingeführten Neuerungen, die dazu führten, dass Krankenkassen flächendeckend Zusatzbeiträge in unterschiedlicher Höhe einführten,[302] könnte unter Umständen auf deren durchschnittliche Höhe zur Bestimmung der finanziellen Leistungsfähigkeit abgestellt werden.

Festzuhalten bleibt jedenfalls, dass einer Krankenkasse die Leistungsfähigkeit sicher dann abzusprechen ist, wenn sie ihren gesetzlichen Leistungspflichten in absehbarer Zeit mit den ihr zur Verfügung stehenden Mitteln voraussichtlich nicht mehr nachkommen kann.[303] Die Aufsichts-

---

Nr. 3 SGB V a.F.: Danach konnte eine Betriebskrankenkasse nur dann errichtet werden, wenn sie den Bestand oder die Leistungsfähigkeit einer Ortskrankenkasse nicht gefährdet.

297 BSG 17.07.1985 – 1 RR 8/84, NZA 1986, 339 (II).

298 BSG 17.07.1985 – 1 RR 8/84, NZA 1986, 339 (II).

299 Ebenso Becker/Kingreen/*Mühlhausen*, SGB V, § 146a Rn. 2; juris-PK-SGB V/*Koch*, § 146a Rn. 4.

300 Vgl. juris-PK-SGB V/*Koch*, § 146a Rn. 4, der infolgedessen darauf hinweist, dass sich das Beitragsniveau nur noch darauf beziehen kann, als auf die Erhebung eines Zusatzbeitrages beziehungsweise die Ausschüttung einer Prämie nach § 242 SGB V abgestellt wird.

301 BGBl. 2014, 1133.

302 So schon vor Einführung *Baierl*, jurisPR-SozR 20/2014 Anm. 1 (II); vgl. auch die Pressemitteilung des GKV-Spitzenverbandes vom 29.07.2014, abrufbar unter http://www.gkv-spitzenverband.de/presse/pressemitteilungen_und_statements/pressemitteilung_156864.jsp (zuletzt abgerufen am 31.01.2016).

303 So etwa Krauskopf/*Baier*, Soziale Krankenversicherung, § 146a SGB V Rn. 4; *Lundberg/Sänger*, ZInsO 2012, 1556 (1559). Verschiedene Stimmen halten noch an der oben zitierten Definition des BSG fest, vgl. u.a. *Gutzeit*, NZS 2012, 361 (361 f.).

behörde beurteilt das Merkmal der Dauerhaftigkeit der Leistungsunfähigkeit anhand einer Prognoseentscheidung.[304]

2. Betriebs- und Innungskrankenkassen

Die §§ 153, 163 SGB V legen die Voraussetzungen der Schließung einer Betriebs- oder Innungskrankenkasse abschließend fest.[305] Eine nicht mehr auf Dauer gesicherte Leistungsfähigkeit der betroffenen Krankenkasse berechtigt die Aufsichtsbehörde – wie schon aus dem Schließungsrecht der Ortskranken- und Ersatzkassen bekannt – zur Schließung der Krankenkasse (§§ 153 Satz 1 Nr. 3, 163 Satz 1 Nr. 3 SGB V). Das Begriffsverständnis dieses Schließungstatbestands folgt den oben aufgestellten Erwägungen zu den beiden anderen Kassenarten.

Darüber hinaus sieht das Gesetz jeweils zwei weitere Schließungstatbestände vor. Eine Betriebs- und Innungskrankenkasse ist von der Aufsichtsbehörde zu schließen, wenn der Betrieb/die Handwerksinnung schließt, für den sie errichtet worden ist und es sich dabei nicht um eine geöffnete Betriebs-/Innungskrankenkasse handelt (§§ 153 Satz 1 Nr. 1, 163 Satz 1 Nr. 1 SGB V). Enthält die Satzung der betroffenen Krankenkasse dagegen eine Öffnungsklausel, ist die Schließung des Betriebes oder der Handwerksinnung für den Fortbestand der Krankenkasse unschädlich.[306] Hintergrund dieser gesetzlichen Regelung ist, dass die Betriebs- beziehungsweise Innungskrankenkasse durch ihre Öffnung für betriebs- oder innungsfremde Versicherte ein derartiges Maß an Selbstständigkeit erlangt hat, dass eine Kopplung ihrer Existenz an die des zugrunde liegenden Betriebs oder der Innung nicht sachgerecht ist.[307]

Eine Schließung ist zuletzt auch dann anzuordnen, wenn die Krankenkasse nicht hätte errichtet werden dürfen (§§ 153 Satz 1 Nr. 2, 163 Satz 1 Nr. 2 SGB V).[308] Sie ist aber ausgeschlossen, wenn die anfangs nicht gesi-

---

304 *Gaßner/Hager*, NZS 2004, 632 (634); *Krasney*, NZS 2010, 443 (448); Becker/Kingreen/*Mühlhausen*, SGB V, § 146a Rn. 2.

305 KassKom/*Peters*, § 153 SGB V Rn. 4.

306 BT-Drucks. 12/3608, S. 110, wonach angesichts der freien Kassenwahlrechte bei geöffneten Krankenkassen die „Schließung des ursprünglichen Trägerbetriebes kein sachgerechter Grund für die Schließung einer Betriebskrankenkasse sein" könne; Krauskopf/*Baier*, Soziale Krankenversicherung, § 173 SGB V Rn. 14; *Schnapp*, NZS 2004, 113 (114).

307 KassKom/*Peters*, § 153 SGB V Rn. 5, § 163 SGB V Rn. 5, § 161 Rn. 3. *Schnapp*, NZS 2004, 113 (114) spricht insoweit zutreffend von „virtuellen Betriebskrankenkassen", d.h. die Existenz von Betriebskrankenkassen ohne Betrieb.

308 Zu den Auflösungsvoraussetzungen vgl. die Regelungen der § 152 SGB V (Betriebskrankenkassen) und § 162 SGB V (Innungskrankenkassen).

cherte Leistungsfähigkeit mittlerweile gesichert ist.[309] Im Übrigen wird bezüglich dieses Schließungstatbestands auf die Errichtungsvoraussetzungen der beiden Krankenkassenarten verwiesen.[310]

IV. Verfahrensrechtliche Anforderungen an die Kassenschließung

Das SGB V enthält Vorgaben zum Abwicklungsverfahren nach Auflösung oder Schließung einer Krankenkasse.[311] Die Analyse der arbeitsrechtlichen Schließungsvorschriften hat auf der Basis eines kurzen Überblicks über dieses Verfahren zu erfolgen. [312] Die organisationsrechtlichen Vorschriften zur Schließung einer Krankenkasse sind zwar weitgehend in eigenen Titeln geregelt. Die jeweiligen Vorschriften weisen aber oft einen identischen Wortlaut auf. Es ergeben sich deshalb im Schließungsverfahren der vier Krankenkassenarten nur wenige Abweichungen untereinander, auf welche diese Arbeit – soweit erforderlich – gesondert hinweist.

1. Maßnahmen vor Schließung einer Krankenkasse

Die Schließung oder Insolvenz einer Krankenkasse bezeichnet der Gesetzgeber als letztes Mittel.[313] Die beteiligten Akteure müssen deswegen vor Einleitung des Schließungs- oder Insolvenzverfahrens Anstrengungen unternehmen, um die Abwicklung einer Krankenkasse zu vermeiden.[314] Das Gesetz legt zu diesem Zwecke mit der Vorschrift des § 172 SGB V gegensteuernde Maßnahmen zur Abwendung der drohenden Schließung oder Insolvenz im Vorfeld fest.[315] Diese Vermeidungsmaßnahmen zielen nicht immer auf den Erhalt der bedrohten Krankenkasse in ihrer bisherigen Gestalt ab. § 172 Abs. 3 SGB V verdeutlicht, dass ein mögliches Mittel zur Vermeidung der Schließung oder Insolvenz die Vereinigung mit einer anderen Krankenkasse ist.[316] Die Aufsichtsbehörde kann nach § 172 Abs. 3 Satz 2 SGB V den für die Vereinigung erforderlichen Beschluss nach Ab-

---

309 KassKom/*Peters*, § 153 SGB V Rn. 6.

310 Vgl. die Ausführungen unter Kap. B I 3 b, c jew. bb dieser Arbeit.

311 Im Folgenden werden nur diese vier Krankenkassenarten erörtert. Soweit von einer „Krankenkasse" die Rede ist, sind Krankenkassen aller vier Krankenkassenarten gemeint.

312 Vertiefend etwa *Groß*, Krankenkassen, S. 173 ff. zum Insolvenzverfahren.

313 BT-Drucks. 16/9559, S. 16.

314 BT-Drucks. 15/1525, S. 136; Krauskopf/*Baier*, Soziale Krankenversicherung, § 172 SGB V Rn. 2; Becker/Kingreen/*Mühlhausen*, SGB V, § 172 Rn. 1.

315 KassKom/*Peters*, § 172 SGB V Rn. 2.

316 Becker/Kingreen/*Mühlhausen*, SGB V, § 172 Rn. 9, die übrigen Maßnahmen zur Vermeidung der Schließung oder Insolvenz gehen allerdings der Vereinigung vor.

lauf einer von ihr gesetzten Frist ersetzen, wenn Vorschläge für eine freiwillige Vereinigung nicht zum Erfolg führen.[317]

a) Informations- und Unterrichtungspflichten

Die Beteiligten benötigen für die Einleitung schließungsvermeidender Maßnahmen und für die Beurteilung der Leistungsfähigkeit von den Krankenkassen rechtzeitig geeignete Informationen.[318] § 172 SGB V installiert aus diesem Grund ein sog. Frühwarnsystem.[319]

Die in der Vorschrift des § 172 Abs. 2 SGB V vorgesehenen Informationspflichten sind Teil des Frühwarnsystems.[320] Sie ergänzen sonstige regelmäßige Informationspflichten wie beispielsweise die Pflicht zur Vorlage von Geschäftsübersichten und Statistiken der Sozialversicherungen nach § 79 SGB IV.[321] Nach § 172 Abs. 2 Satz 1 SGB V haben die Krankenkassen „dem Spitzenverband Bund der Krankenkassen und dem Landesverband, dem sie angehören, auf Verlangen unverzüglich die Unterlagen vorzulegen und die Auskünfte zu erteilen, die diese zur Beurteilung ihrer dauerhaften Leistungsfähigkeit für erforderlich halten oder ihnen auf Verlangen die Einsichtnahme in diese Unterlagen in ihren Räumen gestatten“. Diese Informationspflichten versetzen den Spitzenverband Bund und die Landesverbände in die Lage, frühzeitig Gegenmaßnahmen einzuleiten.[322] Bereits aus dem Wortlaut des § 172 Abs. 2 Satz 1 SGB V folgt, dass weder der Spitzenverband Bund noch die Landesverbände einen besonderen Anlass für ihr Informationsverlangen benötigen.[323] Dennoch scheint es in der Praxis wegen der im Übrigen allgemein bestehenden Informationspflichten naheliegend, dass erst dann Informationen nach § 172 Abs. 2 Satz 1 SGB V von

---

317 Becker/Kingreen/*Mühlhausen*, SGB V, § 172 Rn. 9; KassKom/*Peters*, § 172 SGB V Rn. 8.

318 BT-Drucks. 16/9559, S. 23; *Groß*, Krankenkassen, S. 54.

319 BT-Drucks. 16/9559, S. 23; Krauskopf/*Baier*, Soziale Krankenversicherung, § 172 SGB V Rn. 14; Becker/Kingreen/*Mühlhausen*, SGB V, § 172 Rn. 6; KassKom/*Peters*, § 172 SGB V Rn. 5.

320 Krauskopf/*Baier*, Soziale Krankenversicherung, § 172 SGB V Rn. 14; *Füsser*, SGb 2009, 126 (130); Becker/Kingreen/*Mühlhausen*, SGB V, § 172 Rn. 6; KassKom/*Peters*, § 172 SGB V Rn. 5.

321 Krauskopf/*Baier*, Soziale Krankenversicherung, § 172 SGB V Rn. 13; *Groß*, Krankenkassen, S. 54 f.; juris-PK-SGB V/*Koch*, § 172 Rn. 11.

322 BT-Drucks. 17/6906, S. 94; KassKom/*Peters*, § 172 SGB V Rn. 5.

323 Krauskopf/*Baier*, Soziale Krankenversicherung, § 172 SGB V Rn. 13. A.A. im Ergebnis Becker/Kingreen/*Mühlhausen*, SGB V, § 172 Rn. 5, der verlangt, dass der anfordernde Spitzenverband Bund oder Landesverband das Verlangen schriftlich darlegt und begründet. Es solle aber ausreichend sein, wenn sich die Verlangenden auf Hinweise über eine ungünstige Finanzentwicklung beriefen.

einer Krankenkasse angefordert werden, wenn ein Beteiligter Kenntnis von ihren finanziellen Schwierigkeiten erlangt.[324]

Zusätzlich normiert § 172 Abs. 2 Satz 2 SGB V eine anlassbezogene Unterrichtungspflicht des Spitzenverbandes Bund gegenüber der zuständigen Aufsichtsbehörde, wenn dieser feststellt, dass die Ausgaben einer Krankenkasse die Zuweisungen aus dem Gesundheitsfonds um einen bestimmten Prozentsatz übersteigen.[325] § 172 Abs. 2 SGB V ergänzt diese Informations- und Unterrichtungspflichten durch weitere Mitteilungs-, Beratungs- und Unterrichtungspflichten.[326] Sie dienen allesamt dem Zweck, den Beteiligten den für die Einleitung von schließungsvermeidenden Maßnahmen erforderlichen Wissensstand zu vermitteln und mögliche Haftungsrisiken zu erkennen.[327]

b) Vermeidungsmaßnahmen

Haben sich die Beteiligten auf Grundlage der Informationsrechte eine Übersicht über die Situation der Krankenkasse verschafft, ist im nächsten Schritt darüber zu beraten, welche Maßnahmen ergriffen werden sollen.[328] Das Gesetz sieht hierfür eine Reihe von Handlungsinstrumenten vor.[329]

Die Verwaltungsräte der Krankenkassen können durch eine Satzungsänderung Zusatzbeiträge nach § 242 SGB V einführen oder erhöhen (§ 194 Abs. 1 Nr. 4 SGB V).[330] Dieses Instrument eignet sich wegen der bereits oben angedeuteten[331] schlechten Erfahrungen im Vorfeld der beiden Kassenschließungen im Jahr 2011 für sich gesehen nicht zur Abwendung der Schließung.[332] Die Gefahr ist zu hoch, dass nach dessen Einführung oder Erhöhung viele Versicherte von ihrem Kündigungsrecht nach § 175 Abs. 4

324 Krauskopf/*Baier*, Soziale Krankenversicherung, § 172 SGB V Rn. 13.

325 Becker/Kingreen/*Mühlhausen*, SGB V, § 172 Rn. 6.

326 Näher zu diesen Pflichten vgl. Becker/Kingreen/*Mühlhausen*, SGB V, § 172 Rn. 6 ff.

327 BT-Drucks. 15/1525, S. 136; Krauskopf/*Baier*, Soziale Krankenversicherung, § 172 SGB V Rn. 2; *Groß*, Krankenkassen, S. 54.

328 KassKom/*Peters*, § 171b SGB V Rn. 14.

329 Sehr ausführlich und lesenswert zu den möglichen Vermeidungsmaßnahmen *Groß*, Krankenkassen, S. 61 ff.

330 Krauskopf/*Baier*, Soziale Krankenversicherung, § 172 SGB V Rn. 19; *Baierl*, jurisPR-SozR 20/2014 Anm. 1 (II); *Groß*, Krankenkassen, S. 61 ff.; KassKom/*Peters*, § 171b SGB V Rn. 14. Der Wortlaut des § 242 Abs. 1 Satz 1 SGB V verdeutlicht, dass die Krankenkassen unter Umständen zur Erhebung von Zusatzbeiträgen verpflichtet sind. Wollen sie dies verhindern, müssen sie Anstrengungen unternehmen, ihren Finanzbedarf künftig alleine mit den Zuweisungen aus dem Gesundheitsfonds zu decken.

331 Vgl. die Ausführungen unter Kap. B II 3 a aa dieser Arbeit.

332 *Bohlen-Schöning/Otto*, NZS 2013, 207 (207 f.); *Töpfer/Opitz*, KrV 2011, 215 (216).

Satz 5 SGB V Gebrauch machen, die Krankenkasse wechseln und sich dadurch die angespannte Finanzlage weiter verschärft.[333]

Daneben könnte die bedrohte Krankenkasse versuchen, vorübergehende Finanzierungslücken mittels einer Darlehensaufnahme zu überbrücken.[334] Dieser Ausweg ist allerdings nur in den Grenzen des nach § 220 Abs. 1 Satz 2 SGB V normierten Darlehensaufnahmeverbots möglich.[335] Das Gesetz sieht weiterhin finanzielle Hilfen nach den §§ 265 ff. SGB V zur Vermeidung der Schließung vor.[336] Insbesondere eine Darlehensaufnahme oder finanzielle Hilfen einer Krankenkasse helfen allerdings nicht über strukturelle Defizite hinweg.[337] Ohne die Erarbeitung eines Sanierungskonzeptes und der Senkung der Verwaltungskosten nützen alle nur vorübergehend angelegten Zuschüsse nichts. Die Krankenkassen sind gezwungen, Sanierungskonzepte zu entwickeln und die Abwanderung von Versicherten durch verbesserte Service-Leistungen zu verhindern. Auf die möglichen und ausführlich in der Literatur diskutierten Sanierungsvorschläge wird verwiesen.[338]

---

333 Ebenso *Groß*, Krankenkassen, S. 64, die Daten nennt (Fn. 476), welche die Abwanderungsbewegungen nach Einführung eines Zusatzbeitrages unabhängig von den Erfahrungen der beiden geschlossenen Krankenkassen belegen: Die DAK verlor danach beispielsweise im ersten halben Jahr nach Einführung des Zusatzbeitrages über 306.000 Versicherte. Andere Krankenkassen, die keinen Zusatzbeitrag einführten, profitierten von diesem Mitgliederschwund. Die Techniker Krankenkasse gewann in dieser Zeit beispielsweise 238.000 Versicherte hinzu.

334 *Groß*, Krankenkassen, S. 61, 64 f.

335 *Groß*, Krankenkassen, S. 64. Nach der Rechtsprechung folgt aus diesen Normen ein „grundsätzliches Verbot der Aufnahme von Krediten": BSG 03.03.2009 – B 1 A 1/08 R, BSGE 102, 281 (2 b); Hauck/Noftz/*Luthe*, SGB V, § 220 Rn. 9; Becker/Kingreen/*Rixen*, SGB V, § 220 Rn. 4 zur neuen Rechtslage nach Wegfall des § 222 SGB V. Ausführlich zu diesem Lösungsweg *Groß*, Krankenkassen, S. 64. Teilweise beziehen sich die hier wiedergegebenen Quellen noch auf die alte Rechtslage, nach der die Darlehensaufnahme jedoch im Grunde ebenfalls verboten war.

336 *Groß*, Krankenkassen, S. 67; KassKom/*Peters*, § 171b SGB V Rn. 14.

337 *Amshoff*, KrV 2010, 260 (260); *Bohlen-Schöning*, KrV 2009, 289 (290) weisen in diesem Zusammenhang außerdem sowohl auf die hohen Anforderungen, die an die finanziellen Hilfen durch andere Krankenkassen gestellt werden als auch die wegen des verstärkten Wettbewerbs existierende geringere Bereitschaft zu solchen Hilfen hin. Diese beiden Punkte dürften die Option, zur eigenen Rettung auf finanzielle Hilfen anderer Krankenkassen zu setzen, meist ausschließen.

338 Zu möglichen Sanierungsmaßnahmen und Möglichkeiten zur Steigerung der Effizienz vgl. ausführlich *Groß*, Krankenkassen, S. 53 ff. Vgl. außerdem u.a. *Amshoff*, KrV 2010, 260; *Amshoff*, KrV 2010, 303; *Amshoff*, KrV 2010, 351; *Eis*, KrV 2011, 321; *Füsser*, SGb 2009, 126 (130); *Thelen*, KrV 2013, 154; *Thüsing/Traut/Pötters*, NZS 2012, 641.

2. *Schließungsbescheid der Aufsichtsbehörde*

Das Gesetz sieht die Schließung der Krankenkasse vor, wenn die Sanierungsversuche nicht zum gewünschten Erfolg geführt haben und eine Vereinigung nicht in Betracht kommt.[339] In diesem Zusammenhang spielt der sog. Schließungsbescheid eine Rolle. Nachdem eine Krankenkasse durch einen gestaltenden Verwaltungsakt errichtet wird, erfolgt ihre Schließung actus contrarius wiederum durch einen Verwaltungsakt.[340] Er bewirkt als gestaltender Verwaltungsakt im Sinne des § 31 SGB X[341] die Schließung der Krankenkasse.[342] Die Zuständigkeit der Aufsichtsbehörde für den Erlass des Bescheides[343] folgt aus den einzelnen insoweit im Wortlaut identischen Schließungsvorschriften.[344] Der Schließungszeitpunkt ist im Bescheid genau zu bezeichnen.[345] Zwischen dessen Erlass und der Schließung der Krankenkasse müssen mindestens acht Wochen liegen.[346]

3. *Abwicklung der geschlossenen Krankenkasse*

Der Schließung einer Krankenkasse folgt ein langwieriges Abwicklungsverfahren, an dem eine Reihe von Akteuren beteiligt ist. Selbst die ihm Jahr 2011 geschlossenen Krankenkassen befanden sich im Jahr 2013 noch in der Abwicklung. Zu berücksichtigen sind die Versicherten, die Krankenkassenbeschäftigten und letztlich auch die Gläubiger, deren Verbindlichkeiten zu befriedigen sind. Auf das Schicksal der Krankenkassenmitarbeiter, für die teilweise ein Unterbringungsverfahren vorgesehen ist, geht diese Arbeit im zweiten Teil näher ein.

339 *Groß*, Krankenkassen, S. 53, wonach die Abwicklung einer Krankenkasse das letzte Mittel ist.

340 *Bohlen-Schöning*, KrV 2012, 101 (101); allgemeiner: OVG Berlin 22.02.1996 – 5 B 93/94, NVwZ 1997, 396 (I 1); *von Lewinski*, Insolvenz und Staatsbankrott, S. 204; *Mronz*, Körperschaften und Zwangsmitgliedschaft, S. 43.

341 LSG Hamburg 28.06.2012 – L 1 KR 148/11, KrV 2012, 217 (220).

342 Krauskopf/*Baier*, Soziale Krankenversicherung, § 146a SGB V Rn. 3 zur Schließung einer Ortskrankenkasse durch Bescheid der Aufsichtsbehörde.

343 Krauskopf/*Baier*, Soziale Krankenversicherung, § 146a SGB V Rn. 7.

344 Vgl. § 146a Satz 1 SGB V (Ortskrankenkassen), § 153 Satz 1 SGB V (Betriebskrankenkassen); § 163 Satz 1 SGB V (Innungskrankenkassen) und § 170 Satz 1 SGB V (Ersatzkassen).

345 Becker/Kingreen/*Mühlhausen*, SGB V, § 146a Rn. 3.

346 Vgl. § 146a Satz 2 SGB V (Ortskrankenkassen), § 153 Satz 2 SGB V (Betriebskrankenkassen); § 163 Satz 2 SGB V (Innungskrankenkassen) und § 170 Satz 2 SGB V (Ersatzkassen).

a) Schicksal der Versicherten

Der reibungslose und unkomplizierte Wechsel der Versicherten der geschlossenen Krankenkasse zu einer anderen Krankenkasse war ein wesentliches Anliegen des Gesetzgebers bei Schließung einer Krankenkasse.[347] Der Übergang vollzieht sich nicht automatisch.[348] Die Versicherten können[349] in Ausübung ihres allgemeinen Kassenwahlrechts eine andere Krankenkasse frei wählen (vgl. auch § 175 Abs. 3a SGB V).[350] Den anderen Krankenkassen ist es nach § 175 Abs. 1 Satz 2 SGB V untersagt, die Versicherten abzulehnen oder die Ausübung des Wahlrechts der Versicherten durch falsche beziehungsweise unvollständige Beratung zu verhindern oder zu erschweren. Wird der Aufsichtsbehörde ein solches gesetzeswidriges Verhalten bekannt, hat sie nach § 175 Abs. 2a SGB V Maßnahmen zu ergreifen, unter anderem die betreffende Krankenkasse zur Unterlassung künftiger Rechtsverletzungen zu verpflichten.[351]

b) Abwicklungskörperschaft

Die Krankenkasse tritt mit Wirksamwerden und Eintritt des im Schließungsbescheid genannten Zeitpunktes nicht mehr werbend auf dem Markt auf.[352] Es lösen sich damit aber nicht sofort alle vorhandenen Strukturen auf. Die Abwicklung der geschlossenen Krankenkasse nimmt noch einige Zeit in Anspruch.[353]

Der Gesetzgeber erkannte diesen Abwicklungsbedarf und traf mit § 155 SGB V entsprechende Regelungen.[354] Nach § 155 Abs. 1 Satz 2 SGB V gilt eine Betriebskrankenkasse bis zur Abwicklung ihrer Geschäfte als fortbeste-

---

347 BT-Drucks. 17/8005, S. 122 f.

348 Dazu Becker/Kingreen/*Just*, SGB V, § 175 Rn. 12: Danach hat die Anmeldung des Versicherten bei einer anderen Krankenkasse nach § 175 Abs. 3a Satz 2 SGB V erst dann durch die verpflichtete Stelle zu erfolgen, wenn sie der Versicherungspflichtige nicht rechtzeitig vorlegt.

349 Es handelt sich hierbei um eine Obliegenheit, vgl. Becker/Kingreen/*Just*, SGB V, § 175 Rn. 12.

350 *Altmann*, BuP 2012, 154 (154); *Heberlein*, GesR 2009 141 (141), wonach für die Versicherten und ihren Wahlrechten kein Unterschied zwischen der Schließung oder der Insolvenz einer Krankenkasse besteht.

351 Krauskopf/*Baier*, Soziale Krankenversicherung, § 175 SGB V Rn. 21; Becker/Kingreen/*Just*, SGB V, § 175 Rn. 8; KassKom/*Peters*, § 175 SGB V Rn. 26; Hauck/Noftz/*Sonnhoff*, SGB V, § 175 Rn. 26b.

352 VGH Mannheim 27.09.2011 – PB 15 S 1026/11, BeckRS 2011, 55726 (II 2); *Bohlen-Schöning*, KrV 2012, 101 (102).

353 BT-Drucks. 16/9559, S. 18; *Bohlen-Schöning*, KrV 2011, 85 (87); KassKom/*Peters*, § 155 SGB V Rn. 5.

354 Krauskopf/*Baier*, Soziale Krankenversicherung, § 155 SGB V Rn. 2.

hend, „soweit es der Zweck der Abwicklung erfordert“[355]. Die Verweise der §§ 146a Satz 3, 164 Abs. 1 Satz 1, 171 Satz 1 SGB V verschaffen der Vorschrift auch für den Fall der Schließung einer Orts- und Innungskrankenkasse sowie einer Ersatzkasse Geltung.[356] Neben den Regelungen zu den Zuständigkeiten im Abwicklungszeitraum[357] enthält die Norm auch Bestimmungen über die Bekanntmachung der Schließung (§ 155 Abs. 2 Satz 1 SGB V)[358] und zur Haftung für die Verbindlichkeiten der geschlossenen Krankenkasse (§ 155 Abs. 4 SGB V)[359].

Nicht ganz klar geregelt ist allerdings, wie sich der Übergang zwischen der geschlossenen Krankenkasse und der Abwicklungskörperschaft[360] genau vollzieht.[361] Die beiden Rechtsträger könnten personenidentisch sein[362], womit sich auch die vor der Schließung bestehenden Dauerschuldverhältnisse mit der Abwicklungskörperschaft fortsetzen[363]. Auf der anderen Seite könnte man eine Rechtsträgeridentität ablehnen und sich für die Entstehung einer neuen Rechtspersönlichkeit zum Schließungszeitpunkt in Gestalt der Abwicklungskörperschaft aussprechen.[364] Für die Abwicklung der Krankenkasse selbst ist dieser Meinungsstreit zunächst nur nachrangig, da § 155 Abs. 1 Satz 2 SGB V dem Vorstand der geschlossenen Krankenkasse jedenfalls die Befugnis verleiht, noch zu erledigende Abwicklungstätigkeiten nach der Schließung vorzunehmen. Inwieweit wegen der vom Gesetzgeber gewählten Abwicklungskonstruktion Arbeitsverhältnisse, die nicht für die Abwicklung der geschlossenen Krankenkasse benötigt werden, mangels

---

355 § 155 Abs. 1 Satz 2 SGB V.

356 Hauck/Noftz/*Engelhard*, SGB V, § 155 Rn. 10e; juris-PK-SGB V/*Koch*, § 155 Rn. 28; Becker/Kingreen/*Mühlhausen*, SGB V, § 155 Rn. 1; KassKom/*Peters*, § 155 SGB V Rn. 3.

357 Becker/Kingreen/*Mühlhausen*, SGB V, § 155 Rn. 11 ff.

358 Dazu Becker/Kingreen/*Mühlhausen*, SGB V, § 155 Rn. 15.

359 Vgl. dazu Kap. B IV 3 c dieser Arbeit sowie Becker/Kingreen/*Mühlhausen*, SGB V, § 155 Rn. 17 ff.

360 Die Bezeichnung „Abwicklungskörperschaft“ findet im Gesetz selbst keine Erwähnung. In der juristischen Fachliteratur hat sie sich so eingebürgert.

361 Siehe ausführlich Kap. C II dieser Arbeit unter arbeitsrechtlichen Gesichtspunkten.

362 So etwa LAG Berlin-Brandenburg 12.04.2012 – 5 Sa 2554/11, BeckRS 2012, 70157 (I 2.1); LAG Berlin-Brandenburg 24.05.2012 – 18 Sa 2605/11, 18 Sa 116/12, BeckRS 2012, 70789 (II 1 b aa); LAG Düsseldorf 07.09.2012 – 6 Sa 138/12, BeckRS 2012, 76175 (A II 1 a aa); Krauskopf/*Baier*, Soziale Krankenversicherung, § 155 SGB V Rn. 5; *Klimpe-Auerbach*, SozSich 2011, 270 (273); juris-PK-SGB V/*Koch*, § 155 Rn. 6; Becker/Kingreen/*Mühlhausen*, SGB V, § 155 Rn. 14; ErfK/*Rolfs*, § 164 SGB V Rn. 7.

363 *Rolfs*, NZA 2013, 529 (532 f.).

364 Diese Argumentation vertraten insb. die beklagten Krankenkassen nach deren Schließung gegenüber den Mitarbeitern, die von einem Fortbestand ihrer Arbeitsverhältnisse mit der Abwicklungskörperschaft ausgingen, vgl. LAG Düsseldorf 28.06.2013 – 6 Sa 549/12, BeckRS 2013, 72224 (Wiedergabe der Rechtsansichten der beklagten Krankenkasse).

Personenidentität oder infolge einer nur eingeschränkten Rechtsfähigkeit der Abwicklungskörperschaft automatisch enden, wird erst im individualarbeitsrechtlichen Teil der Dissertation geklärt.[365]

An dieser Stelle ist festzuhalten, dass sich der Schließung der Krankenkasse noch ein Abwicklungszeitraum anschließt.[366] Die Erfahrungen nach den Schließungen der City BKK und der BKK für Heilberufe zeigen, dass die erforderlichen Abwicklungstätigkeiten noch Jahre in Anspruch nehmen können. Bis dahin wird die geschlossene Krankenkasse als „Krankenkasse in Abwicklung“ bezeichnet.[367]

c) Haftung für Verbindlichkeiten der geschlossenen Krankenkasse

Die Schließung einer Krankenkasse hat wegen des langwierigen Abwicklungsverfahrens und der möglicherweise bestehenden Altlasten nicht nur für die Beschäftigten der Krankenkassen verheerende Folgen. Es stellt sich ebenso für die Gläubiger und die Leistungserbringer die Frage, ob ihre, gegen die geschlossene Krankenkasse bestehenden Forderungen, befriedigt werden. Eine Übertragung des Ausfallrisikos auf diesen Kreis von Gläubigern könnte das Vertrauen in das Krankenversicherungssystem nachhaltig zerstören.[368] Schlimmstenfalls sähen sich beispielsweise Leistungserbringer gezwungen, Behandlungen von Versicherten verschuldeter Krankenkassen aus Angst vor ausbleibenden Honoraren zu verweigern.[369] Der Gesetzgeber beugte diesen Gefahren durch die Schaffung eines besonderen Haftungskonzeptes bei Schließung einer Krankenkasse vor.

aa) Abgestuftes Haftungskonzept

Durch die Wahl eines abgestuften Haftungskonzepts geht die Schließung einer Krankenkasse nicht zu Lasten der Gläubiger.[370] Ausweislich der Gesetzesbegründung will der Gesetzgeber dadurch nachhaltige Störungen in den Beziehungen zwischen den Leistungserbringern und den Krankenkassen sowie sozialpolitisch unvertretbare Folgen für die Versicherten verhindern.[371] Das Haftungskonzept erstreckt sich über den Verweis des § 164 Abs. 5 SGB V auch auf die „Versorgungsansprüche der am Tag der Auflö-

---

[365] Vgl. ausführlich Kap. C II dieser Arbeit.
[366] Krauskopf/*Baier*, Soziale Krankenversicherung, § 155 SGB V Rn. 5.
[367] Krauskopf/*Baier*, Soziale Krankenversicherung, § 155 SGB V Rn. 5.
[368] Dies verdeutlicht die Gesetzesbegründung, vgl. BT-Drucks. 16/3100, S. 155.
[369] BT-Drucks. 16/3100, S. 155.
[370] Hauck/Noftz/*Engelhard*, SGB V, § 164 Rn. 20; *Groß*, Krankenkassen, S. 200.
[371] BT-Drucks. 16/3100, S. 155.

sung oder Schließung einer Innungskrankenkasse vorhandenen Versorgungsempfänger und ihrer Hinterbliebenen“[372]. Diese bleiben nach § 164 Abs. 2 SGB V von der Schließung unberührt.[373]

Die maßgeblichen gesetzlichen Regelungen finden sich in den § 155 Abs. 4 SGB V für Betriebskrankenkassen (i.V.m. § 146a Satz 3 SGB V für Ortskrankenkassen und i.V.m. § 171 Satz 2 SGB V für Ersatzkassen, jeweils mit Einschränkungen) sowie in § 164 Abs. 1 SGB V für Innungskrankenkassen. Nach Schließung einer Krankenkasse werden die Verbindlichkeiten aus dem verbleibenden Vermögen der geschlossenen Krankenkasse befriedigt.[374] Reicht ihr Vermögen dafür nicht aus, haften zunächst die Krankenkassen desselben Krankenkassentyps, zuletzt alle Krankenkassen mit Ausnahme der Landwirtschaftlichen Krankenkasse.[375] Eine Besonderheit besteht nach den §§ 155 Abs. 4 Satz 1, 164 Abs. 1 Satz 2 SGB V bei der Schließung einer gegenüber Dritten nicht geöffneten Betriebs- oder Innungskrankenkasse.[376] Das Gesetz sieht hier zunächst den Rückgriff auf das Vermögen des Arbeitgebers beziehungsweise der Innung vor.[377] Erst wenn auch deren Vermögen nicht ausreicht, greift die subsidiäre Haftung der übrigen Krankenkassen.[378] Das Haftungskonzept für die Verbindlichkeiten der geschlossenen Krankenkasse ist letztendlich Ausfluss des im Krankenversicherungssystem geltenden und in § 1 SGB V zum Ausdruck kommenden Solidarprinzips.[379]

Die Kosten der Abwicklung der geschlossenen Krankenkasse zählen ebenfalls zu den unter die §§ 155 Abs. 4, 164 Abs. 1 SGB V fallenden Verbindlichkeiten.[380] Dies ist zwar nicht ausdrücklich im Gesetz geregelt. Der Abwicklungskörperschaft stehen allerdings keine Zuweisungen aus dem Gesundheitsfonds mehr zu, da sie nach der Beendigung aller Versichertenver-

---

372 § 164 Abs. 2 SGB V.

373 Dazu *Bohlen-Schöning*, KrV 2011, 85 (88).

374 Die vorrangige Befriedigung der Gläubiger aus dem Vermögen der geschlossenen Krankenkasse folgt unmittelbar aus dem Wortlaut der § 164 Abs. 1 Satz 2 SGB V und § 155 Abs. 4 Satz 1 SGB V, vgl. auch Hauck/Noftz/*Engelhard*, SGB V, § 155 Rn. 14.

375 Vgl. hierzu das abgestufte Haftungskonzept in § 154 Abs. 4 SGB V beziehungsweise § 164 Abs. 1 SGB V. Das abgestufte Haftungskonzept wird hier nur stark vereinfacht wiedergegeben; Einzelheiten und Abweichungen dazu vgl. Krauskopf/*Baier*, Soziale Krankenversicherung, § 155 SGB V Rn. 16 ff.; Hauck/Noftz/*Engelhard*, SGB V, § 155 Rn. 13 ff.; KassKom/*Peters*, § 155 SGB V Rn. 10 ff.

376 Becker/Kingreen/*Mühlhausen*, SGB V, § 155 Rn. 17. Die vorrangige Haftung der Innungen geschlossener Innungskrankenkassen ist nur theoretischer Natur, da keine Innungskrankenkassen mehr existieren, die nicht auch gegenüber Dritten geöffnet sind, vgl. Becker/Kingreen/*Mühlhausen*, SGB V, § 164 Rn. 8.

377 Krauskopf/*Baier*, Soziale Krankenversicherung, § 155 SGB V Rn. 19; Becker/Kingreen/*Mühlhausen*, SGB V, § 155 Rn. 17.

378 Becker/Kingreen/*Mühlhausen*, SGB V, § 155 Rn. 17.

379 *Bohlen-Schöning*, KrV 2009, 289 (290); *Felix*, NZS 2005, 57 (57).

380 *Bohlen-Schöning*, KrV 2012, 101 (102, 104 f.).

hältnisse zum Schließungszeitpunkt keine gesetzliche Krankenkasse mehr darstellt.[381] Um dennoch die bei der Abwicklung entstehenden Kosten, insbesondere die Personalkosten der mit der Abwicklung beschäftigten Mitarbeiter decken zu können, muss auch auf das vom Gesetzgeber ausgearbeitete Haftungskonzept zurückgegriffen werden.[382] Hinzuweisen ist letztlich noch auf die Ausschlussfrist des § 155 Abs. 2 Satz 2 SGB V. Sie kann Forderungen entgegengesetzt werden, wenn ein Gläubiger diese nicht innerhalb von sechs Monaten nach der Bekanntmachung der Schließung geltend macht.[383] Die Schließungsbekanntmachung des Vorstandes muss allerdings auf diese Ausschlussfrist hinweisen, § 155 Abs. 2 Satz 2 SGB V.

Die subsidiäre Haftung der übrigen Krankenkassen stellt die Gläubiger von Krankenkassen gegenüber solchen von anderen juristischen Personen wesentlich besser. Letztere können bei der Abwicklung der juristischen Person oft ihre Forderungen nicht durchsetzen. Diese Privilegierung von Gläubigern gesetzlicher Krankenkassen stärkt zwar tatsächlich das Vertrauen insbesondere der Leistungserbringer und stellt damit den Schutz der Versicherten sicher.[384] Die subsidiäre Haftung birgt aber erhebliche finanzielle Risiken für die übrigen Krankenkassen.[385] Stimmen in der Literatur fürchten deswegen einen Dominoeffekt.[386] Krankenkassen gerieten wegen ihres Haftungsanteils in finanzielle Schwierigkeiten und seien am Ende möglicherweise selbst abzuwickeln.[387] Diese Befürchtungen sind nicht von der Hand zu weisen, da der Gesetzgeber durch die Gesetzesänderungen der letzten Jahre den finanziellen Spielraum der Krankenkassen erheblich eingeschränkt hat. Sie haben sich nach den beiden Kassenschließungen im Jahr 2011 bisher aber noch nicht bewahrheitet. Das könnte allerdings auch der in den letzten Jahren bestehenden positiven finanziellen Lage der Krankenkassen geschuldet sein[388], die sich aber in der letzten Zeit deutlich verschlechtert hat.

---

381 So auch *Bohlen-Schöning*, KrV 2012, 101 (104 f.).

382 A.A. wohl *Bohlen-Schöning*, KrV 2012, 101 (105).

383 Vgl. *Bohlen-Schöning*, KrV 2012, 101 (105), insb. zu den Anforderungen an die Geltendmachung.

384 Sinngemäß BT-Drucks. 16/3100, S. 155.

385 Ebenso *Gutzeit*, NZS 2012, 410 (414) im Zusammenhang mit der drohenden Haftung im Falle der Fortsetzung der Arbeitsverhältnisse mit der geschlossenen Krankenkasse über den Schließungszeitpunkt hinaus.

386 So ausdrücklich *Amshoff*, KrV 2010, 260 (261); *Amshoff*, KrV 2010, 351 (356); *Gutzeit*, NZS 2012, 410 (414); *Kollbach*, ZInsO 2011, 956 (959).

387 ArbG Hamburg 12.10.2011 - 20 Ca 116/11, BeckRS 2011, 77682 (I 2 b aa (2) (b) (aa)); *Amshoff*, KrV 2010, 260 (261); *Gutzeit*, NZS 2012, 410 (414).

388 Zur guten finanziellen Lage der gesetzlichen Krankenversicherung in den letzten Jahren vgl. die Pressemitteilung Nr. 65 des Bundesministeriums für Gesundheit v. 05.09.2013, Download unter http://www.bmg.bund.de/fileadmin/dateien/Pressemit teilungen/2013/2013_03/130905_PM_Finanzergebnisse_im_1._Halbjahr_2013_Positi ve_finanzielle_Bilanz_der_gesetzlichen_Krankenversicherung_zum_Abschluss_der_Le

bb) Zuständigkeit des Spitzenverbands Bund

Die Gläubiger der geschlossenen Krankenkassen benötigen für die Geltendmachung ihrer Forderungen einen Anspruchsgegner. Man könnte die Krankenkassen zwar als Gesamtschuldner ansehen und eine Geltendmachung gegen jede einzelne Krankenkasse entsprechend § 421 Satz 1 BGB zulassen. Dies zöge allerdings einen komplizierten Ausgleich zwischen den in Anspruch genommenen Krankenkassen und den übrigen Krankenkassen im Innenverhältnis nach sich.

Die Zuständigkeit des Spitzenverbandes Bund[389] für die organisatorische Abwicklung der vermögensrechtlichen Ansprüche nach § 155 Abs. 4 Satz 5, 6 SGB V[390] vermeidet solche Unsicherheiten. Nach § 155 Abs. 4 Satz 5, 6 SGB V können Gläubiger ihre Ansprüche bei Ausfall der geschlossenen Krankenkasse oder des Arbeitgebers[391] damit nicht unmittelbar gegenüber den übrigen Haftungsobjekten geltend machen, sondern müssen sich mit ihren Ansprüchen an den Spitzenverband Bund wenden.[392] Dieser macht die zur Erfüllung erforderlichen Beträge seinerseits nach § 155 Abs. 4 SGB V und § 164 Abs. 1 SGB V in der dort festgelegten Rangfolge bei den übrigen Krankenkassen geltend.[393] Die im Jahr 2015[394] zuletzt geänderte Vorschrift des § 171d Abs. 6 SGB V ermöglicht ihm zur Überbrückung der Phase zwischen eigener Inanspruchnahme und Regress bei den haftenden Rechtsträgern die Aufnahme eines zinslosen Darlehens aus der Liquiditätsreserve des Gesundheitsfonds.[395] Eine eigene Einstandspflicht des Spitzen-

gislaturperiode.pdf (zuletzt abgerufen am 31.01.2016); *Leopold*, WzS 2013, 114; *Pressel*, KrV 2012, 110 (110).

389 Der Spitzenverband Bund der Krankenkassen ist nach § 217a Abs. 2 SGB V eine eigenständige Körperschaft des öffentlichen Rechts. § 217f SGB V und sonstige Vorschriften (auch außerhalb des SGB V) regeln die ihm zugewiesenen Aufgaben grundsätzlich abschließend *Axer*, SGb 2012, 501 (501); Krauskopf/*Baier*, Soziale Krankenversicherung, § 217f SGB V Rn. 2. Er stellt daher keine allzuständige übergeordnete Kontrollinstanz im Krankenversicherungssystem dar, vgl. *Axer*, SGb 2012, 501 (501); Becker/Kingreen/*Mühlhausen*, SGB V, § 217f Rn. 1. Umfassend zur Organisation des GKV-Spitzenverbands *Axer*, SGb 2012, 501 (501 ff.); *von Boetticher*, SGb 2009, 15 (15 ff.).

390 § 155 Abs. 4 Satz 5 und 6 SGB V gilt unmittelbar für Betriebskrankenkassen und findet kraft Verweisung (§ 146a Satz 3 SGB V – Ortskrankenkassen, § 164 Abs. 1 Satz 6 SGB V – Innungskrankenkassen, und § 171 Satz 2 SGB V – Ersatzkassen) auf die übrigen Krankenkassen ebenfalls Anwendung.

391 Beziehungsweise der Handwerksinnung bei Schließung einer Innungskrankenkasse.

392 KassKom/*Peters*, § 155 SGB V Rn. 12.

393 Hauck/Noftz/*Engelhard*, SGB V, § 155 Rn. 17 ff. Zu den Aufgaben des GKV-Spitzenverbands bei Schließung und Insolvenz vgl. Hauck/Noftz/*Engelhard*, SGB V, § 217f Rn. 12a ff.

394 Dazu *Baierl*, jurisPR-SozR 20/2014 Anm. 1 (V 3).

395 *Baierl*, jurisPR-SozR 20/2014 Anm. 1 (V 3).

verbands Bund begründet das Gesetz aber nicht.[396] Einzelheiten zur Berechnung und Geltendmachung der Beträge gegenüber den übrigen Krankenkassen lassen sich der „Verordnung zur Aufteilung und Geltendmachung der Haftungsbeträge durch den Spitzenverband Bund der Krankenkassen bei Insolvenz oder Schließung einer Krankenkasse“[397] vom 4. Januar 2010 entnehmen.[398]

cc) Ansprüche der Arbeitnehmer

Die Vorschrift des § 155 Abs. 4 SGB V gilt gleichermaßen für die Ansprüche von Mitarbeitern der geschlossenen Krankenkasse.[399] Ebenso verweist § 164 Abs. 5 SGB V auf § 164 Abs. 1 SGB V und führt damit zur Anwendbarkeit des abgestuften Haftungskonzepts auf Ansprüche der Beschäftigten nach § 164 Abs. 2 bis 4 SGB V. Die Mitarbeiter können daher ihre Zahlungsansprüche gegenüber dem Spitzenverband Bund geltend machen, wenn das Vermögen der geschlossenen Krankenkasse nicht ausreicht.[400] Die Erfüllung noch ausstehender Lohnforderungen und sonstiger Ansprüche ist damit sichergestellt. Eine schnelle und unkomplizierte Versorgung der Beschäftigten liegt wegen dieser vollumfänglichen Haftung im Interesse der übrigen Krankenkassen. Ihnen drohen ansonsten hohe Kosten durch anhängige Gerichtsverfahren oder Schadensersatzansprüche.[401] Dies kann insbesondere für die unterbringungsberechtigten Mitarbeiter der Krankenkasse den Vorteil haben, dass sich die übrigen Krankenkassen schnell dazu bereit erklären, Mitarbeiter aufzunehmen, um beschäftigungslose, aber dennoch vergütungspflichtige Zeiten der Mitarbeiter zu verhindern.[402]

---

396 *Bohlen-Schöning*, KrV 2012, 101 (105); KassKom/*Peters*, § 155 SGB V Rn. 10, 12.

397 BGBl. I 2983.

398 *Rehm*, KrV 2013, 12 (12). Abgedruckt unter anderem im Anhang zu Krauskopf/*Baier*, Soziale Krankenversicherung, § 171d SGB V im Anschluss an Rn. 22.

399 Dies gilt jedenfalls für die vor der Schließung entstandenen Ansprüche, so auch *Bohlen-Schöning*, KrV 2011, 85 (88). Nach *Bohlen-Schöning*, KrV 2012, 101 (105) könnten sich die nach Schließung der Krankenkasse entstandenen Ansprüche möglicherweise nur gegen die vermögenslose Krankenkasse richten. Diese Ansicht ist allerdings vor dem Hintergrund zu betrachten, dass *Bohlen-Schöning* von der Beendigung aller Arbeitsverhältnisse zum Schließungszeitpunkt ausgeht, vgl. *Bohlen-Schöning*, KrV 2012, 101 (103).

400 Ebenso *Bohlen-Schöning*, KrV 2011, 85 (88) in Bezug auf Ansprüche der Mitarbeiter, die vor der Schließung entstanden sind.

401 Zutreffend stellen *Grau/Sittard*, KrV 2012, 6 (6) fest, dass die Schließung einer Krankenkasse wegen der Ausgestaltung des Haftungssystems zu erheblichen Belastungen der übrigen Krankenkassen führen kann.

402 Gegen diese These könnte man freilich einwenden, dass die überobligatorische Aufnahme von Mitarbeitern ohne entsprechenden Beschäftigungsbedarf bei den Krankenkassen selbst hohe Kosten verursacht.

dd) Bewertung des Haftungskonzepts

Das vom Gesetzgeber gewählte Haftungskonzept schützt insbesondere die Versicherten und die Gläubiger der geschlossenen Krankenkasse.[403] Ein Leistungserbringer läuft bei der Behandlung von Patienten, die bei einer von der Schließung bedrohten Krankenkasse versichert sind, nicht Gefahr, die Behandlungskosten nicht ersetzt zu bekommen. Aus diesem Grund wird er deren Behandlung nicht ablehnen. Der umfassende Gläubigerschutz belastet zugleich die übrigen Krankenkassen. Die Reformen des Gesetzgebers in den letzten beiden Jahrzehnten zwangen sie bereits zu massiven Kosteneinsparungen. Es dürfte nicht wenigen Krankenkassen schwer fallen, darüber hinaus ihre haftungsrechtlichen Verpflichtungen nach Schließung einer Krankenkasse zu erfüllen.

Trotz der subsidiären Haftung aller Krankenkassen nach Schließung einer leistungsunfähigen Krankenkasse hat sich der Gesetzgeber für einen richtigen Mittelweg entschieden. So lange eine Krankenkasse werbend auf dem Markt auftritt, muss sie selbst für gesunde Finanzstrukturen sorgen. Finanzielle Zuschüsse von dritter Seite sind grundsätzlich ausgeschlossen. Das verhindert, dass ineffizientes Wirtschaften über Jahre hinweg folgenlos bleibt und die Beitragszahler belastet. Erst wenn die defizitäre Krankenkasse geschlossen wird, verlangt der Schutz der Versicherten und der sonstigen Gläubiger das Eingreifen der übrigen Krankenversicherungsträger. Das besondere Haftungskonzept bewirkt dadurch auch keine negativen Anreize, Kostensenkungen nicht zu bewirken, da die Haftung erst nach Schließung der Krankenkasse greift.

d) Zuständigkeitsverteilung nach Schließung der Krankenkasse

Mit der Schließung der Krankenkasse steht nicht mehr die dauerhafte Betreuung von Versicherten im Mittelpunkt, sondern die Mitarbeiter sind mit Abwicklungsaufgaben betraut. Gleichzeitig ändert sich die Organisation der Krankenkassen, da bestimmte Organe wegfallen.[404] Um trotzdem einen reibungslosen Ablauf des Abwicklungsverfahrens zu gewährleisten, enthält § 155 SGB V Regelungen zu den Zuständigkeiten im Abwicklungsverfahren. Sie weichen von den ursprünglichen Zuständigkeitsregelungen der §§ 31 ff. SGB IV ab.[405]

---

403 Ähnlich *Felix*, NZS 2005, 57 (57), der das Haftungskonzept mit dem bezweckten „Gläubigerschutz" begründet.
404 Krauskopf/*Baier*, Soziale Krankenversicherung, § 155 SGB V Rn. 3.
405 Krauskopf/*Baier*, Soziale Krankenversicherung, § 155 SGB V Rn. 3.

aa) Ursprüngliche Zuständigkeiten

Der Vorstand und der Verwaltungsrat spielen eine entscheidende Rolle in der Verwaltung und Leitung einer gesetzlichen Krankenkasse. Nach § 31 Abs. 1 Satz 1 SGB IV wird bei jedem Versicherungsträger eine Vertreterversammlung und ein Vorstand gebildet. Mit beratender Stimme gehört dem Vorstand nach § 31 Abs. 1 Satz 2 SGB IV ein Geschäftsführer an. Soweit es sich bei dem Versicherungsträger um eine Ortskranken-, Betriebskranken-, Innungskranken- oder Ersatzkasse handelt, werden abweichend von § 31 Abs. 1 Satz 1 SGB IV nicht eine Vertreterversammlung und ein Vorstand gebildet und es gibt auch keinen Geschäftsführer, sondern es bestehen nach § 31 Abs. 3a SGB IV ein Verwaltungsrat als Selbstverwaltungsorgan und ein hauptamtlicher Vorstand.[406]

Die Verwaltung der Krankenkasse und ihre gerichtliche und außergerichtliche Vertretung obliegen gemäß § 35a Abs. 1 Satz 1 SGB IV dem hauptamtlichen Vorstand einer Orts-, Betriebs-, Innungskrankenkasse oder Ersatzkasse, soweit durch Gesetz oder sonstiges für die Krankenkasse maßgebliches Recht nichts Abweichendes bestimmt ist.[407] Der Erlass von Satzungen sowie sonstiges autonomes Recht der Krankenkassen fällt gemäß § 33 Abs. 3 i.V.m. Abs. 1 Satz 1 SGB IV in den Aufgabenbereich des Verwaltungsrates. Um Interessenskonflikte auf Seiten des Vorstandes zu verhindern, vertritt der Verwaltungsrat die Krankenkasse außerdem gegenüber dem Vorstand und dessen Mitgliedern, § 33 Abs. 3 i.V.m. Abs. 2 SGB IV.[408]

bb) Vorstand im Abwicklungszeitraum

Der Vorstand der geschlossenen Krankenkasse nimmt in der Abwicklungskörperschaft eine zentrale Rolle ein.[409] Nach § 155 Abs. 1 Satz 1 SGB V wickelt der Vorstand einer aufgelösten oder geschlossenen Betriebskrankenkasse die Geschäfte ab. Er gibt nach § 155 Abs. 2 Satz 1 SGB V die Auflösung oder Schließung öffentlich bekannt.[410] Diese Zuständigkeit gilt durch die in §§ 146a Satz 3, 164 Abs. 1 Satz 1, 171 Satz 1 SGB V enthaltenen

---

406 Dazu Kreikebohm/*Köster*, SGB IV, § 33 Rn. 3 ff. Die in § 35a SGB IV genannten Krankenkassenarten machen die überwiegende Anzahl von Krankenkassen aus. Zum besseren Verständnis und mit dem Ziel einer vereinfachten Darstellung beziehen sich die folgenden Ausführungen ausschließlich auf Krankenkassen, die zu einer dieser Krankenkassenarten zählen.

407 Zur Vertretung von Krankenkassen ausführlich Krauskopf/*Baier*, Soziale Krankenversicherung, § 35a SGB IV Rn. 6 ff.

408 Kreikebohm/*Köster*, SGB IV, § 33 Rn. 7.

409 Becker/Kingreen/*Mühlhausen*, SGB V, § 155 Rn. 11.

410 Hauck/Noftz/*Engelhard*, SGB V, § 155 Rn. 8a; Becker/Kingreen/*Mühlhausen*, SGB V, § 155 Rn. 15.

Verweise auch für die übrigen Krankenkassen. Sollte der Vorstand nach der Auflösung oder Schließung aus dem Amt ausscheiden, bestimmt die Aufsichtsbehörde nach Anhörung des Spitzenverbandes Bund der Krankenkassen und des Landesverbandes den neuen Abwicklungsvorstand, § 155 Abs. 1 Satz 3 SGB V.[411] Die Regelung des § 155 Abs. 1 Satz 3 SGB V ist erforderlich, weil nach der Schließung der Krankenkasse ein Verwaltungsrat nicht mehr besteht, der normalerweise nach § 35a Abs. 5 Satz 1 SGB IV für die Wahl des Vorstandes zuständig ist.[412]

Die weitere Beschäftigung des Vorstandes findet auf arbeitsrechtlicher Ebene auf Grundlage des zuvor geschlossenen Dienstvertrages statt, der vorbehaltlich anderer Regelungen bis zur endgültigen Abwicklung der Gesellschaft fortbesteht.[413] Dies folgt auch vor dem Hintergrund des § 155 Abs. 1 Satz 1 SGB V, der ein Tätigwerden des Vorstandes über den Schließungszeitpunkt der Krankenkasse hinaus voraussetzt.[414]

cc) Aufsichtsbehörde im Abwicklungszeitraum

Ein zweiter wichtiger Akteur im Abwicklungszeitraum ist die Aufsichtsbehörde. Sie nimmt die Aufgaben des Verwaltungsrates nach Schließung der Krankenkasse wahr, da dessen Amt zum Schließungszeitpunkt endet.[415] Das folgt zwar nicht unmittelbar aus dem Gesetz, doch kann dies aus dem Rechtsgedanken des § 37 SGB IV geschlossen werden.[416]

V. Klagebefugnis der Mitarbeiter gegen den Schließungsbescheid

1. Problemaufriss

Einzelne Mitarbeiter erhoben im Anschluss an die Schließung der City BKK und der BKK für Heilberufe Anfechtungsklagen[417] gegen den Schließungs-

---

411 KassKom/*Peters*, § 155 SGB V Rn. 5.

412 BT-Drucks. 16/9559, S. 18; Hauck/Noftz/*Engelhard*, SGB V, § 155 Rn. 8; *Gutzeit*, NZS 2012, 361 (366); Becker/Kingreen/*Mühlhausen*, SGB V, § 155 Rn. 12.

413 Krauskopf/*Baier*, Soziale Krankenversicherung, § 155 SGB V Rn. 3; *Bohlen-Schöning*, KrV 2012, 101 (104).

414 Krauskopf/*Baier*, Soziale Krankenversicherung, § 155 SGB V Rn. 3.

415 Krauskopf/*Baier*, Soziale Krankenversicherung, § 155 SGB V Rn. 4; Becker/Kingreen/*Mühlhausen*, SGB V, § 155 Rn. 12.

416 *Bohlen-Schöning*, KrV 2012, 101 (104); juris-PK-SGB V/*Koch*, § 155 Rn. 6.

417 Für die vorliegende Bearbeitung spielt der Umstand keine Rolle, dass die Anfechtungsklagen nach Erledigung des Schließungsbescheids in Fortsetzungsfeststellungsklagen umgedeutet wurden, vgl. dazu BSG 12.03.2013 – B 1 A 1/12 R, NZS 2013, 581 (Rn. 10); LSG Hamburg 28.06.2012 – L 1 KR 148/11, KrV 2012, 217.

bescheid.[418] Mit der begehrten Aufhebung des Verwaltungsakts bestünde die Krankenkasse als werbende gesetzliche Krankenkasse fort. Die arbeitsrechtlichen Schließungsvorschriften und damit insbesondere die Beendigungsanordnung des § 164 Abs. 4 Satz 1 SGB V fänden keine Anwendung.

Im Mittelpunkt der juristischen Betrachtung steht hier nicht die Frage nach der Rechtmäßigkeit der die Schließungen der City BKK und der BKK für Heilberufe bewirkenden konkreten Verwaltungsakte. Diese hängt vom jeweiligen Einzelfall ab und beurteilt sich nach den bereits dargestellten Schließungsvoraussetzungen. Für die vorliegende Bearbeitung ist alleine interessant, ob die Krankenkassenbeschäftigten generell befugt sind, gegen den die Schließung einer Krankenkasse bewirkenden Verwaltungsakt eine Anfechtungsklage nach § 54 Abs. 1 Satz 1 Alt. 1 SGG zu erheben. Ein derartiges Klagerecht gäbe ihnen eine weitere Möglichkeit an die Hand, ihre Weiterbeschäftigung bei der von der Schließung betroffenen Krankenkasse gerichtlich – wenn auch nur mittelbar durch Aufhebung des Schließungsbescheids – zu verfolgen.

Es bestehen bereits Zweifel an der Zulässigkeit einer von den Krankenkassenbeschäftigten gegen den Schließungsbescheid erhobenen Anfechtungsklage, da ihnen möglicherweise die Klagebefugnis fehlt. Die Zulässigkeit einer Klage setzt nach § 54 Abs. 1 Satz 2 SGG eine Beschwer des Klägers voraus.[419] Sie liegt nach § 54 Abs. 2 Satz 1 SGG dann vor, wenn der angegriffene Verwaltungsakt rechtswidrig ist und möglicherweise in dessen Rechte eingreift.[420] Eine Klagebefugnis steht nach der im öffentlichen Recht vertretenen Adressatentheorie in erster Linie dem Adressaten eines belastenden Verwaltungsaktes zu.[421] Das ist hier die zu schließende Krankenkasse, nicht aber jeder einzelne Kassenbeschäftigte.[422] Die Anfechtung eines Verwaltungsakts durch Dritte ist unter dem Gesichtspunkt der Klagebefugnis nur zulässig, wenn er in deren rechtlich geschützten Individualinteressen ein-

---

418 U.a BSG 12.03.2013 – B 1 A 1/12 R, NZS 2013, 581; LSG Hamburg 28.06.2012 – L 1 KR 148/11, KrV 2012, 217; LSG Berlin-Brandenburg 02.12.2011 – L 9 KR 264/11 B ER, BeckRS 2012, 65519; SG Hamburg 24.10.2011 – S 6 KR 957/11, BeckRS 2011, 77375; SG Berlin 27.07.2011 – S 81 KR 1378/11 ER, n.V.; *Altmann*, BuP 2013, 515 (516); *Boemke*, SGb 2014, 89.

419 BSG 12.03.2013 – B 1 A 1/12 R, NZS 2013, 581 (Rn. 12); Hk-SGG/*Castendiek*, § 54 Rn. 37; Meyer-Ladewig/Keller/Leitherer/*Keller*, SGG, § 54 Rn. 9. Zur allgemein vertretenen Möglichkeitstheorie vgl. BSG 09.05.1990 – 6 RKa 27/88, NJW 1991, 776 (II 1); BSG 15.05.1991 – 6 RKa 22/90, NJW 1991, 2989 (II 2): Eine Klage ist unter dem Gesichtspunkt der Klagebefugnis bereits dann zulässig, wenn die Möglichkeit einer Rechtsverletzung des Klägers nicht ausgeschlossen ist.

420 KKW/*Wenner*, §§ 54 – 56 SGG, Rn. 5.

421 Hk-SGG/*Castendiek*, § 54 Rn. 38.

422 *Boemke*, SGb 2014, 89 (93). So im Ergebnis wohl auch LSG Hamburg 28.06.2012 – L 1 KR 148/11, KrV 2012, 217 (220), das sich darauf beschränkt, dem klagenden Mitarbeiter die Adressatenstellung abzusprechen.

greift.[423] Die für den Erlass des Verwaltungsakts maßgeblichen Normen dürfen hierfür nicht nur dem Allgemeininteresse, sondern müssen auch den Interessen des klagenden Dritten dienen.[424] Eine bloße wirtschaftliche Betroffenheit oder Reflexwirkung genügt diesen Anforderungen nicht.[425]

Die für die Schließung einer Krankenkasse maßgeblichen Normen finden sich in den bereits erörterten §§ 146a, 153, 163, 171, 171b SGB V.[426] Bei Vorliegen der dort genannten Voraussetzungen kann die Aufsichtsbehörde die Schließung der Krankenkasse verbescheiden. Die übrigen Schließungsvorschriften regeln erst die Abwicklung der Krankenkasse nach Erlass des Schließungsbescheids und spielen demnach für die Frage, ob die Mitarbeiter sozialgerichtlich die Aufhebung des Verwaltungsaktes begehren können, keine Rolle.[427] Der Schließung einer Krankenkasse liegen demgemäß auch nicht die arbeitsrechtlichen Regelungen des § 164 Abs. 2 bis 4 SGB V zugrunde, die sich mit dem Schicksal der Mitarbeiter beschäftigen und ihnen unter Umständen eigene Ansprüche gewähren. Es handelt sich bei diesen um arbeitsrechtliche Folgeregelungen, deren Anwendbarkeit lediglich eine vorangegangene Schließung voraussetzen.

2. Kein drittschützender Charakter der Schließungsvorschriften

Rechtsprechung[428] und Literatur[429] sind sich in der hier aufgeworfenen Rechtsfrage einig. Zuletzt befasste sich das Bundessozialgericht mit der Klage eines Krankenkassenbeschäftigten und sprach ihm die Klagebefugnis richtigerweise ab.[430] Nach Auffassung des Bundessozialgerichts kommt den Schließungsvorschriften der §§ 146a, 153, 163, 171, 171b SGB V kein drittschützender Charakter zugunsten der Krankenkassenbeschäftigten zu.[431] Ein solcher sei weder aus dem Wortlaut, der Gesetzgebungsgeschichte noch

---

423 BSG 12.03.2013 - B 1 A 1/12 R, NZS 2013, 581 (Rn. 12).

424 LSG Hamburg 28.06.2012 - L 1 KR 148/11, KrV 2012, 217 (220).

425 BSG 12.03.2013 - B 1 A 1/12 R, NZS 2013, 581 (Rn. 13); *Boemke*, SGb 2014, 89 (93).

426 Ähnlich BSG 12.03.2013 - B 1 A 1/12 R, NZS 2013, 581 (Rn. 13), das allerdings ausschließlich die für die Schließung einer Betriebskrankenkasse relevanten Vorschriften zitiert.

427 So im Ergebnis auch BSG 12.03.2013 - B 1 A 1/12 R, NZS 2013, 581 (Rn. 16).

428 BSG 12.03.2013 - B 1 A 1/12 R, NZS 2013, 581; LSG Berlin-Brandenburg 02.12.2011 - L 9 KR 264/11 B ER, BeckRS 2012, 65519; LSG Hamburg 28.06.2012 - L 1 KR 148/11, KrV 2012, 217; SG Berlin 27.07.2011 - S 81 KR 1378/11 ER, n.V.; SG Hamburg 24.10.2011 - S 6 KR 957/11, BeckRS 2011, 77375.

429 *Boemke*, SGb 2014, 89 (93); juris-PK-SGB V/*Koch*, § 164 Rn. 26; Becker/Kingreen/*Mühlhausen*, SGB V, § 155 Rn. 9.

430 BSG 12.03.2013 - B 1 A 1/12 R, NZS 2013, 581 (Rn. 12 ff.).

431 BSG 12.03.2013 - B 1 A 1/12 R, NZS 2013, 581 (Rn. 13); LSG Hamburg 28.06.2012 - L 1 KR 148/11, KrV 2012, 217 (220); *Boemke*, SGb 2014, 89 (93); Meyer-Ladewig/Keller/Leitherer/*Keller*, SGG, § 54 Rn. 14k.

aus dem Regelungszweck der Vorschriften abzuleiten.[432] Die Klagebefugnis der Krankenkassenbeschäftigten folge schließlich auch nicht aus einer verfassungskonformen Auslegung der Vorschriften.[433]

Der überzeugenden Rechtsprechung ist nicht viel hinzuzufügen. Die gesetzlich eingeräumte Möglichkeit, insbesondere defizitär arbeitende gesetzliche Krankenkassen zu schließen, sichert die Funktionsfähigkeit des Gesundheitssystems ab.[434] Das verdeutlichen die einzelnen, dem Erlass des Bescheids vorgelagerten Schließungsvorschriften. Die Voraussetzungen der Schließung knüpfen lediglich an Kriterien an, die unmittelbar die Lage der Krankenkasse betreffen. Auch wenn das Schicksal der Beschäftigten die Ermessensausübung der Aufsichtsbehörde vor Erlass des Schließungsbescheids beeinflussen kann, hängt dieser ausschließlich von den in den §§ 146a, 153, 163, 171, 171b SGB V genannten Voraussetzungen ab, in der Praxis insbesondere von einer nicht auf Dauer gesicherten Leistungsfähigkeit der Krankenkasse.[435] Die Interessen der Beschäftigten finden dagegen keine gesonderte Erwähnung.[436]

Ebenso wenig kann aus den arbeitsrechtlichen Vorschriften des § 164 Abs. 2 bis 4 SGB V sowie aus den entsprechenden Verweisungsnormen[437] eine Klagebefugnis abgeleitet werden. Die Vorschriften hindern nicht die Schließung einer Krankenkasse, sondern dienen lediglich der Absicherung der Beschäftigtenrechte nach Erlass des Schließungsbescheids.[438] Sie setzen erst nach Erlass des Schließungsbescheids an.[439]

Der zwischen Erlass des Schließungsbescheids und der tatsächlichen Schließung der Krankenkasse einzuhaltende nachträglich ins Gesetz eingefügte Mindestzeitraum[440] dient ebenfalls nicht den Interessen der Beschäftigten.[441] Die Neuregelung soll lediglich den Versicherten ausreichend Zeit zur Wahl einer neuen Krankenkasse einräumen.[442] Das Bundessozialgericht untermauert seine Argumentation zusätzlich mit einem Verweis auf die dem

432 BSG 12.03.2013 – B 1 A 1/12 R, NZS 2013, 581 (Rn. 14).
433 BSG 12.03.2013 – B 1 A 1/12 R, NZS 2013, 581 (Rn. 18).
434 BSG 12.03.2013 – B 1 A 1/12 R, NZS 2013, 581 (Rn. 14).
435 LSG Hamburg 28.06.2012 – L 1 KR 148/11, KrV 2012, 217 (221).
436 LSG Hamburg 28.06.2012 – L 1 KR 148/11, KrV 2012, 217 (221).
437 BSG 12.03.2013 – B 1 A 1/12 R, NZS 2013, 581 (Rn. 18); LSG Hamburg 28.06.2012 – L 1 KR 148/11, KrV 2012, 217 (222).
438 BSG 12.03.2013 – B 1 A 1/12 R, NZS 2013, 581 (Rn. 16).
439 BSG 12.03.2013 – B 1 A 1/12 R, NZS 2013, 581 (Rn. 16).
440 Vgl. § 146a Satz 2 SGB V (Ortskrankenkassen), § 153 Satz 2 SGB V (Betriebskrankenkassen), § 163 Satz 2 SGB V (Innungskrankenkassen) und § 170 Satz 2 SGB V (Ersatzkassen).
441 So auch BSG 12.03.2013 – B 1 A 1/12 R, NZS 2013, 581 (Rn. 14).
442 BT-Drucks. 17/8005, S. 122 f.; Krauskopf/*Baier*, Soziale Krankenversicherung, § 153 SGB V Rn. 13; Becker/Kingreen/*Mühlhausen*, SGB V, § 146a Rn. 3.

Aufsichtsrecht typischen Interessen.[443] Dieses diene in aller Regel nicht den Individualinteressen, sondern der „Wahrung der Gleichgewichtslage zwischen Staat und Selbstverwaltungskörperschaft“[444]. Ein Klagerecht gegen einen von der Aufsichtsbehörde gegenüber einer Selbstverwaltungskörperschaft erlassenen Verwaltungsakt besteht somit grundsätzlich nicht.[445]

Die Rechtsprechung lehnt es schließlich auch ab, die Klagebefugnis aus einer verfassungskonformen Auslegung der Schließungsvorschriften abzuleiten.[446] Die Schließung selbst verletze die hierfür in Betracht kommenden Grundrechte, insbesondere das Grundrecht der Berufsfreiheit nach Art. 12 Abs. 1 GG, nicht.[447] Das Bundessozialgericht folgt diesbezüglich wiederum dem richtigen Ansatz, zwischen der Schließung selbst und den Schließungsfolgen zu trennen.[448] Das Grundrecht der Berufsfreiheit verleiht dem Einzelnen auch im öffentlichen Recht keine Bestandsgarantie.[449] Es verletzt den Mitarbeiter der geschlossenen Krankenkasse deswegen nicht in seinen Grundrechten, wenn er Rechtsschutz nicht gegen die Schließung selbst, sondern nur in Bezug auf die Regelungen erlangt, welche die Schließungsfolgen zum Gegenstand haben.[450] Die aus Art. 12 Abs. 1 GG abzuleitende Schutzpflicht des Staates besteht daher nicht darin, für den Erhalt eines zuvor gewählten Arbeitsplatzes zu sorgen, sondern in der Schaffung eines Kündigungsrechts, das Mitarbeiterrechten ausreichend Rechnung trägt.[451]

Das Bundessozialgericht weist schließlich zutreffend auf die Rechtsprechung zur Privatisierung öffentlich-rechtlicher Träger[452] sowie zur Verfassungsmäßigkeit der Vorschriften des Einigungsvertrags nach der Wiedervereinigung[453] hin.[454] Das Bundesverfassungsgericht habe intensiv die im Einigungsvertrag vorgesehenen Sonderkündigungsrechte am Maßstab des Art. 12 Abs. 1 GG geprüft, eine Prüfung der Wiedervereinigung an sich im Lichte des Art. 12 Abs. 1 GG aber abgelehnt.[455] Etwas anderes könne nur „in

443 Ausführlicher BSG 12.03.2013 – B 1 A 1/12 R, NZS 2013, 581 (Rn. 17).
444 BSG 12.03.2013 – B 1 A 1/12 R, NZS 2013, 581 (Rn. 17).
445 BSG 12.03.2013 – B 1 A 1/12 R, NZS 2013, 581 (Rn. 17).
446 BSG 12.03.2013 – B 1 A 1/12 R, NZS 2013, 581 (Rn. 18); LSG Hamburg 28.06.2012 – L 1 KR 148/11, KrV 2012, 217 (222).
447 BSG 12.03.2013 – B 1 A 1/12 R, NZS 2013, 581 (Rn. 19); LSG Hamburg 28.06.2012 – L 1 KR 148/11, KrV 2012, 217 (222).
448 BSG 12.03.2013 – B 1 A 1/12 R, NZS 2013, 581 (Rn. 22).
449 BVerfG 24.04.1991 – 1 BvR 1341/90, NJW 1991, 1667 (C III 1); BSG 12.03.2013 – B 1 A 1/12 R, NZS 2013, 581 (Rn. 19).
450 BSG 12.03.2013 – B 1 A 1/12 R, NZS 2013, 581 (Rn. 17).
451 So BSG 12.03.2013 – B 1 A 1/12 R, NZS 2013, 581 (Rn. 20).
452 Vgl. BVerfG 25.01.2011 – 1 BvR 1741/09, NZA 2011, 400 zur Privatisierung des Universitätsklinikums Gießen und Marburg.
453 BVerfG 24.04.1991 – 1 BvR 1341/90, NJW 1991, 1667 zur Warteschleifenregelung.
454 BSG 12.03.2013 – B 1 A 1/12 R, NZS 2013, 581 (Rn. 21).
455 BSG 12.03.2013 – B 1 A 1/12 R, NZS 2013, 581 (Rn. 21).

den Fällen gelten, in denen der Rechtsschutz gegen die Umgestaltung des Dienstverhältnisses wegen mangelnder Beachtung der staatlichen Schutzpflicht aus Art. 12 Abs. 1 GG untrennbar mit den Vorschriften über die Ausübung der staatlichen Organisationsgewalt verknüpft [sei]"[456]. Dann wirke sich die Verfassungswidrigkeit einer Regelung unmittelbar auf die Verfassungsmäßigkeit der anderen Regelungen aus.[457]

Der hier zitierten Rechtsprechung folgend ist eine derartige Verknüpfung bei Schließung einer Krankenkasse abzulehnen.[458] Sie führt zwar zum Wegfall der Arbeitsplätze. Die Abwicklungsvorschriften stellen jedoch ein besonderes Abwicklungssystem zur Verfügung, das sich der Schließung anschließt. Es lässt sich problemlos von der Schließungsentscheidung selbst trennen und eigenständig am Maßstab des Art. 12 Abs. 1 GG prüfen. Eine aus den Grundrechten abgeleitete Klagebefugnis der Krankenkassenbeschäftigten für die Anfechtung des Schließungsbescheids ist daher auch zur Gewährung eines effektiven Rechtsschutzes nicht erforderlich.[459]

3. *Ergebnis*

Zusammenfassend ist die Möglichkeit der Mitarbeiter, sozialgerichtlich gegen den Schließungsbescheid vorzugehen und durch dessen Aufhebung dafür zu sorgen, dass ihre Arbeitsplätze weiterhin bestehen bleiben, abzulehnen.[460] Die Schließungsvorschriften selbst haben keinen drittschützenden Charakter.[461] Ein effektiver Rechtsschutz ist dadurch sichergestellt, dass die Mitarbeiter sich gegen die möglicherweise verfassungswidrigen arbeitsrechtlichen Schließungsvorschriften[462] zu Wehr setzen können.[463] Der Sozialgerichtsweg ist dafür aber nicht eröffnet.

---

456 BSG 12.03.2013 – B 1 A 1/12 R, NZS 2013, 581 (Rn. 21).

457 BSG 12.03.2013 – B 1 A 1/12 R, NZS 2013, 581 (Rn. 21).

458 BSG 12.03.2013 – B 1 A 1/12 R, NZS 2013, 581 (Rn. 22).

459 Ebenso BSG 12.03.2013 – B 1 A 1/12 R, NZS 2013, 581 (Rn. 22).

460 So auch BSG 12.03.2013 – B 1 A 1/12 R, NZS 2013, 581 (Rn. 9 ff.); LSG Berlin-Brandenburg 02.12.2011 – L 9 KR 264/11 B ER, BeckRS 2012, 65519; LSG Hamburg 28.06.2012 – L 1 KR 148/11, KrV 2012, 217; SG Berlin 27.07.2011 – S 81 KR 1378/11 ER, n.V.; SG Hamburg 24.10.2011 – S 6 KR 957/11, BeckRS 2011, 77375; *Boemke*, SGb 2014, 89 (93); juris-PK-SGB V/*Koch*, § 164 Rn. 26; Becker/Kingreen/*Mühlhausen*, SGB V, § 155 Rn. 9.

461 BSG 12.03.2013 – B 1 A 1/12 R, NZS 2013, 581 (Rn. 13 ff.); LSG Hamburg 28.06.2012 – L 1 KR 148/11, KrV 2012, 217 (220); *Boemke*, SGb 2014, 89 (93); Meyer-Ladewig/Keller/Leitherer/*Keller*, SGG, § 54 Rn. 14k.

462 Vgl. dazu ausführlich Kap. C IV 4 d; IX 4.

463 So im Ergebnis BSG 12.03.2013 – B 1 A 1/12 R, NZS 2013, 581 (Rn. 18).

C. Individualarbeitsrechtliche Probleme bei Schließung von Krankenkassen

I. Problemaufriss

Die individualarbeitsrechtlichen Fragen bei Schließung einer Krankenkasse erstrecken sich auf zahlreiche Einzelprobleme und führen zu einer erheblichen Rechtsunsicherheit. Im Mittelpunkt stehen im Wesentlichen zwei grundlegende übergeordnete Themenbereiche. Einerseits ist zu klären, wie sich die Schließung einer Krankenkasse auf die bestehenden Arbeitsverhältnisse mit der von der Schließung betroffenen Krankenkasse auswirkt. Zum anderen stellt sich die Frage, ob und unter welchen Voraussetzungen die Mitarbeiter der geschlossenen Krankenkasse bei anderen gesetzlichen Krankenkassen weiterzubeschäftigen sind.

Zur Beendigung von Arbeitsverhältnissen könnte bereits die durch den Gesetzgeber gewählte Abwicklungssystematik führen. Es wird teilweise vertreten, dass es sich bei der geschlossenen Krankenkasse und der Abwicklungskörperschaft um zwei unterschiedliche Rechtsträger handelt. In diesem Fall würden die Arbeitsverhältnisse der Mitarbeiter zum Schließungszeitpunkt enden, es sei denn, man wendet die Vorschriften zum Betriebsübergang nach § 613a BGB im Verhältnis zwischen geschlossener Krankenkasse und Abwicklungskörperschaft an. Ein ähnliches, weil nicht an die arbeitsrechtlichen Schließungsvorschriften anknüpfendes Argumentationsmuster vertritt außerdem eine weitere Ansicht, die der Abwicklungskörperschaft lediglich eine auf den Abwicklungszweck beschränkte Teilrechtsfähigkeit zuerkennt. Danach sollen nach der Schließung der Krankenkasse lediglich die Arbeitsverhältnisse mit der Abwicklungskörperschaft fortbestehen, die für die Abwicklung benötigt werden. In Bezug auf die übrigen Mitarbeiter fehle es im Übrigen an einem rechtsfähigen Arbeitgeber, weshalb diese schon deswegen zum Schließungszeitpunkt endeten.

Weitere Probleme ergeben sich aus der Auslegung der speziellen Schließungsvorschriften, die das Krankenversicherungsrecht für den Fall einer Kassenschließung enthält. Mit Schließung der City BKK und der BKK für Heilberufe im Jahr 2011 offenbarte sich ein unterschiedliches Verständnis der arbeitsrechtlichen Schließungsvorschriften. Im Mittelpunkt der Diskussion[1] steht die Regelung des § 164 Abs. 3 bis 5 SGB V. Dort heißt es:

„(3) ¹Die dienstordnungsmäßigen Angestellten sind verpflichtet, eine vom Landesverband der Innungskrankenkassen nachgewiesene dienstordnungsmäßige Stellung bei ihm oder einer

1 So auch *Grau/Sittard*, KrV 2012, 6 (6).

anderen Innungskrankenkasse anzutreten, wenn die Stellung nicht in auffälligem Mißverhältnis zu den Fähigkeiten der Angestellten steht. ²Entstehen hierdurch geringere Besoldungs- oder Versorgungsansprüche, sind diese auszugleichen. ³Den übrigen Beschäftigten ist bei dem Landesverband der Innungskrankenkassen oder einer anderen Innungskrankenkasse eine Stellung anzubieten, die ihnen unter Berücksichtigung ihrer Fähigkeiten und bisherigen Dienststellung zuzumuten ist. ⁴Jede Innungskrankenkasse ist verpflichtet, entsprechend ihrem Anteil an der Zahl der Versicherten aller Innungskrankenkassen dienstordnungsmäßige Stellungen nach Satz 1 nachzuweisen und Anstellungen nach Satz 3 anzubieten; die Nachweise und Angebote sind den Beschäftigten in geeigneter Form zugänglich zu machen.

(4) ¹Die Vertragsverhältnisse der Beschäftigten, die nicht nach Absatz 3 untergebracht werden, enden mit dem Tag der Auflösung oder Schließung. ²Vertragsmäßige Rechte, zu einem früheren Zeitpunkt zu kündigen, werden hierdurch nicht berührt.

(5) Für die Haftung aus den Verpflichtungen nach den Absätzen 2 bis 4 gilt Absatz 1 und § 155 Abs. 5 entsprechend."

Diese im Organisationsrecht der Innungskrankenkassen zu findende Vorschrift erlangt auch im Schließungsrecht der übrigen Krankenkassenarten[2] Geltung, da diese aufgrund von Verweisungen für anwendbar erklärt wird. Nach § 146a Satz 3 SGB V kommt die Vorschrift des § 164 Abs. 3 bis 5 SGB V bei der Schließung einer Ortskrankenkasse uneingeschränkt zur Anwendung. Aus arbeitsrechtlicher Sicht besteht somit für die Mitarbeiter kein Unterschied zwischen der Schließung einer Innungs- und einer Ortskrankenkasse.[3]

Unterschiede bestehen bei den Betriebskranken- und Ersatzkassen.[4] Nach § 155 Abs. 4 Satz 9 SGB V und § 171 Satz 1 SGB V greift § 164 Abs. 2 bis 4 SGB V „entsprechend mit der Maßgabe, dass § 164 Abs. 3 Satz 3 SGB V nur für Beschäftigte gilt, deren Arbeitsverhältnisse nicht durch ordentliche Kündigung beendet werden kann".[5] Diese Beschränkung wirft viele Folgefragen für das Schicksal der ordentlich kündbaren Beschäftigten bei Schließung einer diesem Typus angehörigen Krankenkasse auf.[6]

Die überwiegende Anzahl der den beiden Kassenschließungen folgenden Gerichtsverfahren drehte sich um das Schicksal der Krankenkassenbeschäftigten, insbesondere um den Fortbestand ihrer Arbeitsverhältnisse. 280 Verfahren erreichten hiervon das Bundesarbeitsgericht.[7] Diese Verfahren lassen

---

2 Das gilt nur für die weiteren Krankenkassenarten, für die das Gesetz die Schließung vorsieht, namentlich die Orts-, Betriebskrankenkassen sowie die Ersatzkassen.

3 ErfK/*Rolfs*, § 164 SGB V Rn. 2.

4 *Bohlen-Schöning*, KrV 2012, 101 (103); *Rolfs*, GuP 2013, 8 (11).

5 ErfK/*Rolfs*, § 164 SGB V Rn. 2.

6 Dazu u.a. *Grau/Sittard*, KrV 2012, 6 (7 f.); *Rolfs*, GuP 2013, 8 (11).

7 Vgl. hierzu die Pressemitteilung Nr. 72/13 des BAG vom 21.11.2013, abrufbar unter http://juris.bundesarbeitsgericht.de/cgi-bin/rechtsprechung/document.py?Gericht=bag&Art=pm&Datum=2013&nr=17020&pos=0&anz=72&titel=Schlie% DFung_einer_Krankenkasse_-_arbeitsrechtliche_Folgen (zuletzt abgerufen am 08.01.2015).

sich nicht nur auf den Kreis der ordentlich kündbaren Beschäftigten der geschlossenen Krankenkassen beschränken, sondern umfassten auch Klagen der ordentlich unkündbaren Beschäftigten. Die hohe Anzahl arbeitsgerichtlicher Streitigkeiten ist insbesondere auf die nur sehr oberflächliche Regelung im Gesetz zurückzuführen.[8] § 164 Abs. 3 SGB V schreibt lediglich die Unterbringung der Beschäftigten bei einer anderen Krankenkasse oder dem Landesverband vor. Die konkreten Anforderungen an ein ordnungsgemäßes Unterbringungsangebot lassen sich der Regelung ebenso wenig entnehmen wie explizite Vorgaben zum Ablauf des Unterbringungsverfahrens.[9]

Diese Unvollkommenheit des Gesetzes setzt sich in der Beendigungsanordnung des § 164 Abs. 4 Satz 1 SGB V fort.[10] Sie lässt offen, ob die Beschäftigungsverhältnisse nur nach Ablehnung eines „ordnungsgemäßen" Unterbringungsangebots enden. Weiterhin ist höchst streitig, ob § 164 Abs. 4 Satz 1 SGB V auf die Arbeitsverhältnisse der ordentlich kündbaren Beschäftigten einer Betriebskranken- und Ersatzkasse Anwendung findet mit der Folge, dass ihre Arbeitsverhältnisse zum Schließungszeitpunkt enden.[11]

Die hier aufgeworfenen Fragen sind nicht nur für das Verhältnis zwischen den Krankenkassenbeschäftigten und der geschlossenen Krankenkasse von Bedeutung. Das in § 164 Abs. 5 SGB V für anwendbar erklärte Haftungssystem bei Schließung einer Krankenkasse setzt die übrigen Krankenkassen nicht unerheblichen Risiken aus, die sich aus einer unzutreffenden Gesetzesanwendung und infolgedessen beispielsweise aus Lohnfortzahlungsansprüchen ergeben können.[12] Teile der Literatur warnen wegen dieser Mithaftung der übrigen Krankenkassen vor einem „Dominoeffekt"[13]. Die übrigen Krankenkassen gerieten infolge der Schließung und der sich anschließenden Haftung womöglich selbst in finanzielle Not.[14]

---

8 So im Ergebnis wohl auch *Rolfs*, NZA 2013, 529 (529).

9 *Rolfs*, NZA 2013, 529 (529), der die Vorschrift als „ersichtlich unvollständig" bezeichnet.

10 Die Auslegung dieser Beendigungsanordnung stand im Mittelpunkt der meisten gerichtlichen Verfahren, vgl. u.a. BAG 21.11.2013 - 2 AZR 474/12, BeckRS 2014, 69409 (Rn. 55 ff. m.w.N.).

11 Zum Meinungsstand BAG 21.11.2013 - 2 AZR 474/12, BeckRS 2014, 69408 (Rn. 56 f.).

12 *Grau/Sittard*, KrV 2012, 6 (6).

13 *Amshoff*, KrV 2010, 260 (261); *Amshoff*, KrV 2010, 351 (356); *Gutzeit*, NZS 2012, 410 (414).

14 ArbG Hamburg 12.10.2011 - 20 Ca 116/11, BeckRS 2011, 77682 (I 2 b aa (2) (b) (aa)); *Amshoff*, KrV 2010, 260 (261); *Gutzeit*, NZS 2012, 410 (414). Die Gefahr erheblicher Belastungen erkennen auch *Grau/Sittard*, KrV 2012, 6 (6), ohne aber das Risiko eines Dominoeffekts zu thematisieren.

II. Beendigung der Arbeitsverhältnisse infolge der Umwandlung zur Abwicklungskörperschaft

1. Grundlagen

Für die Beschäftigten einer geschlossenen Krankenkasse stellt sich die entscheidende Frage, ob sie mit Schließung der Krankenkasse ihren Arbeitsplatz verlieren. Die Abwicklungskonstruktion könnte bereits zum automatischen Arbeitsplatzverlust im Zeitpunkt der Kassenschließung führen.[15] Auf den Streit über die Anwendbarkeit und Auslegung des § 164 Abs. 4 SGB V käme es nicht an, wenn man – mit einer Auffassung[16] – von einer Beendigung sämtlicher Arbeitsverhältnisse deswegen ausgeht, weil mit Schließung der Krankenkasse den Krankenkassenbeschäftigten ihr Arbeitgeber „abhandenkommt"[17]. Diese Ansicht sieht die geschlossene Krankenkasse und die Abwicklungskörperschaft als zwei verschiedene, voneinander unabhängige Rechtsträger an.[18] Mit Schließung der Krankenkasse stünde den Krankenkassenbeschäftigten kein Arbeitgeber und damit kein Vertragspartner mehr gegenüber.[19] Unabhängig von den nur eingeschränkten Verweisen in § 155 Abs. 4 Satz 9 SGB V und § 171 Satz 1 SGB V auf § 164 Abs. 4 Satz 1 SGB V führte dies zur automatischen Beendigung sämtlicher Arbeitsverhältnisse mit Schließung der Krankenkasse.[20]

---

15 Dazu ausführlich *Bohlen-Schöning*, KrV 2012, 101 (103); *Gutzeit*, NZS 2012, 361 (365 f.).

16 So im Wesentlichen die von den geschlossenen Krankenkassen vor Gericht geäußerten Rechtsansichten, vgl. LAG Düsseldorf 28.06.2013 – 6 Sa 549/12, BeckRS 2013, 72224 (Wiedergabe der Rechtsansichten der beklagten Krankenkasse); die ablehnende Wiedergabe durch das LAG Berlin-Brandenburg 13.09.2012 – 26 Sa 17/12, BeckRS 2013, 66724 (II 2 a); ArbG Stuttgart 14.12.2011 – 22 Ca 4363/11, n.V., das in ArbG Düsseldorf 12.01.2012 – 4 Ca 5507/11, BeckRS 2012, 67215 (B I 2 a aa) für die Ansicht zitiert wird, wonach mit Schließung einer Krankenkasse diese als nicht mehr existent anzusehen ist und eben nicht von einem Weiterbestehen als Rechtsträger auszugehen sei. *Thomma*, KrV 2012, 28 (31) weist ebenfalls auf diese Entscheidung hin. Im Ergebnis auch *Bohlen-Schöning*, KrV 2012, 101 (103), die der Auffassung ist, dass mit Schließung auch die Krankenkasse als Körperschaft des öffentlichen Rechts ihre Vollrechtsfähigkeit verliert. Allerdings stützt sie ihr Ergebnis auf die Regelung des § 164 Abs. 4 SGB V. Ähnlich auch *Gutzeit*, NZS 2012, 361 (365 f.), jedoch nicht in Bezug auf sämtliche Arbeitnehmer.

17 Von „Abhandenkommen" des Arbeitgebers spricht insb. *Gutzeit*, NZS 2012, 361 (365 f.); *Gutzeit*, NZS 2012, 410 (417).

18 So ausdrücklich der Vortrag der geschlossenen Krankenkassen, vgl. dazu und ablehnend LAG Berlin-Brandenburg 13.09.2012 – 26 Sa 17/12, BeckRS 2013, 66724 (II 2 a).

19 LAG Berlin-Brandenburg 13.09.2012 – 26 Sa 17/12, BeckRS 2013, 66724 (II 2 a) (Vortrag der geschlossenen Krankenkassen).

20 LAG Berlin-Brandenburg 13.09.2012 – 26 Sa 17/12, BeckRS 2013, 66724 (II 2 a) (Vortrag der geschlossenen Krankenkassen).

2. Sichtweise der beklagten Krankenkassen

Die City BKK und die BKK für Heilberufe gingen davon aus, dass sämtliche Arbeitsverhältnisse zum Schließungszeitpunkt endeten.[21] Eine geschlossene Krankenkasse verliere zum Schließungszeitpunkt ihre Rechtspersönlichkeit.[22] Es komme insofern nicht auf die Auslegung der Beendigungsanordnung des § 164 Abs. 4 Satz 1 SGB V an, da den Mitarbeitern bereits ihr Arbeitgeber abhandenkomme.[23] Die Krankenkasse setze sich nicht in der Gestalt der Abwicklungskörperschaft fort.[24] Die Beendigung eines Rechtsträgers erfordere zwingend einen hoheitlichen Rechtsakt, der nach Erlass des Schließungsbescheides nicht mehr vorgesehen sei.[25] Die beklagten Krankenkassen untermauerten diese systematischen Ausführungen mit Hinweisen auf verschiedene Gesetzgebungsmaterialien sowie auf den Sinn und Zweck der Vorschriften.[26]

Die Gerichte[27] und zuletzt das Bundesarbeitsgericht[28] setzten sich ausführlich mit dieser Argumentation auseinander. Sie schlossen sich ihr im Ergebnis mehrheitlich nicht an.[29] Das differenzierte Meinungsbild zu den Reflexwirkungen der Abwicklungskonstruktion auf das Arbeitsrecht veranlasst aber auch nach der höchstrichterlichen Klärung zu einer kritischen Prüfung.

---

21 Vgl. nur die in den Verfahren wiedergegebenen Rechtsansichten der beklagten Krankenkassen: LAG Berlin-Brandenburg 12.04.2012 - 5 Sa 2555/11, BeckRS 2012, 70363 (City BKK); LAG Baden-Württemberg 21.05.2012 - 1 Sa 2/12, BeckRS 2012, 71378 (City BKK); LAG Hamburg 31.05.2012 - 1 Sa 55/11, juris (City BKK); LAG Düsseldorf 07.09.2012 - 6 Sa 138/12, BeckRS 2012, 76175 (BKK für Heilberufe); LAG Düsseldorf 28.06.2013 - 6 Sa 549/12, BeckRS 2013, 72224 (BKK für Heilberufe).

22 LAG Düsseldorf 28.06.2013 - 6 Sa 549/12, BeckRS 2013, 72224 (Wiedergabe der Rechtsansichten der beklagten Krankenkasse).

23 LAG Berlin-Brandenburg 13.09.2012 - 26 Sa 17/12, BeckRS 2013, 66724 (Sachverhalt).

24 LAG Düsseldorf 28.06.2013 - 6 Sa 549/12, BeckRS 2013, 72224 (Wiedergabe der Rechtsansichten der beklagten Krankenkasse).

25 LAG Düsseldorf 28.06.2013 - 6 Sa 549/12, BeckRS 2013, 72224 (Wiedergabe der Rechtsansichten der beklagten Krankenkasse).

26 Vgl. ausführlich LAG Düsseldorf 28.06.2013 - 6 Sa 549/12, BeckRS 2013, 72224 (Wiedergabe der Rechtsansichten der beklagten Krankenkasse).

27 Statt vieler LAG Düsseldorf 28.06.2013 - 6 Sa 549/12, BeckRS 2013, 72224.

28 BAG 21.11.2013 - 2 AZR 474/12, BeckRS 2014, 69409 (Rn. 38 ff.); BAG 21.11.2013 - 2 AZR 495/12, NJOZ 2014, 1548 (Rn. 38 ff.); BAG 21.11.2013 - 2 AZR 598/12, BeckRS 2014, 70205 (Rn. 35 ff.); BAG 21.11.2013 - 2 AZR 966/12, BeckRS 2014, 70808 (Rn. 28 ff.).

29 Insgesamt statt aller BAG 21.11.2013 - 2 AZR 474/12, BeckRS 2014, 69409 (Rn. 38 ff.); BAG 21.11.2013 - 2 AZR 495/12, NJOZ 2014, 1548 (Rn. 38 ff.); BAG 21.11.2013 - 2 AZR 598/12, BeckRS 2014, 70205 (Rn. 35 ff.); BAG 21.11.2013 - 2 AZR 966/12, BeckRS 2014, 70808 (Rn. 28 ff.); LAG Düsseldorf 28.06.2013 - 6 Sa 549/12, BeckRS 2013, 72224.

3. *Rechtsträgeridentität*

a) Einleitung

Der Fortbestand der Arbeitsverhältnisse mit der Abwicklungskörperschaft setzt eine Rechtsträgeridentität zwischen der zuvor werbend auf dem Markt auftretenden Krankenkasse und der nach ihrer Schließung bestehenden Abwicklungskörperschaft voraus. Der von verschiedenen Stimmen in der Literatur sowie von den geschlossenen Krankenkassen vertretene Standpunkt, wonach die geschlossene Krankenkasse zum Schließungszeitpunkt ihre Rechtspersönlichkeit verliere und es gleichzeitig zur Neuerrichtung der Abwicklungskörperschaft komme, stünde einer Fortsetzung der Arbeitsverhältnisse mit den gleichen Vertragspartnern entgegen.

b) Übergang von Arbeitsverhältnissen

Den folgenden Ausführungen zu möglichen Überleitungstatbeständen liegt die – in dieser Arbeit nicht vertretene – Ansicht zugrunde, die geschlossene Krankenkasse und die Abwicklungskörperschaft seien zwei voneinander unabhängige Rechtsträger. Es stellt sich in diesem Fall die Frage, ob die Arbeitsverhältnisse auf die Abwicklungskörperschaft übergehen. Es könnte dann aus individualarbeitsrechtlicher Sicht offen bleiben, ob zwischen der geschlossenen Krankenkasse und der Abwicklungskörperschaft eine Rechtsträgeridentität besteht.

Das Arbeitsrecht sieht zwar unter bestimmten Umständen den automatischen Übergang von Arbeitsverhältnissen auf einen Dritten vor. Es sind aber weder die tatbestandlichen Voraussetzungen dieser Übergangsvorschriften gegeben noch findet sich im Krankenkassenrecht selbst eine entsprechende Regelung. Ein automatischer Übergang der Arbeitsverhältnisse von der geschlossenen Krankenkasse auf die Abwicklungskörperschaft erfolgt insbesondere nicht auf Grundlage der Vorschriften zum Betriebsübergang nach § 613a Abs. 1 BGB. Nach der Rechtsprechung des Bundesarbeitsgericht liegt ein solcher vor, wenn eine wirtschaftliche Einheit unter Wahrung ihrer Identität übergeht.[30] § 613a BGB findet auch auf Betriebsübergänge mit öffentlich-rechtlichem Charakter Anwendung.[31]

---

30 BAG 13.07.2006 – 8 AZR 331/05, NZA 2006, 1357 (Rn. 15); BAG 14.08.2007 – 8 AZR 803/06, NZA 2007, 1428 (Rn. 15 m.w.N.); juris-PK-BGB/*Kliemt/Teusch*, § 613a Rn. 5; APS/*Steffan*, § 613a BGB Rn. 13; Beck/Depré/*Zobel*, Praxis der Insolvenz, § 28 Rn. 275.

31 ErfK/*Preis*, § 613a BGB Rn. 62; APS/*Steffan*, § 613a BGB Rn. 76.

Der Übergang eines Arbeitsverhältnisses nach § 613a Abs. 1 BGB setzt aber ausdrücklich voraus, dass der Übergang des Betriebs oder des Betriebsteils durch ein Rechtsgeschäft erfolgt.[32] Dieses weit zu verstehende[33] Tatbestandsmerkmal dient der Abgrenzung des Betriebsübergangs zu anderen Fällen der Gesamtrechtsnachfolge und der Übertragung auf Grund eines Hoheitsaktes.[34] Bei Schließung einer Krankenkasse liegen dem Übergang – bei Annahme einer fehlenden Rechtsträgeridentität – aber keinerlei rechtsgeschäftlichen Beziehungen zwischen der geschlossenen Krankenkasse und der Abwicklungskörperschaft zugrunde. Er vollzieht sich allein auf Grundlage der Schließungsvorschriften des SGB V und erfolgt damit durch einen von der Aufsichtsbehörde erlassenen Verwaltungsakt, nämlich dem Schließungsbescheid.[35] Der direkten Anwendung des § 613a Abs. 1 BGB stünde damit bereits der fehlende Übergang kraft „Rechtsgeschäfts“ entgegen.

Der veränderte Betriebszweck der Abwicklungskörperschaft hindert ebenfalls den Übergang der Arbeitsverhältnisse nach § 613a Abs. 1 BGB.[36] Sofern sich der Betriebszweck des neuen Rechtsträgers ändert, kann dies gegen eine unveränderte Fortführung des Betriebes sprechen.[37] Eine Änderung des Betriebszwecks liegt bei Schließung einer Krankenkasse vor. Die vor der Schließung auf dem Markt auftretende Krankenkasse diente der Absicherung ihrer Mitglieder. Mit der Schließung enden grundsätzlich alle Versichertenverhältnisse.[38] Der Zweck der Abwicklungskörperschaft besteht einzig darin, die geschlossene Krankenkasse vollständig abzuwickeln, also insbesondere die Abwicklung noch offener Ansprüche und die Beendigung

---

32 ErfK/*Preis*, § 613a BGB Rn. 58.

33 BAG 06.04.2006 – 8 AZR 222/04, NZA 2006, 723 (Rn. 29); BAG 18.08.2011 – 8 AZR 230/10, NZA 2012, 267 (Rn. 27 m.w.N.), wonach keine unmittelbaren vertraglichen Beziehungen zwischen Veräußerer und Erwerber erforderlich seien.

34 BAG 06.04.2006 – 8 AZR 222/04, NZA 2006, 723 (Rn. 29); BAG 18.08.2011 – 8 AZR 230/10, NZA 2012, 267 (Rn. 27); MünchArbR/*Berkowsky*, Band I, § 102 Rn. 68; ErfK/*Preis*, § 613a BGB Rn. 58.

35 BSG 13.03.2013 – B 1 A 1/12 R, NZS 2013, 581 (Rn. 10); juris-PK-SGB V/*Koch*, § 153 Rn. 4.

36 So auch ArbG Hamburg 12.10.2011 – 3 Ca 239/11, BeckRS 2012, 69605 (II 2 d). ErfK/*Rolfs*, § 164 SGB V Rn. 7 lehnt ebenfalls die Anwendbarkeit des § 613a BGB bei Schließung einer Krankenkasse mit der Begründung ab, die geschlossene Krankenkasse habe lediglich ihren Betriebszweck geändert. Dessen Ausführungen setzen allerdings die Annahme einer Rechtsträgeridentität voraus.

37 BAG 13.07.2006 – 8 AZR 331/05, NZA 2006, 1357 (Rn. 19); BAG 13.12.2007 – 8 AZR 937/06, NZA 2008, 1021 (Rn. 15).

38 BAG 21.11.2013 – 2 AZR 474/12, BeckRS 2014, 69409 (Rn. 39); BAG 21.11.2013 – 2 AZR 495/12, NJOZ 2014, 1548 (Rn. 39); BAG 21.11.2013 – 2 AZR 598/12, BeckRS 2014, 70205 (Rn. 36); BAG 21.11.2013 – 2 AZR 966/12, BeckRS 2014, 70808 (Rn. 29); LAG Baden-Württemberg 21.05.2012 – 1 Sa 2/12, BeckRS 2012, 71378 (B I c aa (1)); *Bohlen-Schöning*, KrV 2012, 101 (102).

laufender Geschäfte.[39] Darin ist eine völlig neue Zwecksetzung der Abwicklungskörperschaft zu sehen, die der Annahme eines Betriebsübergangs entgegensteht.[40]

Eine analoge Anwendung des § 613a Abs. 1 Satz 1 SGB V könnte unter Umständen über das Fehlen dieser beiden Voraussetzungen hinweghelfen.[41] Nach der Rechtsprechung setzt eine Analogie das Vorliegen einer planwidrigen Regelungslücke voraus.[42] Außerdem muss „der zu beurteilende Sachverhalt in rechtlicher Hinsicht so weit mit dem Tatbestand vergleichbar [sein], den der Gesetzgeber geregelt hat, dass angenommen werden kann, der Gesetzgeber wäre bei einer Interessenabwägung, bei der er sich von denselben Grundsätzen hätte leiten lassen wie bei dem Erlass der herangezogenen Gesetzesvorschrift, zu dem gleichen Abwägungsergebnis gekommen“[43].[44] Einer analogen Anwendung stehen hier allerdings die vom Gesetz getroffenen spezielleren Vorschriften zum Schicksal der Arbeitsverhältnisse nach § 164 Abs. 4 SGB V entgegen. Es liegt damit keine planwidrige Regelungslücke vor. Eine solche folgt insbesondere auch nicht aus der nur sehr oberflächlichen Formulierung der Beendigungsanordnung in § 164 Abs. 4 Satz 1 SGB V und den dadurch hervorgerufenen Rechtsfragen.[45] Diese Fragen lassen sich durch die Auslegung der Vorschrift klären.

---

39 Krauskopf/*Baier*, Soziale Krankenversicherung, § 155 SGB V Rn. 2 ff., mit der Aufzählung weiterer Abwicklungstätigkeiten; Hauck/Noftz/*Engelhard*, SGB V, § 155 Rn. 2; juris-PK-SGB V/*Koch*, § 155 Rn. 5 f. Die nähere Eingrenzung des Abwicklungszwecks hängt genau genommen bereits davon ab, ob von einer Rechtsträgeridentität ausgegangen wird. Denn lehnt man dies ab, sind zumindest Dauerschuldverhältnisse nicht mehr durch Gestaltungsakt zu beenden.

40 Das BAG hebt ebenfalls die völlig neue Zwecksetzung der Abwicklungskörperschaft hervor, allerdings nicht im Zusammenhang mit einer möglichen Anwendbarkeit des § 613a BGB, vgl. BAG 21.11.2013 - 2 AZR 474/12, BeckRS 2014, 69409 (Rn. 39); BAG 21.11.2013 - 2 AZR 495/12, NJOZ 2014, 1548 (Rn. 39); BAG 21.11.2013 - 2 AZR 598/12, BeckRS 2014, 70205 (Rn. 36); BAG 21.11.2013 - 2 AZR 966/12, BeckRS 2014, 70808 (Rn. 29). Die Möglichkeit eines Übergangs der Arbeitsverhältnisse nach § 613a BGB von der geschlossenen Krankenkasse auf die Abwicklungskörperschaft wird – soweit ersichtlich – im Zusammenhang mit der Schließung von Krankenkasse nicht ernsthaft diskutiert. Dagegen spielt die Frage einer direkten oder analogen Anwendbarkeit des § 613a BGB bei der Fusion von Krankenkassen eine bedeutende Rolle, vgl. *Andelewski/Brachmann*, NZA 2010, 1103 (1104 ff.); *Vogt*, KrV 2009, 170 (172).

41 Allg. zu Fragen der analogen Anwendung des § 613a BGB: MüKo/BGB/*Müller-Glöge*, Band 4, § 613a Rn. 62; APS/*Steffan*, § 613a BGB Rn. 76.

42 BGH 14.06.2007 - V ZB 102/06, NJW 2007, 3124 (Rn. 11); BGH 25.09.2009 - V ZR 36/09, NJW 2009, 3644 (Rn. 10); BGH 27.01.2010 - XII ZR 22/07, NJW 2010, 1065 (Rn. 21); BGH 04.08.2010 - XII ZR 118/08, NJW 2010, 3087 (Rn. 11).

43 BGH 04.08.2010 - XII ZR 118/08, NJW 2010, 3087 (Rn. 11).

44 BGH 14.06.2007 - V ZB 102/06, NJW 2007, 3124 (Rn. 11); BGH 25.09.2009 - V ZR 36/09, NJW 2009, 3644 (Rn. 10); BGH 27.01.2010 - XII ZR 22/07, NJW 2010, 1065 (Rn. 21); BGH 04.08.2010 - XII ZR 118/08, NJW 2010, 3087 (Rn. 11).

45 In diesem Zusammenhang eignet sich ein Vergleich mit der Diskussion zur direkten Anwendbarkeit des § 613a BGB bei der Fusion von gesetzlichen Krankenkassen:

Zusammenfassend scheitert damit die Annahme eines Betriebsübergangs sowohl in direkter als auch in analoger Anwendung des § 613a Abs. 1 Satz 1 BGB. Lehnt man eine Rechtsträgeridentität zwischen der geschlossenen Krankenkasse und der Abwicklungskörperschaft ab, existiert kein Tatbestand, der ein Übergehen der Arbeitsverhältnisse auslöst. Es kann daher für die Frage, ob sich die Arbeitsverhältnisse nach Schließung einer Krankenkasse mit der Abwicklungskörperschaft fortsetzen, nicht offen bleiben, ob zwischen der geschlossenen Krankenkasse und der Abwicklungskörperschaft eine Rechtsträgeridentität besteht.

c) Gesetzliche Regelungen zur Rechtsträgeridentität

Die gesetzlichen Abwicklungsvorschriften erlauben keinen eindeutigen Rückschluss auf eine mögliche Personenidentität zwischen der geschlossenen Krankenkasse und der Abwicklungskörperschaft. Aus den Schließungsvorschriften der einzelnen Krankenkassenarten ergeben sich aber zumindest Anhaltspunkte für deren Verhältnis zueinander.

Nach § 155 Abs. 1 Satz 2 SGB V (i.V.m. §§ 146a Satz 3, 164 Abs. 1 Satz 1, 171 Satz 1 SGB V) gilt die Krankenkasse bis zur Abwicklung ihrer Geschäfte als fortbestehend, „soweit es der Zweck der Abwicklung erfordert". Weitere Regelungen zur Rechtsnatur und Rechtsfähigkeit der geschlossenen Krankenkasse finden sich im SGB V nicht. Aus § 155 Abs. 1 Satz 1 SGB V wird lediglich deutlich, dass der bisherige Vorstand für die Abwicklung zuständig ist.[46] Die Aufsichtsbehörde bestimmt nach § 155 Abs. 1 Satz 3 SGB V bei Beendigung seiner Amtszeit einen neuen Abwicklungsvorstand.

Der Sinngehalt des § 155 Abs. 1 Satz 2 SGB V ist nach den Regeln der Gesetzesauslegung zu ermitteln.[47] Die Auslegung einfachgesetzlicher Normen erfordert ein Abstellen auf den Wortlaut, den systematischen Gesamtzusammenhang, die Entstehungsgeschichte und den Sinn und Zweck der

---

Nach *Andelewski/Brachmann*, NZA 2010, 1103 (1104) erfolgt die Fusion nicht aufgrund von Rechtsgeschäften. Rechtsgrund seien alleine die Schließungsvorschriften der Sozialgesetzbücher. Eine andere Beurteilung ergebe sich auch nicht im Falle einer freiwilligen Fusion, da der zwischen den Krankenkassen geschlossene Fusionsvertrag nicht Rechtsgrund der Fusion sei. Ebenso ablehnend *Andelewski/Steinbring*, KrV 2012, 192 (192); BeckOK/*Gussen*, ArbR, § 613a BGB, Rn. 277a ff.; *Vogt*, KrV 2009, 170 (172). A.A.: *Bieback*, PersR 2000, 13 (15).

46 Krauskopf/*Baier*, Soziale Krankenversicherung, § 155 SGB V Rn. 3; KassKom/*Peters*, § 155 SGB V Rn. 3 ff.

47 Diesen Ansatz wählt auch das BAG 21.11.2013 - 2 AZR 474/12, BeckRS 2014, 69409 (Rn. 39 ff.); BAG 21.11.2013 - 2 AZR 495/12, NJOZ 2014, 1548 (Rn. 39 ff.); BAG 21.11.2013 - 2 AZR 598/12, BeckRS 2014, 70205 (Rn. 36 ff.); BAG 21.11.2013 - 2 AZR 966/12, BeckRS 2014, 70808 (Rn. 29 ff.).

auszulegenden Norm.[48] Die von Verfassungs wegen gebotenen Grenzen der Auslegung von Gesetzen sind dabei zu beachten.[49]

d) *Wortlaut des § 155 Abs. 1 Satz 2 SGB V*

Der Wortlaut der Vorschrift des § 155 Abs. 1 Satz 2 SGB V könnte zumindest Anhaltspunkte zur Art und Weise des Übergangs der geschlossenen Krankenkasse auf die Abwicklungskörperschaft liefern. Nach den anerkannten Auslegungsregeln dient er einerseits als Ausgangspunkt[50] und andererseits als begrenzendes Element[51] der Gesetzesauslegung. Unzulässig ist es, einer Norm einen Sinngehalt beizumessen, der sich im klaren Widerspruch zu ihrem Wortlaut befindet.[52] Die Gesetzesauslegung nach dem Wortlaut orientiert sich am allgemeinen Sprachgebrauch und fragt nach der Bedeutung eines Ausdrucks.[53]

aa) *„Fortbestehens"-Wirkung des § 155 Abs. 1 Satz 2 SGB V*

Der Begriff des „Fortbestehens" in § 155 Abs. 1 Satz 2 SGB V spricht dafür, dass die Abwicklungskörperschaft kein neuer Rechtsträger mit eigener Rechtspersönlichkeit ist, sondern als Fortsetzung der geschlossenen Krankenkasse anzusehen ist.[54] Nach dem allgemeinen Sprachgebrauch kann das

---

48 BAG 03.12.1998 - 2 AZR 425/98, NZA 1999, 425 (II 1); BAG 06.07.2000 - 2 AZR 695/99, NZA 2001, 23 (II 1); BAG 19.04.2005 - 9 AZR 233/04, NZA 2005, 1354 (II 3 b aa); BAG 20.05.2008 - 9 AZR 219/07, NZA 2008, 1237 (Rn. 20); BAG 15.11.2011 – 9 AZR 348/10, NZA 2012, 323 (Rn. 32); LAG Baden-Württemberg 21.05.2012 - 1 Sa 2/12, BeckRS 2012, 71378 (B I 2 b dd).

49 BVerfG 19.10.1983 - 2 BvR 298/81, NJW 1984, 476 (C III 1); dazu *Schlaich/Korioth*, Bundesverfassungsgericht, 4. Teil, 5. Abschnitt Rn. 288 ff.

50 Insb. *Larenz*, Methodenlehre, S. 322; *Meier-Hayoz*, Richter als Gesetzgeber, S. 42; MüKo/BGB/*Säcker*, Band 1, Einl. Rn. 137.

51 Insb. *Larenz*, Methodenlehre, S. 322; *Meier-Hayoz*, Richter als Gesetzgeber, S. 42. Hierzu auch *Schenke*, DStR-Beih 2011, 54 (54 ff.).

52 BVerfG 14.06.2007 - 2 BvR 1447/05, 2 BvR 136/05, NJW 2007, 2977 (Rn. 121); BVerfG 25.01.2011 - 1 BvR 918/10, NJW 2011, 836 (Rn. 53). Zu den Ausnahmen vgl. *Geserich*, DStR-Beih 2011, 59 (61).

53 *Larenz*, Methodenlehre, S. 320.

54 So im Ergebnis auch die mittlerweile als herrschend anzusehende Rechtsprechung, vgl. u.a. BAG 21.11.2013 - 2 AZR 474/12, BeckRS 2014, 69409 (Rn. 40); BAG 21.11.2013 - 2 AZR 495/12, NJOZ 2014, 1548 (Rn. 40); BAG 21.11.2013 - 2 AZR 598/12, BeckRS 2014, 70205 (Rn. 37); BAG 21.11.2013 - 2 AZR 966/12, BeckRS 2014, 70808 (Rn. 30); LSG Sachsen 24.08.2011 - L 1 KR 74/09, BeckRS 2012, 67250 (1); LAG Berlin-Brandenburg 12.04.2012 - 5 Sa 2555/11, BeckRS 2012, 70363 (I 1.5); LAG Düsseldorf 07.09.2012 - 6 Sa 138/12, BeckRS 2012, 76175 (A II 1 a aa) m.w.N.; ArbG Düsseldorf 12.01.2012 - 4 Ca 5507/11, BeckRS 2012, 67215 (B I 2 a

Verb „Fortbestehen“ mit „trotz veränderter Voraussetzungen nach wie vor bestehen[d]“[55] beschrieben werden. Die Umschreibungen „Weiterbestehen“[56] oder „Andauern“[57] sind weitere Synonyme. Diese Beschreibungen treffen auf den vorliegenden Fall zu. Es kommt zwar zur Schließung der Krankenkasse. Das Gesetz ordnet aber den Fortbestand der geschlossenen Krankenkasse bis zu ihrer vollständigen Abwicklung an.

Der Begriff des „Fortbestehens“ erlaubt zwar keinen unwiderlegbaren Rückschluss auf das Verhältnis zwischen der geschlossenen Krankenkasse und die Abwicklungskörperschaft. Es ist aber festzuhalten, dass die vom Gesetzgeber gewählte Formulierung auf eine Rechtsträgeridentität hindeutet.[58]

bb) Vergleichbare Auslegung anderer Abwicklungsvorschriften

Ein Vergleich mit anderen die Abwicklung juristischer Personen regelnden Vorschriften bestätigt dieses Wortverständnis des § 155 Abs. 1 Satz 2 SGB V.[59] Die sich im Gesetz befindlichen Abwicklungsvorschriften ähneln sich erheblich. Diese Parallelen lassen Rückschlüsse auf die Art und Weise der Abwicklung einer Krankenkasse zu. Nur beispielhaft sollen Regelungen zur Abwicklung der Gesellschaft des bürgerlichen Rechts und des Vereins besprochen werden. Die Liste ließe sich durch weitere Beispiele fortführen.[60]

---

aa); Teile der Literatur folgen diesem Ergebnis ebenfalls teils unter Berufung auf den Wortlaut der Vorschrift, vgl. *Rolfs*, NZA 2013, 529 (532); *Rolfs*, GuP 2013, 8 (11).

55 Duden, Universalwörterbuch, S. 565.

56 LAG Düsseldorf 28.06.2013 – 6 Sa 549/12, BeckRS 2013, 72224 (A II 1 a aa); Wahrig, Wörterbuch, S. 493; http://www.duden.de/rechtschreibung/Fortbestand (zuletzt aufgerufen am 31.01.2016).

57 Wahrig, Wörterbuch, S. 493.

58 BAG 21.11.2013 – 2 AZR 474/12, BeckRS 2014, 69409 (Rn. 40); BAG 21.11.2013 – 2 AZR 495/12, NJOZ 2014, 1548 (Rn. 40); BAG 21.11.2013 – 2 AZR 598/12, BeckRS 2014, 70205 (Rn. 37); BAG 21.11.2013 – 2 AZR 966/12, BeckRS 2014, 70808 (Rn. 30); LAG Düsseldorf 28.06.2013 – 6 Sa 549/12, BeckRS 2013, 72224 (A II 1 a aa).

59 Diesen Lösungsweg beschreiten ebenso Stimmen in der Literatur und der Rechtsprechung, vgl. u.a. BAG 21.11.2013 – 2 AZR 474/12, BeckRS 2014, 69409 (Rn. 44); BAG 21.11.2013 – 2 AZR 495/12, NJOZ 2014, 1548 (Rn. 44); BAG 21.11.2013 – 2 AZR 598/12, BeckRS 2014, 70205 (Rn. 41); BAG 21.11.2013 – 2 AZR 966/12, BeckRS 2014, 70808 (Rn. 34); *Bohlen-Schöning*, KrV 2012, 101 (102).

60 Im Zusammenhang mit der Diskussion um die Teilrechtsfähigkeit der Abwicklungskörperschaft wird beispielsweise vergleichend auf § 156 HGB eingegangen: *Bohlen-Schöning*, KrV 2012, 101 (102), die zutreffend darauf hinweist, dass die Vorschrift eben nicht vom Fortbestand der Gesellschaft in der Liquidationsphase spricht, sondern sie lediglich das in dieser Phase anwendbare Recht bestimmt. Dazu auch *Gutzeit*, NZS 2012, 361 (363).

(1) *Abwicklung einer Gesellschaft des bürgerlichen Rechts*

In diesem Zusammenhang fällt zunächst die in § 730 BGB getroffene Regelung aus dem Gesellschaftsrecht für den Fall der Auflösung einer Gesellschaft bürgerlichen Rechts (GbR) ins Auge. Nach § 730 Abs. 2 Satz 1 BGB gilt diese für die Beendigung der schwebenden Geschäfte, für die dazu erforderliche Eingehung neuer Geschäfte sowie für die Erhaltung und Verwaltung des Gesellschaftsvermögens als fortbestehend, soweit der Zweck der Auseinandersetzung es erfordert. Der in § 730 Abs. 2 Satz 1 BGB angeordnete eingeschränkte Fortbestand der Gesellschaft bewirkt im Zeitpunkt des auflösenden Ereignisses die Umwandlung der GbR in eine Auseinandersetzungsgesellschaft.[61] Der Gesellschaftszweck ändert sich mit der Auflösung der Gesellschaft.[62] War die GbR vor dem auflösenden Ereignis im Sinne der §§ 723 ff. BGB noch als werbende Gesellschaft tätig[63], besteht ihr Gesellschaftszweck danach einzig in der Abwicklung.[64]

Für die hier zu erörternde Frage ist es insbesondere von Bedeutung, dass von einer Identität zwischen der vor der Auflösung bestehenden werbenden Gesellschaft und der Auseinandersetzungsgesellschaft ausgegangen wird.[65] Die Auseinandersetzungsgesellschaft gilt trotz der auf den Zweck der Abwicklung beschränkten Formulierung als rechtsfähig.[66] Bestehende Dauerschuldverhältnisse enden nicht mit der Auflösung der werbenden Gesell-

---

61 BGH 05.07.2011 – II ZR 199/10, NJW 2011, 3087 (Rn. 20); OLG Zweibrücken 07.07.1998 – 8 U 83/97, NZG 1998, 939 (I); OLG Naumburg 16.05.2002 – 2 U (Lw) 1/02, NZG 2002, 813 (A II 1); Schulze/*Saenger*, BGB, § 730 BGB Rn. 1 („Abwicklungsgesellschaft"). Voraussetzung für die Umwandlung einer GbR in eine Auseinandersetzungsgesellschaft ist das Vorhandensein von Gesellschaftsvermögen im Zeitpunkt der Auflösung. Es findet dagegen keine Auseinandersetzung statt, wenn kein Gesamthandsvermögen vorhanden ist, BeckOK/*Schöne*, BGB, Stand: 01.11.2015, § 730 BGB Rn. 4. Zu den weiteren Ausnahmen vgl. MüKo/BGB/*Schäfer*, Band 5, § 730 Rn. 2.

62 Staudinger/*Habermaier*, BGB, § 730 Rn. 9; Schulze/*Saenger*, BGB, § 730 Rn. 1; BeckOK/*Schöne*, BGB, Stand: 01.11.2015, § 730 BGB Rn. 1; Jauernig/*Stürner*, BGB, Anm. zu den §§ 723 – 728 Rn. 1.

63 Staudinger/*Habermaier*, BGB, § 730 Rn. 1; Soergel/*Hadding*, BGB, Vor § 730 Rn. 6; Henssler/Strohn/*Kilian*, Gesellschaftsrecht, § 730 BGB Rn. 2, 6; BeckOK/*Schöne*, BGB, Stand: 01.11.2015, § 730 BGB Rn. 1.

64 Staudinger/*Habermaier*, BGB, § 730 Rn. 1; Soergel/*Hadding*, BGB, Vor § 730 Rn. 6; Henssler/Strohn/*Kilian*, Gesellschaftsrecht, § 730 BGB Rn. 2, 6; BeckOK/*Schöne*, BGB, Stand: 01.11.2015, § 730 BGB Rn. 1.

65 Staudinger/*Habermaier*, BGB, § 730 Rn. 9; Dauner-Lieb/Langen/*Heidel/Hanke*, Schuldrecht, § 730 BGB Rn. 8; MüKo/BGB/*Schäfer*, Band 5, § 730 Rn. 24.

66 Dauner-Lieb/Langen/*Heidel/Hanke*, Schuldrecht, § 730 BGB Rn. 8; MüKo/BGB/*Schäfer*, Band 5, § 730 Rn. 24.

schaft.[67] Erst mit der vollständigen Abwicklung des Gesamthandsvermögens kommt es schließlich zur Vollbeendigung der aufgelösten Gesellschaft.[68]

(2) Liquidation von Vereinen

Ein besonderes Augenmerk ist außerdem auf die gesetzlichen Regelungen zur Liquidation eines Vereins zu richten.[69] Hier bestehen noch deutlichere Parallelen zu den für die Schließung von Krankenkassen maßgeblichen Vorschriften als dies schon bei § 730 BGB der Fall ist. Nach § 49 Abs. 2 BGB gilt ein Verein bis zur Beendigung der Liquidation als fortbestehend, soweit der Zweck der Liquidation es erfordert. § 49 Abs. 1 BGB enthält Regelungen zu den Kompetenzen und Aufgaben der Liquidatoren des Vereins. Die vereinsrechtliche Vorschrift gleicht damit weitestgehend ihrem Pendant aus dem Krankenversicherungsrecht.[70]

Die Literatur legt § 49 Abs. 2 BGB nicht einheitlich aus. Es wird einerseits angenommen, die Vorschrift ordne das Weiterbestehen des Vereins, der eigentlich mit Auflösung seine Identität verliere, in der Liquidationsphase infolge einer gesetzlichen Fiktion an.[71] Eine andere Ansicht versteht die in § 49 Abs. 2 BGB getroffene Regelung nicht als Fiktion, sondern sieht in ihr lediglich einen Gesetzesbefehl dahingehend, dass der Liquidationsverein keiner Neugründung bedarf.[72] Auf einen Streitentscheid kommt es an dieser Stelle allerdings nicht an. Beide Ansichten erkennen die Identität zwischen dem aufgelösten Verein und dem Liquidationsverein an und gehen damit vom Fortbestand bestehender Dauerschuldverhältnisse aus.[73] Die Auflösung eines Vereins bewirkt demnach nicht die Schaffung einer neuen Rechtspersönlichkeit, deren rechtliche Existenz unabhängig von dem zuvor aufgelösten Verein zu beurteilen ist.[74]

---

67 Henssler/Strohn/*Kilian*, Gesellschaftsrecht, § 730 BGB Rn. 1.

68 MüKo/BGB/*Schäfer*, Band 5, § 730 Rn. 38; BeckOK/*Schöne*, BGB, Stand: 01.11.2015, § 730 BGB Rn. 1.

69 Vergleichend auch BAG 21.11.2013 – 2 AZR 474/12, BeckRS 2014, 69409 (Rn. 44); BAG 21.11.2013 – 2 AZR 495/12, NJOZ 2014, 1548 (Rn. 44); BAG 21.11.2013 – 2 AZR 598/12, BeckRS 2014, 70205 (Rn. 41); BAG 21.11.2013 – 2 AZR 966/12, BeckRS 2014, 70808 (Rn. 34); *Bohlen-Schöning*, KrV 2012, 101 (102).

70 BAG 21.11.2013 – 2 AZR 474/12, BeckRS 2014, 69409 (Rn. 44); BAG 21.11.2013 – 2 AZR 495/12, NJOZ 2014, 1548 (Rn. 44); BAG 21.11.2013 – 2 AZR 598/12, BeckRS 2014, 70205 (Rn. 41); BAG 21.11.2013 – 2 AZR 966/12, BeckRS 2014, 70808 (Rn. 34).

71 BeckOK/*Schöpflin*, BGB, Stand: 01.11.2014, § 49 BGB Rn. 2.

72 NK-BGB/*D. Eckardt*, § 49 Rn. 12; Staudinger/*Weick*, BGB, § 49 Rn. 16.

73 ArbG Düsseldorf 12.01.2012 – 4 Ca 5507/11, BeckRS 2012, 67215 (B I 2 a aa); NK-BGB/*D. Eckardt*, § 49 Rn. 14; Soergel/*Hadding*, BGB, § 49 Rn. 9; BeckOK/*Schöpflin*, BGB, Stand: 01.11.2014, § 49 BGB Rn. 2.

74 BeckOK/*Schöpflin*, BGB, Stand: 01.11.2014, § 49 BGB Rn. 2.

(3) Vergleichbarkeit dieser Vorschriften

Fraglich ist, inwieweit die für juristische Personen des Privatrechts maßgebliche Auslegung der Abwicklungsvorschriften auf § 155 Abs. 1 Satz 2 SGB V übertragbar ist.[75] Nach einer – allerdings zum Umfang der Rechtsfähigkeit der Abwicklungskörperschaft vertretenen – Ansicht gebietet der öffentlich-rechtliche Charakter einer gesetzlichen Krankenkasse eine unterschiedliche Bewertung.[76] Vertreter dieser Auffassung weisen auf die besondere uneingeschränkte Dritthaftung bei Schließung einer Krankenkasse im Unterschied zur der Haftung bei Abwicklung sonstiger juristischer Personen des Privatrechts hin.[77] Dieses Argument ist auf die Frage der Rechtsträgeridentität allerdings nicht übertragbar, da die übrigen Krankenkassen auf jeden Fall nach § 155 Abs. 4 SGB V haften. Der Umfang der Haftung hängt nicht von einer bestehenden Rechtsträgeridentität ab, sondern von der Handlungsfähigkeit der Abwicklungskörperschaft. Diese ist selbst bei Ablehnung einer Rechtsträgeridentität handlungsfähig und kann unter Umständen durch ihr Handeln weitere Verbindlichkeiten begründen, für welche die anderen Krankenkassen haften.

Der übereinstimmende Wortlaut spricht dagegen dafür, dass der Gesetzgeber den Regelungen in § 49 Abs. 2 BGB und § 155 Abs. 1 Satz 2 SGB V ein gleiches Verständnis zugrunde legte und er auch bei Schließung einer Krankenkasse davon ausging, dass die nunmehr für die Abwicklung zuständige Abwicklungskörperschaft mit der geschlossenen Krankenkasse identisch ist.[78] Dieser Schlussfolgerung steht es nicht entgegen, dass der Verein als privatrechtliche und die Krankenkasse als öffentliche-rechtliche juristische Person unterschiedlich zu behandeln sind.[79] Dieser Unterschied wirkt sich in erster Linie auf den Aufbau der juristischen Personen und die Vertretungsverhältnisse aus. Er beeinflusst aber nicht den Übergang der Gesellschaften in die Abwicklungsphase. Mit der vorzugswürdigen Ansicht ist daher mit Verweis auf § 49 Abs. 2 BGB ebenfalls von einer Rechtsträgeriden-

---

75 Diesen Vergleich stellen insb. auch *Bohlen-Schöning*, KrV 2012, 101 (102); *Gutzeit*, NZS 2012, 361 (362 ff.) an.

76 *Gutzeit*, NZS 2012, 361 (364). Vgl. hierzu die Ausführungen unter Kap. C II 4 c dd dieser Arbeit.

77 *Bohlen-Schöning*, KrV 2012, 101 (102); *Gutzeit*, NZS 2012, 361 (364).

78 So im Ergebnis auch BAG 21.11.2013 – 2 AZR 474/12, BeckRS 2014, 69409 (Rn. 44); BAG 21.11.2013 – 2 AZR 495/12, NJOZ 2014, 1548 (Rn. 44); BAG 21.11.2013 – 2 AZR 598/12, BeckRS 2014, 70205 (Rn. 41); BAG 21.11.2013 – 2 AZR 966/12, BeckRS 2014, 70808 (Rn. 34); *Wolter*, FS Bepler (2012), S. 675 (680).

79 Ebenso BAG 21.11.2013 – 2 AZR 474/12, BeckRS 2014, 69409 (Rn. 45); BAG 21.11.2013 – 2 AZR 495/12, NJOZ 2014, 1548 (Rn. 45); BAG 21.11.2013 – 2 AZR 598/12, BeckRS 2014, 70205 (Rn. 42); BAG 21.11.2013 – 2 AZR 966/12, BeckRS 2014, 70808 (Rn. 35).

tität auszugehen[80], wenngleich die Beibehaltung des öffentlich-rechtlichen Charakters umstritten ist.[81]

cc) Sonstige im Wortlaut verankerte Anhaltspunkte

Der Wortlaut des § 155 Abs. 1 Satz 2 SGB V enthält weitere Hinweise auf eine Rechtsträgeridentität zwischen der geschlossenen Krankenkasse und der Abwicklungskörperschaft. Ein mit der Entscheidung über den Fortbestand der Arbeitsverhältnisse der Krankenkassenbeschäftigten befasstes Landesarbeitsgericht wies zutreffend darauf hin, dass nach § 155 Abs. 1 Satz 2 SGB V „die" Krankenkasse als fortbestehend gelten solle.[82] Seines Erachtens hätte der Gesetzgeber ebenso die Fiktion für „eine" Krankenkasse anordnen können.[83] Durch den verwendeten Artikel sei die konkrete in § 155 Abs. 1 Satz 1 SGB V genannte geschlossene Krankenkasse in Bezug genommen worden.[84]

dd) Zwischenergebnis

Für die Rechtsträgeridentität zwischen der geschlossenen Krankenkasse und der Abwicklungskörperschaft spricht bereits der Wortlaut des § 155 Abs. 1 Satz 2 SGB V.[85] Auch wenn der Gesetzeswortlaut der Vorschrift nicht überbewertet werden sollte, bleibt festzuhalten, dass sich dort keine Anhaltspunkte für die Annahme finden, dass die Abwicklungskörperschaft

---

80 BAG 21.11.2013 - 2 AZR 474/12, BeckRS 2014, 69409 (Rn. 44); BAG 21.11.2013 - 2 AZR 495/12, NJOZ 2014, 1548 (Rn. 44); BAG 21.11.2013 - 2 AZR 598/12, BeckRS 2014, 70205 (Rn. 41); BAG 21.11.2013 - 2 AZR 966/12, BeckRS 2014, 70808 (Rn. 34); *Wolter*, FS Bepler (2012), S. 675 (680).

81 Zur Beibehaltung des öffentlich-rechtlichen Charakters vgl. u.a. die ablehnende Ansicht von *Bohlen-Schöning*, KrV 2012, 101 (102).

82 LAG Düsseldorf 28.06.2013 - 6 Sa 549/12, BeckRS 2013, 72224 (A II 1 a aa).

83 LAG Düsseldorf 28.06.2013 - 6 Sa 549/12, BeckRS 2013, 72224 (A II 1 a aa).

84 LAG Düsseldorf 28.06.2013 - 6 Sa 549/12, BeckRS 2013, 72224 (A II 1 a aa).

85 BAG 21.11.2013 - 2 AZR 474/12, BeckRS 2014, 69409 (Rn. 40); BAG 21.11.2013 - 2 AZR 495/12, NJOZ 2014, 1548 (Rn. 40); BAG 21.11.2013 - 2 AZR 598/12, BeckRS 2014, 70205 (Rn. 37); BAG 21.11.2013 - 2 AZR 966/12, BeckRS 2014, 70808 (Rn. 30); LSG Sachsen 24.08.2011 - L 1 KR 74/09, BeckRS 2012, 67250 (1); LAG Berlin-Brandenburg 12.04.2012 - 5 Sa 2555/11, BeckRS 2012, 70363 (I 1.5); LAG Düsseldorf 07.09.2012 - 6 Sa 138/12, BeckRS 2012, 76175 (A II 1 a aa) m.w.N.; ArbG Düsseldorf 12.01.2012 - 4 Ca 5507/11, BeckRS 2012, 67215 (B I 2 a aa); *Rolfs*, NZA 2013, 529 (532); *Rolfs*, GuP 2013, 8 (11). Aufgrund des „eindeutigen" Wortlautes beschränkt sich das LAG Düsseldorf weitestgehend darauf, den Wortlaut (ausführlich) herauszuarbeiten und auf Grundlage dieses Ergebnisses die Identität zwischen der geschlossenen Betriebskrankenkasse und der Abwicklungskörperschaft zu bejahen, vgl. LAG Düsseldorf 07.09.2012 - 6 Sa 138/12, BeckRS 2012, 76175 (A II 1 a aa).

nicht mit der aufgelösten oder geschlossenen Krankenkasse identisch ist. Der Gesetzgeber hätte ohne weiteres formulieren können, dass nach der Schließung der Krankenkasse „eine zu diesem Zweck errichtete Abwicklungskörperschaft die geschlossene Krankenkasse abwickelt". Er griff stattdessen auf eine unter anderem aus dem Vereinsrecht bekannte Formulierung zurück, zu der eine gefestigte Literatur[86] und Rechtsprechung[87] existiert. Auch wenn die Auslegung des § 155 Abs. 1 Satz 2 SGB V an dieser Stelle noch nicht abgeschlossen ist, ist bei der Anwendung der übrigen Auslegungsmethoden im Kopf zu behalten, dass der Wortlaut einer Norm Grenzen für eine anderweitige Auslegung definiert und eine dem Wortlaut widersprechende Auslegung nur beschränkt möglich ist.[88]

e) Systematische Erwägungen

Die Gesetzessystematik könnte gegen die rechtliche Identität zwischen geschlossener Krankenkasse und Abwicklungskörperschaft sprechen.[89] Nach den Grundsätzen der systematischen Auslegung von Gesetzen erlaubt ein Blick auf den Gesamtzusammenhang einer Norm ebenfalls einen Rückschluss auf das gesetzgeberische Verständnis.[90] Ihr Standort im Gesetz, die mit ihr im Gesamtzusammenhang stehenden Vorschriften sowie deren Sinngehalt spielen dabei eine Rolle.[91] Die systematische Gesetzesauslegung findet ihre Berechtigung darin, dass ein Gesetz nicht aus voneinander unabhängigen Normen besteht, sondern diesen insgesamt eine gemeinsame Systematik innewohnt, indem sie aufeinander aufbauen und sich gegenseitig in Bezug nehmen.[92]

Vor allem die fehlenden Errichtungsvorschriften in Bezug auf die Abwicklungskörperschaft sowie die in § 164 Abs. 4 Satz 1 SGB V getroffene

---

86 NK-BGB/*D. Eckardt*, § 49 Rn. 14; Soergel/*Hadding*, BGB, § 49 Rn. 9; BeckOK/*Schöpflin*, BGB, Stand: 01.11.2014, § 49 BGB Rn. 2.

87 BGH 11.11.1985 - II ZR 37/85, NJW 1986, 1604 (1).

88 Streng genommen verbietet sich mit der Rechtsprechung des BVerfG ein Rückgriff auf die übrigen Auslegungsmethoden, wenn der Wortlaut einer Norm bereits eindeutig ist, vgl. u.a. BVerfG 21.06.1988 - 2 BvR 638/84, NJW 1989, 285 (C); *Bleckmann*, JuS 2002, 942 (943).

89 Das BAG betrachtet den Regelungszusammenhang der Vorschriften und nähert sich der Problematik ebenfalls aus systematischer Perspektive an, vgl. BAG 21.11.2013 - 2 AZR 474/12, BeckRS 2014, 69409 (Rn. 41); BAG 21.11.2013 - 2 AZR 495/12, NJOZ 2014, 1548 (Rn. 41); BAG 21.11.2013 - 2 AZR 598/12, BeckRS 2014, 70205 (Rn. 38); BAG 21.11.2013 - 2 AZR 966/12, BeckRS 2014, 70808 (Rn. 31).

90 *Wienbracke*, Methodenlehre, Rn. 154.

91 *Wienbracke*, Methodenlehre, Rn. 154. Ähnlich LAG Düsseldorf 28.06.2013 - 6 Sa 549/12, BeckRS 2013, 72224 (A II 2 a bb); *Bitter/Rauhut*, JuS 2009, 289 (293).

92 *Wienbracke*, Methodenlehre, Rn. 154.

Regelung zur Beendigung von Arbeitsverhältnissen sind im vorliegenden Fall näher zu betrachten.

aa) Fehlen von Errichtungsvorschriften

Das Landesarbeitsgericht Düsseldorf stellt zutreffend fest, dass das SGB V keine Vorschriften zur Errichtung der Abwicklungskörperschaft vorsieht und verweist insbesondere auf § 155 Abs. 1 Satz 3 SGB V.[93] Nach Auffassung der Abwicklungskörperschaften sage das Gesetz an dieser Stelle hingegen nichts über eine Identität zwischen geschlossener Krankenkasse und Abwicklungskörperschaft aus.[94]

Nach § 155 Abs. 1 Satz 1 SGB V ist der bisherige Vorstand der geschlossenen Krankenkasse mit den Abwicklungsarbeiten der geschlossenen Krankenkasse betraut.[95] Nur für den Fall seines vorzeitigen Ausscheidens sieht § 155 Abs. 1 Satz 3 SGB V die Bestimmung eines Abwicklungsvorstandes durch die bisherige Aufsichtsbehörde vor.[96] Tatsächlich lässt § 155 Abs. 1 Satz 3 SGB V nicht unmittelbar auf eine Rechtsträgeridentität schließen. Die Vorschrift regelt lediglich die bei Ausscheiden des vorherigen Vorstandes erforderliche Neubestellung durch die Aufsichtsbehörde.[97] Nichtsdestotrotz liefert die Tatsache, dass das Gesetz nur eine Neubestellung, nicht aber eine erstmalige Bestellung eines Vorstandes der Abwicklungskörperschaft bestimmt, einen Anhaltspunkt für das Fortbestehen des Vorstandes der geschlossenen Krankenkasse.[98] Wäre der Gesetzgeber von zwei ver-

---

93 LAG Düsseldorf 07.09.2012 - 6 Sa 138/12, BeckRS 2012, 76175 (A II 1 a aa).

94 LAG Düsseldorf 28.06.2013 - 6 Sa 549/12, BeckRS 2013, 72224 (Wiedergabe der Rechtsansichten der beklagten Krankenkasse).

95 BAG 21.11.2013 - 2 AZR 474/12, BeckRS 2014, 69409 (Rn. 41); BAG 21.11.2013 - 2 AZR 495/12, NJOZ 2014, 1548 (Rn. 41); BAG 21.11.2013 - 2 AZR 598/12, BeckRS 2014, 70205 (Rn. 38); BAG 21.11.2013 - 2 AZR 966/12, BeckRS 2014, 70808 (Rn. 31).

96 BAG 21.11.2013 - 2 AZR 474/12, BeckRS 2014, 69409 (Rn. 41); BAG 21.11.2013 - 2 AZR 495/12, NJOZ 2014, 1548 (Rn. 41); BAG 21.11.2013 - 2 AZR 598/12, BeckRS 2014, 70205 (Rn. 38); BAG 21.11.2013 - 2 AZR 966/12, BeckRS 2014, 70808 (Rn. 31). Die Gründe für das Ausscheiden des Abwicklungsvorstandes sind vielfältig. Einerseits könnte dessen Amtszeit auslaufen, andererseits kann die Aufsichtsbehörde ihn unter den in § 155 Abs. 1 Satz 3 SGB V i.V.m. § 35a Abs. 7 SGB IV genannten Voraussetzungen seines Amtes entbinden oder entheben, vgl. Krauskopf/*Baier*, Soziale Krankenversicherung, § 155 SGB V Rn. 3 (allerdings gegen Beendigung bei Auslaufen der ursprünglichen Amtszeit); Hauck/Noftz/*Engelhard*, SGB V, § 155 Rn. 8; juris-PK-SGB V/*Koch*, § 155 Rn. 7; Becker/Kingreen/*Mühlhausen*, SGB V, § 155 Rn. 12; KassKom/*Peters*, § 155 SGB V Rn. 5.

97 Krauskopf/*Baier*, Soziale Krankenversicherung, § 155 SGB V Rn. 3; Becker/Kingreen/*Mühlhausen*, SGB V, § 155 Rn. 12.

98 Ähnlich BAG 21.11.2013 - 2 AZR 474/12, BeckRS 2014, 69409 (Rn. 41); BAG 21.11.2013 - 2 AZR 495/12, NJOZ 2014, 1548 (Rn. 41); BAG 21.11.2013 - 2 AZR

schiedenen Rechtsträgern ausgegangen, wäre es konsequent gewesen, die Aufsichtsbehörde auch zur erstmaligen Bestimmung des Vorstandes zu berufen.[99] Stattdessen lässt § 155 Abs. 1 Satz 3 SGB V den unter anderem durch das Landesarbeitsgericht Düsseldorf in Erwägung gezogenen Umkehrschluss zu: Regelt das Gesetz nur die Neubestellung des Abwicklungsvorstandes bei Ausscheiden des bisherigen Vorstandes, muss sich die Amtsstellung des Vorstandes der geschlossenen Krankenkasse ohne Neubestellung bei der Abwicklungskörperschaft fortsetzen.[100]

Diese systematischen Erwägungen zur erforderlichen Vorstandsbestellung sind kein unwiderlegbares Argument zugunsten einer Rechtsträgeridentität. Doch liefert die Diskussion zu den Hintergründen des § 155 Abs. 1 Satz 3 SGB V einen Hinweis auf einen weiteren Aspekt, der für die Rechtsträgeridentität der geschlossenen Krankenkasse und der Abwicklungskörperschaft spricht. Der Gesetzgeber verzichtete nicht nur darauf, die erstmalige Bestellung des Abwicklungsvorstandes durch die Aufsichtsbehörde festzuschreiben.[101] Das Organisationsrecht der gesetzlichen Krankenkassen enthält vielmehr insgesamt keinerlei Errichtungsvorschriften für die Abwicklungskörperschaft.[102] Dies deutet darauf hin, dass § 155 Abs. 1 Satz 2 SGB V tatsächlich das Fortbestehen der geschlossenen Krankenkasse bis zu ihrer vollständigen Abwicklung bezweckt. Als Indiz für den Fortbestand und der Identität ist es außerdem zu werten, dass die Abwicklung grundsätzlich mit dem Vermögen der geschlossenen Krankenkasse zu finanzieren ist (§ 155 Abs. 4 Satz 1 SGB V) und kein gesonderter Übergang des Vermögens auf die Abwicklungskörperschaft normiert ist.

598/12, BeckRS 2014, 70205 (Rn. 38); BAG 21.11.2013 – 2 AZR 966/12, BeckRS 2014, 70808 (Rn. 31); LAG Düsseldorf 07.09.2012 – 6 Sa 138/12, BeckRS 2012, 76175 (A II 1 a aa).

99 Das LAG Düsseldorf 28.06.2013 – 6 Sa 549/12, BeckRS 2013, 72224 (A II 1 a aa) stellt ebenfalls fest, dass beim Hervorgehen einer neuen eigenständigen Abwicklungskörperschaft ein neuer Vorstand bestellt werden müsse. Das Gericht weist zutreffend darauf hin, dass der Gesetzgeber im Falle einer fehlenden Rechtsträgeridentität auch die anfängliche Bestellung des Abwicklungsvorstands nach der Kassenschließung normiert hätte. Stattdessen finde sich lediglich eine Regelung für den Fall seines Ausscheidens.

100 ArbG Düsseldorf 12.01.2012 – 4 Ca 5507/11, BeckRS 2012, 67215 (B I 2 a aa).

101 LAG Düsseldorf 28.06.2013 – 6 Sa 549/12, BeckRS 2013, 72224 (A II 1 a aa).

102 LAG Düsseldorf 28.06.2013 – 6 Sa 549/12, BeckRS 2013, 72224 (A II 1 a aa).

bb) Rechtsauffassung der Finanzverwaltung

Der Standpunkt[103] der Abwicklungskörperschaften, sie seien gegenüber der Finanzverwaltung zur Beantragung einer neuen Steuernummer verpflichtet, ist dagegen unbeachtlich.[104] Es ergebe sich hieraus, dass es sich bei der Abwicklungskörperschaft um einen neuen und eigenständigen Rechtsträger handele.[105] Diese Argumentation überzeugt nicht.[106] Die Finanzverwaltung wird nicht rechtsgestaltend tätig. Sie wendet als Teil der Exekutive geltendes Recht lediglich an. Sollte sie tatsächlich die geschlossene Krankenkasse und die Abwicklungskörperschaft als zwei voneinander unabhängige Rechtsträger ansehen, käme dieser Sichtweise keine Bindungswirkung zu.[107] Derartige Anwendungsfehler ermöglichen insbesondere keine Rückschlüsse auf die wahre Rechtslage.[108]

cc) Beendigungsanordnung des § 164 Abs. 4 Satz 1 SGB V

Die in § 164 Abs. 4 Satz 1 SGB V geregelte Beendigungsanordnung spricht ebenfalls für eine Rechtsträgeridentität.[109] Nach dieser enden die Vertragsverhältnisse der Beschäftigten, die nicht nach § 164 Abs. 3 Satz 3 SGB V untergebracht werden, mit dem Tag der Auflösung oder Schließung der

---

[103] LAG Düsseldorf 28.06.2013 – 6 Sa 549/12, BeckRS 2013, 72224 (Wiedergabe der Rechtsansichten).

[104] Ebenso LAG Düsseldorf 14.06.2013 – 6 Sa 1161/12, BeckRS 2013, 71848 (A II 1 a aa); LAG Düsseldorf 26.04.2013 – 6 Sa 1874/12, NZA-RR 2013, 515 (Ls.) = BeckRS 2013, 70899 (A II 2 a bb aaa); LAG Düsseldorf 28.06.2013 – 6 Sa 549/12, BeckRS 2013, 72224 (A II 1 a aa).

[105] LAG Düsseldorf 28.06.2013 – 6 Sa 549/12, BeckRS 2013, 72224 (Wiedergabe der Rechtsansichten).

[106] LAG Düsseldorf 14.06.2013 – 6 Sa 1161/12, BeckRS 2013, 71848 (A II 1 a aa); LAG Düsseldorf 26.04.2013 – 6 Sa 1874/12, NZA-RR 2013, 515 (Ls.) = BeckRS 2013, 70899 (A II 2 a bb aaa); LAG Düsseldorf 28.06.2013 – 6 Sa 549/12, BeckRS 2013, 72224 (A II 1 a aa).

[107] LAG Düsseldorf 14.06.2013 – 6 Sa 1161/12, BeckRS 2013, 71848 (A II 1 a aa); LAG Düsseldorf 26.04.2013 – 6 Sa 1874/12, NZA-RR 2013, 515 (Ls.) = BeckRS 2013, 70899 (A II 2 a bb aaa); LAG Düsseldorf 28.06.2013 – 6 Sa 549/12, BeckRS 2013, 72224 (A II 1 a aa).

[108] LAG Düsseldorf 14.06.2013 – 6 Sa 1161/12, BeckRS 2013, 71848 (A II 1 a aa); LAG Düsseldorf 26.04.2013 – 6 Sa 1874/12, NZA-RR 2013, 515 (Ls.) = BeckRS 2013, 70899 (A II 2 a bb aaa); LAG Düsseldorf 28.06.2013 – 6 Sa 549/12, BeckRS 2013, 72224 (A II 1 a aa).

[109] So auch sehr kurz BAG 21.11.2013 – 2 AZR 474/12, BeckRS 2014, 69409 (Rn. 43); BAG 21.11.2013 – 2 AZR 495/12, NJOZ 2014, 1548 (Rn. 43); BAG 21.11.2013 – 2 AZR 598/12, BeckRS 2014, 70205 (Rn. 40); BAG 21.11.2013 – 2 AZR 966/12, BeckRS 2014, 70808 (Rn. 33). Etwas unklar, aber im Ergebnis wohl ebenso *Wolter*, FS Bepler (2012), S. 675 (680).

Krankenkasse.[110] Allein die Tatsache, dass der Gesetzgeber überhaupt eine Beendigungsanordnung für regelungsbedürftig hielt, weist ebenfalls darauf hin, dass die geschlossene Krankenkasse und die Abwicklungskörperschaft personenidentisch sind.[111]

Die Auslegung der Beendigungsanordnung, insbesondere der Kreis der Beschäftigten, auf die sie sich erstrecken soll, ist zwar im Einzelnen umstritten. Allen Ansichten liegt aber der übereinstimmende Grundgedanke zugrunde, dass § 164 Abs. 4 Satz 1 SGB V unter bestimmten Voraussetzungen die Beendigung von Arbeitsverhältnissen kraft Gesetzes normiert.[112] Der Meinungsstreit um die Voraussetzungen und die Reichweite des § 164 Abs. 4 Satz 1 SGB V wäre aber entbehrlich, wenn man bereits die Rechtsträgeridentität zwischen der geschlossenen Krankenkasse und der Abwicklungskörperschaft ablehnte. Die vom Gesetzgeber gewählte Abwicklungskonstruktion führte in dieser Konstellation infolge der fehlenden Übergangsvorschriften zur automatischen Beendigung sämtlicher Arbeitsverhältnisse. Es verbliebe damit für die Beendigungsanordnung des § 164 Abs. 4 SGB V kein Anwendungsfall mehr.[113] Der Vorschrift käme lediglich ein deklaratorischer Charakter zu.[114] Die Arbeitsverhältnisse endeten von alleine zum Schließungszeitpunkt, da ihnen ihr Arbeitgeber abhanden käme.[115] Nach diesem Verständnis hätte der Gesetzgeber ebenso gut von dieser Regelung absehen können.[116] Insbesondere ginge der Verweis auf das Unterbringungsverfahren nach § 164 Abs. 3 Satz 3 SGB V ins Leere, da mit der

110 Vgl. zu den Fragen der Beendigungsanordnung ausführlich Kap. C VII – IX dieser Arbeit.

111 BAG 21.11.2013 - 2 AZR 474/12, BeckRS 2014, 69409 (Rn. 43); BAG 21.11.2013 - 2 AZR 495/12, NJOZ 2014, 1548 (Rn. 43); BAG 21.11.2013 - 2 AZR 598/12, BeckRS 2014, 70205 (Rn. 40); BAG 21.11.2013 - 2 AZR 966/12, BeckRS 2014, 70808 (Rn. 33).

112 Statt vieler BAG 21.11.2013 – 2 AZR 474/12, BeckRS 2014, 69409 (Rn. 49 ff.).

113 So wohl auch BAG 21.11.2013 - 2 AZR 474/12, BeckRS 2014, 69409 (Rn. 43); BAG 21.11.2013 - 2 AZR 495/12, NJOZ 2014, 1548 (Rn. 43); BAG 21.11.2013 - 2 AZR 598/12, BeckRS 2014, 70205 (Rn. 40); BAG 21.11.2013 - 2 AZR 966/12, BeckRS 2014, 70808 (Rn. 33).

114 *Gutzeit*, NZS 2012, 410 (411). Diese Sichtweise entspricht auch dem Verständnis der beklagten Krankenkassen, vgl. LAG Düsseldorf 28.06.2013 - 6 Sa 549/12, BeckRS 2013, 72224 (Wiedergabe der Rechtsansichten der beklagten Krankenkasse).

115 So aber wohl ArbG Stuttgart 14.12.2011 - 22 Ca 4355/11, n.V.; *Gutzeit*, NZS 2012, 410 (411).

116 Dies stellt das LAG Baden-Württemberg 21.05.2012 - 1 Sa 2/12, BeckRS 2012, 71378 (B I 2 b aa) fest und verneint die nur deklaratorische Wirkung der Norm; ebenso LAG Berlin-Brandenburg 08.05.2012 - 7 Sa 2558/11, BeckRS 2012, 71055 (2.2.1); LAG Berlin-Brandenburg 24.05.2012 - 18 Sa 2605/11, 18 Sa 116/12, BeckRS 2012, 70789 (II 1 b aa); LAG Berlin-Brandenburg 24.05.2012 - 18 Sa 2608/11, BeckRS 2012, 72334 (II 2 a); ArbG Düsseldorf 12.01.2012 - 4 Ca 5507/11, BeckRS 2012, 67215 (B I 2 a aa).

geschlossenen Krankenkasse bestehende Arbeitsverhältnisse in jedem Fall und ganz unabhängig von einem zuvor unterbreiteten Unterbringungsangebot im Zeitpunkt der Schließung und dem damit verbundenen endgültigen Wegfall des Arbeitgebers endeten.[117]

Weder die übrigen Abwicklungsvorschriften noch Aussagen aus dem Gesetzgebungsverfahren sprechen für diese Leseart. In der Gesetzesbegründung findet sich zu § 164 Abs. 4 Satz 1 SGB V lediglich der Hinweis, dass nur in den Fällen, in denen eine Weiterbeschäftigung der Bediensteten nicht möglich sei, die Beschäftigungsverhältnisse enden sollten.[118] Der Gesetzgeber deutet dagegen nicht an, dass sich diese Rechtsfolge bereits aus der von ihm gewählten Abwicklungskonstruktion ergibt und der Norm keine inhaltliche Bedeutung zukommt. Zu Recht misst daher auch die Literatur und die Rechtsprechung der Vorschrift eine Bedeutung zu, indem sie ihre Reichweite diskutiert. Es ist nicht lediglich von einem deklaratorischen Charakter des § 164 Abs. 4 Satz 1 SGB V auszugehen.

dd) Zwischenergebnis

Nicht nur der Wortlaut des Gesetzes lässt auf eine Rechtsträgeridentität zwischen der geschlossenen Krankenkasse und der Abwicklungskörperschaft schließen, sondern auch die Gesetzessystematik bestätigt diese Leseart.[119] Das Gesetz regelt die Zuständigkeiten in der Abwicklungsphase, indem es dem Vorstand, der Aufsichtsbehörde, dem Landesverband und dem Spitzenverband Bund der Krankenkassen Aufgaben zuweist. Die Vorschrift des § 155 Abs. 4 SGB V trifft zusätzlich ausführliche Regelungen zur Haftung für die Verbindlichkeiten der geschlossenen Krankenkasse. Man sucht dagegen vergebens nach Bestimmungen zur Errichtung der Abwicklungskörperschaft. Das Fehlen von Errichtungsvorschriften spricht dafür, dass sich der Schließung einer Krankenkasse keine neu zu errichtende Abwicklungskörperschaft anschließt, die nicht mit der geschlossenen Krankenkasse identisch ist.

Die Existenz des § 164 Abs. 4 Satz 1 SGB V bestätigt dieses für eine Rechtsträgeridentität sprechende Auslegungsergebnis.[120] Geht man von ei-

---

117 So kurz feststellend LAG Baden-Württemberg 21.05.2012 – 1 Sa 2/12, BeckRS 2012, 71378 (B I 2 b aa).

118 BT-Drucks. 11/2237.

119 BAG 21.11.2013 – 2 AZR 474/12, BeckRS 2014, 69409 (Rn. 41); BAG 21.11.2013 – 2 AZR 495/12, NJOZ 2014, 1548 (Rn. 41); BAG 21.11.2013 – 2 AZR 598/12, BeckRS 2014, 70205 (Rn. 38); BAG 21.11.2013 – 2 AZR 966/12, BeckRS 2014, 70808 (Rn. 31).

120 Im Ergebnis auch BAG 21.11.2013 – 2 AZR 474/12, BeckRS 2014, 69409 (Rn. 43); BAG 21.11.2013 – 2 AZR 495/12, NJOZ 2014, 1548 (Rn. 43); BAG 21.11.2013 – 2 AZR 598/12, BeckRS 2014, 70205 (Rn. 40); BAG 21.11.2013 – 2 AZR 966/12, BeckRS 2014, 70808 (Rn. 33).

ner Beendigung der Arbeitsverhältnisse aufgrund des Abhandenkommens des Arbeitgebers aus, misst man der Beendigungsanordnung des § 164 Abs. 4 Satz 1 SGB V keine inhaltliche Bedeutung zu.[121] Dem deutschen Recht ist die nur deklaratorische Wirkung von Normen zwar nicht fremd. Für ein solches Verständnis finden sich im konkreten Fall aber weder im Gesetz noch in den zugrunde liegenden Gesetzgebungsmaterialien entsprechende Hinweise.

f) Historische Auslegung

Das bisher deutlich für eine Rechtsträgeridentität sprechende Auslegungsergebnis kann außerdem anhand der historischen Gesetzesauslegung überprüft werden. Sie versucht, den Willen des Gesetzgebers zu erforschen.[122] Die dem Gesetz zugrunde liegende Gesetzesbegründung dient in erster Linie als Quelle zur Ermittlung des gesetzgeberischen Willens.[123] Zusätzlich können sonstige Gesetzgebungsmaterialien und Äußerungen während des Gesetzgebungsverfahrens herangezogen werden.[124]

Die Krankenkassen beriefen sich zur Begründung der fehlenden Rechtsträgeridentität auf verschiedene Gesetzesänderungen aus den Jahren 2008 und 2011.[125] Es ließe sich daraus ableiten, dass der Gesetzgeber die geschlossene Krankenkasse und die Abwicklungskörperschaft als zwei verschiedene Rechtsträger ansehe.[126]

aa) Parallelen zu den Vorschriften der Reichsversicherungsordnung

Der Gesetzgeber fügte § 155 Abs. 1 Satz 2 SGB V in seiner jetzigen Form durch das Gesundheits-Reformgesetz[127] (GRG) mit Wirkung zum 1. Januar 1989 ins Gesetz ein.[128] Allerdings ermöglichte nicht erst diese Neuregelung die Schließung einer Krankenkasse. Schließungsvorschriften kannte bereits

---

121 *Gutzeit*, NZS 2012, 410 (411).

122 *Bitter/Rauhut*, JuS 2009, 289 (294).

123 *Bitter/Rauhut*, JuS 2009, 289 (294).

124 *Bitter/Rauhut*, JuS 2009, 289 (294).

125 LAG Düsseldorf 28.06.2013 – 6 Sa 549/12, BeckRS 2013, 72224 (Wiedergabe der Rechtsansichten der beklagten Krankenkasse).

126 LAG Düsseldorf 28.06.2013 – 6 Sa 549/12, BeckRS 2013, 72224 (Wiedergabe der Rechtsansichten der beklagten Krankenkasse).

127 Gesetz zur Strukturreform im Gesundheitswesen (Gesundheits-Reformgesetz – GRG) vom 20. Dezember 1988, BGBl. I, 2477.

128 BAG 21.11.2013 – 2 AZR 474/12, BeckRS 2014, 69409 (Rn. 43); BAG 21.11.2013 – 2 AZR 495/12, NJOZ 2014, 1548 (Rn. 43); BAG 21.11.2013 – 2 AZR 598/12, BeckRS 2014, 70205 (Rn. 40); BAG 21.11.2013 – 2 AZR 966/12, BeckRS 2014, 70808 (Rn. 33); Hauck/Noftz/*Engelhard*, SGB V, § 155 Rn. 1.

die Reichsversicherungsordnung (RVO), die im Jahr 1989 zum Teil wortgleich in das SGB V Einzug fanden.[129] Die §§ 264 ff. RVO a.F. regelten zuvor die Vereinigung, Ausscheidung, Auflösung und Schließung. Für die Schließung einer Krankenkasse waren insbesondere die §§ 299 ff. RVO a.F. relevant. § 301 Abs. 1 Satz 1 RVO a.F. wies die Abwicklung der Geschäfte der aufgelösten oder geschlossenen Krankenkasse dem Vorstand zu. Nach § 301 Abs. 1 Satz 2 RVO a.F. galt die Krankenkasse bis zur Abwicklung der Geschäfte als fortbestehend, soweit der Zweck der Abwicklung es erforderte.[130] In den §§ 302 ff. RVO a.F. fanden sich weitere organisationsrechtliche Vorgaben bei Schließung von Krankenkassen.

Der Vergleich mit der alten Rechtslage verdeutlicht, dass der heutige § 155 Abs. 1 Satz 2 SGB V nicht erst durch die jüngsten Gesetzesreformen geschaffen wurde, sondern gleichlautend aus den vorhergehenden Regelungen übernommen wurde. Die Gesetzesbegründung zum GRG stellt dies ebenfalls klar.[131] Die Vorschrift des § 155 SGB V entspricht danach weitgehend den Regelungen des § 301 RVO a.F.[132] Ergänzende Erläuterungen zu § 155 Abs. 1 Satz 2 SGB V, die Aufschluss über eine bestehende Rechtsträgeridentität liefern könnten, finden sich in dieser Gesetzesbegründung nicht. Der Verweis auf § 301 RVO a.F. und das geäußerte Verständnis, wonach § 155 SGB V diesen Regelungen weitgehend entspreche[133], rechtfertigen es allerdings, die vormaligen Regelungen der RVO als Auslegungshilfe zur gegenwärtigen Rechtslage heranzuziehen. Es fällt hier insbesondere §

129 Diese Parallelen zu den vormaligen Vorschriften der RVO zieht das BAG 21.11.2013 - 2 AZR 474/12, BeckRS 2014, 69409 (Rn. 43); BAG 21.11.2013 - 2 AZR 495/12, NJOZ 2014, 1548 (Rn. 43); BAG 21.11.2013 - 2 AZR 598/12, BeckRS 2014, 70205 (Rn. 40); BAG 21.11.2013 - 2 AZR 966/12, BeckRS 2014, 70808 (Rn. 33) ebenfalls heran. Das GRG änderte vor allem Regelungen im Beitrags-, Mitglieds- und Leistungsrecht der gesetzlichen Krankenversicherung. Der Gesetzgeber transferierte außerdem organisationsrechtliche Normen vom RVO ins SGB V, ohne dabei (mit Ausnahme der Vorschriften zu Ersatzkassen) wesentliche Änderungen vorzunehmen, vgl. hierzu *Rüfner*, NJW 1989, 1001; *Hoyningen-Huene*, NZA 1990, 81.

130 BAG 21.11.2013 - 2 AZR 474/12, BeckRS 2014, 69409 (Rn. 43); BAG 21.11.2013 - 2 AZR 495/12, NJOZ 2014, 1548 (Rn. 43); BAG 21.11.2013 - 2 AZR 598/12, BeckRS 2014, 70205 (Rn. 40); BAG 21.11.2013 - 2 AZR 966/12, BeckRS 2014, 70808 (Rn. 33) hebt § 301 RVO ebenfalls besonders hervor.

131 BT-Drucks. 11/2237, S. 211.

132 BT-Drucks. 11/2237, S. 211. Es handelt sich hier um den Gesetzesentwurf der Fraktionen der CDU/CSU und FDP. In diesem Entwurf war die heutige Vorschrift des § 155 SGB V noch unter § 164 SGB V zu finden. Dies ändert allerdings nichts an der zugrunde liegenden Wertung, da letztendlich die in § 164 SGB V vorgesehene Regelung wortgleich in § 155 SGB V übernommen und verabschiedet wurde, vgl. hierzu KassKom/*Peters*, § 155 SGB V Rn. 1.

133 Dieses Verständnis legen ebenso die einschlägigen Kommentierungen zugrunde, vgl. u.a. Krauskopf/*Baier*, Soziale Krankenversicherung, § 155 SGB V Rn. 1; Hauck/Noftz/*Engelhard*, SGB V, § 155 Rn. 5; juris-PK-SGB V/*Koch*, § 155 Rn. 1.

302 RVO a.F ins Auge. Nach § 302 Abs. 1 Satz 1 RVO a.F. hatte der Vorstand der aufgelösten oder geschlossenen Krankenkasse den Beschluss des Oberversicherungsamtes den Angestellten, den Ärzten und den Zahnärzten, mit denen die Kasse in einem Vertragsverhältnis stand, unverzüglich mitzuteilen. Die Vertragsverhältnisse endeten sodann drei Monate nach der Mitteilung, jedoch frühestens mit dem Tag der Auflösung oder Schließung, § 302 Abs. 1 Satz 2 RVO a.F.

Dieser Satz 2 zeigt, dass der Gesetzgeber bereits damals von einer Rechtsträgeridentität zwischen geschlossener Krankenkasse und Abwicklungskörperschaft sowie dem Fortbestand von Dauerschuldverhältnissen über den Schließungszeitpunkt hinaus ausging.[134] Das ist an dem Wort „frühestens" (§ 302 Abs. 1 Satz 2 RVO a.F.) festzumachen. Der Begriff indiziert, dass mit Eintritt der geschlossenen Krankenkasse in das Abwicklungsstadium keine neue Rechtspersönlichkeit entstehen sollte. Die Regelungen der RVO enthielten damals ebenfalls keine Übergangsvorschriften für die bei der geschlossenen Krankenkasse bestehenden Arbeitsverhältnisse. Die Arbeitsverhältnisse hätten daher bei fehlender Rechtsträgeridentität nicht „frühestens" zum Schließungszeitpunkt, sondern „spätestens" zu diesem Zeitpunkt geendet.[135]

Die Analyse der damaligen Gesetzeslage verdeutlicht, dass die Schließung der Krankenkasse schon seit jeher nicht zur Beendigung der ursprünglich mit der geschlossenen Krankenkasse bestehenden Vertragsverhältnisse führte.[136] Die erleichternden Beendigungsvoraussetzungen des § 302 Abs. 1 Satz 2 RVO a.F., die alleine an die Mitteilung des Oberversicherungsamts anknüpften, bestätigen diese Auslegung. Sie dienten dem Zweck, eine rasche Abwicklung der geschlossenen Krankenkasse zu ermöglichen, indem Dauerschuldverhältnisse spätestens nach drei Monaten automatisch enden sollten.

bb) Vorrang der Schließung vor der Insolvenz im Jahr 2008

Die Abwicklungskörperschaften stützen ihre Auffassung ebenso auf Gesetzesänderungen im Jahr 2008.[137] Die fehlende Rechtsträgeridentität lasse

---

134 So auch BAG 21.11.2013 - 2 AZR 474/12, BeckRS 2014, 69409 (Rn. 43); BAG 21.11.2013 - 2 AZR 495/12, NJOZ 2014, 1548 (Rn. 43); BAG 21.11.2013 - 2 AZR 598/12, BeckRS 2014, 70205 (Rn. 40); BAG 21.11.2013 - 2 AZR 966/12, BeckRS 2014, 70808 (Rn. 33).

135 Im Ergebnis auch BAG 21.11.2013 - 2 AZR 474/12, BeckRS 2014, 69409 (Rn. 43); BAG 21.11.2013 - 2 AZR 495/12, NJOZ 2014, 1548 (Rn. 43); BAG 21.11.2013 - 2 AZR 598/12, BeckRS 2014, 70205 (Rn. 40); BAG 21.11.2013 - 2 AZR 966/12, BeckRS 2014, 70808 (Rn. 33).

136 Ebenso Krauskopf/*Baier*, Soziale Krankenversicherung, 1973, § 302 1.1 zur alten Rechtslage.

137 LAG Düsseldorf 28.06.2013 - 6 Sa 549/12, BeckRS 2013, 72224 (Wiedergabe der Rechtsansichten der beklagten Krankenkasse).

sich aus den im Zusammenhang mit der Gesetzesänderung getroffenen Aussagen schließen.[138]

Mit der Einführung der Insolvenzfähigkeit von Krankenkassen galt es, das Rangverhältnis zwischen Schließung und Insolvenz zu klären. Der Gesetzgeber entschied sich wegen der „Auswirkungen für die Beschäftigten und Versicherten“[139] für den Vorrang der Schließung vor der Insolvenz.[140] Nach Ansicht der Krankenkassen liegt ein Defizit der Gegenauffassung auch darin, dass solche „Auswirkungen“ für die Mitarbeiter dann nicht zu verzeichnen seien, wenn deren Arbeitsverhältnisse über den Schließungszeitpunkt fortbestehen.[141] Nur wenn den Mitarbeitern im Zeitpunkt der Schließung einer Krankenkasse ihr Arbeitgeber abhandenkomme und die Arbeitsverhältnisse automatisch endeten, gingen von der Schließung überhaupt Auswirkungen aus.[142]

Diese Argumentation der Krankenkassen überzeugt schon im Kern nicht. Der Gesetzgeber ging davon aus, dass bei Einleitung eines Schließungsverfahrens die Erfolgsaussichten für eine Rettung von der Abwicklung bedrohten Krankenkasse durch Sanierungsmaßnahmen höher seien als bei der Insolvenz der Krankenkasse, weil in diesem Verfahren die Zuständigkeit der grundsätzlich sachnäheren Aufsichtsbehörde bestehen bleibt und eben nicht die eines Insolvenzverwalters begründet wird.[143] Insofern traf er die Aussage im Zusammenhang mit der Hoffnung, Schließungen und Insolvenzen durch vorgelagerte Maßnahmen grundsätzlich zu verhindern.[144] Seine Aussagen bezogen sich dagegen nicht auf die möglichen Einschnitte, die den Krankenkassenbeschäftigten mit der Schließung oder Insolvenz einer Krankenkasse erwarten.[145]

Ebenso greift der Einwand, wonach bei Rechtsträgeridentität Auswirkungen für die Arbeitnehmer nicht zu verzeichnen seien, nicht.[146] Denn wird eine Krankenkasse geschlossen, hat dies auch bei Annahme einer Rechtsträgeridentität sehr wohl zwangsläufig Auswirkungen für die Beschäftigten. Es

---

138 LAG Düsseldorf 28.06.2013 – 6 Sa 549/12, BeckRS 2013, 72224 (Wiedergabe der Rechtsansichten der beklagten Krankenkasse).

139 BT-Drucks. 16/9559, S. 16.

140 Zum Vorrang der Schließung vor der Insolvenz vgl. Kap. C X 3 dieser Arbeit.

141 LAG Düsseldorf 28.06.2013 – 6 Sa 549/12, BeckRS 2013, 72224 (Wiedergabe der Rechtsansichten der beklagten Krankenkasse).

142 LAG Düsseldorf 28.06.2013 – 6 Sa 549/12, BeckRS 2013, 72224 (Wiedergabe der Rechtsansichten der beklagten Krankenkasse).

143 *Gutzeit*, NZS 2012, 361 (362).

144 KassKom/*Peters*, § 171b SGB V Rn. 13. Vgl. dazu ausführlich Kap. C X 3 dieser Arbeit.

145 *Gutzeit*, NZS 2012, 361 (362).

146 So auch ArbG Düsseldorf 12.01.2012 – 4 Ca 5507/11, BeckRS 2012, 67215 (B I 2 a bb).

droht zum einen die Beendigung von Arbeitsverhältnissen nach § 164 Abs. 4 Satz 1 SGB V.[147] Außerdem sind die Beschäftigten im Rahmen des Unterbringungsverfahrens zum Wechsel auf eine dienstordnungsmäßige oder zumutbare andere Stelle gezwungen. Der Wechsel auf eine andere Stelle ist mit Einschnitten verbunden, selbst wenn sie nur zum Wechsel des Arbeitgebers führen. Insofern geht die Argumentation der Abwicklungskörperschaften vor den Arbeitsgerichten ins Leere.[148]

cc) Einführung der Achtwochenfrist im Jahr 2011

Die Krankenkassen bekräftigten ihre Argumentation außerdem mit einem Verweis auf eine Gesetzesänderung aus dem Jahr 2011, die eine Achtwochenfrist ins Gesetz einfügte, § 146a Satz 2 SGB V (Ortskrankenkassen), § 153 Satz 2 SGB V (Betriebskrankenkassen), § 163 Satz 2 SGB V (Innungskrankenkassen) und § 170 Satz 2 SGB V (Ersatzkassen).[149] Die Neuregelung stellt einen Mindestzeitraum von acht Wochen zwischen Zustellung des Schließungsbescheids und Wirksamwerden der Schließung sicher.

Nach Auffassung der Krankenkassen ist die Achtwochenfrist deshalb eingeführt worden, um den Mitarbeitern der Krankenkassen ein zeitliches Polster zu verschaffen.[150] Diese Begründung entspricht allerdings nicht dem wahren Hintergrund der Neuerungen. Die Erfahrungen aus der Schließung der City BKK zeigten, dass die übrigen Krankenkassen sich schnell vielen potentiellen Versicherten der geschlossenen Krankenkassen gegenübersahen, die trotz der durch den Risikostrukturausgleich geschaffenen Ausgleichsmechanismen eine finanzielle Zusatzbelastung darstellten.[151] Einige Versicherungen versuchten deswegen, unrentable Versicherte von einem Beitritt abzuhalten. Dies führte dazu, dass bedürftige, ältere und kranke Versicherten Probleme hatten, eine neue Krankenkasse zu finden. Der Gesetzgeber wollte diesen Missständen durch die Einführung der Achtwochenfrist begegnen, indem die Versicherten mehr Zeit haben sollten, sich

147 ArbG Düsseldorf 12.01.2012 – 4 Ca 5507/11, BeckRS 2012, 67215 (B I 2 a bb).

148 Zutreffend weist das ArbG Düsseldorf 12.01.2012 – 4 Ca 5507/11, BeckRS 2012, 67215 (B I 2 a bb) darauf hin, dass beim Fortbestehen der Arbeitsverhältnisse und dem Wegfall der Mitgliedschaftsverhältnisse zwangsläufig mit betriebsbedingten Kündigungen zu rechnen ist.

149 LAG Düsseldorf 28.06.2013 – 6 Sa 549/12, BeckRS 2013, 72224 (Wiedergabe der Rechtsansichten der beklagten Krankenkasse).

150 LAG Düsseldorf 28.06.2013 – 6 Sa 549/12, BeckRS 2013, 72224 (Wiedergabe der Rechtsansichten der beklagten Krankenkasse).

151 Figge/*Minn*, Sozialversicherungsrecht, 2.15.4.5; Becker/Kingreen/*Mühlhausen*, SGB V, § 155 Rn. 15.

eine neue Krankenkasse zu suchen.[152] In der Gesetzesbegründung führte er diesbezüglich wörtlich aus:

> „*Mit dieser Regelung soll erreicht werden, dass für die Mitglieder einer geschlossenen Krankenkasse ein ausreichender Zeitraum zur Verfügung steht, um das Wahlrecht zu einer neuen Krankenkasse auszuüben, so dass davon ausgegangen werden kann, dass diese zum Zeitpunkt, in dem die Schließung wirksam wird, eine Mitgliedschaft bei einer neuen Krankenkasse begründet haben. Die hierfür erforderlichen flankierenden Regelungen zum Verfahren der Ausübung des Kassenwahlrechts im Fall der Schließung einer Krankenkasse werden in § 175 Absatz 3a geregelt.*"[153]

Nicht aus der Achtwochenfrist ist dagegen abzuleiten, dass zwischen der geschlossenen Krankenkasse und der Abwicklungskörperschaft keine Rechtsträgeridentität bestehen sollte und damit auch die Arbeitsverhältnisse der Krankenkassenbeschäftigten zum Schließungszeitpunkt enden sollten. Die Gesetzesbegründung nimmt ausschließlich Bezug auf das Wahlrecht der Versicherten.[154] Zum Zeitpunkt der Gesetzesänderung waren bereits Klagen von Krankenkassenbeschäftigten an den Arbeitsgerichten anhängig. Weder in diesen Verfahren noch in der öffentlichen Diskussion wurde vorgetragen, dass zum Schutze der Beschäftigten ein längerer Zeitraum zwischen Erlass des Schließungsbescheids und Schließung der Krankenkasse erforderlich sei. Anders als aufgrund der Abwicklungsprobleme zu Lasten der Versicherten musste sich der Gesetzgeber daher mit Blick auf die Beschäftigten nicht veranlasst sehen, derart schnell auf die Schließung der City BKK folgend den achtwöchigen Mindestzeitraum zu normieren. Das gilt umso mehr deshalb, als dass nicht zu kurze Fristen die arbeitsrechtlichen Streitigkeiten im Anschluss an die Schließungen entfachten, sondern die divergierenden Ansichten der Beteiligten über den generellen Fortbestand der Arbeitsverhältnisse über den Schließungszeitpunkt hinaus.

dd) Zwischenergebnis

Die verschiedenen Gesetzesreformen lassen den Rückschluss zu, dass der Gesetzgeber gerade eine Fortsetzung der vorherigen Rechtslage bezweckte und diese Sichtweise auch nicht durch spätere Reformen revidierte. Die historische Gesetzesauslegung bestätigt damit die Rechtsträgeridentität zwischen der geschlossenen Krankenkasse und der Abwicklungskörperschaft.

---

152 BT-Drucks. 17/8005, S. 122 f.; Krauskopf/*Baier*, Soziale Krankenversicherung, § 153 SGB V Rn. 13; Becker/Kingreen/*Mühlhausen*, SGB V, § 146a Rn. 3.
153 BT-Drucks. 17/8005, S. 122.
154 BT-Drucks. 17/8005, S. 122.

g) Sinn und Zweck der Vorschriften

Die Krankenkassen lehnten eine Rechtsträgeridentität letztlich auch wegen des Sinns und Zwecks der Vorschriften ab.[155] Das Gesetz bezwecke, der sich in Abwicklung befindlichen Krankenkasse ein höchstmögliches Maß an Flexibilität zu gewähren.[156] Diese Flexibilität solle auch den Personalbestand betreffen, indem mit der Schließung einer Krankenkasse alle Arbeitsverhältnisse enden und die Krankenkasse je nach Bedarf befristete Verträge mit den Angestellten abschließe, die für die Abwicklung der Geschäfte benötigt würden.[157]

An dieser Stelle kann offen gelassen werden, ob die Beendigung aller Arbeitsverhältnisse zum Schließungszeitpunkt tatsächlich eine erhöhte Flexibilität verspricht. Denn mit dieser einher ginge zugleich die Unsicherheit, welche Arbeitnehmer sich überhaupt auf den Abschluss befristeter Arbeitsverträge einlassen. Der Abwicklungskörperschaft fehlte es bis zum Abschluss einer ausreichenden Anzahl von befristeten Arbeitsverträgen an der für eine zügige Abwicklung erforderlichen Planungssicherheit. Jedenfalls ist ein solcher Sinn und Zweck eher bei der Auslegung des § 164 Abs. 4 Satz 1 SGB V zu berücksichtigen, der eine Beendigung von Arbeitsverhältnissen unter bestimmten Voraussetzungen vorsieht.

h) Zusammenfassung

Die geschlossene Krankenkasse und die Abwicklungskörperschaft sind identisch.[158] Es enden damit weder die Dauerschuldverhältnisse noch die Arbeitsverhältnisse aller Beschäftigten wegen Abhandenkommens des Arbeit-

---

155 LAG Düsseldorf 28.06.2013 – 6 Sa 549/12, BeckRS 2013, 72224 (Wiedergabe der Rechtsansichten der beklagten Krankenkasse).

156 LAG Düsseldorf 28.06.2013 – 6 Sa 549/12, BeckRS 2013, 72224 (Wiedergabe der Rechtsansichten der beklagten Krankenkasse).

157 Ähnlich LAG Düsseldorf 28.06.2013 – 6 Sa 549/12, BeckRS 2013, 72224 (Wiedergabe der Rechtsansichten der beklagten Krankenkasse).

158 BAG 21.11.2013 – 2 AZR 474/12, BeckRS 2014, 69409 (Rn. 40); BAG 21.11.2013 – 2 AZR 495/12, NJOZ 2014, 1548 (Rn. 40); BAG 21.11.2013 – 2 AZR 598/12, BeckRS 2014, 70205 (Rn. 37); BAG 21.11.2013 – 2 AZR 966/12, BeckRS 2014, 70808 (Rn. 30); LAG Berlin-Brandenburg 12.04.2012 – 5 Sa 2554/11, BeckRS 2012, 70157 (I 2.1); LAG Berlin-Brandenburg 24.05.2012 – 18 Sa 2605/11, 18 Sa 116/12, BeckRS 2012, 70789 (II 1 b aa); LAG Düsseldorf 07.09.2012 – 6 Sa 138/12, BeckRS 2012, 76175 (A II 1 a aa); *Klimpe-Auerbach*, SozSich 2011, 270 (273); juris-PK-SGB V/*Koch*, § 155 Rn. 6; Becker/Kingreen/*Mühlhausen*, SGB V, § 155 Rn. 14; ErfK/*Rolfs*, § 164 SGB V Rn. 7.

gebers.[159] Sie bestehen – wenn es nicht aus anderen Gründen zur Vertragsbeendigung kommt – mit der Abwicklungskörperschaft fort.[160]

Bereits der Wortlaut des § 155 Abs. 1 Satz 2 SGB V lässt auf eine Rechtsträgeridentität zwischen der geschlossenen Krankenkasse und der Abwicklungskörperschaft schließen.[161] Die Regelung wird außerdem dem Umstand gerecht, dass eine Körperschaft des öffentlichen Rechts und damit auch eine gesetzliche Krankenkasse actus contrarius durch einen hoheitlichen Akt, hier dem Schließungsbescheid, wieder beendet wird und aufhört zu existieren.[162] Insoweit ist dem Gesetzgeber kein Abweichen von diesen allgemeinen Prinzipien vorzuwerfen. Die Abwicklung einer Krankenkasse nimmt allerdings einen gewissen Zeitraum in Anspruch.[163] Das Gesetz trägt dem dadurch Rechnung, indem es für diesen Zeitraum das Fortbestehen der mit Schließung eigentlich ihre Rechtspersönlichkeit verlierenden Krankenkasse fingiert.[164] Letztlich führt die Schließung einer Krankenkasse lediglich zur Umwandlung der vormals werbend auf dem Markt auftretenden Körper-

159 Ebenso im Ergebnis nur kurz: LAG Berlin-Brandenburg 12.04.2012 – 5 Sa 2555/11, BeckRS 2012, 70363 (I 1.5); LAG Berlin-Brandenburg 24.05.2012 – 18 Sa 2605/11, 18 Sa 116/12, BeckRS 2012, 70789 (II 1 b aa); LAG Hamburg 31.05.2012 – 1 Sa 55/11, juris (I 2 b aa); *Klimpe-Auerbach*, SozSich 2011, 270 (273).

160 BAG 21.11.2013 – 2 AZR 474/12, BeckRS 2014, 69409 (Rn. 38); BAG 21.11.2013 – 2 AZR 495/12, NJOZ 2014, 1548 (Rn. 38); BAG 21.11.2013 – 2 AZR 598/12, BeckRS 2014, 70205 (Rn. 35); BAG 21.11.2013 – 2 AZR 966/12, BeckRS 2014, 70808 (Rn. 28); LAG Berlin-Brandenburg 12.04.2012 – 5 Sa 2555/11, BeckRS 2012, 70363 (I 1.5); LAG Berlin-Brandenburg 24.05.2012 – 18 Sa 2605/11, 18 Sa 116/12, BeckRS 2012, 70789 (II 1 b aa); LAG Hamburg 31.05.2012 – 1 Sa 55/11, juris (I 2 b aa); *Klimpe-Auerbach*, SozSich 2011, 270 (273).

161 Dieses Ergebnis entspricht dem Meinungsstand in Rechtsprechung und Literatur, vgl. u.a. BAG 21.11.2013 – 2 AZR 474/12, BeckRS 2014, 69409 (Rn. 40); BAG 21.11.2013 – 2 AZR 495/12, NJOZ 2014, 1548 (Rn. 40); BAG 21.11.2013 – 2 AZR 598/12, BeckRS 2014, 70205 (Rn. 37); BAG 21.11.2013 – 2 AZR 966/12, BeckRS 2014, 70808 (Rn. 30); LAG Berlin-Brandenburg 12.04.2012 – 5 Sa 2554/11, BeckRS 2012, 70157 (I 2 2.1); LAG Berlin-Brandenburg 08.05.2012 – 7 Sa 2558/11, BeckRS 2012, 71055 (2.1.1.); LAG Baden-Württemberg 18.05.2012 – 7 Sa 13/12, BeckRS 2012, 71380 (A I 1); LAG Düsseldorf 07.09.2012 – 6 Sa 138/12, BeckRS 2012, 76175 (A II 1 a aa m.w.N.); *Rolfs*, GuP 2013, 8 (11); *Rolfs*, NZA 2013, 529 (532); *Wolter*, FS Bepler (2012), S. 675 (680).

162 OVG Berlin 22.02.1996 – 5 B 93/94, NVwZ 1997, 396 (I 1); *Bohlen-Schöning*, KrV 2012, 101 (101); *von Lewinski*, Insolvenz und Staatsbankrott, S. 199, 204.

163 BT-Drucks. 16/9559, S. 18; *Bohlen-Schöning*, KrV 2011, 85 (87); *Klimpe-Auerbach*, SozSich 2011, 270 (273).

164 BAG 21.11.2013 – 2 AZR 474/12, BeckRS 2014, 69409 (Rn. 39); BAG 21.11.2013 – 2 AZR 495/12, NJOZ 2014, 1548 (Rn. 39); BAG 21.11.2013 – 2 AZR 598/12, BeckRS 2014, 70205 (Rn. 36); BAG 21.11.2013 – 2 AZR 966/12, BeckRS 2014, 70808 (Rn. 29); *Bohlen-Schöning*, KrV 2012, 101 (102).

schaft des öffentlichen Rechts in eine Körperschaft in Abwicklung, deren Zweck in der Abwicklung der geschlossenen Krankenkasse besteht.[165]

Systematische und historische Erwägungen bestätigen dieses Ergebnis.[166] Das Fehlen von Errichtungsvorschriften der Abwicklungskörperschaft ist besonders hervorzuheben. Die Zuständigkeit des bisherigen Vorstandes bleibt zur Abwicklung der Krankenkasse bestehen. Die Aufsichtsbehörde bestimmt nur für den Fall seines vorzeitigen Ausscheidens nach § 155 Abs. 1 Satz 3 SGB V einen neuen Abwicklungsvorstand. § 164 Abs. 4 Satz 1 SGB V spricht ebenso dafür, dass der Gesetzgeber von einer Rechtsträgeridentität ausging.[167] Denn ordnet man die geschlossene Krankenkasse und die Abwicklungskörperschaft als zwei voneinander unabhängige Rechtsträger ein, endeten die Arbeitsverhältnisse bereits wegen Abhandenkommens des Arbeitgebers mit Schließung der Krankenkasse. Der Regelung des § 164 Abs. 4 Satz 1 SGB V käme keine Bedeutung zu.

4. Beendigung infolge der Teilrechtsfähigkeit der Abwicklungskörperschaft

Die Instanzgerichte setzten sich nach der Schließung der City BKK und der BKK für Heilberufe – soweit ersichtlich – nicht mehr mit der Frage auseinander, ob es nicht zur Beendigung von Arbeitsverhältnissen zum Schließungszeitpunkt infolge einer Teilrechtsfähigkeit der Abwicklungskörperschaft kommt. Die Möglichkeit, Träger von Rechten und Pflichten zu sein, ist nach dieser Argumentation bei einer Kassenschließung lediglich auf die für den Abwicklungszweck erforderlichen Rechtsgeschäfte beschränkt. Darunter fallen die Arbeitsverhältnisse der Mitarbeiter nicht, deren Tätigkeiten nicht der Abwicklung der Krankenkasse dienen. Diese sollen daher zum Schließungszeitpunkt automatisch enden, da ihnen kein rechtsfähiger Arbeitgeber mehr gegenübersteht. Diese Sichtweise wird teils vertreten.[168] Sie könnte sich im Falle der Kassenschließung auf die Arbeitsverhältnisse aus-

---

165 BAG 21.11.2013 – 2 AZR 474/12, BeckRS 2014, 69409 (Rn. 39); BAG 21.11.2013 – 2 AZR 495/12, NJOZ 2014, 1548 (Rn. 39); BAG 21.11.2013 – 2 AZR 598/12, BeckRS 2014, 70205 (Rn. 36); BAG 21.11.2013 – 2 AZR 966/12, BeckRS 2014, 70808 (Rn. 29); VGH Mannheim 27.09.2011 – PB 15 S 1026/11, BeckRS 2011, 55726 (II 2); *Bohlen-Schöning*, KrV 2012, 101 (102).

166 BAG 21.11.2013 – 2 AZR 474/12, BeckRS 2014, 69409 (Rn. 41, 43); BAG 21.11.2013 – 2 AZR 495/12, NJOZ 2014, 1548 (Rn. 41, 43); BAG 21.11.2013 – 2 AZR 598/12, BeckRS 2014, 70205 (Rn. 38, 40); BAG 21.11.2013 – 2 AZR 966/12, BeckRS 2014, 70808 (Rn. 31, 33).

167 Ebenso BAG 21.11.2013 – 2 AZR 474/12, BeckRS 2014, 69409 (Rn. 43); BAG 21.11.2013 – 2 AZR 495/12, NJOZ 2014, 1548 (Rn. 43); BAG 21.11.2013 – 2 AZR 598/12, BeckRS 2014, 70205 (Rn. 40); BAG 21.11.2013 – 2 AZR 966/12, BeckRS 2014, 70808 (Rn. 33); *Wolter*, FS Bepler (2012), S. 675 (680).

168 *Gutzeit*, NZS 2012, 361 (365); *Gutzeit*, NZS 2012, 410 (411).

wirken, die für die Abwicklung der Krankenkasse nicht mehr benötigt werden.[169] Es käme insoweit zu einem Abhandenkommen des Arbeitgebers. Die für die Abwicklung der geschlossenen Krankenkasse erforderlichen Arbeitsverhältnisse bestünden dagegen fort.[170] Dieser Auffassung liegt eine sehr restriktive am Abwicklungszweck orientierte Auslegung des § 155 Abs. 1 Satz 2 SGB V zugrunde. Das Bundesarbeitsgericht setzte sich nur sehr kurz mit diesen Folgen der Teilrechtsfähigkeit auseinander und griff auf die Rechtsprechung zum Liquidationsverein zurück.[171]

a) Wortlaut des § 155 Abs. 1 Satz 2 SGB V als Ausgangspunkt

Ausgangspunkt dieser teils in der Literatur vertretenen Ansicht[172] ist wiederum die Regelung des § 155 Abs. 1 Satz 2 SGB V, die ein Fortbestehen der Krankenkasse nur insoweit normiert, als es der Zweck der Abwicklung erfordert. Die Vorschrift deutet auf eine nur eingeschränkte Rechtsfähigkeit der Abwicklungskörperschaft hin.

aa) Vollständige Versagung der Rechtsfähigkeit

Die vollständige Versagung der Rechtsfähigkeit einer Abwicklungskörperschaft kommt nicht in Betracht.[173] Die Vorschrift des § 155 SGB V verdeut-

---

169 Insb. *Gutzeit*, NZS 2012, 361 (365); *Gutzeit*, NZS 2012, 410 (411).

170 Selbst die Ansicht, die angesichts der Teilrechtsfähigkeit von der Beendigung der nicht mehr benötigten Arbeitsverhältnisse ausgeht, stellt den Fortbestand der für die Abwicklung benötigten Arbeitsverhältnisse nicht wegen der Abwicklungskonstruktion, sondern wegen § 164 Abs. 4 Satz 1 SGB V in Abrede. Es kann insofern als absolut h.M. in der Rechtsprechung und Literatur angesehen werden, dass wenigstens die zur Abwicklung erforderlichen Arbeitsverhältnisse nicht wegen der vermeintlichen Teilrechtsfähigkeit der Krankenkasse enden, vgl. statt vieler LAG Hamburg 31.05.2012 – 1 Sa 55/11, juris (I 2 b aa).

171 BAG 21.11.2013 – 2 AZR 474/12, BeckRS 2014, 69409 (Rn. 47); BAG 21.11.2013 – 2 AZR 495/12, NJOZ 2014, 1548 (Rn. 47); BAG 21.11.2013 – 2 AZR 598/12, BeckRS 2014, 70205 (Rn. 44); BAG 21.11.2013 – 2 AZR 966/12, BeckRS 2014, 70808 (Rn. 36).

172 Insb. *Gutzeit*, NZS 2012, 361 (365); *Gutzeit*, NZS 2012, 410 (411).

173 Zuletzt BAG 21.11.2013 – 2 AZR 474/12, BeckRS 2014, 69409 (Rn. 39); BAG 21.11.2013 – 2 AZR 495/12, NJOZ 2014, 1548 (Rn. 39); BAG 21.11.2013 – 2 AZR 598/12, BeckRS 2014, 70205 (Rn. 36); BAG 21.11.2013 – 2 AZR 966/12, BeckRS 2014, 70808 (Rn. 29), wonach die Abwicklungskörperschaft in den Grenzen des Abwicklungszwecks weiterhin handlungsfähig bleibt. Die Rechtsprechung lässt die Frage, ob Abwicklungskörperschaften voll oder nur teilweise rechtsfähig sind, teils offen, LAG Baden-Württemberg 21.05.2012 – 1 Sa 2/12, BeckRS 2012, 71378 (B I 1) („jedenfalls teilrechtsfähig"); LAG Hamburg 29.08.2012 – 5 Sa 124/11, BeckRS 2013, 67570 (II 1 a); LAG Düsseldorf 28.06.2013 – 6 Sa 549/12, BeckRS 2013, 72224 (A II 1 a) („zumindest teilrechtsfähig").

licht, dass sich der Schließung einer Krankenkasse eine Phase anschließt, in der noch die Geschäfte abzuwickeln sind. Dies setzt zwingend voraus, dass die Abwicklungskörperschaft weiterhin Träger von Rechten und Pflichten[174] ist. Konsequenterweise befürworten deswegen weder Stimmen in der Literatur noch die Rechtsprechung die vollständige Versagung der Rechtsfähigkeit der Abwicklungskörperschaft.[175] Insofern sprechen bereits zwingende praktische Erwägungen für die Anerkennung irgendeiner Form von Rechtsfähigkeit, da andernfalls die Anordnung des Fortbestehens der geschlossenen Krankenkasse keinen Sinn ergibt und die Abwicklung der Geschäfte faktisch nicht möglich ist.

bb) Anhaltspunkte im Wortlaut

Schwierigkeiten bereitet allerdings die Frage, ob eine nur eingeschränkte Rechtsfähigkeit der Abwicklungskörperschaft zum Abhandenkommen des Arbeitgebers zum Nachteil der Mitarbeiter führt, die für die Abwicklung der Geschäfte nicht mehr erforderlich sind. Die klare Bezugnahme der Vorschrift des § 155 Abs. 1 Satz 2 SGB V auf den „Zweck der Abwicklung" spricht jedenfalls für eine Einschränkung der Rechtsfähigkeit der Abwicklungskörperschaft nach Schließung der Krankenkasse.[176]

Daraus lässt sich allerdings nicht schließen, dass auch die nicht mehr benötigten Arbeitsverhältnisse der geschlossenen Krankenkasse ohne gesonderte gesetzliche Anordnung oder Kündigung automatisch enden. Der Umfang der eingeschränkten Rechtsfähigkeit ergibt sich gerade nicht aus § 155 Abs. 1 Satz 2 SGB V. Daher lässt sich aus dem Wortlaut dieser Vorschrift zwar entnehmen, dass die geschlossene Krankenkasse nur teilrechtsfähig ist. Die Reichweite dieser Teilrechtsfähigkeit und deren Auswirkungen lassen sich allerdings nur unter Heranziehung weiterer Rechtsquellen abschließend klären.

---

174 Zur Definition der Rechtsfähigkeit vgl. BGH 29.01.2001 – II ZR 331/00, NJW 2001, 1056 (A I 4); BeckOK/*Bamberger*, BGB, Stand: 01.11.2015, § 1 Rn. 11; Schulze/*Dörner*, BGB, § 1 Rn. 2, Vorbem. zu §§ 21 – 89 Rn. 1; MüKo/BGB/*Schmitt*, Band 1, § 1 Rn. 6; Spickhoff/*Spickhoff*, Medizinrecht, § 1 BGB Rn. 3.

175 BAG 21.11.2013 – 2 AZR 474/12, BeckRS 2014, 69409 (Rn. 47); BAG 21.11.2013 – 2 AZR 495/12, NJOZ 2014, 1548 (Rn. 47); BAG 21.11.2013 – 2 AZR 598/12, BeckRS 2014, 70205 (Rn. 44); BAG 21.11.2013 – 2 AZR 966/12, BeckRS 2014, 70808 (Rn. 36); Becker/Kingreen/*Mühlhausen*, SGB V, § 155 Rn. 14.

176 So wohl auch BAG 21.11.2013 – 2 AZR 474/12, BeckRS 2014, 69409 (Rn. 39); BAG 21.11.2013 – 2 AZR 495/12, NJOZ 2014, 1548 (Rn. 39); BAG 21.11.2013 – 2 AZR 598/12, BeckRS 2014, 70205 (Rn. 36); BAG 21.11.2013 – 2 AZR 966/12, BeckRS 2014, 70808 (Rn. 29), das in diesem Zusammenhang den Zweck der Abwicklung hervorhebt.

b) Rechtsfähigkeit juristischer Personen im deutschen Recht

Unter Rechtsfähigkeit versteht man die Fähigkeit, Träger von Rechten und Pflichten zu sein.[177] Juristische Personen[178] gelten neben natürlichen Personen ebenfalls als rechtsfähig. Das deutsche Recht schafft damit zwischen natürlichen und juristischen Personen einen wenn auch eingeschränkten Gleichlauf.[179] Die denkbaren Beschränkungen der Rechtsfähigkeit juristischer Personen des Privatrechts spielen in Bezug auf die hier zu erörternden Fragen keine Rolle und werden nicht näher erörtert.[180]

Weitergehende Einschränkungen der Rechtsfähigkeit ergeben sich allerdings für juristische Personen des öffentlichen Rechts. Nach der Rechtsprechung des Bundesgerichtshofs können diese nur innerhalb des ihnen zugewiesenen Aufgaben- und Wirkungskreises tätig werden.[181] Rechtsgeschäfte, die nicht von ihrem Tätigkeits- und Aufgabenbereich umfasst sind, sind dagegen nichtig.[182] Das Verständnis von der Rechtsfähigkeit juristischer Personen des öffentlichen Rechts nähert sich damit der aus dem englischen Recht bekannten ultra-vires-Lehre an.[183] Die Literatur greift die nur eingeschränkte Rechtsfähigkeit auch in Bezug auf die als Körperschaften des öffentlichen Rechts organisierten gesetzlichen Krankenkassen auf.[184] Sie diskutiert beispielsweise, ob deswegen eine gegen § 220 SGB V verstoßende Kreditaufnahme schon mangels erforderlicher Rechtsfähigkeit unwirksam ist.[185] Weitere Unterschiede zwischen juristischen Personen des öffentlichen Rechts und des Privatrechts bestehen in Bezug auf ihre Grundrechtsfähigkeit. Während sich juristische Personen des Privatrechts in den Grenzen des

---

177 Schulze/*Dörner*, BGB, § 1 Rn. 2; Jauernig/*Mansel*, BGB, § 1 Rn. 1; *Lorenz*, JuS 2010, 11 (11); MüKo/BGB/*Schmitt*, Band 1, § 1 Rn. 6.

178 Zum Begriff vgl. MüKo/BGB/*Reuter*, Band 1, Vorbem. zu § 21 Rn. 2.

179 MüKo/BGB/*Reuter*, Band 1, Vorbem. zu § 21 Rn. 14.

180 Zu den verschiedenen Begrenzungen vgl. Staudinger/*Weick*, BGB, Einl. zu § 21 ff. Rn. 31 ff.

181 BGH 28.02.1956 – I ZR 84/54, NJW 1956, 746 (2); Staudinger/*Weick*, BGB, Einl. zu §§ 21 ff. Rn. 25 m.w.N.

182 BGH 28.02.1956 – I ZR 84/54, NJW 1956, 746 (2); MüKo/BGB/*Reuter*, Band 1, Vorbem. zu § 21 Rn. 14; *Weck/Schick*, NVwZ 2012, 18 (18).

183 Palandt/*Ellenberger*, BGB, Einf. v. § 21 Rn. 11; *Morlin*, NVwZ 2007, 1159 (1160); MüKo/BGB/*Reuter*, Band 1, Vorbem. zu § 21 Rn. 14; Weck/*Schick*, NVwZ 2012, 18 (18); Staudinger/*Weick*, BGB, Einl. zu §§ 21 ff. Rn. 25. Allgemein zur ultra-vires-Lehre vgl. MüKo/HGB/*Ekkenga*, Band 6, Anhang I Effektengeschäft Rn. 203; *Schmidt*, AcP 1984, 529 (530 ff.); *Schneider/Burgard*, FS Claussen (1997), S. 499 (506 ff.).

184 Dazu *Schnapp/Rixen*, BKR 2006, 360 (364).

185 Ob sich ein solches Verbot tatsächlich aus den Vorschriften des SGB V ableiten lässt, soll an dieser Stelle nicht näher vertieft werden, vgl. stattdessen *Schnapp/Rixen*, BKR 2006, 360. Verneinend LG Düsseldorf 02.05.2006 – 9 O 618/04, BKR 2006, 491 (1) m. Anm. *von Sivers*.

Art. 19 Abs. 3 GG auf Grundrechte berufen können, gelten juristische Personen des öffentlichen Rechts grundsätzlich nicht als grundrechtsfähig.[186]

Aus diesen Ausführungen folgt, dass eine Einschränkung der Rechtsfähigkeit und Andersbehandlung juristischer Personen des öffentlichen Rechts dem deutschen Recht nicht fremd ist.

c) Systematische Erwägungen

Die oben zur Frage der Rechtsträgeridentität[187] herausgearbeiteten systematischen Argumente sind teilweise auf die Frage der Teilrechtsfähigkeit und einer hieraus geschlussfolgerten Beendigung von Arbeitsverhältnissen zum Schließungszeitpunkt übertragbar. Es lassen sich allerdings Anhaltspunkte finden, die für die automatische Beendigung von Arbeitsverhältnissen infolge der Teilrechtsfähigkeit sprechen.

aa) Rechtssicherheit durch § 164 Abs. 4 Satz 1 SGB V

Die Beendigungsanordnung des § 164 Abs. 4 Satz 1 SGB V spielte bereits bei Prüfung der Rechtsträgeridentität zwischen der geschlossenen Krankenkasse und der Abwicklungskörperschaft eine bedeutende Rolle. Die Vorschrift ließ Raum für einen Umkehrschluss und diente damit als Argument für eine Rechtsträgeridentität und gegen die automatische Beendigung von Arbeitsverhältnissen zum Schließungszeitpunkt.

Dieser Umkehrschluss ist bei der Beurteilung der Teilrechtsfähigkeit nicht gleichermaßen möglich. § 164 Abs. 4 Satz 1 SGB V könnte stattdessen dafür sprechen, dass die Arbeitsverhältnisse der nicht mehr benötigten Mitarbeiter zum Schließungszeitpunkt automatisch enden.[188] Nach dieser Leseart dient § 164 Abs. 4 Satz 1 SGB V in erster Linie der Rechtssicherheit. Es lässt sich im Zeitpunkt der Kassenschließung kaum eine Trennlinie zwischen den zur Abwicklung benötigten und den nicht mehr benötigten Arbeitsverhältnissen ziehen. Auf diese Unterscheidung der beiden Arbeitnehmergruppen käme es aber entscheidend an, wenn man von der automatischen Beendigung nicht mehr benötigter Arbeitsverhältnisse zum Schließungszeitpunkt ausgeht. Denn in jedem Fall bestünden trotz einer Teilrechtsfähigkeit der Abwicklungskörperschaft die Arbeitsverhältnisse der Be-

186 Ebenso bezüglich der Grundrechtsfähigkeit gesetzlicher Krankenkassen Maunz/Dürig/*Remmert*, GG, Art. 19 Rn. 45; Spickhoff/*Nebendahl*, Medizinrecht, § 4 SGB V Rn. 4; Hauck/Noftz/*Noftz*, SGB V, § 4 Rn. 17; KassKom/*Peters*, § 4 SGB V Rn. 3; Quaas/Zuck/Clemens/*Zuck*, Medizinrecht, § 7 Rn. 8.

187 Dazu Kap. C II 3 dieser Arbeit.

188 Insb. *Gutzeit*, NZS 2012, 361 (366).

schäftigten fort, die zur Abwicklung der Krankenkasse noch benötigt werden.[189] Es ist allerdings nicht in jedem Fall nach außen erkennbar, welche Arbeitsverhältnisse hiervon betroffen sind. Im Zeitpunkt der Schließung der Krankenkasse wäre dies sowohl für die Beschäftigten als auch die Krankenkasse nachteilig. Der Krankenkassenmitarbeiter wäre darauf angewiesen, dass ihm die Krankenkasse frühzeitig über den Fortbestand seines Arbeitsplatzes informiert. Doch wird einer Krankenkasse die Erteilung dieser Information oft nicht eindeutig möglich sein, da sich der genaue Umfang der Abwicklungstätigkeiten nicht genau prognostizieren lässt.[190] Dies führte zur einer Ungewissheit über den Fortbestand der einzelnen Arbeitsverhältnisse über den Schließungszeitpunkt hinaus.

§ 164 Abs. 4 Satz 1 SGB V könnte insoweit für Klarheit sorgen. Nach diesem Verständnis sorgt die Vorschrift dafür, dass sämtliche Arbeitsverhältnisse und eben nicht nur die zur Abwicklung der Krankenkasse nicht mehr benötigten Stellen zum Schließungszeitpunkt enden.[191] Sie beseitigt dadurch die oben aufgezeigten Unsicherheiten bei Beurteilung des noch verbleibenden Beschäftigungsbedarfs.[192] Dieser Argumentationsstrang ist allerdings nur solange aufrecht zu erhalten, als dass man die Beendigungswirkung des § 164 Abs. 4 Satz 1 SGB V auf sämtliche Beschäftigte unabhängig von ihrem Kündigungsstatus und einem zuvor versuchten Unterbringungsverfahren erstreckt.[193] Diese Ansicht ist aber äußerst umstritten. Eine weit verbreitete Auffassung beschränkt die Beendigungsanordnung des § 164 Abs. 4 Satz 1 SGB V auf einen bestimmten Kreis von Arbeitnehmern und stellt an sie konkrete Anforderungen wie beispielsweise die vorherige Un-

189 *Gutzeit*, NZS 2012, 361 (366).

190 Es sind sicherlich Konstellationen und Tätigkeiten von Mitarbeitern denkbar, die nach Schließung der Krankenkasse eindeutig nicht mehr benötigt werden. Genannt wird hier beispielsweise die Tätigkeit eines Außendienstmitarbeiters (*Gutzeit*, NZS 2012, 361 (365), offen gelassen LAG Düsseldorf 07.09.2012 - 6 Sa 345/12, BeckRS 2013, 67563 (A II 2 a bb), zweifelnd LAG Düsseldorf 14.06.2013 - 6 Sa 334/13, BeckRS 2013, 71878 (A II 3 a bb)), der für die Akquisition neuer Mitglieder zuständig ist. Selbst wenn man sich aber auf den Standpunkt stellt, dass diese Tätigkeiten zur Abwicklung nicht mehr benötigt werden, wäre eine Versetzung dieser Mitarbeiter auf Posten, die mit der Abwicklung der Krankenkasse betraut sind, noch denkbar. Jedenfalls wird es sich bei einem Teil der Mitarbeiter nicht sicher klären lassen, ob sie für die Abwicklung der Krankenkasse benötigt werden. Daher bedarf es schon wegen des Gedankens der Rechtssicherheit einer eindeutigen Entscheidung.

191 So der Ansatz von *Gutzeit*, NZS 2012, 361 (365); *Gutzeit*, NZS 2012, 410 (417), der § 164 Abs. 4 Satz 1 SGB V deswegen als „schlicht konsequente Folge der vom SGB V gewählten Abwicklungskonstruktion einer in Bezug auf den Abwicklungszweck nur noch teilrechtsfähigen Krankenkasse" (365) ansieht.

192 *Gutzeit*, NZS 2012, 410 (413).

193 Dieses weite Verständnis des § 164 Abs. 4 Satz 1 SGB V legt *Gutzeit*, NZS 2012, 361 (366) der Vorschrift zugrunde und sieht darin eine „Tabula-Rasa"-Lösung des Gesetzgebers.

terbreitung eines ordnungsgemäßen Unterbringungsangebots.[194] Jede Einschränkung der Reichweite des § 164 Abs. 4 Satz 1 SGB V erschüttert den Standpunkt, dass die Vorschrift dafür spricht, dass die Arbeitsverhältnisse teilweise bereits in Folge der Teilrechtsfähigkeit der Krankenkasse automatisch enden, ohne dass es eines Rückgriffs auf die gesetzlich normierte Beendigungsanordnung bedarf. Denn in diesem Fall schafft die Vorschrift keine rechtssicheren Zustände, weil nicht ausnahmslos alle Arbeitsverhältnisse zum Schließungszeitpunkt enden.

Auf eine Streitentscheidung zur Auslegung des § 164 Abs. 4 Satz 1 SGB V kommt es an dieser Stelle noch nicht an. Der hier aufgeworfene Zusammenhang zwischen der Teilrechtsfähigkeit der Abwicklungskörperschaft und der Beendigungsanordnung des § 164 Abs. 4 Satz 1 SGB V böte sicherlich eine saubere Lösung zum Schicksal der Arbeitsverhältnisse an. Sie klärt allerdings nur das Schicksal bestehender Dauerschuldverhältnisse in Form von Arbeitsverhältnissen. In Bezug auf sonstige Dauerschuldverhältnisse, die unter Umständen in Folge der Teilrechtsfähigkeit durch Abhandenkommen des Vertragspartners endeten, bestünden die gleichen praktischen und rechtlichen Bedenken. Eine Vorschrift, wie sie mit § 164 Abs. 4 Satz 1 SGB V in Bezug auf das Schicksal der Mitarbeiter besteht, existiert für sie nicht. Es ist aber davon auszugehen, dass das Gesetz im Interesse der Rechtssicherheit auch für diese vertraglichen Beziehungen eine Beendigungsregelung vorgesehen hätte, wenn die Schließung einer Krankenkasse zur Beendigung nur eines im Schließungszeitpunkt nicht rechtssicher zu beurteilenden Teils der Dauerschuldverhältnisse führte. Der Zusammenhang zwischen § 164 Abs. 4 Satz 1 SGB V und einer Teilrechtsfähigkeit lässt demnach nicht eindeutig auf eine automatische Beendigung der nicht mehr benötigten Arbeitsverhältnisse schließen.

bb) Grenzen der Rechtsfähigkeit

Ein Vergleich mit der Abwicklung von anderen juristischen Personen verschaffte in Bezug auf eine mögliche Rechtsträgeridentität Klarheit über den Übergang von einer noch werbend auf dem Markt tätigen Krankenkasse zu einer Abwicklungskörperschaft. Dieser Vergleich hilft unter Umständen auch, den Umfang der Rechtsfähigkeit der Abwicklungskörperschaft näher zu definieren. Es hier kommt entscheidend darauf an, in welchen Grenzen die Rechtsfähigkeit der Abwicklungskörperschaft zugelassen wird. Es ist einerseits denkbar, die Rechtsfähigkeit sehr eng zu definieren. Sämtliche von der vorherigen Krankenkasse eingegangenen Dauerschuldverhältnisse müss-

194 Dazu ausführlich Kap. C VIII dieser Arbeit.

ten dann daraufhin überprüft werden, ob sie in der Abwicklungsphase noch dem Abwicklungszweck dienen.[195] Nach dieser Sichtweise müssten nicht nur der Fortbestand von Arbeitsverhältnissen, sondern auch sonstige Schuldverhältnisse wie beispielsweise Mietverträge über die Anmietung von Geschäftsräumen auf den Prüfstand gestellt werden.[196]

Dieser erste Ansatz bringt einen entscheidenden Nachteil mit sich. In vielen Fällen könnte nicht sicher festgestellt werden, welche Dauerschuldverhältnisse über den Schließungszeitpunkt hinaus Bestand haben. Denn keinesfalls können alle Dauerschuldverhältnisse mit Schließung der Krankenkasse enden, da auch im Abwicklungszeitraum beispielsweise weiterhin Räume zur Unterbringung des verbliebenen Personals benötigt werden. In der Folge müsste die Krankenkasse alle Verpflichtungen unter dem Gesichtspunkt, ob diese der Abwicklung der Krankenkasse dienen, auf den Prüfstand stellen. Den Vertragspartnern der Krankenkasse ist eine solche Überprüfung nicht möglich, da es ihnen an den hierfür erforderlichen Einblicken in die Organisationsstruktur und Verfahrensabläufe der Krankenkassen fehlt. Sie befänden sich daher bis zu einer entsprechenden Mitteilung durch die geschlossene Krankenkasse im Unklaren über den Fortbestand ihrer Vertragsbeziehungen über den Schließungszeitpunkt hinaus. Es entstünde dadurch für einen nicht unerheblich langen Zeitraum eine Rechtsunsicherheit.

Auf der anderen Seite könnte man die Einschränkung des § 155 Abs. 1 Satz 2 SGB V ausschließlich auf krankenkassenspezifische Tätigkeiten anwenden. Die nicht krankenkassenspezifischen Dauerschuldverhältnisse blieben wirksam und müssten durch Kündigung oder durch sonstige Gestaltungserklärungen der Abwicklungskörperschaft beendet werden. Lediglich bestehende Versichertenverhältnisse und andere Rechtsbeziehungen, die ausschließlich von einer gesetzlichen Krankenkasse getätigt werden könnten, endeten infolge der Teilrechtsfähigkeit.[197]

Der zweite Ansatz ist sachgerechter. Bei Einbeziehung nur krankenkassenspezifischer Verpflichtungen in die Einschränkung des § 155 Abs. 1 Satz 2 SGB V lässt sich eindeutig klären, welche Verpflichtungen mit der Schließung entfallen. In der Folge enden beispielsweise alle Versichertenverhältnisse zum Schließungszeitpunkt.[198] Dagegen bestehen sämtliche Ar-

---

195 Darauf liefe die Ansicht von *Gutzeit*, NZS 2012, 361 (365); *Gutzeit*, NZS 2012, 410 (411) hinaus.

196 *Gutzeit*, NZS 2012, 361 (365); *Gutzeit*, NZS 2012, 410 (411).

197 Die Beendigung der Mitgliedschaftsverhältnisse und des Verwaltungsrats leitet *Gutzeit*, NZS 2012, 361 (366) aus der Teilrechtsfähigkeit der Abwicklungskörperschaft ab, ohne diese Wirkung aber auf krankenkassenspezifische Rechtsbeziehungen zu beschränken.

198 Die Beendigung aller Mitgliedschaftsverhältnisse zum Schließungszeitpunkt wird sowohl in der Rechtsprechung als auch in der Literatur nicht in Frage gestellt, vgl. BAG

beitsverhältnisse fort, da diese möglicherweise zur Abwicklung der Abwicklungskörperschaft benötigt werden und keinen krankenkassenspezifischen Charakter haben.

cc) Liquidation von Vereinen

Die oben bereits zum Vereinsrecht gezogenen Parallelen bei Auslegung des § 155 Abs. 1 Satz 2 SGB V könnten auch bei der Frage zur Teilrechtsfähigkeit der Abwicklungskörperschaft weiterhelfen. Die Unterschiede zwischen juristischen Personen des Privatrechts und des öffentlichen Rechts dürfen allerdings nicht außer Acht gelassen werden.

Der Umfang der Rechtsfähigkeit des Liquidationsvereins ist umstritten.[199] In der Literatur bildete sich in der Vergangenheit nach und nach eine herrschende Meinung heraus, die sich für die volle Rechtsfähigkeit des Liquidationsvereins ausspricht.[200] Die Rechtsprechung schränkte dagegen lange Zeit den Umfang der Rechtsfähigkeit des Liquidationsvereins ein.[201] Das Studium der neueren Rechtsprechung lässt allerdings eine allmähliche Abkehr von einer allzu großen Einschränkung der Rechtsfähigkeit erkennen.[202] Ausgangspunkt der Beurteilung der Rechtsfähigkeit eines Liquidationsvereins ist wiederum § 49 Abs. 2 BGB.[203] Danach gilt ein Verein bis zur Beendigung der Liquidation als fortbestehend, soweit es der Zweck der Liquidation erfordert.

21.11.2013 – 2 AZR 474/12, BeckRS 2014, 69409 (Rn. 39); BAG 21.11.2013 – 2 AZR 495/12, NJOZ 2014, 1548 (Rn. 39); BAG 21.11.2013 – 2 AZR 598/12, BeckRS 2014, 70205 (Rn. 36); BAG 21.11.2013 – 2 AZR 966/12, BeckRS 2014, 70808 (Rn. 29); LAG Baden-Württemberg 21.05.2012 – 1 Sa 2/12, BeckRS 2012, 71378 (B I 2 c aa (2)); Krauskopf/*Baier*, Soziale Krankenversicherung, § 155 SGB V Rn. 2; *Gutzeit*, NZS 2012, 361 (366); Becker/Kingreen/*Mühlhausen*, SGB V, § 155 Rn. 12.

199 Zum Streitstand vgl. MüKo/BGB/*Arnold*, Band 1, § 49 Rn. 10 ff.; BeckOK/*Schöpflin*, BGB, Stand: 01.11.2014, § 49 Rn. 4 f.; Staudinger/*Weick*, BGB, § 49 Rn. 17.

200 NK-BGB/*D. Eckardt*, § 49 Rn. 13 m.w.N; Jauernig/*Mansel*, BGB, Anm. zu §§ 45 – 53 Rn. 2; MüKo/BGB/*Arnold*, Band 1, § 49 Rn. 11 ff.; Bamberger/Roth/*Schöpflin* BGB, § 49 Rn 5; BeckOK/*Schöpflin*, BGB, Stand: 01.11.2014, § 49 Rn. 4 f.; Sauter/Schweyer/Waldner/*Waldner/Wörle-Himmel*, Vereinsrecht, Rn. 406; Staudinger/*Weick*, BGB, § 49 Rn. 17 m.w.N.; Erman/*Westermann*, BGB, § 49 Rn. 4.

201 MüKo/BGB/*Arnold*, Band 1, § 49 Rn. 10; Staudinger/*Weick*, BGB, § 49 Rn. 17.

202 MüKo/BGB/*Arnold*, Band 1, § 49 Rn. 10.

203 Jauernig/*Mansel*, BGB, Anm. zu den §§ 45 – 53 Rn. 2; MüKo/BGB/*Arnold*, Band 1, § 49 Rn. 1.

(1) Rechtsprechung

Die ältere Rechtsprechung tendierte dazu, dem Liquidationsverein lediglich eine auf den Abwicklungszweck beschränkte Teilrechtsfähigkeit zuzuerkennen.[204] Aus arbeitsrechtlicher Perspektive ist diese Einschränkung insbesondere interessant, wenn ein eingetragener Verein aufgelöst wird, der vor dessen Auflösung als Tarifvertragspartei Tarifverträge abgeschlossen hat. Das Bundesarbeitsgericht entschied in dieser Konstellation, dass der obligatorische Teil eines Tarifvertrages mit Auflösung des Vereins wegfällt, soweit er den aufgelösten Verein in seiner Eigenschaft als Tarifvertragspartei betrifft.[205] Der Verein des bürgerlichen Rechts bestehe ausschließlich nur und solange als Träger des Vermögens fort, als noch Vermögen vorhanden und abzuwickeln sei.[206] Tarifliche Einwirkungspflichten hingegen könnten mangels wirtschaftlichen Werts nicht dem Vereinsvermögen zugerechnet werden und seien damit nicht vom Liquidationszweck des Vereins gedeckt.[207]

In der jüngeren Rechtsprechung sind allerdings Tendenzen zu erkennen, von einer zu weit gehenden Einschränkung der Rechtsfähigkeit des Liquidationsvereins[208] zur Vermeidung dadurch entstehender Rechtsunsicherheiten abzusehen. In einer Entscheidung aus dem Jahr 2001 traf der Bundesgerichtshof wichtige Aussagen, die auch bei der vorliegenden Frage von Bedeutung sind:[209]

> *„...hätte die BG (Anm.: Beklagte) gem. § 49 Abs. 2 BGB bis zur Beendigung ihrer Liquidation als fortbestehend gegolten, soweit der Zweck der Liquidation es erforderte. In diesem Umfange hätte dann auch die Rechtsfähigkeit fortbestanden (...). Dabei erfasst das Liquidationsgeschäft alles, was in dem Rahmen der in § 49 bezeichneten Rechte fallen kann (...). Bezüglich bereits bestehender Rechte des Vereins sollte die Rechtsträgerschaft nicht eingeschränkt werden, sondern allenfalls beim Erwerb neuer Rechte.“*

Die hier zitierte Passage offenbart, dass der Bundesgerichtshof noch immer an seiner Rechtsprechung der eingeschränkten Rechtsfähigkeit des Liquida-

---

[204] Zur älteren Rechtsprechung vgl. MüKo/BGB/*Arnold*, Band 1, § 49 Rn. 10; Staudinger/*Weick*, BGB, § 49 Rn. 17.

[205] BAG 11.11.1970 – 4 AZR 522/69, AP Nr. 28 zu § 2 TVG m. Anm. *Wiedemann*; *Gutzeit*, NZS 2012, 361 (363); BeckOK/*Schöpflin*, BGB, Stand: 01.11.2014, § 49 Rn. 4.

[206] BAG 11.11.1970 – 4 AZR 522/69, AP Nr. 28 zu § 2 TVG m. Anm. *Wiedemann*.

[207] BAG 11.11.1970 – 4 AZR 522/69, AP Nr. 28 zu § 2 TVG m. Anm. *Wiedemann*.

[208] MüKo/BGB/*Arnold*, Band 1, § 49 Rn. 10.

[209] BGH 22.03.2001 – IX ZR 373/98, NJW-RR 2001, 1552. Auf diese Rechtsprechungstendenzen der jüngeren Zeit geht *Gutzeit*, NZS 2012, 361 (363) im Zusammenhang mit der Frage der Teilrechtsfähigkeit der Abwicklungskörperschaft nicht ein, sondern verweist auf den im öffentlichen Recht verankerten ultra-vires-Gedanken.

tionsvereins festhält. Es zeichnet sich allerdings ab, dass er diese Einschränkungen lediglich auf die Möglichkeit des Erwerbs neuer Rechte erstreckt.[210]

(2) Herrschende Meinung in der Literatur

Die herrschende Meinung in der Literatur ist einen Schritt weiter als die Rechtsprechung und spricht sich für die volle Rechtsfähigkeit des Liquidationsvereins aus. [211] Sie begründet dieses Verständnis mit dem im deutschen Recht geltenden Grundsatz der unbegrenzten Rechtsfähigkeit von juristischen Personen des Privatrechts.[212] Dies unterscheide das deutsche Recht von dem aus dem englischen Recht bekannten ultra-vires-Gedanken.[213]

Diese Auffassung wird dem Umstand gerecht, dass das deutsche Recht grundsätzlich von der vollen Rechtsfähigkeit juristischer Personen des Privatrechts ausgeht.[214] Dies gilt – sieht man von der Diskussion um die Teilrechtsfähigkeit des Liquidationsvereins ab – nach allgemeiner Auffassung auch in der Phase nach Auflösung einer Gesellschaft des Privatrechts.[215] Die Anerkennung der vollen Rechtsfähigkeit des Liquidationsvereins trägt außerdem zur Rechtssicherheit bei.[216] Jede bestehende Vertragsbeziehung des Liquidationsvereines müsste andernfalls durch den nach § 49 Abs. 1 BGB hierzu berufenen Liquidator darauf hin überprüft werden, ob sie noch vom Liquidationszweck gedeckt ist.[217] Für etwaige Vertragspartner, die sich auf die Wirksamkeit der geschlossenen Vereinbarungen verlassen, kann die damit einhergehende Rechtsunsicherheit existenzbedrohende Auswirkungen haben.

Die Anerkennung der vollen Rechtsfähigkeit des Liquidationsvereins perpetuiert auch nicht die in § 49 Abs. 2 BGB enthaltenen Gedanken. Die herrschende Meinung erkennt zwar einerseits dem Liquidator nach § 49 Abs. 1 Satz 1 BGB eine umfassende Vertretungsmacht zu.[218]. Nimmt der

210 BGH 22.03.2001 – IX ZR 373/98, NJW-RR 2001, 1552; Staudinger/*Weick*, BGB, § 49 Rn. 17. Hierauf weist auch *Wolter*, FS Bepler (2012), S. 675 (680) im Zusammenhang mit dem Umfang der Rechtsfähigkeit der Abwicklungskörperschaft hin.

211 NK-BGB/*D. Eckardt*, § 49 Rn. 13 m.w.N; Jauernig/*Mansel*, BGB, Anm. zu §§ 45 – 53 Rn. 2; MüKo/BGB/*Arnold*, Band 1, § 49 Rn. 11 ff.; Bamberger/Roth/*Schöpflin* BGB, § 49 Rn 5; BeckOK/*Schöpflin*, BGB, Stand: 01.11.2014, § 49 Rn. 5; Sauter/Schweyer/Waldner/*Waldner/Wörle-Himmel*, Vereinsrecht, Rn. 406; Staudinger/*Weick*, BGB, § 49 Rn. 17 m.w.N.; Erman/*Westermann*, BGB, § 49 Rn. 4.

212 Bamberger/Roth/*Schöpflin* BGB, § 49 Rn 5; Staudinger/*Weick*, BGB, § 49 Rn. 17.

213 NK-BGB/*D. Eckardt*, § 47 Rn. 13.

214 Staudinger/*Weick*, BGB, § 49 Rn. 17.

215 *Gutzeit*, NZS 2012, 361 (363); *Gutzeit*, NZS 2012, 410 (415, 417).

216 Bamberger/Roth/*Schöpflin* BGB, § 49 Rn 5.

217 NK-BGB/*D. Eckardt*, § 49 Rn. 13.

218 Staudinger/*Weick*, BGB, § 49 Rn. 14 f.

Liquidator in der Liquidationsphase aber dem Liquidationszweck widersprechende Geschäfte vor, lassen sich sachgerechte Ergebnisse auch über die Figur des Missbrauchs der Vertretungsmacht finden.[219] Forderungen aus offensichtlich und evident liquidationsfremden Geschäften und kollusivem Zusammenwirken mit Dritten können damit gegenüber dem Liquidationsverein nicht durchgesetzt werden.[220]

(3) Zusammenfassung des Meinungsstandes

Die herrschende Meinung geht von der vollen Rechtsfähigkeit des Liquidationsvereins aus. Anders sieht dies die Rechtsprechung. Trotz der Annäherungen in der Vergangenheit gesteht sie dem Liquidationsverein noch immer nur eine Teilrechtsfähigkeit zu.[221] Daraus folgt aber nicht, dass bestehende Arbeitsverhältnisse zwischen dem Verein und seinen Mitarbeitern mit der Auflösung des Vereins automatisch enden, wenn sie zur Liquidation nicht mehr benötigt werden. Denn wie die Rechtsprechung in der jüngeren Zeit ausgeführt hat, wirkt sich die Beschränkung der Rechtsfähigkeit nur auf den Erwerb neuer Rechte aus. Unter Berücksichtigung dieser Aussagen ist davon auszugehen, dass in der Liquidationsphase selbst denjenigen Arbeitnehmern gekündigt werden muss, die für die Liquidation des Vereins nicht mehr benötigt werden. Eine automatische Beendigung der Arbeitsverhältnisse wegen des teilweisen Wegfalls der Rechtsfähigkeit für diesen Teil der Beschäftigten ist mit der neueren Rechtsprechung abzulehnen.[222]

dd) Ausnahmen für juristische Personen des öffentlichen Rechts

Der zum Liquidationsverein existierende Meinungsstand lässt sich möglicherweise wegen der öffentlich-rechtlichen Natur einer geschlossenen Krankenkasse nicht auf die Abwicklungskörperschaft übertragen. Dafür könnte die der herrschenden Meinung zugrunde liegende Argumentation sprechen. Von der vollen Rechtsfähigkeit des Liquidationsvereins sei auch deswegen auszugehen, weil die ultra-vires-Lehre im deutschen Recht auf ju-

---

219 Zur Problematik siehe BeckOK/*Schöpflin*, BGB, Stand: 01.11.2014, § 49 Rn. 11 f.

220 Ebenso BeckOK/*Schöpflin*, BGB, Stand: 01.11.2014, § 49 Rn. 11 f.

221 Wohl auch weiterhin das BAG, vgl. BAG 21.11.2013 – 2 AZR 474/12, BeckRS 2014, 69409 (Rn. 39); BAG 21.11.2013 – 2 AZR 495/12, NJOZ 2014, 1548 (Rn. 39); BAG 21.11.2013 – 2 AZR 598/12, BeckRS 2014, 70205 (Rn. 36); BAG 21.11.2013 – 2 AZR 966/12, BeckRS 2014, 70808 (Rn. 29).

222 BAG 21.11.2013 – 2 AZR 474/12, BeckRS 2014, 69409 (Rn. 39); BAG 21.11.2013 – 2 AZR 495/12, NJOZ 2014, 1548 (Rn. 39); BAG 21.11.2013 – 2 AZR 598/12, BeckRS 2014, 70205 (Rn. 36); BAG 21.11.2013 – 2 AZR 966/12, BeckRS 2014, 70808 (Rn. 29); *Wolter*, FS Bepler (2012), S. 675 (680).

ristische Personen des Privatrechts keine Anwendung finde.[223] Diese Lehre ist dagegen dem öffentlichen Recht nicht fremd.[224]

Jedoch besteht für eine solche Ausnahme kein Raum. Es ist bereits fraglich, ob es sich bei der Abwicklungskörperschaft tatsächlich noch um eine Körperschaft des öffentlichen Rechts handelt. Lehnt man die öffentlichrechtliche Eigenschaft der Abwicklungskörperschaft ab, kann man nicht die Abweichung von der grundsätzlich zuzugestehenden vollen Rechtsfähigkeit durch die Besonderheiten des öffentlichen Rechts erklären. Der Verlust des öffentlich-rechtlichen Charakters der Abwicklungskörperschaft kann insbesondere unter Rückgriff auf die Gesetzesregelungen zur Insolvenz von Krankenkassen und den im Gesetzgebungsverfahren zu § 171b Abs. 5 SGB V getroffenen Aussagen begründet werden.[225] Nach § 171b Abs. 5 SGB V ist die Krankenkasse mit dem Tag der Eröffnung des Insolvenzverfahrens oder dem Tag der Rechtskraft des Beschlusses, durch den die Eröffnung des Insolvenzverfahrens mangels Masse abgelehnt worden ist, geschlossen mit der Maßgabe, dass die Abwicklung der Geschäfte der Krankenkasse im Fall der Eröffnung des Insolvenzverfahrens nach den Vorschriften der Insolvenzordnung erfolgt. Der Gesetzgeber führte zu dieser Vorschrift aus, dass diese den Zeitpunkt bestimme, von dem an die Krankenkasse „ihre Eigenschaft als Körperschaft des öffentlichen Rechts verliert und zur Abwicklungskörperschaft wird."[226] Der Wortlaut der Gesetzesbegründung spricht auf den ersten Blick tatsächlich dafür, dass die Abwicklungskörperschaft nicht mehr als öffentlich-rechtlich zu qualifizieren ist. Hinzu kommt, dass ausweislich der Gesetzesbegründung zur Schließung von Krankenkassen auch der Verwaltungsrat nicht mehr existiert[227] und die Mitgliedschaftsverhältnisse enden.[228]

---

223 Bamberger/Roth/*Schöpflin* BGB, § 49 Rn 5.

224 *Gutzeit*, NZS 2012, 361 (364).

225 Hierzu ausführlich *Bohlen-Schöning*, KrV 2012, 101 (101 ff.), die aus der Gesetzesbegründung wohl aber nicht den Verlust der öffentlich-rechtlichen Eigenschaft entnimmt, sondern sie als Argument gegen das Fortbestehen der geschlossenen Krankenkasse in der Gestalt der Abwicklungskörperschaft heranzieht. Ohne diese Frage zu diskutieren, scheint *Gutzeit*, NZS 2012, 361 (364) vom Fortbestand des öffentlich-rechtlichen Charakters auszugehen.

226 BT-Drucks. 16/9559, S. 20.

227 BT-Drucks. 16/9559, S. 18; LAG Baden-Württemberg 21.05.2012 – 1 Sa 2/12, BeckRS 2012, 71378 (B I c aa (1)); Krauskopf/*Baier*, Soziale Krankenversicherung, § 155 SGB V Rn. 4; *Gutzeit*, NZS 2012, 361 (366). Zur Beendigung der Ämter des Verwaltungsrats auch Becker/Kingreen/*Mühlhausen*, SGB V, § 155 Rn. 12.

228 LAG Baden-Württemberg 21.05.2012 – 1 Sa 2/12, BeckRS 2012, 71378 (B I c aa (1)); Krauskopf/*Baier*, Soziale Krankenversicherung, § 155 SGB V Rn. 2; *Besemann*, Aktuelle Entwicklungen im Organisationsrecht der gesetzlichen Krankenkassen, S. 115; *Bohlen-Schöning*, KrV 2012, 101 (102); *Gutzeit*, NZS 2012, 361 (366); Becker/Kingreen/*Mühlhausen*, SGB V, § 155 Rn. 12.

Überzeugende Argumente sprechen allerdings auch für die Beibehaltung des öffentlich-rechtlichen Charakters der Abwicklungskörperschaft. Es existiert weiterhin eine Aufsichtsbehörde, die in dieser Form und mit diesen Kompetenzen im Privatrecht nicht vorzufinden ist. Zudem ist bei Ablehnung der öffentlich-rechtlichen Natur fraglich, nach welchen Vorschriften die Abwicklungskörperschaft behandelt wird, da sich das Gesetz hierzu nur unzureichend äußert. Zuletzt spricht für den Fortbestand als Körperschaft des öffentlichen Rechts der Gesetzeswortlaut des § 155 Abs. 1 Satz 2 SGB V, der eindeutig das Fortbestehen der geschlossenen Krankenkasse anordnet.[229]

Letztlich kann es aber offen bleiben, ob die Abwicklungskörperschaft als öffentlich-rechtlich zu charakterisieren ist oder nicht. Denn auch im ersten Fall besteht ein Interesse an rechtssicheren Zuständen. Diese herrschen nur dann, wenn sich der Verlust der Rechtsfähigkeit lediglich auf den Erwerb neuer Rechte auswirkt.

Das besondere Haftungskonzept bei Schließung einer Krankenkasse zwingt ebenfalls zu keiner anderen Auslegung.[230] Die Gläubiger eines Vereins sehen sich bei dessen Liquidation dem Risiko ausgesetzt, ihre Forderungen gegen den aufgelösten Verein dann nicht durchsetzen zu können, wenn dieser vermögenslos ist. Bei Schließung einer Krankenkasse verlagert die Regelung des § 155 Abs. 4 SGB V das Ausfallrisiko der geschlossenen Krankenkasse unter anderem auf die übrigen Krankenkassen. Die volle Rechtsfähigkeit und die damit einhergehende Rechtsmacht der Abwicklungskörperschaft, dem Abwicklungszweck zuwiderlaufende Rechtsgeschäfte abschließen zu können, geht zu Lasten der haftenden übrigen Krankenkassen. Diese könnten dadurch selbst in finanzielle Schwierigkeiten geraten, die schlimmstenfalls zur Schließung einzelner Krankenkassen führen können.

Dennoch spricht auch das besondere Haftungskonzept nicht gegen einen Fortbestand der Dauerschuldverhältnisse. Es ist davon auszugehen, dass ein mit der Abwicklung einer Krankenkasse betrauter Vorstand wirklich nur die Geschäfte vornimmt, die für die Abwicklung erforderlich sind und sich nicht missbräuchlich verhält. Es lassen sich außerdem die im Vereinsrecht angeführten Schutzmechanismen übertragen.[231] Missbraucht der Abwicklungsvorstand seine Vertretungsmacht, sind diese Geschäfte unter Umständen nach den Regeln des Missbrauchs der Vertretungsmacht nicht bindend.[232] Diese Grundsätze finden auch im öffentlichen Recht Anwen-

---

229 Verschiedene Quellen gehen offenbar von der Beibehaltung des öffentlich-rechtlichen Charakters aus, ohne diese Streitfrage zu behandeln, vgl. u.a. Becker/Kingreen/*Mühlhausen*, SGB V, § 155 Rn. 14.

230 *Gutzeit*, NZS 2012, 361 (363).

231 Dazu BeckOK/*Schöpflin*, BGB, Stand: 01.11.2014, § 49 Rn. 11 f.

232 Ein Schutz vor liquidationsfremden Rechtsgeschäften durch den Liquidator wird nicht nur für den Liquidationsverein angenommen. Anwendung finden diese

dung.[233] Der Aufsichtsbehörde steht es weiterhin offen, den Abwicklungsvorstand unter den in § 155 Abs. 1 Satz 4 SGB V i.V.m. § 35a Abs. 7 SGB IV genannten Voraussetzungen abzuberufen[234], wenn sich ein Missbrauchsverdacht erhärtet.

Das unterschiedliche Haftungskonzept dient zuletzt in erster Linie dem Schutz der Gläubiger. Leitet man nunmehr aus dem Haftungskonzept bei Schließung einer Krankenkasse die Teilrechtsfähigkeit der Abwicklungskörperschaft ab und geht von der Beendigung auch nicht krankenkassenspezifischer Dauerschuldschuldverhältnisse aus, schafft man für die Gläubiger die oben beschriebene Rechtsunsicherheit. Eine andere Auslegung der Vorschriften aufgrund des besonderen Haftungskonzeptes, welche die Vertragspartner vor die Ungewissheit stellt, ob die Dauerschuldverhältnisse über den Schließungszeitpunkt hinaus fortbestehen, würde damit den hinter dem besonderen Haftungssystem stehenden Schutzgedanken ins Gegenteil verkehren.

d) Fazit

Selbst wenn man der Abwicklungskörperschaft mit dem Wortlaut des § 155 Abs. 1 Satz 2 SGB V nur eine Teilrechtsfähigkeit zugesteht, führt dies alleine nicht zur Beendigung von Arbeitsverhältnissen, die zur Abwicklung der Krankenkasse nicht mehr benötigt werden.[235] Die Wertungen der neueren Rechtsprechung zum Liquidationsverein lassen sich auf die Abwicklungskörperschaft übertragen. Die Teilrechtsfähigkeit der Abwicklungskörperschaft bewirkt damit lediglich Einschränkungen beim Erwerb neuer Rechte.[236] Sie führt außerdem nur zur automatischen Beendigung von Rechtsbeziehungen, die ausschließlich mit einer gesetzlichen Krankenkasse bestehen können. Dazu gehört beispielsweise die Beendigung der Versichertenver-

---

Grundsätze beispielsweise auch im Falle der Liquidation einer GmbH, vgl. Michalski/*Nerlich*, GmbHG, § 70 Rn. 40.

233 *Vietmeier*, LKV 1995, 178 (179).

234 BT-Drucks. 16/9559, S. 18. Allgemein zur Abberufung des Vorstands durch die Aufsichtsbehörde vgl. Krauskopf/*Baier*, Soziale Krankenversicherung, § 155 SGB V Rn. 3; *Bohlen-Schöning*, KrV 2012, 101 (104).

235 BAG 21.11.2013 - 2 AZR 474/12, BeckRS 2014, 69409 (Rn. 47); BAG 21.11.2013 - 2 AZR 495/12, NJOZ 2014, 1548 (Rn. 47); BAG 21.11.2013 - 2 AZR 598/12, BeckRS 2014, 70205 (Rn. 44); BAG 21.11.2013 - 2 AZR 966/12, BeckRS 2014, 70808 (Rn. 36). A.A. *Gutzeit*, NZS 2012, 361 (365).

236 So im Ergebnis wohl auch BAG 21.11.2013 - 2 AZR 474/12, BeckRS 2014, 69409 (Rn. 39); BAG 21.11.2013 - 2 AZR 495/12, NJOZ 2014, 1548 (Rn. 39); BAG 21.11.2013 - 2 AZR 598/12, BeckRS 2014, 70205 (Rn. 36); BAG 21.11.2013 - 2 AZR 966/12, BeckRS 2014, 70808 (Rn. 29); ArbG Berlin 23.11.2011 - 21 Ca 8139/11, BeckRS 2011, 78305 (A II 1), allerdings ohne Begründung; *Wolter*, FS Bepler (2012), S. 675 (680).

hältnisse oder des Amtes des Verwaltungsrats.[237] Die übrigen Dauerschuldverhältnisse und Arbeitsverhältnisse bleiben dagegen wirksam und müssen anderweitig beendet werden.[238] Ein anderes Ergebnis folgt auch nicht aus dem besonderen Haftungskonzept des § 155 Abs. 4 SGB V.[239] Die öffentlich-rechtliche Natur der geschlossenen Krankenkasse begründet eine andere Auffassung ebenfalls nicht. Hierfür spricht vor allem der Gedanke der Rechtssicherheit. Will man mit der Schließung nicht mehr benötigte Arbeitsverhältnisse kraft Natur entfallen lassen, würde Unklarheit darüber herrschen, welche Schuldverhältnisse mit Schließung der Krankenkasse enden.[240].

Zusammenfassend erzielt man ein sachgerechtes Ergebnis, wenn die zur Rechtslage bei Auflösung eines Vereins getroffenen Aussagen auf die Schließung einer Krankenkasse übertragen werden. Die mögliche Teilrechtsfähigkeit oder die öffentlich-rechtliche Eigenschaft der Abwicklungskörperschaft beeinflussen den Fortbestand der Arbeitsverhältnisse nicht.[241] Sie führen insbesondere nicht zur automatischen Beendigung der Arbeitsverhältnisse, die zur Abwicklung der Krankenkasse nicht mehr benötigt werden. Die Einschränkungen im Wortlaut des § 155 Abs. 1 Satz 2 SGB V sind stattdessen so zu verstehen, als dass die Abwicklungskörperschaft nicht mehr als werbende Krankenkasse auf dem Markt auftreten kann und die Versichertenverhältnisse mit Schließung der Krankenkasse automatisch enden.[242] Letzteres betonte der Gesetzgeber ausdrücklich im Gesetzgebungsverfahren.[243] Dauerschuldverhältnisse, die keinen spezifischen Bezug zur Tätigkeit der geschlossenen Krankenkasse als gesetzliche Krankenkasse ha-

---

237 BAG 21.11.2013 - 2 AZR 474/12, BeckRS 2014, 69409 (Rn. 39); BAG 21.11.2013 - 2 AZR 495/12, NJOZ 2014, 1548 (Rn. 39); BAG 21.11.2013 - 2 AZR 598/12, BeckRS 2014, 70205 (Rn. 36); BAG 21.11.2013 - 2 AZR 966/12, BeckRS 2014, 70808 (Rn. 29).

238 Ebenso *Rolfs*, GuP 2013, 8 (11); *Rolfs*, NZA 2013, 529 (532 f.); *Wolter*, FS Bepler (2012), S. 675 (680).

239 So aber *Gutzeit*, NZS 2012, 361 (364), der auf die Tendenzen, dem Liquidationsverein eine volle Rechtsfähigkeit einzuräumen, eingeht. Allerdings sei die Deckelung der Rechtsfähigkeit mit Blick auf das bei der Abwicklung einer Krankenkasse maßgebliche Haftungskonzept nach § 155 Abs. 4 SGB V sachgerecht.

240 Dieses Risiko erkennt auch *Gutzeit*, NZS 2012, 410 (413), allerdings im Zusammenhang mit § 164 Abs. 4 Satz 1 SGB V und dessen Zwecksetzung.

241 BAG 21.11.2013 - 2 AZR 474/12, BeckRS 2014, 69409 (Rn. 47); BAG 21.11.2013 - 2 AZR 495/12, NJOZ 2014, 1548 (Rn. 47); BAG 21.11.2013 - 2 AZR 598/12, BeckRS 2014, 70205 (Rn. 44); BAG 21.11.2013 - 2 AZR 966/12, BeckRS 2014, 70808 (Rn. 36). A.A. *Gutzeit*, NZS 2012, 361 (365).

242 BAG 21.11.2013 - 2 AZR 474/12, BeckRS 2014, 69409 (Rn. 39); BAG 21.11.2013 - 2 AZR 495/12, NJOZ 2014, 1548 (Rn. 39); BAG 21.11.2013 - 2 AZR 598/12, BeckRS 2014, 70205 (Rn. 36); BAG 21.11.2013 - 2 AZR 966/12, BeckRS 2014, 70808 (Rn. 29).

243 BT-Drucks. 11/2237, S. 212.

ben, sind durch Gestaltungserklärungen des Abwicklungsvorstands – insbesondere durch Ausspruch betriebsbedingter Kündigungen – zu beenden.

5. Ergebnis

Die Arbeitsverhältnisse der Beschäftigten enden nicht bereits aufgrund der vom Gesetzgeber gewählten Abwicklungskonstruktion.[244] Das Schicksal der Arbeitsverhältnisse hängt deshalb von § 164 Abs. 2 bis 5 SGB V ab.[245] Zwischen der geschlossenen Krankenkasse und der Abwicklungskörperschaft besteht eine Rechtsträgeridentität. Das entspricht auch der überwiegenden Auffassung in Rechtsprechung und Literatur.[246] Ebenso wenig führt eine mögliche Teilrechtsfähigkeit der Abwicklungskörperschaft zur Beendigung von Arbeitsverhältnissen. Von der Beendigung könnten lediglich Arbeitsplätze betroffen sein, die für die Abwicklung nicht mehr benötigt werden. Allerdings ist die neuere Rechtsprechung zur Teilrechtsfähigkeit des Liquidationsvereins auf die Abwicklungskörperschaft zu übertragen. Die Teilrechtsfähigkeit wirkt sich demnach nur auf den Erwerb neuer Rechte aus.[247] Bestehende Dauerschuldverhältnisse sind durch die Abgabe einer Gestal-

---

244 Ebenfalls bereits BAG 21.11.2013 - 2 AZR 474/12, BeckRS 2014, 69409 (Rn. 38); BAG 21.11.2013 - 2 AZR 495/12, NJOZ 2014, 1548 (Rn. 38); BAG 21.11.2013 - 2 AZR 598/12, BeckRS 2014, 70205 (Rn. 35); BAG 21.11.2013 - 2 AZR 966/12, BeckRS 2014, 70808 (Rn. 28); *Rolfs*, GuP 2013, 8 (11); *Rolfs*, NZA 2013, 529 (532); *Wolter*, FS Bepler (2012), S. 675 (680).

245 Diese Ansicht entspricht der übereinstimmenden Rechtsprechung der Landesarbeitsgerichte, vgl. statt vieler LAG Hamburg 08.08.2012 - 3 Sa 23/12, BeckRS 2013, 67975 (I 2), das mit Verweis auf § 155 Abs. 1 Satz 2 SGB V die Frage offen lässt, ob die Schließung einer Krankenkasse ohne speziellere Vorschriften zur automatischen Beendigung von Arbeitsverhältnissen selbst führte.

246 BAG 21.11.2013 - 2 AZR 474/12, BeckRS 2014, 69409 (Rn. 40); BAG 21.11.2013 - 2 AZR 495/12, NJOZ 2014, 1548 (Rn. 40); BAG 21.11.2013 - 2 AZR 598/12, BeckRS 2014, 70205 (Rn. 37); BAG 21.11.2013 - 2 AZR 966/12, BeckRS 2014, 70808 (Rn. 30); LAG Berlin-Brandenburg 12.04.2012 - 5 Sa 2554/11, BeckRS 2012, 70157 (I 2.1); LAG Berlin-Brandenburg 24.05.2012 - 18 Sa 2605/11, 18 Sa 116/12, BeckRS 2012, 70789 (II 1 b aa); LAG Düsseldorf 07.09.2012 - 6 Sa 138/12, BeckRS 2012, 76175 (A II 1 a aa); Krauskopf/*Baier*, Soziale Krankenversicherung, § 155 SGB V Rn. 5; *Klimpe-Auerbach*, SozSich 2011, 270 (273); juris-PK-SGB V/*Koch*, § 155 Rn. 6; Becker/Kingreen/*Mühlhausen*, SGB V, § 155 Rn. 14; ErfK/*Rolfs*, § 164 SGB V Rn. 7.

247 So im Ergebnis wohl auch BAG 21.11.2013 - 2 AZR 474/12, BeckRS 2014, 69409 (Rn. 39); BAG 21.11.2013 - 2 AZR 495/12, NJOZ 2014, 1548 (Rn. 39); BAG 21.11.2013 - 2 AZR 598/12, BeckRS 2014, 70205 (Rn. 36); BAG 21.11.2013 - 2 AZR 966/12, BeckRS 2014, 70808 (Rn. 29); ArbG Berlin 23.11.2011 - 21 Ca 8139/11, BeckRS 2011, 78305 (A II 1); *Wolter*, FS Bepler (2012), S. 675 (680).

247 BAG 21.11.2013 - 2 AZR 474/12, BeckRS 2014, 69409 (Rn. 39); BAG 21.11.2013 - 2 AZR 495/12, NJOZ 2014, 1548 (Rn. 39); BAG 21.11.2013 - 2 AZR 598/12, BeckRS 2014, 70205 (Rn. 36); BAG 21.11.2013 - 2 AZR 966/12, BeckRS 2014, 70808 (Rn. 29).

tungserklärung des mit der Abwicklung der laufenden Geschäfte betrauten Abwicklungsvorstands zu beenden. Dieses Ergebnis trägt vor allem dem Interesse an rechtssicheren Zuständen Rechnung.

Der Gesetzgeber traf mit § 164 Abs. 4 Satz 1 SGB V damit keine Regelung, die mit der Teilrechtsfähigkeit der Abwicklungskörperschaft und der automatischen Beendigung eines Teils der Arbeitsverhältnisse bestehende Schwierigkeiten lösen sollte. Die Vorschrift des § 164 Abs. 4 Satz 1 SGB V regelt stattdessen das Schicksal bestehender Arbeitsverhältnisse unabhängig vom Umfang der Rechtsfähigkeit der Abwicklungskörperschaft und bildet die einzige rechtliche Grundlage für die automatische Beendigung von Arbeitsverhältnissen im Zeitpunkt der Schließung einer Krankenkasse.

III. Unterbringungsangebote gegenüber Dienstordnungsangestellten

1. Grundlagen

Die Abwicklung des Arbeitgebers ist regelmäßig mit Einschnitten für die Arbeitnehmer verbunden. Das deutsche Recht kennt im Umgang mit Arbeitnehmern für diesen Fall verschiedene Verfahrenswege. § 113 InsO beschleunigt beispielsweise die Kündigung in der Insolvenz des Arbeitgebers.[248] Danach kann der Insolvenzverwalter gegenüber allen Arbeitnehmern mit verkürzter Kündigungsfrist kündigen.[249] Die Vorschrift ermöglicht selbst die Kündigung von ordentlich unkündbaren Arbeitnehmern.[250] Das zeigt zugleich, dass die Eröffnung des Insolvenzverfahrens alleine nicht zur automatischen Beendigung von Arbeitsverhältnissen führt.[251] Die Dienstverhältnisse des Schuldners bestehen stattdessen mit Wirkung für die Insolvenzmasse nach § 108 Abs. 1 Satz 1 InsO fort.[252]

Der Gesetzgeber griff für den Fall der Schließung einer Krankenkasse nicht auf bereits existierende arbeitsrechtliche Vorschriften zurück. Er ent-

---

248 BAG 25.04.2007 - 6 AZR 622/06, AP Nr. 23 zu § 113 InsO; Andres/Leithaus/Dahl/*Andres*, InsO, § 113 Rn. 1; Braun/*Beck*, InsO, § 113 Rn. 8; Nerlich/Römermann/*Hamacher*, InsO, § 113 Rn. 31; *Klimpe-Auerbach*, SozSich 2011, 270 (272); ErfK/*Müller-Glöge*, § 113 InsO Rn. 1.

249 Braun/*Beck*, InsO, § 113 Rn. 8. § 113 InsO schafft keinen eigenständigen Kündigungsgrund, u.a. *Klimpe-Auerbach*, SozSich 2011, 270 (272).

250 BAG 19.01.2000 - 4 AZR 70/99, NZA 2000, 658 (II 2); BAG 16.06.2005 - 6 AZR 476/04, NZA 2006, 270 (II 2 a); Nerlich/Römermann/*Hamacher*, InsO, § 113 Rn. 49 ff.; Moll/*Schulte*, MAH Arbeitsrecht, § 44 Rn. 90. Zu den Ausnahmen: ErfK/*Müller-Glöge*, § 113 InsO Rn. 6, 6a.

251 Andres/Leithaus/Dahl/*Andres*, InsO, § 108 Rn. 1; MAH Insolvenz und Sanierung/*Henn-Anschütz*, § 34 Rn. 156; *Rolfs*, NZA 2013, 529 (533).

252 MAH Insolvenz und Sanierung/*Henn-Anschütz*, § 34 Rn. 156; ErfK/*Müller-Glöge*, § 113 InsO Rn. 1.

wickelte für das Krankenversicherungsrecht einen eigenen Mechanismus, der den Schutz der Mitarbeiter bei Schließung einer Krankenkasse regelt.[253] Nach § 171d Abs. 1 Satz 5 i.V.m. § 164 Abs. 2 bis Abs. 5 SGB V finden die arbeitsrechtlichen Schließungsvorschriften auch bei Eröffnung des Insolvenzverfahrens über das Vermögen einer gesetzlichen Krankenkasse entsprechende Anwendung.[254]

Das sog. Unterbringungsverfahren soll den Schutz der Arbeitnehmer bei Schließung einer Krankenkasse sicherstellen. Es kompensiert den absehbaren Wegfall der Krankenkasse als Arbeitgeberin, indem es für eine Weiterbeschäftigung zumindest eines Teils der Krankenkassenbeschäftigten sorgt.[255] Der insoweit eindeutige Wortlaut des § 164 Abs. 3 SGB V legt fest, dass den Dienstordnungsangestellten und den übrigen Beschäftigten einer Innungskrankenkasse ein Unterbringungsangebot beim Landesverband oder einer anderen Innungskrankenkasse zu unterbreiten ist. Kraft (teils eingeschränkter) Verweisung finden die unmittelbar in § 164 Abs. 3 SGB V für das Recht der Innungskrankenkassen getroffenen Regelungen auch bei Schließung einer Ortskranken-, Betriebskranken- und Ersatzkassen Anwendung.[256] Die Vorschriften bedienen sich allerdings unbestimmter Rechtsbegriffe und verzichten auf konkrete Vorgaben zur Ausgestaltung des Unterbringungsverfahrens.[257] Den Rechtsanwender stellt diese Unbestimmtheit vor Auslegungsprobleme. Selbst den auf die Schließungen der City BKK und BKK für Heilberufe ergangenen gerichtlichen Entscheidungen lassen sich kaum Aussagen entnehmen, in welcher Art und Weise das Unterbringungsverfahren auszugestalten ist. Die folgende Bearbeitung versucht die noch offenen Rechtsfragen zum Unterbringungsverfahren zu klären und diese von der Rechtsprechung meist nur am Rande behandelte Thematik zu vertiefen.

Die Regelungen zum Unterbringungsverfahren können nicht in allen Punkten gemeinsam behandelt werden. Es bedarf einerseits der Trennung zwischen dem Unterbringungsverfahren für die Dienstordnungsangestellten und den übrigen Beschäftigten. Andererseits ist innerhalb der Gruppe der übrigen Beschäftigten wegen des bereits angedeuteten eingeschränkten Verweises auf § 164 Abs. 3 SGB V im Organisationsrecht der Betriebskranken- und Ersatzkassen die Unterbringung der ordentlich kündbaren Beschäftigten dieser Kassenarten gesondert zu betrachten.

---

253 *Grau/Sittard*, KrV 2012, 6 (6).

254 Krauskopf/*Baier*, Soziale Krankenversicherung, § 171d SGB V Rn. 11; Becker/Kingreen/*Mühlhausen*, SGB V, § 171d Rn. 2.

255 Ähnlich auch *Wolter*, FS Bepler (2012), S. 675 (678), der das Angebot als „Gegengeschäft" zum Verlust des Arbeitsplatzes bezeichnet.

256 § 146a Satz 3 SGB V, § 155 Abs. 4 Satz 9 SGB V, § 171 Satz 1 SGB V.

257 Ebenso *Rolfs*, GuP 2013, 8 (8 f.), der von einer „rudimentären" gesetzlichen Regelung spricht.

Die Vorschriften zum Unterbringungsverfahren sehen mit § 164 Abs. 3 Satz 1 und Satz 2 SGB V sowie § 164 Abs. 3 Satz 3 SGB V jeweils gesonderte Regelungen für die Dienstordnungsangestellten und die übrigen Beschäftigten der gesetzlichen Krankenkassen vor. Hintergrund dieser Differenzierung ist, dass bei den öffentlich-rechtlich organisierten gesetzlichen Krankenkassen aus schließungsrechtlicher Perspektive im Grunde zwischen zwei Mitarbeitergruppen unterschieden wird. Neben den aus Tarifangestellten, Arbeitern und Auszubildenden bestehenden „übrigen Beschäftigten"[258] sind bei den gesetzlichen Krankenkassen auch Dienstordnungsangestellte tätig. Der Gesetzgeber entschied sich früh für die Implementierung eines besonderen Dienstordnungssystems in der gesetzlichen Krankenversicherung.[259] Krankenkassen konnten keine Beamten beschäftigen, da ihnen die Dienstherrenfähigkeit fehlte.[260] Trotzdem bestand im Hinblick auf den Wettbewerb staatlicher Verwaltungsträger um insbesondere für Kernfunktionen geeignete Mitarbeiter ein Interesse an einer beamtenähnlichen Ausgestaltung der Dienstverhältnisse.[261] Ebenso ähnelte das konkrete Aufgabenfeld der Mitarbeiter dem von bei anderen Trägern der Staatsverwaltung tätigen Beamten, weshalb diesen auch dieselben Privilegien zukommen sollten.[262]

Der Großteil der Krankenkassenbeschäftigten ist heute allerdings der Gruppe der übrigen Beschäftigten zuzurechnen.[263] Zuletzt[264] standen bei den Ortskranken-, Betriebskranken-, Innungskranken- und Ersatzkassen insgesamt etwa 8.000 Dienstordnungsangestellte einem Vielfachen an übrigen Beschäftigten gegenüber.[265] Der Kreis der Dienstordnungsangestellten beschränkt sich auf Orts- und Innungskrankenkassen.[266] Betriebskranken- und

258 Hauck/Noftz/*Engelhard*, SGB V, § 164 Rn. 35; juris-PK-SGB V/*Koch*, § 164 Rn. 15.

259 Zur Entwicklung des Dienstordnungsrechts vgl. ausführlich *Valentini*, FS Lauterbach (1981), S. 334 (334 ff.).

260 Krauskopf/*Krauskopf*, Soziale Krankenversicherung, Vorb. §§ 349 – 362 RVO Rn. 4; Magiera/Siedentopf/*Merten*, Öffentlicher Dienst, S. 233; *Weber*, ZBR 1955, 129 (129).

261 KassKom/*Ricke*, § 144 SGB VII Rn. 2.

262 *Herrmann/Buchheim*, LKV 2014, 49 (50); KassKom/*Ricke*, § 144 SGB VII Rn. 2.

263 Vgl. die vom Bundesministerium für Gesundheit herausgegebenen Informationen zur Entwicklung der Personal- und Verwaltungskosten in der GKV, abrufbar unter http://www.bmg.bund.de/krankenversicherung/zahlen-und-fakten-zur-krankenversicherung/kennzahlen-daten-bekanntmachungen.html (zuletzt abgerufen am 31.01.2016), Stand: 12.08.2014.

264 Stand: 30.06.2012.

265 Vgl. die vom Bundesministerium für Gesundheit herausgegebenen Informationen zur Entwicklung der Personal- und Verwaltungskosten in der GKV, abrufbar unter http://www.bmg.bund.de/krankenversicherung/zahlen-und-fakten-zur-krankenversicherung/kennzahlen-daten-bekanntmachungen.html (zuletzt abgerufen am 31.01.2016), Stand: 12.08.2014.

266 *Rolfs*, GuP 2013, 8 (10).

Ersatzkassen verfügten dagegen noch nie über diesen Anstellungstypus.[267] Aktive Beamtenverhältnisse gibt es keine.[268] Der Anteil der Dienstordnungsangestellten gegenüber den übrigen Beschäftigten nimmt in den nächsten Jahren weiter ab.[269] Die Reform des Krankenversicherungsrechts mit Wirkung zum Jahr 1993[270] läutete die Abkehr vom Dienstordnungssystem in der gesetzlichen Krankenversicherung ein.[271] Gesetzliche Krankenkassen dürfen seither nach § 358 RVO neue Mitarbeiter nicht mehr als Dienstordnungsangestellte anstellen.[272] Bestehende Anstellungsverhältnisse bleiben davon allerdings unberührt, da § 358 RVO nur den Abschluss neuer Dienstordnungsanstellungsverträge untersagt.[273] Deshalb findet man auch heute und damit mehr als 20 Jahre nach den Reformen noch Dienstordnungsangestellte in den gesetzlichen Krankenkassen vor. Es handelt sich hierbei aber um ein „Auslaufmodell"[274], da diese nach und nach in den Ruhestand gehen, sodass es in naher Zukunft keine Dienstordnungsangestellten bei den gesetzlichen Krankenkassen mehr geben wird.[275] Der Gesetzgeber begründete diese Abkehr mit den Veränderungen im Krankenversicherungssystems.[276] Das Dienstordnungssystem könne nicht die Aufgaben lösen, die der verschärfte Wettbewerb im Krankenversicherungssystem an die Beschäftigten stelle.[277] Außerdem sorge dies für eine Angleichung der Wettbewerbsbedingungen gegenüber Betriebskranken- und Ersatzkassen.[278]

---

267 *Rolfs*, GuP 2013, 8 (10).

268 Krauskopf/*Krauskopf*, Soziale Krankenversicherung, § 351 RVO Rn. 3; KassKom/*Peters*, § 349 RVO Rn. 7, die allesamt von keinen Beamtenverhältnissen bei der GKV ausgehen. Anders dagegen die vom Bundesministerium für Gesundheit herausgegebenen Informationen zur Entwicklung der Personal- und Verwaltungskosten in der GKV, abrufbar unter http://www.bmg.bund.de/krankenversi cherung/zahlen-und-fakten-zur-krankenversicherung/kennzahlen-daten-bekanntmachungen.html (zuletzt abgerufen am 31.01.2016), Stand: 18.07.2013, die eine sehr kleine Anzahl von Beamten bei den Betriebskrankenkassen aufzählen. Die Beschäftigungsverhältnisse der Beamten werden hier allerdings nicht näher vertieft, da den Krankenkassen tatsächlich die Dienstherrenfähigkeit fehlt.

269 Krauskopf/*Krauskopf*, Soziale Krankenversicherung, § 358 RVO Rn. 2; KassKom/*Peters*, § 349 RVO Rn. 4.

270 BGBl. I 2266. Viele Krankenkassenmitarbeiter waren bereits vor den Neuregelungen tariflich beschäftigt. Dienstordnungsanstellungsverhältnisse waren tendenziell höherrangigen Stellen zugeordnet, KassKom/*Peters*, § 351 RVO Rn. 4.

271 BT-Drucks. 12/3608, S. 129.

272 *Balzer*, NZS 1994, 1 (1); *Benz*, SGb 2000, 53 (53); *Marburger*, BB 1993, 1 (7); Staudinger/*Richardi/Fischinger*, BGB, § 611 Rn. 295; ErfK/*Rolfs*, § 164 SGB V Rn. 3.

273 BT-Drucks. 12/3608, S. 129.

274 VGH Mannheim 18.01.2005 - 15 S 1712/03, BeckRS 2005, 22121 (II 2 a); *Benz*, SGb 2000, 53 (53); *Herrmann/Buchheim*, LKV 2014, 49 (49).

275 Krauskopf/*Krauskopf*, Soziale Krankenversicherung, § 358 RVO Rn. 2.

276 BT-Drucks. 12/3608, S. 129.

277 BT-Drucks. 12/3608, S. 129.

278 BT-Drucks. 12/3608, S. 129.

Das Dienstordnungsrecht ist keine Eigenheit des Krankenversicherungsrechts.[279] Nach § 144 SGB VII finden sich bei den Trägern der gesetzlichen Unfallversicherung ebenfalls Dienstordnungsanstellungsverhältnisse.[280] Im Gegensatz zu der für gesetzliche Krankenkassen seit 1993 geltenden Rechtslage[281] ist in der gesetzlichen Unfallversicherung der Neuabschluss von einer Dienstordnung unterstellten Arbeitsverträgen weiterhin möglich.[282]

3. Rechtsstellung der Dienstordnungsangestellten

Auch wenn sich die Anzahl der bei gesetzlichen Krankenkassen und ihren Verbänden beschäftigten Dienstordnungsangestellten immer weiter verringert, müsste sich eine zu schließende Orts- oder Innungskrankenkasse mit den Anforderungen an ein ordnungsgemäßes Unterbringungsverfahren ihnen gegenüber auseinandersetzen.[283] Die nach Schließung der City BKK und BKK für Heilberufe ergangenen Gerichtsentscheidungen helfen dabei nur bedingt weiter, da die geschlossenen Betriebskrankenkassen keine Dienstordnungsangestellten beschäftigten und die Gerichte sich damit nicht zu ihrer Unterbringung äußern mussten.[284] Die von den Gerichten vertretenen Rechtsauffassungen könnten jedoch vergleichend bei Auslegung der für Dienstordnungsangestellte maßgeblichen Vorschriften herangezogen werden.[285] Der Vergleich hat dabei die Divergenzen zwischen einer Dienstordnungsanstellung und einer bei den geschlossenen Krankenkassen üblichen tariflichen Anstellung zu berücksichtigen.[286] Wichtig ist es deshalb, sich die Rechtsstellung eines Dienstordnungsangestellten vor Augen zu führen.[287]

Eine Dienstordnungsanstellung lässt sich nicht mit der heute bei den Krankenkassen üblichen tariflichen Anstellung vergleichen.[288] Sie beruht

279 *Benz*, SGb 2000, 53 (53) zur Verbreitung von Dienstordnungsanstellungsverhältnissen.

280 Staudinger/*Richardi/Fischinger*, BGB, § 611 Rn. 295.

281 *Benz*, SGb 2000, 53 (53).

282 Becker/Franke/Molkentin/*Rapp*, SGB VII, § 144 Rn. 4; KassKom/*Ricke*, § 144 SGB VII Rn. 2; *Schmitt*, SGB VII, § 144 Rn. 2.

283 Dienstordnungsanstellungsverhältnisse lassen sich rechtlich einheitlich einordnen. Es macht keinen Unterschied, ob es sich um Dienstordnungsangestellte bei einem Versicherungsträger der gesetzlichen Unfallversicherung oder der gesetzlichen Krankenversicherung handelt, *Bulla*, FS Lauterbach (1981), S. 352 (353).

284 Die Unterbringungsvorschriften des SGB V für Dienstordnungsangestellte kamen noch nie zur Anwendung, da bisher weder eine Innungs- noch eine Ortskrankenkasse geschlossen wurde, vgl. *Rolfs*, GuP 2013, 8 (9).

285 Diese Parallelen zogen unter anderem LAG Baden-Württemberg 21.05.2012 - 1 Sa 2/12, BeckRS 2012, 71378 (I 2 c bb); LAG Düsseldorf 07.09.2012 - 6 Sa 470/12, BeckRS 2013, 67567 (A II 3 cc aaa (2) (b)).

286 Zu den Unterschieden vgl. *Benz*, SGb 2000, 53 (60).

287 Dazu *Herrmann/Buchheim*, LKV 2014, 49 (49 ff.).

288 Ähnlich *Benz*, SGb 2000, 53 (60).

zwar ebenfalls auf einem privatrechtlichen Anstellungsvertrag im Sinne des § 611 Abs. 1 BGB.[289] Anders als die bei Krankenkassen im Übrigen vorzufindenden tariflichen Anstellungsverhältnisse unterliegt sie aber gemäß § 354 Abs. 1 RVO einer Dienstordnung.[290] Es handelt sich hierbei um ein autonomes Satzungsrecht mit gesetzesgleicher Wirkung gegenüber ihnen unterstellten Dienstordnungsverhältnissen.[291] Die in ihnen getroffenen (zwingenden) Regelungen gehen den dienstvertraglichen Regelungen vor.[292]

Nach § 352 Satz 1 RVO regeln Dienstordnungen die Rechts- und die allgemeinen Dienstverhältnisse der Angestellten, insbesondere den Nachweis ihrer fachlichen Befähigung, ihre Zahl, die Art der Anstellung, die Kündigung und Entlassung und die Folgen der Nichterfüllung ihrer Pflichten. Auch wenn es sich bei Dienstordnungsanstellungsverhältnissen nicht um unmittelbar dem Beamtenrecht unterliegende Rechtsverhältnisse handelt[293], finden eine Reihe von beamtenrechtlichen Vorschriften durch Bezugnahme der Dienstordnungen und des Gesetzes entsprechende Anwendung.[294] Die Dienstordnungen orientieren sich in der Regel inhaltlich an den unter anderem im Jahr 1940 aufgestellten[295] und im Jahr 1978 erneuerten Musterdienstordnungen[296], die auf zahlreiche Vorschriften des Beam-

---

289 BAG 25.04.1979 – 4 AZR 791/77, AP Nr. 49 zu § 611 BGB Dienstordnungs-Angestellte; *Benz*, SGb 2000, 53 (53, 60); *Bulla*, FS Lauterbach (1981), S. 352 (356); *Herrmann/Buchheim*, LKV 2014, 49 (50); Magiera/Siedentopf/*Merten*, Öffentlicher Dienst, S. 233; Groeger/*Oberthür*, Arbeitsrecht im öffentlichen Dienst, Teil 11 Rn. 11; Staudinger/*Richardi/Fischinger*, BGB, § 611 Rn. 296; ErfK/*Rolfs*, § 164 SGB V Rn. 3; *Rolfs*, NZA 2013, 529 (530).

290 Statt vieler *Benz*, SGb 2000, 53 (59).

291 BAG 29.09.2004 – 10 AZR 88/04, NZA 2005, 376 = NJOZ 2005, 1244, 1249 (II 2 c aa); BAG 22.07.2010 – 6 AZR 82/09, NZA 2011, 119 = NJOZ 2010, 2699 (Rn. 11); BAG 24.05.2012 – 6 AZR 679/10, NZA 2012, 1158 (Rn. 15); Staudinger/*Richardi/Fischinger*, BGB, § 611 Rn. 296.

292 *Benz*, SGb 2000, 53 (54); *Bulla*, FS Lauterbach (1981), S. 352 (354).

293 So im Ergebnis BAG 24.05.2012 – 6 AZR 679/10, NZA 2012, 1158 (Rn. 15), das ausdrücklich klarstellt, dass Dienstordnungsangestellte weder Beamte seien noch ihnen ein beamtenrechtlicher Status zukomme.

294 Vgl. bspw. BAG 22.07.2010 – 6 AZR 82/09, NZA 2011, 119 = NJOZ 2010, 2699 zur Wirkung einer Bezugnahme auf die für Beamte geltenden Besoldungsvorschriften einer Dienstordnung. *Oberthür* nennt beispielsweise die besoldungs- und versorgungsrechtliche Gleichstellung der Dienstordnungsangestellten mit Beamten, Groeger/*Oberthür*, Arbeitsrecht im öffentlichen Dienst, Teil 11 Rn. 11.

295 *Benz*, SGb 2000, 53 (57); Krauskopf/*Krauskopf*, Soziale Krankenversicherung, Vorb. §§ 349 – 362 RVO Rn. 7; *Siebeck*, Dienstrecht, S. 81; *Weber*, ZBR 1955, 129 (129).

296 Krauskopf/*Krauskopf*, Soziale Krankenversicherung, Vorb. §§ 349 – 362 RVO Rn. 7. Die einzelnen Bundesländer stellen eigene Musterdienstordnungen zur Verfügung, die allerdings der Musterdienstordnung des Bundes – abgesehen von kleineren Abweichungen – entsprechen. Vgl. näher dazu Krauskopf/*Krauskopf*, Soziale Krankenversicherung, Vorb. §§ 349 – 362 RVO Rn. 7. Vgl. bspw. unter http://www.gesetze-bayern.de/Content/Document/BayVwV97484 (zuletzt abgerufen am 31.01.2016) die Bayerische Musterdienstordnung vom 30.06.1982, Az.: III 2/4200-21/2/82,

tenrechts verweisen.[297] Die rechtliche Ausgestaltung von Dienstordnungsanstellungsverhältnissen ähnelt nicht zuletzt deswegen trotz ihres privatrechtlichen Charakters stark dem Beamtenrecht.[298]

Für eine Harmonisierung der Rechtsverhältnisse von Beamten und Dienstordnungsangestellten sorgen darüber hinaus die Vorgaben von Art. VIII des 2. BesVNG[299] (Zweites Gesetz zur Vereinheitlichung und Neuregelung des Besoldungsrechts in Bund und Ländern[300]), das besondere Regelungen für den Bereich der Sozialversicherung vorsieht.[301] Das Gesetz schreibt unter anderem vor, dass der Rahmen des Bundesbesoldungsgesetzes bei Aufstellung der Dienstordnungen einzuhalten ist (§ 1 Abs. 1 Nr. 1 Art. VIII des 2. BesVNG) und alle weiteren Geld- und geldwerten Leistungen sowie die Versorgung im Rahmen und nach den Grundsätzen der für die Bundesbeamten geltenden Bestimmungen zu regeln sind (§ 1 Abs. 1 Nr. 2 Art. VIII des 2. BesVNG). Weitere Vorschriften zum Schutz von Dienstordnungsangestellten finden sich in der Reichsversicherungsordnung. Nach § 354 Abs. 2 RVO ist beispielsweise nach zehnjähriger Beschäftigung eine Kündigung nur noch aus wichtigem Grund möglich. Auch wenn den Dienstordnungsangestellten durch die Vorgaben der RVO bereits ein hohes Schutzniveau eingeräumt wird, finden sich meist in den Dienstordnungen günstigere Vorschriften unter anderem zur möglichen Kündigung ihrer Anstellungsverhältnisse.[302]

Die beamtenrechtsähnliche Ausgestaltung von Dienstordnungsanstellungsverhältnissen könnte bei der Auslegung der Vorschriften zum Unterbringungsverfahren die Heranziehung beamtenrechtlicher Grundsätze

---

AMBl 1982, S. 137, ber. S. 175 für Orts- und Innungskrankenkassen. Der folgenden Bearbeitung liegt diese Musterdienstordnung zugrunde.

297 Es besteht keine Pflicht, sich bei der Aufstellung einer Dienstordnung an der Musterdienstordnung zu orientieren. Abweichende Regelungen sind in den Grenzen des Gesetzes zulässig.

298 So im Ergebnis auch *Bulla*, FS Lauterbach (1981), S. 352 (352); *Doubrawa*, Dienstrecht Sozialversicherungsträger, S. 46; Staudinger/*Richardi/Fischinger*, BGB, § 611 Rn. 296, die sogar von einer nahezu vollständigen Entsprechung der Dienstordnungsangestellten und Beamten ausgehen; *Grau/Sittard*, KrV 2012, 6 (6); Groeger/*Oberthür*, Arbeitsrecht im öffentlichen Dienst, Teil 11 Rn. 11; *Rolfs*, NZA 2013, 529 (530).

299 Die für die Sozialversicherung relevanten Abschnitte des Gesetzes sind in Krauskopf/*Krauskopf*, Soziale Krankenversicherung, Vorb. §§ 349 – 362 RVO Rn. 12 abgedruckt.

300 BGBl. I 1173.

301 Krauskopf/*Krauskopf*, Soziale Krankenversicherung, Vorb. §§ 349 – 362 RVO Rn. 11; *Rübsteck*, SozSich 1976, 111 (111). Ausführlich zur Geschichte der zunehmenden Angleichung des Dienstordnungsrechts an das Beamtenrecht vgl. *Bieback*, VSSR 1979, 111 (112 ff.).

302 Krauskopf/*Baier*, Soziale Krankenversicherung, § 354 RVO Rn. 5.

rechtfertigen[303], auch wenn deren entsprechende Anwendbarkeit nicht vorschnell bejaht werden darf. Es ist bei der Auslegung der Normen zum Dienstordnungsrecht immer zu berücksichtigen, dass die Dienstordnungsangestellten weder Beamte sind noch sie einen beamtenrechtlichen Status innehaben.[304] Nach der Rechtsprechung des Bundesarbeitsgerichts gelten für sie zwar durch Dienstordnungen in Bezug genommene Vorschriften gleichermaßen.[305] Die nach Schließung einer Krankenkasse maßgeblichen Unterbringungsvorschriften des Krankenversicherungsrechts verweisen aber nicht unmittelbar auf das Beamtenrecht. In erster Linie richtet sich der Unterbringungsanspruch der Dienstordnungsangestellten daher nach den Regelungen des SGB V.

4. Anforderungen an das Unterbringungsangebot

Die juristische Literatur beschäftigt sich größtenteils mit den Anforderungen an ein ordnungsgemäßes Unterbringungsverfahren für den Kreis der übrigen Beschäftigten im Sinne des § 164 Abs. 3 Satz 3 SGB V sowie den Rechtsfolgen ihrer Verletzung. Da die in der Praxis bisher relevanten Fälle die Schließung zweier Betriebskrankenkassen betrafen, die keine Dienstordnungsangestellten beschäftigten, schenkte man der Frage nach den Anforderungen an das Unterbringungsverfahren der Dienstordnungsangestellten wenig Beachtung.[306]

Die gesetzlichen Vorgaben zum Unterbringungsverfahren dieses Beschäftigtenkreises sind überschaubar. § 164 Abs. 3 Satz 1 SGB V bestimmt die Pflicht der Dienstordnungsangestellten, eine vom Landesverband der Innungskrankenkassen nachgewiesene dienstordnungsmäßige Stellung bei ihm oder einer anderen Innungskrankenkasse anzutreten, wenn nicht die Stellung in auffälligem Missverhältnis zu den Fähigkeiten der Angestellten liegt. Nach § 164 Abs. 3 Satz 2 SGB V sind dadurch entstehende geringere Besoldungs- und Versorgungsansprüche auszugleichen. Die Vorschrift liefert zumindest Anhaltspunkte zu den Anforderungen an das Unterbringungsverfahren für Dienstordnungsangestellte.

---

303 Ebenso *Bohlen-Schöning*, KrV 2011, 85 (85); juris-PK-SGB V/*Koch*, § 164 Rn. 14; Becker/Kingreen/*Mühlhausen*, SGB V, § 164 Rn. 5.

304 BAG 20.02.2008 - 10 AZR 440/07, NZA 2008, 1095 (Os.) = NJOZ 2008, 3709 (Rn. 14); BAG 24.05.2012 - 6 AZR 679/10, NZA 2012, 1158 (Rn. 15).

305 BAG 24.05.2012 - 6 AZR 679/10, NZA 2012, 1158 (Rn. 15).

306 Insb. *Bohlen-Schöning*, KrV 2011, 85 (85) und *Grau/Sittard*, KrV 2012, 6 (6) setzen sich kurz mit den Anforderungen an das Unterbringungsangebot gegenüber Dienstordnungsangestellten auseinander.

a) Generelle Pflicht zur Durchführung des Unterbringungsverfahrens

Eine generelle Pflicht der geschlossenen Krankenkasse, der Landesverbände oder der zur Aufnahme verpflichteten übrigen Krankenkassen zur Durchführung eines Unterbringungsverfahrens für Dienstordnungsangestellte ergibt sich nicht unmittelbar aus dem Wortlaut des § 164 Abs. 3 Satz 1 SGB V. Adressat der Vorschrift sind stattdessen nur die Dienstordnungsangestellten, indem sie zur Annahme einer ihnen angebotenen Unterbringungsstelle verpflichtet werden. Das bedeutet allerdings nicht etwa, dass die Norm keine Pflicht zur Durchführung eines Unterbringungsverfahrens für Dienstordnungsangestellte enthält.[307] Die Literatur greift eine solche Leseart nicht auf und geht zu Recht von einer Pflicht zur Durchführung eines Unterbringungsverfahrens auch für Dienstordnungsangestellte aus.[308] Der Wille des Gesetzgebers spricht bereits gegen eine solche Aberkennung einer Unterbringungsverpflichtung. Ausweislich der Gesetzesbegründung zur Anwendbarkeit der Unterbringungsvorschriften bei Schließung einer Betriebskrankenkasse soll die Unterbringung die Rechtsstellung der Dienstordnungsangestellten[309] und der von ihr betroffenen übrigen Beschäftigten insoweit sichern, als ihnen eine ihrer bisherigen Stellung entsprechende Stelle anzubieten sei.[310] Die eindeutige Gesetzesbegründung deckt sich mit § 164 Abs. 3 Satz 3 SGB V, der für den Kreis der übrigen Beschäftigten die Pflicht zur Abgabe von Unterbringungsangeboten und damit zugleich die generelle Pflicht zur Durchführung eines Unterbringungsverfahrens festlegt. Insofern lassen auch systematische Gründe die allgemeine Verpflichtung zur Durchführung eines Unterbringungsverfahrens für Dienstordnungsangestellte erkennen, da kein Grund für eine Andersbehandlung zwischen Dienstordnungsangestellten und übrigen Beschäftigten ersichtlich ist. Die generelle Pflicht zur Durchführung eines Unterbringungsverfahrens für Dienstordnungsangestellte ist daher nicht in Frage zu stellen.[311]

---

307 Dieser Standpunkt wird – soweit ersichtlich – weder in der Literatur noch in der Rechtsprechung ernsthaft diskutiert geschweige denn tatsächlich vertreten.

308 *Grau/Sittard*, KrV 2012, 6 (6); ErfK/*Rolfs*, § 164 SGB V Rn. 4; *Rolfs*, NZA 2013, 529 (530). Undeutlich dagegen LPK-SGB V/*Hänlein*, § 164 Rn. 6, der § 164 Abs. 3 Satz 1 SGB V scheinbar als Soll-Vorschrift betrachtet.

309 Der Gesetzgeber geht nicht darauf ein, dass Betriebskrankenkassen keine Dienstordnungsangestellten beschäftigen.

310 BT-Drucks. 16/9559, S. 19.

311 So im Ergebnis auch juris-PK-SGB V/*Koch*, § 164 Rn. 14, der in der Regelung des § 164 Abs. 3 Satz 3 SGB V ein Indiz für eine Unterbringungsverpflichtung sieht.

b) Dienstordnungsmäßige Stellung

Nach § 164 Abs. 3 Satz 1 SGB V ist einem Dienstordnungsangestellten eine dienstordnungsmäßige Stellung beim Landesverband oder einer anderen Innungskrankenkasse[312] anzubieten. Das Gesetz selbst enthält keine Definition der dienstordnungsmäßigen Stelle in diesem Sinne. Die Anforderungen an eine solche lassen sich aber sowohl durch einen Rückgriff auf die Gesetzesmaterialien als auch durch eine Analyse allgemeiner Prinzipien des Dienstordnungsrechts präzisieren.

aa) Gesetzgebungsmaterialien

(1) Gesetzesbegründung zu § 164 Abs. 3 SGB V

Die Gesetzgebungsmaterialien grenzen den Begriff der dienstordnungsmäßigen Stellung im Sinne des § 164 Abs. 3 Satz 1 SGB V etwas näher ein. Nach der Gesetzesbegründung zu § 164 Abs. 3 Satz 1 SGB V[313] soll die Übernahme der Beschäftigten „zu denselben oder mindestens gleichwertigen Bedingungen erfolgen".[314] Das Zusammenspiel zwischen dem Begriff der dienstordnungsmäßigen Stellung und dem Abstellen auf die Bedingungen der Beschäftigung verdeutlichen, dass die Gesamtumstände der neuen Beschäftigung maßgeblich sind. Ihr werden damit nach unten Grenzen gesteckt, indem sich die bisherige Rechtsstellung des Dienstordnungsangestellten nicht wesentlich verschlechtern darf.

Ein ähnlicher Hinweis findet sich in der Entwurfsbegründung der Bundesregierung zum GKV-OrgWG aus dem Jahr 2008.[315] Die Beschäftigungsansprüche der Dienstordnungsangestellten[316] und der übrigen Beschäftigten seien mit dem Verweis des § 155 Abs. 4 Satz 9 SGB V auf § 164 Abs. 2 bis 4 SGB V insoweit gesichert, als ihnen bei den anderen Krankenkassen „eine

312 Beziehungsweise einer anderen Ortskranken-, Innungskranken- oder Ersatzkasse, wenn eine Krankenkasse dieser Krankenkassenarten geschlossen werden soll.

313 Der Gesetzesentwurf sah die heute in § 164 Abs. 3 SGB V vorzufindende Regelung noch in § 173 Abs. 3 Satz 1 SGB V vor, vgl. BT-Drucks. 11/2237, S. 212. Es hat sich allerdings bei Verabschiedung des Gesetzes ausschließlich die Nummerierung des Paragrafs verändert, weshalb auf die Aussagen des Gesetzgebers zurückgegriffen werden kann.

314 BT-Drucks. 11/2237, S. 212. Darauf greift auch das BAG 21.11.2013 – 2 AZR 495/12, NJOZ 2014, 1548 (Rn. 73) zur näheren Eingrenzung der Zumutbarkeitsanforderungen zurück.

315 Vgl. BT-Drucks. 16/9559, S. 19.

316 Hier kann außer Acht bleiben, dass die Betriebskrankenkassen tatsächlich keine Dienstordnungsangestellten beschäftigen. Tatsächlich umfasst der Verweis des § 155 Abs. 4 Satz 9 SGB V daher nur ordentlich unkündbare Arbeitnehmer.

ihrer bisherigen Stellung entsprechende Stelle anzubieten"[317] sei.[318] Der Gesetzesbegründung selbst lässt sich allerdings nicht entnehmen, nach welchen Maßstäben die Gleichwertigkeit der neuen Stelle gegenüber der alten Stelle zu beurteilen ist.

(2) Gesetzesbegründung zu § 213 SGB V

Die Gesetzesbegründung zu § 213 SGB V bestätigt die Äußerungen des Gesetzgebers in Bezug auf die Unterbringungsverpflichtung der Landesverbände und Krankenkassen gegenüber den Dienstordnungsangestellten. Das GKV-WSG entzog den bisherigen Bundesverbänden einen Teil ihrer Aufgaben und ordnete ihre Umwandlung in Gesellschaften des bürgerlichen Rechts an.[319] Die Bundesverbände beschäftigten sowohl Dienstordnungsangestellte als auch sonstige Beschäftigte.[320] § 213 SGB regelt in diesem Zusammenhang das Schicksal dieser Beschäftigten.[321] Nach Umwandlung der Bundesverbände in Gesellschaften des bürgerlichen Rechts ordnet § 213 Abs. 1 Satz 5 SGB V die Weiterbeschäftigung von Dienstordnungsangestellten bei diesen Gesellschaften unter Wahrung ihrer Rechtsstellung und Fortgeltung der jeweiligen Dienstordnungen an. Gleichzeitig verweist § 213 Abs. 1 Satz 6 SGB V auf § 164 Abs. 3 SGB V und erklärt damit das Unterbringungsverfahren sowohl für die Dienstordnungsangestellten als auch die übrigen Angestellten der Bundesverbände für anwendbar. Allerdings geht § 213 SGB V in Bezug auf die Rechtsstellung der Dienstordnungsangestellten über § 164 Abs. 3 SGB V hinaus. Einerseits verweist § 213 Abs. 1 Satz 6 SGB V auf § 164 Abs. 3 SGB V und verpflichtet damit Dienstordnungsangestellte zur Annahme eines ihnen unterbreiteten Unterbringungsangebots bei einem Landesverband oder einer Krankenkasse. Neben diesem Unterbringungsanspruch räumt § 213 Abs. 1 Satz 7 SGB V diesen außerdem einen Anspruch auf Anstellung bei einem Landesverband ihrer Wahl ein.[322] Das Gesetz klärt das Verhältnis zwischen dem Unterbringungsanspruch nach § 213 Abs. 1 Satz 6 i.V.m. § 164 Abs. 3 Satz 3 SGB V und dem Anspruch auf eine Anstellung bei einem Landesverband nach § 213 Abs. 1 Satz 7 SGB V nicht eindeutig. Richtigerweise stehen die beiden Regelungen nebeneinander.[323] Bis zur Unterbreitung eines Unterbringungsangebotes

317 BT-Drucks. 16/9559, S. 19.
318 BT-Drucks. 16/9559, S. 19.
319 Becker/Kingreen/*Mühlhausen*, SGB V, § 212 Rn. 1 f.
320 Becker/Kingreen/*Mühlhausen*, SGB V, 3. Auflage 2012, § 213 Rn. 4 (Altauflage).
321 Vgl. zu den arbeitsrechtlichen Fragen im Zusammenhang mit der Regelung des § 213 SGB V insb. *Scholz/Buchner*, KrV 2007, 77.
322 Krauskopf/*Krauskopf*, Soziale Krankenversicherung, § 213 SGB V Rn. 15.
323 Krauskopf/*Krauskopf*, Soziale Krankenversicherung, § 213 SGB V Rn. 14 f.

kann ein Dienstordnungsangestellter gegenüber einem Landesverband seiner Wahl einen Anspruch auf Anstellung geltend machen oder sich auf die Unterbringungsverpflichtung berufen. Erst nach Unterbreitung eines Unterbringungsangebots ist der Anspruch nach § 213 Abs. 1 Satz 7 SGB V ausgeschlossen.[324]

Die Gesetzesbegründung zu § 213 SGB V lässt einen Rückschluss auf das Begriffsverständnis des Gesetzgebers von einer dienstordnungsmäßigen Stellung zu.[325] Mache ein Dienstordnungsangestellter von seinem Wahlrecht nach § 213 Abs. 1 Satz 7 SGB V Gebrauch und verlange er die Weiterbeschäftigung bei einem bestimmten Landesverband, müsse der Landesverband „ihm eine Stellung unter Wahrung seines Status und Fortgeltung der Dienstordnung“[326] anbieten. Von der „Wahrung ihrer Rechtsstellung“ spricht der Gesetzgeber ebenfalls im Fall der Weiterbeschäftigung von Dienstordnungsangestellten bei einer anderen Krankenkasse auf Grundlage des § 213 Abs. 1 Satz 6 i.V.m. § 164 Abs. 3 SGB V.[327] Demnach ging der Gesetzgeber noch im Jahr 2008 davon aus, dass ein Unterbringungsangebot nach Maßgabe des § 213 Abs. 1 Satz 6 i.V.m. § 164 Abs. 3 SGB V die Wahrung der Rechtsstellung des Dienstordnungsangestellten zum Inhalt haben muss.

Die hier zitierten Aussagen traf der Gesetzgeber erst im Jahr 2008 und damit nach Einfügung des § 164 Abs. 3 SGB V in das Gesetz. Sie dienen daher nicht als sicherer Beleg für den Gesetzeswillen im Zeitpunkt der Reformierung des Schließungsrechts und der Einführung der Unterbringungsvorschriften.[328] Doch kann die im Zusammenhang mit § 213 Abs. 1 Satz 6 i.V.m. § 164 Abs. 3 SGB V geäußerte Auffassung als Indiz dafür angesehen werden, dass der Gesetzgeber schon früher mit der Forderung nach einem „dienstordnungsmäßigen Stellung“ die Beibehaltung der bisherigen Rechtsstellung verband und einen besonderen Zusammenhang mit dessen bisherigem Status herstellte.

---

324 So auch Hauck/Noftz/*Engelhard*, SGB V, § 213 Rn. 13 f.; Becker/Kingreen/*Mühlhausen*, SGB V, 3. Auflage 2012, § 213 Rn. 3 (Altauflage). Für ein Nebeneinander des § 213 Abs. 1 Satz 6 und 7 SGB V sprechen sich auch Krauskopf/*Krauskopf*, Soziale Krankenversicherung, § 213 SGB V Rn. 14 f.; KassKom/*Peters*, § 213 SGB V Rn. 6 aus, ohne allerdings einen Ausschluss des Satz 7 nach Unterbreitung eines Unterbringungsangebots zu diskutieren.

325 BT-Drucks. 16/3100, S. 160.

326 BT-Drucks. 16/3100, S. 160.

327 BT-Drucks. 16/3100, S. 160.

328 Ebenso BAG 21.11.2013 – 2 AZR 598/12, BeckRS 2014, 70205 (Rn. 60); BAG 21.11.2013 – 2 AZR 966/12, BeckRS 2014, 70808 (Rn. 52), allerdings nicht im Zusammenhang mit der Frage nach einer möglichen analogen Anwendung des § 164 Abs. 3 SGB V auf ordentlich kündbare Beschäftigte einer Betriebskranken- und Ersatzkasse.

(3) Zusammenfassung

Aus den oben besprochenen Gesetzesbegründungen folgt, dass die neue Anstellung zu denselben oder zumindest gleichwertigen Bedingungen zu erfolgen hat und damit eine Anknüpfung an die vorherige Rechtsstellung erforderlich ist. Das wird durch die zu § 155 Abs. 4 Satz 9 SGB V und § 213 Abs. 1 Satz 6 SGB V getroffenen Aussagen bestätigt. Der Gesetzgeber ließ damit erkennen, dass mit der Unterbringung eines Dienstordnungsangestellten dessen Rechtsstellung gesichert werden muss. Die Gesetzesbegründungen präzisieren die Reichweite noch zulässiger Beschränkungen der vorherigen Rechtsstellung nicht weiter. Es wird aber in der Praxis nicht in jedem Fall möglich sein, den Angestellten im Wege der Unterbringung bei einer anderen Krankenkasse auf einer gleichen Stelle mit gleichem Aufgabenbereich unterzubringen. Abweichungen von der bisherigen Tätigkeit sind bereits mit Blick auf die Funktionsfähigkeit der aufnehmenden Landesverbände oder Krankenkassen erforderlich. Ein Vergleich mit beamtenrechtlichen Vorschriften könnte bei der Frage, unter welchen Voraussetzungen Abweichungen noch als zulässig einzustufen sind, weiterhelfen.

bb) Rückgriff auf beamtenrechtliche Grundsätze

Die statusrechtliche Vergleichbarkeit des Dienstordnungsamts mit dem Statusamt eines Beamten rechtfertigt möglicherweise bei Auslegung des Begriffs der „dienstordnungsmäßigen Stellung“ im Sinne des § 164 Abs. 4 Satz 1 SGB V einen Rückgriff auf beamtenrechtliche Grundsätze.

(1) Amtsbegriff im Beamtenrecht

Das Beamtenrecht kennt verschiedene Amtsbegriffe.[329] Man unterscheidet im Wesentlichen zwischen dem Amt im statusrechtlichen Sinne, dem Amt im abstrakt-funktionellen Sinne sowie demjenigen im konkret-funktionellen Sinne.[330] Unter einem Amt im statusrechtlichen Sinne versteht man „die Zugehörigkeit zu einer Laufbahn und Laufbahngruppe durch die besoldungsrechtliche Einordnung und die Dienstbezeichnung charakterisierte Rechtsstellung des Beamten“[331].[332] Dagegen fallen unter das Amt im abstrakt-

329 Kugele/*Dawin*, BBesG, § 16 Rn. 4.
330 *Wind/Schimana/Wichmann*, Öffentliches Dienstrecht, S. 44.
331 Kugele/*Dawin*, BBesG, § 16 Rn. 4.
332 BVerwG 24.01.1991 – 2 C 16/88, NJW 1991, 2980 (II 2); BVerwG 15.06.1995 – 2 B 16/95, NVwZ-RR 1996, 161 (161); BVerwG 25.10.2007 – 2 C 30/07, NVwZ-RR 2008, 268 (Rn. 13); Kugele/*Dawin*, BBesG, § 16 Rn. 4; *Schnellenbach*, Beamtenrecht, § 3 Rn. 10; *Terwiesche*, Handbuch Verwaltungsrecht, Teil 5 Kap. 38 Rn. 40.

funktionellen Sinne alle bei einer Behörde auf Dauer eingerichteten Dienstposten, die der statusrechtlichen Rechtsstellung des Beamten entsprechen und daher eine amtsgemäße Beschäftigung gewährleisten können.[333] Das konkret-funktionelle Amt bezeichnet den konkreten Aufgabenbereich des Beamten, also die „tatsächlich übertragene Funktion"[334] (Dienstposten).[335]

(2) Statusrechtliche Vergleichbarkeit von Dienstordnungsangestellten

Das Dienstordnungsverhältnis selbst wird zwar durch den Abschluss eines privatrechtlichen Dienstvertrages begründet.[336] Neben die üblichen für die Ausgestaltung von Anstellungsverhältnissen maßgeblichen Rechtsgrundlagen tritt aber eine normativ geltende Dienstordnung[337], die größtenteils auf Vorschriften des Beamtenrechts verweist.

Die Literatur zum Schließungsrecht der Krankenkassen bejaht – meist ohne nähere Begründung – die Anwendung beamtenrechtlicher Grundsätze bei Unterbringung von Dienstordnungsangestellten.[338] Ein solcher Rückgriff liegt zunächst wegen den Schnittmengen zum Beamtenrecht nahe. Allein deshalb sind aber nicht sämtliche im Dienstordnungsrecht auftretende Probleme reflexartig unter Zuhilfenahme beamtenrechtlicher Grundsätze zu lösen. Es ist stattdessen zuvor zu prüfen, ob im Einzelfall tatsächlich ausreichende Parallelen zum Beamtenrecht existieren. Dienstordnungsangestellte sind trotz zahlreicher Überschneidungen eben keine Beamte.[339]

Das sog. „Dienstordnungsamt" ist mit Blick auf den Wortlaut des § 164 Abs. 3 Satz 1 SGB V Anknüpfungspunkt dieser Prüfung[340]. Es bestimmt sich nach der arbeitsvertraglichen Vereinbarung und nicht wie im Beamtenrecht infolge eines streng formgebundenen Ernennungsakts.[341] Trotz dieses

---

333 BVerwG 03.07.1985 – 2 BvL 16/82, NVwZ 1986, 33 (II 1); BVerwG 28.11.1991 – 2 C 41/89, NVwZ 1992, 572 (573); BVerwG 22.06.2006 – 2 C 26/05, NVwZ 2007, 101 (Rn. 11); *Schnellenbach*, Beamtenrecht, § 3 Rn. 10.

334 Kugele/*Dawin*, BBesG, § 16 Rn. 4.

335 BVerwG 18.09.2008 – 2 C 8/07, NVwZ-RR 2009, 211 (Rn. 15); Kugele/*Dawin*, BBesG, § 16 Rn. 5; *Schnellenbach*, Beamtenrecht, § 3 Rn. 10.

336 BAG 25.04.1979 – 4 AZR 791/77, AP Nr. 49 zu § 611 BGB Dienstordnungs-Angestellte; *Benz*, SGb 2000, 53 (53, 60); *Bulla*, FS Lauterbach (1981), S. 352 (356); *Herrmann/Buchheim*, LKV 2014, 49 (50); Magiera/Siedentopf/*Merten*, Öffentlicher Dienst, S. 233; Groeger/*Oberthür*, Arbeitsrecht im öffentlichen Dienst, Teil 11 Rn. 11; Staudinger/*Richardi/Fischinger*, BGB, § 611 Rn. 296; ErfK/*Rolfs*, § 164 SGB V Rn. 3; *Rolfs*, NZA 2013, 529 (530).

337 *Herrmann/Buchheim*, LKV 2014, 49 (50).

338 U.a. *Bohlen-Schöning*, KrV 2011, 85 (85); juris-PK-SGB V/*Koch*, § 164 Rn. 14; Becker/Kingreen/*Mühlhausen*, SGB V, § 164 Rn. 5 mit kurzer Begründung.

339 BAG 24.05.2012 – 6 AZR 679/10, NZA 2012, 1158 (Rn. 15).

340 *Herrmann/Buchheim*, LKV 2014, 49 (52).

341 *Herrmann/Buchheim*, LKV 2014, 49 (52 f.).

Unterschiedes wird dem Dienstordnungsamt aber ein mit dem Beamtenrecht vergleichbarer statusrechtlicher Schutz zuerkannt, um eine Benachteiligung von Dienstordnungsangestellten zu verhindern.[342] Das gilt vor allem in den Bereichen, in denen Dienstordnungen auf beamtenrechtliche Normen verweisen.[343] Dieser Benachteiligungsschutz ist wegen der generellen Ähnlichkeit der Beschäftigungsverhältnisse von Dienstordnungsangestellten und Beamten geboten. Beide Mitarbeitergruppen sind überwiegend mit hoheitlichen Aufgaben betraut.[344] Eine Vielzahl von beamtenrechtlichen Vorschriften finden zusätzlich durch die Verweise der Dienstordnungen Anwendung, insbesondere die Vorschriften zur Besoldung von Dienstordnungsangestellten. Sämtliche Punkte offenbaren den gesetzgeberischen Willen, Dienstordnungsangestellten einen mit Beamten vergleichbaren Schutz zu gewährleisten.[345] Demzufolge spricht auch das Bundesarbeitsgericht im Zusammenhang mit statusrechtlichen Fragen rund um das Anstellungsverhältnis eines Dienstordnungsangestellten vom „Amt im statusrechtlichen Sinne“ und zieht Parallelen zum Beamtenrecht.[346] Nach alledem rechtfertigen es die vorgehenden Erwägungen, die Grenzen für die Eingriffe in das Statusamt eines Dienstordnungsangestellten durch einen Rückgriff auf die zum Beamtenrecht entwickelten Kriterien zu bestimmen.

(3) Parallelen bei Auflösung von Körperschaften

Ein Vergleich der Regelungen zum Unterbringungsverfahren mit den beamtenrechtlichen Versetzungsvorschriften bei Auflösung einer Körperschaft bringt ebenfalls beachtliche Parallelen zum Vorschein.[347] Die auf bundesrechtlicher Ebene existierenden Vorschriften zur Auflösung von Körperschaften fallen besonders ins Auge. Nach § 16 Abs. 1 BeamtStG treten Beamte einer juristischen Person des öffentlichen Rechts mit Dienstherrnfähigkeit, die vollständig in eine andere Körperschaft eingegliedert wird, mit der Umbildung kraft Gesetzes in den Dienst der aufnehmenden Körper-

---

342 *Herrmann/Buchheim*, LKV 2014, 49 (52 f.).

343 So beispielsweise BAG 22.07.2010 - 6 AZR 82/09, NZA 2011, 119 = NJOZ 2010, 2699 (Rn. 19), wonach durch die Bezugnahme der Dienstordnungen auf das Besoldungsrecht der Beamten der verfassungsrechtliche Besoldungsschutz auch für Dienstordnungsangestellte bestehe.

344 *Herrmann/Buchheim*, LKV 2014, 49 (52).

345 *Herrmann/Buchheim*, LKV 2014, 49 (52).

346 Vgl. bspw. BAG 22.06.1999 - 9 AZR 541/98, NZA 2000, 606 (I 2 a); BAG 29.09.2010 - 10 AZR 588/09, NZA 2011, 151 (Rn. 30 f.).

347 Ebenso LAG Baden-Württemberg 21.05.2012 - 1 Sa 2/12, BeckRS 2012, 71378 (I 2 c bb); LAG Düsseldorf 07.09.2012 - 6 Sa 344/12, BeckRS 2013, 67562 (II 3 a cc aaa (2) (b)), die das Beamtenrecht allerdings im Zusammenhang mit der Auslegung des § 164 Abs. 4 SGB V heranziehen.

schaft über. Ähnliche Regelungen enthalten § 28 Abs. 3 Satz 1 BBG und § 130 Abs. 1 BRRG für den Fall der Auflösung oder Verschmelzung von Behörden. Das Beamtenrecht lässt damit den Wechsel von Beamten von einer Körperschaft zur einer anderen Körperschaft zu.

Die Vorschriften stellen hohe Anforderungen an die neue Stellung der Beamten. Nach § 18 Abs. 1 Satz 1 BeamtStG soll den nach § 16 BeamtStG in den Dienst einer anderen Körperschaft übertretenden oder übernommenen Beamten ein gleich zu bewertendes Amt übertragen werden, das ihrem bisherigen Amt nach Bedeutung und Inhalt ohne Rücksicht auf ihre Dienststellung und ihres Dienstalters entspricht. § 130 Abs. 1 BRRG trifft eine inhaltlich übereinstimmende Regelung. Sollte eine dem bisherigen Amt entsprechende Verwendung nicht möglich sein, kann den Beamten nach § 18 Abs. 1 Satz 2 BeamtStG ein anderes Amt mit geringerem Grundgehalt übertragen werden. Verschlechterungen des bisherigen statusrechtlichen Amtes sind damit in Grenzen möglich.[348] Eine ähnliche Regelung trifft § 28 Abs. 3 Satz 1 BBG, der eine Versetzung von Beamten in ein anderes Amt derselben oder einer anderen Laufbahn mit geringerem Endgrundgehalt[349] ohne deren Zustimmung zulässt, wenn eine dem bisherigen Amt entsprechende Verwendung nicht möglich ist. Beide Gesetze schreiben vor, dass das (End-)Grundgehalt mindestens dem des Amtes entsprechen muss, das der Beamte vor dem bisherigen Amt wahrgenommen hat (§ 18 Abs. 1 Satz 3 BeamtStG, § 28 Abs. 3 Satz 2 BBG). Offenbar reichen diese Vorgaben nach Auffassung des Gesetzgebers zur Wahrung eines ausreichenden Schutzes des Statusamts bei statusberührenden Versetzungen aus.[350]

Die oben dargestellten Normen zum Beamtenrecht sehen im Falle der Auflösung oder Umbildung einer Körperschaft damit die Versetzung von Beamten vor. Unter einer Versetzung wird gemäß § 15 Abs. 1 BeamtStG, § 28 Abs. 1 BBG die auf Dauer angelegte Übertragung eines anderen Amtes bei einer anderen Dienststelle beim selben oder einem anderen Dienstherrn verstanden.[351] Das Beamtenrecht kennt daneben auch die Umsetzung[352], Abordnung (§ 14 Abs. 1 BeamtStG, § 27 Abs. 1 BBG), Zuweisung (§ 20 Abs. 1 BeamtStG, § 29 Abs. 1 Satz 1 BBG) und Organisationsverfügung ge-

348 *Kugele*, BeamtStG, § 18 Rn. 3.

349 Zum Endgrundgehalt zählen auch Amtszulagen im Sinne des § 42 BBesG und allgemeine Zulagen, nicht dagegen alle übrigen Stellenzulagen, *Kugele*, BBG, § 28 Rn. 29; Fürst/GKÖD/*Summer*, Band I, Teil 2a, K § 26 BBG Rn. 22.

350 BT-Drucks. 13/3994, S. 32.

351 *Kugele*, BBG, § 28 Rn. 3; *Wind/Schimana/Wichmann*, Öffentliches Dienstrecht, S. 184. Die erst nachträglich ins Gesetz eingefügte Definition der Versetzung erfasst auch statusberührende Versetzungen, vgl. hierzu *Schönrock*, ZBR 2010, 222 (223 f.).

352 Die Umsetzung ist gesetzlich nicht geregelt, vgl. *Kugele*, BBG, § 28 Rn. 2. Zum Begriff der Umsetzung *Kugele*, BBG, § 28 Rn. 58 f.

genüber Beamten.[353] Die Versetzung bei Auflösung einer Körperschaft eines Beamten kommt allerdings der Unterbringung eines Dienstordnungsangestellten bei Schließung einer Krankenkasse am nächsten.

Die in § 18 Abs. 1 BeamtStG und in § 130 Abs. 1 BRRG enthaltenen Vorgaben und deren Auslegung sind besonders hervorzuheben.[354] Mit den Anforderungen an ein gleich zu bewertendes Amt hat sich das Bundesverwaltungsgericht bereits im Zusammenhang mit der Auslegung des § 130 Abs. 1 Satz 1 BRRG auseinandergesetzt.[355] Das legt es nahe, den Sinn und Zweck der §§ 128 ff. BRRG[356] bei der Beurteilung des Gleichwertigkeitsmaßstabs heranzuziehen.[357] Nach dieser Rechtsprechung zielt das Gesetz auf den Erhalt der bisherigen Rechtsstellung des von der Auflösung der Körperschaft betroffenen Beamten ab.[358] Ihre Verschlechterung sei nur als letztes Mittel erlaubt.[359] Denkbare Beförderungsaussichten oder Verbesserungen der Rechtsstellung im Falle des Erhalts der Körperschaft könnten dagegen außer Betracht bleiben.[360] Das Bundesverwaltungsgericht verlangt damit einen Vergleich zwischen dem statusrechtlichen Amt[361] des Beamten vor und nach seiner Versetzung.[362] Eine in gesellschaftlicher Hinsicht bestehende unterschiedliche Wertigkeit des Amtes sei dagegen unbeachtlich.[363] Diese komme bereits durch die Zuordnung zu einer bestimmten Besoldungsgruppe in abstrakter Weise zum Ausdruck.[364]

Zusammenfassend ist damit nach den sich inhaltlich größtenteils einander entsprechenden Vorschriften des Beamtenrechts bei Auflösung einer

353 Die hier aufgezählten Maßnahmen gegenüber Beamten lassen keinen Rückschluss auf die Auslegung der Unterbringungsverpflichtung nach § 164 Abs. 3 Satz 1 SGB V von Dienstordnungsangestellten zu. Außerdem *Kremer*, NVwZ 1983 6 (6 ff.); *Wind/Schimana/Wichmann*, Öffentliches Dienstrecht, S. 168 f.

354 Ebenso im Ergebnis LAG Düsseldorf 07.09.2012 – 6 Sa 344/12, BeckRS 2013, 67562 (II 3 a cc aaa (2) (b)) zur Auslegung des § 164 Abs. 4 Satz 1 SGB V.

355 Vgl. BVerwG 11.07.1975 – VI C 44.72, ZBR 1975, 346; BVerwG 17.12.1981 – 2 C 40/80, NVwZ 1982, 438; *Kugele*, BeamtStG, § 18 Rn. 2.

356 Zu den §§ 128 ff. BRRG im Falle der Abspaltung einer Körperschaft vgl. Volkert, NVwZ 2004, 1438 (1441 ff.).

357 BVerwG 11.07.1975 – VI C 44.72, ZBR 1975, 346.

358 BVerwG 11.07.1975 – VI C 44.72, ZBR 1975, 346.

359 BVerwG 11.07.1975 – VI C 44.72, ZBR 1975, 346.

360 BVerwG 11.07.1975 – VI C 44.72, ZBR 1975, 346; *Battis*, BBG, § 28 Rn. 25 m.w.N.; *Kugele*, BeamtStG, § 18 Rn. 2.

361 Zu den weiteren Amtsbegriffen im Beamtenrecht vgl. *Battis*, BBG, § 10 Rn. 10 ff.; *Schnellenbach*, Beamtenrecht, § 3 Rn. 10 f.

362 BVerwG 11.07.1975 – VI C 44.72, ZBR 1975, 346; BVerwG 17.12.1981 – 2 C 40.80, NVwZ 1982, 438 (438).

363 BVerwG 11.07.1975 – VI C 44.72, ZBR 1975, 346: Der klagende Beamte verlangte ohne Erfolg die Berücksichtigung der gesellschaftlichen Wertigkeit der neuen Stelle; *Kugele*, BeamtStG, § 18 Rn. 2.

364 BVerwG 11.07.1975 – VI C 44.72, ZBR 1975, 346.

Körperschaft die Versetzung eines Beamten möglich. Dessen Rechtsstellung soll dabei gewahrt werden. Ein Eingriff in diese ist nur bei Unmöglichkeit der Statuserhaltung und als letztes Mittel begrenzt zulässig.[365] Bei Beurteilung des gleich zu bewertenden Amtes im Sinne der § 18 Abs. 1 BeamtStG und § 130 Abs. 1 BRRG kommt es im Wesentlichen auf das Amt im statusrechtlichen Sinne an.

(4) Übertragbarkeit der Auslegung der Versetzungsnormen

Sowohl § 164 Abs. 3 SGB V als auch die § 18 Abs. 1 BeamtStG, § 28 Abs. 1 BBG, § 130 BRRG ermöglichen die Unterbringung beziehungsweise Versetzung auf einer Stelle mit geringerer Vergütung. Die Rechtsstellung der Mitarbeiter soll in allen Fällen möglichst gewahrt bleiben. Sowohl die beamtenrechtlichen als auch die dienstordnungsrechtlichen Vorschriften lassen ein Abweichen der Besoldungsstufe gegenüber der besoldungsrechtlichen Einordnung der alten Stelle zu. Freilich besteht hier der Unterschied, dass Dienstordnungsangestellten die Besoldungsunterschiede nach § 164 Abs. 3 Satz 2 SGB V zu erstatten sind, während bei Beamten auf das vor dem gegenwärtigen Endgrundgehalt bestehende Endgrundgehalt als Untergrenze abgestellt wird, und Besoldungsunterschiede nur nach Maßgabe des § 13 BBesG ausgeglichen werden.[366]

Die Parallelen zwischen den beamtenrechtlichen Vorschriften und den arbeitsrechtlichen Schließungsvorschriften für Krankenkassen dürfen allerdings nicht zu einer vorschnellen und unreflektierten Übertragung der zum Beamtenrecht aufgestellten Prinzipien führen. Den aufgrund der „Zwitterstellung“[367] des Dienstordnungsverhältnisses zwischen privatem Anstellungsverhältnis und beamtenrechtsähnlicher Ausgestaltung bestehenden Besonderheiten ist Beachtung zu schenken. Das Beamtenrecht ist daher zwar zur Auslegung der Unterbringungsverpflichtung von Dienstordnungsangestellten heranzuziehen. Es ist im Einzelfall aber zu prüfen, ob die Besonderheiten des Dienstordnungsrechts nicht einer Übertragung der Grundsätze entgegenstehen.

---

365 *Kugele*, BeamtStG, § 18 Rn. 3.

366 Dies stellt auch das LAG Düsseldorf 07.09.2012 – 6 Sa 344/12, BeckRS 2013, 67562 (A II 3 a cc aaa (2) (b)) fest. Trotz dieser Unterschiede lehnt das Gericht aber die Vergleichbarkeit zwischen dem Dienstordnungsrecht und dem Beamtenrecht bei Abwicklung von Körperschaften nicht ab.

367 LAG Hamm 30.01.1985 – 3 Sa 760/84, BeckRS 1985, 30900667 (II 2 a); *Bieback*, VSSR 1979, 111 (142); Hauck/Noftz/*Borrmann*, SGB IV, § 67 Rn. 53; *Bulla*, FS Lauterbach (1981), S. 352 (352).

(5) Zwischenergebnis

Sowohl die generellen als auch die bei Auflösung einer Körperschaft bestehenden Parallelen zwischen dem Beamtenrecht und dem Dienstordnungsrecht rechtfertigen grundsätzlich einen Rückgriff auf die im Beamtenrecht verankerten Grundsätze. Dabei ist aber den Besonderheiten sowohl des Dienstordnungsrechts insgesamt als auch den in § 164 Abs. 3 Satz 1 SGB V geregelten Unterschieden Rechnung zu tragen.

c) Kein auffälliges Missverhältnis

Die dienstordnungsmäßige Stelle darf nach § 164 Abs. 3 Satz 1 SGB V nicht in einem auffälligen Missverhältnis zu den Fähigkeiten des Dienstordnungsangestellten stehen. Weder das Gesetz noch die Gesetzesbegründung zu § 164 SGB V definieren dieses einschränkende Merkmal. Aus dem Wortlaut des § 164 Abs. 3 Satz 1 SGB V („wenn diese Stellung") folgt, dass diese Einschränkung nicht isoliert neben der anzubietenden dienstordnungsmäßigen Stellung zu beurteilen ist, sondern sie die Anforderungen an die dienstordnungsmäßige Stellung konkretisiert. Das Verbot des auffälligen Missverhältnisses beschränkt die Möglichkeit zu starker Abweichungen von der bisherigen Tätigkeit des Dienstordnungsangestellten. Zugleich verdeutlicht es, dass Abweichungen zum Nachteil der Mitarbeiter möglich sind, da die Regelung eben nur ein „auffälliges" Missverhältnis verbietet.

Zusammenfassend dürfen nach diesem Zusatz mit der Unterbringung bei einer anderen Krankenkasse auch Rechtsbeeinträchtigungen verbunden sein. Zugleich stellt er aber klar, dass eine zu starke Abweichung zwischen der Rechtsstellung des Dienstordnungsangestellten vor und nach der Unterbringung die Anforderungen einer dienstordnungsmäßigen Stellung nicht mehr erfüllt. Der Zusatz bestätigt damit letztlich nur die bereits zur dienstordnungsmäßigen Stellung eines Dienstordnungsangestellten herausgearbeiteten Anforderungen.

d) Zwischenfazit

§ 164 Abs. 3 Satz 1 SGB V knüpft an das Dienstordnungsamt der Dienstordnungsangestellten an. Die generelle Nähe des Dienstordnungsrechts zum Beamtenrecht legitimiert die entsprechende Anwendbarkeit beamtenrechtlicher Grundsätze bei Beurteilung der dienstordnungsmäßigen Stellung.[368] Ein Vergleich mit den Versetzungsvorschriften im Beamtenrecht

---

[368] Ebenso *Bohlen-Schöning*, KrV 2011, 85 (85); juris-PK-SGB V/*Koch*, § 164 Rn. 14; Becker/Kingreen/*Mühlhausen*, SGB V, § 164 Rn. 5.

bei Auflösung einer Körperschaft sowie die Analyse der Gesetzgebungsmaterialien zu den Schließungsvorschriften des SGB V bekräftigen diese auch in der Literatur vorgeschlagene[369] Vorgehensweise. Die ordnungsgemäße Unterbringung von Dienstordnungsangestellten bei Schließung einer Krankenkasse erfordert grundsätzlich das Anerbieten einer mit seiner bisherigen Rechtsstellung gleichwertigen neuen Stelle. Sollte die Unterbringung auf einer diesen Anforderungen entsprechenden Stelle nicht möglich sein, definiert das Merkmal des auffälligen Missverhältnisses eine Untergrenze und schützt Dienstordnungsangestellte damit vor zu starken Einschränkungen ihrer bisherigen Rechtsstellung.

Diesem Auslegungsergebnis alleine lassen sich jedoch keine abstrakten und generellen Grundsätze entnehmen, welche die Grenze zwischen gerade noch zulässigen Beschränkungen der bisherigen Stellung von Dienstordnungsangestellten und bereits unzulässigen Beschränkungen definieren. Jedenfalls verlangt die Gesetzesbegründung das Unterbreiten einer Stelle mit zumindest gleichwertigen Bedingungen und ergänzt damit die im Gesetzeswortlaut enthaltene Einschränkung. Die Versetzung auf Stellen mit niedrigeren Besoldungs- und Versorgungsansprüchen ist trotz der Ausgleichsverpflichtung nur als letztes Mittel möglich. Im Folgenden sollen einzelne Kriterien und Sonderkonstellationen besprochen und dadurch die konkreten Anforderungen an ein ordnungsgemäßen Unterbringungsangebot gegenüber Dienstordnungsangestellten im Sinne des § 164 Abs. 3 Satz 1 SGB V herausgearbeitet werden.

e) Einzelfragen

Die folgenden Gesichtspunkte sind durch eine am Einzelfall orientierte Abwägung zu beantworten. Wie bereits aufgezeigt, enthält das Gesetz allein keine allgemeinen Regeln zur Bestimmung der Ordnungsgemäßheit von Unterbringungsangeboten. Das birgt die Gefahr, dass weder die Beteiligten auf Seiten der Krankenversicherung noch die Arbeitnehmer die Geeignetheit von Stellen rechtssicher beurteilen können. Andererseits lässt dies Raum für eine Interessenabwägung. Neben dem Schutz der Krankenkassenbeschäftigten sind im Umfeld der Krankenkassenschließung auch die Interessen der weiteren beteiligten Akteure zu berücksichtigen.[370] Die volle Haftung der übrigen Krankenkassen für die Verbindlichkeiten der geschlossenen Krankenkasse (§ 155 Abs. 4 SGB V) kann das gesamte Krankenversi-

---

369 *Bohlen-Schöning*, KrV 2011, 85 (85); juris-PK-SGB V/*Koch*, § 164 Rn. 14; Becker/Kingreen/*Mühlhausen*, SGB V, § 164 Rn. 5.

370 Ähnlich *Grau/Sittard*, KrV 2012, 6 (7) in Bezug auf die Unterbringungsverpflichtung des § 164 Abs. 3 Satz 3 SGB V für die übrigen Beschäftigten.

cherungssystem ins Wanken bringen.[371] Zusätzlich drohen ihnen finanzielle Belastungen durch die Aufnahme von Krankenkassenbeschäftigten. Daraus folgt, dass im Unterbringungsverfahren zwar die Rechtsstellung der Krankenkassenbeschäftigten besonders zu berücksichtigen ist. Auf der anderen Seite darf aber der Schutz ihrer Rechtsstellung nicht über alle anderen Interessen gestellt werden.

Die folgende Ausarbeitung fragt nach dem „Ob" möglicher Eingriffe in die Rechte von Dienstordnungsangestellten und danach, welche bisher erworbenen Besitzstände der Betroffenen für ein ordnungsgemäßes Unterbringungsangebot grundsätzlich anzuerkennen sind. Die Besitzstände von Dienstordnungsangestellten und übrigen Beschäftigten unterscheiden sich schon wegen der unterschiedlichen rechtlichen Ausgestaltung der Arbeitsverhältnisse entscheidend.

An dieser Stelle soll noch außer Acht gelassen werden, wie die Auswahl der Unterbringungsangebote unter den Dienstordnungsangestellten zu erfolgen hat. Es liegt auf der Hand, dass jeder unterzubringende Mitarbeiter möglichst wenig Nachteile in Kauf nehmen will. Es ist bei der Unterbringung einer Vielzahl von Mitarbeitern unausweichlich, dass eine zur Verfügung stehende Stelle für mehrere Beschäftigte in Betracht kommt. Daher spielen nicht nur die generellen Anforderungen an ein dienstordnungsmäßiges Angebot eine entscheidende Rolle, sondern auch die Auswahl zwischen den Krankenkassenbeschäftigten untereinander. Ähnliche Fragen stellen sich jedoch auch im Zusammenhang mit dem Unterbringungsverfahren der übrigen Beschäftigten und sollen deswegen im Anschluss gemeinsam erörtert werden.

aa) Beibehaltung der bisherigen Laufbahngruppe

(1) Beamtenrechtliche Laufbahnregelungen

Das Dienstordnungsrecht kennt - ähnlich wie das Beamtenrecht - verschiedene Laufbahnen.[372] Zur Beurteilung noch zulässiger laufbahnrechtlicher Einschränkungen eines Dienstordnungsangestellten im Unterbringungsverfahren bietet sich daher die Inblicknahme der Laufbahn eines Beamten bei Auflösung einer Körperschaft an.

[371] ArbG Hamburg 12.10.2011 - 20 Ca 116/11, BeckRS 2011, 77682 (I 2 b aa (2) (b) (aa)); *Amshoff*, KrV 2010, 260 (261); *Grau/Sittard*, KrV 2012, 6 (6); *Gutzeit*, NZS 2012, 410 (414).

[372] Vgl. die Bezugnahmen auf die verschiedenen Laufbahnen der Bayerischen Musterdienstordnung vom 30.06.1982, Az.: III 2/4200-21/2/82, AMBl 1982, S. 137, ber. S. 175.

Die Rechtmäßigkeit der Versetzung eines Beamten wegen der Auflösung einer Dienststelle bemisst sich nach der Schwere des Eingriffs in sein statusrechtliches Amt.[373] Es ist damit insbesondere auf dessen Laufbahn, besoldungsrechtliche Einordnung und Amtsbezeichnung abzustellen.[374] Das beamtenrechtliche Laufbahnrecht ist Ausfluss des von Art. 33 Abs. 5 GG geschützten Laufbahnprinzips.[375] Ausgehend von den bundesrechtlichen Bestimmungen zur laufbahnrechtlichen Rechtsstellung von Bundesbeamten unterscheidet man zwischen Laufbahnen und Laufbahngruppen. Unter einer Laufbahn versteht man nach § 16 Abs. 1 BBG „alle Ämter derselben Fachrichtung, welche die gleiche Vor- und Ausbildung oder eine diesen Voraussetzungen gleichwertige Befähigung erfordern"[376] (Laufbahnbefähigung).[377] Die Laufbahnen werden in sog. Laufbahngruppen zusammengefasst.[378] Das Bundesrecht teilt sie in den einfachen, mittleren, gehobenen und höheren Dienst ein, § 17 BBG.[379]

Die auf bundesrechtlicher Ebene getroffene Regelung des § 28 Abs. 3 BBG lässt einen Laufbahnwechsel des Beamten bei einer Versetzung wegen der Auflösung einer Körperschaft zu.[380] Die bisherige Laufbahn und die neue Laufbahn müssen gleichwertig sein.[381] Eine Verschlechterung der laufbahnrechtlichen Stellung des von der Versetzung betroffenen Beamten ist nur ausnahmsweise bei Unmöglichkeit der Statuserhaltung als letztes Mittel möglich.[382] Dagegen findet sich in der die länderübergreifende Versetzung regelnden Vorschrift des § 18 Abs. 1 BeamtStG[383] kein Hinweis auf die Zulässigkeit eines Laufbahnwechsels, da dem Bundesgesetzgeber die Gesetzgebungskompetenz für das Laufbahnrecht der Länder fehlt.[384] Allerdings geht mit einer länderübergreifenden Versetzung eines Beamten ein

---

373 BVerwG 24.01.1991 - 2 C 16/88, NJW 1991, 2980 (II 2).

374 BVerwG 24.01.1991 - 2 C 16/88, NJW 1991, 2980 (II 2); BVerwG 15.06.1995 - 2 B 16/95, NVwZ-RR 1996, 161 (161); BVerwG 25.10.2007 - 2 C 30/07, NVwZ-RR 2008, 268 (Rn. 13).

375 BVerfG 10.12.1985 - 2 BvL 18/83, NVwZ 1986, 369 (II 1 b); *Peters/Lösch/Grunewald*, ZBR 2009, 1 (1); *Terwiesche*, Handbuch Verwaltungsrecht, Teil 5 Kap. 38 Rn. 65; *Ziekow*, DÖV 2008, 569 (570).

376 OVG Berlin-Brandenburg 05.01.2012 - 6 N 82.10, BeckRS 2012, 46151 (1 a).

377 OVG Berlin-Brandenburg 05.01.2012 - 6 N 82.10, BeckRS 2012, 46151 (1 a). So beispielsweise die in § 2 Abs. 2 BLV a.F. enthaltene Legaldefinition.

378 Hauck/Noftz/*Borrmann*, SGB IV, § 67 Rn. 53.

379 *Schnellenbach*, Beamtenrecht, § 2 Rn. 7.

380 *Battis*, BBG, § 28 Rn. 19.

381 *Battis*, BBG, § 28 Rn. 19.

382 Ähnlich *Battis*, BBG, § 28 Rn. 14 (ultima ratio - erzwungener Wechsel des Dienstherrn); *Kugele*, BeamtStG, § 18 Rn. 31 (Verhältnismäßigkeit).

383 *Auerbach*, ZBR 2009, 217 (220).

384 *Kugele*, BeamtStG, § 18 Rn. 1. Zur Gesetzgebungkompetenz der Länder vgl. *Battis*, ZBR 2010, 21 (21); *Pechstein*, ZBR 2008, 73 (73).

Laufbahnwechsel des Beamten einher, weil die Länder seit der Reformierung des Art. 74 Abs. 1 Nr. 27 GG selbst für die laufbahnrechtliche Ausgestaltung zuständig sind.[385] Nur deswegen ist die laufbahnrechtliche Stellung eines Beamten vor und nach einer länderübergreifenden Versetzung jedoch nicht ungeschützt. Schon wegen des verfassungsrechtlichen Schutzes des Art. 33 Abs. 5 GG kann einem Beamten bei einer länderübergreifenden Versetzung seine bisherige laufbahnrechtliche Stellung nur in Grenzen entzogen werden.[386] Die neue Stelle und ihre laufbahnrechtliche Einordnung müssen daher auch bei einem länderübergreifenden Wechsel eines Beamten mit seiner bisherigen Laufbahngruppe[387] vergleichbar sein. Mögliche Verschlechterungen der statusrechtlichen Stellung sind nur in den Grenzen des § 18 Abs. 1 Satz 3 BeamtStG möglich.

Die neue Gesetzeslage erfordert eine Anpassung dieser Aussagen. Seit Reformierung der Gesetzgebungszuständigkeiten im Jahr 2006 liegt die ausschließliche Gesetzgebungskompetenz des Laufbahnrechts bei den Ländern.[388] Dies führte insbesondere in den fünf norddeutschen Bundesländern Bremen, Niedersachsen, Hamburg, Mecklenburg-Vorpommern und Schleswig-Holstein zur Abschaffung der zuvor bestehenden vier Laufbahngruppen.[389] Weitere Bundesländer reformierten das Laufbahnrecht ebenfalls.[390] Mit Blick auf die oben aufgestellten Grundsätze zum Beamtenrecht ist trotz der unterschiedlichen Laufbahnsysteme sicherzustellen, dass ein das Bundesland wechselnder Beamter in eine vergleichbare Laufbahngruppe eingestuft und damit eine unverhältnismäßige Beschränkung seiner Rechtsstellung verhindert wird. Den weiteren Ausführungen liegt der Einfachheit halber das Laufbahnrecht für Bundesbeamte zugrunde.

(2) Übertragbarkeit

Die Vorschrift des § 164 Abs. 3 Satz 1 SGB V nimmt unmittelbar Bezug auf die dienstordnungsmäßige Stellung eines Dienstordnungsangestellten. Ausgangspunkt der Prüfung der Ordnungsgemäßheit eines ihm unterbreite-

---

385 *Frank/Heinicke*, ZBR 2009, 34 (34); *Schönrock*, ZBR 2010, 222 (222 f., 226).

386 So im Ergebnis auch *Kugele*, BBG, § 18 Rn. 1, der in Art. 33 Abs. 5 GG einen verfassungsrechtlichen Rahmen sieht, der die zulässigen Möglichkeiten begrenzt.

387 Zu den Laufbahngruppen vgl. kurz Hauck/Noftz/*Borrmann*, SGB IV, § 67 Rn. 53.

388 *Förster*, LKV, 2009, 497 (497); *Peters/Lösch/Grunewald*, ZBR 2009, 1 (1).

389 *Förster*, LKV, 2009, 497 (498).

390 Vgl. bspw. die Reformierung des Laufbahnrechts in Bayern, durch das die vier Laufbahngruppen durch eine einheitliche Leistungslaufbahn ersetzt wurden, *Lorse*, ZRP 2010, 119 (119 f.). Diese Arbeit geht nicht auf die genaue Ausgestaltung des neuen Laufbahnrechts in den einzelnen Bundesländern ein. Wichtig ist, sich die Probleme vor Augen zu führen, die nunmehr ein länderübergreifender Wechsel eines Beamten mit sich bringen kann.

ten Unterbringungsangebots ist damit dessen Dienstordnungsamt. Dieses ist mit dem statusrechtlichen Amt eines Beamten vergleichbar, obwohl ein Dienstordnungsangestellter dessen Amt durch Abschluss eines privatrechtlichen Vertrages und nicht wie ein Beamter durch einen streng formgebundenen Ernennungsakt verliehen bekommt.[391] Ein dem Beamtenverhältnis ähnlicher Schutz des Statusamtes rechtfertigt sich einmal mit Blick auf die besondere Rechtsstellung eines Dienstordnungsangestellten, der für eine juristische Person des öffentlichen Rechts tätig wird und in dieser Position hoheitliche Aufgaben wahrnimmt.[392] Zum anderen teilt auch das Dienstordnungsrecht die Dienstordnungsangestellten in verschiedene Laufbahnen ein. Diese Einteilung zeichnet den weiteren Werdegang des Betroffenen gleichermaßen entscheidend vor.

Nach § 164 Abs. 3 Satz 1 SGB V ist dem Dienstordnungsangestellten eine dienstordnungsmäßige Stelle anzubieten. Durch diese Regelung wird unmittelbar an das Dienstordnungsamt des Betroffenen angeknüpft. Aus § 164 Abs. 3 Satz 2 SGB V kann lediglich geschlussfolgert werden, dass die vorherige und die künftige Stelle nicht zwingend derselben Besoldungsstufe angehören müssen. Andernfalls würde die in dieser Vorschrift vorgesehene Ausgleichspflicht keinen Sinn ergeben.[393] Dagegen ist eine neue, einer schlechteren Laufbahngruppe angehörige Stelle keinesfalls mehr als eine die Rechtsstellung des Dienstordnungsangestellten wahrende Stelle anzusehen.[394] Dies beträfe die grundlegende Rechtsstellung des Dienstordnungsangestellten zu dessen Nachteil. Die Einstufung in eine Laufbahngruppe zeichnet insbesondere die künftige Entwicklung eines Dienstordnungsangestellten in abstrakter Hinsicht entscheidend vor.[395] Die Ausgestaltung des § 164 Abs. 3 Satz 1 und Satz 2 SGB V rechtfertigt damit den Rückschluss, dass die Dienstordnungsangestellten grundsätzlich in ihrer bisherigen Laufbahngruppe oder im Falle einer länderübergreifenden Unterbringung in einer vergleichbaren Laufbahngruppe weiter zu beschäftigen sind.[396]

Der Vergleich mit dem Beamtenrecht zeigt damit aber zugleich, dass die zwingende Beibehaltung der Laufbahn selbst zu weit ginge.[397] Das Gesetz lässt ein Unterschreiten der bisherigen Rechtsstellung in Grenzen zu, in-

---

391 *Herrmann/Buchheim*, LKV 2014, 49 (52).
392 *Herrmann/Buchheim*, LKV 2014, 49 (52).
393 *Grau/Sittard*, KrV 2012, 6 (6 f.).
394 So (wohl) auch juris-PK-SGB V/*Koch*, § 164 Rn. 14; Becker/Kingreen/*Mühlhausen*, SGB V, § 164 Rn. 14. Anders Krauskopf/*Baier*, Soziale Krankenversicherung, § 164 SGB V Rn. 15, der eine Unterbringung in der gleichen Laufbahn fordert.
395 Ausführlicher zu den Aufgaben und Zielen des Laufbahnrechts vgl. *Peters/Lösch/Grunewald*, ZBR 2009, 1 (2).
396 Juris-PK-SGB V/*Koch*, § 164 Rn. 14; Becker/Kingreen/*Mühlhausen*, SGB V, § 164 Rn. 14.
397 So aber Krauskopf/*Baier*, Soziale Krankenversicherung, § 164 SGB V Rn. 15.

dem es den Zusatz des auffälligen Missverhältnisses enthält. Veränderungen der Laufbahn sind lediglich in den mit § 28 Abs. 3 BBG sehr eng gesteckten Grenzen möglich und nur dann, wenn eine Laufbahnerhaltung unmöglich ist. Wegen der Vielzahl von zur Aufnahme verpflichteten Krankenkassen ist aber kaum eine Konstellation denkbar, in der einem Dienstordnungsangestellten keine seiner bisherigen Laufbahn entsprechende Stelle angeboten werden kann. Jedenfalls muss die neue Laufbahn gleichwertig sein, was ein zu starkes Abweichen nach unten ausschließt. Der besonderen Rechtsstellung wird man daher auch dann gerecht, wenn man „nur" die Beibehaltung der bisherigen Laufbahngruppe verlangt und Abweichungen der Laufbahnen zugunsten einer sinnvollen Unterbringung der Beschäftigten zulässt. Dem Unterbringungsmaßstab genügt damit analog zum Beamtenrecht ein Angebot auf eine der gleichen Laufbahngruppe angehörigen Stelle.

bb) Bewahrung des Dienstordnungscharakters der Anstellung

Im Hinblick auf die Besonderheiten des Dienstordnungsrechts könnten die zur Aufnahme verpflichteten Krankenkassen bestrebt sein, die Betroffenen in ein tarifliches Anstellungsverhältnis zu überführen. Nach den Ausführungen zur laufbahnrechtlichen Stellung eines Dienstordnungsangestellten und der Anknüpfung an dessen statusrechtliches Amt liegt es aber auf der Hand, dass die Unterbringungsangebote keine Weiterbeschäftigung auf Grundlage eines tariflichen Anstellungsverhältnisses unter gleichzeitigem Verlust der Dienstordnungseigenschaft der Anstellung vorsehen dürfen.[398] Die ordnungsgemäße Unterbringung eines Dienstordnungsangestellten setzt die Wahrung des dienstordnungsrechtlichen Charakters der Anstellung voraus, da ihm andernfalls beim Wechsel in ein tariflichen Anstellungsverhältnis seine statusrechtliche Stellung insgesamt und damit die mit dieser Stellung verbundenen Privilegien vollständig entzogen werden könnten. Es handelte sich dann nicht mehr um ein seiner „dienstordnungsmäßigen" Stellung entsprechendes Angebot.

Die angebotene Stelle hat dagegen nicht derselben Dienstordnung zu unterfallen. Die Geltung nur einer Dienstordnung für alle Dienstordnungsangestellten einer Krankenkasse liegt wegen des andernfalls anfallenden höheren Verwaltungsaufwands im Interesse der Krankenkasse.[399] Außerdem entspringt das Recht der Krankenkassen, eine Dienstordnung zu erlassen, ihrem

---

398 *Grau/Sittard*, KrV 2012, 6 (7) stellen dies unter Rückgriff auf beamtenrechtliche Grundsätze ebenfalls fest.

399 Diesen Gedanke brachte der Gesetzgeber im Rahmen der Neuorganisation der landwirtschaftlichen Sozialversicherung zum Ausdruck, vgl. *Becker*, SDL 2012, 35 (40).

Selbstverwaltungsrecht[400] und ist besonders schützenswert. Gleichzeitig drohen Dienstordnungsangestellten mit einem Wechsel der Dienstordnung keine wesentlichen Rechtsverluste. Die Dienstordnungen müssen sich bereits kraft Gesetzes in entscheidenden Teilen am Beamtenrecht orientieren.[401] Zusätzlich sehen gesetzliche Vorschriften ein gewisses Schutzniveau für Dienstordnungsangestellte vor, von dem auch durch Dienstordnungen nicht zum Nachteil der Angestellten abgewichen werden darf.[402] Die noch möglichen geringfügigen Abweichungen einzelner Dienstordnungen untereinander beeinträchtigen die Rechtsstellung der Betroffenen daher nicht entscheidend. Das Vereinheitlichungsinteresse und das Selbstverwaltungsrecht der aufnehmenden Körperschaft verdienen insoweit den Vorzug.

cc) Unterschiede in der Besoldung

(1) Beamtenbesoldung bei Auflösung einer Körperschaft

Die Besoldungsgruppe eines Beamten spielt bei der Beurteilung seines statusrechtlichen Amtes eine wesentliche Rolle.[403] Das Beamtenrecht lässt bei der Versetzung eines Beamten im Falle der Auflösung oder Umbildung einer Körperschaft dessen Wechsel auf eine Stelle mit einer niedrigeren Besoldung ausdrücklich zu, so lange das (End-)Grundgehalt dem des Amtes, das der Beamte vor dem bisherigen Amt innehatte, nicht unterschreitet (§ 28 Abs. 3 Satz 1 und 2 BBG; § 18 Abs. 1 Satz 2 und 3 BeamtStG). Das Gesetz erklärt damit ein Unterschreiten der bisherigen Besoldung für zulässig.[404] Mit § 28 Abs. 3 Satz 2 BBG und § 18 Abs. 1 Satz 3 BeamtStG legt es zugleich eine Untergrenze der Besoldung fest und schützt den von der Versetzung betroffenen Beamten vor zu großen Eingriffen in sein statusrechtliches Amt.[405] Außerdem sieht die Vorschrift des § 13 BBesG einen Ausgleichsanspruch für den Wegfall innegehabter Stellenzulagen vor. Der finanzielle Besitzstand des Beamten wird dadurch abgesichert.[406] Wegen der Bezugnahme auf die besoldungsrechtliche Einordnung der vorherigen Stelle dürften sich nach § 28

---

400 Krauskopf/*Krauskopf*, Soziale Krankenversicherung, RVO, Vorbem. zu §§ 349 – 362 Rn. 3, 21.

401 Krauskopf/*Krauskopf*, Soziale Krankenversicherung, RVO, Vorbem. zu §§ 349 – 362 Rn. 21 ff.

402 Zu den Einschränkungen vgl. Krauskopf/*Krauskopf*, Soziale Krankenversicherung, RVO, Vorbem. zu §§ 349 – 362 Rn. 21 ff.

403 BVerwG 24.01.1991 – 2 C 16/88, NJW 1991, 2980 (II 2); BVerwG 15.06.1995 – 2 B 16/95, NVwZ-RR 1996, 161 (161).

404 *Kugele*, BBG, § 28 Rn. 39.

405 BT-Drucks. 13/3994, S. 32.

406 *Battis*, BBG, § 28 Rn. 19; Fürst/GKÖD/*Summer*, Band I, Teil 2a, K § 26 BBG Rn. 34.

Abs. 3 BBG zulässige Besoldungsunterschiede in Grenzen halten. Die Festlegung dieser Untergrenze lässt jedenfalls erkennen, wann nach dem Willen des Gesetzgebers ein ausreichender Schutz des Statusamtes des Beamten aus besoldungsrechtlicher Perspektive gewahrt ist.[407]

(2) Rechtsprechung zur Unterbringung ordentlich unkündbarer Beschäftigter

Die Gerichte setzten sich nach der Schließung der City BKK und der BKK für Heilberufe ebenfalls mit der Höhe der noch zumutbaren Gehaltseinbußen bei Unterbringung der übrigen Beschäftigten im Sinne des § 164 Abs. 3 Satz 3 SGB V auseinander.[408] Das Landesarbeitsgericht Berlin-Brandenburg vertrat die Auffassung, eine drohende Einkommenseinbuße in Höhe von 39 % berücksichtige die bisherige Rechtsstellung des Beschäftigten nicht ausreichend und führe damit zur Unzumutbarkeit des unterbreiteten Unterbringungsangebots.[409] Der Entscheidung ist zu entnehmen, dass die Vergütung des Mitarbeiters vor und nach der Schließung einer Krankenkasse nach Ansicht der Rechtsprechung in die Abwägung über die Zumutbarkeit eines Unterbringungsangebots miteinzubeziehen ist.

Diese Ausführungen bezogen sich allerdings auf die Unterbringung eines ordentlich unkündbaren Beschäftigten und eignen sich nur bedingt zur Bestimmung der Unterbringungsvoraussetzungen für Dienstordnungsangestellte. Einerseits stellt § 164 Abs. 3 Satz 3 SGB V nicht auf eine dienstordnungsmäßige Stellung ab, die nicht im auffälligen Missverhältnis zu den bisherigen Fähigkeiten des Dienstordnungsangestellten steht, sondern verlangt ein zumutbares Angebot. Die Rechtsstellung eines tariflich angestellten Arbeitnehmers unterscheidet sich andererseits erheblich von der Stellung von Dienstordnungsangestellten.

(3) Unterschiede zu Dienstordnungsangestellten

Sowohl die beamtenrechtlichen Untergrenzen als auch die unter anderem von den Gerichten vertretene Auffassung, wonach bei Beurteilung der Zumutbarkeit von Unterbringungsangeboten Einkommenseinbußen zu berücksichtigen seien[410], lassen sich nicht ohne weiteres auf das Dienstord-

---

407 *Battis*, BBG, § 28 Rn. 19. Die Gesetzesbegründung nennt die Untergrenze ausdrücklich im Zusammenhang mit dem besonderen Schutz des statusrechtlichen Amtes des von der Versetzung betroffenen Beamten, BT-Drucks. 13/3994, S. 32.

408 U.a. LAG Berlin-Brandenburg 14.12.2012 – 8 Sa 979/12, BeckRS 2013, 66725 (II 2).

409 LAG Berlin-Brandenburg 14.12.2012 – 8 Sa 979/12, BeckRS 2013, 66725 (II 2).

410 Statt vieler LAG Berlin-Brandenburg 14.12.2012 – 8 Sa 979/12, BeckRS 2013, 66725 (II 2).

nungsrecht übertragen.[411] Nach § 164 Abs. 3 Satz 2 SGB V sind den Dienstordnungsangestellten niedrigere Besoldungs- und Versorgungsansprüche auszugleichen. Die Ausgleichsverpflichtung sorgt für einen größtmöglichen Schutz von Dienstordnungsangestellten vor finanziellen Einbußen. Die für die übrigen Beschäftigten der geschlossenen Krankenkasse geltende Unterbringungsvorschrift des § 164 Abs. 3 Satz 3 SGB V sieht jedoch keinen Ausgleich möglicher Gehaltseinbußen vor. Alleine niedrigere Besoldungs- und Versorgungsansprüche können – anders als im Unterbringungsverfahren der übrigen Beschäftigten – wegen dieser Ausgleichsverpflichtung nicht der ordnungsgemäßen Unterbringung eines Dienstordnungsangestellten entgegenstehen.[412]

Mit dieser Regelung stellt der Gesetzgeber zugleich klar, dass den Dienstordnungsangestellten grundsätzlich auch niedriger besoldete Stellen angeboten werden dürfen. Denn es verbliebe für § 164 Abs. 3 Satz 2 SGB V kein Anwendungsfall mehr, wenn man im Rahmen der Unterbringungsverpflichtung des § 164 Abs. 3 Satz 1 SGB V eine mindestens in gleicher Höhe besoldete Stelle verlangte. Eine abweichende Besoldung des Dienstordnungsangestellten ist deswegen für sich gesehen nicht dazu geeignet, die Ordnungsgemäßheit unterbreiteter Unterbringungsangebote in Frage zu stellen.[413]

Erhebliche Besoldungsunterschiede sind allerdings als Indiz für ein auffälliges Missverhältnis der neuen Stelle gegenüber den mit der vorherigen Stelle verbundenen Fähigkeiten zu werten.[414] Ein Vergleich der Besoldungsgruppen vor und nach der Unterbringung des Dienstordnungsangestellten eignet sich zur Bestimmung seiner neuen Rechtsstellung. Alleine schon wegen des vom Bundesverwaltungsgericht vertretenen Verständnisses vom statusrechtlichen Amt eines Beamten und den Parallelen des Dienstordnungsamtes zum Beamtenrecht kommt man bei der Beurteilung der Gleichwertigkeit der neuen Stelle des Dienstordnungsangestellten nicht um die Berücksichtigung der jeweiligen Besoldungsgruppen herum. Allerdings spielen dabei nicht nur die einzelnen Besoldungsgruppen eine Rolle. Ob zwischen der vorherigen und der neuen Dienststellung eine Gleichwertigkeit zu bejahen ist, ist im Rahmen einer Gesamtschau aller einzelnen Punkte festzustellen. Nachdem der finanzielle Besitzstand der Dienstordnungsangestellten durch die Ausgleichsverpflichtung des § 164 Abs. 3 Satz 2 SGB V abgesichert ist[415], dürften die übrigen Faktoren eine gewichtigere Rolle spielen.

---

411 *Grau/Sittard*, KrV 2012, 6 (6 f.).

412 Insb. *Grau/Sittard*, KrV 2012, 6 (6 f.).

413 So *Grau/Sittard*, KrV 2012, 6 (6 f.).

414 So der Vorschlag von *Grau/Sittard*, KrV 2012, 6 (7).

415 Krauskopf/*Baier*, Soziale Krankenversicherung, § 164 SGB V Rn. 15.

Die Bestimmung einer konkreten Untergrenze noch zulässiger Absenkungen der Besoldungsgruppe fällt allerdings schwer. Nach einer Auffassung begründet jedenfalls eine Abweichung der neuen Stelle um zwei Besoldungsgruppen noch kein auffälliges Missverhältnis zu den Fähigkeiten des Dienstordnungsangestellten, vorausgesetzt, die Anstellung erfolge in derselben Laufbahngruppe.[416] Ein Vergleich mit dem Beamtenrecht zeigt, dass Abweichungen nach unten zulässig sind und eine um zwei Besoldungsgruppen geringer vergütete Stelle bei Wahrung der Laufbahngruppe oder Einordnung in eine vergleichbare Laufbahngruppe die Ordnungsgemäßheit des Unterbringungsangebots regelmäßig nicht in Frage stellt. Die Ausgleichsverpflichtung des § 164 Abs. 3 Satz 2 SGB V und die damit einhergehende Absicherung des finanziellen Besitzstandes rechtfertigt zudem größere Einschränkungen, die sich finanziell aber, anders als im Beamtenrecht, nicht auswirken, zumal der Gesetzgeber eben keine Untergrenze festlegte.[417] Nach alledem kann selbst ein Unterschreiten der bisherigen Besoldungsgruppe um mehr als zwei Besoldungsgruppen wegen des umfassenden Schutzes des finanziellen Besitzstandes durch den Ausgleichsanspruch noch zulässig sein, wenn eine sinnvolle und den Interessen aller Beteiligter in ausreichendem Maße Rechnung tragende Unterbringung des Dienstordnungsangestellten sonst nicht möglich ist.

(4) Zwischenergebnis

Zusammenfassend spielt die Zuordnung zu einer Besoldungsstufe bei Beurteilung der Gleichwertigkeit der neuen Rechtsstellung alleine aus statusrechtlicher Perspektive eine Rolle. Die in § 164 Abs. 3 Satz 1 SGB V unterbliebene Festlegung einer Untergrenze sowie die Ausgleichsverpflichtung des Satz 2 rechtfertigen aber größere Abweichungen als im Beamtenrecht. Das Interesse der aufnehmenden Körperschaft an einem sinnvollen Einsatz des Dienstordnungsangestellten auf einer Stelle – notfalls auf Kosten der bisherigen Besoldungsstufe – ist insoweit höher zu bewerten als jenes des Dienstordnungsangestellten an der Wahrung der bisherigen Besoldungsgruppe.

416 Insb. Krauskopf/*Baier*, Soziale Krankenversicherung, § 164 SGB V Rn. 15. Vgl. auch Becker/Kingreen/*Mühlhausen*, SGB V, § 164 Rn. 14. *Grau/Sittard*, KrV 2012, 6 (7) schließen sich ebenfalls dieser Auffassung an, ohne allerdings die Notwendigkeit der Beibehaltung der vorherigen Laufbahngruppe anzusprechen.

417 Von der Wahrung des finanziellen Besitzstandes im Zusammenhang mit § 164 Abs. 3 Satz 2 SGB V spricht Krauskopf/*Baier*, Soziale Krankenversicherung, § 164 SGB V Rn. 15.

dd) Beibehaltung des bisherigen Aufgabengebiets

(1) Gegensätzliche Interessen der Beschäftigten und den Krankenkassen

Die zur Aufnahme von Dienstordnungsangestellten verpflichteten Krankenkassen oder Landesverbände sind nicht zuletzt wegen des gestiegenen Wettbewerbs im Krankenversicherungssystem an einer unbürokratischen und schnellen Eingliederung der neuen Mitarbeiter in ihren Reihen interessiert. Es besteht ein Interesse daran, die neuen Mitarbeiter auf freien Arbeitsplätzen einzusetzen. Das wird aber regelmäßig mit einer Änderung des bisherigen Aufgabengebietes des Dienstordnungsangestellten einhergehen. Spräche man Dienstordnungsangestellten einen Anspruch auf Beibehaltung ihres bisherigen Aufgabengebietes zu, müssten die Krankenkassen nicht nur das zusätzliche Personal aufnehmen, sondern auch die bisherigen Mitarbeiter auf andere Stellen versetzen, um den Dienstordnungsangestellten möglichst passende Stellen anbieten zu können. Das benachteiligt die Bestandsmitarbeiter und erfordert einen erhöhten Verwaltungs- und Personalaufwand.

Die Interessen der aufnehmenden Körperschaften zur Vermeidung dieser Nachteile treten in einen Konflikt mit denjenigen der Dienstordnungsangestellten. Die zum Wechsel gezwungenen Mitarbeiter der geschlossenen Krankenkasse sind regelmäßig an einer möglichst mit ihrer bisherigen Tätigkeit vergleichbaren neuen Stelle interessiert. Ein anderes Aufgabengebiet dürfte sie nur selten zufriedenstellen. Zwei Lösungsansätze dieses Spannungsverhältnisses sind denkbar. Einmal könnte den Dienstordnungsangestellten ein Anspruch auf Beibehaltung des bisherigen Aufgabengebietes zu versagen sein.[418] Diese Auffassung kommt aus den bereits genannten Gründen den übrigen Krankenkassen beziehungsweise Landesverbänden entgegen und ermöglicht einen flexibleren Einsatz der neuen Beschäftigten. Die Wahrung des bisherigen Aufgabengebiets der wechselnden Dienstordnungsbeschäftigten könnte alternativ als tatbestandliche Voraussetzung eines ordnungsgemäßen Unterbringungsangebots im Sinne des § 164 Abs. 3 Satz 1 SGB V anzusehen sein. Dies ersparte den durch einen Wechsel ihres bisherigen Arbeitgebers bereits belasteten Beschäftigten die Einarbeitung in neue Aufgabenfelder. Ein weiterer Vorteil dieser Sichtweise wäre, dass die neue Stelle ihrer bisherigen Rechtsstellung möglichst gerecht würde (Stichwort: gleichwertiges Unterbringungsangebot).

Beide Lösungsvorschläge gehen jedoch zu weit. Ein uneingeschränkter Anspruch auf Beibehaltung des bisherigen Aufgabengebiets führte zu einer Überprivilegierung der Dienstordnungsangestellten gegenüber den Be-

---

418 Krauskopf/*Baier*, Soziale Krankenversicherung, § 164 SGB V Rn. 15; *Bohlen-Schöning*, KrV 2011, 85 (85); *Grau/Sittard*, KrV 2012, 6 (8).

standsmitarbeitern der aufnehmenden Körperschaften und nähme nicht ausreichend Rücksicht auf die Interessen der zur Aufnahme verpflichteten und dem Wirtschaftlichkeitsgebot unterliegenden Krankenkassen. Auf der anderen Seite kann den Dienstordnungsangestellten mit Blick auf ihr Dienstordnungsamt nicht ein beliebiges Aufgabengebiet zugewiesen werden. Beamtenrechtliche Grundsätze könnten wiederum zu einer sachgerechten Lösung dieses Problembereichs beitragen.

(2) Aufgabenberührende Versetzungen im Beamtenrecht

Die hier erörterte Frage spielt zwangsläufig bei der Versetzung sowohl von Arbeitnehmern als auch von Beamten eine entscheidende Rolle. Wegen der Nähe des Dienstordnungsamts zum Beamtenrecht erscheint ein Vergleich mit dem Beamtenrecht sachgerechter als die Anwendung der für die sonstigen Arbeitnehmer geltenden Vorgaben. Die Zuweisung eines neuen Aufgabengebietes ist im Beamtenrecht durch verschiedene Maßnahmen, beispielsweise durch eine Umsetzung oder Versetzung möglich und berührt unter Umständen die statusrechtliche Stellung des Betroffenen. Es besteht ausdrücklich kein Anspruch des Beamten auf Beibehaltung seines bisherigen dienstlichen Aufgabenbereichs.[419]

Einem Beamten kann allerdings nicht jede denkbare Aufgabe dauerhaft zugewiesen werden. Die ihm übertragenen Funktionsämter haben grundsätzlich der Wertigkeit seiner statusrechtlichen Rechtsstellung zu entsprechen.[420] Er muss amtsangemessen beschäftigt werden.[421] Der Anspruch auf eine amtsangemessene Beschäftigung folgt unmittelbar aus der Verfassungsnorm des Art. 33 Abs. 5 GG als hergebrachter Grundsatz des Berufsbeamtentums.[422] Das Bundesverwaltungsgericht steckt möglichen anderen Tätigkeiten insofern enge Grenzen, wenngleich es die Zuweisung anderer Aufgaben damit grundsätzlich zulässt.[423] Veränderungen des Aufgabengebiets sind nur nach Maßgabe seines statusrechtlichen Amtes möglich.[424] Auf Grundlage dieser Rechtsprechung lehnte das Bundesverwaltungsgericht

419 BVerwG 03.03.2005 – 2 C 11/04, NVwZ-RR 2005, 643 (2 b); *Wind/Schimana/Wichmann*, Öffentliches Dienstrecht, S. 48.

420 BVerwG 03.03.2005 – 2 C 11/04, NVwZ-RR 2005, 643 (2 b); BVerwG 18.09.2008 – 2 C 8/07, NVwZ-RR 2009, 211 (Rn. 16).

421 BVerwG 03.03.2005 – 2 C 11/04, NVwZ-RR 2005, 643 (2 b); BVerwG 18.09.2008 – 2 C 8/07, NVwZ-RR 2009, 211 (Rn. 16). Zur amtsangemessenen Beschäftigung von Beamten allg. *Schweiger*, ZBR 2011, 245; bei Umorganisation von Behörden vgl. auch *Schönrock*, ZBR 2008, 230.

422 BVerfG 24.01.1961 – 2 BvR 74/60, NJW 1961, 915 (A II); BVerwG 25.10.2007 – 2 C 30/07, NVwZ-RR 2008, 268 (Rn. 15 m.w.N.).

423 Dazu BVerwG 18.09.2008 – 2 C 8/07, NVwZ-RR 2009, 211 (Rn. 16).

424 BVerwG 18.09.2008 – 2 C 8/07, NVwZ-RR 2009, 211 (Rn. 16).

beispielsweise die Pflicht verbeamteter Lokomotivführer ab, während der fahrplanbedingten Stehzeiten Grobreinigungen der Züge vorzunehmen.[425]

Die Regelung des § 18 Abs. 1 Satz 2 BeamtStG lässt bei der Auflösung einer Körperschaft allerdings Eingriffe in das Statusamt eines Beamten bei Unmöglichkeit der Statuserhaltung zu.[426] Mit der Veränderung der statusrechtlichen Stellung eines Beamten verschiebt sich zugleich der Maßstab, an dem eine amtsangemessene Tätigkeit zu messen ist. Eine Versetzung bei Auflösung einer Körperschaft darf aber schon von Verfassungs wegen nicht zu einer unverhältnismäßigen Verschlechterung der statusrechtlichen Stellung des Beamten führen. Keinesfalls gerechtfertigt sind demzufolge Versetzungen, die stark vom bisherigen Statusamt des Beamten abweichen. Dies bannt die Gefahr, infolge der Abwertung des Statusamtes nach Versetzung mit Aufgaben betraut werden zu können, die sich in Bezug auf deren Wertigkeit im Vergleich zur vorherigen Tätigkeit zu sehr unterscheiden.

Nach seiner Versetzung kann ein Beamter damit nicht verlangen, exakt mit dem gleichen Aufgabengebiet befasst zu sein. Allerdings besteht ein Anspruch auf eine amtsangemessene Beschäftigung. Ihm sind vom Dienstherrn seiner statusrechtlichen Stellung entsprechende Funktionsämter zu übertragen.[427]

(3) Übertragbarkeit

Die bereits dargestellte Nähe des Dienstordnungsamts zum statusrechtlichen Amt eines Beamten rechtfertigt eine Übertragung dieser Grundsätze auf das Dienstordnungsverhältnis. Ein Anspruch auf Beibehaltung des konkreten Aufgabengebiets begründet § 164 Abs. 3 Satz 1 SGB V nicht.[428] Das Unterbringungsangebot muss lediglich eine Tätigkeit in einem Aufgabengebiet vorsehen, das seinem Dienstordnungsamt entspricht. Fehlt dem Dienstordnungsangestellten die Laufbahnbefähigung für die neue Stelle einer anderen Laufbahn, kann von ihm analog zum Beamtenrecht (§ 28 Abs. 3 BBG) die Absolvierung von Qualifizierungsmaßnahmen zur Erlangung der Befähigung der anderen Laufbahn verlangt werden. Grundsätzlich steht es damit den zur Aufnahme verpflichteten Krankenkassen offen, ihn im Rahmen seiner dienstordnungsmäßigen Stellung mit anderen Aufgaben zu betrauen als zuvor. Das lässt sich in der Praxis nur dann im Zeitpunkt der

425 BVerwG 03.03.2005 – 2 C 11/04, NVwZ-RR 2005, 643.

426 *Kugele*, BeamtStG, § 18 Rn. 3.

427 BVerwG 22.06.2006 – 2 C 1/06, NVwZ 2006, 1291 (1); BVerwG 25.10.2007 – 2 C 30/07, NVwZ-RR 2008, 268 (Rn. 14).

428 Ebenso Krauskopf/*Baier*, Soziale Krankenversicherung, § 164 SGB V Rn. 15; Grau/Sittard, KrV 2012, 6 (7).

Angebotsunterbreitung abschließend beurteilen, wenn dem Unterbringungsangebot die erforderlichen Informationen über das zu erwartende Aufgabengebiet beigefügt sind.[429]

(4) Sonderfall: Keine Unterbringung in Untätigkeit

In der Vergangenheit stellte sich nach der Privatisierung der Deutschen Bundesbank und der Weiterbeschäftigung der Beamten bei der hieraus hervorgegangenen Deutschen Telekom AG die Frage nach den Anforderungen an eine amtsangemessene Beschäftigung der Beamten.[430] Es kommt in diesem Abschnitt, der sich mit den Anforderungen an ein ordnungsgemäßes Unterbringungsangebot befasst, weniger auf die rechtlichen Grundlagen der Beschäftigung von Beamten bei der Deutschen Telekom AG an als vielmehr auf eine bestimmte Vorgehensweise beim Einsatz von Beamten.

Die Telekom gründete nach verschiedenen Umstrukturierungen eine Personalvermittlungsagentur namens „Vivento".[431] Die Umstrukturierungen betrafen in größerem Umfang auch Aufgabengebiete und Stellen, die zuvor von Beamten besetzt waren und nunmehr wegfielen.[432] Die Telekom wies die betroffenen Beamten mit dem Ziel einer raschen Weitervermittlung auf geeignete Stellen der Vivento zu und stellte sie bis zur Weitervermittlung von ihrer Dienstleistungspflicht frei.[433] Wegen der Freistellung von der Dienstleistungspflicht waren die Beamten damit zur Untätigkeit verdammt.[434]

Das Bundesverwaltungsgericht hielt diese Versetzungen in die Untätigkeit für unzulässig und gab der Klage eines Beamten statt.[435] Die Rechtsprechung schloss sich damit der vorherrschenden und richtigen Auffassung in der Literatur[436] an. Der zeitlich unbefristete Entzug eines Funktionsamtes verletze das Recht der Beamten auf amtsangemessene Beschäftigung.[437] Ein Beamter dürfe gerade „nicht aus dem Dienst gedrängt (...) und (zur) Untä-

429 Daran fehlte es in vielen Fällen im Rahmen des Unterbringungsverfahrens der Mitarbeiter der City BKK und der BKK für Heilberufe, vgl. statt vieler etwa LAG Baden-Württemberg 21.05.2012 – 1 Sa 3/12, BeckRS 2012, 71379.

430 Ausführlich zur Privatisierung und den in diesem Zusammenhang auftretenden Problemen mit der Weiterbeschäftigung von Beamten u.a. *Badura*, DÖV 2006, 753; *Badura*, DÖV 2010, 533; *Biletzki*, NVwZ 2009, 1277; *Biletzki*, ZTR 2010, 10; *Lechtermann*, DVBl. 2004, 1334; *Nokiel*, ZTR 2006, 235; *Stehr*, NVwZ 2005, 285.

431 *Stehr*, NVwZ 2005, 285 (285).

432 *Stehr*, NVwZ 2005, 285 (285).

433 *Stehr*, NVwZ 2005, 285 (285).

434 *Stehr*, NVwZ 2005, 285 (285).

435 BVerwG 22.06.2006 – 2 C 26/05, NVwZ 2007, 101.

436 Statt vieler *Stehr*, NVwZ 2005, 285 (287).

437 BVerwG 22.06.2006 – 2 C 26/05, NVwZ 2007, 101 (Rn. 12).

tigkeit in perspektivlosem Zuwarten genötigt werden“[438]. In einer späteren Entscheidung stellte das Bundesverwaltungsgericht außerdem klar, dass ein auf diese Weise freigestellter Beamter nicht verpflichtet sei, Bewerbungen an die Telekom oder Tochterunternehmen der Telekom zu schreiben, wenn er amtsangemessen beschäftigt werden wolle.[439]

Auch wenn sich die äußeren Umstände der Privatisierung der Deutschen Bundesbank und der damit einhergehenden Versetzung von Beamten in ein privatrechtlich organisiertes Unternehmen von der Schließung einer Krankenkasse und der Unterbringung von Dienstordnungsangestellten bei anderen Krankenkassen unterscheiden, lässt die relevante Streitfrage einen Rückschluss auf die Anforderungen an ein ordnungsgemäßes Unterbringungsangebot zu. Dienstordnungsangestellte haben – wie bereits dargelegt – keinen Anspruch auf Übertragung eines ganz bestimmten Aufgabengebietes. Ihr Einsatz ist grundsätzlich auf den Stellen möglich, die ihrem Dienstordnungsamt entsprechen. Aus den Vivento-Entscheidungen lässt sich darüber hinaus ableiten, dass den Dienstordnungsangestellten mit Unterbreitung des Unterbringungsangebots eine bestimmte Stelle zuzuweisen ist. Es wäre insofern nicht ausreichend, ihnen zwar ihren Status zu belassen, sie aber unbefristet in Stellenpools[440] oder Vermittlungsagenturen unterzubringen und sie von der Dienstleistungspflicht freizustellen. Hierin läge eine Verletzung ihres Anspruchs auf eine amtsangemessene Beschäftigung. Aus den zur Frage der Beibehaltung des Aufgabengebiets genannten Gründen sind die beamtenrechtlichen Grundsätze auf das Dienstordnungsrecht übertragbar.

(5) Fazit

Dienstordnungsangestellte haben keinen Anspruch auf die Beibehaltung ihres bisherigen Aufgabengebietes nach Schließung einer Krankenkasse.[441] Andernfalls privilegierten die Unterbringungsvorschriften die Berechtigten gegenüber den Bestandsmitarbeitern der aufnehmenden Körperschaften in einer nicht verhältnismäßigen Art und Weise. Die zur Aufnahme verpflichteten Krankenkassen sähen sich zugleich erheblichen Problemen bei der Stellenbesetzung ausgesetzt, da nur selten passende Stellen zur Verfügung stehen. Eine beliebige Betrauung der Dienstordnungsangestellten mit anderen Aufgaben ist auf der anderen Seite ebenso wenig möglich. Die neue Beschäftigung hat ihrer statusrechtlichen Stellung zu entsprechen. Daraus

---

[438] BVerwG 22.06.2006 – 2 C 26/05, NVwZ 2007, 101 (Rn. 12).

[439] BVerwG 18.09.2008 – 2 C 126/07, NVwZ 2009, 187 (Rn. 14).

[440] Allgemein zu „Stellenpools und Personalvermittlungsstellen in der öffentlichen Verwaltung“ vgl. *Braun*, ZBR 2009, 397.

[441] Krauskopf/*Baier*, Soziale Krankenversicherung, § 164 SGB V Rn. 15; *Bohlen-Schöning*, KrV 2011, 85 (85); *Grau/Sittard*, KrV 2012, 6 (7 f.).

folgt einmal das Verbot zur Unterbringung in Untätigkeit. Das neue Aufgabengebiet muss außerdem mit dem Vorherigen statusrechtlich vergleichbar sein. Dieser Lösungsweg wahrt letztlich sowohl die Interessen der Dienstordnungsangestellten als auch die der aufnehmenden Krankenkassen.

ee) Berücksichtigung von Beförderungsmöglichkeiten

Künftige Beförderungsmöglichkeiten sind nach Auffassung des Bundesverwaltungsgerichts bei der Versetzung von Beamten nicht zu berücksichtigen.[442] Es gehe bei Beurteilung der von §§ 128 ff. BRRG geforderten Gleichwertigkeit der neuen Stelle um die Rechtsstandswahrung des Beamten.[443] Die möglichen Verbesserungen oder Beförderungen der Rechtsstellung eines Beamten, die dieser ohne Umbildung der Körperschaft zu erwarten hätte, seien bedeutungslos.[444] Aus beamtenrechtlichen Grundsätzen erwachse kein Recht darauf, bestehende Beförderungschancen unangetastet zu lassen.[445]

Der Rechtsprechung ist zuzustimmen und aufgrund der statusrechtlichen Parallelen zum Dienstordnungsrecht übertragbar.[446] Nur die bisherige Rechtsstellung eines Beamten verdient den stark ausgeprägten Schutz des Beamtenrechts. Eine Beförderung kann aus vielen verschiedenen Gründen auch kurz vor ihrer Verwirklichung ausbleiben. Eine Versetzung von Beamten unter Berücksichtigung künftiger Beförderungsmöglichkeiten würde unverhältnismäßig erschwert werden. Die vor der Schließung einer Krankenkasse bestehenden Beförderungs- oder Aufstiegschancen von Dienstordnungsangestellten bleiben bei der Beurteilung des unterbreiteten Unterbringungsangebots daher unberücksichtigt.[447]

ff) Wechsel des Dienstortes

Unter den Dienstordnungsangestellten der gesetzlichen Krankenkassen finden sich wegen des seit dem Jahr 1993 geregelten gesetzlichen Verbots zur Begründung neuer Dienstordnungsanstellungsverhältnisse[448] mittlerweile ausschließlich ältere Mitarbeiter. Eine mit einer neuen Stelle verbundene, nicht nur unerhebliche Ortsveränderung, wiegt für diese Mitarbeiter be-

---

442 BVerwG 29.03.1968 – VI C 11.67, BeckRS 1968, 31324288 (I); BVerwG 11.07.1975 – VI C 44.72, ZBR 1975, 346; *Battis*, BBG, § 28 Rn. 25 m.w.N.; *Kugele*, BeamtStG, § 18 Rn. 2.

443 BVerwG 11.07.1975 – VI C 44.72, ZBR 1975, 346.

444 BVerwG 11.07.1975 – VI C 44.72, ZBR 1975, 346.

445 BVerwG 11.07.1975 – VI C 44.72, ZBR 1975, 346.

446 Für die Übertragbarkeit im Ergebnis auch juris-PK-SGB V/*Koch*, § 164 Rn. 14.

447 Ebenso juris-PK-SGB V/*Koch*, § 164 Rn. 14.

448 BGBl. I 2266.

sonders schwer. Nach vielen Jahren der Beschäftigung sind die Betroffenen in sozialer Hinsicht tief an ihrem Dienstort verwurzelt. Die meisten unter ihnen fürchten demzufolge einen mit der Unterbringung verbundenen drohenden Ortswechsel mehr als beispielsweise bloße Veränderungen ihres bisherigen Aufgabengebietes. Die Frage, in welchen räumlichen Grenzen die Unterbringung von Dienstordnungsangestellten möglich ist, ist damit besonders bedeutend.

(1) Beamtenrechtlicher Status bei Ortswechsel

Das Beamtenrecht verbietet einen vom Dienstherrn angeordneten Ortswechsel des Beamten nicht. Das Bundesverfassungsgericht bestätigte die Verfassungsmäßigkeit der entsprechenden gesetzlichen Grundlagen und die existierende Rechtsprechung.[449] Die Zulässigkeit einer mit einem Ortswechsel verbundenen Versetzung folgt bereits aus der Existenz der Versetzungsvorschriften im BeamtStG.[450] Dieses regelt die länderübergreifende Versetzung von Beamten sowie die Versetzung von Landesbeamten zu einer Bundesbehörde, § 13 BeamtStG.

Die Rechtsprechung zieht zur Bestimmung des Statusamtes eines Beamten dessen Laufbahn, Amtsbezeichnung und Besoldungsgruppe heran.[451] Ein Ortswechsel berührt daher dessen statusrechtliche Stellung nicht.[452] Die Anweisung an einen Beamten, seine Arbeit in einer Zweigstelle derselben Dienststelle an einem anderen Ort zu verrichten, stellt beispielsweise keine Versetzung im beamtenrechtlichen Sinne dar.[453] Der Einsatz eines Beamten an einem anderen Ort ist somit im Beamtenrecht grundsätzlich zulässig.

(2) Ortswechsel im Unterbringungsverfahren

Wendet man aus den bereits ausgearbeiteten Gründen die beamtenrechtlichen Grundsätze auf die Anforderungen an ein ordnungsgemäßes Unterbringungsangebot gegenüber einem Dienstordnungsangestellten an, folgt daraus die Zulässigkeit möglicher neuer, mit einem Ortswechsel verbunde-

---

449 Bspw. BVerfG 30.01.2008 – 2 BvR 754/07, NVwZ 2008, 547 in Bezug auf die verwaltungsgerichtliche Rechtsprechung zur Zulässigkeit einer sechsmonatigen Umsetzung einer verheirateten Regierungsinspektorin mit einer volljährigen Tochter.

450 *Kugele*, BeamtStG, § 15 Rn. 5.

451 BVerwG 24.01.1991 – 2 C 16/88, NJW 1991, 2980 (II 2); BVerwG 15.06.1995 – 2 B 16/95, NVwZ-RR 1996, 161 (161); BVerwG 25.10.2007 – 2 C 30/07, NVwZ-RR 2008, 268 (Rn. 13); *Schnellenbach*, Beamtenrecht, § 3 Rn. 10; *Terwiesche*, Handbuch Verwaltungsrecht, Teil 5 Kap. 38 Rn. 40.

452 *Kugele*, BBG, § 28 Rn. 7.

453 *Kugele*, BBG, § 28 Rn. 7.

ner Unterbringungsangebote. Die zum Schließungsrecht von Krankenkassen existierende Literatur[454] und Rechtsprechung[455] bejahen deswegen ebenfalls die Zulässigkeit eines erzwungenen Ortswechsels im Zusammenhang mit den Unterbringungsangeboten gegenüber den Dienstordnungsangestellten und den übrigen Beschäftigten. Praktische Erwägungen bestätigen dieses Ergebnis. Mit Schließung einer Krankenkasse fallen die Aufgaben weg, die bei einer als werbend auf dem Markt tätigen Krankenkasse anfallen. Dazu gehören insbesondere die Betreuung von Mitgliedern und das Leistungsrecht. Selbst wenn man unterstellt, dass auch diese Bereiche wegen der erforderlichen Abwicklungsarbeiten nicht mit Wirksamwerden des Schließungsbescheids schlagartig wegbrechen, kommen dennoch keine den Zeitraum nach Wirksamwerden der Schließung betreffende Leistungsanträge von Versicherten mehr nach. Insgesamt sind daher innerhalb kürzester Zeit sehr viele Krankenkassenbeschäftigten bei anderen Körperschaften unterzubringen. Ortsansässige Krankenkassen wären mit der Aufnahme einer derart großen Anzahl von Beschäftigten tatsächlich überfordert. Eine Unterbringung aller Krankenkassenbeschäftigten und die Zuweisung amtsangemessener Aufgaben ist nur dann möglich, wenn die Mitarbeiter auch Standorten verschiedener Krankenkassen zugewiesen werden können, die nicht im selben Ort ihrer bisherigen Stelle ansässig sind.

Die Zulässigkeit von Unterbringungsangeboten, die einen Ortswechsel vorsehen, folgt außerdem aus der Regelung des § 164 Abs. 3 Satz 4 SGB V.[456] Sie verpflichtet jede Krankenkasse zur Unterbreitung von Unterbringungsangeboten entsprechend ihrem Anteil an der Zahl der Versicherten aller Krankenkassen. Das Gesetz beschränkt diese Aufnahmeverpflichtung gerade nicht auf die ortsansässigen Krankenkassen. Die aufnehmenden Körperschaften können den Berechtigten allerdings denknotwendig nur an ihren jeweiligen Standorten Stellen anbieten. Eine bundesweite Unterbringung von Dienstordnungsangestellten muss daher zwingend möglich sein[457], da es sonst vie-

---

454 *Bohlen-Schöning*, KrV 2011, 85 (85); *Grau/Sittard*, KrV 2012, 6 (7). Offen lassend *Rolfs*, NZA 2013, 529 (530).

455 LAG Berlin-Brandenburg 12.04.2012 – 2 Sa 14/12, BeckRS 2012, 68381 (2.2.2); LAG Berlin-Brandenburg 08.05.2012 – 7 Sa 2558/11, BeckRS 2012, 71055 (2.2.2.4); LAG Berlin-Brandenburg 02.08.2012 – 2 Sa 9/12, 2 Sa 245/12, BeckRS 2012, 75356 (2.2.2) deuten die Zulässigkeit eines Ortswechsels an. Mangels Entscheidungserheblichkeit ebenfalls offen lassend LAG Baden-Württemberg 21.05.2012 – 1 Sa 2/12, BeckRS 2012, 71378 (I 2 g bb): Die Gerichte befassten sich bisher lediglich mit den Anforderungen an die Unterbringung tariflich angestellter Mitarbeiter gesetzlicher Krankenkassen. Diese Argumentation lässt sich m.E. allerdings auf die Unterbringung von Dienstordnungsangestellten teilweise übertragen.

456 So wohl im Ergebnis auch *Bohlen-Schöning*, KrV 2011, 85 (85).

457 Die h.M. geht ebenfalls von der Zulässigkeit einer bundesweiten Unterbringung aus, vgl. LAG Berlin-Brandenburg 12.04.2012 – 2 Sa 14/12, BeckRS 2012, 68381 (2.2.2); LAG Berlin-Brandenburg 08.05.2012 – 7 Sa 2558/11, BeckRS 2012, 71055 (2.2.2.4);

len Krankenkassen schlicht unmöglich wäre, ihrer Unterbreitungsverpflichtung nachzukommen.

(3) Zusammenfassung

Unterbringungsangebote, welche die Mitarbeiter zu einem Umzug zwingen, berühren deren Ordnungsgemäßheit nicht.[458] Selbst einer bundesweiten Unterbringung und den damit verbundenen Entfernungen zum ursprünglichen Beschäftigungsort stehen aufgrund der begrenzten Aufnahmekapazitäten einzelner Krankenkassen und der insoweit eindeutigen Regelung des § 164 Abs. 3 Satz 4 SGB V keine Bedenken entgegen. Umso mehr kommt es wegen der durch einen Ortswechsel verbundenen Nachteile auf die Kriterien zur Auswahlentscheidung zwischen den Dienstordnungsangestellten an.

gg) Kündigung von Dienstordnungsangestellten aus wichtigem Grund

Nach § 354 Abs. 2 RVO ist die Kündigung oder Entlassung von Dienstordnungsangestellten nach zehnjähriger Beschäftigung nur noch aus wichtigem Grund möglich.[459] Eine Abbedingung dieser, dem Schutz von Dienstordnungsangestellten dienenden Regelung ist weder durch eine abweichende Vorschrift in der Dienstordnung noch durch eine Vereinbarung im Anstellungsvertrag zu dessen Nachteil möglich.[460] Der Ausschluss der ordentlichen Kündigung gilt heute für sämtliche noch bei den Krankenkassen tätigen Dienstordnungsangestellten, da seit dem Jahr 1993 keine neuen Dienstordnungsanstellungsverhältnisse mehr begründet werden dürfen und demzufolge sämtliche Betroffene seit mehr als zehn Jahren in einem solchen stehen.[461] Dieser besondere Kündigungsschutz könnte allerdings nach Unterbringung bei einer neuen Krankenkasse verloren gehen. Rechnet man die Beschäftigungszeiten des Dienstordnungsangestellten bei der geschlos-

---

LAG Berlin-Brandenburg 02.08.2012 – 2 Sa 9/12, 2 Sa 245/12, BeckRS 2012, 75356 (2.2.2); *Bohlen-Schöning*, KrV 2011, 85 (85); *Grau/Sittard*, KrV 2012, 6 (7).

458 LAG Berlin-Brandenburg 12.04.2012 – 2 Sa 14/12, BeckRS 2012, 68381 (2.2.2); LAG Berlin-Brandenburg 08.05.2012 – 7 Sa 2558/11, BeckRS 2012, 71055 (2.2.2.4); LAG Berlin-Brandenburg 02.08.2012 – 2 Sa 9/12, 2 Sa 245/12, BeckRS 2012, 75356 (2.2.2); *Bohlen-Schöning*, KrV 2011, 85 (85); *Grau/Sittard*, KrV 2012, 6 (7).

459 Umstritten ist, ob darüber hinaus eine außerordentliche Kündigung von Dienstordnungsangestellten nach § 626 BGB zulässig ist, vgl. zum Meinungsstreit *Herrmann/Buchheim*, LKV 2014, 49 (51) m.w.N.

460 Vgl. etwa Krauskopf/*Krauskopf*, Soziale Krankenversicherung, § 354 RVO Rn. 5, der von den „Mindestanforderungen" des Abs. 2 spricht.

461 Krauskopf/*Krauskopf*, Soziale Krankenversicherung, § 354 RVO Rn. 5.

senen Krankenkasse nicht an, könnte sich eine Krankenkasse nach Aufnahme des Dienstordnungsangestellten durch Ausspruch einer ordentlichen Kündigung von diesem trennen.

Dieser besondere Kündigungsschutz eines Dienstordnungsangestellten bleibt richtigerweise auch nach dessen Unterbringung bei einer anderen Krankenkasse oder dem Landesverband wegen der beamtenähnlichen Ausgestaltung von Dienstordnungsanstellungsverhältnissen bestehen. Die Regelung des § 354 Abs. 2 RVO bezweckt einen weitreichenden Schutz vor Kündigungen. Wie bereits aufgezeigt, schließt das Gleichwertigkeitserfordernis zwar im Hinblick auf eine sinnvolle Unterbringung des Dienstordnungsangestellten statusrechtliche Abweichungen der neuen Stellung nicht aus. Diese Abweichungen sind allerdings dem Interesse der aufzunehmenden Krankenkasse an einer sinnvollen Beschäftigung ihrer Angestellten geschuldet und nur in engen Grenzen möglich. Der Bestandsschutz eines über mehr als zehn Jahre angestellten Dienstordnungsangestellten ist auch Ausdruck seiner beamtenähnlichen Stellung und damit besonders schützenswert. Die am Beamtenrecht angelehnten Beendigungsmöglichkeiten von Dienstordnungsangestellten zeigen, dass Kündigungen nur in Ausnahmefällen möglich sein sollen und ein Dienstordnungsangestellter nach einer gewissen Dauer ähnlich dem beamtenrechtlichen Lebenszeitprinzip[462] auf die Fortsetzung des Arbeitsverhältnisses bis zum Eintritt in den Ruhestand vertrauen kann. Damit wäre der Entzug des Kündigungsschutzes nach § 354 RVO nicht vereinbar. Vorbeschäftigungszeiten sind somit nach Unterbringung des Dienstordnungsangestellten bei einer anderen Krankenkasse anzuerkennen. Der Kündigungsschutz des § 354 Abs. 2 RVO muss sich nach erfolgter Unterbringung gegenüber der aufnehmenden Krankenkasse fortsetzen. Der fortwährende Bestandsschutz der Arbeitsverhältnisse von Dienstordnungsangestellten nach ihrer Unterbringung ist ein Grundgedanke der Unterbringungsvorschriften, von dem nicht abgewichen werden kann.

5. Ergebnis

Die beamtenrechtsähnliche Ausgestaltung des Dienstordnungsverhältnisses spielt bei der Beurteilung der Ordnungsgemäßheit der unterbreiteten Unterbringungsangebote eine wesentliche Rolle. Die Anwendung beamtenrechtlicher Grundsätze ermöglicht die Ausfüllung der oberflächlichen Regelungen des § 164 Abs. 3 Satz 1 und 2 SGB V und die Aufstellung von Leitlinien zu den Anforderungen an ein ordnungsgemäßes Unterbringungsan-

---

462 Zu den Auswirkungen des Lebenszeitprinzips von Dienstordnungsangestellten ausführlich *Herrmann/Buchheim*, LKV 2014, 49.

gebot. Dabei ist dem Dienstordnungsamt und damit der statusrechtlichen Stellung des Dienstordnungsangestellten Rechnung zu tragen.

Die angebotene Stelle muss in jedem Fall mit der bisherigen laufbahnrechtlichen Einordnung des Dienstordnungsangestellten vergleichbar sein. Die Laufbahn zeichnet die künftige Entwicklung des Anstellungsverhältnisses entscheidend vor und bringt in abstrakter Weise die Wertigkeit der Stellung zum Ausdruck. Einschränkungen wiegen deswegen besonders schwer. Größere Besoldungs- und Versorgungsunterschiede führen dagegen nicht per se zur Fehlerhaftigkeit des Unterbringungsangebots. Das Gesetz sieht solche Abweichungen mit § 164 Abs. 3 Satz 2 SGB V vor und sichert den finanziellen Besitzstand durch einen vollen Ausgleichsanspruch des Dienstordnungsangestellten ab.[463] Daraus folgt zugleich, dass das Interesse des Dienstordnungsangestellten an der Beibehaltung seiner bisherigen Besoldungsstufe hinter dem Interesse der zur Unterbringung verpflichteten Krankenkassen und Landesverbände unter Umständen dann zurücktreten muss, wenn eine sinnvolle Unterbringung sonst nicht möglich ist. Die bisherige Besoldungsgruppe ist deswegen im Unterbringungsverfahren nicht unantastbar, weil für den Betroffenen keine spürbaren Auswirkungen damit verbunden sind.

Der Schutzzweck des § 164 Abs. 3 SGB V gebietet nicht die Beibehaltung des bisherigen Aufgabengebietes. Veränderungen sind sowohl im Beamtenrecht als auch im Dienstordnungsrecht erlaubt, so lange der Anspruch des Betroffenen auf eine amtsangemessene Beschäftigung gewahrt bleibt. Diese Regeln lassen sich auf die Unterbringung von Dienstordnungsangestellten bei Schließung einer Krankenkasse übertragen. Es ist lediglich eine Tätigkeit anzubieten, die dem bisherigen „Statusamt" im dienstordnungsrechtlichen Gewand gerecht wird. Hypothetische Aufstiegs- und Beförderungschancen der alten Stelle bleiben bei der Beurteilung der Gleichwertigkeit der neuen Stelle ebenfalls außer Betracht.

Zusammenfassend hat ein Dienstordnungsangestellter nach dessen Unterbringung bei einer Krankenkasse oder dem Landesverband keine unverhältnismäßigen Beeinträchtigungen seines Dienstordnungsamtes zu befürchten. Das Unterbringungsverfahren schließt aber für ihn erhebliche persönliche Konsequenzen nicht aus. Bei den Krankenkassen sind heute nur noch Dienstordnungsangestellte älteren Jahrgangs beschäftigt, da sie mindestens seit dem Jahr 1993 angestellt sind. Sie sind nach den vielen Jahren ihrer Beschäftigung in der Regel fest im Dienstort sozial verwurzelt. Ein Umzug in einen anderen Ort reißt sie aus ihrem sozialen Umfeld heraus. Praktische Erwägungen und das Gesetz belegen dennoch eindeutig, dass eine Unterbringung im gesamten Bundesgebiet möglich ist. Ein im Unter-

463 Krauskopf/*Baier*, Soziale Krankenversicherung, § 164 SGB V Rn. 15.

bringungsangebot angelegter Ortswechsel ist damit grundsätzlich zulässig. Besondere Bedeutung nimmt deswegen die Frage ein, nach welchen Kriterien die Auswahl unter den Beschäftigten für die wenigen verfügbaren ortsnahen Stellen erfolgt. Die gleiche Problematik tritt auch im Zusammenhang mit der Unterbringung der übrigen Beschäftigten auf und wird daher erst im Anschluss erörtert.

IV. Unterbringungsangebote gegenüber übrigen Beschäftigten

1. Einleitung

Der Großteil der bei den Orts-, Innungs- und Betriebskrankenkassen sowie Ersatzkassen existierenden Anstellungsverhältnisse untersteht keiner Dienstordnung im Sinne des § 354 Abs. 1 RVO, da die Neubegründung von Dienstordnungsverhältnissen seit dem Jahr 1993 nicht mehr möglich ist.[464] In naher Zukunft werden die von der Schließung betroffenen Krankenkassen nur noch mit der Frage konfrontiert sein, welche Anforderungen an das Unterbringungsverfahren der „übrigen Beschäftigten" im Sinne des § 164 Abs. 3 Satz 3 SGB V gestellt werden.[465] Für eine rechtssichere Abwicklung der Arbeitsverhältnisse bietet sich in der Praxis in erster Linie eine Orientierung an der bereits zum Thema ergangenen Rechtsprechung an.

Die Gerichte setzten sich nach der Schließung der City BKK und der BKK für Heilberufe umfassend mit dem Schicksal dieses Beschäftigtenkreises auseinander. Im Mittelpunkt der Entscheidungen stand allerdings die Auslegung der Beendigungsanordnung des § 164 Abs. 4 Satz 1 SGB V. Es finden sich dagegen – trotz der großen Anzahl an Entscheidungen der Arbeitsgerichte, Landesarbeitsgerichte und zuletzt auch des Bundesarbeitsgerichts – kaum Ausführungen zu den Anforderungen an ein ordnungsgemäßes Unterbringungsangebot im Sinne des § 164 Abs. 3 Satz 3 SGB V. Dies liegt daran, dass die Krankenkassen und der Landesverband den Beschäftigten entweder kein Unterbringungsangebot unterbereiteten[466] oder aber diesem nicht die nötigen

---

464 Vgl. die vom Bundesministerium für Gesundheit herausgegebenen Informationen zur Entwicklung der Personal- und Verwaltungskosten in der GKV, abrufbar unter http://www.bmg.bund.de/krankenversicherung/zahlen-und-fakten-zur-krankenversicherung/kennzahlen-daten-bekanntmachungen.html (zuletzt abgerufen am 31.01.2016), Stand: 12.08.2014. Die Aufstellungen zeigen, dass der überwiegende Anteil der Mitarbeiter nicht auf Grundlage einer Dienstordnungsanstellung für die Krankenkassen tätig sind.

465 VGH Mannheim 18.01.2005 – 15 S 1712/03, BeckRS 2005, 22121 (II 2 a); *Benz*, SGb 2000, 53 (53); *Herrmann/Buchheim*, LKV 2014, 49 (49); Krauskopf/*Krauskopf*, Soziale Krankenversicherung, Vorb. §§ 349 – 362 RVO Rn. 20.

466 LAG Hamburg 19.09.2012 – 5 Sa 17/12, BeckRS 2013, 67949 (2 c dd); ArbG Berlin 23.11.2011 – 21 Ca 7934/11, BeckRS 2011, 78304 (II 2 c).

Informationen beifügten, die eine Beurteilung seiner Zumutbarkeit ermöglichten[467]. Es ging insbesondere aus vielen Unterbringungsangeboten nicht hervor, ob es zu einer Anrechnung der für den tariflichen Sonderkündigungsschutz besonders wichtigen Vorbeschäftigungszeiten bei der geschlossenen Krankenkasse kommen sollte.[468] In den Fällen, in denen sich den Unterbringungsangeboten die Bedingungen der neuen Beschäftigung entnehmen ließen, führten die Klagen der Mitarbeiter dennoch nicht selten zum Erfolg.[469] Die Gerichte bemängelten hier in erster Linie die zu hohen Gehaltsunterschiede zwischen vorheriger und neuer Beschäftigung.[470]

Der kurze Rechtsprechungsüberblick zeigt, dass es zumindest in den vor den Gerichten anhängig gewordenen Fällen so eindeutig an einem ordnungsgemäßen Unterbringungsangebot für die Beschäftigten fehlte, dass es einer eingehenden Auseinandersetzung mit den Zumutbarkeitskriterien des § 164 Abs. 3 Satz 3 SGB V nicht bedurfte. Die offensichtliche Unzulänglichkeit der unterbreiteten Stellenangebote führt dazu, dass es auch heute noch an einer gefestigten und klaren Rechtsprechung zu den genauen Anforderungen an ein Unterbringungsangebot im Sinne des § 164 Abs. 3 Satz 3 SGB V fehlt.

2. Unterschiede zur Unterbringung von Dienstordnungsangestellten

Die oben herausgearbeiteten Anforderungen an die ordnungsgemäße Unterbringung von Dienstordnungsangestellten sind nicht auf die Unterbringungsverpflichtung der übrigen Beschäftigten übertragbar.[471] Einer Übertragung steht zunächst die Unterbringungsregelung des § 164 Abs. 3 SGB V entgegen. Verlangt das Gesetz bezüglich der Dienstordnungsangestellten die Unterbringung auf einer dienstordnungsmäßigen Stelle, die nicht im auffälligen Missverhältnis zu den Fähigkeiten des Angestellten stehen darf, ist den übrigen Beschäftigten nach § 164 Abs. 3 Satz 3 SGB V eine Stellung

467 LAG Baden-Württemberg 21.05.2012 – 1 Sa 3/12, BeckRS 2012, 71379.

468 LAG Baden-Württemberg 21.05.2012 – 1 Sa 3/12, BeckRS 2012, 71379.

469 Dazu statt vieler LAG Berlin-Brandenburg 25.05.2012 – 8 Sa 258/12, BeckRS 2012, 71874 (II 2); LAG Berlin-Brandenburg 14.12.2012 – 8 Sa 979/12, BeckRS 2013, 66725 (II 2); LAG Berlin-Brandenburg 14.12.2012 – 8 Sa 980/12, 8 Sa 1248/12, BeckRS 2013, 67972 (II 1.2).

470 LAG Berlin-Brandenburg 25.05.2012 – 8 Sa 258/12, BeckRS 2012, 71874 (II 2); LAG Berlin-Brandenburg 14.12.2012 – 8 Sa 979/12, BeckRS 2013, 66725 (II 2); LAG Berlin-Brandenburg 14.12.2012 – 8 Sa 980/12, 8 Sa 1248/12, BeckRS 2013, 67972 (II 1.2).

471 Unklar dagegen juris-PK-SGB V/*Koch*, § 164 Rn. 15, wonach die Grenze der Zumutbarkeit der Grenze des auffälligen Missverhältnisses entspreche. Dennoch geht auch *Koch* scheinbar nicht von einer Gleichstellung der Dienstordnungsangestellten und der übrigen Beschäftigten aus.

anzubieten, die ihnen unter Berücksichtigung ihrer Fähigkeiten und bisherigen Dienststellung zuzumuten ist. Einen Ausgleich unterschiedlicher Besoldungs- und Versorgungsansprüche sehen die Unterbringungsvorschriften für die übrigen Beschäftigten nicht vor.[472] Das Gesetz trennt zwischen dem Unterbringungsverfahren der beiden Beschäftigtengruppen und legt den Regelungen damit bereits begrifflich verschiedene Anforderungen an die jeweiligen Unterbringungsangebote zugrunde.

Der Rückgriff scheitert überdies an den strukturellen Unterschieden zwischen der Dienstordnungsanstellung und der Anstellung der übrigen Beschäftigten. Nur die Dienstordnungsanstellungsverhältnisse zeichnen sich wegen der besonderen Ausgestaltung der Dienstordnungen und des starken Schutzes der statusrechtlichen Stellung durch eine Nähe zum Beamtenrecht aus.[473] Diese besondere Nähe zum Beamtenrecht besteht bei den übrigen Beschäftigten nicht.

3. Gruppe der übrigen Beschäftigten von Orts- und Innungskrankenkassen

Die Unterbringungsverpflichtung des § 164 Abs. 3 Satz 3 SGB V (i.V.m. § 146a Satz 3 SGB V) erfasst sämtliche übrige Beschäftigte der Innungs- und Ortskrankenkassen. Die Unterbringungsvorschriften differenzieren dabei – anders als das Organisationsrecht der Betriebskranken- und Ersatzkassen[474] – nicht zwischen den ordentlich kündbaren und den ordentlich unkündbaren Mitarbeitern.[475]

a) Zumutbarkeit im Sinne des § 164 Abs. 3 Satz 3 SGB V

aa) Zumutbarkeitsbegriff

Im Mittelpunkt der Unterbringungsverpflichtung steht der Zumutbarkeitsmaßstab des § 164 Abs. 3 Satz 3 SGB V und damit ein unbestimmter Rechtsbegriff.[476] Das verschafft zwar den mit der Unterbringung befassten

---

472 Hauck/Noftz/*Engelhard*, SGB V, § 164 Rn. 37; *Grau/Sittard*, KrV 2012, 6 (7); *Rolfs*, NZA 2013, 529 (531); ErfK/*Rolfs*, § 164 SGB V Rn. 5.

473 Die Nähe des Dienstordnungsrechts zum Beamtenrecht im Zusammenhang mit den arbeitsrechtlichen Schließungsvorschriften thematisieren ebenfalls *Bohlen-Schöning*, KrV 2011, 85 (85); juris-PK-SGB V/*Koch*, § 164 Rn. 14; Becker/Kingreen/*Mühlhausen*, SGB V, § 164 Rn. 5.

474 Vgl. §§ 155 Abs. 4 Satz 9, 171 Satz 1 i.V.m. § 164 Abs. 2 bis 4 SGB V

475 *Wolter*, FS Bepler (2012), S. 675 (682).

476 Zur Einordnung der „Unzumutbarkeit“ als unbestimmten Rechtsbegriff vgl. BAG 16.04.2014 – 5 AZR 739/11, BeckRS 2014, 69977 (Rn. 18); *Fritz/Erren*, NZA 2009, 1242 (1247).

Rechtsträgern ein gewisses Maß an Flexibilität. Es sorgt aber gleichzeitig für eine Ungewissheit über die genauen Anforderungen an die Unterbringung der übrigen Beschäftigten nach Schließung einer Krankenkasse.

Der Schwerpunkt der in der Literatur existierenden Veröffentlichungen zu diesem Themenbereich liegt in der Erörterung denkbarer Einzelfragen, beispielsweise der Zulässigkeit einer bundesweiten Versetzung[477] oder dem Erfordernis einer Sozialauswahl[478] zwischen den einzelnen Beschäftigten. Sämtliche Ansichten lassen dabei Eingriffe in die Rechte der Beschäftigten im Zusammenhang mit deren Unterbringung zu. Es ist allerdings dogmatisch vorzugswürdig, vor der Abhandlung von Einzelfragen grundlegende Kriterien zur Beurteilung der Zumutbarkeit von Unterbringungsangeboten zu formulieren.

bb) Bestimmung der Zumutbarkeit anhand vergleichbarer Vorschriften

Es existiert keine einheitliche und für jeden Anwendungsbereich geltende Definition des Zumutbarkeitsbegriffs. Nachdem in vielen Bereichen des deutschen Rechts von „Zumutbarkeit" gesprochen wird[479], bietet sich ein Blick lediglich auf vergleichbare Vorschriften an. Sie könnten sowohl Aufschluss über die Reichweite noch zulässiger Unterbringungsangebote geben als auch Hinweise darauf liefern, in welcher Art und Weise die Zumutbarkeit von Beschäftigungsangeboten zu prüfen ist. In erster Linie ist hier auf Regelungen abzustellen, die eine Beschäftigung des Arbeitnehmers in den Grenzen der Zumutbarkeit fordern.

Der Zumutbarkeitsbegriff findet sich im Kündigungsschutzgesetz zunächst in der Regelung des § 11 Nr. 2 KSchG. Die Vorschrift setzt sich mit dem geschuldeten Arbeitsentgelt des sich in Annahmeverzug befindlichen Arbeitgebers nach stattgebender Kündigungsschutzklage des Arbeitnehmers auseinander.[480] Ein Arbeitnehmer, der es in dieser Zeit böswillig unterlässt, eine zumutbare Arbeit anzunehmen, muss sich das anrechnen lassen, was er mit dieser Arbeit hätte verdienen können.[481] Die Anrechnungsbestim-

---

477 Dazu LAG Berlin-Brandenburg 12.04.2012 - 2 Sa 14/12, BeckRS 2012, 68381 (2.2.2); LAG Berlin-Brandenburg 08.05.2012 - 7 Sa 2558/11, BeckRS 2012, 71055 (2.2.2.4); LAG Berlin-Brandenburg 08.05.2012 - 7 Sa 257/12, BeckRS 2012, 73144 (2.2.2.4); LAG Baden-Württemberg 21.05.2012 - 1 Sa 2/12, BeckRS 2012, 71378 (I 2 g bb); LAG Berlin-Brandenburg 02.08.2012 - 2 Sa 9/12, 2 Sa 245/12, BeckRS 2012, 75356 (2.2.2); *Bohlen-Schöning*, KrV 2011, 85 (86); *Grau/Sittard*, KrV 2012, 6 (7).

478 Dazu *Bohlen-Schöning*, KrV 2011, 85 (87).

479 Vgl. bspw. § 11 Nr. 2 KSchG; § 140 Abs. 1 SGB III.

480 ErfK/*Kiel*, § 11 KSchG Rn. 1; BeckOK/*Pleßner*, ArbR, § 11 KSchG Rn. 1.

481 So die Regelung des § 11 Nr. 2 KSchG, die lex specialis zu § 615 Satz 2 BGB ist, BAG 21.02.2012 – 9 AZR 487/10, NZA 2012, 793 (Rn. 20); ErfK/*Kiel*, § 11 KSchG Rn. 3. § 615 Satz 2 BGB betrifft den Annahmeverzug im ungekündigten sowie bis

mung bezweckt den Ausgleich zwischen den Interessen der Arbeitsvertragsparteien.[482] Einem zu Unrecht entlassenen Arbeitnehmer steht der Lohn zu, den er bei Fortsetzung der tatsächlichen Tätigkeit für den Arbeitgeber verdient hätte.[483] Die Grenzen zwischen einer wirksamen oder eindeutig unwirksamen Kündigung sind allerdings nicht immer leicht zu bestimmen. Die Kündigung eines Arbeitnehmers ist nicht selten mit vielen Unsicherheiten verbunden. Selbst wenn sie unwirksam ist, soll deshalb der Arbeitnehmer nicht mit Aussicht auf den ihm zustehenden Annahmeverzugslohn das Ende des Kündigungsschutzprozesses ohne jede Rücksicht auf die Interessen des Arbeitgebers abwarten können, sondern er hat ihm zumutbare Beschäftigungen anzunehmen.[484]

Die Rechtsprechung beurteilt die Zumutbarkeit im Sinne des § 11 Nr. 2 KSchG anhand einer Gesamtabwägung aller Umstände des Einzelfalls nach Maßgabe von Treu und Glauben und unter Berücksichtigung der Berufsfreiheit nach Art. 12 GG.[485] Eine unzumutbare Beschäftigung ergibt sich unter anderem aus der Art der Arbeit oder den sonstigen Arbeitsbedingungen.[486] Der Arbeitnehmer ist aber nicht gezwungen, deutliche Statusverschlechterungen oder Arbeiten mit einer wesentlich geringeren Vergütung anzunehmen.[487] Von der Zumutbarkeit einer anderen Beschäftigung ist insbesondere dann auszugehen, wenn die neue Tätigkeit nicht nur der bisherigen Lebensstellung des Arbeitnehmers entspricht, sondern auch seinen Kenntnissen, Fähigkeiten und Erfahrungen gerecht wird.[488] Das Bundesarbeitsgericht lässt in Einzelfällen sogar höhere Gehaltseinbußen zu.[489]

Verschiedene Vorschriften des Sozialrechts knüpfen ebenfalls an die Zumutbarkeit einer Beschäftigung an. Von Interesse sind insbesondere die

---

zum Ablauf der Kündigungsfrist im gekündigten Arbeitsverhältnis. Auch wenn die Vorschrift nicht ausdrücklich eine zumutbare andere Beschäftigung fordert, findet derselbe Prüfungsmaßstab wie im Rahmen des § 11 Nr. 2 KSchG zur Frage des böswilligen Unterlassens einer anderen Tätigkeit Anwendung, vgl. u.a. *Meyer*, NZA-RR 2012, 337 (339).

482 ErfK/*Kiel*, § 11 KSchG Rn. 7.

483 KR/*Spilger*, § 11 KSchG Rn. 5.

484 *Bayreuther*, NZA 2003, 1365 (1366); BeckOK/*Pleßner*, ArbR, § 11 KSchG Rn. 14; KR/*Spilger*, § 11 KSchG Rn. 31; *Spirolke*, NZA 2001, 707 (709).

485 BAG 11.01.2006 – 5 AZR 98/05, NZA 2006, 314 (Rn. 18); BAG 11.10.2006 – 5 AZR 754/05, NZA 2007, 1392 (Ls.) = NJW 2007, 2060 (Rn. 18); BAG 17.11.2011 – 5 AZR 564/10, NZA 2012, 260 (Rn. 17); ErfK/*Kiel*, § 11 KSchG Rn. 7.

486 BAG 19.03.1998 – 8 AZR 139/97, NZA 1998, 750 (II 2 c); BAG 11.01.2006 – 5 AZR 98/05, NZA 2006, 314 (Rn. 18) m.w.N.; APS/*Biebl*, § 11 KSchG Rn. 26; *Fritz/Erren*, NZA 2009, 1242 (1243) mit weiteren Beispielen.

487 APS/*Biebl*, § 11 KSchG Rn. 26; ErfK/*Kiel*, § 11 KSchG Rn. 7a.

488 ErfK/*Kiel*, § 11 KSchG Rn. 7a; BeckOK/*Pleßner*, ArbR, § 11 KSchG Rn. 15.

489 BAG 26.09.2007 – 5 AZR 870/06, NZA 2008, 1063 (Rn. 24) zur Zumutbarkeit einer vorläufigen Gehaltsabsenkung von 134.000 DM auf 78.000 DM; ErfK/*Kiel*, § 11 KSchG Rn. 7a.

§§ 2 Abs. 5, 140 Abs. 1 SGB III. Ein Arbeitnehmer muss zur Vermeidung von Arbeitslosigkeit nach § 2 Abs. 5 Nr. 3 SGB III jede zumutbare Beschäftigung annehmen. Die Regelung bringt die Eigenverantwortlichkeit von Arbeitslosen bei der Suche einer neuen Beschäftigung zum Ausdruck.[490] Dieser Vorschrift kommt allerdings kein konkreter Regelungscharakter in Bezug auf eine mögliche Leistungsversagung zu.[491] Für eine solche bedarf es besonderer gesetzlicher Regelungen im Leistungsrecht.[492] Mehr Bedeutung ist daher der Vorschrift des § 140 SGB III beizumessen. Nach § 140 Abs. 1 SGB III sind einer arbeitslosen Person alle ihrer Arbeitsfähigkeit entsprechenden Beschäftigungen zumutbar, soweit allgemeine oder personenbezogene Gründe der Zumutbarkeit einer Beschäftigung nicht entgegenstehen. Die weiteren Absätze der Norm präzisieren die allgemeinen und personenbedingten Gründe. Die Vorschrift gewinnt insbesondere im Zusammenhang mit der Sperrzeitenregelung des § 159 SGB III und der dort vorgesehenen Prüfung eines wichtigen Grundes an Bedeutung.[493] Nach § 159 Abs. 1 Satz 1 SGB III ruht der Anspruch auf Arbeitslosengeld, wenn sich ein Arbeitsloser ohne wichtigen Grund versicherungswidrig verhalten hat.

Die Pflicht eines Arbeitslosen, eine zumutbare Beschäftigung anzunehmen, dient dem Schutz der Beitragszahler vor zu hohen Belastungen.[494] Die Zumutbarkeit ist im Rahmen einer Gesamtabwägung zwischen den Interessen des einzelnen Arbeitslosen auf der einen Seite und den Beitragszahlern auf der anderen Seite zu bestimmen.[495] Die Hemmschwelle sinkt mit anwachsender Dauer der Arbeitslosigkeit.[496] Dies lässt sich auch an den in § 140 Abs. 3 SGB III näher beschriebenen personenbedingten Gründen ablesen, die Regelungen zu einer noch zumutbaren Gehaltseinbuße treffen. Ist in den ersten drei Monaten noch eine Gehaltseinbuße von mehr als 20 % gegenüber der Bemessungsgrundlage des Arbeitslosengeldes als unzumutbar anzusehen, soll dies nach mehr als sieben Monaten nur noch dann anzunehmen sein, wenn das Einkommen unter Berücksichtigung der mit der Beschäftigung zusammenhängenden Aufwendungen niedriger ist als das Arbeitslosengeld.[497] Dieses Beispiel zeigt zugleich, dass § 11 Nr. 2 KSchG und § 140 Abs. 1 SGB III unterschiedliche Maßstäbe an eine zumutbare Beschäftigung anlegen, wenngleich eine teilweise Übertragung der in § 140

---

490 Brand/*Kühl*, SGB III, § 2 Rn. 12.

491 BSG 27.05.2003 - B 7 AL 4/02 R, NZS 2004, 275 (Rn. 5); Brand/*Kühl*, SGB III, § 2 Rn. 14.

492 Brand/*Kühl*, SGB III, § 2 Rn. 15; Gagel/*Steinmeyer*, SGB III, § 140 Rn. 2.

493 Gagel/*Steinmeyer*, SGB III, § 140 Rn. 1.

494 *Fritz/Erren*, NZA 2009, 1242 (1245).

495 *Fritz/Erren*, NZA 2009, 1242 (1245).

496 *Fritz/Erren*, NZA 2009, 1242 (1246).

497 Brand/*Brand*, SGB III, § 140 Rn. 7.

SGB III enthaltenen Aussagen diskutiert wird.[498] Es liegt zumindest auf der Hand, dass einer schon seit langer Zeit arbeitslosen Person mehr Einschränkungen gegenüber ihrer vorherigen Beschäftigung, die möglicherweise einem komplett verschiedenen Tätigkeitsfeld als dem bisherigen zugeordnet ist, zugemutet werden kann, als einem zu Unrecht entlassenen Arbeitnehmer, der sich gleichzeitig gegen die Kündigung wehrt.

Der kurze Vergleich mit den beiden Vorschriften erlaubt Rückschlüsse auf den Bedeutungsgehalt des Zumutbarkeitsmaßstabs des § 164 Abs. 3 Satz 3 SGB V. Die hier besprochenen Regelungen verdeutlichen, dass der unbestimmte Zumutbarkeitsbegriff in den Gesamtkontext der Norm zu stellen ist. Es lassen sich weder die in § 11 Nr. 2 KSchG noch die in § 140 Abs. 1 SGB III vorgesehenen Beurteilungsmaßstäbe wegen der unterschiedlichen Ausgangspositionen auf die Anforderungen an eine ordnungsgemäße Unterbringung der Krankenkassenbeschäftigten übertragen. Wichtiger als die unreflektierte Übernahme von Beurteilungsmaßstäben ist allerdings die den Normen zugrunde liegende Systematik. Diese gleicht sich bei den meisten Vorschriften, die an die Zumutbarkeit anknüpfen. In allen Fällen ergibt sich die Zumutbarkeit erst unter Berücksichtigung sämtlicher Interessen der Beteiligten. Diese Grundaussage lässt sich auf das Unterbringungsverfahren übertragen und wie folgt zusammenfassen:

Es verbietet sich eine pauschale und starre Festlegung bestimmter Fallgruppen. Der Zumutbarkeitsmaßstab ermöglicht eine allen Interessen gerecht werdende Unterbringung der Mitarbeiter nach Schließung einer Krankenkasse. Die Zumutbarkeit eines Unterbringungsangebots ist dabei durch eine Abwägung der widerstreitenden Interessen des konkreten Einzelfalles zu überprüfen.[499] Größere Einschnitte in die Rechtsstellung des Beschäftigten können unter Umständen gerechtfertigt sein.

cc) Abwägungsrelevante Interessen

Im Unterbringungsverfahren sind auf der einen Seite unzweifelhaft die Interessen des unterzubringenden Arbeitnehmers in die Abwägung einzustellen. Von besonderem Gewicht sind die durch den Gesetzgeber formulierten Anforderungen. Die Gesetzesbegründung differenziert nicht zwischen den Dienstordnungsangestellten und den übrigen Beschäftigten. Die Unterbringung solle zu denselben oder mindestens gleichwertigen Bedingungen erfolgen.[500] An anderer Stelle führt der Gesetzgeber zusätzlich aus, dass die Beschäftigungsansprüche beider Gruppen durch § 164 Abs. 3 bis 5 SGB V

---

498 So *Fritz/Erren*, NZA 2009, 1242 (1245 ff.).
499 So auch *Grau/Sittard*, KrV 2012, 6 (7).
500 BT-Drucks. 11/2237, S. 212.

insoweit gesichert seien, als ihnen eine ihrer bisherigen Rechtsstellung entsprechende Stelle anzubieten sei.[501] Daraus wird deutlich, dass im Unterbringungsverfahren zuvorderst die rechtliche Stellung des Mitarbeiters in den Fokus zu rücken ist und weniger dessen persönliche Verhältnisse wie beispielsweise bestehende Unterhaltspflichten zu berücksichtigen sind.[502] Letztere spielen aber sicherlich bei der vorzunehmenden Auswahlentscheidung zwischen den Beschäftigten eine entscheidende Rolle.[503]

Auf der anderen Seite stehen die Interessen der zur Unterbringung verpflichteten einzelnen Krankenkassen und Landesverbände sowie das Interesse an einem funktionierenden gesetzlichen Krankenversicherungssystem insgesamt. Sie sind insbesondere dann bedroht, wenn die Unterbringung aller Mitarbeiter unverhältnismäßig hohe Kosten verursacht. Die Funktionsfähigkeit des Krankenversicherungssystems rechtfertigt Einschränkungen der Rechtsstellung eines Arbeitnehmers. Die Krankenkassen sind dem Wirtschaftlichkeitsgebot verpflichtet[504] und unterliegen wegen der Reformen in den letzten Jahren einem scharfen Wettbewerb[505], der ihnen wenig Spielraum bei der Personalplanung lässt. Dem Interesse an einer sinnvollen und effektiven Verwendung der neuen Mitarbeiter kommt daher ein besonderes Gewicht zu.

dd) Umkehrschluss aus dem Direktionsrecht

Die Grundsätze zum Direktionsrecht (§ 106 Satz 1 GewO) eignen sich ebenfalls zur Beurteilung der Zumutbarkeit.[506] Mit Recht wendet *Rolfs* gegen die Heranziehung des Weisungsrechts zur Konkretisierung der Zumutbarkeit zwar ein, dass bei der Unterbringung der Beschäftigten nicht das Arbeitsverhältnis mit dem bisherigen Arbeitgeber fortgesetzt, sondern ein neues mit einem anderen Arbeitgeber begründet wird.[507] Auch wenn wegen des Arbeitgeberwechsels der Tatbestand des § 106 Satz 1 GewO nicht erfüllt ist und eine Unterbringung keinesfalls durch Ausübung des Direktionsrechts bewirkt werden kann[508], lässt das Anpassungsinstrument dennoch erkennen, wann und in welchen Grenzen ein Arbeitnehmer mit veränderten Arbeitsbedingungen konfrontiert werden darf.

---

501 BT-Drucks. 16/9559, S. 19.
502 A.A. wohl *Bohlen-Schöning*, KrV 2011, 85 (86).
503 Vgl. dazu die Ausführungen unter Kap. C V dieser Arbeit.
504 *Greiner/Benedix*, SGb 2013, 1 (1).
505 Bspw. BT-Drucks. 12/3608, S. 69; BT-Drucks. 18/1657, S 51; *Becker/Schweitzer*, NJW-Beil. 2012, 82 (83); Hauck/Noftz/*Noftz*, SGB V, § 4 Rn. 23.
506 A.A. wohl *Rolfs*, NZA 2013, 529 (531).
507 *Rolfs*, NZA 2013, 529 (531 f.).
508 So im Ergebnis auch *Rolfs*, NZA 2013, 529 (531 f.).

Der Arbeitgeber kann nach § 106 Satz 1 GewO den Inhalt, den Ort und die Zeit der Arbeitsleistung nach billigem Ermessen näher bestimmen, soweit diese Arbeitsbedingungen nicht durch den Arbeitsvertrag, Bestimmungen einer Betriebsvereinbarung, eines anwendbaren Tarifvertrages oder gesetzlichen Vorschriften festgelegt sind. Das Weisungsrecht ermöglicht es dem Arbeitgeber, die bestehenden arbeitsvertraglichen Pflichten des Arbeitnehmers zu konkretisieren.[509] Aus dem Recht zur Konkretisierung lässt sich zugleich eine wesentliche Grenze des Weisungsrechts ableiten. Es kann keine Änderungen bewirken, zu denen der Arbeitnehmer nicht aufgrund von Gesetz, Arbeits- oder Tarifvertrag oder Betriebsvereinbarung verpflichtet ist.[510] Der Arbeitgeber kann nicht alleine durch die Ausübung des Weisungsrechts die gegenseitigen arbeitsvertraglichen Pflichten einseitig abändern.[511]

Die Reichweite des Weisungsrechts hilft bei Beurteilung der Zumutbarkeit angebotener Unterbringungsstellen weiter. Gegen die Konkretisierung bereits bestehender arbeitsvertraglicher Pflichten kann sich ein Arbeitnehmer grundsätzlich nicht wehren, es sei denn, die Ausübung erfolgt nicht nach billigem Ermessen.[512] Der Arbeitnehmer muss sich daher auf mögliche Änderungen der Arbeitsbedingungen einstellen, die der Arbeitgeber durch sein Direktionsrecht einseitig bewirken kann. Im Umkehrschluss daraus kann sich ein Arbeitnehmer nicht auf die Unzumutbarkeit einer ihm im Unterbringungsverfahren angebotenen anderen Tätigkeit bei der neuen Krankenkasse berufen, wenn eine vergleichbare Tätigkeit ihm bereits im Wege des Direktionsrechts bei der alten Krankenkasse einseitig zugewiesen hätte werden können. Denn selbst bei Fortbestehen des Anstellungsverhältnisses mit der Krankenkasse konnte er nicht darauf vertrauen, mit diesen Änderungen nicht konfrontiert zu werden.

Der hier dargestellte Umkehrschluss spielt vor allem in Verbindung mit arbeits- oder tarifvertraglich vereinbarten erweiterten Weisungsrechten eine Rolle.[513] Verbreitet sind hier insbesondere Versetzungsvorbehalte, die unter Umständen zur bundesweiten Versetzung eines Arbeitnehmers berechtigen.[514] Verpflichtet sich ein Arbeitnehmer bereits arbeitsvertraglich zum bundesweiten Einsatz, so führt auch die bundesweite Unterbringung des

---

509 BAG 12.12.1984 - 7 AZR 509/83, NJW 1985, 2151 (II 3 b); BAG 23.06.1993 - 5 AZR 337/92, NZA 1993, 1127 (I 3); Hoyningen-Huene/Linck/Krause/*Linck*, KSchG, § 2 Rn. 30; *Reinecke*, NZA-RR 2013, 393 (393).

510 ErfK/*Preis*, § 106 GewO Rn. 4. Umfassend zu den Grenzen des Weisungsrechts vgl. *Hromadka*, NZA 2012, 233; ErfK/*Preis*, § 106 GewO Rn. 4 ff.; *Reinecke*, NZA-RR 2013, 393 (393 ff.).

511 ErfK/*Preis*, § 106 GewO Rn. 4.

512 Dazu ErfK/*Preis*, § 106 GewO Rn. 6.

513 BAG 14.01.2009 - 5 AZR 75/08, NZA 2009, 984 (Ls.) = NJOZ 2009, 329 (Rn. 14); ErfK/*Preis*, § 106 GewO Rn. 9 f. zur Erweiterung des Direktionsrechts.

514 ErfK/*Preis*, § 106 GewO Rn. 10.

Beschäftigten nach Schließung einer Krankenkasse nicht zur Unzumutbarkeit des Unterbringungsangebots.

Es lässt sich damit zusammenfassen, dass sämtliche vergleichbaren Tätigkeiten und Umstände, die bereits die zu schließende Krankenkasse dem Beschäftigten durch Ausübung ihres Weisungsrechts zuweisen hätte können, alleine nicht die Unzumutbarkeit eines Unterbringungsangebots begründen können.

ee) Zwischenergebnis

Die Zumutbarkeit der angebotenen Unterbringungsstelle ist im Wege einer am Einzelfall orientierten Abwägung aller Gesamtumstände und unter Berücksichtigung der Interessen der unterzubringenden Arbeitnehmer auf der einen Seite und den zur Aufnahme verpflichteten Rechtsträgern sowie der Funktionsfähigkeit des Krankenversicherungssystems auf der anderen Seite zu beurteilen.[515]

Zu weit ginge es, keine Eingriffe in die Rechte der Arbeitnehmer und damit keine Verschlechterung ihrer Dienststellung zuzulassen. Die Gesetzesbegründung spricht zwar auf den ersten Blick für einen derart strengen Maßstab. Der Vergleich mit anderen Rechtsvorschriften zeigt aber, dass das Kriterium der Zumutbarkeit nicht den einseitigen Schutz eines Einzelnen, sondern einen Ausgleich der widerstreitenden Interessen aller Beteiligter erfordert, der für beide Seiten mit Rechtsnachteilen verbunden sein kann. Eine Interessenabwägung, die von vorneherein Verschlechterungen für den Arbeitnehmer verbietet, widerspräche dem Zumutbarkeitserfordernis des § 164 Abs. 3 Satz 3 SGB V.

b) Einzelfragen

Die folgende Darstellung einzelner Fallgruppen ersetzt nicht die am Einzelfall orientierte Abwägung aller Gesamtumstände unter Berücksichtigung der sich gegenüberstehenden Interessen im Unterbringungsverfahren. Nichtsdestotrotz ist sie unverzichtbar, um für die Gewichtung untereinander Kriterien zu entwickeln und absolute Untergrenzen für Rechtsbeschränkungen der Arbeitnehmer zu definieren, die unter keinen Umständen unterschritten werden dürfen. Die Spannbreite möglicher Unterbringungsprobleme lässt sich allerdings nicht eingrenzen. Die folgende Besprechung beschränkt sich daher auf die wesentlichen Unterbringungsfragen.

Die Probleme im Unterbringungsverfahren von Dienstordnungsangestellten und den übrigen Beschäftigten überschneiden sich in einigen Punk-

---

515 Ähnlich auch *Grau/Sittard*, KrV 2012, 6 (7).

ten. Für die zur Aufnahme verpflichteten Rechtsträger stellt sich beispielsweise bei der Unterbringung der beiden Beschäftigtengruppen gleichermaßen die Frage, ob genügend Beschäftigungsbedarf vorhanden ist und ob der eigene Finanzbedarf trotz der vielen neuen Mitarbeiter mit den aus dem Gesundheitsfonds zugewiesenen Mitteln weiterhin gedeckt werden kann. Auf der anderen Seite zwingen die Unterschiede in der Ausgestaltung der Unterbringungsvorschriften und der rechtlichen Grundlagen zu einer Neubetrachtung der bereits oben abgehandelten Fallgruppen.

aa) Besoldungsunterschiede

Unterschiedliche Besoldungs- und Versorgungsansprüche spielen im Unterbringungsverfahren der Dienstordnungsangestellten eine untergeordnete Rolle. Die Ausgleichsverpflichtung des § 164 Abs. 3 Satz 2 SGB V sichert den Dienstordnungsangestellten ihren finanziellen Besitzstand vollständig ab.[516] Die niedrigere Vergütung einer neuen Stelle begründet deshalb für sich gesehen noch keine Unzulässigkeit des Unterbringungsangebots.[517] Mit der Vorschrift des § 164 Abs. 3 Satz 3 SGB V gelten für die Unterbringung der übrigen Beschäftigten allerdings andere Maßstäbe. Dies erfordert insbesondere in Bezug auf drohende geringere Besoldungs- und Versorgungsansprüche eine separate Betrachtung. Die Vergütung der Mitarbeiter gehört zu den Hauptleistungspflichten des Arbeitgebers.[518] Sie ermöglicht dem Beschäftigten die eigenwirtschaftliche Lebensführung und sichert ihn finanziell ab. Weil Einschnitte deshalb schwer wiegen, ist das Interesse des Beschäftigten an der Beibehaltung seines bisherigen Entgeltanspruchs auch der Höhe nach besonders zu gewichten.

Die Literatur setzt sich nicht ausführlich mit der Zulässigkeit von Besoldungs- und Versorgungseinschnitten im Rahmen des Unterbringungsverfahrens auseinander. Soweit ersichtlich, lässt das Schrifttum grundsätzlich die Unterbringung auf einer geringer vergüteten Stelle zu.[519] Meist beschränkt man sich jedoch auf die bloße Feststellung, dass Vergütungsunter-

---

516 Krauskopf/*Baier*, Soziale Krankenversicherung, § 164 SGB V Rn. 15.

517 Ebenso statt aller BAG 21.11.2013 – 2 AZR 495/12, NJOZ 2014, 1548 (Rn. 74); Krauskopf/*Baier*, Soziale Krankenversicherung, § 164 SGB V Rn. 18; *Bohlen-Schöning*, KrV 2011, 85 (86); *Grau/Sittard*, KrV 2012, 6 (7); Becker/Kingreen/*Mühlhausen*, SGB V, § 164 Rn. 15. Es ist allerdings denkbar, stark abweichende Besoldungs- und Versorgungsansprüche als Indiz dafür anzusehen, dass das Unterbringungsangebot dem Dienstordnungsamt des Dienstordnungsangestellten nicht gerecht wird, so auch *Grau/Sittard*, KrV 2012, 6 (7).

518 BeckOK/*Joussen*, ArbR, § 611 BGB Rn. 143; MüKo/BGB/*Müller-Glöge*, Band 4, § 611 Rn. 695; ErfK/*Preis*, § 611 BGB Rn. 389; HWK/*Thüsing*, § 611 BGB Rn. 85.

519 *Bohlen-Schöning*, KrV 2011, 85 (86); *Grau/Sittard*, KrV 2012, 6 (7); Becker/Kingreen/*Mühlhausen*, SGB V, § 164 Rn. 15.

schiede die Zumutbarkeit des Unterbringungsangebots nicht per se ausschließen. Soweit Untergrenzen vorgeschlagen werden, finden sich dazu weder eine umfangreiche Herleitung noch eine Begründung.[520] Die Kommentarliteratur weist häufig sogar darauf hin, dass die Zumutbarkeit nach denselben Maßstäben und Grenzen wie das auffällige Missverhältnis bei Unterbringung von Dienstordnungsangestellten zu beurteilen sei.[521] Der Vergleich der maßgeblichen Unterbringungsvorschriften verdeutlicht allerdings, dass eine Gleichstellung im Unterbringungsverfahren der Dienstordnungsangestellten und der übrigen Beschäftigten aus besoldungsrechtlicher Perspektive nicht erfolgen kann.

(1) Keine Ausgleichsansprüche nach § 164 Abs. 3 Satz 2 SGB V

Die Vorschrift des § 164 Abs. 3 Satz 2 SGB V findet auf das Unterbringungsverfahren der übrigen Beschäftigten (§ 164 Abs. 3 Satz 3 SGB V) keine Anwendung.[522] Die Regelung bezieht sich ausschließlich („hierdurch") auf den vorhergehenden Satz 1 und damit auf den Unterbringungsanspruch der Dienstordnungsangestellten.[523] Eine analoge Anwendung der Norm scheidet ebenfalls aus. Die Analogie erfordert einmal das Vorliegen einer planwidrigen Regelungslücke und zum anderen einen vergleichbaren Sachverhalt.[524] Selbst wenn man – aufgrund der unterschiedlichen Rechtsgrundlagen der Dienstordnungsanstellung und den übrigen Anstellungsverhältnissen allerdings wenig überzeugend – eine vergleichbare Interessenlage mit der Begründung bejaht, dass auch die übrigen Beschäftigten vor niedrigeren Besoldungs- und Versorgungsansprüchen zu schützen seien, fehlt es jedenfalls an einer planwidrigen Regelungslücke. Die eindeutige Bezugnahme des § 164 Abs. 3 Satz 2 SGB V auf Satz 1 lässt zweifelsfrei erkennen, dass der Ausgleich der Besoldungs- und Versorgungsansprüche nur den unterzubringenden Dienstordnungsangestellten gewährt werden soll. Auch wenn dies wegen des hohen Schutzniveaus einer Dienstordnungsan-

520 Vgl. bspw. Becker/Kingreen/*Mühlhausen*, SGB V, § 164 Rn. 14.

521 Krauskopf/*Baier*, Soziale Krankenversicherung, § 164 SGB V Rn. 18; juris-PK-SGB V/*Koch*, § 164 Rn. 15; Becker/Kingreen/*Mühlhausen*, SGB V, § 164 Rn. 15.

522 So die wohl allgemeine Auffassung, die weder eine direkte noch eine entsprechende Anwendbarkeit des § 164 Abs. 3 Satz 2 SGB V auf die übrigen Beschäftigten diskutiert, statt aller Krauskopf/*Baier*, Soziale Krankenversicherung, § 164 SGB V Rn. 18; Hauck/Noftz/*Engelhard*, SGB V, § 164 Rn. 37; *Grau/Sittard*, KrV 2012, 6 (7); *Rolfs*, NZA 2013, 529 (531); ErfK/*Rolfs*, § 164 SGB V Rn. 5.

523 Hauck/Noftz/*Engelhard*, SGB V, § 164 Rn. 37; *Grau/Sittard*, KrV 2012, 6 (7); ErfK/*Rolfs*, § 164 SGB V Rn. 5; *Rolfs*, NZA 2013, 529 (531).

524 BGH 14.06.2007 – V ZB 102/06, NJW 2007, 3124 (Rn. 11); BGH 25.09.2009 – V ZR 36/09, NJW 2009, 3644 (Rn. 10); BGH 27.01.2010 – XII ZR 22/07, NJW 2010, 1065 (Rn. 21); BGH 04.08.2010 – XII ZR 118/08, NJW 2010, 3087 (Rn. 11).

stellung für die übrigen Beschäftigten unbillig erscheinen mag, verbietet sich eine anderweitige Auslegung gegen den eindeutigen Gesetzeswortlaut und gesetzgeberischen Willen.[525]

(2) Strenger Maßstab der Rechtsprechung

Das Arbeitsgericht Berlin[526], das Landesarbeitsgericht Berlin-Brandenburg[527] und letztlich das Bundesarbeitsgericht[528] setzten sich bereits mit der Zumutbarkeit von Einkommenseinbußen im Unterbringungsverfahren auseinander. Nach Ansicht des Landesarbeitsgerichts Berlin-Brandenburg erfüllt ein Unterbringungsangebot, das eine Verringerung des Arbeitsentgelts einer ordentlich unkündbaren Arbeitnehmerin um mehr als 30 % gegenüber der bisherigen Vergütung vorsieht, nicht mehr die Zumutbarkeitsanforderungen des § 164 Abs. 3 Satz 3 SGB V.[529] „Mit Rücksicht auf den durch Alter und Beschäftigungszeit (...) bedingten Ausschluss der ordentlichen Kündbarkeit (...) könn[t]en insoweit keine geringeren Anforderungen als im Falle einer Änderungskündigung nach § 2 Satz 1 KSchG gestellt werden".[530] Das Gericht beschränkt sich in den Gründen der Entscheidung auf diese beiden Kernaussagen und sieht davon ab, näher auf die Unterbringungsanforderungen einzugehen. In ähnlich gelagerten Fällen hielt sich das Landesarbeitsgericht mit rechtlichen Ausführungen zu Einkommenseinbußen in Höhe von 39 %[531], 38 %[532] und 33 %[533] gegenüber dem vorherigen

525 Zum Verbot der Auslegung von Gesetzen gegen den ausdrücklichen Gesetzeswortlaut vgl. nur BVerfG 14.06.2007 - 2 BvR 1447/05, 2 BvR 136/05, NJW 2007, 2977 (Rn. 121); BVerfG 25.01.2011 - 1 BvR 918/10, NJW 2011, 836 (Rn. 53).

526 ArbG Berlin 25.11.2011 - 33 Ca 7824/11, NZS 2012, 427 (Ls.) = BeckRS 2012, 65218, letztlich aber offen lassend.

527 Vgl. u.a. LAG Berlin-Brandenburg 20.04.2012 - 6 Sa 2557/11, BeckRS 2012, 70257; LAG Berlin-Brandenburg 25.05.2012 - 8 Sa 258/12, BeckRS 2012, 71874; LAG Berlin-Brandenburg 14.12.2012 - 8 Sa 978/12, 8 Sa 1271/12, BeckRS 2013, 67848; LAG Berlin-Brandenburg 14.12.2012 - 8 Sa 979/12, BeckRS 2013, 66725; LAG Berlin-Brandenburg 14.12.2012 - 8 Sa 980/12, 8 Sa 1248/12, BeckRS 2013, 67972.

528 BAG 21.11.2013 - 2 AZR 495/12, NJOZ 2014, 1548 (Rn. 74).

529 LAG Berlin-Brandenburg 20.04.2012 - 6 Sa 2557/11, BeckRS 2012, 70257 (2.3.1.2). Das LAG Berlin-Brandenburg traf diese Aussagen in Bezug auf die Unterbringung von Angestellten einer Betriebskrankenkasse. Zumindest soweit es sich um ordentlich unkündbare Mitarbeiter von Betriebskrankenkassen handelt, stellt das Gesetz mit dem Verweis des § 154 Abs. 4 Satz 9 SGB V auf die § 164 Abs. 2 bis 4 SGB V einen Gleichlauf her. Die Rechtsansichten des Gerichts gelten insoweit auch in Bezug auf die unterbringungsberechtigten Mitarbeiter von Krankenkassen, die einer anderen Kassenart zuzuordnen sind.

530 LAG Berlin-Brandenburg 20.04.2012 - 6 Sa 2557/11, BeckRS 2012, 70257 (2.3.1.2).

531 LAG Berlin-Brandenburg 14.12.2012 - 8 Sa 979/12, BeckRS 2013, 66725 (II 2).

532 LAG Berlin-Brandenburg 14.12.2012 - 8 Sa 980/12, 8 Sa 1248/12, BeckRS 2013, 67972 (II 1.2).

533 LAG Berlin-Brandenburg 25.05.2012 - 8 Sa 258/12, BeckRS 2012, 71874 (II 2).

Arbeitsentgelt ebenfalls zurück. Es wies lediglich darauf hin, dass bei Einkommenseinbußen dieser Größenordnung nicht mehr von der „Berücksichtigung der bisherigen Dienststellung“[534] gesprochen werden könnte und gab den Mitarbeitern Recht.[535]

Die kurzen Ausführungen des Gerichts enthalten keine nähere dogmatische Herleitung von Grundsätzen zur Beurteilung der Zumutbarkeit von Unterbringungsangeboten. Das Landesarbeitsgericht verweist lediglich auf die Rechtsprechung des Bundesarbeitsgerichts[536] zur Änderungskündigung und gibt kurz den Gesetzeswortlaut („Berücksichtigung der bisherigen Dienststellung“[537]) wieder. Der Verweis auf die Rechtslage zur Entgeltreduzierung durch eine Änderungskündigung weist allerdings darauf hin, welche Maßstäbe nach Auffassung des Gerichts zur Beurteilung einer ordnungsgemäßen Unterbringung anzulegen sind.

Das Bundesarbeitsgericht lässt eine Änderungskündigung zum Zwecke der Entgeltreduzierung nicht in jedem Fall zu.[538] Die Unrentabilität des Betriebs rechtfertige unter Umständen eine solche.[539] Dies sei anhand einer am Verhältnismäßigkeitsgrundsatz orientierten Prüfung festzustellen.[540] Die Änderungen müssten geeignet und erforderlich sein.[541] Im Falle von Änderungskündigungen zur Entgeltreduzierung setze das Erfordernis der sozialen Rechtfertigung voraus, „dass durch die Senkung der Personalkosten die Stilllegung des Betriebs oder eine deutliche Reduzierung der Belegschaft verhindert werden [könnte] und die Kosten durch andere Maßnahmen nicht zu senken“[542] seien.[543] Diesen strengen Maßstäben ist zu entnehmen, dass weder

---

534 U.a. LAG Berlin-Brandenburg 25.05.2012 – 8 Sa 258/12, BeckRS 2012, 71874 (II 2).

535 LAG Berlin-Brandenburg 25.05.2012 – 8 Sa 258/12, BeckRS 2012, 71874 (II 2); LAG Berlin-Brandenburg 14.12.2012 – 8 Sa 979/12, BeckRS 2013, 66725 (II 2); LAG Berlin-Brandenburg 14.12.2012 – 8 Sa 980/12, 8 Sa 1248/12, BeckRS 2013, 67972 (II 1.2).

536 BAG 10.09.2009 – 2 AZR 822/07, NZA 2010, 333.

537 Vgl. u.a. LAG Berlin-Brandenburg 25.05.2012 – 8 Sa 258/12, BeckRS 2012, 71874 (II 2).

538 ErfK/*Oetker*, § 2 KSchG Rn. 63. Vgl. ausführlich zu den einzelnen Anforderungen BAG 26.01.1995 – 2 AZR 371/94, NZA 1995, 626 (II 4 a); BAG 12.11.1998 – 2 AZR 91/98, NZA 1999, 471 (B I 1); BAG 26.06.2008 – 2 AZR 139/07, NZA 2008, 1182 (Rn. 19 m.w.N.); BAG 10.09.2009 – 2 AZR 822/07, NZA 2010, 333 (Rn. 25); *Berkowsky*, NZA-Beil. 2010, 50 (52 ff.); Hoyningen-Huene/Linck/Krause/*Linck*, KSchG, § 2 Rn. 148; HWK/*Molkenbur*, § 2 KSchG Rn. 73.

539 BAG 10.09.2009 – 2 AZR 822/07, NZA 2010, 333 (Rn. 25).

540 BAG 23.06.2005 – 2 AZR 642/04, NZA 2006, 92 (B); BAG 26.06.2008 – 2 AZR 139/07, NZA 2008, 1182 (Rn. 17); BAG 10.09.2009 – 2 AZR 822/07, NZA 2010, 333 (Rn. 24); ErfK/*Oetker*, § 2 KSchG Rn. 60; *Stoffels*, ZfA 2002, 401 (406).

541 BAG 23.06.2005 – 2 AZR 642/04, NZA 2006, 92 (B); BAG 26.06.2008 – 2 AZR 139/07, NZA 2008, 1182 (Rn. 17); BAG 10.09.2009 – 2 AZR 822/07, NZA 2010, 333 (Rn. 24); *Stoffels*, ZfA 2002, 401 (406).

542 BAG 10.09.2009 – 2 AZR 822/07, NZA 2010, 333 (Rn. 25).

das Vereinheitlichungsinteresse[544] noch der bloße Wille zur Senkung der Personalkosten wegen der Unrentabilität des Betriebes[545] eine entgeltabsenkende Änderungskündigung rechtfertigen. Der Arbeitgeber kann die Änderungskündigungen ebenso wenig mit dem Gleichbehandlungsgrundsatz bei unterschiedlicher Entlohnung einzelner Arbeitnehmergruppen[546] oder mit der Einführung eines neuen Entlohnungssystems im Betrieb[547] begründen.

Der Entscheidung des Landesarbeitsgerichts lag die Klage einer ordentlich unkündbaren Arbeitnehmerin zugrunde.[548] Der Ausschluss der ordentlichen Kündigung wirkt sich auf die Möglichkeit der Änderungskündigung insofern aus, als dass ein Arbeitgeber in diesen Fällen nur eine außerordentliche Änderungskündigung aussprechen kann.[549] Das der außerordentlichen Änderungskündigung zugrunde liegende Prüfungsschema ähnelt dem der ordentlichen Änderungskündigung. Sie muss allerdings „unabweisbar notwendig"[550] sein und die veränderten Arbeitsbedingungen dem Arbeitnehmer zumutbar sein.[551] An die Verhältnismäßigkeitsprüfung sind strengere Anforderungen zu stellen[552], wobei im Fall der tariflich bedingten ordentlichen Unkündbarkeit eine Annäherung des Prüfungsmaßstabs an die ordentliche Änderungskündigung in Betracht gezogen werden kann.[553]

---

543 Dieser Maßstab entspricht dem der ständigen Rechtsprechung des BAG, vgl. u.a. BAG 26.01.1995 - 2 AZR 371/94, NZA 1995, 626 (II 4 a); BAG 12.11.1998 - 2 AZR 91/98, NZA 1999, 471 (B I 1); BAG 26.06.2008 - 2 AZR 139/07, NZA 2008, 1182 (Rn. 19 m.w.N.); BAG 10.09.2009 - 2 AZR 822/07, NZA 2010, 333 (Rn. 25); Hoyningen-Huene/Linck/Krause/*Linck*, KSchG, § 2 Rn. 148; HWK/*Molkenbur*, § 2 KSchG Rn. 73.

544 So das BAG 12.01.2006 - 2 AZR 126/05, NZA 2006, 587 (Rn. 25 ff.) zur Vereinheitlichung der Vergütung im Betrieb; BAG 10.09.2009 - 2 AZR 822/07, NZA 2010, 333 (Rn. 27) zur Vereinheitlichung der wöchentlichen Arbeitszeit.

545 BAG 10.09.2009 - 2 AZR 822/07, NZA 2010, 333 (Rn. 25, 34); APS/*Künzl*, § 2 KSchG Rn. 257b; ErfK/*Oetker*, § 2 KSchG Rn. 60.

546 BAG 20.01.2000 - 2 ABR 40/99, NZA 2000, 592 (II 2 d); BAG 16.05.2002 - 2 AZR 292/01, NZA 2003, 147 (B II 4); BAG 12.01.2006 - 2 AZR 126/05, AP Nr. 82 zu § 2 KSchG 1969 (II 5 c); Hoyningen-Huene/Linck/Krause/*Linck*, KSchG, § 2 Rn. 160; HWK/*Molkenbur*, § 2 KSchG Rn. 73. Grundlegendes Argument dieser Auffassung ist, dass der Gleichbehandlungsgedanke zwar der Begründung von Rechten dient, nicht aber deren Einschränkung, vgl. Hoyningen-Huene/Linck/Krause/*Linck*, KSchG, § 2 Rn. 170.

547 LAG Rheinland-Pfalz 09.01.1997 - 5 Sa 992/96, NZA 1998, 598 (598); LAG Berlin 15.10.1998 - 7 Sa 50/98, BeckRS 1998, 30893789; APS/*Künzl*, § 2 KSchG Rn. 258.

548 LAG Berlin-Brandenburg 20.04.2012 - 6 Sa 2557/11, BeckRS 2012, 70257 (2.3.1.2).

549 Staudinger/*Preis*, BGB, § 626 Rn. 262.

550 BAG 28.10.2010 - 2 AZR 688/09, NZA-RR 2011, 155 (IV 1 a); Staudinger/*Preis*, BGB, § 626 Rn. 262.

551 BAG 28.10.2010 - 2 AZR 688/09, NZA-RR 2011, 155 (IV 1 a); Staudinger/*Preis*, BGB, § 626 Rn. 262.

552 BAG 02.03.2006 - 2 AZR 64/05, NZA 2006, 985 (Rn. 20, 25 ff.); BAG 27.11.2008 - 2 AZR 757/07, NZA 2009, 481 (Rn. 26); Staudinger/*Preis*, BGB, § 626 Rn. 262.

553 Staudinger/*Preis*, BGB, § 626 Rn. 262.

Überträgt man die hier wiedergegebene Rechtsprechung auf die Unterbringungsanforderungen bei Schließung einer Krankenkasse[554], sind die Unterbringungsangebote einer Verhältnismäßigkeitsprüfung zu unterziehen. Diese Schlussfolgerung befindet sich wohl auch auf einer Linie mit der neuen Rechtsprechung des Bundesarbeitsgerichts zur Zulässigkeit von Vergütungsdifferenzen nach Schließung einer Krankenkasse.[555] Es stellt fest, dass erhebliche Vergütungsunterschiede zur Unzumutbarkeit der Unterbringungsstellen führen.[556] Das verdeutlicht aber zugleich, dass nicht jede Absenkung der Vergütung der Ordnungsgemäßheit eines Unterbringungsangebots entgegensteht.[557] Eine genauere Eingrenzung lässt sich den Entscheidungsgründen nicht entnehmen.

Das Landesarbeitsgericht hebt in einer seiner Entscheidungen außerdem das Alter und die Beschäftigungsdauer des Beschäftigten hervor.[558] Das spricht dafür, dass die einzelnen Sozialdaten des Beschäftigten zu dessen Gunsten bei der Verhältnismäßigkeitsprüfung zu berücksichtigen sind. Die Einzelheiten der Rechtsprechung zur Entgeltkürzung durch Ausspruch einer Änderungskündigung müssen hier nicht herausgearbeitet werden. Es lässt sich jedenfalls zusammenfassen, dass eine Verhältnismäßigkeitsprüfung erforderlich ist.[559]

(3) Eigene Auffassung

Zu Recht halten sowohl die Rechtsprechung als auch die Literatur die Unterbringung eines Beschäftigten auf einer geringer vergüteten Stelle dem Grunde nach für zulässig. Konkrete Anhaltspunkte dafür, in welchem Maße finanzielle Einschnitte zuzumuten sind, ergeben sich daraus aber nicht.

Die Zumutbarkeit eines Unterbringungsangebots ist entsprechend der obigen Herleitung anhand einer Gesamtabwägung der Interessen des unterzubringenden Arbeitnehmers auf der einen Seite und den Interessen der zur Aufnahme verpflichteten Rechtsträger sowie des Krankenversicherungssystems insgesamt auf der anderen Seite zu beurteilen, wobei es auf den konkreten Einzelfall ankommt und sich die Festlegung starrer Grenzen verbietet. Trotz der Einzelfallabhängigkeit des Zumutbarkeitserfordernisses ist es aber geboten, den Rahmen denkbarer Einschränkungen und das Verhältnis der widerstreitenden Interessen zueinander herauszuarbeiten und

---

554 LAG Berlin-Brandenburg 20.04.2012 – 6 Sa 2557/11, BeckRS 2012, 70257 (2.3.1.2).
555 BAG 21.11.2013 – 2 AZR 495/12, NJOZ 2014, 1548 (Rn. 74).
556 BAG 21.11.2013 – 2 AZR 495/12, NJOZ 2014, 1548 (Rn. 74).
557 Dieser Rückschluss lässt sich ebenfalls den weiteren Ausführungen des Gerichts entnehmen, vgl. BAG 21.11.2013 – 2 AZR 495/12, NJOZ 2014, 1548 (Rn. 74).
558 LAG Berlin-Brandenburg 20.04.2012 – 6 Sa 2557/11, BeckRS 2012, 70257 (2.3.1.2).
559 ErfK/*Oetker*, § 2 KSchG Rn. 60.

absolute Untergrenze zu definieren, auch wenn solche durch den Gesetzgeber zu bestimmen wären.

(i) Unterschiede zur Unterbringung eines Dienstordnungsangestellten

Die von einem Teil des Schrifttums vertretene Auffassung, zur Beurteilung der Zumutbarkeit eines Unterbringungsangebots seien dieselben Maßstäbe wie bei der Unterbringung eines Dienstordnungsangestellten („auffälliges Missverhältnis") anzuwenden[560], geht fehl.[561] § 164 Abs. 3 Satz 2 SGB V sichert den finanziellen Besitzstand nur der untergebrachten Dienstordnungsangestellten vollständig ab, indem die Regelung einen Ausgleich geringerer Besoldungs- und Versorgungsansprüche gewährt.[562] Besoldungsfragen spielen damit wegen des Ausgleichsanspruchs des § 164 Abs. 3 Satz 2 SGB V nur im Zusammenhang mit der statusrechtlichen Einordnung eines Dienstordnungsangestellten eine Rolle.[563] Eine geringere Besoldung begründet nach der hier vertretenen Auffassung für sich gesehen noch kein auffälliges Missverhältnis.[564]

Dagegen steht den übrigen Beschäftigten im Sinne des § 164 Abs. 3 Satz 3 SGB V kein entsprechender Ausgleichsanspruch zu.[565] Eine mit einer geringeren Vergütung verbundene Stelle führt bei den übrigen Beschäftigten zu tatsächlich spürbaren Einschränkungen. Die Höhe der Vergütung der neuen Stelle ist deswegen als einer der wesentlichen Faktoren bei Beurteilung der Zumutbarkeit einer angebotenen Stelle anzusehen.[566] Abweichungen zum Nachteil der Mitarbeiter wiegen viel schwerer und sind nur in engeren Grenzen möglich als bei Dienstordnungsangestellten, die wegen des Ausgleichsanspruchs im Falle der Unterbringung auf einer niedriger besoldeten Stelle keine finanziellen Nachteile erleiden.[567] Die finanzielle Absicherung der beiden Mitarbeitergruppen divergiert daher in diesem entscheidenden Punkt und zwingt zu einer unterschiedlichen Gewichtung von

---

[560] Krauskopf/*Baier*, Soziale Krankenversicherung, § 164 SGB V Rn. 18 („im Wesentlichen"); juris-PK-SGB V/*Koch*, § 164 Rn. 15; Becker/Kingreen/*Mühlhausen*, SGB V, § 164 Rn. 15.

[561] So im Ergebnis auch *Grau/Sittard*, KrV 2012, 6 (7).

[562] Krauskopf/*Baier*, Soziale Krankenversicherung, § 164 SGB V Rn. 15.

[563] In diese Richtung auch *Grau/Sittard*, KrV 2012, 6 (7), wonach die Besoldungsgruppe als Indiz dafür zu werten sei, ob die neue Beschäftigung den Fähigkeiten des untergebrachten Mitarbeiters entspreche.

[564] Ähnlich *Grau/Sittard*, KrV 2012, 6 (7).

[565] BAG 21.11.2013 – 2 AZR 495/12, NJOZ 2014, 1548 (Rn. 74); *Rolfs*, NZA 2013, 529 (531).

[566] Ähnlich BAG 21.11.2013 – 2 AZR 495/12, NJOZ 2014, 1548 (Rn. 74) („wesentliches Vergleichskriterium").

[567] *Grau/Sittard*, KrV 2012, 6 (7).

Besoldungsfragen. Die besoldungsrechtliche Einordnung einer einem Dienstordnungsangestellten angebotenen Unterbringungsstelle ist weit weniger wichtig und kann weiter nach unten abweichen als bei einer Stelle, auf der ein übriger Beschäftigter im Sinne des § 164 Abs. 3 Satz 3 SGB V untergebracht werden kann.

(ii) Grundsätze zur Änderungskündigung als Bezugspunkt

Der durch das Landesarbeitsgericht Berlin-Brandenburg angeführte Verweis auf die Rechtslage zur Entgeltreduzierung durch Ausspruch einer Änderungskündigung bedarf hingegen einer näheren Prüfung. Den Grundsätzen zur Änderungskündigung könnten in der Tat Anhaltspunkte zu entnehmen sein, die eine Beurteilung der Zumutbarkeit der Unterbringungsangebote erleichtern.[568] Sie ermöglicht dem Arbeitgeber die einseitige Änderung vertraglicher Absprachen gegen den Willen des Beschäftigten.[569] Es bestand bereits vor Ausspruch der Änderungskündigung zwischen den Parteien eine vertragliche Beziehung.[570] Diese resultiert im Regelfall[571] aus einer freien Entscheidung zwischen Arbeitgeber und Arbeitnehmer[572] und ist deswegen besonders schützenswert. Ganz nach dem allgemeinen Grundsatz der Vertragstreue (pacta sunt servanda[573]) hat sich jede Vertragspartei grundsätzlich an ihre vertraglichen Verpflichtungen zu halten.[574] Das dem Arbeitgeber an die Hand gegebene Instrument der Änderungskündigung ermöglicht unter den in § 2 KSchG festgelegten Voraussetzungen einerseits das Durchbrechen dieses Grundsatzes.[575] Andererseits sorgen die Anforderungen an die Änderungskündigung für einen Vertragsinhaltsschutz.[576] Nachdem beide Vertragsparteien grundsätzlich auf die Einhaltung der gegenseitigen vertrag-

---

568 A.A. wohl *Rolfs*, NZA 2013, 529 (531 f.).

569 *Schulze/Wimmi*, ArbRAktuell 2013, 145 (145).

570 Wie schon zur Frage des Rückgriffs auf die zum Direktionsrecht existierenden Grundsätze weist *Rolfs*, NZA 2013, 529 (531 f.) auch in Bezug auf die Änderungskündigung auf diesen Unterschied hin und lehnt einen Rückgriff auf die dort bekannten Grundsätze ab.

571 Die Darstellung der Rechtsprechung zur Änderungskündigung bezieht sich zunächst auf diesen Regelfall. Abweichungen von diesem sind beispielsweise im Falle eines Betriebsübergangs und des Eintritts des Erwerbers in die Rechte und Pflichten nach § 613a Abs. 1 Satz 1 BGB denkbar.

572 ErfK/*Preis*, § 611 BGB Rn. 311.

573 Vgl. dazu Staudinger/*Olzen*, BGB, Einl. zum Schuldrecht Rn. 65.

574 BAG 20.08.1998 – 2 AZR 84/98, NZA 1999, 255 (II 1 d); MünchArbR/*Berkowsky*, Band I, § 122 Rn. 35, 37.

575 *Hromadka*, NZA 1996, 1 (3); *Stoffels*, ZfA 2002, 401 (409).

576 BAG 21.02.2002 – 2 AZR 556/00, NZA 2002, 1416 (Ls.) = NJOZ 2003, 1646 (II 4); Hoyningen-Huene/Linck/Krause/*Linck*, KSchG, § 2 Rn. 2; HWK/*Molkenbur*, § 2 KSchG Rn. 1 f.; *Stoffels*, ZfA 2002, 401 (406).

lichen Verpflichtungen vertrauen können, stellt das Bundesarbeitsgericht zu Recht die bereits oben dargestellten strengen Anforderungen an die eine reine Entgeltreduzierung bezweckende Änderungskündigung.[577]

(iii) Unterschiedliche Ausgangslage im Unterbringungsverfahren

Die Rechtsprechung des Bundesarbeitsgerichts[578] zur reinen Entgeltkürzung durch Ausspruch einer Änderungskündigung ist nicht ohne weiteres mit der Unterbringung von Beschäftigten nach Schließung einer Krankenkasse vergleichbar.[579] Zwischen dem Arbeitnehmer und der Arbeitgeberin[580] bestand im ersten Fall bereits seit Jahren ein Arbeitsverhältnis. Das ruft gemäß den oben dargelegten Grundsätzen ein schützenswertes Vertrauen auf die Fortgeltung der konkreten Arbeitsbedingungen und damit insbesondere auf die vereinbarte Entlohnung der Tätigkeit hervor. Der Unterbringung von Mitarbeitern einer geschlossenen Krankenkasse liegt dagegen gerade kein unter Umständen langjähriges Arbeitsverhältnis zwischen dem aufnehmenden Rechtsträger und den Beschäftigten zugrunde.[581] Die Einstellung der Beschäftigten erfolgt alleine aufgrund einer gesetzlichen Verpflichtung. Abzulehnen ist insbesondere auch eine Zurechnung der durch die geschlossene Krankenkasse begründeten vertraglichen Bindungen, da die mit einem Selbstverwaltungsrecht ausgestatteten einzelnen Krankenkasse grundsätzlich unabhängig voneinander zu betrachten sind und in keiner Verbindung zueinander stehen. Im Unterschied zur reinen Entgeltkürzung durch den am Vertragsschluss beteiligten Arbeitgeber hat der im Unterbringungsverfahren zur Aufnahme von Krankenkassenbeschäftigten verpflichtete Rechtsträger keinen vergleichbaren Vertrauenstatbestand geschaffen.

---

577 A.A. wohl *Stoffels*, ZfA 2002, 401 (415), der die Anforderungen des BAG als zu eng erachtet und eine Absenkung des Arbeitsentgelts zur langfristigen Betriebssicherung zulässt.

578 BAG 10.09.2009 – 2 AZR 822/07, NZA 2010, 333.

579 Zu Recht weist auch *Rolfs*, NZA 2013, 529 (531 f.) auf die unterschiedliche Sachlage hin.

580 Beziehungsweise mit der Rechtsvorgängerin der Arbeitgeberin. Die Arbeitgeberin ging aus der insolventen Rechtsvorgängerin vier Jahre vor Ausspruch der Änderungskündigung hervor, vgl. BAG 10.09.2009 – 2 AZR 822/07, NZA 2010, 333 (Sachverhalt). Die ständige Rechtsprechung bezieht sich allerdings auf den Regelfall, dass das konkrete Arbeitsverhältnis gerade zwischen dem die Änderungskündigung aussprechenden Arbeitgeber und dem betroffenen Arbeitnehmer vertraglich begründet wurde.

581 Darauf weist *Rolfs*, NZA 2013, 529 (531) explizit hin.

(iv) Vergleichbarkeit mit der Änderungskündigung nach Betriebsübergang

Die fehlenden vertraglichen Beziehungen zwischen der aufnehmenden Krankenkasse und den Krankenkassenbeschäftigten erfordern damit eine andere Bewertung der zu berücksichtigenden Interessen im Unterbringungsverfahren als bei der Änderungskündigung. Die Ausgangslage könnte eher derjenigen gleichen, die im Zusammenhang mit einer Änderungskündigung nach erfolgtem Betriebsübergang besteht. Auch in dieser Konstellation war der Erwerber am ursprünglichen Vertragsschluss zwischen Arbeitnehmer und Arbeitgeber nicht beteiligt und setzte keinen entsprechenden Vertrauenstatbestand. Im Mittelpunkt stehen auch hier die beiden Fragen, ob der Erwerber mit dem Ziel der Herbeiführung einer Lohngleichheit innerhalb des Betriebs zum Ausspruch von Änderungskündigungen berechtigt sein soll[582] und ob er einem Arbeitnehmer nach Betriebsübergang und Wegfall von dessen Arbeitsplatz eine andere Tätigkeit, die unter Umständen mit einer niedrigeren Vergütung verbunden ist, zuweisen und das Gehalt entsprechend anpassen kann. Gegen die Wirksamkeit von Änderungskündigungen zur Herbeiführung einer einheitlichen Lohnstruktur nach Betriebsübergang wird in diesem Zusammenhang teilweise angeführt, dass die durch den Übergang eines Betriebes entstehende uneinheitliche Lohnstruktur hinzunehmen sei. Denn der Erwerber trete nach § 613a Abs. 1 Satz 1 BGB in die Rechte und Pflichten des Arbeitsverhältnisses ein, wozu auch die vertragliche Abrede zur Entlohnung zähle.[583] Diese Bedenken gehen jedoch zu weit. Richtigerweise wird von einer anderen Auffassung eine Lohnanpassung durch den Erwerber im Wege der Änderungskündigung daher zugelassen.[584] Es sei aber eine neue Lohnstruktur zu erarbeiten und eben keine Anpassung an das unterste Lohnniveau im Betrieb möglich.[585] Diese Auffassung berücksichtigt in ausreichendem Maße sowohl die Interessen des Arbeitnehmers als auch die des Erwerbers. Indem dem Erwerber eine Anpassung der Lohnstruktur nach unten verwehrt ist, drohen den Arbeitnehmern bei kollektiver Betrachtung keine unzumutbaren Eingriffe in die vor Betriebsübergang innegehabten vertraglichen Rechte.[586] Außerdem zeigt auch § 613a Abs. 1 Satz 3 BGB, dass eine Vereinheitlichung der Ar-

582 Dafür ErfK/*Oetker*, § 2 KSchG Rn. 65. Ablehnend *Stoffels*, ZfA 2002, 401 (420), der weniger strenge Maßstäbe an die Änderungskündigung zur Entgeltabsenkung anlegt.

583 *Stoffels*, ZfA 2002, 401 (420).

584 Insb. ErfK/*Oetker*, § 2 KSchG Rn. 65; *Herbert/Oberrath*, NJW 2008, 3177 (3180). A.A. MüKo/BGB/*Müller-Glöge*, Band 4, § 613a Rn. 136; ErfK/*Preis*, § 613a BGB Rn. 120 (keine Vereinheitlichung der Arbeitsbedingungen); *Stoffels*, ZfA 2002, 401 (420).

585 ErfK/*Oetker*, § 2 KSchG Rn. 65.

586 ErfK/*Oetker*, § 2 KSchG Rn. 65.

beitsbedingungen nach Betriebsübergang erwünscht ist.[587] Demnach kann unter Umständen mittels Ausspruch einer Änderungskündigung das Entgelt eines Arbeitnehmers zur Herbeiführung einer einheitlichen Lohnstruktur verringert werden, wenn dessen Entlohnung oberhalb der im Betrieb üblichen Entlohnung liegt.

(v) Lösungsvorschlag

Die hier vertretene Auffassung zur Zulässigkeit und Reichweite einer Änderungskündigung nach einem Betriebsübergang ist auf die Unterbringungsverpflichtung eines Rechtsträgers nach der Schließung einer Krankenkasse übertragbar. Der Grundsatz pacta sunt servanda beansprucht zwischen dem unterzubringenden Beschäftigten und dem zur Unterbringung verpflichteten Rechtsträger keine Geltung. Es bestanden vor der Übernahme des Beschäftigten im Wege des Unterbringungsverfahrens zu keiner Zeit vertragliche Beziehungen. Die folgenden Argumente sprechen sogar dafür, die Interessen der zur Aufnahme verpflichteten Krankenkasse noch stärker zu gewichtigen als die eines Betriebserwerbers.

Es wirkt sich gegenüber der Rechtslage nach der Schließung einer Krankenkasse zu Lasten der Interessen des Betriebserwerbers beim Betriebsübergang aus, dass er sich infolge einer freien Entscheidung für den Erwerb des Betriebes entschied. Ihm war dabei bewusst, mit dem Erwerb in die Rechte und Pflichten aus den einzelnen Arbeitsverhältnissen nach § 613a Abs. 1 Satz 1 BGB einzutreten und unter Umständen auch die von einer uneinheitlichen Lohnstruktur ausgehenden Nachteile in Kauf nehmen zu müssen. Diese Argumentationslinie verlagert den durch eine freie Entscheidung (Vertragsschluss) geschaffenen Vertrauenstatbestand auf den Zeitpunkt des Erwerbs, mit dem der Betriebserwerber frei darüber entschied, sich den arbeitsvertraglichen Rechte und Pflichten im übergehenden Betrieb vollständig und ausnahmslos zu unterwerfen. Ein derartiges vergleichbares Surrogat zum Abschluss des Arbeitsvertrages findet sich im Unterbringungsverfahren nicht. Die zur Aufnahme verpflichtete Krankenkasse unterbreitet einem Beschäftigten alleine aufgrund ihrer aus § 164 SGB V entspringenden gesetzlichen Verpflichtung ein Stellenangebot und damit ein Angebot zum Abschluss eines Arbeitsvertrags.

Der Arbeitnehmer eines übergegangenen Betriebs befindet sich außerdem in einer besonders schützenswerten Situation. Er sieht sich wegen des Betriebsübergangs ohne sein Zutun einem neuen Arbeitgeber gegenüber. Die Möglichkeit eines Widerspruchs nach § 613a Abs. 6 BGB mindert die-

---

587 So insb. ErfK/*Oetker*, § 2 KSchG Rn. 65.

ses Schutzerfordernis nicht, da es oftmals an einer Weiterbeschäftigungsmöglichkeit beim Veräußerer fehlen wird. Dieser Schutzgedanke ist wiederum nicht auf das Unterbringungsverfahren übertragbar. Zwar erfolgt die Schließung der Krankenkasse ebenfalls ohne eine Möglichkeit der Beschäftigten, die Schließung und damit den Arbeitgeberwechsel zu vermeiden. Die zur Übernahme verpflichteten Rechtsträger werden aber – anders als ein Betriebserwerber – ebenfalls in die Unterbringungsverpflichtung gedrängt. Ihren Interessen ist daher bei der Gewichtung der gegeneinander abzuwägenden Interessen der unterzubringenden Mitarbeiter auf der einen Seite und der zur Aufnahme verpflichteten Krankenkasse auf der anderen Seite in erhöhtem Maße zu berücksichtigen.

Aus alledem folgt die Zulässigkeit von niedriger besoldeten Unterbringungsangeboten. Zwar verhindern sowohl der Wortlaut des § 164 Abs. 3 Satz 3 SGB V („zumutbar") als auch die schützenswerten Interessen der Angestellten zu große Eingriffe in die Rechtsstellung der Beschäftigten. Es ginge aber zu weit, die Interessen der zur Aufnahme verpflichteten Rechtsträger ganz außen vor zu lassen und jedwede Absenkung des Arbeitsentgelts zu verbieten.[588] Aufgrund der vorzunehmenden Interessenabwägung ist eine Lohnabsenkung allerdings nur bei Vorliegen eines berechtigten Interesses des aufnehmenden Rechtsträgers zulässig.

Der hier dargelegte Unterschied zum Betriebsübergang rechtfertigt es meines Erachtens zudem, weniger hohe Anforderungen an eine Lohnabsenkung zu stellen. Die Beibehaltung der einheitlichen Lohnstruktur oder die Gleichbehandlung der Krankenkassenbeschäftigten mit den übrigen Beschäftigten sind nur zwei von vielen denkbaren Beispielen, die eine Lohnabsenkung des aufzunehmenden Mitarbeiters rechtfertigen. Soweit bei einer Krankenkasse oder einem Landesverband eine einheitliche Lohnstruktur existiert, überwiegt das Interesse an ihrer Beibehaltung und der gegenüber allen Beschäftigten praktizierten Gleichbehandlung. Hat die zur Aufnahme verpflichtete Krankenkasse daher ein berechtigtes Interesse an einer geringeren Vergütung, das über den bloßen und ungezwungenen Willen zur Kostensenkung und -einsparung hinaus geht, berührt dies die Ordnungsgemäßheit des Unterbringungsangebots nicht.[589] Eine Ungleichbehandlung zum Nachteil der aufzunehmenden Krankenkassenbeschäftigten gegenüber den bisherigen Stammarbeitskräften dürfte dagegen ausscheiden.

---

588 Ein derart strenger Ansatz wird nicht vertreten, vgl. etwa BAG 21.11.2013 – 2 AZR 495/12, NJOZ 2014, 1548 (Rn. 74), das ebenfalls Einschränkungen zulässt.

589 So im Ergebnis die Literatur, die sich allerdings meist auf die Feststellung beschränkt, dass eine niedrigere Besoldung um zwei Besoldungsgruppen möglich ist, vgl. Krauskopf/*Baier*, Soziale Krankenversicherung, § 164 SGB V Rn. 15, 18; *Bohlen-Schöning*, KrV 2011, 85 (86); *Grau/Sittard*, KrV 2012, 6 (7); Becker/Kingreen/*Mühlhausen*, SGB V, § 164 Rn. 15.

(vi) Absolute Untergrenzen

Die durchzuführende Interessenabwägung legt bereits faktische Untergrenzen fest, die starke Abweichungen gegenüber der vorherigen Besoldung verbieten. Der Gesetzeswortlaut (Berücksichtigung der bisherigen Dienststellung) und die Gesetzesbegründung stehen ebenfalls besonders hohen Einkommenseinbußen entgegen. Im Interesse der Rechtssicherheit und insbesondere zum Schutz der Mitarbeiter sind zusätzliche absolute Untergrenzen festzulegen, deren Unterschreiten in der Regel die zur Beurteilung der Ordnungsgemäßheit von Unterbringungsangeboten vorzunehmende Interessenabwägung zu Gunsten der Mitarbeiter ausfallen lässt.

Die Rechtsprechung des Bundesarbeitsgerichts zur Zulässigkeit von Widerrufsvorbehalten im Zusammenhang mit der Vergütung von Arbeitnehmern könnte als Orientierungspunkt bei der Bestimmung der Untergrenzen dienen.[590] Gewährt ein Arbeitgeber ein Arbeitsentgelt nur unter einem Widerrufsvorbehalt, kann er sich durch den Widerruf der Verpflichtung von der Leistungspflicht für die Zukunft befreien.[591] Mit der Aufnahme von Widerrufsvorbehalten in die mit seinen Mitarbeitern abgeschlossenen Arbeitsverträge trägt ein Arbeitgeber seinem Interesse an einer flexiblen Lohngestaltung Rechnung.[592] Dem Streben nach möglichst flexiblen Arbeitsbedingungen ist jedoch zum Schutze der Mitarbeiter eine Grenze zu setzen. Die Rechtsprechung legte in der Vergangenheit nach Abwägung der Interessen des Arbeitgebers an einer möglichst flexiblen Lohnpolitik und dem Interesse des Arbeitnehmers am Fortbestand der ursprünglich vereinbarten Vergütung mittlerweile starre[593] Untergrenzen fest. Der widerrufliche Teil des im Gegenseitigkeitsverhältnis stehenden Arbeitsentgelts muss unter 25 % des gesamten Arbeitsentgelts liegen und darf den Tariflohn nicht unterschreiten.[594] Unter Einbeziehung aller sonstigen Aufwendungen darf er eine Grenze von 30 % nicht unterschreiten.[595] Durch diese Grenzen kann sich der Arbeitnehmer, insbesondere in Bezug auf längerfristige Vermögensdispositionen, auf das zu erwartende Arbeitsentgelt einstellen und muss keine drastischen Kürzungen befürchten.

---

590 Dazu umfassend MünchArbR/*Krause*, Band I, § 56 Rn. 14 ff.; Staudinger/*Richardi/Fischinger*, BGB, § 611 Rn. 941 ff.

591 ErfK/*Preis*, § 310 BGB Rn. 57.

592 *Leder*, RdA 2010, 93 (96).

593 Abweichungen von diesen Untergrenzen sind allerdings bei Spitzenverdienern, die durch ihr Grundgehalt ausreichend abgesichert sind, zuzulassen, so auch *Simon/Hidalgo/Koschker*, NZA 2012, 1071 (1073); *Willemsen/Jansen*, RdA 2010, 1 (3).

594 BAG 12.01.2005 - 5 AZR 364/04, NZA 2005, 465 (B I 4 c bb); ErfK/*Preis*, § 310 BGB Rn. 59; Staudinger/*Richardi/Fischinger*, BGB, § 611 Rn. 942.

595 BAG 11.10.2006 - 5 AZR 721/05, NZA 2007, 87 (Rn. 23); ErfK/*Preis*, § 310 BGB Rn. 59; Staudinger/*Richardi/Fischinger*, BGB, § 611 Rn. 942.

Diese absoluten Untergrenzen dienen als Orientierungspunkt auch bei der Unterbringung von Krankenkassenmitarbeitern. Eine Gehaltskürzung um 25 % bedeutet zwar noch immer einen drastischen Einschnitt. Diese Untergrenze stellt aber dennoch einen ausreichenden Schutz der Krankenkassenbeschäftigten sicher. Es bleibt aber festzuhalten, dass Einschränkungen des Arbeitseinkommens in dieser Größenordnung ein stark überwiegendes Interesse der zur Aufnahme verpflichteten Krankenkasse voraussetzen.

(4) Zusammenfassung

Die Unterbringung eines Beschäftigten auf einer niedriger besoldeten Stelle ist nicht stets unzumutbar.[596] Überwiegt das Interesse des zur Aufnahme verpflichteten Rechtsträgers an der Unterbreitung von in besoldungsrechtlicher Hinsicht unterwertigen Stellen gegenüber dem Interesse des Arbeitnehmers an der Beibehaltung seiner bisherigen Vergütung, führt ein entsprechendes Unterbringungsangebot nicht zu dessen Unzulässigkeit. In Betracht kommt hier insbesondere das Interesse an einer einheitlichen Lohngestaltung oder das an einer Gleichbehandlung aller Mitarbeiter. Eine Absenkung des Arbeitsentgelts ist erst recht dann möglich, wenn sich die zur Aufnahme verpflichtete Krankenkasse ihrerseits in wirtschaftlichen Schwierigkeiten befindet und nur durch die Absenkung des Lohnniveaus insgesamt die Entlassung eines Teils der Belegschaft verhindern kann.

Die von der Schließung betroffenen Mitarbeiter sind allerdings nicht schutzlos gestellt. Die Interessenabwägung verhindert bereits zu große Besoldungsunterschiede, insbesondere auch weil sowohl der Gesetzeswortlaut als auch die Gesetzesbegründung die Berücksichtigung der bisherigen Dienststellung verlangen. Darüber hinaus sollte eine absolute Untergrenze, die bei 25 % der bisherigen Gesamtvergütung zu sehen ist, nicht unterschritten werden. Die absolute Grenze schützt den Kernbereich der Vergütung des Mitarbeiters und sichert ihn vor zu großen Einschnitten ab. Freilich wird selbst eine Gehaltsabsenkung in Höhe von 25 % nur in absoluten Ausnahmefällen zulässig sein und zwar nur dann, wenn das Interesse der zur Aufnahme verpflichteten Krankenkasse stark überwiegt.

---

596 Ebenso statt vieler BAG 21.11.2013 – 2 AZR 495/12, NJOZ 2014, 1548 (Rn. 74); *Grau/Sittard*, KrV 2012, 6 (7).

bb) Tarifvertragliche Bindungen

Die meisten der bei den Krankenkassen bestehenden Anstellungsverträge sind tarifgebunden.[597] Es handelt sich dabei regelmäßig um durch Tarifgemeinschaften für den jeweiligen Versicherungszweig ausgehandelte Tarifverträge, weshalb die Krankenkassen einer Kassenart und demzufolge auch die Arbeitnehmer regelmäßig an die gleichen tarifvertraglichen Regelungen gebunden sind. Divergieren die geltenden Tarifverträge zwischen der geschlossenen Krankenkasse und der aufnehmenden Körperschaft, hat Letztere ein Interesse daran, auf alle Arbeitsverhältnisse in ihrem Betrieb den gleichen Tarifvertrag anzuwenden. Diese Möglichkeit ist ihr unter Rückgriff auf die obige Argumentation zur Möglichkeit einer Entgeltanpassung und Vereinheitlichung des Lohnniveaus zuzubilligen.

Das Interesse des aufnehmenden Rechtsträgers an der Geltung nur eines Tarifvertrages und damit an der Vereinheitlichung der Arbeitsbedingungen innerhalb seines Betriebes[598] überwiegt gegenüber dem des Arbeitnehmers an der Fortgeltung der bisherigen tariflichen Regelungen. Das bringt der Gesetzgeber mit § 613a Abs. 1 Satz 3 BGB auch für den Fall eines Betriebsübergangs besonders zum Ausdruck, der für die Vereinheitlichung von Arbeitsbedingungen beim Erwerber sorgt.[599] Hinzu kommt, dass der Arbeitnehmer wegen des annähernd gleichen Tarifstandards trotz der Geltung eines anderen Tarifvertrages keine erheblichen Verschlechterungen zu befürchten hat.

cc) Veränderter Tätigkeitsbereich

Den übrigen Beschäftigten könnten Stellen angeboten werden, die sich inhaltlich von der bisherigen Tätigkeit unterscheiden. Es treten hier die bereits zum Unterbringungsverfahren der Dienstordnungsangestellten dargestellten praktischen Probleme auf.[600] Die Unterbringung aller Beschäftigten auf Stellen, die genau ihrer vorherigen Tätigkeit entsprechen, ist unmöglich. Vor diesem Hintergrund ist wiederum eine Abwägung der Interessen des Arbeitnehmers an der Beibehaltung einer möglichst ähnlichen Tätigkeit und denen der aufnehmenden Rechtsträger und des Krankenversicherungssystems insgesamt durchzuführen. § 164 Abs. 3 Satz 3 SGB V steckt die

---

597 Hänlein/Kruse/*Hänlein*, SGB V, § 4 Rn. 6; vgl. auch *Wolter*, FS Bepler (2012), S. 675 (687) in Bezug auf die bei den Betriebskrankenkassen übliche Tarifbindung.

598 BAG 20.04.1994 – 4 AZR 342/93, NZA 1994, 1140 (IV 2 a); Dauner-Lieb/Langen/*Franzen*, Schuldrecht, § 613a BGB Rn. 45; APS/*Steffan*, § 613a BGB Rn. 132.

599 ErfK/*Oetker*, § 2 KSchG Rn. 65.

600 Vgl. ausführlich unter Kap. C III 4 e dd dieser Arbeit.

Grenzen der Zumutbarkeit – wenn auch sehr unbestimmt – ab, indem die Fähigkeiten und die bisherige Dienststellung des Beschäftigten zu berücksichtigen seien. Die zulässigen Einschränkungen zu Lasten der Mitarbeiter stehen unter dem Vorbehalt, dass im konkreten Fall ein überwiegendes Interesse der aufnehmenden Körperschaft oder des Krankenversicherungssystems insgesamt an der Verschlechterung besteht. Folgende Fallgruppen lassen sich dazu unterscheiden, die jeweils unterschiedlich starke Interessen der zur Unterbringung verpflichteten Rechtsträger erfordern.

(1) Tätigkeit im Rahmen der bisherigen arbeitsvertraglichen Pflichten

Im Optimalfall gelingt eine Unterbringung der Beschäftigten auf Stellen mit dem gleichen Tätigkeitsfeld wie zuvor. Ein derartiges Stellenangebot ist auf jeden Fall zulässig und wenn tatsächlich möglich, als mildestes Mittel auch geboten. Ebenso dürfte der Einsatz auf einer Stelle keinen Bedenken begegnen, deren Aufgabenbereich dem Krankenkassenbeschäftigten in dieser Art auch durch die geschlossene Krankenkasse mittels einseitiger Ausübung des Direktionsrechts nach § 106 Satz 1 GewO zugewiesen hätte werden können. Das umfasst nach den oben beschriebenen Grundsätzen sämtliche Tätigkeiten, die den bisherigen arbeitsvertraglichen Pflichten entsprechen.[601]

Die Unterbringung eines Beschäftigten unter den beiden zuvor dargestellten Umständen verschlechtert seine Rechtsstellung nicht, da sie sich im Rahmen seiner bisherigen arbeitsvertraglichen Verpflichtungen halten. Sie berücksichtigen seine bisherige Dienststellung nicht nur, sondern sorgen für deren Beibehaltung in vollem Umfang. Ein Anspruch auf Zuweisung einer Beförderungsstelle scheidet dagegen aus den bereits zum Dienstordnungsrecht genannten Gründen aus.[602]

(2) Aliud oder Unterwertigkeit der neuen Tätigkeit

Der Zumutbarkeitsmaßstab des § 164 Abs. 3 Satz 3 SGB V lässt darüber hinaus Veränderungen zu, die im Vergleich zu den bisherigen arbeitsvertraglichen Pflichten ein aliud oder eine Verschlechterung darstellen. Von einer Verschlechterung der Tätigkeit ist insbesondere auszugehen, wenn die

601 BAG 12.12.1984 – 7 AZR 509/83, NJW 1985, 2151 (II 3 b); BAG 23.06.1993 – 5 AZR 337/92, NZA 1993, 1127 (I 3); Hoyningen-Huene/Linck/Krause/*Linck*, KSchG, § 2 Rn. 30; *Reinecke*, NZA-RR 2013, 393 (393).

602 Dazu Kap. C III 4 e ee dieser Arbeit sowie juris-PK-SGB V/*Koch*, § 164 Rn. 14 zur Berücksichtigung von Aufstiegsmöglichkeiten der Dienstordnungsangestellten im Unterbringungsverfahren.

neue Stelle unterschiedlichen (geringeren) Einstellungsvoraussetzungen unterliegt oder mit der Stellung eine andere Wertigkeit verbunden ist.[603]

Der Wortlaut des § 164 Abs. 3 Satz 3 SGB V spricht bereits für die Zulässigkeit der Unterbringung auf unterwertigeren Stellen. Die Unterbringungsvorschriften schreiben lediglich eine Unterbringung „unter Berücksichtigung" der Fähigkeiten und ihrer bisherigen Dienststellung vor.[604] Indem das Gesetz lediglich die „Berücksichtigung" der Fähigkeiten verlangt, schließt es zumindest geringe Abweichungen der Tätigkeiten nach unten nicht aus. Müsste die Unterbringung exakt den Fähigkeiten und der bisherigen Dienststellung entsprechen, hätte der Gesetzgeber dieses Erfordernis mit diesem Wortlaut ins Gesetz aufgenommen.[605]

Die Zulässigkeit von unterwertigeren Unterbringungsangeboten lässt sich außerdem aus den Grundsätzen zur Änderungskündigung ableiten. Die Unterschiede zwischen dem Unterbringungsverfahren und der Änderungskündigung verbieten aber eine unreflektierte Übertragung der Maßstäbe zur Beurteilung noch zulässiger Änderungskündigungen auf die Schließungsvorschriften.[606] Sobald ein Einsatz des Arbeitnehmers auf einer vergleichbaren Stelle nicht möglich und damit kein milderes Mittel verfügbar ist, kann dem Arbeitnehmer eine Tätigkeit auf einer minderwertigeren Stelle durch eine Änderungskündigung angeboten werden.[607]

Das Gesetz fordert mit § 164 Abs. 3 Satz 3 SGB V die Berücksichtigung der Fähigkeiten und der bisherigen Dienststellung der Beschäftigten. Diese Vorgabe unterscheidet sich von einer Änderungskündigung. Bei einer solchen kann einem Arbeitnehmer grundsätzlich nur ein Arbeitsplatz angeboten werden, der tatsächlich auch zur Verfügung steht. Ihre soziale Rechtfertigung ist zwar auch anhand einer Verhältnismäßigkeitsprüfung zu prüfen, doch es steht dem Arbeitnehmer gegenüber alternativ zur Änderungskündigung der Ausspruch einer Beendigungskündigung und damit der Verlust des Arbeitsplatzes bevor. Die Änderungskündigung stellt gerade das mildere Mittel zur Beendigungskündigung dar. Die Unterbreitung eines unterwertigen Änderungsangebots ist für den Arbeitnehmer vorteilhafter als die sonst drohende

---

603 Insb. eine unterschiedliche Wertigkeit der neuen Stellung ist in der Praxis in vielen Fällen sehr schwer festzustellen, da der Begriff der Wertigkeit von subjektiven Empfindungen beeinflusst wird.

604 *Wolter*, FS Bepler (2012), S. 675 (681).

605 Ähnlich auch *Wolter*, FS Bepler (2012), S. 675 (681): Er sieht in der Regelung lediglich die Vorgabe, die Fähigkeiten und die bisherige Dienststellung in die „Erwägung einzubeziehen". Unklar ist jedoch, ob er damit auch Verschlechterungen der bisherigen Tätigkeit zulässt.

606 So auch *Rolfs*, NZA 2013, 529 (531), der allerdings die Orientierung an den Maßstäben zur Änderungskündigung für sämtliche Fragen des Unterbringungsverfahrens ablehnt.

607 ErfK/*Oetker*, § 2 KSchG Rn. 54.

Beendigung seines Arbeitsverhältnisses. Die Spannbreite möglicher unterwertiger Änderungsangebote ist bei der Änderungskündigung daher sehr groß, solange sie den Ausspruch einer Beendigungskündigung verhindern.[608] Andernfalls sind die Anforderungen an ihre Rechtmäßigkeit allerdings höher.[609]

Dieses Alternativverhältnis existiert bei der Schließung einer Krankenkasse nicht. § 164 Abs. 3 Satz 3 SGB V sichert den Arbeitnehmern ein zumutbares Unterbringungsangebot unter Berücksichtigung ihrer Fähigkeiten und ihrer bisherigen Dienststellung zu. Eine Beschränkung der Unterbringungsverpflichtung nur auf verfügbare Stellen ergibt sich aus dem Gesetz nicht.[610] Ihnen droht wegen dieser Unterbringungsverpflichtung gerade nicht der Verlust des Arbeitsplatzes. Den Mitarbeitern können deswegen nicht ohne weiteres minderwertige Tätigkeiten angeboten werden, sondern die Unterbringungsangebote müssen nahezu gleichwertige Tätigkeiten zum Inhalt haben. Indizien für deren Gleichwertigkeit sind unter anderem der erforderliche Ausbildungsstand, die Vergütung, das Aufgabenfeld, die Einordnung in der Hierarchie der Krankenkasse[611] sowie der Verantwortungsgrad der Beschäftigung. Geringe Einschränkungen gegenüber der bisherigen Wertigkeit sind bei Vorliegen eines berechtigten Interesses der zur Aufnahme verpflichteten Krankenkassen zulässig. Einen Anspruch auf Beibehaltung der gleichen Tätigkeit begründet damit § 164 Abs. 3 Satz 3 SGB V nicht.[612]

(3) Sonderfall: Neue Tätigkeit und Entgeltreduzierung

Denkbar sind außerdem Fälle, in denen Mitarbeiter auf Stellen untergebracht werden, die nicht nur eine andere Tätigkeit, sondern für die nach

---

608 Nur bei offensichtlicher und völliger Unterwertigkeit der freien Stelle kann unter Umständen vom Vorrang der Änderungskündigung zu Gunsten einer Beendigungskündigung abgewichen werden, vgl. dafür BAG 21.09.2006 - 2 AZR 607/05, NZA 2007, 431 (Rn. 34); BAG 23.02.2010 - 2 AZR 656/08, NZA 2010, 1288 (Rn. 57) „in Extremfällen"; APS/*Kiel*, § 1 KSchG Rn. 633; HWK/*Molkenbur*, § 2 KSchG Rn. 10, dagegen MünchArbR/*Berkowsky*, Band I, § 116 Rn. 43.

609 Dazu bereits Kap. C IV 3 b aa (2) dieser Arbeit.

610 Ausführlich Kap. C V 2 dieser Arbeit.

611 LAG Berlin-Brandenburg 27.06.2012 - 24 Sa 2524/11, BeckRS 2012, 75352 (I 2 c); LAG Berlin-Brandenburg 31.01.2013 - 5 Sa 1789/12, BeckRS 2013, 67971 (2.2.3). Die erforderliche Beibehaltung der bisherigen Hierarchieebene führte in der Entscheidung des LAG Berlin-Brandenburg 12.04.2012 - 5 Sa 142/12, BeckRS 2012, 68382 (2.2.3) (Abstufung von einer Team- und Personalleiterin zu einer Sachbearbeiterin) zur Unzumutbarkeit des Unterbringungsangebots.

612 Wohl auch *Bohlen-Schöning*, KrV 2011, 85 (86); Krauskopf/*Baier*, Soziale Krankenversicherung, § 164 SGB V Rn. 15, 18: Sie treffen zwar die Aussagen in Bezug auf die Unterbringung von Dienstordnungsangestellten, verweisen teils bezüglich der übrigen Beschäftigen aber auf eben diese oder stellen geringere Anforderungen an ihre Unterbringung.

der Vergütungspraxis der aufnehmenden Krankenkasse eine geringere Vergütung vorgesehen ist. Unter Anwendung der oben herausgearbeiteten Grundsätze zur Zulässigkeit einer niedrigeren Vergütung eines Beschäftigten nach dessen Unterbringung ist eine Entgeltreduzierung auch mit der veränderten Tätigkeit zulässig. Sowohl der Wille zur Gleichbehandlung aller Mitarbeiter und damit der einheitlichen Entlohnung sich ähnelnder Tätigkeiten als auch die Beibehaltung der bisherigen Entlohnungsstruktur innerhalb der aufnehmenden Körperschaft stellen berechtigte Interessen für eine niedrigere Vergütung der unterzubringenden Beschäftigten dar.

dd) Anrechnung der Vorbeschäftigungszeiten

Die beamtenähnliche Rechtsstellung zwingt im Unterbringungsverfahren der Dienstordnungsangestellten zu einer Anrechnung ihrer Vorbeschäftigungszeiten. Die Übertragung der bisherigen Beschäftigungszeiten ist für die Gruppe der übrigen Beschäftigten (§ 164 Abs. 3 Satz 3 SGB V) gleichbedeutend. Letztlich spielen aber nicht nur die Vorbeschäftigungszeiten eine wichtige Rolle[613], sondern dieser Aspekt lässt sich auf sämtliche erdiente Besitzstände ausdehnen.

(1) Bedeutung der Vorbeschäftigungszeiten

Die Anstellungsverträge der Krankenkassen unterfallen häufig Tarifverträgen, die in der Regel nach einer bestimmten Beschäftigungsdauer die ordentliche Kündigung ausschließen.[614] Der Ausschluss und damit der besondere Bestandsschutz des Arbeitsverhältnisses ginge verloren, wenn es nach der Unterbringung der Beschäftigten nicht zu einer Anrechnung der Beschäftigungszeiten bei der geschlossenen Krankenkasse käme. Die Vorbeschäftigungszeiten spielen aber nicht nur für die Gruppe der ordentlich unkündbaren Beschäftigten eine entscheidende Rolle. Führt man den obigen Gedanken fort und trennt man streng zwischen der Beschäftigung bei der geschlossenen Krankenkasse und der neuen Unterbringungsstelle, müsste man konsequenterweise auch das Erreichen der Wartezeit gemäß § 1 Abs. 1

---

613 Zur Bedeutung von Vorbeschäftigungszeiten im öffentlichen Dienst vgl. *Howald*, öAT 2012, 51.

614 Eine entsprechende tarifliche Regelung existierte mit § 20 Abs. 1 des Manteltarifvertrages für die Beschäftigten der Betriebskrankenkassen (MTV) vom 15.03.2010 beispielsweise bei den beiden im Jahr 2011 geschlossenen Betriebskrankenkassen ab einer Beschäftigungsdauer von zehn Jahren. Die ordentliche Kündigung war deswegen sehr vielen Beschäftigten gegenüber ausgeschlossen, vgl. bspw. LAG Berlin-Brandenburg 12.04.2012 – 5 Sa 2555/11, BeckRS 2012, 70363 (Sachverhalt).

KSchG in Frage stellen.[615] Nach Antritt der „neuen" Stelle müsste ein untergebrachter Beschäftigter eine Wartezeit von sechs Monaten überbrücken, bevor der besondere Kündigungsschutz der §§ 2 ff. KSchG Anwendung fände.[616] Die Beschäftigungsdauer bewirkt in Bezug auf eine mögliche Kündigung außerdem – vorbehaltlich abweichender tarifvertraglicher Regelungen[617] – nach § 622 BGB verschiedene Kündigungsfristen.[618] Nicht zuletzt spielt sie auch im Zusammenhang mit betriebsbedingten Kündigungen und der erforderlichen Sozialauswahl eine entscheidende Rolle.

Das Interesse an der Übertragung der Vorbeschäftigungszeiten besteht nicht nur im Hinblick auf den Schutz vor der Beendigung der Arbeitsverhältnisse. Tarifverträge nehmen teilweise ebenfalls Bezug auf die Höhe des Arbeitsentgelts[619], die Anzahl der Urlaubstage[620], die Dauer der Gewährung von Krankengeldzuschüssen[621] oder Sonderzahlungen.[622] Sie sind damit der Anknüpfungspunkt für verschiedene Privilegien der Beschäftigten.[623]

(2) Meinungsstand in Rechtsprechung und Literatur

Die Vielzahl der denkbaren Problemfelder im Zusammenhang mit der Anrechenbarkeit der vorherigen Beschäftigungsdauer verdeutlicht den hohen Stellenwert im Unterbringungsverfahren. Die mit den Fragen zum Unterbringungsverfahren befassten Gerichte verneinten wegen der Nichtanrechnung vorheriger Dienstzeiten die Ordnungsgemäßheit der den Beschäftig-

---

615 Mit dem Schicksal der Wartezeit im Sinne des § 1 Abs. 1 KSchG nach erfolgreicher Unterbringung beschäftigen sich auch LAG Baden-Württemberg 21.05.2012 – 1 Sa 3/12, BeckRS 2012, 71379 (I 2 g bb); *Grau/Sittard*, KrV 2012, 6 (7).

616 Denkbar sind auch hier tarifliche Regelungen, die eine Anrechnung der Vorbeschäftigungszeiten nach erfolgter Unterbringung bei der neuen Krankenkasse vorsehen und damit eine zu Gunsten der Arbeitnehmer von § 1 Abs. 1 KSchG abweichende Regelung treffen. Dies müsste im Einzelfall geprüft werden. Die Anrechnung früherer Beschäftigungszeiten kann jedenfalls zugunsten der Mitarbeiter kollektivvertraglich vereinbart werden, vgl. APS/*Dörner/Vossen*, § 1 KSchG Rn. 26; MüKo/BGB/*Hergenröder*, Band 4, § 1 KSchG Rn. 20; BeckOK/*Rolfs*, ArbR, § 1 KSchG Rn. 28. Auch das BAG 28.02.1990 – 2 AZR 426/89, AP Nr. 8 zu § 1 KSchG 1969 Wartezeit (II 1 f) lässt tarifliche Regelungen zur Anrechnung der Beschäftigungsdauer zu. Der Entscheidung lässt sich aber zugleich entnehmen, dass die Tarifvertragsparteien deutlich machen sollten, welche Reichweite die vereinbarte Anrechnung haben soll.

617 Vgl. § 622 Abs. 4 Satz 1 BGB, dazu MüKo/BGB/*Hesse*, Band 4, § 622 Rn. 42 ff.; APS/*Linck*, § 622 BGB Rn. 101 ff.

618 ErfK/*Müller-Glöge*, § 622 BGB Rn. 9 ff.; MünchArbR/*Wank*, Band I, § 97 Rn. 23.

619 *Howald*, öAT 2012, 51 (52).

620 *Howald*, öAT 2012, 51 (53)

621 *Howald*, öAT 2012, 51 (52).

622 *Howald*, öAT 2012, 51 (52).

623 Vgl. zu weiteren Beispielen vgl. u.a. *Howald*, öAT 2012, 51.

ten unterbreiteten Unterbringungsangeboten.[624] Nach der Rechtsprechung des Landesarbeitsgerichts Baden-Württemberg führte dies dazu, dass die Mitarbeiter nach ihrer Unterbringung nicht mehr dem Kündigungsschutz des Kündigungsschutzgesetzes unterliegen.[625] Ein solches Angebot werde dem Maßstab des § 164 Abs. 3 Satz 3 SGB V nicht gerecht.[626] Der Verlust der tariflich begründeten ordentlichen Unkündbarkeit wird ebenso vom Arbeitsgericht Berlin thematisiert und schließlich als Argument dafür angeführt, dass nur bei Anrechnung der vorherigen Dienstzeiten von einem zumutbaren Unterbringungsangebot auszugehen sei.[627]

Die Literatur ist sich dagegen über das Erfordernis einer Anrechnung der Vorbeschäftigungszeiten uneins.[628] Teilweise wird auf die Unterschiede zu § 613a Abs. 1 BGB hingewiesen und die Anrechnung angezweifelt.[629] Die aufnehmende Krankenkasse trete nicht in die Rechte und Pflichten des vor der Schließung bestehenden Arbeitsverhältnisses ein.[630] Dagegen schlägt *Bohlen-Schöning* eine differenziertere Lösung vor.[631] Sie lehnt einerseits einen Kündigungsschutz ab, der über den zuvor bestehenden Schutz hinausgeht.[632] Danach bliebe den Mitarbeitern ihr bisheriger Kündigungsschutz erhalten.[633] Auf der anderen Seite widerspreche es aber dem Schutzzweck des § 164 Abs. 3 Satz 3 SGB V, nach erfolgreicher Unterbringung der Beschäftigten eine Probezeitkündigung zuzulassen.[634] Einige weitere Stimmen schließen sich

---

624 Vgl. u.a. LAG Baden-Württemberg 21.05.2012 - 1 Sa 3/12, BeckRS 2012, 71379 (I 2 g bb); ArbG Berlin 23.11.2011 - 21 Ca 7861/11, BeckRS 2011, 78303 (A II 2 b); ArbG Berlin 23.11.2011 - 21 Ca 8139/11, BeckRS 2011, 78305 (A II 2 b).

625 LAG Baden-Württemberg 21.05.2012 - 1 Sa 3/12, BeckRS 2012, 71379 (I 2 g bb).

626 LAG Baden-Württemberg 21.05.2012 - 1 Sa 3/12, BeckRS 2012, 71379 (I 2 g bb).

627 ArbG Berlin 23.11.2011 - 21 Ca 7861/11, BeckRS 2011, 78303 (A II 2 b); ArbG Berlin 23.11.2011 - 21 Ca 8139/11, BeckRS 2011, 78305 (A II 2 b).

628 Dafür LAG Baden-Württemberg 21.05.2012 - 1 Sa 3/12, BeckRS 2012, 71379 (I 2 g bb); ArbG Berlin 23.11.2011 - 21 Ca 7861/11, BeckRS 2011, 78303 (A II 2 b); ArbG Berlin 23.11.2011 - 21 Ca 8139/11, BeckRS 2011, 78305 (A II 2 b). Ebenfalls ErfK/*Rolfs*, § 164 SGB V Rn. 6, der fordert, „dass die ordentliche Unkündbarkeit unangetastet" zu bleiben habe. Dagegen: *Grau/Sittard*, KrV 2012, 6 (7). Unklar hingegen *Bohlen-Schöning*, KrV 2011, 85 (87), die einerseits den Fortbestand eines tariflichen Kündigungsschutzes ablehnt, andererseits darauf hinweist, dass eine nach Unterbringung erfolgte Kündigung in der Probezeit dem Schutzzweck der Norm widerspräche.

629 *Grau/Sittard*, KrV 2012, 6 (7).

630 *Grau/Sittard*, KrV 2012, 6 (7).

631 *Bohlen-Schöning*, KrV 2011, 85 (87).

632 *Bohlen-Schöning*, KrV 2011, 85 (87).

633 Diese Schlussfolgerung geht aus den Ausführungen von *Bohlen-Schöning*, KrV 2011, 85 (87) nicht eindeutig hervor, liegt aber wegen ihres Eingehens auf einen darüber hinausgehenden Kündigungsschutz auf der Hand.

634 *Bohlen-Schöning*, KrV 2011, 85 (87).

ebenfalls der Linie der Rechtsprechung an und fordern, dass die ordentliche Unkündbarkeit auch nach der Unterbringung unangetastet bleibe.[635]

Dieser kurze Überblick zeigt, dass es an einer einheitlichen Auffassung fehlt, wenngleich klare Tendenzen zu Gunsten einer Anrechnungsverpflichtung zu erkennen sind. Die oben diskutierten Kriterien, insbesondere zur Unterbringung auf einer niedriger vergüteten Stelle, ließen teilweise einen Rückgriff auf die Grundsätze zur Änderungskündigung und des Direktionsrechts zu, da auch mit diesen Mitteln eine Abänderung von Arbeitsbedingungen unter Umständen möglich ist. Das Problem der Anrechnung von Vorbeschäftigungszeiten unterscheidet sich hingegen von den vorherigen Unterbringungskriterien. Soweit es um Eingriffe in die Vergütung oder um die Zuweisung eines anderen Aufgabengebiets ging, lagen den Einschränkungen berechtigte Interessen des Arbeitgebers im Zeitpunkt der Unterbringung zugrunde. Mit einer unterschiedlichen Lohnstruktur geht beispielsweise für den aufnehmenden Rechtsträger bereits ab dem Zeitpunkt der Übernahme von Mitarbeitern ein erhöhter Verwaltungsaufwand einher. Die dadurch entstehende Ungleichbehandlung kann außerdem Unfrieden unter den Angestellten hervorrufen. Noch dringlicher war die Frage, ob den Beschäftigten ein anderer Aufgabenbereich zugeteilt werden kann, wenn eine passende Stelle nicht zur Verfügung steht. Die Interessenlage könnte sich bei der hier in Frage stehenden Anrechnung von Vorbeschäftigungszeiten unterscheiden, da bei einer Anrechnung von Beschäftigungszeiten in erster Linie die Langzeitfolgen im Vordergrund stehen. Ein möglicher Lösungsweg ist wiederum in der nach den oben herausgearbeiteten Prinzipien durchzuführenden Interessenabwägung zu finden.

(3) Keine automatische Anrechnung

Die Vorschriften zum Betriebsübergang (§ 613a BGB) befassen sich ebenfalls mit dem Übergang von Arbeitsverhältnissen auf einen neuen Arbeitgeber. Mit Eintritt des Erwerbers in die Rechte und Pflichten bleiben die Besitzstände des Arbeitnehmers erhalten[636], insbesondere ist die Dauer der Betriebszugehörigkeit beim Veräußerer voll anzurechnen.[637]

Zu Recht wird aber auf die Unterschiede zum Betriebsübergang verwiesen.[638] § 164 Abs. 3 Satz 3 SGB V ordnet nicht einen automatischen Eintritt der zur Aufnahme verpflichteten Rechtsträger in die Rechte und Pflich-

635 Juris-PK-SGB V/*Koch*, § 164 Rn. 14; ErfK/*Rolfs*, § 164 SGB V Rn. 6.
636 Staudinger/*Annuss*, BGB, § 613a Rn. 149.
637 Staudinger/*Annuss*, BGB, § 613a Rn. 149; ErfK/*Preis*, § 613a BGB Rn. 76.
638 *Grau/Sittard*, KrV 2012, 6 (7).

ten des vorherigen Anstellungsverhältnisses an. Die Regelung verpflichtet die Krankenkassen und Landesverbände stattdessen, den übrigen Beschäftigten eine entsprechende Stellung „anzubieten". Ein Arbeitsverhältnis mit eigens zu diesem Zweck ausgehandelten Vertragsbedingungen zwischen der aufnehmenden Krankenkasse und den Beschäftigten kommt damit erst mit Annahme des Unterbringungsangebots und des Abschlusses eines neuen Anstellungsvertrages zustande. Es fehlt an Vorschriften, die ein Übergehen der Rechte und Pflichten und insofern auch die automatische Anrechnung der Vorbeschäftigungszeiten im neuen Arbeitsverhältnis anordnen.[639]

Es ist höchstens denkbar, dass bereits tarifvertragliche Regelungen eine Anrechnung vorsehen.[640] Ob dies der Fall ist, ist durch Auslegung der entsprechenden Normen zu klären.[641] In diesem Fall erübrigt sich eine weitere Diskussion um die (Nicht-)Berücksichtigung der vorherigen Beschäftigungszeiten. Zumindest in den beiden Schließungsfällen beinhaltete der geltende Manteltarifvertrag keine entsprechende Regelung.[642] Er ließ aber eine Anrechnung der Vorbeschäftigungszeiten auf Antrag zu.[643]

(4) Angebot auf Besitzstandswahrung

Eine Anrechnung der Vorbeschäftigungszeiten erfolgt vorbehaltlich einer kollektivrechtlichen Regelung damit nur dann, wenn sich die Krankenkasse und der untergebrachte Beschäftigte auf die entsprechende Anrechnung im Arbeitsvertrag einigen. Einer solchen Anrechnungsvereinbarung stehen grundsätzlich keine durchschlagenden rechtlichen Hindernisse entgegen.[644] Stimmen in der rechtswissenschaftlichen Literatur äußern – ohne Bezug zur Schließung einer Krankenkasse und dem darauf folgenden Unterbringungsverfahren – gegen einzelvertragliche Anrechnungsvereinbarungen kündi-

---

639 Ebenso *Grau/Sittard*, KrV 2012, 6.

640 Mit dieser Frage setzte sich auch das ArbG Berlin 23.11.2011 - 21 Ca 7861/11, BeckRS 2011, 78303 (A II 2 b) auseinander.

641 *Grau/Sittard*, KrV 2012, 6 (7). Vgl. sehr ausführlich zur Auslegung von Tarifverträgen *Löwisch/Rieble*, TVG, § 1 Rn. 1459 ff.; *Schaub*, NZA 1994, 597; *Wank*, RdA 1998, 71. Beachte ebenfalls die Aussagen des BAG zur Auslegung des normativen Teils eines Tarifvertrages BAG 28.8.2013 - 10 AZR 701/12, NZA-RR 2014, 112 (Ls.) = NJOZ 2014, 159.

642 ArbG Berlin 23.11.2011 - 21 Ca 7861/11, BeckRS 2011, 78303.

643 ArbG Berlin 23.11.2011 - 21 Ca 7861/11, BeckRS 2011, 78303.

644 So etwa zur Zulässigkeit einer Anrechnungsvereinbarung in Bezug auf die Länge einzuhaltender Kündigungsfristen BAG 03.07.2003 - 2 AZR 437/02, NZA 2004, 307 (II 1 e); BeckOK/*Gotthardt*, ArbR, § 622 BGB Rn. 25; ErfK/*Müller-Glöge*, § 622 BGB Rn. 10 sowie zur Wartezeit im Sinne des § 1 Abs. 1 KSchG APS/*Dörner/Vossen*, § 1 KSchG Rn. 26; MüKo/BGB/*Hergenröder*, Band 4, § 1 KSchG Rn. 20; BeckOK/*Rolfs*, BGB, § 1 KSchG Rn. 28.

gungsrechtliche Bedenken.[645] Das Bundesarbeitsgericht hat diese Bedenken allerdings verworfen und eine Anrechnung selbst im Rahmen der Sozialauswahl für zulässig erachtet.[646] Diese Rechtsprechung verbietet lediglich eine rechtsmissbräuchliche Anrechnungsvereinbarung.[647] Ein Rechtsmissbrauch ist aber nach Schließung einer Krankenkasse gerade dann nicht anzunehmen, wenn die in § 164 Abs. 3 Satz 3 SGB V normierte Unterbringungsverpflichtung die Übertragung der Vorbeschäftigungszeiten verlangt.

Der Schutzzweck des Unterbringungsverfahrens zwingt zu einer Berücksichtigung der vorherigen Beschäftigungszeiten.[648] Mit den Unterbringungsvorschriften soll die Weiterbeschäftigung der von der Regelung des § 164 Abs. 3 SGB V erfassten Krankenkassenbeschäftigten auch nach Schließung der Krankenkasse gesichert werden. Zu diesem Zweck ordnet der Gesetzgeber einmal die Verpflichtung zur Aufnahme der Beschäftigten an. Das Gesetz geht über diese bloße Aufnahmeverpflichtung hinaus und verlangt die Berücksichtigung der Fähigkeiten und der bisherigen Dienststellung der Beschäftigten. Versagt man den Beschäftigten die Anrechnung der Vorbeschäftigungszeiten, hebelt man bereits diesen reinen Weiterbeschäftigungsgedanken aus. Die aufgenommenen Mitarbeiter erfüllten hier schon die Wartefrist des § 1 Abs. 1 KSchG nicht. Die zur Aufnahme verpflichteten Krankenkassen müssten sie zwar kraft Gesetzes einstellen. Sie könnten sich aber durch Ausspruch ordentlicher Kündigungen alsbald wieder von ihnen trennen, ohne an die strengeren Kündigungsvoraussetzungen des Kündigungsschutzgesetzes gebunden zu sein.[649] Diese Auffassung trägt damit dem Schutzgedanken des § 164 Abs. 3 Satz 3 SGB V keine Rechnung.[650]

Die vollständige Nichtberücksichtigung vorheriger Dienstzeiten liefe sogar auf eine Verschlechterung der Rechtsstellung der Beschäftigten gegenüber der Rechtslage hinaus, die gelten würde, wenn es keine Unterbringungsverpflichtung gäbe und sich die geschlossene Krankenkasse mit der

---

645 Vgl. etwa *Dathe*, NZA 2007, 1205 (1206), der trotz einer Anrechnungsvereinbarung von Vorbeschäftigungszeiten diese im Rahmen der Sozialauswahl nicht berücksichtigen will: § 1 Abs. 3 KSchG sei zwingendes Recht, die Dauer der Betriebszugehörigkeit honoriere die besondere Betriebstreue und berücksichtige die besondere Verbundenheit zum Unternehmen. Lasse man Anrechnungsvereinbarungen zu, verkomme das Merkmal der Dauer der Betriebszugehörigkeit zu einer bloßen Fiktion. So auch *Gaul/Süßbrich*, ArbRB 2006, 54. A.A. BAG 02.06.2005 – 2 AZR 480/04, NZA 2006, 207 (B I 4 b aa). Die Frage zur Ausgestaltung möglicher Anrechnungsvereinbarungen sprengt den Umfang der Dissertation. Vgl. zu den denkbaren Fallkonstellationen und den geäußerten Bedenken u.a. APS/*Kiel*, § 1 KSchG Rn. 713.

646 BAG 02.06.2005 – 2 AZR 480/04, NZA 2006, 207 (B I 4 b aa).

647 BAG 02.06.2005 – 2 AZR 480/04, NZA 2006, 207 (B I 4 b aa): Danach liegt ein Rechtsmissbrauch dann vor, wenn die Sozialauswahl umgangen werden soll.

648 *Bohlen-Schöning*, KrV 2011, 85 (87).

649 Dafür *Grau/Sittard*, KrV 2012, 6 (7).

650 Ebenso *Bohlen-Schöning*, KrV 2011, 85 (87).

Beendigung der Arbeitsverhältnisse auseinandersetzen müsste. Verblieben alle Beschäftigten nach Schließung der Krankenkasse bei der Abwicklungskörperschaft, könnte diese gegenüber den Beschäftigten zwar Kündigungen aussprechen. Sie müsste aber (unter Umständen) ihren verbleibenden Abwicklungsbedarf berücksichtigen. Dieser schlösse zumindest für einen Teil der Beschäftigten die Betriebsbedingtheit der Kündigungen für einen bestimmten Zeitraum aus. Weiterhin müsste sich die geschlossene Krankenkasse an die aufgrund der Beschäftigungsdauer verlängerten Kündigungsfristen des § 622 BGB halten. Dagegen fiele dem aufnehmenden Rechtsträger die Beendigung der Arbeitsverhältnisse zu den aufgenommen Beschäftigten wesentlich einfacher. Sie könnten den Beschäftigten unmittelbar nach deren Anstellung mit den nach § 622 BGB entsprechend kürzeren Kündigungsfristen kündigen. Nach § 1 Abs. 1 KSchG käme der besondere Kündigungsschutz des Kündigungsschutzgesetzes nicht zur Anwendung, da sie noch keine sechs Monate bei der die Kündigung aussprechenden Krankenkasse beschäftigt sind.

Selbst gegen einen Mittelweg bestehen Bedenken. Ein solcher könnte beispielsweise die Berücksichtigung der Vorbeschäftigungszeiten nur in Bezug auf die Wartefrist des § 1 Abs. 1 KSchG vorschreiben. Er lässt sich aber anhand der oben ausgearbeiteten Maßstäbe nicht herleiten. Die Zumutbarkeit der Unterbringungsangebote ist danach im Rahmen einer Gesamtabwägung der Interessen der Arbeitnehmer auf der einen Seite und der Interessen der aufnehmenden Krankenkasse und des Krankenversicherungssystems auf der anderen Seite im konkreten Fall zu bestimmen. Dieser Interessenabwägung könnte zwar ein solcher Mittelweg auf den ersten Blick besser Rechnung tragen als die pauschale Ablehnung einer Anrechnung, indem Vorbeschäftigungszeiten beispielsweise nur in Bezug auf den Schutz vor der Beendigung der Arbeitsverhältnisse berücksichtigt werden könnten. Die bisherigen Ausführungen, insbesondere zu einem möglichen Tätigkeitswechsel, zeigen aber, dass die Krankenkassenbeschäftigten dann Rechtsnachteile in Kauf nehmen müssen, wenn die zur Aufnahme verpflichteten Krankenkassen im Moment der Unterbringung keine passenden freien Stellen zur Verfügung haben und ihnen eine Aufnahme zu den bisherigen Bedingungen tatsächlich ohne große Unannehmlichkeiten nicht möglich ist. Die Auswirkungen der Berücksichtigung bisheriger Besitzstände für die aufnehmenden Krankenkassen halten sich dagegen gerade im Zeitpunkt der Aufnahme der Beschäftigten in Grenzen. Die an die Vorbeschäftigungszeiten anknüpfenden Privilegien sind zwar weiterhin zu gewähren. Die hierdurch auftretenden wirtschaftlichen Zusatzbelastungen sind aber überschaubar und auf Dauer durch entsprechende Personalplanungen einzudämmen. Auch der Umstand, dass die Anrechnung der Beschäftigungszeiten eine Kündigung der aufgenommenen Beschäftigten erheblich erschwert, rechtfertigt keine andere Sichtweise. Die Unterbringungsverpflichtung dient in erster Linie dem Erhalt und der Weiterbeschäftigung der Beschäftigten. Könnte den Beschäftigten gegenüber nach ihrer Unterbringung alsbald die Kündigung ausgesprochen werden, würde dies gerade den Zweck der Unterbringung insgesamt perpetuieren.[651]

Das Interesse der Beschäftigten an einer Anrechnung überwiegt damit grundsätzlich. Die bisherigen Besitzstände tragen entscheidend zur Rechtsstellung der Beschäftigten bei. Sie sorgen für ein hohes Schutzniveau und gewähren ihnen Privilegien, die gerade die lange Beschäftigung im Krankenversicherungssystem honorieren und ihrer besonderen Schutzbedürftigkeit Rechnung tragen. Nachdem der Gesetzgeber die Berücksichtigung der „bisherigen" Dienststellung verlangt, nimmt er eindeutig Bezug auf das vor der Unterbringung bestehende Beschäftigungsverhältnis und damit auch auf die zuvor verdienten Privilegien.

(5) Zwischenergebnis

Die Vorbeschäftigungszeiten bei der geschlossenen Krankenkasse sind auf das neue Anstellungsverhältnis nach Unterbringung der Beschäftigten regelmäßig anzurechnen.[652] Nur in Ausnahmefällen ist ein gegen die Anrechnung der Beschäftigungszeiten sprechendes Interesse der aufnehmenden Krankenkasse denkbar. Anders als beim Betriebsübergang kommt es im Unterbringungsverfahren aber nicht zum automatischen Eintritt der aufnehmenden Krankenkasse in die Rechte und Pflichten des zuvor bestehenden Arbeitsverhältnisses und damit auch nicht zur einer automatischen Übertragung der Vorbeschäftigungszeiten auf das neue Arbeitsverhältnis. Das Unterbringungsangebot muss diesem Umstand Rechnung tragen und eine entsprechende arbeitsvertragliche Regelung vorsehen.

ee) Ortswechsel

Der Gruppe der übrigen Beschäftigten droht ebenfalls die Unterbringung bei einer Körperschaft, die keine Stelle in der Nähe ihres bisherigen Arbeitsplatzes anbieten kann. Auch wenn diese Beschäftigtengruppe anders als die Dienstordnungsangestellten nicht ausschließlich aus älteren Mitarbeitern besteht, wiegt ein erzwungener Ortswechsel im Einzelfall nicht weniger schwer.

---

651 *Bohlen-Schöning*, KrV 2011, 85 (87).

652 Ebenso LAG Baden-Württemberg 21.05.2012 – 1 Sa 3/12, BeckRS 2012, 71379 (I 2 g bb); ArbG Berlin 23.11.2011 – 21 Ca 7861/11, BeckRS 2011, 78303 (A II 2 b); ArbG Berlin 23.11.2011 – 21 Ca 8139/11, BeckRS 2011, 78305 (A II 2 b); *Bohlen-Schöning*, KrV 2011, 85 (87). A.A. insb. *Grau/Sittard*, KrV 2012, 6 (7).

Die bundesweite Unterbringung der übrigen Beschäftigten ist ebenfalls zulässig.[653] Die Begründung deckt sich im Wesentlichen mit den Argumenten zur bundesweiten Unterbringung von Dienstordnungsangestellten.[654] Die Regelung des § 164 Abs. 3 Satz 4 SGB V verpflichtet „jede" Krankenkasse zur Abgabe von Unterbringungsangeboten.[655] Eine Krankenkasse kann allerdings nur dort Beschäftigungsangebote unterbreiten, wo sie zumindest mit einer Zweigstelle vertreten ist.[656] Der Zumutbarkeit eines Unterbringungsangebots steht es demnach nicht per se entgegen, wenn eine Weiterbeschäftigung in einem anderen Bundesland angeboten wird.[657] Die Gesetzesbegründung spricht ebenfalls für die Zulässigkeit eines Ortswechsels. Auch in Bezug auf die übrigen Beschäftigten verlangt sie die Unterbringung unter Berücksichtigung der Fähigkeiten und der bisherigen Dienststellung. Die Zumutbarkeit einer Stelle richtet sich damit nicht nach den sozialen Kriterien, sondern knüpft an die Rechtsstellung des Beschäftigten an. Ein Ortswechsel berührt diese anders als ein Tätigkeitswechsel oder eine geringere Vergütung nicht.

Entscheidend ist deshalb die Auswahl zwischen denjenigen Beschäftigten, denen eine ortsnahe Stelle angeboten werden kann, und den zu einem Wechsel in ein anderes Bundesland gezwungenen Beschäftigten. Fragen zum Auswahlverfahren zwischen den Beschäftigten stellen sich allerdings in Bezug auf alle Unterbringungsberechtigten und sind im Anschluss gemeinsam zu erörtern.[658]

---

653 So die unumstrittene Auffassung der Rechtsprechung und des Schrifttums zum Unterbringungsverfahren, wobei die Rechtsprechung die Frage meist mangels Entscheidungserheblichkeit zwar andeutete, letztlich aber nicht abschließend entschied, vgl. insb. LAG Berlin-Brandenburg 12.04.2012 - 2 Sa 14/12, BeckRS 2012, 68381 (2.2.2); LAG Berlin-Brandenburg 08.05.2012 - 7 Sa 2558/11, BeckRS 2012, 71055 (2.2.2.4); LAG Berlin-Brandenburg 08.05.2012 - 7 Sa 257/12, BeckRS 2012, 73144 (2.2.2.4); LAG Baden-Württemberg 21.05.2012 - 1 Sa 2/12, BeckRS 2012, 71378 (I 2 g bb); LAG Berlin-Brandenburg 02.08.2012 - 2 Sa 9/12, 2 Sa 245/12, BeckRS 2012, 75356 (2.2.2); *Bohlen-Schöning*, KrV 2011, 85 (86); *Grau/Sittard*, KrV 2012, 6 (7). Im Ergebnis wohl auch Krauskopf/*Baier*, Soziale Krankenversicherung, § 164 SGB V Rn. 18; *Rolfs*, NZA 2013, 529 (530), die bei Unmöglichkeit einer ortsnahen Unterbringung aller Beschäftigten auf Fragen der Sozialauswahl eingehen.

654 Vgl. die Ausführungen unter Kap. C III 4 e ff dieser Arbeit.

655 Die in der Regelung des § 164 Abs. 3 Satz 4 SGB V vorgesehene Unterbringungsverpflichtung jeder Krankenkasse dient auch *Bohlen-Schöning*, KrV 2011, 85 (85) als Hauptargument für die Zulässigkeit einer bundesweiten Unterbringung der übrigen Beschäftigten.

656 *Bohlen-Schöning*, KrV 2011, 85 (85); *Grau/Sittard*, KrV 2012, 6 (7).

657 Für die bundesweite Unterbringungsmöglichkeit LAG Berlin-Brandenburg 12.04.2012 - 2 Sa 15/12, BeckRS 2012, 68380 (2.2.2); LAG Berlin-Brandenburg 08.05.2012 – 7 Sa 257/12, BeckRS 2012, 73144 (2.2.2.4); *Bohlen-Schöning*, KrV 2011, 85 (85); *Grau/Sittard*, KrV 2012, 6 (7).

658 Dazu Kap. C V dieser Arbeit.

ff) Unterbreitung befristeter Unterbringungsangebote

Es ist offensichtlich, dass die Rechtsstellung eines zuvor unbefristet angestellten Beschäftigten und insbesondere die vom Gesetzgeber bezweckte Weiterbeschäftigung bei einer Krankenkasse nicht gewahrt wird, wenn es nur zu einer befristeten Anstellung bei dem aufnehmenden Landesverband oder der Krankenkasse kommt.[659] Entsprechende Unterbringungsangebote gegenüber ursprünglich unbefristet angestellten Beschäftigten sind damit generell als unzumutbar im Sinne des § 164 Abs. 3 Satz 3 SGB V zu bewerten.

Das Angebot auf Abschluss eines befristeten Anstellungsvertrages mit der Abwicklungskörperschaft genügt ebenso wenig den Anforderungen des § 164 Abs. 3 Satz 3 SGB V.[660] Dieses Schicksal ereilte insbesondere die Mitarbeiter der City BKK, wobei die Befristung wohl tatsächlich nicht als Unterbringungsangebot gedacht war. Die Unterbringung bei der Abwicklungskörperschaft selbst ist nicht mehr vom Wortlaut des § 164 Abs. 3 Satz 3 SGB V erfasst, der ausdrücklich eine Unterbringung beim Landesverband oder einer „anderen“ Krankenkasse verlangt. Wie bereits aufgezeigt, ist von einer Identität der geschlossenen Krankenkasse und der Abwicklungskörperschaft auszugehen.[661]

c) Ausnahmen bei befristet Beschäftigten

aa) Befristete Beschäftigungsverhältnisse

§ 164 Abs. 3 SGB V teilt die Mitarbeiter der Krankenkassen in die Gruppe der Dienstordnungsangestellten (§ 164 Abs. 3 Satz 1, 2 SGB V) und die der „übrigen“ Beschäftigten (§ 164 Abs. 3 Satz 3 SGB V) ein. Diese Unterscheidung legt nahe, dass die Regelung des § 164 Abs. 3 Satz 3 SGB V sämtliche

---

659 Letztlich offen lassend LAG Hamburg 19.09.2012 - 5 Sa 11/12, BeckRS 2013, 67946 (2 c dd); LAG Hamburg 19.09.2012 - 5 Sa 17/12, BeckRS 2013, 67949.

660 Offen lassend LAG Hamburg 19.09.2012 - 5 Sa 17/12, BeckRS 2013, 67949 (II 2 c dd).

661 Vgl. ausführlich Kap. C II 3 dieser Arbeit aus arbeitsrechtlicher Perspektive. Die Personenidentität zwischen geschlossener Krankenkasse und der Abwicklungskörperschaft befürworten ebenfalls BAG 21.11.2013 - 2 AZR 474/12, BeckRS 2014, 69409 (Rn. 40); BAG 21.11.2013 - 2 AZR 495/12, NJOZ 2014, 1548 (Rn. 40); BAG 21.11.2013 - 2 AZR 598/12, BeckRS 2014, 70205 (Rn. 37); BAG 21.11.2013 - 2 AZR 966/12, BeckRS 2014, 70808 (Rn. 30); LAG Berlin-Brandenburg 12.04.2012 - 5 Sa 2554/11, BeckRS 2012, 70157 (I 2.1); LAG Berlin-Brandenburg 24.05.2012 - 18 Sa 2605/11, 18 Sa 116/12, BeckRS 2012, 70789 (II 1 b aa); LAG Düsseldorf 07.09.2012 - 6 Sa 138/12, BeckRS 2012, 76175 (A II 1 a aa); Krauskopf/*Baier*, Soziale Krankenversicherung, § 155 SGB V Rn. 5; *Klimpe-Auerbach*, SozSich 2011, 270 (273); juris-PK-SGB V/*Koch*, § 155 Rn. 6; Becker/Kingreen/*Mühlhausen*, SGB V, § 155 Rn. 14; ErfK/*Rolfs*, § 164 SGB V Rn. 7.

Beschäftigte mit Ausnahme der Dienstordnungsangestellten erfasst. Die Unterbringungsverpflichtung betrifft damit auch die Angestellten, die in einem befristeten Arbeitsverhältnis zur geschlossenen Krankenkasse stehen. Ihnen ist nach dem Gesetz ebenfalls eine Stelle bei einer anderen Krankenkasse anzubieten. Das Angebot hat allerdings unter Berücksichtigung ihrer bisherigen Dienststellung keine unbefristete Anstellung bei der aufnehmenden Körperschaft vorzusehen.

Diese Lösung ist unzweckmäßig. Es ist geboten, die nur befristet bei der Krankenkasse tätigen Beschäftigten weiterhin bei der Abwicklungskörperschaft zu belassen. Die nur kurzzeitige Unterbringung bei einer anderen Krankenkasse erhöht den Verwaltungsaufwand und ist wegen der erforderlichen Einarbeitungszeiten nicht im Interesse der aufnehmenden Körperschaften. Sie eröffnet für die Betroffenen zwar die Möglichkeit, nach Ablauf der Befristung in ein unbefristetes Arbeitsverhältnis übernommen zu werden. Das dürfte aber insbesondere in den Fällen, in denen besonders viele Mitarbeiter über den Beschäftigungsbedarf der aufnehmenden Körperschaften hinaus unterzubringen sind, nur äußerst selten der Fall sein.

Die Weiterbeschäftigung bei der Abwicklungskörperschaft ist dogmatisch über eine teleologische Reduktion des § 164 Abs. 3 Satz 3 SGB V herzuleiten. Diese Regelung stellt die Weiterbeschäftigung der Krankenkassenbeschäftigten gemäß ihrer bisherigen Dienststellung sicher.[662] Ihre Unterbringung bezweckt dagegen keine Verbesserung ihrer Rechtsstellung. Daher müssten den Betroffenen auch nur befristete Unterbringungsangebote – womöglich an einem ganz anderen Ort – unterbreitet werden. Dem Zweck der arbeitsrechtlichen Abwicklungsvorschriften entspricht es daher, die nur befristet tätigen Mitarbeiter bis zum Ablauf ihrer Befristung bei der Abwicklungskörperschaft weiterzubeschäftigen anstatt sie bei einer anderen Krankenkasse oder einem anderen Landesverband für eine nur kurze Dauer unterzubringen. Dieser Lösungsweg berücksichtigt einmal die Interessen der aufnehmenden Rechtsträger, da sie sich nicht mit noch mehr Mitarbeitern auseinandersetzen müssen. Auf der anderen Seite entspricht es aber auch dem Interesse der Mitarbeiter, nicht für den nur kurzen Zeitraum eine neue Beschäftigung bei einer anderen Krankenkasse aufzunehmen.

bb) Beschäftigte in Altersteilzeit

Die geschlossene Krankenkasse beschäftigt in der Regel auch Mitarbeiter in Altersteilzeit.[663] Das Gesetz trifft zu deren Schicksal bei Schließung einer

---

662 BT-Drucks. 16/9559, S. 19.

663 Zu den Voraussetzungen der Altersteilzeit vgl. HWK/*Stindt/Nimscholz*, Vorb. ATZG Rn. 18.

Krankenkasse keine gesonderten Regelungen. Es ist dennoch zweckmäßig, wie bei den sonstigen befristeten Arbeitsverhältnissen[664] auch Abweichungen von der Unterbringungsverpflichtung des § 164 Abs. 3 Satz 3 SGB V zuzulassen.[665] Man unterscheidet zwischen der Altersteilzeit mit einer kontinuierlichen Reduzierung der Arbeitszeit (sog. Teilzeitmodell[666]) und einer Arbeitsteilzeit im sog. Blockmodell.[667]

In Bezug auf die kontinuierliche Reduzierung der Arbeitszeit kann auf die Ausführungen über den Umgang mit befristet Beschäftigten der Krankenkassen verwiesen werden.[668] Der Verzicht auf die Unterbringung bei einer anderen Krankenkasse und die Weiterbeschäftigung bei der Abwicklungskörperschaft ist dann zweckmäßig, wenn sie bis zum voraussichtlichen Renteneintritt mit an Sicherheit grenzender Wahrscheinlichkeit fortbesteht. Auch in diesem Falle entspricht es in der Regel nicht dem Interesse des Beschäftigten, vor Renteneintritt zu einem Wechsel zu einer anderen Krankenkasse gezwungen und möglicherweise an einem anderen Ort untergebracht zu werden.

Diese Schlussfolgerungen lassen sich ebenfalls auf die in der Praxis häufiger praktizierte[669] Altersteilzeit im Blockmodell[670] treffen, wenn sich der Beschäftigte noch vor der Freistellungsphase befindet. Es ist auch hier geboten, ihn weiter in der Abwicklungskörperschaft zu beschäftigen. Ein Unterbringungsverfahren ist für diese Mitarbeiter nur dann durchzuführen, wenn der Eintritt in die Freistellungsphase erst nach vollständiger Abwicklung der geschlossenen Krankenkasse erfolgt. Befindet sich ein Beschäftigter hingegen bereits in der Freistellungsphase und ist damit von der Arbeitspflicht befreit, ergibt die Unterbringung bei einer anderen Krankenkasse

---

664 Der Altersteilzeit liegt ebenfalls ein befristetes Arbeitsverhältnis zugrunde, *Froehner*, NZA 2012, 1405 (1405); ErfK/*Rolfs*, § 8 ATG Rn. 6; Schaub/*Vogelsang*, Arbeitsrecht, § 84 Rn. 2.

665 So wohl auch *Bohlen-Schöning*, KrV 2011, 85 (88). Sie schlägt vor, mit Beschäftigten, die sich in Altersteilzeit befinden, Vereinbarungen über den Verbleib bei der Abwicklungskörperschaft bis zur Beendigung der Freistellungsphase abzuschließen und damit von der Unterbringung bei einer anderen Krankenkasse abzusehen.

666 BAG 04.05.2010 - 9 AZR 155/09, NZA 2010, 1063 (Rn. 18); dazu u.a. Uhlenbruck/*Ries/Zobel*, InsO, § 22 InsO Rn. 141; Beck/Depré/*Depré/Heck*, Praxis der Insolvenz, § 27 Rn. 31; Meinel/Heyn/Herms/*Herms*, TzBfG, § 23 Rn. 6.

667 BAG 04.05.2010 - 9 AZR 155/09, NZA 2010, 1063 (Rn. 18); Uhlenbruck/*Ries/Zobel*, InsO, § 22 Rn. 141; APS/*Greiner*, § 8 ATG Rn. 4; Meinel/Heyn/Herms/*Herms*, TzBfG, § 23 Rn. 6; Küttner/*Kreitner*, Personalbuch 2015, Stichwort: Altersteilzeit Rn. 3; MüKo/BGB/*Müller-Glöge*, Band 4, § 611 Rn. 1287.

668 Vgl. Kap. C IV 3 c dieser Arbeit.

669 Meinel/Heyn/Herms/*Herms*, TzBfG, § 23 Rn. 5; MüKo/BGB/*Müller-Glöge*, Band 4, § 611 Rn. 1287; MAH SozialR/*Plagemann*, § 23 Rn. 67.

670 BAG 04.05.2010 - 9 AZR 155/09, NZA 2010, 1063 (Rn. 18); APS/*Greiner*, § 8 ATG Rn. 4; Meinel/Heyn/Herms/*Herms*, TzBfG, § 23 Rn. 6; MüKo/BGB/*Müller-Glöge*, Band 4, § 611 Rn. 1287.

keinen Sinn.[671] Er verbleibt dann ebenfalls bei der Abwicklungskörperschaft, wobei die Weiterbeschäftigung nichts an seiner Befreiung von der Arbeitspflicht ändert.[672] Die übrigen Krankenkassen haften für den Arbeitslohn nach den allgemeinen Regeln zur Haftung bei Schließung einer Krankenkasse. Das bei einer Altersteilzeit im Blockmodell vorhandene und gegen die Insolvenz abzusichernde Wertguthaben[673] hält den Umfang der Haftung der übrigen Krankenkassen in Grenzen.

d) Fazit

Es existiert keine abschließende Liste von Kriterien, die bei der Beurteilung der Zumutbarkeit eines Unterbringungsangebots im Sinne des § 164 Abs. 3 Satz 3 SGB V eine Rolle spielen. An dieser Stelle wäre es auch nicht hilfreich, jedes einzelne Zumutbarkeitskriterium zu definieren. Es ist jedenfalls festzuhalten, dass die bisherige Rechtsstellung des Betroffenen bei Beurteilung der Zumutbarkeit eines Unterbringungsangebots im Vordergrund steht. Dies bedeutet aber nicht, dass soziale Kriterien wie beispielsweise bestehende Unterhaltspflichten unberücksichtigt bleiben. Die persönlichen Verhältnisse der Betroffenen sind im Auswahlverfahren zu berücksichtigen.

Die Vorschrift des § 164 Abs. 3 Satz 3 SGB V knüpft an den unbestimmten Rechtsbegriff der Zumutbarkeit an. Das Gesetz schafft damit die Möglichkeit, im Rahmen des Unterbringungsverfahrens sowohl die Interessen des Arbeitnehmers als auch die Interessen der zur Aufnahme verpflichteten Rechtsträger und des Krankenversicherungssystems insgesamt miteinander in Einklang zu bringen.[674] Die Weiterbeschäftigung der übrigen Beschäftigten wird dadurch in einer für alle Beteiligten vertretbaren Art und Weise sichergestellt. Die Zumutbarkeitskriterien sind in dieser Abwägung in ihrer Gesamtheit zu berücksichtigen, wenngleich eine zu große Einschränkung nur eines Kriteriums bereits zur Unzulässigkeit des Stellenangebots führen kann. Die hier behandelten Kriterien spielen – auch wenn sie nicht abschließend sind – eine wesentliche Rolle bei der Beurteilung der Zumutbarkeit von Unterbringungsangeboten. Diese Grundsätze bereiten den Weg für sachgerechte Lösungen auch zu den Unterbringungsfragen, die hier nicht ausdrücklich angesprochen worden sind.

---

671 Diesen Fall bedenkt auch *Bohlen-Schöning*, KrV 2011, 85 (88).

672 *Bohlen-Schöning*, KrV 2011, 85 (88).

673 MüKo/BGB/*Müller-Glöge*, Band 4, § 611 Rn. 1287; BeckOK/*Rittweger*, ArbR, § 8a ATG Rn. 3.

674 So im Ergebnis auch *Grau/Sittard*, KrV 2012, 6 (7).

4. Gruppe der übrigen Angestellten von Betriebskranken- und Ersatzkassen

a) Einleitung

Die eingeschränkten Verweise im Organisationsrecht der Betriebskranken- und Ersatzkassen (§ 155 Abs. 4 Satz 9 SGB V und § 171 Satz 1 SGB V) auf die in § 164 SGB V enthaltenen arbeitsrechtlichen Schließungsvorschriften zwingen zu einer getrennten Abhandlung der Unterbringung von ordentlich kündbaren und ordentlich unkündbaren Beschäftigten.[675] Der Ausschluss der ordentlichen Kündigung kann durch Tarif- oder Arbeitsvertrag sowie aufgrund einer gesetzlichen Regelung erfolgen. Die arbeitsrechtlichen Schließungsvorschriften legen nahe, dass den ordentlich kündbaren Beschäftigten einer Betriebskranken- und Ersatzkasse nicht dieselben Rechte zustehen wie Mitarbeitern, deren Arbeitsverhältnisse nur aus wichtigem Grund einseitig durch den Arbeitgeber beendet werden können. Diese Differenzierung ist sehr umstritten und wirft verfassungsrechtliche Fragen auf.[676]

b) Kreis der ordentlich kündbaren Mitarbeiter

aa) Tarif- oder individualvertraglicher Sonderkündigungsschutz

Die meisten ordentlich unkündbaren Mitarbeiter gesetzlicher Krankenkassen erlangen ihren besonderen Kündigungsschutz aufgrund von tarifvertraglichen Bestimmungen. Manche Tarifverträge – wie der für die City BKK und der BKK für Heilberufe geltende Manteltarifvertrag – schließen die ordentliche Kündbarkeit nach Erreichen eines bestimmten Lebensalters und einer bestimmten Beschäftigungsdauer aus.[677] Es ist weiter denkbar, dass eine ordentliche Kündigung eines Mitarbeiters aufgrund einer individualvertraglichen Vereinbarung mit der Krankenkasse ausgeschlossen ist.

(1) Maßgeblicher Zeitpunkt

Probleme ergeben sich hier bei der Bestimmung des für die Beurteilung eines bestehenden Kündigungsschutzes maßgeblichen Zeitpunkts. Sieht beispielsweise ein Tarifvertrag den Schutz vor Kündigungen erst nach einer Beschäftigungsdauer von zehn Jahren vor und erreicht der Betroffene die

675 Ebenso ausdrücklich *Rolfs*, NZA 2013, 529 (532).

676 Dazu Kap. C IX 4 dieser Arbeit.

677 Vgl. § 20 Abs. 1 des Manteltarifvertrages für die Beschäftigten der Betriebskrankenkassen (MTV) vom 15.03.2010; LAG Berlin-Brandenburg 12.04.2012 – 5 Sa 2555/11, BeckRS 2012, 70363 (Sachverhalt).

zehnjährige Betriebszugehörigkeit kurz nach dem Schließungszeitpunkt der Krankenkasse, stellt sich die Frage, ob er als ordentlich unkündbarer Mitarbeiter anzusehen ist und daher am Unterbringungsverfahren teilnimmt.

Einen ähnlichen Grenzfall hatte das Landesarbeitsgericht Baden-Württemberg zur Frage des Fortbestands eines Arbeitsverhältnisses nach Schließung der Krankenkasse zu entscheiden.[678] Der Rechtsstreit unterschied sich von den übrigen Verfahren darin, dass auch darüber keine Einigkeit bestand, ob sich die Klägerin auf einen tariflich begründeten Sonderkündigungsschutz berufen konnte. Das Arbeitsverhältnis unterlag dem Manteltarifvertrag (MTV) des Tarifwerks für Betriebskrankenkassen, der nach einer Beschäftigungszeit von mehr als zehn Jahren und einem Lebensalter von 50 Jahren die ordentliche Kündigung ausschloss.[679] Die Klägerin erreichte erst einen Tag nach Wirksamwerden des Schließungsbescheids das für den besonderen Kündigungsschutz erforderliche Lebensalter.[680] Nachdem die Parteien nicht um die Unterbringungsverpflichtung, sondern um die Beendigungsanordnung nach § 164 Abs. 4 Satz 1 SGB V stritten, lehnte das Gericht wegen des nicht erreichten besonderen Kündigungsschutzes die Beendigung des Arbeitsverhältnisses ab und klärte damit beiläufig die Frage einer bestehenden Unterbringungsverpflichtung zum Nachteil der Klägerin.[681] Die Entscheidung verdeutlicht, dass das Gericht in Bezug auf eine mögliche Beendigung von Arbeitsverhältnissen durch § 164 Abs. 4 Satz 1 SGB V auf den Schließungstag selbst abstellt.

Für die Feststellung, ob gegenüber einem Mitarbeiter aufgrund des Ausschlusses der ordentlichen Kündigung eine Unterbringungsverpflichtung nach § 164 Abs. 3 Satz 3 SGB V besteht, sind auch andere Stichtage denkbar. Diese reichen vom Beginn der ersten Vorbereitungshandlungen bis hin zur konkreten Auswahlentscheidung im Unterbringungsverfahren. Zuletzt könnte man dann, wenn zum Schließungszeitpunkt noch ordentlich kündbare Beschäftigte über den Schließungstag hinaus bei der Abwicklungskörperschaft weiterbeschäftigt werden und diese erst nach Wirksamwerden der Schließung den Status der ordentlichen Unkündbarkeit erlangen, auf diesen späteren Zeitpunkt abstellen.

Die hier angedachten alternativen Stichtage finden allerdings keine Grundlage im Gesetz. Das Landesarbeitsgericht Baden-Württemberg stellt richtigerweise auf den Schließungstag ab[682] und vermeidet damit Eingrenzungsprobleme, die bei der Beurteilung des Bestehens oder Nichtbestehens

678 LAG Baden-Württemberg 21.05.2012 – 1 Sa 2/12, BeckRS 2012, 71378.

679 LAG Baden-Württemberg 21.05.2012 – 1 Sa 2/12, BeckRS 2012, 71378 (B I 2 g aa).

680 LAG Baden-Württemberg 21.05.2012 – 1 Sa 2/12, BeckRS 2012, 71378 (B I 2 g aa).

681 LAG Baden-Württemberg 21.05.2012 – 1 Sa 2/12, BeckRS 2012, 71378 (B I 2 g aa).

682 LAG Baden-Württemberg 21.05.2012 – 1 Sa 2/12, BeckRS 2012, 71378 (B I 2 g aa).

eines Unterbringungsanspruchs in zeitlicher Hinsicht auftreten können. Das Gesetz regelt weder den Ablauf des Unterbringungsverfahrens noch den Zeitpunkt der Unterbringung. Die Beschäftigten könnten nicht sicher einschätzen, ob ihnen ein Unterbringungsanspruch bei einer anderen Krankenkasse zusteht, wenn man auf einen Stichtag vor dem tatsächlichen Schließungstag abstellt. Die Einleitung des Unterbringungsverfahrens selbst hat keine Außenwirkung. Ein fester Zeitpunkt, an dem die ersten Vorbereitungen des Unterbringungsverfahrens beginnen, lässt sich meist wegen der langen und notwendigen Vorbereitungen nicht exakt bestimmen. Es wäre zwar denkbar, auf die Bekanntgabe des Schließungsbescheids abzustellen. Adressat dieses Verwaltungsaktes ist allerdings nur die zu schließende Krankenkasse.[683] Die Krankenkassenbeschäftigten sind Nichtadressaten.[684] Eine Bekanntgabe des Verwaltungsaktes erfolgt ihnen gegenüber nicht.

Ebenso wenig kann auf den Zeitpunkt der tatsächlichen Unterbringung jedes einzelnen Beschäftigten und damit möglicherweise auf eine Zeit nach Wirksamwerden der Schließung abgestellt werden. Es hinge alleine von den Planungen und der Schnelligkeit des die Unterbringung organisierenden Landesverbandes ab, ob der Kreis von Mitarbeitern, die nahe des Stichtags die Voraussetzungen des Sonderkündigungsschutzes erfüllen, unterzubringen ist. Insbesondere werden für die Zeit der Abwicklung der Krankenkasse noch Mitarbeiter benötigt, die unter Umständen erst nach Schließung der Krankenkasse, aber noch während ihrer Tätigkeit bei der Abwicklungskörperschaft den besonderen Kündigungsschutz erlangen. Der Landesverband müsste damit fortwährend ein immer neues Unterbringungsverfahren für diese Angestellten organisieren, was nicht zuletzt wegen des zu hohen Aufwandes unzweckmäßig ist.

Die tatbestandlichen Voraussetzungen des Sonderkündigungsschutzes müssen damit richtigerweise zum Schließungstag erfüllt sein. Das entspricht auch der Rechtsprechung des Landesarbeitsgerichts Baden-Württemberg, das den Sonderkündigungsschutz der Klägerin deshalb ablehnte, weil sie ihn „erst eine juristische Sekunde“[685] nach Schließung der Krankenkasse erlangte.[686] Dieses Ergebnis erlaubt allen am Unterbringungsverfahren beteiligten Personen eine rechtssichere Bewertung ihrer eigenen Rechte und Pflichten.

---

683 So ausdrücklich auch LSG Hamburg 28.06.2012 - L 1 KR 148/11, BeckRS 2012, 70702.

684 LSG Hamburg 28.06.2012 - L 1 KR 148/11, BeckRS 2012, 70702.

685 LAG Baden-Württemberg 21.05.2012 - 1 Sa 2/12, BeckRS 2012, 71378 (B I 2 g aa).

686 LAG Baden-Württemberg 21.05.2012 - 1 Sa 2/12, BeckRS 2012, 71378 (B I 2 g aa).

(2) Einbeziehung dieses Mitarbeiterkreises

Es stellt sich außerdem die Frage, ob Mitarbeiter, die aufgrund tarif- oder individualvertraglicher Regelungen einen besonderen Kündigungsschutz genießen, zu dem Kreis der ordentlich unkündbaren Beschäftigten im Sinne der Unterbringungsvorschriften zu zählen sind oder das Gesetz ausschließlich Mitarbeiter erfasst, denen aufgrund einer gesetzlichen Regelung nur aus wichtigem Grund gekündigt werden können. Eine ähnliche Diskussion findet sich an anderer Stelle im Rahmen der Sozialauswahl bei Ausspruch betriebsbedingter Kündigungen.[687] Hintergrund der Nichtberücksichtigung eines aufgrund Tarifvertrags begründeten Sonderkündigungsschutzes könnte sein, dass dadurch eine sehr große Anzahl der Mitarbeiter als ordentlich unkündbar gelten würden und somit am Unterbringungsverfahren teilnehmen könnten, was zu einer Mehrbelastung der zur Aufnahme von Mitarbeitern verpflichteten übrigen Rechtsträger führen würde.

Die Einbeziehung tariflich ordentlich unkündbarer Beschäftigter in das Unterbringungsverfahren wird weder von der Rechtsprechung noch von der Literatur in Frage gestellt.[688] Dieser allgemeinen Auffassung ist zuzustimmen. Für die Unterbringungsverpflichtung von Beschäftigten, die aufgrund tarifvertraglicher oder individualvertraglicher Regelungen nur aus wichtigem Grund gekündigt werden können, spricht insbesondere die uneingeschränkte Bezugnahme der § 155 Abs. 4 Satz 9 SGB V und § 171 Satz 1 SGB V auf die ordentliche Unkündbarkeit von Beschäftigten. Tarifliche Regelungen zur ordentlichen Unkündbarkeit von Mitarbeitern sind beispielsweise bei den Betriebskrankenkassen üblich. Die beiden Verweisungsvorschriften schließen trotz dieses verbreiteten Schutzes eines großen Mitarbeiterkreises lediglich die ordentlich kündbaren Mitarbeiter aus dem Anwendungsbereich der Unterbringungsverpflichtung des § 164 Abs. 3 Satz 3 SGB V aus. Es ist kaum vorstellbar, dass der Ausschluss nur versehentlich nicht auch auf die Mitarbeiter erstreckt wurde, die einem tariflichen Sonderkündigungsschutz unterfallen.

Die zur betriebsbedingten Kündigung bestehenden Bedenken in Bezug auf die Herausnahme tariflich unkündbarer Mitarbeiter aus der Sozialauswahl lassen sich in diesem Fall nicht auf die Fragen zum Unterbringungsverfahren übertragen. Nach einer teilweise vertretenen Ansicht sind Arbeitnehmer in die Sozialauswahl einzubeziehen, obwohl ihnen aufgrund tarifli-

---

687 Vgl. zum Meinungsstand u.a. BAG 21.04.2005 – 2 AZR 241/04, NZA 2005, 1307 (A I 5); APS/*Kiel*, § 1 KSchG Rn. 700; Hoyningen-Huene/Linck/Krause/*Krause*, KSchG, § 1 Rn. 946 ff.; HWK/*Quecke*, § 1 KSchG Rn. 340 ff.

688 So bspw. *Grau/Sittard*, KrV 2012, 6 (7); *Rolfs*, GuP 2013, 8 (11); *Thomma*, KrV 2012, 28 (28).

cher oder individualvertraglicher Regelungen nur aus wichtigem Grund gekündigt werden kann und damit die ordentliche Kündigung eigentlich ausscheidet.[689] Für diese Ansicht sprechen gewichtige Argumente.[690] Mit jedem tariflich oder individualvertraglich vereinbarten Ausschluss der ordentlichen Kündigung erhöht sich die Wahrscheinlichkeit für die übrigen vergleichbaren und unter Umständen sozial schutzwürdigeren Beschäftigten, nach Durchführung der Sozialauswahl zum Kreis der zu kündigenden Beschäftigten zu zählen.[691] Die Vereinbarung der ordentlichen Unkündbarkeit weicht insofern die zwingende Regelung[692] des § 1 Abs. 3 Satz 1 KSchG auf.[693] Dieser Kritik tritt eine andere Auffassung entgegen.[694] Die Vereinbarung eines tariflichen Sonderkündigungsschutzes sorge nur für einen rechtlich unbeachtlichen Reflex und führe daher trotz der Verdrängungswirkung zu einer Nichtberücksichtigung der Betroffenen bei der Sozialauswahl.[695] Der Meinungsstreit ist an dieser Stelle nicht zu entscheiden. Die nicht von der Hand zu weisenden Bedenken gegen eine Nichtberücksichtigung von tariflich oder individualvertraglich unkündbaren Beschäftigten bei der Sozialauswahl lassen sich nicht auf die Einbeziehung dieses Beschäftigtenkreises in das Unterbringungsverfahren über § 154 Abs. 4 Satz 9 i.V.m. § 164 Abs. 3 Satz 3 SGB V übertragen. Die übrigen Beschäftigten erleiden trotz der Teilnahme der tariflich unkündbaren Mitarbeiter am Unterbringungsverfahren keine Rechtsnachteile. Die erfolgreiche Unterbringung weiterer Beschäftigter beeinflusst weder den Fortbestand ihrer Arbeitsverhältnisse mit der Abwicklungskörperschaft noch verschlechtert es ihre eigene Rechtsstellung auf andere Weise. Daher nehmen auch Mitarbeiter, die aufgrund eines Tarif- oder Arbeitsvertrages ordentlich unkündbar sind, am Unterbringungsverfahren nach §§ 155 Abs. 4 Satz 9, 171 Satz 1 i.V.m. § 164 SGB V teil.

bb) Genereller Ausschluss der ordentlichen Kündigung durch Gesetz

Der Ausschluss der ordentlichen Kündigung kann außerdem einen gesetzlichen Ursprung haben. Der gesetzliche Sonderkündigungsschutz kennt im

---

689 Vgl. ausführlich zum Meinungsstreit *Löwisch/Rieble*, TVG, § 1 Rn. 1972 ff.; HWK/*Quecke*, § 1 KSchG Rn. 343.

690 Dazu insb. mit überzeugender Argumentation *Löwisch/Rieble*, TVG, § 1 Rn. 1973 ff.

691 HWK/*Quecke*, § 1 KSchG Rn. 344.

692 HWK/*Quecke*, § 1 KSchG Rn. 344.

693 HWK/*Quecke*, § 1 KSchG Rn. 344. Dazu auch BAG 05.06.2008 – 2 AZR 907/06, NZA 2008, 1120 (Rn. 31) für den Fall, dass eine große Anzahl der Beschäftigten ordentlich unkündbar ist.

694 LAG Brandenburg 29.10.1998 – 3 Sa 229/98, NZA-RR 1999, 360 (II 4 c); *Löwisch/Rieble*, TVG, § 1 Rn. 1972 m.w.N.; *Schaub*, NZA 1987, 217 (223).

695 LAG Brandenburg 29.10.1998 – 3 Sa 229/98, NZA-RR 1999, 360 (II 4 c); *Löwisch/Rieble*, TVG, § 1 Rn. 1972 m.w.N.; *Schaub*, NZA 1987, 217 (223).

Wesentlichen[696] zwei verschiedene Formen.[697] Dem generellen Ausschluss der ordentlichen Kündigung stehen sog. Kündigungsverbote mit Erlaubnisvorbehalt gegenüber.[698]

Die Anzahl der Beschäftigten, die von einem generellen Ausschluss der ordentlichen Kündbarkeit betroffen sind, hält sich bei der Schließung einer Krankenkasse in Grenzen. Einem solchen unterliegen beispielsweise[699] Immissionsschutz- und Störfallbeauftragte (§§ 58 Abs. 2, 58d BImSchG)[700], Abgeordnete (§ 2 Abs. 3 Satz 2 AbgG)[701] und Auszubildende nach der Probezeit (§ 22 Abs. 2 BBiG)[702]. Die meisten der darunter fallenden Gruppen sind bei den gesetzlichen Krankenkassen nicht zu finden und spielen damit in Bezug auf die hier aufgeworfenen Rechtsfragen keine Rolle.

Beschäftigte, für die aufgrund eines Gesetzes ein generelles Verbot der ordentlichen Kündigung normiert ist, sind nach §§ 155 Abs. 4 Satz 9, 171 Satz 1 i.V.m. § 164 Abs. 3 Satz 3 SGB V unterzubringen. Die Bedenken, die im Falle eines tarif- oder individualvertraglich begründeten besonderen Kündigungsschutzes erörtert wurden, bestehen in diesem Fall nicht. Das gilt unabhängig davon, ob man mit einer Ansicht die Figur der außerordentlichen Kündigung mit Auslauffrist ablehnt und stattdessen ausnahmsweise auch gegenüber ordentlich unkündbaren Arbeitnehmern eine ordentliche Kündigung zulässt.[703] Selbst wenn man dieser Ansicht folgt, lässt dies keine Rückschlüsse auf die im Zusammenhang mit der Kassenschließung stehende Unterbringungsverpflichtung des § 164 Abs. 3 Satz 3 SGB V gegenüber diesen Mitarbeitern zu. Die Ansicht lehnt die von der Rechtsprechung entwickelte Figur der außerordentlichen Kündigung mit Auslauffrist[704] im Falle der Be-

---

696 Vgl. *Eylert/Sänger*, RdA 2010, 24 (24) zu den weiteren Formen des besonderen Kündigungsschutzes.

697 *Eylert/Sänger*, RdA 2010, 24 (24); vgl. auch HWK/*Quecke*, Vor § 1 KSchG Rn. 17, der als dritte Form des Sonderkündigungsschutzes Gesetze zählt, die Diskriminierungs- und Benachteiligungsverbote festlegen.

698 HWK/*Quecke*, Vor § 1 KSchG Rn. 17.

699 Zu den weiteren Fällen des generellen Kündigungsschutzes vgl. HWK/*Quecke*, Vor § 1 KSchG Rn. 17.

700 HWK/*Quecke*, Vor § 1 KSchG Rn. 17.

701 HWK/*Quecke*, Vor § 1 KSchG Rn. 17.

702 MünchArbR/*Wank*, Band I, § 97 Rn. 89; *Werres*, NZI 2009, 24 (25), der sich trotz der insoweit eindeutigen Regelung des § 22 Abs. 2 Nr. 1 BBiG – wohl über eine analoge Anwendung des § 15 Abs. 4 KSchG – für die Möglichkeit der ordentlichen Kündigung von Beschäftigten, für die eigentlich kraft Gesetzes die ordentliche Kündigung generell ausgeschlossen ist, bei einer Betriebsstilllegung ausspricht.

703 *Werres*, NZI 2009, 24 (29).

704 Vgl. dazu BAG 05.02.1998 – 2 AZR 227/97, NZA 1998, 771 (Kündigung eines tariflich unkündbaren Beschäftigten). Die h.M. folgt der Rechtsprechung und erkennt die Figur der außerordentlichen betriebsbedingten Kündigung mit Auslauffrist an, vgl. u.a. *Bröhl*, RdA 2010, 170 (176); MüKo/BGB/*Henssler*, Band 4, § 626 BGB Rn. 111; APS/*Kiel*, § 626 BGB Rn. 318a ff.

triebsstilllegung ab. Sie spricht sich stattdessen für eine entsprechende Anwendbarkeit des § 15 Abs. 4 KSchG und damit für die Möglichkeit einer ordentlichen Kündigung von eigentlich ordentlich unkündbaren Beschäftigten bei Betriebsstilllegung aus.[705] Nach einer strengen Leseart könnte man nunmehr damit argumentieren, dass die Schließung einer Krankenkasse der Betriebsstilllegung ähnelt. Die ordentliche Kündigung aller Beschäftigten wäre danach in analoger Anwendung des § 15 Abs. 4 KSchG möglich. Dieser Argumentation ist aber nicht zu folgen. Für die Zulassung der ordentlichen Kündigung besteht kein Bedürfnis. Die Figur der außerordentlichen Kündigung mit sozialer Auslauffrist trägt sowohl den Interessen des Arbeitgebers als auch den Interessen der Arbeitnehmer in ausreichendem Maße Rechnung.[706] Die Differenzierung der Verweisungsvorschriften[707] zwischen ordentlich und außerordentlich kündbaren Beschäftigten liefe jedenfalls ins Leere, da sich diese Ansicht im Falle der Betriebsschließung generell für die Möglichkeit einer ordentlichen Kündigung ausspricht und damit sämtliche Beschäftigte mit einschließt, denen kraft Tarifvertrags oder Gesetzes nur aus wichtigem Grund gekündigt werden kann. Diese undifferenzierte Leseart entspricht nicht dem gesetzgeberischen Willen.

Damit zählen die Beschäftigten, denen nur aus einem wichtigen Grund gekündigt werden kann, grundsätzlich zu der Gruppe der ordentlich unkündbaren Beschäftigten im Sinne der §§ 155 Abs. 4 Satz 9, 171 Satz 1 i.V.m. § 164 Abs. 3 Satz 3 SGB V. Sie nehmen am Unterbringungsverfahren teil.

cc) Arbeitnehmervertreter im Unterbringungsverfahren

Eine Ausnahme von der Unterbringungsverpflichtung ordentlich unkündbarer Arbeitnehmer könnte für Personalratsmitglieder und andere Arbeitnehmervertreter, denen ein vergleichbarer Schutz vor ordentlichen Kündigungen zukommt, gelten.

(1) Hintergründe des Kündigungsschutzes

Nach § 15 Abs. 2 Satz 1 KSchG ist die ordentliche Kündigung eines Mitglieds einer Personalvertretung, einer Jugend- und Auszubildendenvertretung oder einer Jugendvertretung ausgeschlossen.[708] Der Ausschluss der or-

705 Dazu ausführlich *Werres*, NZI 2009, 24.
706 Vgl. ausführlich zur außerordentlichen Kündigung mit Auslauffrist gegenüber ordentlich unkündbaren Arbeitnehmern Staudinger/*Preis*, BGB, § 626 Rn. 272 ff.
707 Vgl. § 155 Abs. 4 Satz 9 SGB V und § 171 Satz 1 SGB V.
708 ErfK/*Kiel*, § 15 KSchG Rn. 7.

dentlichen Kündigung sichert die Unabhängigkeit[709] und die Kontinuität der Arbeitnehmervertretung ab, indem er im Laufe einer Wahlperiode den ständigen Wechsel von Mitgliedern der Personalvertretung verhindert.[710] Ohne diesen umfassenden Schutz bestünde die Gefahr, dass die Arbeitnehmervertreter aus Angst vor dem Verlust ihrer Arbeitsplätze Konflikte mit dem Arbeitgeber scheuen und damit ihrer eigentlichen Aufgabe, nämlich der Vertretung der Arbeitnehmerinteressen, nicht in vollem Maße nachkommen.[711] Dieser Schutz vor Kündigungen besteht auch zugunsten sonstiger Interessenvertreter, beispielsweise der Schwerbehindertenvertreter.[712]

Die Vorschrift des § 15 Abs. 4 KSchG lässt für den Fall der Betriebsstilllegung trotz ihres unklaren Wortlauts nach herrschender Meinung ausnahmsweise die ordentliche Kündigung der von § 15 Abs. 1 bis 3 KSchG erfassten Personen zu.[713] Die Regelung fügt sich wiederum in den Sinn und Zweck des § 15 KSchG ein. Mit Vorliegen eines ernsthaften und endgültigen Willensentschlusses des Arbeitgebers zur dauerhaften Schließung eines Betriebes löst sich die von den Arbeitnehmervertretern zu schützende Organisationseinheit auf.[714] Das Restmandat des Personalrats stellt nach umstrittener Ansicht die Interessenwahrnehmung für die Zeit nach Auflösung und Schließung einer Dienststelle sicher.[715] Die verwaltungsgerichtliche Rechtsprechung bestätigte das dem Personalrat zustehende Restmandat mittlerweile auch für den Fall der Kassenschließung.[716]

---

709 BAG 12.02.2004 – 2 AZR 163/03, NZA 2005, 600 (Ls.) = AP Nr. 1 zu § 15 KSchG 1969 Ersatzmitglied (B I 1); *Eylert/Sänger*, RdA 2010, 24 (25); MüKo/BGB/*Hergenröder*, Band 4, § 15 KSchG Rn. 1; Hoyningen-Huene/Linck/Krause/*Hoyningen-Huene*, KSchG, § 15 Rn. 1 f. m.w.N.; APS/*Linck*, § 15 KSchG Rn. 1.

710 BAG 02.03.2006 – 2 AZR 83/05, NZA 2006, 988 (Rn. 27); BAG 26.11.2009 – 2 AZR 185/08, NZA 2010, 443 (Rn. 18); *Eylert/Sänger*, RdA 2010, 24 (25); MüKo/BGB/*Hergenröder*, Band 4, § 15 KSchG Rn. 1; Hoyningen-Huene/Linck/Krause/*Hoyningen-Huene*, KSchG, § 15 Rn. 1 f. m.w.N.; ErfK/*Kiel*, § 15 KSchG Rn. 1.

711 BAG 12.02.2004 – 2 AZR 163/03, NZA 2005, 600 (Ls.) = AP Nr. 1 zu § 15 KSchG 1969 Ersatzmitglied (B I 1); *Eylert/Sänger*, RdA 2010, 24 (25); MüKo/BGB/*Hergenröder*, Band 4, § 15 KSchG Rn. 1; Hoyningen-Huene/Linck/Krause/*Hoyningen-Huene*, KSchG, § 15 Rn. 1 f. m.w.N.

712 ErfK/*Kiel*, § 15 KSchG Rn. 9.

713 BAG 29.03.1977 – 1 AZR 46/75, NJW 1977, 2182 (2); BAG 21.06.2001 – 2 AZR 137/00, NZA 2002, 212 (II 1); Hoyningen-Huene/Linck/Krause/*Hoyningen-Huene*, KSchG, § 15 Rn. 164 f. m.w.N. insb. auch zur Auslegung des nicht eindeutigen Wortlauts des § 15 Abs. 4 Satz 1 KSchG; ErfK/*Kiel*, § 15 KSchG Rn. 37; APS/*Linck*, § 15 KSchG Rn. 170; Richardi/*Thüsing*, BetrVG, §§ 15, 16 KSchG Rn. 30.

714 APS/*Linck*, § 15 KSchG Rn. 160.

715 BVerwG 21.09.2005 – 2 A 5/04, BeckRS 2006, 22159 (Rn. 25); *Schwarzburg*, öAT 2010, 79 (79 ff.); Richardi/Dörner/Weber/*Schwarze*, Personalvertretungsrecht, § 25 BPersVG Rn. 25 m.w.N.

716 VGH Mannheim 20.12.2011 – PB 15 S 2128/11, NZS 2012, 381 (382); Becker/Kingreen/*Mühlhausen*, SGB V, § 155 Rn. 13. Vgl. dazu die Ausführungen unter Kap. D I 2 a bb dieser Arbeit.

(2) Meinungsstand in Rechtsprechung und Literatur

Das Landesarbeitsgericht Düsseldorf hat in einer Entscheidung[717] nach Schließung der BKK für Heilberufe die eben dargestellte Regelungssystematik des § 15 KSchG aufgegriffen. Es hat die Personalratsmitglieder der geschlossenen Krankenkasse unter die Gruppe der ordentlichen kündbaren Beschäftigten im Sinne des § 155 Abs. 4 Satz 9 SGB V gefasst.[718] Die Auflösung einer Dienststelle falle unter den Begriff der Betriebsschließung im Sinne des § 15 Abs. 4 KSchG.[719] Die spezielleren Schließungsvorschriften verdrängten diese Regelung nicht.[720] Die nach der Schließung erforderlichen Abwicklungsarbeiten änderten ebenfalls nichts an der ordentlichen Kündbarkeit der Personalratsmitglieder.[721] Das Auseinanderfallen von Schließungs- und Stilllegungszeitpunkt beeinflusse lediglich den möglichen Beendigungszeitpunkt der Arbeitsverhältnisse, nicht aber den Status der ordentlichen Kündbarkeit.[722]

Die Literatur beschäftigt sich ebenfalls mit der Frage des kündigungsrechtlichen Status von Personalratsmitgliedern bei Schließung einer Krankenkasse.[723] Einige Autoren schließen sich der Rechtsauffassung des Landesarbeitsgerichts Düsseldorf an, gehen von der ordentlichen Kündbarkeit der Personalratsmitglieder nach Schließung einer Betriebskrankenkasse aus und lehnen eine Unterbringungsverpflichtung nach § 155 Abs. 4 Satz 9 i.V.m. § 164 Abs. 3 Satz 3 SGB V ab.[724] Eine andere Ansicht subsumiert die Personalratsmitglieder dagegen unter die Gruppe der ordentlich unkündbaren Beschäftigten im Sinne des § 155 Abs. 4 Satz 9 SGB V.[725] Sie stimmt mit der Gegenauffassung insofern überein, als sie die Kassenschließung ebenfalls als Betriebsschließung im Sinne des § 15 Abs. 4 KSchG ansieht

---

717 LAG Düsseldorf 23.11.2012 – 6 Sa 660/12, BeckRS 2013, 68318; LAG Düsseldorf 22.03.2013 – 6 Sa 487/12, BeckRS 2013, 71220 (A II 2 b bb).

718 LAG Düsseldorf 23.11.2012 – 6 Sa 660/12, BeckRS 2013, 68318 (II 3 b bb); LAG Düsseldorf 22.03.2013 – 6 Sa 487/12, BeckRS 2013, 71220 (A II 2 b bb).

719 LAG Düsseldorf 23.11.2012 – 6 Sa 660/12, BeckRS 2013, 68318 (II 3 b bb); LAG Düsseldorf 22.03.2013 – 6 Sa 487/12, BeckRS 2013, 71220 (A II 2 b bb).

720 LAG Düsseldorf 22.03.2013 – 6 Sa 487/12, BeckRS 2013, 71220 (A II 2 b bb).

721 LAG Düsseldorf 23.11.2012 – 6 Sa 660/12, BeckRS 2013, 68318 (II 3 b bb); LAG Düsseldorf 22.03.2013 – 6 Sa 487/12, BeckRS 2013, 71220 (A II 2 b bb).

722 LAG Düsseldorf 23.11.2012 – 6 Sa 660/12, BeckRS 2013, 68318 (II 3 b bb); LAG Düsseldorf 22.03.2013 – 6 Sa 487/12, BeckRS 2013, 71220 (A II 2 b bb).

723 U.a. *Boemke*, SGb 2014, 89 (94); *Grau/Sittard*, KrV 2012, 6 (7); *Rolfs*, NZA 2013, 529 (532).

724 *Boemke*, SGb 2014, 89 (94). So wohl auch *Thomma*, KrV 2012, 28 (28), der ohne nähere Begründung lediglich feststellt, dass nur diejenigen Arbeitnehmer als ordentlich unkündbar im Sinne des § 155 Abs. 4 Satz 9 SGB V gelten, die ihren Sonderkündigungsschutz kraft Tarifvertrags erlangten.

725 *Grau/Sittard*, KrV 2012, 6 (7); *Rolfs*, NZA 2013, 529 (532).

und die ordentliche Kündbarkeit der Personalratsmitglieder ab dem Schließungszeitpunkt dadurch nicht in Abrede stellt.[726] Das Unterbringungsverfahren beginne allerdings bereits vor diesem Schließungstag und damit zu einem Zeitpunkt, an dem die Arbeitsverhältnisse der Personalratsmitglieder noch nicht durch eine ordentliche Kündigung beendet werden könnten.[727] Sie seien deswegen als ordentlich unkündbare Beschäftigte bei einer anderen Krankenkasse unterzubringen.[728]

(3) Unterbringungsverpflichtung von Personalratsmitgliedern

(i) Anwendbarkeit des § 15 Abs. 4 KSchG

Richtigerweise legen sowohl die Rechtsprechung[729] als auch die Literatur[730] ihren weiteren Ausführungen zum Unterbringungsverfahren von Personalratsmitgliedern die Ausnahmevorschrift des § 15 Abs. 4 KSchG zugrunde. Bevor man sich mit den konkreten Auswirkungen dieser Regelung auf die Auslegung des § 155 Abs. 4 Satz 9 SGB V befasst, ist zunächst die Anwendbarkeit der Vorschrift bei Schließung einer Krankenkasse zu klären.

Der Wortlaut des § 15 Abs. 4 KSchG erfasst unmittelbar nur den Kündigungsstatus bei Stilllegung eines „Betriebes". Der öffentliche Dienst unterhält allerdings keine Betriebe, sondern unterscheidet zwischen verschiedenen Dienststellen.[731] Dieser unterschiedliche Sprachgebrauch steht nach einer überzeugenden Ansicht der Anwendbarkeit des § 15 Abs. 4 KSchG auf Personalratsmitglieder bei Auflösung oder Schließung einer Dienststelle nicht entgegen.[732] Die Vorschrift nimmt ausdrücklich Bezug auf die „in den Absätzen 1 bis 3 genannten Personen" und schließt damit auch die von § 15 Abs. 2 Satz 1 KSchG erfassten Funktionsträger des öffentlichen Dienstes[733] mit ein.[734]

---

726 *Grau/Sittard*, KrV 2012, 6 (7). Anders dagegen *Rolfs*, NZA 2013, 529 (532), der mit Verweis auf die Fortbestehensanordnung des § 155 Abs. 1 Satz 2 SGB V davon ausgeht, dass zu dem im Schließungsbescheid festgelegten Schließungszeitpunkt noch keine Betriebsschließung im Sinne des § 15 Abs. 4 KSchG anzunehmen sei.

727 *Grau/Sittard*, KrV 2012, 6 (7); *Rolfs*, GuP 2013, 8 (11); *Rolfs*, NZA 2013, 529 (532).

728 *Grau/Sittard*, KrV 2012, 6 (7); *Rolfs*, GuP 2013, 8 (11); *Rolfs*, NZA 2013, 529 (532).

729 LAG Düsseldorf 23.11.2012 – 6 Sa 660/12, BeckRS 2013, 68318 (II 3 b bb); LAG Düsseldorf 22.03.2013 – 6 Sa 487/12, BeckRS 2013, 71220 (A II 2 b bb).

730 *Grau/Sittard*, KrV 2012, 6 (7).

731 BeckOK/*Volkening*, ArbR, § 15 KSchG Rn. 90.

732 So die unumstrittene Auffassung, statt vieler APS/*Linck*, § 15 KSchG Rn. 169a.

733 Zum Anwendungsbereich des § 15 Abs. 2 KSchG vgl. ErfK/*Kiel*, § 15 KSchG Rn. 7.

734 BAG 22.09.2005 – 2 AZR 544/04, NZA 2006, 558 (Rn. 31); APS/*Linck*, § 15 KSchG Rn. 169a.

Der Sinn und Zweck des Gesetzes untermauert das bereits auf systematischem Wege herausgearbeitete Ergebnis.[735] Sowohl bei Stilllegung eines Betriebes als auch bei Auflösung oder Schließung einer Dienststelle entfällt das besondere Schutzbedürfnis der Arbeitnehmervertreter.[736] Es ist kein Grund ersichtlich, Personalratsmitgliedern nach Auflösung der Dienststelle einen fortgesetzten Kündigungsschutz zu gewähren. In beiden Fällen besteht kein Bedürfnis mehr, die Unabhängigkeit und Stetigkeit der Personalvertretung für die Zukunft zu sichern. Es existiert in absehbarer Zeit kein Personal mehr, dessen Interessen durch die Personalvertreter geschützt werden müssen.[737] Die Arbeit der Personalvertretung kann darüber hinaus bis zum Abschluss der Abwicklungsarbeiten dadurch gesichert werden, indem man ihr ein Restmandat zuspricht[738] und eine Kündigung der ehemaligen Personalratsmitglieder erst mit Wirkung zur endgültigen Auflösung der Dienststelle nach Abschluss der Abwicklungsarbeiten zulässt.[739] Die Vorschrift des § 15 Abs. 4 KSchG findet damit auch auf die Auflösung oder Schließung einer Dienststelle Anwendung.[740]

Die Schließung einer Krankenkasse stellt eine Auflösung einer Dienststelle im Sinne des § 15 Abs. 4 KSchG dar.[741] Eine Betriebsstilllegung im Sinne des § 15 Abs. 4 KSchG setzt nach der ständigen Rechtsprechung die „Auflösung der zwischen Arbeitgeber und Arbeitnehmer bestehenden Betriebs- und Produktionsgemeinschaft voraus, die ihre Veranlassung und zugleich ihren sichtbaren Ausdruck darin findet, dass der Unternehmer die bisherige wirtschaftliche Betätigung in der ernstlichen Absicht einstellt, die Weiterverfolgung des bisherigen Betriebszwecks dauernd oder für eine ihrer Dauer nach unbestimmte, wirtschaftlich nicht unerhebliche Zeitspanne aufzugeben."[742] Unter diesen Stilllegungsbegriff des § 15 Abs. 4 KSchG lässt sich die Schließung einer Krankenkasse ohne weiteres subsumieren.[743]

---

735 Zum Sinn und Zweck vgl. APS/*Linck*, § 15 KSchG Rn. 157.

736 APS/*Linck*, § 15 KSchG Rn. 157.

737 BeckOK/*Volkening*, ArbR, § 15 KSchG Rn. 88.

738 APS/*Linck*, § 15 KSchG Rn. 157.

739 APS/*Linck*, § 15 KSchG Rn. 157.

740 Ebenso BAG 22.09.2005 – 2 AZR 544/04, NZA 2006, 558 (Rn. 24); *Eylert/Sänger*, RdA 2010, 24 (27); APS/*Linck*, § 15 KSchG Rn. 157; BeckOK/*Volkening*, ArbR, § 15 KSchG Rn. 88.

741 LAG Düsseldorf 22.03.2013 – 6 Sa 487/12, BeckRS 2013, 71220 (A II 2 b bb).

742 Ausdrücklich BAG 17.09.1957 – 1 AZR 352/56, NJW 1957, 1855. Außerdem BAG 14.10.1982 – 2 AZR 568/80, NJW 1984, 381 = AP Nr. 1 zu § 1 KSchG 1969 Konzern (Ls. 1); BAG 19.06.1991 – 2 AZR 127/91, NZA 1991, 891 (II 1); BAG 04.05.2006 – 8 AZR 299/05, NZA 2006, 1096 (Rn. 18); MüKo/BGB/*Hergenröder*, Band 4, § 15 KSchG Rn. 161; Hoyningen-Huene/Linck/Krause/*Linck*, KSchG, § 15 Rn. 155 m.w.N.

743 Ebenso im Ergebnis LAG Düsseldorf 22.03.2013 – 6 Sa 487/12, BeckRS 2013, 71220 (A II 2 b bb).

Die Krankenkasse stellt mit Wirksamwerden des Schließungsbescheids ihre werbende Tätigkeit auf dem Markt und damit ihren bisherigen Betriebszweck vollständig und endgültig ein. Sie beschäftigt sich fortan nur noch mit ihrer Abwicklung (§ 155 Abs. 1 Satz 2 SGB V). Die sich der Schließung anschließende, unter Umständen mehrere Jahre andauernde Abwicklungsphase, in der die Krankenkasse in Form einer Abwicklungskörperschaft weiter existiert, ist unschädlich. Die bloße Änderung des Betriebszwecks bei gleichzeitiger Beibehaltung der Betriebsorganisation reicht zwar für eine Betriebsstilllegung nicht aus.[744] Davon ist hier aber nicht auszugehen. Es ist schon zum Schließungszeitpunkt mit einer wesentlichen Verringerung der bisherigen Belegschaft zu rechnen. Mit Ausnahme der abzuarbeitenden Altfälle kommen wegen des Verlusts der bei der Krankenkasse versicherten Personen auch keine zu bearbeitenden Leistungsfälle mehr nach. Mit dem Unterbringungsverfahren und dem nur mit einem Teil der Belegschaft durchzuführenden Abwicklungsarbeiten, die ihren Zweck nicht mehr in der Neubearbeitung von Leistungsfällen hat, ändert sich auch die Betriebsorganisation. Die Rechtsprechung geht deshalb zu Recht davon aus, dass die noch durch einen Teil der Belegschaft zu erfolgenden Abwicklungstätigkeiten nichts am Eintritt der Betriebsstilllegung ändern und lässt die nach § 15 Abs. 4 KSchG normierte Kündbarkeit der Arbeitnehmervertreter nicht entfallen.[745] Sie verlangt lediglich, dass, auch wenn den Betroffenen zu einem früheren Zeitpunkt ordentlich gekündigt wird, sie bis zur vollständigen Abwicklung der Dienststelle weiterbeschäftigt werden.[746] Der nur stufenweise erfolgte Abbau der Belegschaft berührt ebenso wenig die Möglichkeit der ordentlichen Kündigung zum Zeitpunkt der Betriebsstilllegung.[747]

Ein Angriffspunkt gegen die hier vertretene Auffassung könnte allerdings sein, dass unter Umständen zu Beginn der Abwicklungsarbeiten nicht nur ein kleiner Teil der Belegschaft[748] weiterbeschäftigt wird, sondern zunächst sehr viele Beschäftigte für die Abwicklung benötigt werden.[749] Wegen der

---

744 Hoyningen-Huene/Linck/Krause/*Hoyningen-Huene*, KSchG, § 15 Rn. 159; APS/*Linck*, § 15 KSchG Rn. 164.

745 LAG Düsseldorf 22.03.2013 – 6 Sa 487/12, BeckRS 2013, 71220 (A II 2 b bb).

746 LAG Düsseldorf 22.03.2013 – 6 Sa 487/12, BeckRS 2013, 71220 (A II 2 b bb).

747 Hoyningen-Huene/Linck/Krause/*Hoyningen-Huene*, KSchG, § 15 Rn. 159.

748 Teils wird betont, dass nur Abwicklungsarbeiten eines „kleinen" Teils das Vorliegen einer Betriebsschließung unberührt lassen, vgl. BAG 14.10.1982 – 2 AZR 568/80, NJW 1984, 381 = AP Nr. 1 zu § 1 KSchG 1969 Konzern (B I 3) (einzelne Arbeitnehmer); Hoyningen-Huene/Linck/Krause/*Hoyningen-Huene*, KSchG, § 15 Rn. 156 (einzelne Arbeitnehmer); BeckOK/*Volkening*, ArbR, § 15 KSchG Rn. 101 (kleine Gruppe).

749 Die Neue Richtervereinigung kritisierte beispielsweise die Sonderrechte der gesetzlichen Krankenkassen im Zusammenhang mit der Schließung von Krankenkassen und wendete gegen die automatische Beendigungsanordnung des § 164 Abs. 4 SGB V ein, dass die Abwicklungskörperschaften noch rund 50 % der Belegschaft für die Abwicklung der Krankenkassen benötigten, becklink 1026245.

dennoch in kurzer Zeit zu erfolgenden deutlichen Verringerung der Mitarbeiterzahl ändert dieser Umstand jedoch nichts an der rechtlichen Einordnung der Betriebsschließung mit Wirksamwerden des Schließungsbescheids. § 15 Abs. 4 KSchG ist aus diesen Gründen bei Auslegung der Unterbringungsvorschriften im Zusammenhang mit der Schließung von Krankenkassen zu berücksichtigen.

(ii) Kündigungsrechtliche Stellung

Die vorherigen Ausführungen zeigen, dass einem Personalratsmitglied nach Schließung einer Krankenkasse ordentlich gekündigt werden kann.[750] Dies ist aber insoweit einzuschränken, als dass die Kündigung erst mit der vollständigen Abwicklung der Abwicklungskörperschaft die das Arbeitsverhältnis beendigende Wirkung entfalten kann, da der Personalrat nur so sein Restmandat interessengerecht wahrnehmen kann.[751]

Eine Literaturansicht geht zwar ebenfalls von der Anwendbarkeit des § 15 Abs. 4 KSchG bei Schließung einer Krankenkasse aus, spricht den Personalratsmitgliedern aber teilweise mit Blick auf das bereits vor dem Schließungszeitpunkt beginnende Unterbringungsverfahren einen Unterbringungsanspruch gemäß § 155 Abs. 4 Satz 9 i.V.m. § 164 Abs. 3 Satz 3 SGB V zu.[752] Diese Sichtweise ist jedoch abzulehnen. Mit der vorzugswürdigen Rechtsprechung des Landesarbeitsgerichts Düsseldorf nehmen Personalratsmitglieder nicht am Unterbringungsverfahren teil.[753] Der Umstand, dass bereits vor dem Wirksamwerden des Schließungsbescheids Vorbereitungen zur Durchführung des Unterbringungsverfahrens getroffen werden, begründet keine Unterbringungsverpflichtung der Personalratsmitglieder bei einer anderen Krankenkasse oder einem Landesverband. Der Stichtag für das Bestehen eines Unterbringungsanspruchs ist aus Gründen der Rechtssicherheit – wie bereits ausgeführt[754] – der Tag, an dem die Krankenkasse nach Erlass des Schließungsbescheids tatsächlich geschlossen wird und sich in eine Abwicklungskörperschaft umwandelt. Gegen das Abstellen auf den Beginn der Vorbereitungshandlungen spricht die fehlende Außenwirkung der Vorbereitungshandlungen und in vielen Fällen die Tatsache, dass sich der Beginn der Vorbereitungshandlungen nicht genau datieren lässt.

Eine Unterbringungsverpflichtung gegenüber den Personalratsmitgliedern wäre besser dadurch zu begründen, indem man einmal das Tatbe-

---

750 Ebenso LAG Düsseldorf 22.03.2013 – 6 Sa 487/12, BeckRS 2013, 71220 (A II 2 b bb).

751 So im Ergebnis LAG Düsseldorf 22.03.2013 – 6 Sa 487/12, BeckRS 2013, 71220 (A II 2 b bb).

752 *Grau/Sittard*, KrV 2012, 6 (7), ohne die Lösung abschließend zu favorisieren.

753 LAG Düsseldorf 22.03.2013 – 6 Sa 487/12, BeckRS 2013, 71220 (A II 2 b bb).

754 Vgl. Kap. C 4 b) aa) (1) dieser Arbeit.

standsmerkmal des § 15 Abs. 4 KSchG der Betriebsschließung im Zeitpunkt des Wirksamwerdens des Schließungsbescheids ablehnt. Diese Argumentation ließe sich zwar vor dem Hintergrund der zunächst großen Anzahl von bei der Abwicklungskörperschaft weiterhin beschäftigten Arbeitnehmern vertreten. Wie bereits ausgeführt, erreicht man allerdings sachgerechte Ergebnisse auch dadurch, dass man zwar einem Personalratsmitglied keinen Unterbringungsanspruch gewährt, die ordentliche Kündigung jedoch nur mit Wirkung zum Zeitpunkt der endgültigen Abwicklung der geschlossenen Krankenkasse zulässt.[755]

Der Sinn und Zweck des § 155 Abs. 4 Satz 9 i.V.m. § 164 Abs. 3 Satz 3 SGB V bestätigt ebenfalls diesen Lösungsansatz. Nachdem die ordentliche Unkündbarkeit regelmäßig mit den persönlichen Verhältnissen der Beschäftigten im Zusammenhang steht, sichert der Verweis auf die Unterbringungsvorschriften diesen Beschäftigtenkreis vor den Gefahren und Unannehmlichkeiten ab, die mit einer Arbeitslosigkeit verbunden sind. Wie sich aus dem Umkehrschluss aus § 15 Abs. 4 KSchG ergibt, dient der für Arbeitnehmervertreter normierte Kündigungsschutz anderen Zwecken. Er knüpft in erster Linie nicht an soziale Kriterien an, sondern sichert eine effektive Arbeitnehmervertretung ab.[756] Mit der Regelung des § 15 Abs. 4 KSchG bringt der Gesetzgeber zum Ausdruck, dass der Schutz der Personalratsmitglieder dann endet, wenn sich die von ihm vertretene Organisationseinheit alsbald auflöst.[757] Nach der Schließung der Krankenkasse bedürfen die Personalratsmitglieder, die ihren Kündigungsschutz aufgrund ihres Amtes erlangen, daher ebenfalls keines vergleichbaren Schutzes mehr.

(iii) Zwischenergebnis

Die Systematik und der Sinn und Zweck der Unterbringungsverpflichtung im Organisationsrecht der Betriebskranken- und Ersatzkassen sprechen dagegen, die Personalratsmitglieder und sonstigen vergleichbaren Arbeitnehmervertreter unter die Gruppe der ordentlich unkündbaren Beschäftigten im Sinne des § 155 Abs. 4 Satz 9 SGB V zu fassen.[758] Das gilt auch für die Angestellten, die ihren Kündigungsschutz in Verbindung mit anstehenden Wahlen der Arbeitnehmervertretung erlangen. Sie nehmen allesamt nicht am Unterbringungsverfahren teil, sofern sie nicht aus anderen Gründen einem Sonderkündigungsschutz unterfallen. Sie sind allerdings bei der Ab-

---

755 Ebenso LAG Düsseldorf 22.03.2013 – 6 Sa 487/12, BeckRS 2013, 71220 (A II 2 b bb).

756 *Eylert/Sänger*, RdA 2010, 24 (25); APS/*Linck*, § 15 KSchG Rn. 1.

757 APS/*Linck*, § 15 KSchG Rn. 157.

758 So auch LAG Düsseldorf 22.03.2013 – 6 Sa 487/12, BeckRS 2013, 71220 (A II 2 b bb).

wicklungskörperschaft bis zu ihrer vollständigen Abwicklung weiter zu beschäftigen.

dd) Kündigungsverbote mit Erlaubnisvorbehalt

(1) Grundlagen

Einem anderen Prinzip folgt der Sonderkündigungsschutz der Arbeitnehmergruppen, die von einem sog. Kündigungsverbot mit Erlaubnisvorbehalt[759] profitieren. In diesem Zusammenhang sind insbesondere die § 85 SGB IX (Schwerbehinderte), § 9 MuSchG (werdende Mütter), § 18 BEEG (erziehende Arbeitnehmer) und § 5 PflegeZG (Pflegezeit) von Bedeutung.[760] Es ist in diesen Fällen vor Ausspruch der Kündigungen die Erlaubnis einer Behörde einzuholen.[761] Eine Kündigung, die ohne die vorherige Erlaubnis ausgesprochen wird, ist nach § 134 BGB nichtig.[762]

Die hier aufgezählten Regelungen verfolgen einen anderen Zweck als der Sonderkündigungsschutz von Personalratsmitgliedern und sonstigen Arbeitnehmervertretern. Sie vereinen zwar ebenfalls eine vom Gesetzgeber als besonders schutzbedürftig angesehene Arbeitnehmergruppe.[763] Die Gründe der Schutzbedürftigkeit weisen aber – anders als bei den unter den Geltungsbereich des § 15 KSchG fallenden Arbeitnehmervertretern – keinen unmittelbaren Bezug zum Arbeitsverhältnis auf, sondern haben ihren Ursprung in den persönlichen Beziehungen oder sozialen Eigenschaften der Betroffenen.[764]

(2) Meinungsstand in Rechtsprechung und Literatur

Die Rechtsprechung befasste sich nach Schließung der City BKK und der BKK für Heilberufe mit dem Schicksal der einem Sonderkündigungsschutz unterliegenden Arbeitnehmer und nahm in diesem Zusammenhang teilwei-

---

759 Zum Begriff und der Funktionsweise vgl. APS/*Vossen*, § 85 SGB IX Rn. 3.

760 Vgl. *Eylert/Sänger*, RdA 2010, 24 (30, 32, 33); HK-ArbR/*Fiebig*, Vor §§ 1 ff. KSchG Rn. 54; Staudinger/*Oetker*, BGB, Vorbem. zu §§ 620 ff. Rn. 261; HWK/*Quecke*, Vor § 1 KSchG Rn. 17; MünchArbR/*Wank*, Band I, § 100 Rn. 56.

761 Staudinger/*Oetker*, BGB, Vorbem. zu §§ 620 ff. Rn. 261.

762 BAG 17.02.1994 – 2 AZR 616/93, NZA 1994, 656 (II 3 a); *Eylert/Sänger*, RdA 2010, 24 (30, 32, 33); Staudinger/*Oetker*, BGB, Vorbem. zu §§ 620 ff. Rn. 261; MünchArbR/*Wank*, Band I, § 100 Rn. 56.

763 Staudinger/*Oetker*, BGB, Vorbem. zu §§ 620 ff. Rn. 261.

764 *Eylert/Sänger*, RdA 2010, 24 (25). Diese Zweiteilung der gesetzlichen Sonderkündigungsschutzregelungen entspricht nicht den Systematisierungsansätzen in der Literatur (dazu APS/*Preis*, 1. Teil J. Rn. 16 ff.). Sie ist vorliegend aber ausreichend, um die Unterschiede im Unterbringungsverfahren zu verdeutlichen.

se Stellung zum ihrem Kündigungsstatus im Sinne der Unterbringungsvorschriften.[765] Ein einheitliches Meinungsbild kristallisierte sich dabei nicht heraus.

Das Landesarbeitsgericht Düsseldorf nimmt eine rein formale Sichtweise ein.[766] Ein Kündigungsverbot mit Erlaubnisvorbehalt lasse die ordentliche Kündigung trotz der zusätzlich erforderlichen behördlichen Genehmigung im Grundsatz zu.[767] Die unter diesen Sonderkündigungsschutz fallenden Arbeitnehmer zählten damit nicht zu dem Kreis der ordentlich unkündbaren Beschäftigten im Sinne des § 155 Abs. 4 Satz 9 SGB V und nähmen nicht am Unterbringungsverfahren teil.[768] Freilich ist in diesem Zusammenhang darauf hinzuweisen, dass die Entscheidung letztendlich für die klagenden Arbeitnehmer von Vorteil war. Die Verfahren drehten sich um den Fortbestand ihrer Arbeitsverhältnisse und damit im Wesentlichen um die Auslegung der § 155 Abs. 4 Satz 9 und § 164 Abs. 4 Satz 1 SGB V. Nach Auffassung des Gerichts fand § 164 Abs. 4 Satz 1 SGB V auf die ordentlich kündbaren Beschäftigten einer Betriebskrankenkasse keine Anwendung.[769] Eine automatische Beendigung ihrer Arbeitsverhältnisse zum Schließungszeitpunkt schied daher aus und den Klagen war stattzugeben.[770]

Das Arbeitsgericht Berlin nahm einen anderen Standpunkt ein.[771] Auch dieses Verfahren drehte sich nicht um das Bestehen einer Unterbringungsverpflichtung von Personen, denen nur nach Erteilung einer behördlichen Genehmigung ordentlich gekündigt werden darf. Das Gericht stellte bei Auslegung der Beendigungsanordnung des § 164 Abs. 4 Satz 1 SGB V

---

765 Vgl. u.a. LAG Düsseldorf 08.03.2013 - 6 Sa 781/12, BeckRS 2013, 69104 (A II 2 a bb bbb (1)); LAG Düsseldorf 08.03.2013 - 6 Sa 1328/12, BeckRS 2013, 69103 (A II 2 a bb bbb (1)); LAG Düsseldorf 26.04.2013 - 6 Sa 1874/12, NZA-RR 2013, 515 (Ls.) = BeckRS 2013, 70899 (II 2 a bb bbb (2)); ArbG Berlin 23.11.2011 - 21 Ca 7934/11, BeckRS 2011, 78304 (A II 2 a). Offen lassend dagegen LAG Berlin-Brandenburg 13.09.2012 – 26 Sa 17/12, BeckRS 2013, 66724 (II 2 b aa (4)).

766 LAG Düsseldorf 08.03.2013 - 6 Sa 781/12, BeckRS 2013, 69104 (A II 2 a bb bbb (1)); LAG Düsseldorf 08.03.2013 - 6 Sa 1328/12, BeckRS 2013, 69103 (A II 2 a bb bbb (1)); LAG Düsseldorf 26.04.2013 - 6 Sa 1874/12, NZA-RR 2013, 515 (Ls.) = BeckRS 2013, 70899 (II 2 a bb bbb (2)).

767 LAG Düsseldorf 26.04.2013 - 6 Sa 1874/12, NZA-RR 2013, 515 (Ls.) = BeckRS 2013, 70899 (II 2 a bb bbb (2)) zur ordentlichen Kündbarkeit eines Schwerbehinderten.

768 Dieser Schluss kann aus den Ausführungen des LAG Düsseldorf 26.04.2013 - 6 Sa 1874/12, NZA-RR 2013, 515 (Ls.) = BeckRS 2013, 70899 (II 2 a bb bbb (2)) gezogen werden, auch wenn in diesem Verfahren nicht unmittelbar das Bestehen einer Unterbringungsverpflichtung im Streit war.

769 LAG Düsseldorf 26.04.2013 - 6 Sa 1874/12, NZA-RR 2013, 515 (Ls.) = BeckRS 2013, 70899 (II 2 a bb bbb (1) (a) (bb)).

770 LAG Düsseldorf 26.04.2013 - 6 Sa 1874/12, NZA-RR 2013, 515 (Ls.) = BeckRS 2013, 70899 (II 2 a bb bbb (1)).

771 ArbG Berlin 23.11.2011 – 21 Ca 7934/11, BeckRS 2011, 78304 (A II 2 a).

ebenfalls entscheidend darauf ab, ob dem betroffenen Arbeitnehmer ein Unterbringungsangebot zu unterbreiten ist.[772] Davon ging es bei einem schwerbehinderten Arbeitnehmer aus.[773] Die Systematik und der Sinn und Zweck des Gesetzes sprächen für die Erstreckung des § 155 Abs. 4 Satz 9 SGB V auf diesen Beschäftigtenkreis.[774] Es sei insbesondere nicht ersichtlich, dass der Gesetzgeber die Unterbringungsverpflichtung nur auf tariflich ordentlich unkündbare Beschäftigte habe erstrecken wollen.[775]

Eine vertiefte Auseinandersetzung mit dieser Frage findet sich in der übrigen Literatur nicht. Folgt man der von *Grau/Sittard* vertretenen Ansicht, fallen Schwangere und Beschäftigte in Elternzeit wegen der Warteschleifen-Rechtsprechung des Bundesverfassungsgerichts aus dem Jahr 1991[776] unter die ordentliche Unkündbarkeit im Sinne des § 155 Abs. 4 Satz 9 SGB V.[777] Dagegen bestehe gegenüber Schwerbehinderten keine Unterbringungsverpflichtung, da eine ordentliche Kündigung möglich sei.[778]

(3) Rechtslage bei betriebsbedingten Kündigungen

Ähnliche Fragen stellen sich beim Ausspruch von ordentlichen betriebsbedingten Kündigungen und der in diesem Zusammenhang durchzuführenden Sozialauswahl.[779] Die Regelung des § 1 Abs. 3 Satz 1 KSchG schreibt im Geltungsbereich des Kündigungsschutzgesetzes die ausreichende Berücksichtigung der Dauer der Betriebszugehörigkeit, des Lebensalters, der Unterhaltspflichten und einer Schwerbehinderung bei der Auswahl der zu kündigenden Arbeitnehmer vor.[780] In einem ersten Schritt dieser Sozialauswahl sind Arbeitnehmergruppen zu bilden, in die alle vergleichbaren Arbeitnehmer zusammengefasst werden.[781] Die ordentlich unkündbaren Arbeitnehmer bleiben allerdings außen vor, da ihnen gegenüber keine or-

---

772 ArbG Berlin 23.11.2011 - 21 Ca 7934/11, BeckRS 2011, 78304 (A II 2).

773 ArbG Berlin 23.11.2011 - 21 Ca 7934/11, BeckRS 2011, 78304 (A II 2 a).

774 ArbG Berlin 23.11.2011 - 21 Ca 7934/11, BeckRS 2011, 78304 (A II 2 a bb).

775 ArbG Berlin 23.11.2011 - 21 Ca 7934/11, BeckRS 2011, 78304 (A II 2 a bb (1)).

776 BVerfG 24.04.1991 - 1 BvR 1341/90, NJW 1991, 1667. Dazu *Ascheid*, NZA 1993, 97; *Bath*, NVwZ-Beil. 2001, 27 (29 f.).

777 *Grau/Sittard*, KrV 2012, 6 (8). So auch *Rolfs*, GuP 2013, 8 (11), allerdings ohne Bezugnahme auf die Warteschleifen-Rechtsprechung des BVerfG, sondern unter Verweis auf die Praxis der Behörden, die Kündigung erst zum Ablauf der Mutterschutzfrist zuzulassen.

778 *Grau/Sittard*, KrV 2012, 6 (7 f.); *Rolfs*, GuP 2013, 8 (11).

779 Dazu u.a. sehr ausführlich Hoyningen-Huene/Linck/Krause/*Krause*, KSchG, § 1 Rn. 940 ff.

780 Hoyningen-Huene/Linck/Krause/*Krause*, KSchG, § 1 Rn. 897; HWK/*Quecke*, § 1 KSchG Rn. 367.

781 HWK/*Quecke*, § 1 KSchG Rn. 327 f.

dentliche betriebsbedingte Kündigung ausgesprochen werden kann.[782] Diese Differenzierung führt auch bei der Bildung der Auswahlgruppen zu der Frage, ob die ordentlich kündbaren Arbeitnehmer in die Sozialauswahl einzubeziehen sind, denen gegenüber nur nach erteilter behördlicher Erlaubnis die ordentliche Kündigung ausgesprochen werden darf.[783]

Die Pflicht zur Einbeziehung dieser Mitarbeiter in die Sozialauswahl hängt nach der herrschenden Meinung[784] vom Verhalten des Arbeitgebers ab.[785] Die Berücksichtigung der Betroffenen bei der Sozialauswahl ist erst ab Erteilung der behördlichen Erlaubnis möglich.[786] Dem Arbeitgeber steht es aber offen, diese bei den Behörden einzuholen, um auch die einem Sonderkündigungsschutz unterfallenden Beschäftigten in den Kreis der zu kündigenden Personen einbeziehen zu können.[787] Das zeigt, dass sie bis zum Vorliegen der erforderlichen behördlichen Erlaubnis als ordentlich unkündbar gelten. Dieser Status bleibt selbst dann erhalten, wenn im Rahmen von betriebsbedingten Kündigungen eine große Anzahl von Arbeitnehmern den Betrieb verlassen müssen, der Arbeitgeber sich aber dagegen entscheidet, die für die Kündigungen erforderliche Erlaubnis zu beantragen.[788]

Diese überzeugende herrschende Auffassung lässt Rückschlüsse auf die Unterbringungsverpflichtung zu. Eine behördliche Erlaubnis zum Ausspruch einer Kündigung gegenüber den betroffenen Arbeitnehmern ist im Zeitpunkt der Kassenschließung regelmäßig noch nicht erteilt. Wegen der noch zu erfolgenden Abwicklungsarbeiten nach Schließung der Krankenkasse liegt auch nur selten ein Kündigungsgrund vor, der zum Ausspruch betriebsbedingter

---

782 BAG 21.04.2005 – 2 AZR 241/04, NZA 2005, 1307 (A I 5); APS/*Kiel*, § 1 KSchG Rn. 700; Hoyningen-Huene/Linck/Krause/*Krause*, KSchG, § 1 Rn. 946; ErfK/*Oetker*, § 1 KSchG Rn. 311; HWK/*Quecke*, § 1 KSchG Rn. 340.

783 Dazu APS/*Kiel*, § 1 KSchG Rn. 701; Hoyningen-Huene/Linck/Krause/*Krause*, KSchG, § 1 Rn. 948; ErfK/*Oetker*, § 1 KSchG Rn. 310; HWK/*Quecke*, § 1 KSchG Rn. 341.

784 MüKo/BGB/*Hergenröder*, Band 4, § 1 KSchG Rn. 350; APS/*Kiel*, § 1 KSchG Rn. 701; Hoyningen-Huene/Linck/Krause/*Krause*, KSchG, § 1 Rn. 948; ErfK/*Oetker*, § 1 KSchG Rn. 310.

785 APS/*Kiel*, § 1 KSchG Rn. 701; Hoyningen-Huene/Linck/Krause/*Krause*, KSchG, § 1 Rn. 948.

786 MüKo/BGB/*Hergenröder*, Band 4, § 1 KSchG Rn. 350; APS/*Kiel*, § 1 KSchG Rn. 701; Hoyningen-Huene/Linck/Krause/*Krause*, KSchG, § 1 Rn. 948; ErfK/*Oetker*, § 1 KSchG Rn. 310.

787 *Bauer/Powietzka*, NZA-RR 2004, 505 (510); APS/*Kiel*, § 1 KSchG Rn. 701; Hoyningen-Huene/Linck/Krause/*Krause*, KSchG, § 1 Rn. 948; HWK/*Quecke*, § 1 KSchG Rn. 342.

788 Eine Einbeziehung der Arbeitnehmer in die Sozialauswahl kann in Ausnahmefällen, in denen beispielsweise eine große Anzahl von Beschäftigten aufgrund tariflicher Unkündbarkeitsregeln nicht in die Sozialauswahl einzubeziehen wären und damit „die gesetzliche Wertung des § 1 Abs. 3 Satz 1 KSchG auf den Kopf stellen" (Rn. 31), geboten sein (so bspw. BAG 05.06.2008 – 2 AZR 907/06, NZA 2008, 1120 (Rn. 31)).

Kündigungen zum Schließungszeitpunkt berechtigt.[789] Die ordentliche Kündigung scheidet zu diesem Zeitpunkt damit regelmäßig aus. Eben dieser Gedanke kann auf die Auslegung des § 155 Abs. 4 Satz 9 SGB V übertragen werden. Demzufolge ist beispielsweise Schwerbehinderten, Müttern oder Beschäftigten in Elternzeit ein Unterbringungsanspruch zuzubilligen, so lange keine behördliche Zustimmung zu ihrer ordentlichen Kündigung erteilt wurde.

(4) Sinn und Zweck des Gesetzes

Die Einordnung der einem solchen Sonderkündigungsschutz unterfallenden Beschäftigten als ordentlich unkündbar im Sinne des § 155 Abs. 4 Satz 9 SGB V ist auch aus weiteren Gründen die überzeugendere Lösung. Insofern ist die Auffassung des Arbeitsgerichts Berlin[790] gegenüber der Rechtsprechung des Landesarbeitsgerichts Düsseldorf[791] und den vereinzelten Stimmen in der Literatur[792] vorzugswürdig. Das Arbeitsgericht Berlin berücksichtigt nicht nur die rein theoretische ordentliche Kündigungsmöglichkeit bei Vorliegen einer behördlichen Erlaubnis, sondern richtet seinen Blick auf den Sinn und Zweck des Gesetzes.[793] Dieser spricht für die Pflicht zur Einbeziehung dieser Beschäftigungsgruppe in das Unterbringungsverfahren.[794] Die Gesetzbegründung trifft zwar keine eindeutige Aussage zum Sinn und Zweck des § 155 Abs. 4 Satz 9 SGB V und die dort angeordnete entsprechende Anwendbarkeit der Unterbringungsvorschriften.[795] Es liegt aber auf der Hand, dass die zugunsten bestimmter Mitarbeiter vorgesehene Unterbringungsverpflichtung deren besonderer Schutzbedürftigkeit Rechnung trägt.[796] Diese Schutzbedürftigkeit kommt gerade in den gesetzlichen normierten Kündigungseinschränkungen in Bezug auf Schwerbehinderte, Mütter und Beschäftigte in Elternzeit (u.a.) zum Ausdruck.[797] Der Verlust des Arbeitsplatzes wiegt für sie besonders schwer.

---

789 Ebenso BAG 21.11.2013 - 2 AZR 474/12, BeckRS 2014, 69409 (Rn. 81); BAG 21.11.2013 - 2 AZR 495/12, NJOZ 2014, 1548 (Rn. 82).

790 ArbG Berlin 23.11.2011 - 21 Ca 7934/11, BeckRS 2011, 78304 (A II 2 a).

791 LAG Düsseldorf 26.04.2013 - 6 Sa 1874/12, NZA-RR 2013, 515 (Ls.) = BeckRS 2013, 70899 (II 2 a bb bbb (1)).

792 *Grau/Sittard*, KrV 2012, 6 (8); *Rolfs*, GuP 2013, 8 (11).

793 ArbG Berlin 23.11.2011 - 21 Ca 7934/11, BeckRS 2011, 78304 (A II 2 a bb).

794 So auch ArbG Berlin 23.11.2011 - 21 Ca 7934/11, BeckRS 2011, 78304 (A II 2 a bb (2)).

795 Der Gesetzgeber spricht lediglich von der Sicherung der Beschäftigungsansprüche „der übrigen Beschäftigten in unkündbaren Arbeitsverhältnissen". Aus der Gesetzesbegründung geht allerdings nicht hervor, welche Beschäftigten darunter fallen, vgl. BT-Drucks. 16/9559, S. 19.

796 ArbG Berlin 23.11.2011 - 21 Ca 7934/11, BeckRS 2011, 78304 (A II 2 a bb (2)).

797 Zum jeweiligen Schutzzweck der einzelnen Sonderkündigungsschutzregelungen vgl. *Eylert/Sänger*, RdA 2010, 24 (30 - Mutterschutz; 31 - Elternzeit; 33 - Schwerbehinderung).

Die Nichteinbeziehung dieses Personenkreises in das Unterbringungsverfahren führte zu Wertungswidersprüchen. Ein Ausschluss dieser Sonderkündigungsschutzberechtigten aus dem Verweis des § 155 Abs. 4 Satz 9 SGB V bewirkte, dass in der Regel nur tariflich unkündbare Personen bei anderen Krankenkassen unterzubringen sind und damit fast ausschließlich eine Gruppe von Beschäftigten, die nicht zwingend die vom Gesetz vorgesehenen besonderen Schutzmerkmale aufweisen. Demzufolge ist die teilweise vertretene Ansicht, die alleine auf die theoretische ordentliche Kündigungsmöglichkeit nach Erteilung der erforderlichen behördlichen Erlaubnis abstellt, abzulehnen.[798] Die Auffassung verkennt außerdem, dass eine Erlaubnis im Zeitpunkt der Schließung der Krankenkasse nicht vorliegt und daher eine ordentliche Kündigung nicht möglich ist.

(5) Einzelfälle

Die Unterbringungsverpflichtung von Mitarbeitern, die einem an persönlichen Merkmalen anknüpfenden Sonderkündigungsschutz unterfallen, folgt bereits aus dem Sinn und Zweck der Unterbringungsvorschriften. Zu nennen ist beispielsweise die Regelung des § 9 Abs. 3 MuSchG. Sie schützt eine Frau während der Schwangerschaft und für einen bestimmten Zeitraum nach der Entbindung vor den schädlichen Auswirkungen eines Arbeitsplatzverlustes.[799] Dieser Schutzzweck spricht für eine Unterbringung der Betroffenen, da sie dem Arbeitsplatzverlust vorbeugt. Ein Rückgriff auf die Warteschleifen-Rechtsprechung des Bundesverfassungsgerichts ist entbehrlich.[800]

Die nach § 85 SGB IX erforderliche Zustimmung des Integrationsamtes dient den Interessen der schwerbehinderten Beschäftigten.[801] Der Sonderkündigungsschutz von Schwerbehinderten stellt ein Kündigungsverbot mit Erlaubnisvorbehalt dar.[802] Stimmen in der Literatur versagen Schwerbehinderten einen Unterbringungsanspruch unter Hinweis auf die nach erteilter Erlaubnis grundsätzlich mögliche Kündigung.[803] Die Argumentation ist abzulehnen. Der Sonderkündigungsschutz stellt sicher, dass mit dem Integrationsamt eine externe Stelle das besondere Schutzinteresse von Schwerbe-

---

798 So aber *Grau/Sittard*, KrV 2012, 6 (7) in Bezug auf Schwerbehinderte.

799 BAG 26.04.1956 - GS 1/56, NJW 1956, 1454 (I 3); BAG 26.09.2002 - 2 AZR 392/01, AP Nr. 31 zu § 9 MuSchG 1968 (B I 2 b); HK-ArbR/*Reinecke/Velikova*, § 9 MuSchG Rn. 1; APS/*Rolfs*, § 9 MuSchG Rn. 1.

800 So aber *Grau/Sittard*, KrV 2012, 6 (8).

801 BAG 02.07.1992 - 5 C 31/91, AP Nr. 1 zu § 21 SchwbG 1986; APS/*Vossen*, § 85 SGB IX Rn. 2. Allgemein zum Schutz von Schwerbehinderten im Arbeitsverhältnis vgl. *Karb*, öAT 2011, 153.

802 VGH Mannheim 24.11.2005 - 9 S 2178/05, NZA-RR 2006, 183 (183); APS/*Vossen*, § 85 SGB IX Rn. 3.

803 So *Grau/Sittard*, KrV 2012, 6 (7 f.); *Rolfs*, GuP 2013, 8 (11).

hinderten vor Ausspruch der Kündigung berücksichtigt.[804] Auch wenn das Integrationsamt seine Zustimmung nicht willkürlich verweigern kann[805], kommt dadurch zum Ausdruck, dass der Schutz von Schwerbehinderten vor dem Arbeitsplatzverlust einen hohen Stellenwert einnimmt. Der Erlaubnisvorbehalt umfasst zwar die ordentliche und die außerordentliche Kündigung gleichermaßen, doch bewirkt das grundsätzliche Kündigungsverbot trotzdem den Ausschluss der ordentlichen Kündigung bis zum Vorliegen der behördlichen Erlaubnis. Die Auffassung, die auf die theoretisch mögliche ordentliche Kündigung hinweist und Schwerbehinderten einen Unterbringungsanspruch versagt, verkennt einmal die Systematik dieses Sonderkündigungsschutzes und befasst sich zum anderen nicht ausreichend mit dem Sinn und Zweck des in § 155 Abs. 4 Satz 9 SGB V enthaltenen Verweises auf die Unterbringungsvorschriften.

Diese Einwände greifen auch in ähnlich gelagerten Fällen, in denen der Ausspruch einer ordentlichen Kündigung nach erteilter Erlaubnis möglich ist, durch. Sowohl Schwerbehinderte[806] als auch die übrigen von einem vergleichbaren Sonderkündigungsschutz erfassten Arbeitnehmer nehmen damit am Unterbringungsverfahren teil.[807]

(6) Zwischenergebnis

Die Ausgestaltung des Sonderkündigungsschutzes in Form eines Kündigungsverbots mit Erlaubnisvorbehalt lässt die Unterbringungsverpflichtung der Betroffenen unberührt. Dies folgt unter anderem aus dem Sinn und Zweck sowie der Systematik des Gesetzes.[808] Voraussetzung für die Einbeziehung der geschützten Personen ist, dass der Sonderkündigungsschutz dem Schutz der persönlichen Verhältnisse der Beschäftigten dient.

Die von einem Teil der Rechtsprechung und der Literatur vertretene Ansicht, diese Beschäftigungsgruppe sei nicht zu den ordentlich unkündbaren

---

804 HK-ArbR/*Dette*, § 85 SGB IX Rn. 2; Kossens/von der Heide/Maaß/*Kossens*, SGB IX, § 85 Rn. 1.

805 Zu den Anforderungen an die Zustimmungsentscheidung vgl. APS/*Vossen*, § 85 SGB IX Rn. 1 ff.

806 A.A. *Grau/Sittard*, KrV 2012, 6 (7 f.); *Rolfs*, GuP 2013, 8 (11).

807 ArbG Berlin 23.11.2011 – 21 Ca 7934/11, BeckRS 2011, 78304 (A II 2 a bb).

808 Ebenso ArbG Berlin 23.11.2011 – 21 Ca 7934/11, BeckRS 2011, 78304 (A II 2 a bb), wobei hier auch ein tariflicher Sonderkündigungsschutz zum Tragen kam. A.A. wohl LAG Düsseldorf 08.03.2013 – 6 Sa 781/12, BeckRS 2013, 69104 (A II 2 a bb bbb (1)); LAG Düsseldorf 08.03.2013 – 6 Sa 1328/12, BeckRS 2013, 69103 (A II 2 a bb bbb (1)); LAG Düsseldorf 26.04.2013 – 6 Sa 1874/12, NZA-RR 2013, 515 (Ls.) = BeckRS 2013, 70899 (II 2 a bb bbb (2)); *Grau/Sittard*, KrV 2012, 6 (7 f.) in Bezug auf Schwerbehinderte. Offen lassend LAG Berlin-Brandenburg 13.09.2012 – 26 Sa 17/12, BeckRS 2013, 66724 (Ls. 1).

Arbeitnehmern im unterbringungsrechtlichen Sinne zu zählen, da nach Genehmigung von dritter Seite eine ordentliche Kündigung möglich sei, ist abzulehnen. Sie verkennt insbesondere, dass eine solche Genehmigung im Laufe des Unterbringungsverfahrens regelmäßig nicht vorliegt und versteift sich stattdessen auf eine rein formale Sichtweise, indem sie auf eine theoretisch mögliche ordentliche Kündigung nach erteilter Erlaubnis abstellt. Dagegen lässt die Auffassung eine Auseinandersetzung mit den Gründen der Einbeziehung von ordentlichen unkündbaren Beschäftigten in das Unterbringungsverfahren vermissen. Insofern dürfte auch das Einholen einer Erlaubnis zum Ausspruch einer ordentlichen Kündigung noch vor dem Schließungszeitpunkt die Unterbringungsverpflichtung nicht entfallen lassen.

ee) Sonstige Fälle der ordentlichen Unkündbarkeit

Abgesehen von den oben besprochenen Fallgruppen sind weitere Konstellationen denkbar, in denen die ordentliche Kündigung gegenüber Beschäftigten ausgeschlossen ist. Nach § 15 Abs. 3 TzBfG unterliegt ein befristetes Arbeitsverhältnis nur bei einer entsprechenden individual- oder tarifvertraglichen Vereinbarung der ordentlichen Kündigung. Streng genommen müssten die auf Grundlage eines befristeten Arbeitsvertrages beschäftigten Personen ebenfalls nach §§ 155 Abs. 4 Satz 9, 171 Satz 1 i.V.m. § 164 Abs. 3 Satz 3 SGB V bei einer anderen Krankenkasse oder einem anderen Landesverband untergebracht werden, wenn keine Vereinbarung im Sinne des § 15 Abs. 3 TzBfG getroffen wurde. Diesbezüglich kann aber auf die Ausführungen zur Unterbringung der Beschäftigten von Orts- und Innungskrankenkassen verwiesen werden.[809] Die noch verbleibenden Abwicklungsarbeiten rechtfertigen eine teleologische Reduktion des § 164 Abs. 3 Satz 3 SGB V. Die Betroffenen sind bei der Abwicklungskörperschaft bis zum Ablauf der Befristung weiter zu beschäftigen, es sei denn, es ist mit der vollständigen Abwicklung der Krankenkasse noch vor dem Auslaufen ihres Arbeitsvertrages zu rechnen. Die gleichen Grundsätze gelten für die ebenfalls befristeten Altersteilzeitbeschäftigungsverhältnisse.[810]

ff) Zwischenergebnis

Ein bestehender Sonderkündigungsschutz bewirkt in den meisten Fällen eine Unterbringungsverpflichtung der darunter fallenden Beschäftigten. Gleichgültig ist es, ob dieser gesetzlichen, tarif- oder individualvertraglichen

---

809 Vgl. die Ausführungen unter Kap. C IV 3 b ff dieser Arbeit.

810 Zum Kündigungsstatus von Beschäftigten in Altersteilzeit vgl. Schaub/*Vogelsang*, Arbeitsrecht, § 83 Rn. 11 ff.

Regelungen entspringt. Die Möglichkeit der ordentlichen Kündigung nach Erteilung einer Erlaubnis von dritter Stelle berührt die Unterbringungsverpflichtung der Betroffenen nach Schließung einer Krankenkasse ebenfalls nicht. Die zum Ausspruch der Kündigung erforderliche Erlaubnis liegt im Unterbringungsverfahren einerseits nicht vor. Andererseits entspräche es nicht dem Sinn und Zweck der Verweisungsvorschriften, wenn gerade die kraft Gesetzes als besonders schutzwürdig geltenden Beschäftigten nicht darunter fielen.

Kein Unterbringungsverfahren ist dagegen für Arbeitnehmervertreter, insbesondere Personalratsmitglieder, durchzuführen. Nach § 15 Abs. 4 KSchG ist der Ausspruch einer ordentlichen Kündigung gegenüber diesen Beschäftigten im Falle einer Betriebsstilllegung möglich. Die Schließung einer Krankenkasse ist eine Betriebsstilllegung in diesem Sinne.

c) Rechtsstellung der ordentlich unkündbaren Beschäftigten

Die ordentlich unkündbaren Beschäftigten der Betriebskranken- und Ersatzkassen nehmen nach §§ 155 Abs. 4 Satz 9, 171 Satz 1 i.V.m. § 164 Abs. 3 SGB V am Unterbringungsverfahren teil. Die Herausnahme der ordentlich kündbaren Mitarbeiter vom Verweis auf die Unterbringungsvorschriften ist für sie von Vorteil. Sie verringert die Gesamtzahl der unterzubringenden Beschäftigten. Die zur Aufnahme von Beschäftigten verpflichteten übrigen Krankenkassen sehen sich mit weniger Mitarbeitern konfrontiert. Es dürfte ihnen deshalb leichter fallen, der bisherigen Dienststellung der Mitarbeiter entsprechende Stellen zur Verfügung zu stellen.

Diese Erleichterungen wirken sich auf den Zumutbarkeitsmaßstab des § 164 Abs. 3 Satz 3 SGB V aus. Nach den oben aufgestellten Grundsätzen beurteilt sich die Zumutbarkeit der Unterbringungsangebote im Wege einer am Einzelfall orientierten Abwägung aller Gesamtumstände und unter Berücksichtigung der Interessen der unterzubringenden Arbeitnehmer auf der einen Seite und den zur Aufnahme verpflichteten Rechtsträgern sowie der Funktionsfähigkeit des Krankenversicherungssystems auf der anderen Seite.[811] Die Unterbringung einer großen Anzahl von Beschäftigten stellt die übrigen Krankenkassen vor erhebliche Probleme. Ihrem Interesse an einer effizienten und kostengünstigen Unterbringung der Mitarbeiter ist deswegen ein besonderes Gewicht zu verleihen. Die betroffenen Mitarbeiter müssen deswegen größere Einschränkungen ihrer bisherigen Rechtsstellung hinnehmen. Im Umkehrschluss hierzu ist es einer Krankenkasse, die nur eine geringe Anzahl von Mitarbeitern aufzunehmen hat, eher zuzumuten, besondere Maßnahmen zu ergreifen, um der bisherigen Dienststellung der

---

811 Ähnlich auch *Grau/Sittard*, KrV 2012, 6 (7).

unterzubringenden Beschäftigten möglichst gerecht zu werden. Auch wenn insbesondere wegen des weit verbreiteten tariflichen Sonderkündigungsschutzes[812] eine hohe Anzahl von Mitarbeitern der Betriebskranken- und Ersatzkassen am Unterbringungsverfahren teilnehmen, so belastet die Herausnahme der ordentlich kündbaren Arbeitnehmern die übrigen Krankenkassen spürbar weniger und sorgt zu Gunsten der unterzubringenden Mitarbeiter für einen strengeren Zumutbarkeitsmaßstab.

Die Ausgestaltung der Unterbringungsverpflichtung gleicht im Übrigen für diesen Beschäftigtenkreis den bereits im Abschnitt zur Unterbringung von Mitarbeitern bei Schließung einer Innungs- oder Ortskrankenkasse herausgearbeiteten Grundsätzen. Auf diese wird verwiesen.[813]

d) Rechtsstellung der ordentlich kündbaren Beschäftigten

aa) Keine Unterbringungsverpflichtung

(1) Eindeutiger Ausschluss des Beschäftigtenkreises

Die Untersuchung zur Rechtsstellung von ordentlich kündbaren Mitarbeitern einer Orts- und Innungskrankenkasse galt im Schwerpunkt nicht der Frage, „ob" diese Beschäftigtengruppe am Unterbringungsverfahren teilnimmt, sondern, den konkreten Anforderungen einer bestehenden Unterbringungsverpflichtung. In Bezug auf die ordentlich kündbaren Beschäftigten einer Betriebskranken- oder Ersatzkasse ist die Ausgangslage anders. § 155 Abs. 4 Satz 9 SGB V und § 171 Satz 1 SGB V verweisen auf die Vorschrift des § 164 Abs. 2 bis 4 SGB V „entsprechend mit der Maßgabe, dass § 164 Abs. 3 Satz 3 SGB V nur für Beschäftigte gilt, deren Arbeitsverhältnis nicht durch ordentliche Kündigung beendet werden kann"[814]. Der eindeutige Wortlaut der Verweisungsnormen lässt keinen Spielraum für eine anderweitige Auslegung mit dem Ziel, die ordentlich kündbaren Beschäftigten dieser Krankenkassenarten in die Unterbringungsverpflichtung des § 164 Abs. 3 Satz 3 SGB V einzubeziehen.[815] Die Gesetzesbegründung untermau-

---

812 Nach den von *Wolter*, FS Bepler (2012), S. 675 (675) genannten Daten standen von den 420 Mitarbeitern der City BKK immerhin 170 in einem ordentlich unkündbaren Arbeitsverhältnis.

813 Vgl. Kap. C IV dieser Arbeit.

814 §§ 154 Abs. 4 Satz 9, 171 Satz 1 SGB V.

815 Weder die Rechtsprechung noch die Literatur bemühen richtigerweise eine solche Auslegung der §§ 155 Abs. 4 Satz 9, 171 Satz 1 SGB V. Nach der ganz herrschenden Auffassung besteht keine Unterbringungsverpflichtung von ordentlich kündbaren Mitarbeitern bei Schließung einer Betriebskranken- und Ersatzkasse, vgl. statt aller BAG 21.11.2013 – 2 AZR 598/12, BeckRS 2014, 70205 (Rn. 63); *Grau/Sittard*, KrV 2012, 6 (7); ErfK/*Rolfs*, § 164 SGB V Rn. 7; *Rolfs*, NZA 2013, 529 (532); *Rolfs*, GuP 2013, 8 (11); *Wolter*, FS Bepler (2012), S. 675 (682).

ert diese Sichtweise.[816] Der Verweis gilt danach nur für die „übrigen Beschäftigten in unkündbaren Arbeitsverhältnissen“[817].[818]

(2) Analoge Anwendung des § 164 Abs. 4 Satz 9 SGB V

Eine Einbeziehung dieser Mitarbeiter unter analoger Anwendung der Unterbringungsvorschriften scheidet ebenso aus. Die Gesetzesanalogie erfordert sowohl das Vorliegen einer planwidrigen Regelungslücke als auch eine vergleichbare Interessenlage.[819] Die Methodik der Analogie dient nicht dazu, im Gesetz verankerte Ungerechtigkeiten zu bereinigen und politisch gewollte Ergebnisse zu erzielen.[820]

Der für eine Analogie erforderliche vergleichbare Sachverhalt läge zwar vor. Die ordentlich kündbaren Mitarbeiter einer Betriebskranken- und Ersatzkasse haben dasselbe Interesse am Erhalt ihrer Arbeitsverhältnisse wie die Beschäftigten einer Innungs- und Ortskrankenkasse. Beide Gruppen müssten ohne eine entsprechende Unterbringungsverpflichtung bei Schließung einer Krankenkasse spätestens nach der vollständigen Abwicklung der Geschäfte durch die Abwicklungskörperschaft mit dem Verlust ihres Arbeitsplatzes rechnen.

Die Analogie scheitert allerdings am Erfordernis der planwidrigen Regelungslücke. Das Gesetz sieht mit § 164 Abs. 3 SGB V (i.V.m. § 146a Satz 3 SGB V) nur für die Mitarbeiter einer Innungs- oder Ortskrankenkassen ohne Einschränkung ein Unterbringungsverfahren vor. Materialien aus dem Gesetzgebungsverfahren und die Systematik aus dem Gesetz lassen den eindeutigen Rückschluss zu, dass es nicht zu einer unbewussten Herausnahme der ordentlich kündbaren Mitarbeiter von Betriebskranken- und Ersatzkassen kam, sondern der Gesetzgeber sich bewusst nur für die Unterbringungsverpflichtung der ordentlich unkündbaren Beschäftigten dieser beiden Krankenkassenarten entschied.[821] Diese Ungleichbehandlung blieb insbesondere im Gesetzgebungsverfahren nicht unerkannt. Verschiedene

---

816 BT-Drucks. 16/9559, S. 19.

817 BT-Drucks. 16/9559, S. 19.

818 So auch LAG Baden-Württemberg 18.05.2012 – 7 Sa 13/12, BeckRS 2012, 71380 (A II 2 a aa).

819 BGH 14.06.2007 – V ZB 102/06, NJW 2007, 3124 (Rn. 11); BGH 25.09.2009 – V ZR 36/09, NJW 2009, 3644 (Rn. 10); BGH 27.01.2010 – XII ZR 22/07, NJW 2010, 1065 (Rn. 21); BGH 04.08.2010 – XII ZR 118/08, NJW 2010, 3087 (Rn. 11), ausführlich zu den Voraussetzungen der Analogie.

820 Ähnlich auch *Geserich*, DStR-Beih 2011, 59 (61).

821 Ebenso LAG Baden-Württemberg 18.05.2012 – 7 Sa 13/12, BeckRS 2012, 71380 (A II 2 a aa).

Einrichtungen wiesen den Gesetzgeber auf die Ungleichbehandlung hin[822] und kritisierten die Beschränkung der Unterbringungsverpflichtung auf die ordentlich unkündbaren Mitarbeiter. Der „dbb beamtenbund und tarifunion" bemängelte in diesem Zusammenhang beispielsweise die insbesondere den jüngeren Krankenkassenbeschäftigten drohende Arbeitslosigkeit.[823]

Das Landesarbeitsgericht Baden-Württemberg arbeitet in einer Entscheidung nach Schließung der Betriebskrankenkassen im Jahr 2011 ebenfalls die Gründe heraus, die belegen, dass die in den Verweisen auf das Unterbringungsrecht enthaltenen Einschränkungen auf eine bewusste Entscheidung des Gesetzgebers zurückzuführen sind.[824] Es zitiert dazu aus einem Plenarprotokoll des Bundestags einer Sitzung vom 11. Mai 2011[825]. Eine Abgeordnete fragte nach den Gründen der unterschiedlichen Behandlung ordentlich kündbarer Mitarbeiter bei Schließung einer Krankenkasse.[826] Die Parlamentarische Staatssekretärin erklärte daraufhin, es handele sich bei der Regelung des § 155 Abs. 4 Satz 9 SGB V um das Ergebnis einer Abwägung sich widerstreitender Interessen.[827] Sie vermeide Überforderungen, die bei einer umfassenden Weiterbeschäftigungspflicht drohten.[828] Die Äußerung bezog sich auf die bereits zwei Jahre zuvor in Kraft getretene Neuregelung des § 155 Abs. 4 Satz 9 SGB V und lässt insofern keinen unmittelbaren Rückschluss auf den gesetzgeberischen Willen im Zeitpunkt der Gesetzgebung zu.[829] Sie ist allerdings als Indiz für einen entsprechenden Willen zu werten. Der Gesetzgeber kam außerdem im Anschluss an die Schließungen der City BKK und der BKK für Heilberufe einem entsprechenden Änderungsantrag der SPD-Fraktion nicht nach[830] und bestätigte damit den Willen zur Ungleich-

822 Darauf macht *Bohlen-Schöning*, KrV 2011, 85 (86, Fn. 10) unter Hinweis auf Stellungnahmen des GKV-Spitzenverbandes und des Bundesversicherungsamtes ebenfalls aufmerksam.

823 Stellungnahme des dbb beamtenbund und tarifunion berlin vom 09.09.2008, ainfo72-2008 (2), abrufbar unter http://www.dbb.berlin/pdf/stellungnahmen/dbb/GKV_OrgWG_1008.pdf (zuletzt abgerufen am 31.01.2016).

824 LAG Baden-Württemberg 18.05.2012 – 7 Sa 13/12, BeckRS 2012, 71380 (A II 2 a aa).

825 Plenarprotokoll 17/107, S. 12273.

826 Plenarprotokoll 17/107, S. 12273.

827 Plenarprotokoll 17/107, S. 12273.

828 Plenarprotokoll 17/107, S. 12273.

829 Ebenso BAG 21.11.2013 – 2 AZR 598/12, BeckRS 2014, 70205 (Rn. 60); BAG 21.11.2013 – 2 AZR 966/12, BeckRS 2014, 70808 (Rn. 52), allerdings nicht im Zusammenhang mit der Frage nach einer möglichen analogen Anwendung des § 164 Abs. 3 SGB V auf ordentlich kündbare Beschäftigte einer Betriebskranken- und Ersatzkasse. Auf diesen Umstand geht das LAG Baden-Württemberg 18.05.2012 – 7 Sa 13/12, BeckRS 2012, 71380 (A II 2 a aa) nicht ein.

830 BT-Drucks. 17/6485, S. 1. *Klimpe-Auerbach*, SozSich 2011, 270 (274) mit einem allgemeinen Hinweis auf den von der SPD-Fraktion eingebrachten Antrag, die Regelungen bei Schließung von Krankenkassen „für die Beschäftigten aller Kassenarten einheitlich zu gestalten", BT-Drucks. 17/6485, S. 2.

behandlung in § 155 Abs. 4 Satz 9 SGB V. Eine ähnliche nachträgliche Bestätigung des gesetzgeberischen Willens zur Ungleichbehandlung in § 155 Abs. 4 Satz 9 SGB V findet sich in den Gesetzgebungsmaterialien zum GKV-VStG im Jahr 2011 wieder.[831] Der Bundesrat kritisierte die in der Verweisnorm enthaltene Beschränkung auf Beschäftigte in ordentlich unkündbaren Arbeitsverhältnissen und schlug in seiner Stellungnahme ihren Wegfall vor.[832] In ihrer Gegenäußerung versicherte die Bundesregierung, den Vorschlag des Bundesrats im weiteren Gesetzgebungsverfahren zu prüfen.[833] Eine Änderung des Gesetzes erfolgte allerdings – wie sich aus der Vorschrift des § 155 Abs. 4 Satz 9 SGB V in seiner heutigen Fassung ergibt – nicht. Der hier ausführlich erörterte gesetzgeberische Willen versperrt den Weg, über eine analoge Anwendung des § 164 Abs. 3 SGB V die Unterbringungsverpflichtung auf diesen Beschäftigtenkreis zu erstrecken.

Zuletzt fehlt es an einer Regelungslücke. Der Verweis auf die Unterbringungsvorschriften des Organisationsrechts der Innungskrankenkassen erklärt die krankenkasseneigenen Abwicklungsvorschriften mit ihren Besonderheiten nur für den hiervon erfassten Beschäftigtenkreis für anwendbar. Eine Regelungslücke in Bezug auf die vom Verweis nicht erfassten Beschäftigten resultiert daraus aber nicht. Sie hätten lediglich keinen Anspruch darauf, bei einer anderen Krankenkasse oder dem Landesverband untergebracht zu werden. Je nach vertretener Auffassung endet ihr Arbeitsverhältnis zum Schließungszeitpunkt nach § 164 Abs. 4 Satz 1 SGB V oder es setzt sich bis zum Ausspruch betriebsbedingter Kündigungen mit der Abwicklungskörperschaft fort. Ihr Schicksal folgt nach der zweiten Sichtweise den allgemeinen Regeln, die bei Auflösung einer Körperschaft oder Abwicklung einer Gesellschaft gelten.

Zusammenfassend ist für die ordentlich kündbaren Mitarbeiter einer Betriebskranken- und Ersatzkasse kein Unterbringungsverfahren durchzuführen.[834] Dieser Beschäftigtenkreis ist eindeutig von den Unterbringungsvorschriften ausgenommen. Eine analoge Anwendung der Unterbringungsvorschriften kommt ebenfalls nicht in Betracht. Der Gesetzgeber verzichtete einerseits bewusst auf die Erstreckung des Unterbringungsverfahrens auf diese Mitarbeiter. Andererseits liegt keine Regelungslücke vor. Die Arbeitsverhältnisse dieser Mitarbeiter bestehen in der Abwicklungsphase fort. Die Kündigungsvorschriften des KSchG geben der Abwicklungskörperschaft ein geeignetes Instrument an die Hand, sich von den nicht mehr benötigten

831 Vgl. BT-Drucks. 17/7274, S. 20 f, 32 f.

832 BT-Drucks. 17/7274, S. 20 f.

833 BT-Drucks. 17/7274, S. 32 f.

834 So auch BAG 21.11.2013 – 2 AZR 598/12, BeckRS 2014, 70205 (Rn. 63); *Grau/Sittard*, KrV 2012, 6 (7); ErfK/*Rolfs*, § 164 SGB V Rn. 7; *Rolfs*, GuP 2013, 8 (11); *Rolfs*, NZA 2013, 529 (532); *Wolter*, FS Bepler (2012), S. 675 (682).

Mitarbeitern zu trennen. Die Rechtslage gleicht damit aus arbeitsrechtlicher Perspektive im Wesentlichen der, die nach Schließung einer anderen Körperschaft des öffentlichen Rechts gilt, für die es keine besonderen arbeitsrechtlichen Unterbringungsvorschriften gibt.

bb) Verfassungsrechtliche Bedenken

(1) Einführung

Die unterschiedliche Behandlung ordentlich kündbarer Mitarbeiter einer Betriebskranken- und Ersatzkasse im Vergleich zu Mitarbeitern der beiden anderen Krankenkassenarten sowie ordentlich unkündbaren Mitarbeitern der gleichen Kassenart könnte gegen Art. 3 Abs. 1 GG verstoßen.[835] Die Rechtsprechung setzte sich bisher – soweit ersichtlich – nicht abschließend mit dieser Frage auseinander. Die Beschäftigten der City BKK und der BKK für Heilberufe, die sich gerichtlich gegen die Schließungsfolgen wehrten, verlangten die Fortsetzung ihres Arbeitsverhältnisses mit der Abwicklungskörperschaft.[836] Soweit ersichtlich, machte kein ordentlich kündbarer Mitarbeiter im Wege einer Leistungsklage seine Unterbringung bei einer anderen Krankenkasse geltend. Unter Berücksichtigung des eindeutigen Wortlauts der Verweise der §§ 155 Abs. 4 Satz 9, 171 Satz 1 SGB V bestünden allerdings selbst dann, wenn man diese Einschränkungen als Verstoß gegen den in Art. 3 Abs. 1 GG verfassungsrechtlich verankerten allgemeinen Gleichheitsgrundsatz[837] ansieht, Zweifel am Erfolg einer solchen Klage.

Die Rechtsprechung prüft einen möglichen Verstoß gegen Art. 3 Abs. 1 GG in zwei Schritten.[838] Er setzt nach dem Prüfungsaufbau des Bundesverfassungsgerichts zunächst eine verfassungsrechtlich relevante Ungleichbehandlung voraus.[839] Sie erfordert unter anderem, dass wesentlich Gleiches

---

835 Bejahend *Klimpe-Auerbach*, SozSich 2011, 270 (273); zweifelnd *Rolfs*, GuP 2013, 8 (13) („eine Rechtfertigung für diese Ungleichbehandlung liegt nicht eben auf der Hand"); offen lassend dagegen *Gutzeit*, NZS 2012, 410 (416); *Meydam*, NZS 2000, 332 (336). *Grau/Sittard*, KrV 2012, 6 (7) sehen in der Ungleichbehandlung dagegen keinen Verstoß gegen Art. 3 Abs. 1 GG.

836 Das ergibt sich unter anderem aus der Pressemitteilung Nr. 72/13 des BAG vom 21.11.2013 („Hunderte von Beschäftigten haben gegen die Beendigung ihres Arbeitsverhältnisses Klage erhoben"), abrufbar unter http://juris.bundesarbeitsgericht.de/cgi-bin/rechtsprechung/document.py?Gericht=bag&Art=pm&Datum=2013-11&nr=17020&pos=0&anz=6&titel=Schlie%DFung_einer_Krankenkasse_-_arbeitsrechtliche_Folgen (zuletzt abgerufen am 31.01.2016).

837 Jarass/Pieroth/*Jarass*, GG, Art. 3 Rn. 1.

838 Münch/Kunig/*Boysen*, GG, Art. 3 Rn. 53.

839 BVerfG 13.03.2007 – 1 BvF 1/05, NVwZ 2007, 937 (C III 2 a aa). Teilweise verlagert sich die Prüfung der Wesentlichkeit der Ungleichbehandlung in die zweite Stufe, Münch/Kunig/*Boysen*, GG, Art. 3 Rn. 53. Der genaue Prüfungsaufbau wirkt sich auf

ungleich behandelt wird.[840] Liegt eine Ungleichbehandlung in diesem Sinne vor, sind in einem zweiten Schritt mögliche Rechtfertigungsgründe zu prüfen.[841] Nach der von der früheren Rechtsprechung[842] entwickelten Willkürformel ist der Gleichheitssatz „verletzt, wenn sich ein vernünftiger, sich aus der Natur der Sache ergebender oder sonst wie sachlich einleuchtender Grund für die gesetzliche Differenzierung oder Gleichbehandlung nicht finden lässt, kurzum, wenn die Bestimmung als willkürlich bezeichnet werden muss"[843]. Der heutige Prüfungsmaßstab hängt vom konkret betroffenen Sach- und Regelungsbereich ab.[844] Teilweise wird der Maßstab des bloßen Willkürverbots herangezogen.[845] In anderen Fällen fordert das Bundesverfassungsgericht eine „strenge[n] Bindung an Verhältnismäßigkeitserfordernisse"[846].

(2) Vorliegen einer Ungleichbehandlung

Die Versagung eines Unterbringungsanspruchs gegenüber ordentlich kündbaren Mitarbeitern einer Betriebskranken- und Ersatzkasse ruft eine Ungleichbehandlung hervor.[847] Als Anknüpfungspunkt sind mehrere Vergleichsgruppen denkbar.[848] Zunächst führen die bereits skizzierten Unterbringungsansprüche von ordentlich kündbaren Mitarbeitern der Innungs- und Ortskrankenkassen zu einer Ungleichbehandlung in diesem Sinne.[849] Eine zweite Vergleichsgruppe bilden die ordentlich unkündbaren Mitarbei-

---

den vorliegenden Fall aber nicht aus und kann letztlich offen bleiben. Ausführlich dazu Münch/Kunig/*Boysen*, GG, Art. 3 Rn. 51 ff.

840 BVerfG 23.10.1951 - 2 BVG 1/51, NJW 1951, 877 (III 10 a); BVerfG 15.07.1998 - 1 BvR 1554/89 u.a., AP Nr. 26 zu § 18 BetrAVG (C I 1); BVerfG 21.06.2011 – 1 BvR 2035/07, NVwZ 2011, 1316 (Rn. 76); BeckOK/*Kischel*, GG, Art. 3 Rn. 17.

841 Münch/Kunig/*Boysen*, GG, Art. 3 Rn. 53.

842 Zu den Maßstäben der Rechtfertigungsprüfung und der Rechtsprechungsentwicklung vgl. *Britz*, NJW 2014, 346; Münch/Kunig/*Boysen*, GG, Art. 3 Rn. 103; ErfK/*Schmidt*, Art. 3 GG Rn. 30 ff.

843 BVerfG 23.10.1951 - 2 BVG 1/51, NJW 1951, 877 (III 10 a). Siehe auch BVerfG 20.03.1979 - 1 BvR 111/74; 283/78, NJW 1979, 2295 (II 3).

844 BVerfG 08.06.2004 - 2 BvL 5/00, NJW-RR 2004, 1657 (C II 1); BVerfG 18.07.2005 - 2 BvF 2/01, NVwZ 2006, 559 (Rn. 126); ErfK/*Schmidt*, Art. 3 GG Rn. 31.

845 ErfK/*Schmidt*, Art. 3 GG Rn. 31.

846 BVerfG 10.01.1995 - 1 BvF 1/90, 1 BvR 342, 348/90, NJW 1995, 2339 (B II 4 b bb); BVerfG 02.03.1999 - 1 BvL 2/91, NZA 1999, 435 (C I 1 a); BVerfG 21.06.2011 – 1 BvR 2035/07, NVwZ 2011, 1316 (Rn. 77); BeckOK/*Kischel*, GG, Art. 3 Rn. 28 („Neueste Formel").

847 Ebenso *Grau/Sittard*, KrV 2012, 6 (7); *Klimpe-Auerbach*, SozSich 2011, 270 (273); *Wolter*, FS Bepler (2012), S. 675 (686).

848 Vgl. insb. auch *Klimpe-Auerbach*, SozSich 2011, 270 (273); *Wolter*, FS Bepler (2012), S. 675 (686), der eine Reihe von möglichen Vergleichspaaren aufzählt.

849 *Klimpe-Auerbach*, SozSich 2011, 270 (273).

ter der Betriebskranken- und Ersatzkassen[850], die nach §§ 155 Abs. 4 Satz 9, 171 Satz 1 i.V.m. § 164 Abs. 3 Satz 3 SGB V am Unterbringungsverfahren teilnehmen.[851] Beide Fälle erfüllen die Anforderungen des Bundesverfassungsgerichts an die rechtliche Relevanz einer Ungleichbehandlung im Sinne des Art. 3 Abs. 1 GG.

Die Bildung einer Vergleichsgruppe, bestehend aus den ordentlich kündbaren Mitarbeitern einer Innungskrankenkasse[852], fällt besonders leicht. Der erste Teil dieser Arbeit verdeutlichte die zwischen den verschiedenen Kassentypen bestehenden Parallelen, die im Schließungsrecht insbesondere im Zusammenhang mit der Ausgestaltung der Haftung der übrigen Krankenkasse und dem Schließungsverfahren zum Ausdruck kommen. Dieser Gleichlauf sorgt dafür, dass es letztendlich keinen Unterschied macht, ob es sich um Mitarbeiter einer Innungs- oder Ortskrankenkasse oder aber um Mitarbeiter der beiden anderen Kassenarten handelt. Diese Erkenntnis wird insbesondere vor dem Hintergrund der umfassenden Gesetzesreformen der letzten Jahre bestärkt.[853] Seit Einführung der Kassenwahlrechte und der weiteren, bereits dargestellten Organisationsreformen in der jüngeren Vergangenheit, bestehen für die Versicherten kaum mehr Unterschiede zwischen den verschiedenen Kassentypen.[854] Sie sorgten darüber hinaus für einen kassenübergreifenden Wettbewerb, der nur dann Sinn ergibt, wenn für alle Kassenarten dieselben Rahmenbedingungen gelten.[855] Zusammenfassend sind daher zwischen den vier hier behandelten Kassenarten keine relevanten Unterschiede ersichtlich, die der Vergleichbarkeit der oben gebildeten Vergleichsgruppe zwischen ordentlich kündbaren Mitarbeitern von Betriebs- und Innungskrankenkassen entgegenstünden.

---

850 Ebenso *Klimpe-Auerbach*, SozSich 2011, 270 (273); *Wolter*, FS Bepler (2012), S. 675 (686).

851 Die Teilnahme der ordentlich unkündbaren Mitarbeiter am Unterbringungsverfahren entspricht der allgemeinen Auffassung, statt aller *Bohlen-Schöning*, KrV 2011, 85 (86); Hauck/Noftz/*Engelhard*, SGB V, § 155 Rn. 41; juris-PK-SGB V/*Koch*, § 155 Rn. 26; *Wolter*, FS Bepler (2012), S. 675 (686).

852 Die ordentlich kündbaren Mitarbeiter einer Ortskrankenkasse sind ebenfalls vergleichbar. Die Parallelen zwischen einer Innungs- und einer Betriebskrankenkasse sind aber noch deutlicher. Das Gesetz kennt beispielsweise innerhalb beider Kassenarten geöffnete und geschlossene Krankenkassen. Die folgenden Ausführungen beziehen sich daher in erster Linie auf die Ungleichbehandlung im Vergleich zum Schließungsrecht der Innungskrankenkassen. Sie ließen sich allerdings größtenteils auf die Gruppe der ordentlich kündbaren Beschäftigten einer Ortskrankenkasse übertragen.

853 Dazu Krauskopf/*Krauskopf*, Soziale Krankenversicherung, § 4 SGB V Rn. 7 f., der die wesentlichen Strukturgesetze, die eine Angleichung der verschiedenen Kassenarten bewirkten, darstellt.

854 Krauskopf/*Krauskopf*, Soziale Krankenversicherung, § 4 SGB V Rn. 7.

855 BT-Drucks. 16/3100, S. 157; *Steinmeyer*, NZS 2008, 393 (396).

Der weiteren Vergleichsgruppe, bestehend aus den ordentlich unkündbaren Mitarbeitern einer Betriebskranken- und Ersatzkasse, stehen ebenfalls keine Bedenken entgegen. Die Frage, ob der unterschiedliche Kündigungsstatus die vorliegende Ungleichbehandlung rechtfertigt, ist erst in dem zweiten Schritt zu prüfen.

(3) Rechtfertigung der Ungleichbehandlung

(i) Meinungsstand

Ein Teil der Literatur zweifelt die Rechtfertigung der im Gesetz angelegten Ungleichbehandlung ordentlich kündbarer Mitarbeiter von Betriebskranken- und Ersatzkassen an.[856] Eine vertiefte Auseinandersetzung mit der vorliegenden Rechtsfrage erfolgt dabei allerdings nicht.[857] Das Landesarbeitsgericht Baden-Württemberg hingegen deutet an, die in den Unterbringungsvorschriften angelegte Ungleichbehandlung als gerechtfertigt anzusehen.[858] Das Gericht stützt seine Ausführungen zur Rechtfertigung der Ungleichbehandlung insbesondere auf die besondere Trägerhaftung des § 155 Abs. 4 SGB V nach Schließung einer Betriebskrankenkasse.[859] Es führt den durch den Gesetzgeber bezweckten Überforderungsschutz der anderen Betriebskrankenkassen an.[860] Das Gericht traf diese Feststellungen im Rahmen der Auslegung und verfassungsrechtlichen Vereinbarkeit der Beendigungsanordnung des § 164 Abs. 4 Satz 1 SGB V. Eine Grundrechtsprüfung der unterschiedlichen Behandlung der Beschäftigten in Bezug auf die Unterbringungsverpflichtung nahm es dagegen nicht vor, da diese Frage nicht entscheidungserheblich war.

(ii) Vergleichsgruppe der ordentlich unkündbaren Beschäftigten einer Betriebskranken- und Ersatzkasse

Die unterschiedliche Behandlung der ordentlich kündbaren und der ordentlich unkündbaren Mitarbeiter einer Betriebskranken- und Ersatzkasse

---

856 *Klimpe-Auerbach*, SozSich 2011, 270 (273); *Rolfs*, GuP 2013, 8 (13). A.A. dagegen *Grau/Sittard*, KrV 2012, 6 (7).

857 Vgl. bspw. *Klimpe-Auerbach*, SozSich 2011, 270 (273), der ohne nähere Begründung von Verstößen gegen Art. 3 Abs. 1 GG ausgeht.

858 LAG Baden-Württemberg 18.05.2012 – 7 Sa 13/12, BeckRS 2012, 71380 (A II 2 c cc (b)).

859 LAG Baden-Württemberg 18.05.2012 – 7 Sa 13/12, BeckRS 2012, 71380 (A II 2 c cc (b)).

860 LAG Baden-Württemberg 18.05.2012 – 7 Sa 13/12, BeckRS 2012, 71380 (A II 2 c cc (b)).

ist gerechtfertigt.[861] Der Sonderkündigungsschutz knüpft an die besondere Schutzbedürftigkeit eines bestimmten Mitarbeiterkreises an.[862] Der Wille des Gesetzgebers, der Tarifvertragsparteien oder des Arbeitgebers und ein darauf gestütztes Gesetz oder eine entsprechende Vereinbarung schützen vor dem Verlust ihres Arbeitsplatzes. Das Landesarbeitsgericht Baden-Württemberg weist zutreffend darauf hin, dass die Herausnahme der ordentlich kündbaren Mitarbeiter aus der Unterbringungsverpflichtung geeignet ist, eine Überforderung der übrigen Krankenkassen bei Schließung einer Krankenkasse zu verhindern.[863] Die Rechtsstellung der betroffenen Mitarbeiter verschlechtert sich dadurch auch nicht in unangemessener Weise. Sie sind nach Maßgabe des verbleibenden Abwicklungsbedarfs bei der Abwicklungskörperschaft weiter zu beschäftigen.[864] Die Beendigung ihrer Arbeitsverhältnisse erfolgt durch Ausspruch betriebsbedingter Kündigungen, deren Wirksamkeit an den Vorgaben des KSchG zu messen ist. Die ordentlich kündbaren Mitarbeiter einer Betriebskranken- oder Ersatzkasse teilen daher schlicht das Schicksal von Arbeitnehmern anderer Bereiche, deren Arbeitgeber abgewickelt wird. Die durch die entsprechenden Regelungen zum Ausdruck kommende höhere Schutzbedürftigkeit der ordentlich unkündbaren Mitarbeiter sowie die drohende Überlastung des Krankenversicherungssystems rechtfertigen den Ausschluss der Mitarbeiter aus dem Unterbringungsverfahren.

(iii) Vergleichsgruppe der ordentlich kündbaren Beschäftigten einer Orts- und Innungskrankenkasse

Rechtfertigungsgründe für die Ungleichbehandlung ordentlich kündbarer Mitarbeiter der Betriebskranken- und Ersatzkassen gegenüber vergleichbaren Mitarbeitern der Innungs- und Ortskrankenkassen sind dagegen nicht ersichtlich.[865] Die früher bestehenden Unterschiede zwischen den verschiedenen

---

861 A.A. *Klimpe-Auerbach*, SozSich 2011, 270 (273).

862 *Eylert/Sänger*, RdA 2010, 24 (30 – Mutterschutz; 31 – Elternzeit; 33 – Schwerbehinderung); Staudinger/*Oetker*, BGB, Vorbem. zu §§ 620 ff. Rn. 261.

863 LAG Baden-Württemberg 18.05.2012 – 7 Sa 13/12, BeckRS 2012, 71380 (A II 2 c aa (2) (b)).

864 A.A. *Bohlen-Schöning*, KrV 2011, 85 (86); *Gutzeit*, NZS 2012, 361 (365); *Gutzeit*, NZS 2012, 410 (417), welche die Beendigung der Arbeitsverhältnisse aus der Abwicklungskonstruktion herleiten beziehungsweise § 164 Abs. 4 Satz 1 SGB V auf sämtliche Mitarbeiter der geschlossenen Krankenkasse anwenden und damit die Beendigungsanordnung auch auf Mitarbeiter erstrecken, die keinen Anspruch auf Unterbringung bei einer anderen Krankenkasse geltend machen können.

865 A.A. *Bohlen-Schöning*, KrV 2012, 101 (103), welche die unterschiedliche Behandlung „aufgrund der historisch gewachsenen besonderen Unterschiede und Rahmenbedingungen dieser Kassenarten gerechtfertigt" ansieht.

Krankenkassenarten, insbesondere in Bezug auf den möglichen Versichertenkreis, sind seit Einführung der freien Kassenwahlrechte und der Schaffung der zum größten Teil gleichen Rahmenbedingungen für alle Krankenkassentypen nicht mehr vorhanden. Die durch das Landesarbeitsgericht Baden-Württemberg angestrengten Rechtfertigungsversuche in Bezug auf haftungsrechtliche Besonderheiten bei Schließung einer Betriebskrankenkasse überzeugen deswegen nicht. Das Gericht legt seinen Ausführungen die Haftung nach den Regeln des § 155 Abs. 4 SGB V zugrunde.[866] Die Haftung nach Schließung einer Betriebskrankenkasse auf der einen Seite und einer Innungskrankenkasse auf der anderen Seite ist aber – wie bereits aufgezeigt[867] – nahezu gleich ausgestaltet. Haftungsrechtliche Aspekte rechtfertigen daher die unterschiedliche Behandlung ordentlich kündbarer und ordentlich unkündbarer Mitarbeiter im Hinblick auf eine mögliche Überforderung der übrigen Krankenkasse. Es besteht nicht nur für die Betriebskranken- und Ersatzkassen die Gefahr einer finanziellen Überforderung durch die Verpflichtung zur Unterbringung einer großen Anzahl von Arbeitnehmern der geschlossenen Krankenkasse. Den beiden anderen Krankenkassentypen drohen aufgrund des vergleichbaren Haftungskonzepts nach Schließung einer Krankenkasse ebenso finanzielle Schwierigkeiten, die durch die Aufnahmeverpflichtung einer hohen Anzahl von Mitarbeitern entstehen können.

Rechtfertigungsgründe sind auch nicht der Gesetzesbegründung[868] oder der Systematik des Gesetzes zu entnehmen. Die unterschiedliche Behandlung lässt sich insbesondere nicht dadurch legitimieren, dass nur bei den Innungs- und Ortskrankenkassen seit jeher Dienstordnungsangestellte beschäftigt waren und sich diese Anstellungsart bei den übrigen beiden Kassenarten nicht findet.[869] Dies spräche eher für die Herausnahme ordentlich kündbarer Mitarbeiter von Innungskranken- und Ortskrankenkassen, da diese Kassenarten bereits mit der Unterbringung von Dienstordnungsangestellten belastet sind und ihnen deswegen eher eine finanzielle Überforderung droht. Die Rechtfertigungsversuche, die an die Existenz von Dienstordnungsangestellten bei nur zwei Krankenkassenarten anknüpfen, verlieren nicht zuletzt im Hinblick auf die Gesetzesbegründung ihre Überzeugungskraft. Der Gesetzgeber schien sich bei Erlass der Vorschrift des § 155 Abs. 4 Satz 9 SGB V dieses Unterschieds nicht bewusst gewesen zu sein. Ungeachtet des Umstands, dass es bei Betriebskranken- und Ersatzkassen keine Dienstordnungsangestellten gibt[870],

---

866 LAG Baden-Württemberg 18.05.2012 – 7 Sa 13/12, BeckRS 2012, 71380 (A II 2 c aa (2) (b)).

867 Vgl. Kap. B IV 3 c dieser Arbeit.

868 Dazu BT-Drucks. 16/9559, S. 19.

869 *Wolter*, FS Bepler (2012), S. 675 (676), ohne diese Tatsache im Zusammenhang mit möglichen Ungleichbehandlungen zu setzen.

870 *Rolfs*, GuP 2013, 8 (10 f.).

hob er in Bezug auf die im Organisationsrecht der Betriebskrankenkassen zu findenden Verweisungsnorm des § 155 Abs. 4 Satz 9 SGB V hervor, dass diese der Sicherstellung von Beschäftigungsansprüchen der Dienstordnungsangestellten diene.[871] Das verdeutlicht, dass die Herausnahme von ordentlich kündbaren Mitarbeitern nicht auf das Fehlen von Dienstordnungsanstellungsverhältnissen bei Betriebskranken- und Ersatzkassen zurückzuführen ist.

Die Rechtfertigung gelingt letztlich auch nicht unter Verweis auf die Einschätzungsprärogative des Gesetzgebers.[872] Das Bundesverfassungsgericht belässt dem Gesetzgeber einen gewissen Spielraum bei der Beurteilung der „Eignung und Erforderlichkeit des gewählten Mittels zur Erreichung der erstrebten Ziele"[873].[874] Dieser Spielraum befreit aber nicht von der Beachtung des allgemeinen Gleichheitsgrundsatzes. Insofern müsste wenigstens irgendein vernünftiger Grund für die Ungleichbehandlung ersichtlich sein. Dies ist – wie eben aufgezeigt – nicht der Fall. Nach alledem ist die unterschiedliche Behandlung nicht gerechtfertigt.[875]

(4) Rechtsfolgen der Ungleichbehandlung

Der Gleichheitsverstoß der in den §§ 155 Abs. 4 Satz 9, 171 Satz 1 SGB V enthaltenen Beschränkungen gewährt den Benachteiligten keinen Unterbringungsanspruch.[876] Ein solcher lässt sich insbesondere nicht aus einer verfassungskonformen Auslegung herleiten.[877] Die Verweise auf die Unterbringungsvorschriften nehmen ordentlich kündbare Mitarbeiter ausdrücklich aus. Dieser eindeutige Wortlaut der Norm definiert zugleich die Grenzen einer verfassungskonformen Auslegung.[878]

Ein Verstoß gegen den allgemeinen Gleichheitsgrundsatz des Art. 3 Abs. 1 GG wirkt in der Regel nicht anspruchsbegründend.[879] Das Bundesverfassungsgericht beschränkt sich in solchen Fällen meist darauf, eine Unverein-

---

871 BT-Drucks. 16/9559, S. 19.

872 So aber *Grau/Sittard*, KrV 2012, 6 (7).

873 BVerfG 09.03.1994 - 2 BvL 43/92, NJW 1994, 1577 (C I 1).

874 BVerfG 09.03.1994 - 2 BvL 43/92, NJW 1994, 1577 (C I 1); *Wernsmann*, NVwZ 2000, 1360 (1363).

875 Ebenso *Klimpe-Auerbach*, SozSich 2011, 270 (273), zweifelnd auch Becker/Kingreen/*Mühlhausen*, SGB V, § 164 Rn. 5; *Rolfs*, GuP 2013, 8 (13). A.A. wohl LAG Baden-Württemberg 18.05.2012 - 7 Sa 13/12, BeckRS 2012, 71380 (A II 2 c aa (2) (b)); *Bohlen-Schöning*, KrV 2012, 101 (103); *Grau/Sittard*, KrV 2012, 6 (7).

876 LAG Baden-Württemberg 18.05.2012 - 7 Sa 13/12, BeckRS 2012, 71380 (A II 2 c aa (2) (d)).

877 Zum Vorrang der verfassungskonformen Auslegung vgl. ErfK/*Schmidt*, Art. 3 GG Rn. 51.

878 BVerfG 14.04.2010 – 1 BvL 8/08, NJOZ 2011, 464 (Rn. 50 m.w.N.).

879 ErfK/*Schmidt*, Art. 3 GG Rn. 52.

barkeitserklärung abzugeben oder die Nichtigkeit der Norm in Verbindung mit einer dem Gesetzgeber auferlegten Frist zur Beseitigung des Verstoßes festzustellen.[880] Das gilt insbesondere auch dann, wenn dem Gesetzgeber zur Beseitigung mehrere Möglichkeiten offen stehen.[881] Das ist hier der Fall. Von der Abschaffung über die Umgestaltung des Unterbringungsverfahrens bis hin zur Einbeziehung der Betroffenen in das Unterbringungsverfahren sind verschiedene Wege zur Lösung des Verfassungskonflikts denkbar. Zusammenfassend folgt damit auch aus dem Verstoß gegen den allgemeinen Gleichheitsgrundsatz nach Art. 3 Abs. 1 GG kein Anspruch der ordentlich kündbaren Betriebskranken- beziehungsweise Ersatzkassenmitarbeiter auf Unterbringung bei einer anderen Krankenkasse oder dem jeweiligen Landesverband.[882]

cc) Zwischenergebnis

Die Gruppe der ordentlichen kündbaren Mitarbeiter einer Betriebskranken- und Ersatzkasse nimmt im Falle ihrer Schließung nicht am Unterbringungsverfahren teil. Die eindeutige Herausnahme dieses Beschäftigtenkreises steht einer anderweitigen Auslegung entgegen. Die gegenwärtige Gesetzeslage verstößt gegen den allgemeinen Gleichbehandlungsgrundsatz des Art. 3 Abs. 1 GG.[883] Die im letzten Jahrhundert noch existierenden Unterschiede zwischen den einzelnen Kassenarten sind größtenteils aufgehoben.[884] Es lassen sich insofern keine sachlichen Gründe mehr für eine Ungleichbehandlung der ordentlich kündbaren Mitarbeiter von Betriebskranken- und Ersatzkassen gegenüber deren Pendants bei den Innungskranken- und Ortskrankenkassen auf der anderen Seite finden. Art. 3 Abs. 1 GG hat allerdings keine anspruchsbegründende Wirkung.[885] Die Verfassungswidrigkeit der Vorschriften gewährt den Betroffenen deswegen keinen Unterbringungsanspruch.

---

880 BVerfG 30.05.1990 - 1 BvL 2/83, NZA 1990, 721 (C II), insb. auch zum Verhältnis dieser beiden Mittel zueinander; ErfK/*Schmidt*, Art. 3 GG Rn. 52 f.

881 ErfK/*Schmidt*, Art. 3 GG Rn. 52.

882 Ebenso LAG Baden-Württemberg 18.05.2012 - 7 Sa 13/12, BeckRS 2012, 71380 (A II 2 c aa (d)).

883 *Klimpe-Auerbach*, SozSich 2011, 270 (273), ebenfalls zweifelnd Becker/Kingreen/*Mühlhausen*, SGB V, § 164 Rn. 5; *Rolfs*, GuP 2013, 8 (13). A.A. wohl LAG Baden-Württemberg 18.05.2012 - 7 Sa 13/12, BeckRS 2012, 71380 (A II 2 c aa (2) (b)); *Bohlen-Schöning*, KrV 2012, 101 (103); *Grau/Sittard*, KrV 2012, 6 (7).

884 Krauskopf/*Krauskopf*, Soziale Krankenversicherung, § 4 SGB V Rn. 7 f.

885 ErfK/*Schmidt*, Art. 3 GG Rn. 52.

5. Ergebnis

Die Unterbringung der Gruppe der übrigen Beschäftigten im Sinne des § 164 Abs. 3 Satz 3 SGB V erfordert die Abwägung der Interessen der Beschäftigten auf der einen Seite und der zur Unterbringung verpflichteten Krankenkassen und des Krankenversicherungssystems auf der anderen Seite.[886] Beamtenrechtliche Grundsätze finden dagegen – anders als bei den Fragen zur Unterbringung von Dienstordnungsangestellten – keine Anwendung. Der Rückgriff auf unbestimmte Rechtsbegriffe ermöglicht es den zur Unterbringung verpflichteten Rechtsträgern, den Besonderheiten des Einzelfalls Rechnung zu tragen. Dies stellt den Rechtsanwender allerdings zugleich vor Probleme. Denn das Gesetz gibt ihm keine konkreten Anhaltspunkte an die Hand, in welcher Weise er die widerstreitenden Interessen zu gewichten hat.

Die Oberflächlichkeit der §§ 155 Abs. 4 Satz 9, 171 Satz 1 SGB V führt zu weiteren Problemen. Das Gesetz knüpft lediglich an den Kündigungsstatus an. Es verleiht lediglich denjenigen Beschäftigten einen Unterbringungsanspruch, deren Arbeitsverhältnis nur aus wichtigem Grund gekündigt werden kann. Diese vagen Vorgaben rufen im Einzelfall Schwierigkeiten bei der Bestimmung des berechtigten Mitarbeiterkreises hervor. Eine ordentliche Kündigung scheidet in jedem Falle gegenüber Mitarbeitern aus, deren Arbeitsverhältnisse unter keinen Umständen durch Ausspruch einer ordentlichen Kündigung beendet werden können. In der Praxis fallen darunter insbesondere die Arbeitnehmer, die aufgrund tarifvertraglicher Regelungen nicht ordentlich kündbar sind. Dieser Beschäftigtenkreis ist allerdings zu eng. Das deutsche Recht verleiht auch weiteren Mitarbeitern einen Sonderkündigungsschutz in Form eines Kündigungsverbots mit Erlaubnisvorbehalt. Nicht zuletzt der Sinn und Zweck dieses Sonderkündigungsschutzes und der Unterbringungsvorschriften gebietet eine Einbeziehung dieser Beschäftigten ins Unterbringungsverfahren. Das gilt jedoch dann nicht, wenn der Sonderkündigungsschutz nicht an die persönlichen Merkmale eines Mitarbeiters, sondern an dessen Amtsstellung anknüpft. Das trifft insbesondere auf die Personalratsmitglieder zu. Die Vorschrift des § 15 Abs. 4 KSchG lässt ihnen gegenüber im Falle einer Betriebsschließung die ordentliche Kündigung zu. Die Schließung einer Krankenkasse stellt einen solchen Fall einer Betriebsschließung dar. Eine Unterbringungsverpflichtung von Arbeitnehmervertretern besteht demnach unter Berücksichtigung der Systematik sowie des Gesetzeszwecks nicht.

Die im Gesetz verankerte unterschiedliche Behandlung ordentlich kündbarer Mitarbeiter von Betriebskranken- und Ersatzkassen ist dagegen verfas-

---

[886] Ähnlich *Grau/Sittard*, KrV 2012, 6 (7).

sungswidrig.[887] Nach Angleichung der Rahmenbedingungen aller Kassenarten findet sich kein sachlicher Grund, der eine Ungleichbehandlung dieses Beschäftigtenkreises gegenüber den ordentlich kündbaren Mitarbeitern von Innungs- und Ortskrankenkassen rechtfertigt.

V. Auswahl der Beschäftigten im Unterbringungsverfahren

1. Überblick

Die ordnungsgemäße Auswahl zwischen verschiedenen Arbeitnehmern spielt im Arbeitsrecht insbesondere vor Ausspruch betriebsbedingter Kündigungen eine Rolle.[888] Nach § 1 Abs. 3 Satz 1 KSchG ist eine Kündigung „sozial ungerechtfertigt, wenn der Arbeitgeber bei der Auswahl des Arbeitnehmers die Dauer der Betriebszugehörigkeit, das Lebensalter, die Unterhaltspflichten und die Schwerbehinderung des Arbeitnehmers nicht oder nicht ausreichend berücksichtigt hat"[889]. Diese Kriterien bewahren die besonders schutzbedürftigen Mitarbeiter vor dem Verlust ihrer Arbeitsplätze.[890]

Das Unterbringungsverfahren selbst dient dagegen nicht dem Schutz vor dem Verlust des Arbeitsplatzes bei der betroffenen Krankenkasse, da sämtlichen in den Anwendungsbereich des § 164 Abs. 3 SGB V fallenden und damit am Unterbringungsverfahren teilnehmenden Mitarbeiter gerade die Fortsetzung ihres Arbeitsverhältnisses mit einer anderen Krankenkasse oder dem Landesverband zugesichert ist.[891] Die zur Sozialauswahl sowie zur Auswahlentscheidung bei Ausübung des Direktionsrechts im Sinne des § 106 Satz 1 GewO existierenden Regeln legen aber nahe, dass das Auswahlverfahren nach Schließung der Krankenkassen ebenfalls nach gewissen Regeln zu erfolgen hat und die zur Aufnahme verpflichteten übrigen Rechtsträger sich nicht willkürlich für oder gegen bestimmte Mitarbeiter entscheiden dürfen.[892]

---

887 *Klimpe-Auerbach*, SozSich 2011, 270 (273), zweifelnd Becker/Kingreen/*Mühlhausen*, SGB V, § 164 Rn. 5; *Rolfs*, GuP 2013, 8 (13). A.A. wohl LAG Baden-Württemberg 18.05.2012 - 7 Sa 13/12, BeckRS 2012, 71380 (A II 2 c aa (2) (b)); *Bohlen-Schöning*, KrV 2012, 101 (103); *Grau/Sittard*, KrV 2012, 6 (7).

888 Dazu APS/*Kiel*, § 1 KSchG Rn. 654 ff.; ErfK/*Oetker*, § 1 KSchG Rn. 299 ff.; *Schiefer*, NZA-RR 2002, 169 (169 ff.); *Thüsing/Wege*, RdA 2005, 12 (12 ff.).

889 § 1 Abs. 3 Satz 1 Hs. 1 KSchG.

890 BAG 04.05.2006 - 8 AZR 299/05, NZA 2006, 1096 (Rn. 24); MünchArbR/*Berkowsky*, Band I, § 110 Rn. 27; ErfK/*Oetker*, § 1 KSchG Rn. 300.

891 BAG 21.11.2013 - 2 AZR 474/12, BeckRS 2014, 69409 (Rn. 62); BAG 21.11.2013 - 2 AZR 495/12, NJOZ 2014, 1548 (Rn. 62); BAG 21.11.2013 - 2 AZR 598/12, BeckRS 2014, 70205 (Rn. 49); BAG 21.11.2013 - 2 AZR 966/12, BeckRS 2014, 70808 (Rn. 41).

892 Diese Erkenntnis spiegelt die in Rechtsprechung und Literatur zum Schließungsrecht vertretene Ansicht wieder, die allesamt der Auswahlentscheidung bestimmte

Diese Vorgaben verkomplizieren das Unterbringungsverfahren erheblich. Im Schließungszeitpunkt sehen sich die übrigen Krankenkassen vielen, auf freien Stellen unterzubringenden Mitarbeitern, gegenüber. Das Schaffen geeigneter Stellen alleine erfordert schon erhebliche Anstrengungen. Fordert man nunmehr die Berücksichtigung sozialer Eigenschaften der Mitarbeiter, steigert sich dieser Aufwand noch weiter. In diesem Zusammenhang stellen sich einige Fragen, die das Gesetz nicht beantwortet. Es ist insbesondere unklar, nach welchen Kriterien, in welcher Art und Weise, zu welchem Zeitpunkt und durch wen die Auswahl der Beschäftigten vonstatten geht.[893] Zuletzt könnte der gebotene Schutz vor einer finanziellen Überforderung von Krankenkassen für eine Befreiung von der Unterbringungsverpflichtung einzelner Krankenkassen sprechen, wenn sie keine geeigneten Stellen zur Verfügung haben oder sich durch die Aufnahme von Mitarbeitern ein Personalüberhang ergäbe.[894]

2. *Keine Ablehnungsrechte der aufnehmenden Rechtsträger*

Eine Ansicht räumt den Krankenkassen – mit Verweis auf das im Krankenversicherungsrecht verankerte Wirtschaftlichkeitsgebot – das Recht zur Ablehnung der Aufnahme von Mitarbeitern ein, wenn deren Unterbringung zu finanziellen Engpässen führt oder sie keine geeigneten freien Stellen zur Verfügung haben.[895] Für diese Lösung sprechen insbesondere die in den letzten beiden Jahrzehnten in Kraft getretenen Gesetzesänderungen, die allesamt den Wettbewerb zwischen den Krankenkassen verschärften und die Krankenkassen zu einem effektiveren Wirtschaften zwangen.[896] Dieses Ziel erfor-

---

Kriterien zugrunde legen, vgl. u.a. bspw. die Entscheidung zwischen § 106 GewO und § 1 Abs. 3 Satz 1 KSchG offen lassend LAG Berlin-Brandenburg 12.04.2012 – 2 Sa 14/12, BeckRS 2012, 68381 (2.2.2); LAG Berlin-Brandenburg 08.05.2012 – 7 Sa 2558/11, BeckRS 2012, 71055 (2.2.2.4); LAG Berlin-Brandenburg 02.08.2012 – 2 Sa 9/12, 2 Sa 245/12, BeckRS 2012, 75356 (2.2.2); LAG Berlin-Brandenburg 31.01.2013 – 5 Sa 1789/12, BeckRS 2013, 67971 (2.2.3); *Grau/Sittard*, KrV 2012, 6 (8) (weites Auswahlermessen); *Bohlen-Schöning*, KrV 2011, 85 (87) (Sozialauswahl nach üblichen arbeitsrechtlichen Prinzipien).

893 Dazu insb. *Bohlen-Schöning*, KrV 2011, 85 (86 f.).

894 Ablehnend BAG 21.11.2013 – 2 AZR 474/12, BeckRS 2014, 69409 (Rn. 62); BAG 21.11.2013 – 2 AZR 495/12, NJOZ 2014, 1548 (Rn. 62); BAG 21.11.2013 – 2 AZR 598/12, BeckRS 2014, 70205 (Rn. 49); BAG 21.11.2013 – 2 AZR 966/12, BeckRS 2014, 70808 (Rn. 41).

895 *Grau/Sittard*, KrV 2012, 6 (8), welche die Beschäftigten in diesem Fall auf einen verschuldensunabhängigen Schadensersatzanspruch verweisen; LPK-SGB V/*Hänlein*, § 164 Rn. 6; Becker/Kingreen/*Mühlhausen*, SGB V, § 164 Rn. 14. Auf die gleichen Argumente stützt sich Krauskopf/*Baier*, Soziale Krankenversicherung, § 164 SGB V Rn. 21: im Ergebnis aber unklar, ob sich daraus ein Ablehnungsrecht ergeben soll.

896 *Becker/Schweitzer*, NJW-Beil. 2012, 82 (83); Hauck/Noftz/*Noftz*, SGB V, § 4 Rn. 23.

dert insbesondere die Senkung der Personalkosten. Eine bedingungslose Aufnahmeverpflichtung von Mitarbeitern einer geschlossenen Krankenkasse setzt sich in Widerspruch mit diesen gesetzgeberischen Maßnahmen[897] und erhöht zwangsläufig die Personal- und Verwaltungskosten der übrigen Krankenkassen. Während sich diese höheren Kosten bei nur einer Kassenschließung noch in Grenzen halten, kann dieser Umstand im Falle einer Schließungswelle von mehreren Krankenkassen alle Einsparbemühungen zunichte machen und die finanzielle Belastungsfähigkeit der übrigen Rechtsträger überstrapazieren.[898] Die Auffassung verweist daneben auf den Beschäftigungsanspruch der unterzubringenden Beschäftigten.[899] Stehe bei einer Krankenkasse kein freier und geeigneter Arbeitsplatz zur Verfügung, entfiele der Unterbringungsanspruch wegen objektiver Unmöglichkeit.[900] Letztlich sei es widersprüchlich, wenn eine Krankenkasse trotz fehlender geeigneter Stellen Mitarbeiter aufnehmen und in einem nächsten Schritt auf Kosten der eigenen Belegschaft betriebsbedingte Kündigung aussprechen müsse.[901]

Diese richtigen Einwände gegen eine umfassende und bedingungslose Aufnahmeverpflichtung der übrigen Krankenkassen ändern allerdings nichts an der insoweit unzweideutigen Rechtslage. Sowohl der Wortlaut des Gesetzes[902] als auch die Gesetzesmaterialien[903] belegen eindeutig, dass die übrigen Krankenkassen die Aufnahme der Mitarbeiter weder aufgrund eigener finanzieller Schwierigkeiten noch mit Verweis auf fehlende freie Stellen verweigern dürfen.[904] Sie sind deswegen auf Personalanpassungsmaßnah-

---

897 So wohl auch Krauskopf/*Baier*, Soziale Krankenversicherung, § 164 SGB V Rn. 21 mit Verweis auf „Wettbewerbsgesichtspunkte".

898 Ähnlich in Bezug auf die Mithaftung der Krankenkassen ArbG Hamburg 12.10.2011 - 3 Ca 240/11, BeckRS 2012, 69606 (II 2 a); ArbG Hamburg 27.01.2012 - 13 Ca 172/11, BeckRS 2012, 69859 (3 a (1)).

899 *Grau/Sittard*, KrV 2012, 6 (8).

900 *Grau/Sittard*, KrV 2012, 6 (8).

901 *Grau/Sittard*, KrV 2012, 6 (8).

902 ArbG Berlin 25.11.2011 - 33 Ca 7824/11, NZS 2012, 427 (Ls.) = BeckRS 2012, 65218 (III 1 b ff (2)); *Bohlen-Schöning*, KrV 2011, 85 (87). Das BAG belässt es mit Verweis auf den Wortlaut der Norm dagegen bei der Feststellung, dass sich aus diesem keine Anhaltspunkte für ein Weigerungsrecht ergeben, vgl. BAG 21.11.2013 - 2 AZR 474/12, BeckRS 2014, 69409 (Rn. 62); BAG 21.11.2013 - 2 AZR 495/12, NJOZ 2014, 1548 (Rn. 62); BAG 21.11.2013 - 2 AZR 598/12, BeckRS 2014, 70205 (Rn. 49); BAG 21.11.2013 - 2 AZR 966/12, BeckRS 2014, 70808 (Rn. 41).

903 BAG 21.11.2013 - 2 AZR 474/12, BeckRS 2014, 69409 (Rn. 62); BAG 21.11.2013 - 2 AZR 495/12, NJOZ 2014, 1548 (Rn. 62); BAG 21.11.2013 - 2 AZR 598/12, BeckRS 2014, 70205 (Rn. 49); BAG 21.11.2013 - 2 AZR 966/12, BeckRS 2014, 70808 (Rn. 41); *Wolter*, FS Bepler (2012), S. 675 (681).

904 Ebenso die h.M. BAG 21.11.2013 - 2 AZR 474/12, BeckRS 2014, 69409 (Rn. 62); BAG 21.11.2013 - 2 AZR 495/12, NJOZ 2014, 1548 (Rn. 62); BAG 21.11.2013 - 2 AZR 598/12, BeckRS 2014, 70205 (Rn. 49); BAG 21.11.2013 - 2 AZR 966/12, BeckRS 2014, 70808 (Rn. 41); ArbG Berlin 25.11.2011 - 33 Ca 7824/11, NZS 2012, 427 (Ls.) = BeckRS 2012, 65218 (III 1 b ff (2)); *Bohlen-Schöning*, KrV 2011, 85 (87);

men im Anschluss der Unterbringung von Mitarbeitern der geschlossenen Krankenkasse zu verweisen.[905]

Für diese herrschende Auffassung spricht zunächst der Wortlaut des § 164 Abs. 3 Satz 4 SGB V.[906] Danach ist jede Innungskrankenkasse verpflichtet, „entsprechend ihrem Anteil an der Zahl der Versicherten aller Innungskrankenkassen dienstordnungsmäßige Stellungen nach Satz 1 nachzuweisen und Anstellungen nach Satz 3 anzubieten". Das Gesetz lässt keinen Spielraum für Ausnahmen („jede" Krankenkasse).[907] Die Gesetzesbegründung bestätigt diese Leseart.[908] Die erst nachträglich mit Wirkung zum 1. Januar 2009 ins Gesetz eingefügte Regelung des § 164 Abs. 3 Satz 4 SGB V[909] trägt dem verschärften Wettbewerb zwischen den Krankenkassen Rechnung.[910] Gerade bei Fehlen eines das Unterbringungsverfahren koordinierenden Landesverbands könne nicht ohne weiteres von einem ausreichenden Selbstorganisationspotentials der Krankenkassen ausgegangen werden, „um den Beschäftigten einer geschlossenen Krankenkasse Arbeitsplatzangebote in ausreichender Anzahl zu unterbreiten"[911].[912] Deshalb lege das Gesetz fest, dass „jede" Krankenkasse Unterbringungsangebote zu unterbreiten habe.[913]

Wie das Bundesarbeitsgericht zutreffend darlegt, widerlegt die Gesetzesbegründung auch das Überforderungsargument der anderen Auffassung.[914] Zur Neuregelung führt der Gesetzgeber nämlich weiter aus, dass insbeson-

---

Wolter, FS Bepler (2012), S. 675 (681). Die wesentlichen für die h.M. sprechenden Argumente erkennt zumindest ein Teil der Gegenauffassung an, lehnt aber dennoch mit Verweis auf das Wirtschaftlichkeitsgebot und ohne nähere Erörterung der Gegenargumente eine bedingungslose Angebotsverpflichtung aller Krankenkassen ab, vgl. LPK-SGB V/*Hänlein*, § 164 Rn. 6 („Entgegen dem Anschein, den Wortlaut und Gesetzesbegründung (...) erwecken (...)").

905 Darauf weist auch u.a. das BAG hin, vgl. BAG 21.11.2013 - 2 AZR 474/12, BeckRS 2014, 69409 (Rn. 62); BAG 21.11.2013 - 2 AZR 495/12, NJOZ 2014, 1548 (Rn. 62); BAG 21.11.2013 - 2 AZR 598/12, BeckRS 2014, 70205 (Rn. 49); BAG 21.11.2013 - 2 AZR 966/12, BeckRS 2014, 70808 (Rn. 41). A.A. insb. *Grau/Sittard*, KrV 2012, 6 (8). Vgl. dazu ausführlich Kap. C VII 2 d dieser Arbeit.

906 *Bohlen-Schöning*, KrV 2011, 85 (87).

907 *Bohlen-Schöning*, KrV 2011, 85 (87).

908 Vgl. BT-Drucks. 16/9559, S. 19. So in erster Linie BAG 21.11.2013 - 2 AZR 474/12, BeckRS 2014, 69409 (Rn. 62); BAG 21.11.2013 - 2 AZR 495/12, NJOZ 2014, 1548 (Rn. 62); BAG 21.11.2013 - 2 AZR 598/12, BeckRS 2014, 70205 (Rn. 49); BAG 21.11.2013 - 2 AZR 966/12, BeckRS 2014, 70808 (Rn. 41).

909 BGBl. I 2426; KassKom/*Peters*, § 164 SGB V Rn. 7.

910 BT-Drucks. 16/9559, S. 19.

911 BT-Drucks. 16/9559, S. 19.

912 BT-Drucks. 16/9559, S. 19.

913 BT-Drucks. 16/9559, S. 19.

914 BAG 21.11.2013 - 2 AZR 474/12, BeckRS 2014, 69409 (Rn. 62); BAG 21.11.2013 - 2 AZR 495/12, NJOZ 2014, 1548 (Rn. 62); BAG 21.11.2013 - 2 AZR 598/12, BeckRS 2014, 70205 (Rn. 49); BAG 21.11.2013 - 2 AZR 966/12, BeckRS 2014, 70808 (Rn. 41).

dere kleinere, sich in örtlicher Nähe befindliche Krankenkassen ohne eine gegenüber allen Krankenkassen entsprechend ihrer Größe bestehenden Angebotsunterbreitungspflicht Gefahr liefen, überfordert zu werden.[915] Eine durch eine Kassenschließung drohende Überforderung anderer Krankenkassen bedachte der Gesetzgeber damit und entgegnete dieser Gefahr mit der Vorschrift des § 164 Abs. 3 Satz 4 SGB V, ohne zugleich von der gegenüber jeder Krankenkasse wirkenden Unterbringungsverpflichtung abzusehen oder Ausnahmen zu normieren.[916] Der Umstand, dass die gleichmäßige Verteilung der Unterbringungsverpflichtung eine Überforderung einzelner Krankenkassen unter Umständen nicht verhindert, rechtfertigt es nicht, sich über den klaren Wortlaut des Gesetzes und der Gesetzesbegründung hinwegzusetzen.

Für eine uneingeschränkte Aufnahmeverpflichtung der übrigen Krankenkassen entsprechend ihrem Anteil an Versicherten spricht ebenfalls, dass sonst die übrigen Krankenkassen zwangsläufig einer größeren Belastung ausgesetzt wären. Ermöglicht man einzelnen Krankenkassen, mit Verweis auf ihre eigene finanzielle Ausstattung oder fehlenden freien Stellen keine Mitarbeiter aufzunehmen, müssten die übrigen Krankenkassen umso mehr Beschäftigte in ihren Reihen unterbringen. Dieser Lösungsvorschlag läuft der in § 164 Abs. 3 Satz 4 SGB V geregelten gleichmäßigen Verteilung der Mitarbeiter zuwider und führt zu einer übermäßigen Belastung der übrigen Krankenkassen, was diesen wiederum die Weigerung zur Aufnahme von Beschäftigten ermöglichen würde und letztlich einen Teufelskreis in Gang setzen könnte.

Eine durch die umfassende Unterbringungsverpflichtung ausgelöste wirtschaftliche Überlastung der Krankenkassen lässt sich letztlich durch andere Mittel vermeiden. Das Gesetz verpflichtet die Krankenkassen zwar zur Aufnahme einer bestimmten Mitarbeiterzahl. Es hindert sie allerdings nicht daran, im Anschluss an die Aufnahme der Mitarbeiter mittels Ausspruchs von Kündigungen oder Abschlusses von Aufhebungsverträgen den Personalüberschuss unter Beachtung der allgemeinen arbeitsrechtlichen Regeln zu reduzieren.[917] Es stellt sich hier lediglich die Frage, welchen Mitarbeitern gegenüber gekündigt werden kann.[918] Die gegenteilige Ansicht, die den

---

[915] BT-Drucks. 16/9559, S. 19.

[916] BAG 21.11.2013 - 2 AZR 474/12, BeckRS 2014, 69409 (Rn. 62); BAG 21.11.2013 - 2 AZR 495/12, NJOZ 2014, 1548 (Rn. 62); BAG 21.11.2013 - 2 AZR 598/12, BeckRS 2014, 70205 (Rn. 49); BAG 21.11.2013 - 2 AZR 966/12, BeckRS 2014, 70808 (Rn. 41).

[917] BAG 21.11.2013 - 2 AZR 474/12, BeckRS 2014, 69409 (Rn. 62); BAG 21.11.2013 - 2 AZR 495/12, NJOZ 2014, 1548 (Rn. 62); BAG 21.11.2013 - 2 AZR 598/12, BeckRS 2014, 70205 (Rn. 49); BAG 21.11.2013 - 2 AZR 966/12, BeckRS 2014, 70808 (Rn. 41).

[918] Dazu Kap. C VII 2 d dieser Arbeit.

Ausspruch betriebsbedingter Kündigungen unmittelbar nach Unterbringung der Beschäftigten für widersprüchlich hält[919], überzeugt nicht. Die in diesem Rahmen durchzuführende Sozialauswahl sorgt dafür, dass besonders schutzbedürftige Mitarbeiter - möglicherweise auf Kosten der bisherigen Belegschaft - ihren Arbeitsplatz behalten. Der vollständige Ausschluss betriebsbedingter Kündigungen im Zusammenhang mit der Schließung einer Krankenkasse und der Unterbringung vieler Mitarbeiter ließe sich jedenfalls tatsächlich nicht mit dem Wirtschaftlichkeitsgebot vereinbaren.

Ein Unterbringungsanspruch scheidet ebenso wenig infolge objektiver Unmöglichkeit unter Verweis auf den Beschäftigungsanspruch der Mitarbeiter im Sinne des § 275 BGB[920] aus.[921] Der von der Rechtsprechung anerkannte Beschäftigungsanspruch berechtigt Arbeitnehmer zur Beschäftigung mit vertragsgemäßen Arbeiten während der Arbeitszeit.[922] Die klaren gesetzgeberischen Vorgaben zwingen die Krankenkassen dazu, notfalls freie Stellen zu schaffen. Dies hat nicht zwingend eine von der Rechtsprechung nur in Ausnahmefällen anerkannte Freikündigungspflicht[923] zur Folge. Sie sind stattdessen gehalten, durch entsprechende Umorganisation geeignete Stellen zu finden, wobei ihnen der Zumutbarkeitsmaßstab des § 164 Abs. 3 SGB V mit seinen zulässigen Einschränkungen der Rechte der Mitarbeiter entgegenkommt. In Anbetracht der größeren Anzahl von zur Aufnahme verpflichteten Rechtsträger dürfte es außerdem kaum vorkommen, dass sich bei den Krankenkassen in absehbarer Zeit keine Stellen für die Mitarbeiter finden. Die Unterbringungsverpflichtung liefe jedenfalls leer, wenn die Krankenkassen entgegen des insoweit eindeutigen Wortlauts der Norm die Aufnahme von Mitarbeitern verweigern könnten.

Zusammenfassend steht einer zur Aufnahme verpflichteten Krankenkasse weder aus wirtschaftlichen Gründen noch aufgrund des Fehlens freier Stel-

---

919 *Grau/Sittard*, KrV 2012, 6 (8).

920 Zum Zusammenhang zwischen dem aus der Regelung des § 611 BGB sowie dem Persönlichkeitsrecht der Arbeitnehmer entspringenden Beschäftigungsanspruchs und der Unmöglichkeit nach § 275 BGB vgl. MüKo/BGB/*Müller-Glöge*, Band 4, § 611 Rn. 973.

921 So aber *Grau/Sittard*, KrV 2012, 6 (8).

922 BAG 10.11.1955 - 2 AZR 591/54, NJW 1956, 359 (II); MüKo/BGB/*Müller-Glöge*, Band 4, § 611 Rn. 156, 973; ErfK/*Preis*, § 611 BGB Rn. 563 f.; *Ruhl/Kassebohm*, NZA 1995, 497 (497). Gegen einen allgemeinen Beschäftigungsanspruch von Arbeitnehmern sprechen sich *Weber/Weber*, RdA 2007, 344 (352) aus.

923 Dazu APS/*Kiel*, § 626 BGB Rn. 318e. Eine Freikündigungspflicht erkennt das BAG beispielsweise bei Stilllegung einer Betriebsabteilung an, wenn für ein Betriebsratsmitglied in einer anderen Betriebsabteilung keine freie Stelle vorhanden ist, vgl. BAG 25.11.1981 - 7 AZR 382/79, NJW 1982, 1719 (III 3); BAG 18.10.2000 - 2 AZR 494/99, NZA 2001, 321 (B I 1 a); APS/*Kiel*, § 626 BGB Rn. 318f; gegen eine Freikündigungspflicht zu Gunsten von Betriebsratsmitgliedern *Schleusener*, DB 1998, 2368 (2368 ff.); *Leuchten*, NZA 2007, 585 (589).

len ein Weigerungsrecht zu.[924] Ein möglicher, durch das Unterbringungsverfahren ausgelöster Personalüberhang kann dadurch verhindert werden, indem im Anschluss an die Unterbringung von Mitarbeitern betriebsbedingte Kündigungen ausgesprochen werden.[925]

3. *Kriterien der Auswahlentscheidung*

Nach den vorangegangenen Ausführungen ist jede Krankenkasse zur Aufnahme von Mitarbeitern verpflichtet, § 164 Abs. 3 Satz 4 SGB V. Daraus folgt allerdings nicht zugleich ein Recht der Mitarbeiter der geschlossenen Krankenkasse, garantiert bei einer von ihnen gewählten Krankenkasse unterzukommen. Denn es besteht keine unbegrenzte Aufnahmeverpflichtung einzelner Krankenkassen und jede zur Verfügung gestellte Unterbringungsstelle kann nur mit jeweils einem Mitarbeiter besetzt werden. Es wird sich im Rahmen des Unterbringungsverfahren daher zwangsläufig die Frage stellen, welcher Mitarbeiter auf welcher Stelle und bei welcher Krankenkasse unterzubringen ist. Es ist naheliegend, dass die im Rahmen dessen vorzunehmende Auswahlentscheidung nach bestimmten Regeln zu erfolgen hat.

Die Vorschrift des § 164 Abs. 3 SGB V trifft keine konkreten Regelungen zur Ausübung des Auswahlermessens im Rahmen des Unterbringungsverfahrens.[926] Nichtsdestotrotz ist eine Bindung an bestimmte Auswahlkriterien anzuerkennen. Die zur Aufnahme verpflichteten Krankenkassen und der Landesverband können sich nicht willkürlich für oder gegen bestimmte Mitarbeiter entscheiden.[927] Dies liefe auf eine Rosinenpickerei heraus, an deren Ende auf die Interessen der besonders schutzwürdigen, aber mögli-

---

924 So im Ergebnis auch BAG 21.11.2013 - 2 AZR 474/12, BeckRS 2014, 69409 (Rn. 62); BAG 21.11.2013 - 2 AZR 495/12, NJOZ 2014, 1548 (Rn. 62); BAG 21.11.2013 - 2 AZR 598/12, BeckRS 2014, 70205 (Rn. 49); BAG 21.11.2013 - 2 AZR 966/12, BeckRS 2014, 70808 (Rn. 41); ArbG Berlin 25.11.2011 - 33 Ca 7824/11, NZS 2012, 427 (Ls.) = BeckRS 2012, 65218 (III 1 b ff (2)); *Bohlen-Schöning*, KrV 2011, 85 (87); *Wolter*, FS Bepler (2012), S. 675 (681). Offen lassend dagegen *Rolfs*, NZA 2013, 529 (530). A.A. wohl *Grau/Sittard*, KrV 2012, 6 (8); LPK-SGB V/*Hänlein*, § 164 Rn. 6.

925 BAG 21.11.2013 - 2 AZR 474/12, BeckRS 2014, 69409 (Rn. 62); BAG 21.11.2013 - 2 AZR 495/12, NJOZ 2014, 1548 (Rn. 62); BAG 21.11.2013 - 2 AZR 598/12, BeckRS 2014, 70205 (Rn. 49); BAG 21.11.2013 - 2 AZR 966/12, BeckRS 2014, 70808 (Rn. 41).

926 *Rolfs*, NZA 2013, 529 (530).

927 So auch die meisten Stimmen zum arbeitsrechtlichen Schließungsrecht, die verschiedene Vorgaben zum Auswahlverfahren diskutieren und die Berücksichtigung sozialer Umstände in irgendeiner Weise verlangen, dazu statt aller LAG Berlin-Brandenburg 12.04.2012 - 2 Sa 14/12, BeckRS 2012, 68381 (2.2.2); LAG Berlin-Brandenburg 08.05.2012 - 7 Sa 2558/11, BeckRS 2012, 71055 (2.2.2.4); LAG Berlin-Brandenburg 02.08.2012 - 2 Sa 9/12, 2 Sa 245/12, BeckRS 2012, 75356 (2.2.2); LAG Berlin-Brandenburg 31.01.2013 - 5 Sa 1789/12, BeckRS 2013, 67971 (2.2.3); *Bohlen-Schöning*, KrV 2011, 85 (87); *Grau/Sittard*, KrV 2012, 6 (8).

cherweise teureren Mitarbeiter, keine Rücksicht genommen würde. Der Vergleich mit ähnlichen arbeitsrechtlichen Vorschriften spricht ebenfalls für eine Bindung an bestimmte Auswahlkriterien. Sowohl das Beamtenrecht als auch das übrige Arbeitsvertragsrecht fordern die Berücksichtigung sozialer Faktoren bei Ausübung des Auswahlermessens, wenn für eine Stelle mehrere, bereits im Betrieb tätige Mitarbeiter, in Betracht kommen.[928] Der dadurch zum Ausdruck kommende soziale Einschlag des Arbeitsrechts[929] ist auf die im Unterbringungsverfahren zu treffende Auswahlentscheidung zwingend zu übertragen.

a) Auswahlentscheidung in Bezug auf die übrigen Beschäftigten

Die Kriterien, nach denen die Beschäftigten auf die verfügbaren Stellen verteilt werden, lassen sich wiederum aus den bereits bekannten und bewährten arbeitsrechtlichen Grundlagen ableiten. Der Kreis möglicher Vorschriften, die einen ähnlichen Sachverhalt regeln, ist begrenzt. Eine sachgerechte Verteilung der übrigen Mitarbeiter gewährleistet entweder eine analoge Anwendung der in § 1 Abs. 3 Satz 1 KSchG aufgezählten Kriterien zur Sozialauswahl vor Ausspruch betriebsbedingter Kündigungen oder eine Auswahl unter Berücksichtigung des in § 106 Satz 1 GewO enthaltenen Maßstabs des billigen Ermessens.[930] Die Rechtsprechung und die Literatur zum Schließungsrecht gehen auf beide Möglichkeiten ein.[931]

Die besseren Argumente sprechen für eine Entscheidung am Maßstab des billigen Ermessens im Sinne des § 106 Satz 1 GewO.[932] Darunter versteht man im Allgemeinen die gegenseitige Abwägung der wesentlichen Umstände des Einzelfalles und eine angemessene Berücksichtigung aller Interessen.[933] Die Vorschriften zum Kündigungsschutzgesetz sind auf eine

928 Vgl. zum Beamtenrecht bspw. BVerwG 18.02.2013 – 2 B 51/12, NVwZ 2013, 797 (Rn. 11), zur Auswahlentscheidung bei der Versetzung sonstiger Arbeitnehmer vgl. LAG Köln 16.04.2013 – 12 Sa 1162/12, BeckRS 2013, 72364 (II 2).

929 MünchArbR/*Richardi*, Band I, § 3 Rn. 3.

930 *Grau/Sittard*, KrV 2012, 6 (8 f.).

931 Vgl. bspw. die Entscheidung zwischen § 106 GewO und § 1 Abs. 3 Satz 1 KSchG offen lassend LAG Berlin-Brandenburg 12.04.2012 – 2 Sa 14/12, BeckRS 2012, 68381 (2.2.2); LAG Berlin-Brandenburg 08.05.2012 – 7 Sa 2558/11, BeckRS 2012, 71055 (2.2.2.4); LAG Berlin-Brandenburg 02.08.2012 – 2 Sa 9/12, 2 Sa 245/12, BeckRS 2012, 75356 (2.2.2); LAG Berlin-Brandenburg 31.01.2013 – 5 Sa 1789/12, BeckRS 2013, 67971 (2.2.3). Für ein weites Auswahlermessen auch unter Berücksichtigung der Interessen der aufnehmenden Krankenkassen *Grau/Sittard*, KrV 2012, 6 (8). Eine Sozialauswahl nach den üblichen arbeitsrechtlichen Prinzipien schlägt *Bohlen-Schöning*, KrV 2011, 85 (87) vor.

932 So im Ergebnis auch *Grau/Sittard*, KrV 2012, 6 (8 f.).

933 BAG 23.06.1993 – 5 AZR 337/92, NZA 1993, 1127 (2); BAG 24.04.1996 – 5 AZR 1031/94, NZA 1996, 1088 (1); ErfK/*Preis*, § 106 GewO Rn. 6.

andere Interessenlage zugeschnitten. Eine vor Ausspruch betriebsbedingter Kündigungen durchzuführende Sozialauswahl orientiert sich an den in § 1 Abs. 3 Satz 1 KSchG abschließend[934] aufgezählten vier Kriterien, bestehend aus dem Lebensalter, der Dauer der Betriebszugehörigkeit, der Unterhaltspflichten und der Schwerbehinderung.[935] Der Gesetzgeber schuf mit Anlehnung an diese vier Sozialdaten ein Schutzsystem, das bestimmte Arbeitnehmer vor dem Verlust ihres Arbeitsplatzes bewahrt.[936] Ein besonderes Gewicht kommt hier dem Lebensalter eines Beschäftigten zu[937], da denknotwendig ältere Arbeitnehmer zugleich eine längere Dauer der Betriebszugehörigkeit aufweisen können als ihr jüngeres Pendant.[938] Die Überrepräsentation des Alters stößt teils auf Kritik.[939] Sie ist aber wegen der angespannten Arbeitsmarktlage und den schlechteren Vermittlungschancen besonders für ältere Arbeitnehmer gerechtfertigt.[940]

Die Auswahl im Unterbringungsverfahren entscheidet dagegen nicht über den Fortbestand von Arbeitsverhältnissen. Es bestünden insbesondere Bedenken gegen die starke Gewichtung des Lebensalters der unterbringungsberechtigten Mitarbeiter. Die Auswahl im Unterbringungsverfahren dient alleine der Zuteilung der von den übrigen Krankenkassen angebotenen Stellen. Die überproportionale Berücksichtigung des Lebensalters wäre hier schon vor dem Hintergrund des Verbots der Altersdiskriminierung nach § 7 Abs. 1 i.V.m. § 1 AGG, das ebenso die Diskriminierung jüngerer Arbeitnehmer verbietet[941], nicht gerechtfertigt. Denn im Unterbringungsverfahren ist jedem Beschäftigten eine Stelle zugesichert. Schlechtere Vermittlungschancen älterer Arbeitnehmer bleiben deswegen vollständig außer Betracht. Lediglich die mit dem Alter einhergehende abnehmende Flexibili-

---

934 APS/*Kiel*, § 1 KSchG Rn. 732; ErfK/*Oetker*, § 1 KSchG Rn. 335.

935 MüKo/BGB/*Hergenröder*, Band 4, § 1 KSchG Rn. 353; APS/*Kiel*, § 1 KSchG Rn. 712; ErfK/*Oetker*, § 1 KSchG Rn. 329.

936 BAG 04.05.2006 - 8 AZR 299/05, NZA 2006, 1096 (Rn. 24); MünchArbR/*Berkowsky*, Band I, § 110 Rn. 27; ErfK/*Oetker*, § 1 KSchG Rn. 300.

937 Das BAG 06.11.2008 - 2 AZR 523/07, NZA 2009, 361 (Rn. 44) weist ebenfalls auf die „Tendenz zur Bevorzugung älterer" Arbeitnehmer durch die Sozialkriterien des § 1 Abs. 3 Satz 1 KSchG hin.

938 Ebenso MüKo/BGB/*Hergenröder*, Band 4, § 1 KSchG Rn. 354; *Holthausen*, ArbRAktuell 2011, 212 (213).

939 So u.a. *Kaiser/Dahm*, NZA 2010, 473 (473 ff.); *Kopke*, ZRP 2009, 41 (41 ff.).

940 BAG 06.11.2008 - 2 AZR 523/07, NZA 2009, 361 (Rn. 44 ff.); BAG 05.11.2009 - 2 AZR 676/08, NZA 2010 457 (Rn. 25); BAG 15.12.2011 – 2 AZR 42/10, NZA 2012 1044 (Rn. 48); *Gaul/Bonanni*, BB 2008, 218 (224); APS/*Kiel*, § 1 KSchG Rn. 718, 772a; MüKo/BGB/*Thüsing*, Band 4, § 10 AGG Rn. 49 f.

941 BAG 25.02.2010 - 6 AZR 911/08, NZA 2010, 561 (Rn. 32) zur Auslegung der europarechtlichen Vorgaben; BeckOK/*Roloff*, ArbR, § 1 AGG Rn. 8; *Kaiser/Dahm*, NZA 2010, 473 (473); ErfK/*Schlachter*, § 1 AGG Rn. 12; MüKo/BGB/*Thüsing*, Band 1, § 1 AGG Rn. 86. A.A. *Mohr*, Schutz vor Diskriminierungen im Europäischen Arbeitsrecht, S. 208, zum Schutzbereich der europarechtlichen Vorgaben.

tät[942] dürfte eine Berücksichtigung des Lebensalters mit geringem Gewicht rechtfertigen.

Diese Bedenken bestehen bei der Anwendung des Maßstabs des billigen Ermessens nicht. Ein weiterer Ermessensspielraum, der Rückgriff auf der Sozialauswahl fremde Auswahlkriterien und ein größeres Maß an Flexibilität tragen zu einer optimal an den persönlichen Verhältnissen der Mitarbeiter und den Umständen des Einzelfalls orientierten Entscheidung bei.[943] Er ermöglicht außerdem – anders als die strenge Orientierung an den vier in § 1 Abs. 3 Satz 1 KSchG genannten Auswahlkriterien – die Berücksichtigung der Interessen der zur Aufnahme verpflichteten Rechtsträger.[944] Daraus lässt sich insbesondere ableiten, dass vorrangig freie und verfügbare Stellen zu besetzen sind und dies unter Umständen auch den bundesweiten Umzug eines eigentlich besonders schutzwürdigen Mitarbeiters rechtfertigen kann.

Die Rechtsprechung vertritt in ähnlichen Fällen die hier bevorzugte Argumentation und spricht sich ebenfalls gegen eine entsprechende Anwendung des § 1 Abs. 3 Satz 1 KSchG aus. Einer Entscheidung des Oberverwaltungsgerichts Bremen[945] lag beispielsweise die Frage zugrunde, nach welchen Kriterien die Auswahlentscheidung bei Umsetzung eines verbeamteten Lokführers zu erfolgen hat.[946] Mit überzeugender Begründung sprach sich das Gericht gegen eine die Umsetzungsentscheidung betreffende Auswahlrichtlinie aus, welche die Dauer der Betriebszugehörigkeit und das Lebensalter mit einer zuvor festgelegten Anzahl von Punkten gewichtete.[947] Die Frage der Zumutbarkeit der Umsetzung drehe sich um einen möglichen Ortswechsel und eben nicht um die Auswahl zu kündigender Arbeitnehmer.[948] Die Rechtsfragen der hier nur kurz angesprochenen Entscheidung unterscheiden sich zwar von denen, die sich im Unterbringungsverfahren stellen. Dem Oberverwaltungsgericht ist aber insoweit zu entnehmen, als dass die Kriterien der Sozialauswahl auf den Verlust des Arbeits-

942 So ausdrücklich BAG 15.12.2011 – 2 AZR 42/10, NZA 2012 1044 (Rn. 56) im Zusammenhang mit der Rechtfertigung der Berücksichtigung des Lebensalters bei der Sozialauswahl. Das Gericht bezieht seine Ausführungen allerdings auf die generellen Probleme, die mit einem Arbeitgeberwechsel verbunden sind. Nachdem im Unterbringungsverfahren jüngere wie auch ältere Mitarbeiter in jedem Fall einen Wechsel des Arbeitsplatzes verarbeiten müssen, dürfte die tendenziell eingeschränktere Flexibilität älterer Arbeitnehmer und damit die Berücksichtigung des Lebensalters auch vor dem Hintergrund der Rechtsprechung des BAG eine nur untergeordnete Rolle spielen. Denkbar ist es, einen Ortswechsel eher jüngeren Arbeitnehmern zuzumuten, wenn familiäre oder sonstige Umstände dem nicht entgegensteht.

943 Ähnlich *Grau/Sittard*, KrV 2012, 6 (8 f.).

944 Ebenso *Grau/Sittard*, KrV 2012, 6 (8).

945 OVG Bremen 15.07.2013 - 2 B 101/13, NZA-RR 2013, 611.

946 OVG Bremen 15.07.2013 - 2 B 101/13, NZA-RR 2013, 611 (Sachverhalt).

947 OVG Bremen 15.07.2013 - 2 B 101/13, NZA-RR 2013, 611 (II).

948 OVG Bremen 15.07.2013 - 2 B 101/13, NZA-RR 2013, 611 (II).

platzes zugeschnitten sind.[949] Diese Gedanken lassen sich gerade auf das Auswahlverfahren nach der Schließung einer Krankenkasse übertragen, dessen Zweck in der Verteilung geeigneter Stellen auf die Beschäftigten der geschlossenen Krankenkasse besteht.

Richtigerweise entscheiden damit nicht ausschließlich die in § 1 Abs. 3 Satz 1 KSchG aufgezählten Sozialdaten der Beschäftigten darüber, wer auf welcher Stelle unterzubringen ist. In Abwägung der widerstreitenden Interessen fließen beispielsweise der konkrete Beschäftigungsbedarf der einzelnen Krankenkassen, die gleichmäßige Verteilung besonders „teurer" unterzubringender Beschäftigten und weitere Kriterien in die Unterbringungsentscheidung mit ein. Abgesehen von den möglichen Verschlechterungen der bisherigen Position im Unterbringungsverfahren nimmt die Frage nach einem drohenden Ortswechsel im Rahmen der Auswahlentscheidung sicherlich eine übergeordnete Rolle ein.[950] Die bundesweite Unterbringung eines Beschäftigten reißt den Betroffenen aus seinem sozialen Umfeld heraus, zwingt ihn zu einem Umzug und verursacht zusätzliche Kosten. Die Entscheidung über die ortsnahe Unterbringung eines Beschäftigten dürfte im Wesentlichen von dessen persönlichen Verhältnissen abhängen. Den Vorzug sollten hier insbesondere Mitarbeiter mit Familien erhalten, da hier ein Ortswechsel und der damit verbundenen räumlichen Trennung zum möglicherweise ebenfalls berufstätigen Ehepartner und den gemeinsamen Kindern besonders schwer wiegt und nicht in allen Fällen ein Umzug der ganzen Familie möglich ist. Die Pflege eines Familienangehörigen gebietet ebenso die räumliche Nähe zur bisherigen Stelle.

Zuletzt bleibt noch darauf hinzuweisen, dass im Unterbringungsverfahren nach Schließung einer Innungs- und Ortskrankenkassen ordentlich unkündbare Arbeitnehmer nicht generell als schutzwürdiger einzustufen sind. Der Sonderkündigungsschutz entspringt in der Regel tarifvertraglichen Regelungen, die an das Lebensalter und die Dauer der Betriebszugehörigkeit

949 Das OVG Bremen verdeutlicht dies unter anderem am Beispiel des Merkmals der Dauer der Betriebszugehörigkeit, das eben nicht vor einem Ortswechsel schützen soll. Es diene im Rahmen der betriebsbedingten Kündigung dazu, die mit der längeren Betriebszugehörigkeit einhergehenden Nachteile nach Verlust des Arbeitsplatzes auszugleichen, vgl. OVG Bremen 15.07.2013 – 2 B 101/13, NZA-RR 2013, 611 (II).

950 Dies scheint auch die Literatur und Rechtsprechung zum Thema zu erkennen, die sich vor allem mit einem möglichen Ortswechsel im Unterbringungsverfahren auseinandersetzt, vgl. bspw. LAG Berlin-Brandenburg 12.04.2012 – 2 Sa 14/12, BeckRS 2012, 68381 (2.2.2); LAG Berlin-Brandenburg 08.05.2012 – 7 Sa 2558/11, BeckRS 2012, 71055 (2.2.2.4); LAG Berlin-Brandenburg 08.05.2012 – 7 Sa 257/12, BeckRS 2012, 73144 (2.2.2.4); LAG Baden-Württemberg 21.05.2012 – 1 Sa 2/12, BeckRS 2012, 71378 (I 2 g bb); LAG Berlin-Brandenburg 02.08.2012 – 2 Sa 9/12, 2 Sa 245/12, BeckRS 2012, 75356 (2.2.2); *Bohlen-Schöning*, KrV 2011, 85 (86); *Grau/Sittard*, KrV 2012, 6 (7).

anknüpfen. Der Ausschluss der ordentlichen Kündigung ändert allerdings nichts an der Tatsache, dass die Unterbringungsentscheidung nach billigem Ermessen zu treffen ist. Das Alter und die Dauer der Betriebszugehörigkeit sind im Rahmen dieser Entscheidung nur zwei von vielen Faktoren, die letztlich die Entscheidung beeinflussen können. Wie bereits ausgeführt, spielen, insbesondere in Bezug auf eine ortsnahe Unterbringung, die familiären Verhältnisse der Beschäftigten eine wesentlich bedeutendere Rolle als die Gründe, an die ein Sonderkündigungsschutz ansetzt. Aus diesem Grund ist eine generelle Vorzugsbehandlung ordentlich unkündbarer Arbeitnehmer abzulehnen.

Weitere Einzelbeispiele zur Auswahlentscheidung müssen und können hier nicht angesprochen werden. Es bleibt jedenfalls festzuhalten, dass die Auswahlentscheidung unter Einbeziehung sämtlicher Interessen der Beteiligten zu treffen ist und den Entscheidungsträgern ein weites Auswahlermessen zuzugestehen ist, ohne das eine fehlerfreie und gerichtsfeste Aufteilung der Mitarbeiter auf die verschiedenen aufnehmenden Körperschaften nicht möglich wäre.

b) Auswahl unter den Dienstordnungsangestellten

Die Kriterien zur Verteilung der unterzubringenden Dienstordnungsangestellten auf die verfügbaren Stellen ergeben sich ebenfalls nicht aus dem Gesetz. Die bereits dargelegte Nähe des Dienstordnungsrechts zum Beamtenrecht[951] sowie die unterschiedlichen rechtlichen Grundlagen, die der Unterbringung der Gruppe der übrigen Beschäftigten zugrunde liegen, legen wiederum den Rückgriff auf die bereits bekannten beamtenrechtlichen Grundsätze nahe. Die Fürsorgepflicht[952] des Dienstherrn ist im Beamtenrecht Ausgangspunkt der Auswahlentscheidung im Rahmen von Versetzungen.[953] Der Dienstherr hat nach der ständigen Rechtsprechung des Bundesverwaltungsgerichts[954] „alle Umstände der privaten Lebensführung des Beamten, die durch seine Versetzung nachteilig betroffen sein können, zu ermitteln und mit dem ihnen zukommenden Gewicht in die Abwägung einzustellen“[955]. Die Rechtsprechung sieht richtigerweise mit Verweis auf die Vielzahl denkbarer Sachverhalte und Konstellationen von einer Kon-

[951] Siehe Kap. C III 3 dieser Arbeit.

[952] Nach *Bohlen-Schöning*, KrV 2011, 86 (87) wirkt sich die Fürsorgepflicht des Arbeitgebers ebenso auf die Auswahlentscheidung im Unterbringungsverfahren aus, und zwar sowohl in Bezug auf die Unterbringung von Dienstordnungsangestellten als auch in Bezug auf die übrigen Beschäftigten.

[953] Vgl. insb. BVerwG 18.02.2013 – 2 B 51/12, NVwZ 2013, 797 (Rn. 10).

[954] BVerwG 18.02.2013 – 2 B 51/12, NVwZ 2013, 797 (Rn. 11).

[955] BVerwG 18.02.2013 – 2 B 51/12, NVwZ 2013, 797 (Rn. 11).

kretisierung der einzelnen Maßstäbe ab.[956] Die Anwendung dieser Grundsätze ist auch im Unterbringungsverfahren sachgerecht.

Dominierende Anknüpfungspunkte der Auswahlentscheidung sind die Eignung der Betroffenen für die freien Stellen sowie die persönlichen Verhältnisse der Dienstordnungsangestellten. Die Unterbringung auf einer in einem anderen Bundesland und großer örtlicher Entfernung angesiedelten Stelle fällt in der Regel einem kinderlosen Dienstordnungsangestellten leichter als einem Mitarbeiter, der aufgrund seiner familiären Verhältnisse besonders an einen Ort gebunden ist.[957] In Anbetracht der abnehmenden Anzahl von Dienstordnungsangestellten bei den gesetzlichen Krankenkassen und des hohen Alters der verbleibenden Mitarbeiter spielen die weiteren Unterschiede zumindest in Bezug auf die Kriterien, die an das Alter anknüpfen, eine nur untergeordnete Rolle.

4. Ergebnis

Die Vorschrift des § 164 Abs. 3 Satz 4 SGB V verpflichtet jede Krankenkasse derselben Krankenkassenart, „entsprechend ihrem Anteil an der Zahl der Versicherten aller Innungskrankenkassen dienstordnungsmäßige Stellungen nach Satz 1 nachzuweisen und Anstellungen nach Satz 3 anzubieten". Der klare Wortlaut dieser Regelung sowie andernfalls bestehende praktische Schwierigkeiten schließen ein Weigerungsrecht der zur Aufnahme verpflichteten Rechtsträger aus. Es steht ihnen allerdings offen, nach der Unterbringung von Beschäftigten in den Grenzen des Kündigungsschutzgesetzes Kündigungen auszusprechen.

Die Auswahl der Beschäftigten erfolgt für die Dienstordnungsangestellten nach beamtenrechtlichen Grundsätzen, die bei Versetzungen maßgeblich sind. Die Gruppe der übrigen Beschäftigten ist nach Maßgabe des billigen Ermessens auf die zur Verfügung stehenden Stellen zu verteilen.

VI. Ablauf des Unterbringungsverfahrens

1. Überblick

Die Unterbringung einer großen Anzahl von Mitarbeitern erfordert eine umfangreiche Planung und Organisation.[958] Konkrete Vorgaben zum Ablauf des Unterbringungsverfahrens trifft das Gesetz nicht.[959] Die Vorschrift des § 164

---

956 BVerwG 18.02.2013 - 2 B 51/12, NVwZ 2013, 797 (Rn. 11).

957 Ähnlich auch *Grau/Sittard*, KrV 2012, 6 (8).

958 *Bohlen-Schöning*, KrV 2011, 85 (86); *Grau/Sittard*, KrV 2012, 6 (8).

959 Vgl. insb. *Grau/Sittard*, KrV 2012, 6 (8).

Abs. 3 Satz 1 SGB V erlegt dem Landesverband lediglich die Pflicht auf, den Dienstordnungsangestellten Unterbringungsangebote nachzuweisen.[960] Diese Regelung alleine genügt nicht dem Organisationsbedarf, den die Unterbringung aller Beschäftigten bei Schließung einer Krankenkasse erfordert.

Es sind mehrere Akteure für die Koordination und Beteiligung am Unterbringungsverfahren denkbar. Eine bedeutende Rolle nehmen zwangsläufig die von der Schließung betroffene Krankenkasse und der nach § 164 Abs. 3 Satz 1 SGB V zuständige Landesverband ein.[961] Daneben kommt eine Beteiligung der übrigen Krankenkassen, der einzelnen Bundesverbände und des Spitzenverbands Bund der Krankenkassen in Betracht.[962] Letztere spielen insbesondere für den Fall der bundesweiten Unterbringung der Mitarbeiter eine tragende Rolle.[963] Sämtliche Beteiligte sind einander zur Zusammenarbeit und zur Kooperation verpflichtet (§ 4 Abs. 3 SGB V).[964] Gegenseitige Informations- und Beratungspflichten ergeben sich darüber hinaus aus deren Satzungen.[965]

Die folgenden Ausführungen dienen nur als Orientierungshilfe. Das Gesetz gibt keinen bestimmten Ablauf des Unterbringungsverfahrens vor und eröffnet den Beteiligten damit einen weiten Spielraum für dessen Ausgestaltung.[966] Dies verschafft die erforderliche Flexibilität im Umgang mit der Vielzahl denkbarer Probleme und Konstellationen.

2. Erfassung der Beschäftigtendaten

Die ordnungsgemäße Unterbringung der Beschäftigten setzt entsprechend den oben herausgearbeiteten Grundsätzen die Kenntnis ihrer bisherigen Rechtsstellung voraus. Die dazu erforderlichen Informationen[967] besitzt die von der Schließung betroffene Krankenkasse.[968] Nachdem weder der Landesverband noch die übrigen Krankenkassen vor der Einleitung des Schließungsverfahrens über diese Informationen verfügen, muss in einem ersten

---

960 *Grau/Sittard*, KrV 2012, 6 (8).

961 *Grau/Sittard*, KrV 2012, 6 (8).

962 Ähnlich *Grau/Sittard*, KrV 2012, 6 (8).

963 So auch bezüglich der Beteiligung der Bundesverbände *Bohlen-Schöning*, KrV 2011, 85 (86); *Grau/Sittard*, KrV 2012, 6 (8).

964 *Bohlen-Schöning*, KrV 2011, 85 (86); *Grau/Sittard*, KrV 2012, 6 (8).

965 Vgl. die Bezugnahme der Entscheidungen des LAG Berlin-Brandenburg 02.08.2012 – 2 Sa 9/12, 2 Sa 245/12, BeckRS 2012, 75356 (2.2.2); LAG Berlin-Brandenburg 14.08.2012 – 12 Sa 905/12, juris (2.1.6); LAG Berlin-Brandenburg 31.01.2013 – 5 Sa 1789/12, BeckRS 2013, 67971 (2.2.3) auf die Satzung des Landesverbands.

966 Ebenso *Grau/Sittard*, KrV 2012, 6 (8).

967 Zu datenschutzrechtlichen Fragen im Unterbringungsverfahren vgl. *Grau/Sittard*, KrV 2012, 6 (8).

968 *Bohlen-Schöning*, KrV 2011, 85 (86); *Grau/Sittard*, KrV 2012, 6 (8).

Schritt die von der Schließung betroffene Krankenkasse tätig werden.[969] Die Unterbringung auf einer zumutbaren, weil mit der bisherigen Rechtsstellung vergleichbaren neuen Stelle verlangt die Berücksichtigung der gegenwärtigen Position, des Werdegangs und sonstiger im Zusammenhang mit der Beschäftigung stehender Faktoren jedes einzelnen Mitarbeiters. Es sind bereits in diesem frühen Stadium die Umstände, insbesondere persönliche Verhältnisse und Eigenschaften der Beschäftigten, die sich nicht aus der Personalakte[970] ergeben und die für die später zu treffende Auswahlentscheidung von Bedeutung sind, zu sammeln. Es ist außerdem anzuraten, frühzeitig Einwilligungen im Sinne des § 4a BDSG einzuholen und damit datenschutzrechtliche Bedenken zu beseitigen, die andernfalls bei der Weitergabe der Beschäftigtendaten an die sonstigen am Unterbringungsverfahren beteiligten Akteure bestünden.[971] Die geschlossene Krankenkasse leitet die im Unterbringungsverfahren erforderlichen Informationen nach ihrer vollständigen Erfassung an den Landesverband weiter.[972]

3. Einholung verfügbarer Unterbringungsstellen

Ein weiterer wichtiger Schritt des Unterbringungsverfahrens besteht in der Erfassung aller verfügbaren Unterbringungsstellen. Jede Krankenkasse hat nach Maßgabe des § 164 Abs. 3 Satz 4 Hs. 1 SGB V „entsprechend ihrem Anteil an der Zahl der Versicherten aller Innungskrankenkassen[973] dienstordnungsmäßige Stellungen (...) nachzuweisen und Anstellungen (...) anzubieten“[974]. § 164 Abs. 3 Satz 4 Hs. 2 SGB V verlangt die Zugänglichmachung der Nachweise und Angebote gegenüber den Beschäftigten in geeigneter Form. Diese erst nachträglich ins Gesetz eingefügte Regelung stellt sicher, dass „insbesondere bei den Kassenarten, bei denen ein Landesverband als koordinierende Instanz mit Durchgriffsbefugnissen auf die Verbandsmitglieder fehlt (...), den Beschäftigten einer geschlossenen Krankenkasse Arbeitsplatzangebote in ausreichender Zahl“[975] unterbreitet werden.

---

969 *Grau/Sittard*, KrV 2012, 6 (8).

970 Vgl. MünchArbR/*Reichold*, Band I, § 87 zum Begriff und den Grundlagen der Personalakte (Rn. 1 f.) sowie deren Inhalt (Rn. 3 ff.).

971 So ausdrücklich *Grau/Sittard*, KrV 2012, 6 (8).

972 Ähnlich *Bohlen-Schöning*, KrV 2011, 85 (86), welche die Zurverfügungstellung der „notwendigen“ Informationen verlangt, letztlich aber die geschlossene Krankenkasse in der Pflicht sieht, den Beschäftigten die Unterbringungsangebote zu unterbreiten, da nur sie „Zugang zu den Mitarbeitern“ habe.

973 Diese Vorschrift gilt auch für die übrigen drei Krankenkassenarten entsprechend, vgl. § 146a Satz 3 SGB V (Ortskrankenkassen); § 155 Abs. 4 Satz 9 SGB V (Betriebskrankenkassen); § 171 Satz 1 SGB V (Ersatzkassen).

974 § 164 Abs. 3 Satz 4 SGB V.

975 BT-Drucks. 16/9559, S. 19.

Der hier zitierten Gesetzesbegründung ist zu entnehmen, dass dem Landesverband die Koordination des Unterbringungsverfahrens zukommt.[976] Er sammelt als zentrale Schaltstelle des Unterbringungsverfahrens[977] die Beschäftigtendaten der zu schließenden Krankenkasse und ermittelt den tatsächlichen Stellenbedarf, den er sodann den übrigen zur Aufnahme verpflichteten Krankenkassen übermittelt. In den Fällen, in denen ein Landesverband nicht existiert, nimmt die nach § 207 SGB V an seine Stelle tretende Krankenkasse dessen Aufgaben wahr.[978] Das kann unter Umständen auch die von der Schließung betroffene Krankenkasse sein.[979] Bei Schließung einer Ersatzkasse obliegt die Koordination des Unterbringungsverfahrens dem nach § 212 Abs. 5 Satz 1 SGB V gebildeten Verband der Ersatzkassen.

Es kommt bei der Ermittlung des Stellenbedarfs nicht nur auf den quantitativen Stellenbedarf an. In erweiternder Auslegung des § 164 Abs. 3 Satz 4 SGB V müssen die Stellen außerdem geeignet sein, sämtlichen Mitarbeitern dienstordnungsmäßige beziehungsweise zumutbare Angebote zu unterbreiten. Es diente dem Unterbringungserfolg nur wenig, wenn alle Krankenkassen entsprechend dem in § 164 Abs. 3 Satz 4 SGB V vorgeschriebenen Verhältnis nur mengenmäßig Stellen ohne Rücksicht auf deren inhaltlichen Anforderungen zur Verfügung stellten. Nichtsdestotrotz sollte der Landesverband zunächst von den zur Aufnahme verpflichteten Krankenkassen Aufstellungen aller verfügbaren freien und in naher Zukunft zu besetzenden Stellen anfordern. Das ermöglicht die Unterbringung der Mitarbeiter ohne besondere wirtschaftliche Belastung der aufnehmenden Körperschaften. Erst wenn sich dadurch nicht ausreichend dienstordnungsmäßige und zumutbare Stellen finden, sollte er die übrigen Krankenkassen unter Wahrung des in § 164 Abs. 3 Satz 4 SGB V vorgesehenen Verhältnisses zur Bereitstellung bestimmter Stellen auffordern. Um die wirtschaftlichen Belastungen aller Beteiligten auf einem einheitlichen Niveau zu halten, sind die teuren und günstigen Stellen annähernd gleichmäßig auf die Krankenkassen zu verteilen. Dies gilt ebenfalls für die Aufteilung von Dienstordnungsangestellten. Es ist zu beachten, dass für die Abwicklung der geschlossenen Krankenkasse unter Umständen noch unterbringungsberechtigte Mitarbeiter benötigt werden.[980] Soweit

---

976 BT-Drucks. 16/9559, S. 19. Ebenso, aber ohne Bezugnahme auf die Gesetzesbegründung *Bohlen-Schöning*, KrV 2011, 85 (86 f.); *Grau/Sittard*, KrV 2012, 6 (8).

977 Ähnlich *Grau/Sittard*, KrV 2012, 6 (8).

978 Vgl. § 207 Abs. 2a SGB V. Dazu kurz Becker/Kingreen/*Mühlhausen*, SGB V, § 217 Rn. 7.

979 Ebenso Becker/Kingreen/*Mühlhausen*, SGB V, § 164 Rn. 16: Die Ausführungen beziehen sich allerdings auf Haftungsfragen, nicht aber auf die Koordination des Unterbringungsverfahrens.

980 Auf den weiterhin bestehenden Bedarf an Mitarbeitern verweisen ebenso *Grau/Sittard*, KrV 2012, 6 (9) und schlagen den Abschluss entsprechender Vereinbarungen mit den Mitarbeitern vor.

möglich, ist auch diesen Mitarbeitern bereits zum Schließungszeitpunkt ein aufschiebend bedingtes Unterbringungsangebot zu unterbreiten. Sie treten die neue Stelle allerdings erst nach Wegfall des konkreten Beschäftigungsbedarfs bei der geschlossenen Krankenkasse an.

Es findet unter den unterbringungsberechtigten Mitarbeitern keine Sozialauswahl zur Bestimmung der Mitarbeiter statt, die für einen begrenzten Zeitraum mit den Abwicklungsarbeiten bei der geschlossenen Krankenkasse beschäftigt sind. Insofern überwiegen die Interessen der geschlossenen Krankenkasse und des Krankenversicherungssystems an einer möglichst effektiven und kostengünstigen Abwicklung der geschlossenen Krankenkasse. Es mag zwar für die Beschäftigten von Vorteil sein, nicht bereits zum Schließungszeitpunkt zu einem neuen Arbeitgeber wechseln zu müssen. Ein Recht zur zeitlich begrenzten Weiterbeschäftigung für die Abwicklungskörperschaft unter Beibehaltung des Unterbringungsanspruchs zu einem späteren Zeitpunkt sieht das Gesetz aber nicht vor. Ein solches ist auch deswegen abzulehnen, weil es den Aufwand des Unterbringungsverfahrens noch weiter erhöhen würde.

4. *Abgabe der Unterbringungsangebote*

a) *Art und Weise der Angebotsunterbreitung*

Die Abgabe der Unterbringungsangebote gegenüber den Beschäftigten erfolgt nach dem Abgleich der Beschäftigtendaten mit den verfügbaren Unterbringungsstellen. Das Schrifttum schlägt dazu im Wesentlichen zwei verschiedene Lösungswege vor. Eine Gruppe befürwortet die Einrichtung einer Jobbörse[981] oder die Veröffentlichung der verfügbaren Stellen in einer Verbandszeitschrift[982]. Die Mitarbeiter bewerben sich sodann auf die verschiedenen Stellen. Es müsste hier sichergestellt sein, dass am Ende jeder Mitarbeiter tatsächlich auf einer ihm zumutbaren Stelle unterkommt. Das Bundesarbeitsgericht

981 So auch *Bohlen-Schöning*, KrV 2011, 85 (87); *Grau/Sittard*, KrV 2012, 6 (9), die allesamt im Ergebnis offen lassen, ob sich die Mitarbeiter auf die Stelle bewerben müssen oder ihnen aus der Jobbörse heraus Stellen anzubieten sind. Die Verwendung des vom Vermittlungsverfahren der Bundesagentur für Arbeit bekannten Begriffs der Jobbörse indiziert allerdings, dass die Autoren davon ausgehen, dass sich die Beschäftigten der Krankenkasse auf die in der Jobbörse veröffentlichen Stellen bewerben müssen oder die Krankenkassen zwischen den verschiedenen Mitarbeitern wählen können, indem sie ihre Anfragen nur einem Teil gegenüber stellen. Zum Begriff und der Funktionsweise der von der Bundesagentur für Arbeit eingerichteten Jobbörse vgl. *Schweiger*, NZS 2013, 288 (288).

982 Hauck/Noftz/*Engelhard*, SGB V, § 164 Rn. 40.

stellte allerdings jüngst fest, dass der bloße Hinweis des Landesverbands auf eine zum Zwecke der Unterbringung der Beschäftigten eingerichteten Stellenbörse den Anforderungen des § 164 Abs. 3 SGB V nicht genügte.[983]

Eine andere Auffassung fordert die Unterbreitung hinreichend bestimmter[984] Unterbringungsangebote gegenüber den einzelnen Beschäftigten.[985] Deren Zuweisung auf eine geeignete Stelle erfolgt hier alleine durch den Landesverband.[986] Der Nachteil dieses Vorgehens liegt darin, dass es den Beschäftigten keinen Spielraum lässt, zwischen verschiedenen Stellen die für sie persönlich als am Zumutbarsten empfundene Stelle zu wählen. Dennoch ist dieser Lösungsweg vorzugswürdig. Die Verteilung der verfügbaren Stellen durch den Landesverband ermöglicht die Ausübung des erforderlichen billigen Ermessens unter Berücksichtigung der persönlichen Verhältnisse und der bisherigen Rechtsstellung der in Betracht kommenden Beschäftigten. Gleichzeitig verhindert die in den Händen des Landesverbands liegende Entscheidung eine unnötige Verlängerung des Unterbringungsverfahrens. Der Einrichtung einer Jobbörse oder der Veröffentlichung der verfügbaren Stellen in einer Verbandszeitschrift folgt ein langwieriges Bewerbungsverfahren.[987] Die Beschäftigten müssten sich wegen der Ungewissheit über den Erfolg ihrer Bewerbung auf mehrere Stellen bewerben. Es wäre gleichzeitig nicht gewährleistet, dass jede Krankenkasse unter den Bewerbern denjenigen auswählt, dem die Stelle unter dem Maßstab des billigen Ermessens zusteht. Die Aufnahme des schutzwürdigsten Beschäftigten könnte stattdessen in vielen Fällen mit dem Interesse der einzelnen Krankenkassen konkurrieren, was zumindest die Gefahr des Missbrauchs erhöht. Diese Missbrauchsgefahr lässt

---

983 BAG 21.11.2013 – 2 AZR 495/12, NJOZ 2014, 1548 (Rn. 78): In diesem Fall beschränkte sich der Landesverband nicht auf einen bloßen Hinweis auf die Stellenbörse. Er bot dem Mitarbeiter die Unterbringung auf einer anderen bestimmten Stelle an, die allerdings nach Ansicht des BAG mit zu hohen Gehaltseinbußen verbunden war und damit ebenfalls nicht dem Zumutbarkeitsmaßstab des § 164 Abs. 3 Satz 3 SGB V entsprach (Rn. 75 ff.).

984 BAG 21.11.2013 – 2 AZR 495/12, NJOZ 2014, 1548 (Rn. 78).

985 BAG 21.11.2013 – 2 AZR 495/12, NJOZ 2014, 1548 (Rn. 78); juris-PK-SGB V/*Koch*, § 164 Rn. 17.

986 Ebenso im Ergebnis LAG Baden-Württemberg 18.05.2012 – 7 Sa 13/12, BeckRS 2012, 71380 (II 2 a bb), wonach die geschlossene Krankenkasse mit der Unterbringung von Beschäftigten außerhalb ihrer Rechtsmacht handele. Anders *Grau/Sittard*, KrV 2012, 6 (8), welche die Auswahlentscheidung der von der Schließung betroffenen Krankenkasse auferlegen, da nur sie unmittelbaren Zugang zu den Beschäftigten habe. Nach dieser Ansicht soll lediglich eine Abstimmung mit dem Landesverband erfolgen.

987 Auf die lange Dauer eines solchen Verfahrens weist auch *Bohlen-Schöning*, KrV 2011, 85 (87) hin.

sich durch die Zuweisung konkreter Stellen durch einen neutralen Dritten, im vorliegenden Fall den Landesverband, vermindern.[988]

b) Hinreichende Bestimmtheit der Unterbringungsangebote

Die den Dienstordnungsangestellten und den übrigen Beschäftigten unterbreiteten Unterbringungsangebote müssen hinreichend bestimmt sein.[989] Dies versetzt die Mitarbeiter in die Lage, die Ordnungsgemäßheit des Unterbringungsangebots zu prüfen und notfalls ihre eigenen Rechte gerichtlich geltend zu machen. Zu diesem Zweck ist ihnen ein weitergehender Auskunftsanspruch, insbesondere in Bezug auf die Ausübung billigen Ermessens bei Zuweisung der Beschäftigten zuzuerkennen. Er richtet sich sowohl gegen die geschlossene Krankenkasse, den Landesverband als auch gegen eine sonstige Krankenkasse, wenn der Auskunftsberechtigte einen Anspruch auf eine dort zur Verfügung stehende Stelle geltend macht.[990] Die Einengung des Auskunftsanspruchs auf einen Anspruchsgegner, beispielsweise den Landesverband, erschwert die Geltendmachung eigener Ansprüche in Verbindung mit dem Unterbringungsverfahren durch die Mitarbeiter. Die Erfüllung des Auskunftsanspruchs ist den auf Seiten der gesetzlichen Krankenversicherung stehenden Akteuren auch nicht nach § 275 BGB unmöglich, da sie einander zur Zusammenarbeit verpflichtet sind.[991]

c) Zeitpunkt der Angebotsunterbreitung

Der Zeitpunkt der Unterbreitung von Unterbringungsangeboten hängt von den Umständen des Einzelfalls ab. Das Gesetz sieht zwischen dem Erlass des Schließungsbescheids und der tatsächlichen Schließung der Krankenkasse mit nur acht Wochen einen sehr knapp bemessenen Mindestzeitraum vor, §§ 146a Satz 2, 153 Satz 2, 163 Satz 2, 170 Satz 2 SGB V. Ungeachtet

988 Nachdem § 164 Abs. 3 SGB V ebenfalls die Unterbringung der Beschäftigten beim Landesverband vorsieht, besteht ein Restrisiko, dass dieser bei der Verteilung der Stellen zu seinen Gunsten vom Maßstab des billigen Ermessens abweicht.

989 BAG 21.11.2013 - 2 AZR 495/12, NJOZ 2014, 1548 (Rn. 78).

990 A.A. dagegen LAG Baden-Württemberg 18.05.2012 - 7 Sa 13/12, BeckRS 2012, 71380 (II 2 a bb) in Bezug auf die Geltendmachung eines Unterbringungsanspruchs gegenüber der geschlossenen Krankenkasse.

991 Der Auskunftsanspruch kann unter Umständen auch den gegenseitigen Unterrichtungs- und Beratungspflichten entspringen, die teilweise in den Satzungen der beteiligten Akteure verankert sind, vgl. bspw. LAG Berlin-Brandenburg 02.08.2012 - 2 Sa 9/12, 2 Sa 245/12, BeckRS 2012, 75356 (2.2.2); LAG Berlin-Brandenburg 14.08.2012 - 12 Sa 905/12, juris (2.1.6); LAG Berlin-Brandenburg 31.01.2013 - 5 Sa 1789/12, BeckRS 2013, 67971 (2.2.3).

von etwaigen, dem Schließungsbescheid vorgehenden Vorbereitungshandlungen[992] dürfte der Aufwand, geeignete Unterbringungsangebote zu sammeln, eine Auswahl nach billigem Ermessen zu treffen und den Mitarbeitern zukommen zu lassen, eine längere Zeit in Anspruch nehmen. Zwischen der Unterbreitung des Unterbringungsangebots und dem Antritt der neuen Stelle liegt daher nur ein sehr kurz bemessener Zeitraum.[993]

5. Annahme der Unterbringungsangebote

Die Unterbringungsvorschriften der Dienstordnungsangestellten und der übrigen Angestellten enthalten unterschiedliche Regelungen zur Annahme der ihnen unterbreiteten Unterbringungsangebote. § 164 Abs. 3 Satz 1 SGB V „verpflichtet" einen Dienstordnungsangestellten zum Antritt der ihm nachgewiesenen Stelle. Der Wortlaut der Vorschrift lässt eindeutig auf eine sog. „Nachfolgepflicht"[994] der Dienstordnungsangestellten schließen.[995] Die Pflicht steht aber vor dem Hintergrund des Art. 12 GG einer Ablehnung der Unterbringung durch den betroffenen Dienstordnungsangestellten mit der für ihn nachteiligen Rechtsfolge des § 164 Abs. 4 Satz 1 SGB V nicht entgegen.[996] Das Bundesverfassungsgericht stellte in vergleichbaren Fällen klar, dass einem Mitarbeiter auch im öffentlichen Dienst ein Arbeitgeberwechsel nicht gegen dessen Willen aufgezwungen werden darf.[997]

Die Vorschriften zur Unterbringung der übrigen Beschäftigten der geschlossenen Krankenkassen sehen in § 164 Abs. 3 Satz 3 SGB V keine Annahmeverpflichtung vor. Den Beschäftigten steht es ebenfalls offen, ein

---

992 *Bohlen-Schöning*, KrV 2011, 85 (87) geht davon aus, dass der Landesverband das Unterbringungsverfahren aufgrund seiner durch die Regelung des § 172 SGB V sichergestellten Kenntnis von der drohenden Schließung unter Umständen schon vor Erlass des Schließungsbescheids vorbereitet. Diese Erwägung ist zwar nachvollziehbar. Angesichts der Personalknappheit besteht aber die ernsthafte Gefahr, dass ein Landesverband erst nach Erlass des Schließungsbescheids und damit des Feststehens der bevorstehenden Schließung mit den Abwicklungsvorbereitungen beginnt.

993 Das Unterbringungsangebot sollte den Beschäftigten nach Ansicht von *Bohlen-Schöning*, KrV 2011, 85 (87) spätestens drei Wochen vor dem Schließungszeitpunkt übermittelt werden. Sie nimmt in diesem Zusammenhang Bezug auf die Vorschrift des § 4 KSchG.

994 *Bohlen-Schöning*, KrV 2011, 85 (85).

995 So ausdrücklich *Bohlen-Schöning*, KrV 2011, 85 (85).

996 Ebenso ErfK/*Rolfs*, § 164 SGB V Rn. 4. Auch ohne Bezugnahme auf Art. 12 GG gesteht die h.M. in der Regel auch Dienstordnungsangestellten ein Ablehnungsrecht mit der Folge des § 164 Abs. 4 Satz 1 SGB V zu, vgl. statt vieler Hauck/Noftz/*Engelhard*, SGB V, § 164 Rn. 36.

997 BVerfG 25.01.2011 – 1 BvR 1741/09, NJW 2011, 1427 (Rn. 69 f.). Deswegen enthalte § 613a Abs. 6 BGB im Falle des Betriebsübergangs ein Widerspruchsrecht des Arbeitnehmers (Rn. 73).

zumutbares Angebot abzulehnen.[998] Nach allgemeiner Ansicht endet ihr Arbeitsverhältnis allerdings bei Ablehnung des zumutbaren Unterbringungsangebots nach § 164 Abs. 4 Satz 1 SGB V.[999] Die weiteren Rechtsfolgen der Annahme oder der Ablehnung von Unterbringungsangeboten sind äußerst umstritten.[1000]

6. *Ergebnis*

Das Gesetz enthält keine detaillierten Vorgaben zum Ablauf des Unterbringungsverfahrens. Das verschafft den Beteiligten genügend Spielraum in Bezug auf dessen Ausgestaltung. Die Koordination obliegt dem Landesverband. Die Bundesverbände und der Spitzenverband Bund assistieren ihm bei bundesweiten Berührungspunkten.

Nach § 164 Abs. 3 Satz 4 SGB V sind die übrigen Krankenkassen verpflichtet, den Beschäftigten der geschlossenen Krankenkasse eigenständig Unterbringungsangebote in geeigneter Form zu unterbreiten. Eine bloße unkoordinierte Bereitstellung von Stellen trägt allerdings nicht dazu bei, dass jedem Beschäftigten eine dienstordnungsmäßige beziehungsweise zumutbare Stelle angeboten wird. Der das Unterbringungsverfahren koordinierende Landesverband fordert deswegen die Krankenkassen zunächst zur Bereitstellung verfügbarer Stellen auf und achtet auf ein der Beschäftigtenstruktur der geschlossenen Krankenkasse entsprechendes Verhältnis. Nach Verteilung der Stellen nach beamtenrechtlichen Grundsätzen beziehungsweise nach billigem Ermessen setzt er die Beschäftigten unter Wahrung des Bestimmtheitserfordernisses über die ihnen jeweils angebotene Stelle in Kenntnis. Mit Annahme der Beschäftigungsangebote treten sie sodann – unter Umständen erst nach einer Übergangszeit, in der sie noch für Abwicklungsarbeiten bei der geschlossenen Krankenkasse benötigt werden – in ein Beschäftigungsverhältnis mit der aufnehmenden Körperschaft ein. Eine Pflicht zum Antritt der angebotenen Stelle besteht weder für die Dienstordnungsangestellten noch für die übrigen Beschäftigten.

---

998 Hauck/Noftz/*Engelhard*, SGB V, § 164 Rn. 37; juris-PK-SGB V/*Koch*, § 164 Rn. 16; Becker/Kingreen/*Mühlhausen*, SGB V, § 164 Rn. 15; ErfK/*Rolfs*, § 164 SGB V Rn. 4.

999 Statt vieler vgl. Hauck/Noftz/*Engelhard*, SGB V, § 164 Rn. 36; juris-PK-SGB V/*Koch*, § 164 Rn. 16; Becker/Kingreen/*Mühlhausen*, SGB V, § 164 Rn. 15; ErfK/*Rolfs*, § 164 SGB V Rn. 4.

1000 Vgl. dazu ausführlich Kap. C VIII dieser Arbeit.

VII. Rechtsfolgen erfolgreicher Unterbringung

1. Überblick

Im Optimalfall endet der arbeitsrechtliche Teil der Abwicklung mit der erfolgreichen Unterbringung der Mitarbeiter nach § 164 Abs. 3 SGB V. Die gesetzgeberischen Vorgaben sind in diesem Fall mit der Sicherung der Weiterbeschäftigungsansprüche der Krankenkassenbeschäftigten vollständig erfüllt und es dürften nur selten arbeitsrechtliche Streitigkeiten im Zusammenhang mit der Schließung der Krankenkassen auftreten.

Die Unterbringung der Beschäftigten bei der neuen Körperschaft bannt zunächst die Gefahr, zum Schließungszeitpunkt in die Arbeitslosigkeit entlassen zu werden. Der Blick der Beschäftigten richtet sich damit zwangsläufig auf die gegenüber ihrem neuen Arbeitgeber bestehenden Rechte und Pflichten. Die spürbarsten Einschränkungen drohen dann, wenn eine Krankenkasse in Folge der Aufnahmeverpflichtung des § 164 Abs. 3 Satz 4 SGB V Mitarbeiter über ihren tatsächlichen Personalbedarf aufnehmen musste und ihren Personalbestand wieder reduzieren möchte. Neben der generellen Zulässigkeit von Personalanpassungsmaßnahmen in Folge der Unterbringung von Mitarbeitern nach Schließung der Krankenkasse ist insbesondere die Frage von Interesse, inwieweit bei der geschlossenen Krankenkasse erdiente Privilegien zu ihren Gunsten berücksichtigt werden. Zuletzt enthält das Gesetz keine eindeutige Regelung zur Beendigung des ursprünglichen Arbeitsverhältnisses mit der geschlossenen Krankenkasse.

2. Rechtsstellung gegenüber der aufnehmenden Körperschaft

a) Kein automatischer Eintritt in die Beschäftigungsverhältnisse

Die ehemaligen Mitarbeiter der geschlossenen Krankenkasse sehen sich nach ihrer Unterbringung bei einer anderen Krankenkasse oder dem Landesverband einem neuen Arbeitgeber gegenüber. Anders als für den Fall des Betriebsüberganges, bei dem die Vorschrift des § 613a Abs. 1 Satz 1 BGB einen Eintritt des Erwerbers „in die Rechte und Pflichten aus den im Zeitpunkt des Übergangs bestehenden Arbeitsverhältnissen" anordnet, ergibt sich die Rechtsstellung der Krankenkassenbeschäftigten nach ihrer Unterbringung nicht eindeutig aus dem Gesetz.

Es kommt weder in Bezug auf die Dienstordnungsangestellten noch der übrigen Beschäftigten zu einem automatischen Eintritt in die vorherigen Beschäftigungsverhältnisse zwischen den Mitarbeitern und der geschlossenen Krankenkasse durch die aufnehmende Körperschaft mit der Folge, dass dieselben Rechte und Pflichten weitergelten.[1001] Das verdeutlicht die Regelung des § 164 Abs. 3 Satz 3 SGB V für die Unterbringung der übrigen Beschäftigten.[1002] Sie sieht lediglich die Unterbreitung von zumutbaren Unterbringungsangeboten vor.[1003] Erst mit ihrer Annahme durch die Beschäftigten kommt ein neuer Arbeitsvertrag zwischen der aufnehmenden Körperschaft und dem Mitarbeiter der geschlossenen Krankenkasse zustande.[1004] Es gelten hierfür die §§ 145 ff. BGB. Die Vorschrift lässt dagegen keinen Raum für die Annahme eines automatischen Arbeitgeberwechsels[1005], wie er im Falle des Betriebsüberganges angenommen wird.[1006] Gegen einen automatischen Übergang der Arbeitsverhältnisse bestünden auch verfassungsrechtliche Bedenken, da die Unterbringungsvorschriften kein Widerspruchsrecht vorsehen und die Beschäftigten damit gegen ihren Willen in ein Arbeitsverhältnis mit einem neuen Arbeitgeber gezwungen würden.[1007]

Die Vorschriften zur Unterbringung von Dienstordnungsangestellten lassen bezüglich eines automatischen Übergangs der Arbeitsverhältnisse dagegen mehr Raum für eine abweichende Auslegung. § 164 Abs. 3 Satz 1 SGB V verlangt lediglich den Nachweis dienstordnungsmäßiger Stellen. Es fehlt allerdings auch hier an einer Regelung, die einen automatischen Eintritt in die Rechte und Pflichten aus dem zuvor bestehenden Anstellungsverhältnis normiert. Deswegen ist im Zusammenhang mit der Unterbringung von Dienstordnungsangestellten ebenfalls ein neuer privatrechtlicher[1008] Anstellungsvertrag abzuschließen. Dafür spricht auch, dass die Dienstordnungsangestellten keinen Anspruch auf die Beibehaltung aller Rechte und Pflich-

---

1001 Ebenso zumindest bezüglich der Unterbringung der übrigen Beschäftigten nach § 164 Abs. 3 Satz 3 SGB V: ArbG Berlin 24.11.2011 - 50 Ca 7831/11 u.a., juris (I 2 a aa); ArbG Chemnitz 28.11.2011 - 11 Ca 1506/11, juris (II 2); *Grau/Sittard*, KrV 2012, 6 (7).

1002 ArbG Berlin 24.11.2011 - 50 Ca 7831/11 u.a., juris (I 2 a aa); ArbG Chemnitz 28.11.2011 - 11 Ca 1506/11, juris (II 2).

1003 ArbG Berlin 24.11.2011 - 50 Ca 7831/11 u.a., juris (I 2 a aa); ArbG Chemnitz 28.11.2011 - 11 Ca 1506/11, juris (II 2).

1004 *Grau/Sittard*, KrV 2012, 6 (7).

1005 ArbG Chemnitz 28.11.2011 - 11 Ca 1506/11, juris (II 2).

1006 *Grau/Sittard*, KrV 2012, 6 (7). Zum automatischen Arbeitgeberwechsel beim Betriebsübergang vgl. APS/*Steffan*, § 613a BGB Rn. 80 m.w.N.

1007 Ebenso ErfK/*Rolfs*, § 164 SGB V Rn. 4.

1008 Dienstordnungsanstellungsverhältnisse unterliegen trotz ihrer Nähe zum öffentlichen Recht privatrechtlichen Anstellungsverträgen, BAG 25.04.1979 - 4 AZR 791/77, AP Nr. 49 zu § 611 BGB Dienstordnungs-Angestellte; *Benz*, SGb 2000, 53 (53, 60); *Bulla*, FS Lauterbach (1981), S. 352 (356); *Herrmann/Buchheim*, LKV 2014, 49 (50); Magiera/Siedentopf/*Merten*, Öffentlicher Dienst, S. 233; Groeger/*Oberthür*, Arbeitsrecht im öffentlichen Dienst, Teil 11 Rn. 11; Staudinger/*Richardi/Fischinger*, BGB, § 611 Rn. 296; ErfK/*Rolfs*, § 164 SGB V Rn. 3; *Rolfs*, NZA 2013, 529 (530). Vgl. ausführlich zur rechtlichen Einordnung von Dienstordnungsverhältnissen bereits Kap. C III 3 dieser Arbeit.

ten haben, sondern sie Einschränkungen nach Maßgabe des § 164 Abs. 3 Satz 1 SGB V hinzunehmen haben.

b) Neubegründung der vertraglichen Beziehungen

Die Anforderungen an ein ordnungsgemäßes Unterbringungsangebot zeichnen die gegenüber dem neuen Arbeitgeber geltenden Rechte und Pflichten vor. Nach der erfolgreichen Unterbringung der Beschäftigten werfen Fragen zur Rechtsstellung der Mitarbeiter bei der aufnehmenden Körperschaft daher keine weiteren unlösbaren Probleme auf. Das für die Unterbringungsangebote geltende Bestimmtheitsgebot[1009] sichert ab, dass die Beschäftigten ihre Rechte und Pflichten gegenüber der aufnehmenden Körperschaft genau beurteilen können und das Unterbringungsangebot zur Auslegung derselben herangezogen werden kann. Wie oben bereits umfassend dargestellt[1010], setzt ein zumutbares Unterbringungsangebot voraus, dass sich die bisherige Rechtsstellung der Beschäftigten nicht entscheidend verschlechtert. Sie ergibt sich darüber hinaus aus dem Anstellungsvertrag und den unter Umständen auf die Arbeitsverhältnisse anwendbaren Kollektivverträgen, wobei das Vereinheitlichungsinteresse der aufnehmenden Körperschaften dafür spricht, die bei ihnen geltenden kollektivrechtlichen Regelungen auch auf die Arbeitsverhältnisse der aufgenommenen Mitarbeiter anzuwenden.[1011]

In jedem Fall sind beispielsweise die Vorbeschäftigungszeiten bei der geschlossenen Krankenkasse auf das neue Anstellungsverhältnis anzurechnen.[1012] Diese tragen maßgeblich zum Bestandsschutz bei. Insbesondere kommt dadurch die in § 1 Abs. 1 KSchG vorgesehene Wartezeit nicht zur Anwendung. Ein aufgrund der Dauer der Betriebszugehörigkeit erlangter Sonderkündigungsschutz besteht fort. Im Übrigen hängt die künftige Rechtsstellung der Mitarbeiter entscheidend von dem ihm unterbreiteten Unterbringungsangebot ab. Auf die Ausführungen zu den Anforderungen an die Unterbringungsangebote wird verwiesen.[1013]

1009 BAG 21.11.2013 – 2 AZR 495/12, NJOZ 2014, 1548 (Rn. 78).

1010 Vgl. dazu ausführlich Kap. C IV dieser Arbeit.

1011 Vgl. ausführlich Kap. D II 2 dieser Arbeit.

1012 Ebenso LAG Baden-Württemberg 21.05.2012 – 1 Sa 3/12, BeckRS 2012, 71379 (I 2 g bb); ArbG Berlin 23.11.2011 – 21 Ca 7861/11, BeckRS 2011, 78303 (A II 2 b); ArbG Berlin 23.11.2011 – 21 Ca 8139/11, BeckRS 2011, 78305 (A II 2 b); ErfK/*Rolfs*, § 164 SGB V Rn. 6. A.A. Krauskopf/*Baier*, Soziale Krankenversicherung, § 164 SGB V Rn. 18 (kein Anspruch auf Besitzstandswahrung); *Grau/Sittard*, KrV 2012, 6 (7).

1013 Dazu Kap. C III – IV dieser Arbeit.

c) Ansprüche gegenüber der geschlossenen Krankenkasse

Die Ablehnung des automatischen Übergangs aller Rechte und Pflichten wirkt sich auf die bestehenden Ansprüche der Mitarbeiter gegenüber der geschlossenen Krankenkasse aus. Erst mit ihrer erfolgreichen Unterbringung treten sie in ein Vertragsverhältnis mit der aufnehmenden Körperschaft ein. Etwaige Ansprüche, die in der Zeit vor ihrer Unterbringung entstanden sind, richten sich nicht gegen die aufnehmende Krankenkasse alleine. Das allgemeine Haftungskonzept bei Schließung einer Krankenkasse sichert allerdings die Ansprüche der ehemaligen Beschäftigten umfassend ab und stellt ihnen mit §§ 155 Abs. 4, 164 Abs. 1 SGB V SGB V einen neuen Schuldner zur Seite. Die Mitarbeiter haben ihre Ansprüche wie die übrigen Gläubiger der geschlossenen Krankenkasse gegenüber dem Spitzenverband Bund geltend zu machen. Das gilt selbst dann, wenn eine Mithaftung ihres neuen Arbeitgebers besteht. Die Krankenkassenbeschäftigten sind insofern den sonstigen Gläubigern der geschlossenen Krankenkasse gleichgestellt.

d) Möglichkeit nachträglicher Personalanpassungen

Das Unterbringungsverfahren sichert die Weiterbeschäftigung eines bestimmten Mitarbeiterkreises trotz Schließung einer Krankenkasse ab. Diese Absicherung liefe aber ins Leere, wenn sich die aufnehmende Körperschaft unmittelbar nach ihrer Eingliederung durch Ausspruch betriebsbedingter Kündigungen von denselben Mitarbeitern trennen könnte. Die von den arbeitsrechtlichen Schließungsvorschriften bezweckte Beschäftigungssicherung[1014] könnte damit umgangen werden. Die Literatur gestattet – allerdings ohne eine vertiefte Begründung – nachträgliche Personalanpassungen.[1015]

Die Bedenken gegen die Zulassung nachträglicher Personalanpassungen schließen die Reduzierung des Personalbestands im Anschluss an die Aufnahme von Mitarbeitern nicht aus.[1016] Eine Umgehung der Unterbringungsvorschriften in der Form, als dass nach Durchführung des Unterbringungsverfahrens ausschließlich untergebrachten Mitarbeitern gegenüber eine Kündigung ausgesprochen wird, lässt sich durch die Anwendung der allgemeinen arbeitsrechtlichen Kündigungsbeschränkungen verhindern. Die vor Ausspruch betriebsbedingter Kündigungen durchzuführende Sozialauswahl sorgt dafür, dass die aufnehmende Körperschaft nicht ausschließlich den aufgenommenen Mitarbeitern kündigen und damit das besondere

---

1014 BT-Drucks. 16/9559.

1015 *Bohlen-Schöning*, KrV 2011, 85 (87); *Grau/Sittard*, KrV 2012, 6 (8).

1016 So im Ergebnis auch *Bohlen-Schöning*, KrV 2011, 85 (87); *Grau/Sittard*, KrV 2012, 6 (8).

Schutzkonzept bei Schließung einer Krankenkasse aushebeln kann. Die Vorbeschäftigungszeiten der Beschäftigten bei der geschlossenen Krankenkasse sind aus kündigungsrechtlicher Perspektive zu berücksichtigen. Das führt dazu, dass sie in der Regel die Wartezeit des § 1 Abs. 1 KSchG erfüllen. Die Beschäftigungszeiten bei der geschlossenen Krankenkasse sind zusätzlich unter dem Merkmal der Dauer der Betriebszugehörigkeit im Rahmen der Sozialauswahl anzurechnen. Insoweit ist eine Gleichstellung der untergebrachten Beschäftigten mit den Bestandsmitarbeitern geboten.

Ein absolutes Kündigungsverbot zugunsten der aufgenommenen Mitarbeiter ist dagegen abzulehnen.[1017] Eine solche Sonderstellung dieses Mitarbeiterkreises findet im Gesetz keine Stütze. Es bestünden außerdem große Bedenken in Bezug auf die dadurch hervorgerufene Benachteiligung der übrigen Mitarbeiter der aufnehmenden Krankenkasse. Ein solcher uneingeschränkter Bestandsschutz nähme keine Rücksicht auf die im Rahmen der Sozialauswahl maßgeblichen Sozialkriterien und führte unter Umständen dazu, dass sozial schutzwürdigeren Bestandsmitarbeitern zugunsten der Weiterbeschäftigung aller aufgenommenen Mitarbeiter gekündigt werden müsste. Rechtfertigungsgründe für eine solche Besserstellung sind nicht ersichtlich. Darüber hinaus ließe sich auch ein zugunsten sämtlicher Beschäftigter geltendes generelles Verbot von Personalanpassungsmaßnahmen nach Unterbringung von Mitarbeitern über den tatsächlichen Personalbedarf hinaus nicht mit dem Wirtschaftlichkeitsgebot vereinbaren und liefe dem zwischen den Krankenkassen herrschenden Wettbewerbsgedanken zuwider.[1018]

3. Kein Fortbestand des Beschäftigungsverhältnisses mit geschlossener Krankenkasse

Eine im Vergleich zu den übrigen Rechtsstreitigkeiten nach Schließung der City BKK und der BKK für Heilberufe ungewöhnliche Rechtsfrage hatte das Arbeitsgericht Chemnitz zu entscheiden.[1019] Die klagende Mitarbeiterin der geschlossenen Krankenkasse nahm ein Unterbringungsangebot einer anderen Krankenkasse an. Die Zumutbarkeit des Unterbringungsangebots stellte sie nicht in Abrede.[1020] Sie begehrte in der Folge die gerichtliche Feststellung, dass ihr Anstellungsverhältnis zur geschlossenen Krankenkasse nicht durch die erfolgte Unterbringung bei einer anderen Krankenkasse ge-

---

1017 Ebenso *Bohlen-Schöning*, KrV 2011, 85 (87); *Grau/Sittard*, KrV 2012, 6 (8).
1018 Nicht so weitgehend BAG 21.11.2013 - 2 AZR 966/12, BeckRS 2014, 70808 (Rn. 41).
1019 ArbG Chemnitz 28.11.2011 - 11 Ca 1506/11, juris. Dazu *Thomma*, KrV 2012, 28 (29).
1020 ArbG Chemnitz 28.11.2011 - 11 Ca 1506/11, juris (II 1).

endet habe.[1021] Die Klage hatte letztendlich mit zutreffender Begründung keinen Erfolg.[1022]

Das Gesetz enthält in Bezug auf das Schicksal der Arbeitsverhältnisse zwischen den erfolgreich untergebrachten Mitarbeitern und der geschlossenen Krankenkasse tatsächlich eine Regelungslücke.[1023] Die in § 164 Abs. 4 Satz 1 SGB V vorgesehene Beendigungsanordnung bezieht sich ausdrücklich nur auf die Vertragsverhältnisse der Beschäftigten, die nicht im Wege des Unterbringungsverfahrens untergebracht wurden.[1024] Der Wortlaut der Vorschrift steht ihrer Erstreckung in direkter Anwendung auf die Gruppe der untergebrachten Angestellten entgegen.[1025] Es liegt hier eine planwidrige Regelungslücke vor.[1026] Wie bereits umfassend herausgearbeitet[1027], enden die Beschäftigungsverhältnisse außerhalb des Anwendungsbereichs des § 164 Abs. 4 Satz 1 SGB V nicht infolge der vom Gesetzgeber gewählten Abwicklungskonstruktion.[1028] Sie bestehen vorbehaltlich anderer Regelungen mit der Abwicklungskörperschaft bis zu ihrer vollständigen Auflösung fort.[1029] Es existieren auch keine sonstigen Vorschriften, die eine Beendigung der Arbeitsverhältnisse untergebrachter Mitarbeiter zur geschlossenen Krankenkasse zum Gegenstand haben. Die Arbeitsverhältnisse enden ebenso wenig wegen eines automatischen Einrückens in die Arbeitgeberstellung durch die aufnehmende Krankenkasse.[1030]

1021 ArbG Chemnitz 28.11.2011 – 11 Ca 1506/11, juris (Sachverhalt).

1022 ArbG Chemnitz 28.11.2011 – 11 Ca 1506/11, juris (II).

1023 So auch ArbG Chemnitz 28.11.2011 – 11 Ca 1506/11, juris (II 2); juris-PK-SGB V/*Koch*, § 164 Rn. 14.

1024 ArbG Chemnitz 28.11.2011 – 11 Ca 1506/11, juris (II 2). *Bohlen-Schöning*, KrV 2012, 101 (103); *Gutzeit*, NZS 2012, 361 (367); *Wolter*, FS Bepler (2012), S. 675 (678 f.) weisen ebenfalls auf die Unklarheiten hin, die der Wortlaut der Vorschrift hervorruft.

1025 Ähnlich ArbG Chemnitz 28.11.2011 – 11 Ca 1506/11, juris (II 2). Anders *Wolter*, FS Bepler (2012), S. 675 (679), der den Wortlaut der Regelung als nicht entgegenstehend betrachtet und sie über eine teleologische Auslegung auch auf zumutbar untergebrachte Mitarbeiter der geschlossenen Krankenkasse erstreckt.

1026 Juris-PK-SGB V/*Koch*, § 164 Rn. 14.

1027 Dazu Kap. C II dieser Arbeit.

1028 Ebenso LAG Berlin-Brandenburg 12.04.2012 – 5 Sa 2555/11, BeckRS 2012, 70363 (I 1.5); LAG Berlin-Brandenburg 24.05.2012 – 18 Sa 2605/11, 18 Sa 116/12, BeckRS 2012, 70789 (II 1 b aa); LAG Hamburg 31.05.2012 – 1 Sa 55/11, juris (I 2 b aa); *Klimpe-Auerbach*, SozSich 2011, 270 (273).

1029 LAG Berlin-Brandenburg 12.04.2012 – 5 Sa 2555/11, BeckRS 2012, 70363 (I 1.5); LAG Berlin-Brandenburg 24.05.2012 – 18 Sa 2605/11, 18 Sa 116/12, BeckRS 2012, 70789 (II 1 b aa); LAG Hamburg 31.05.2012 – 1 Sa 55/11, juris (I 2 b aa); *Klimpe-Auerbach*, SozSich 2011, 270 (273).

1030 ArbG Chemnitz 28.11.2011 – 11 Ca 1506/11, juris (II 2). Dazu ausführlich Kap. C VII 2 a dieser Arbeit.

Die Beendigung der Arbeitsverhältnisse mit der geschlossenen Krankenkasse nach erfolgreicher Unterbringung bei einer anderen Körperschaft folgt richtigerweise aus einer entsprechenden Anwendung des § 164 Abs. 4 Satz 1 SGB V.[1031] Ein Fortbestehen der Arbeitsverhältnisse ordnungsgemäß untergebrachter Mitarbeiter ist vor dem Hintergrund der Systematik und des Sinn und Zwecks der Abwicklungsvorschriften abzulehnen.[1032] Die Arbeitsverhältnisse zur Abwicklungskörperschaft sind insbesondere nicht als ruhend anzusehen.[1033] Die Annahme ruhender Arbeitsverhältnisse und ein etwaiges Rückkehrrecht erfolgreich untergebrachter Mitarbeiter fügen sich nicht in die übrige arbeitsrechtliche Regelungssystematik nach Schließung einer Krankenkasse ein. Das folgt aus § 164 Abs. 4 Satz 1 SGB V. Die Vorschrift ordnet die Beendigung der Arbeitsverhältnisse von unterbringungsberechtigten[1034] Mitarbeitern an, die nicht im Wege des Unterbringungsverfahrens untergebracht werden konnten. Dann müssen aber „erst recht"[1035] auch die Arbeitsverhältnisse der erfolgreich untergebrachten Mitarbeiter enden.[1036] Der Telos der Abwicklungsvorschriften bestätigt dieses Ergebnis.[1037] Der sinkende Beschäftigungsbedarf steht einer Rückkehr von Mitarbeitern entgegen. Das Unterbringungsverfahren ermöglicht den Mitarbeitern die Aufnahme einer zumutbaren Beschäftigung bei einer anderen Kör-

---

1031 Wohl auch juris-PK-SGB V/*Koch*, § 164 Rn. 14.

1032 Gleichermaßen im Ergebnis ArbG Chemnitz 28.11.2011 - 11 Ca 1506/11, juris (II 2); juris-PK-SGB V/*Koch*, § 164 Rn. 14; *Rolfs*, NZA 2013, 529 (530 f.); *Thomma*, KrV 2012, 28 (29); *Wolter*, FS Bepler (2012), S. 675 (678 f.).

1033 Das ArbG Chemnitz 28.11.2011 - 11 Ca 1506/11, juris (II 2) lehnt das Nebeneinander zweier Arbeitsverhältnisse ebenfalls ab. Es weist zutreffend darauf hin, dass der Mitarbeiter seine arbeitsvertraglichen Pflichten nicht gegenüber beiden Arbeitgebern gleichzeitig erfüllen kann. Diese Bedenken ließen sich dadurch lösen, indem man das Arbeitsverhältnis des Mitarbeiters zur Abwicklungskörperschaft ruhen ließe. Dies führte zu einer Suspendierung der gegenseitigen Hauptpflichten, BAG 09.08.1995 - 10 AZR 539/94, NZA 1996, 154 (II 2 c); MünchArbR/*Berkowsky*, Band I, § 114 Rn. 100. Die Vertragsparteien müssten sich aber darauf wenigstens konkludent einigen, vgl. APS/*Biebl*, § 14 KSchG Rn. 11. Der Themenbereich des ruhenden Arbeitsverhältnisses ist im Arbeitsrecht unter anderem im Zusammenhang mit der Bestellung eines Mitarbeiters zum Organvertreter von Interesse, vgl. dazu Moll/*Moll/Grobys*, MAH Arbeitsrecht, § 80 Rn. 13 ff.

1034 Die Reichweite des § 164 Abs. 4 SGB V ist höchst umstritten. Vgl. dazu die Ausführungen unter Kap. C VIII dieser Arbeit (zur Anwendbarkeit und den Voraussetzungen gegenüber unterbringungsberechtigten Mitarbeitern) sowie unter Kap. C IX dieser Arbeit (zur Anwendbarkeit auf nicht unterbringungsberechtigte Mitarbeiter).

1035 ArbG Chemnitz 28.11.2011 - 11 Ca 1506/11, juris (II 2); *Gutzeit*, NZS 2012, 361 (367); *Thomma*, KrV 2012, 28 (29); *Wolter*, FS Bepler (2012), S. 675 (679).

1036 ArbG Chemnitz 28.11.2011 - 11 Ca 1506/11, juris (II 2); *Gutzeit*, NZS 2012, 361 (367); *Thomma*, KrV 2012, 28 (29); *Wolter*, FS Bepler (2012), S. 675 (679).

1037 ArbG Chemnitz 28.11.2011 - 11 Ca 1506/11, juris (II 2); *Rolfs*, NZA 2013, 529 (530 Fn. 7); *Wolter*, FS Bepler (2012), S. 675 (679) sprechen sich ebenfalls für eine teleologische Auslegung der Vorschrift aus.

perschaft. Ihr Arbeitsverhältnis endet dagegen bei Ablehnung des zumutbaren Unterbringungsangebots gemäß § 164 Abs. 4 Satz 1 SGB V. Bestünde das Arbeitsverhältnis trotz der Annahme des Unterbringungsangebots mit der Abwicklungskörperschaft fort, könnten die Mitarbeiter unter Umständen nach einer gegenüber der aufnehmenden Körperschaft ausgesprochenen Eigenkündigung ihre Rückkehr zur Abwicklungskörperschaft erzwingen.[1038] Diese müsste sich infolgedessen zu einem späteren Zeitpunkt nochmals mit den untergebrachten Mitarbeitern auseinandersetzen, obwohl das Gesetz auf eine zügige Abwicklung der geschlossenen Krankenkasse ausgelegt ist und auf die Vermeidung zusätzlicher Kosten abzielt.

Der Fortbestand der vorherigen Arbeitsverhältnisse ist auch nicht zum Schutz der Beschäftigten geboten. Nach ihrer erfolgreichen Unterbringung bei einer anderen Körperschaft sind die allermeisten Mitarbeiter vor einer drohenden Arbeitslosigkeit abgesichert. Die Systematik sowie der Sinn und Zweck des Unterbringungsverfahrens stünden einem Fortbestehen der Arbeitsverhältnisse und Rückkehrwünschen der Mitarbeiter zur Abwicklungskörperschaft entgegen. Mit erfolgreicher Unterbringung auf einer zumutbaren anderen Stelle enden damit die Arbeitsverhältnisse der Mitarbeiter mit der Abwicklungskörperschaft.[1039]

4. *Ergebnis*

Die erfolgreiche Unterbringung der Beschäftigten bei einer anderen Körperschaft wirft nur wenige Folgefragen auf. Das hinreichend bestimmte Unterbringungsangebot und der zwischen dem Beschäftigten und der aufnehmenden Körperschaft geschlossene Anstellungsvertrag bestimmen die gegenseitigen Rechte und Pflichten. Mit ihrer Eingliederung sind die untergebrachten Beschäftigten den Bestandsmitarbeitern gleichgestellt. Ein fortwirkender und absoluter Bestandsschutz ist abzulehnen, da ein solcher auch nicht bei der geschlossenen Krankenkasse existierte. Die Arbeitsverhältnisse mit der Abwicklungskörperschaft enden mit der erfolgreichen Unterbringung. Dies folgt aus einer analogen Anwendung der Beendigungsanordnung des § 164 Abs. 4 Satz 1 SGB V.

[1038] Der Rückkehr könnte in diesem Fall der Einwand der Treuwidrigkeit entgegenstehen. Dies muss hier aber nicht weiter vertieft werden.

[1039] So auch die h.M., vgl. ArbG Chemnitz 28.11.2011 – 11 Ca 1506/11, juris (II 2); *Rolfs*, NZA 2013, 529 (530 Fn. 7); *Thomma*, KrV 2012, 28 (29); *Wolter*, FS Bepler (2012), S. 675 (679). Ebenso, wenn auch mit abweichender Begründung *Bohlen-Schöning*, KrV 2012, 101 (103); *Gutzeit*, NZS 2012, 361 (367).

VIII. Rechtsfolgen erfolgloser Unterbringung unterbringungsberechtigter Beschäftigter

1. Fortbestand der Arbeitsverhältnisse mit der geschlossenen Krankenkasse

a) Überblick

Die Erfahrungen im Anschluss an die beiden Schließungen im Jahr 2011 verdeutlichen, dass die unterschiedlichen Interessen der aufnehmenden Körperschaften und der unterzubringenden Mitarbeiter einer erfolgreichen Unterbringung in vielen Fällen im Wege stehen. Dies kann dazu führen, dass trotz einer bestehenden Unterbringungsverpflichtung eine Unterbringung der Mitarbeiter bei einer anderen Krankenkasse scheitert. Dies ist denkbar, wenn der Mitarbeiter ein ihm unterbreitetes zumutbares Unterbringungsangebot ablehnt oder ihm schon kein beziehungsweise kein zumutbares Unterbringungsangebot unterbreitet wurde. Das Schicksal der Arbeitsverhältnisse hängt bei einem ausbleibenden Unterbringungserfolg entscheidend von der Auslegung der Beendigungsanordnung des § 164 Abs. 4 Satz 1 SGB V ab. Nach dieser enden die „Vertragsverhältnisse der Beschäftigten, die nicht nach Absatz 3 untergebracht werden, (...) mit dem Tag der Auflösung oder Schließung". Der im Wortlaut der Regelung angelegte Verweis auf das Unterbringungsverfahren des Abs. 3 legt es nahe, die Anwendbarkeit der Beendigungsanordnung getrennt in Bezug auf unterbringungsberechtigte und nicht unterbringungsberechtigte Mitarbeiter der geschlossenen Krankenkasse zu betrachten.[1040] Das Hauptaugenmerk der Rechtsprechung und der juristischen Fachliteratur liegt nicht zuletzt wegen der schwerwiegenden Folgen für die Mitarbeiter auf der Auslegung dieser Regelung. Diese wird dadurch erschwert, dass das deutsche Arbeitsrecht ansonsten keine dem § 164 Abs. 4 Satz 1 SGB V entsprechende Beendigungsanordnung kraft Gesetzes enthält, die als Auslegungshilfe herangezogen werden könnte.[1041]

Die Regelung des § 164 Abs. 4 Satz 1 SGB V wirkt sich sowohl auf die Dienstverhältnisse von Dienstordnungsangestellten als auch auf die Arbeitsverhältnisse der übrigen Beschäftigten aus. Im Gegensatz zu den Unterbringungsanforderungen des § 164 Abs. 3 SGB V trifft das Gesetz hier eine gemeinsame Regelung und differenziert nicht zwischen diesen beiden

---

1040 Einen entsprechenden Aufbau wählt auch ErfK/*Rolfs*, § 164 SGB V Rn. 3 ff.

1041 Vgl. insb. *Wolter*, FS Bepler (2012), S. 675 (675 f.), der auf die Einmaligkeit der in § 164 Abs. 4 Satz 1 SGB V angeordneten Beendigung von Arbeitsverhältnissen kraft Gesetzes hinweist. Parallelen sieht er lediglich in Verschmelzungsfällen im Sinne des § 20 Abs. 1 Nr. 2 UmwG, vgl. *Wolter*, FS Bepler (2012), S. 675 (676 Fn.1).

Beschäftigtengruppen. Trotz der Besonderheiten des Dienstordnungsrechts mit dessen Nähe zum Beamtenrecht ergeben sich in Bezug auf die Auslegung der Beendigungsanordnung des § 164 Abs. 4 Satz 1 SGB V deswegen keine Unterschiede. Im Verhältnis zu anderen Beendigungstatbeständen ist sie für den Fall der Schließung einer Krankenkasse als lex specialis anzusehen.[1042]

b) Ablehnung ordnungsgemäßer Unterbringungsangebote

Nach der überwiegenden Auffassung enden gemäß § 164 Abs. 4 Satz 1 SGB V in jedem Fall die Arbeitsverhältnisse der unterbringungsberechtigten Mitarbeiter, die ein ordnungsgemäßes Unterbringungsangebot ablehnen.[1043] Das Bundesarbeitsgericht bestätigte in seinen vier Grundsatzentscheidungen aus dem Jahr 2013 diese Sichtweise und verwies auf die Systematik des Gesetzes sowie die zugrunde liegende Gesetzesbegründung.[1044] Nach dem Willen des Gesetzgebers umfasse die Vorschrift die Vertragsverhältnisse der Beschäftigten, deren Weiterbeschäftigung nicht möglich sei.[1045] Das sei aber „angesichts der nach § 164 Abs. 3 Satz 3 SGB V (…) bestehenden Angebotsverpflichtung“[1046] nur dann der Fall, wenn ein Beschäftigter ein ihm unterbreitetes Angebot nicht angenommen habe.[1047] Damit steht nach der Rechtsprechung fest, dass bei Ablehnung eines ordnungsgemäßen Unterbringungsangebots das Arbeitsverhältnis mit der geschlossenen Krankenkasse nach § 164 Abs. 4 Satz 1 SGB V endet. Die meisten Stimmen der juristischen Fachliteratur stellen die Anwendbarkeit der Beendigungsanordnung auf Mitarbeiter, die ordnungsgemäße Unterbringungsangebote ablehnen, ebenfalls nicht in Abrede.[1048] Sie beschränken ihre Ausführungen auf die Frage, ob sich die Vorschrift des § 164 Abs. 4

1042 So insb. mit ausführlicher Herleitung im Zusammenhang mit den Beendigungstatbeständen des Dienstordnungsrechts *Hengst*, Insolvenzfähigkeit von Krankenkassen, S. 93.

1043 Vgl. statt aller u.a. BAG 21.11.2013 – 2 AZR 966/12, BeckRS 2014, 70808 (Rn. 41); *Klimpe-Auerbach*, SozSich 2011, 270 (272); ErfK/*Rolfs*, § 164 SGB V Rn. 4 m.w.N., Rn. 6. So auch *Bohlen-Schöning*, KrV 2011, 85 (86); *Rolfs*, GuP 2013, 8 (9 f.); *Rolfs*, NZA 2013, 529 (531), die sich der Frage annehmen, ob die Beendigungsanordnung darüber hinaus noch weitere Beschäftigte erfasst.

1044 BAG 21.11.2013 – 2 AZR 474/12, BeckRS 2014, 69409 (Rn. 54); BAG 21.11.2013 – 2 AZR 495/12, NJOZ 2014, 1548 (Rn. 54); BAG 21.11.2013 – 2 AZR 966/12, BeckRS 2014, 70808 (Rn. 41, 47).

1045 BT-Drucks. 11/2237, S. 212. Dazu auch BAG 21.11.2013 – 2 AZR 966/12, BeckRS 2014, 70808 (Rn. 47).

1046 BAG 21.11.2013 – 2 AZR 966/12, BeckRS 2014, 70808 (Rn. 47).

1047 BAG 21.11.2013 – 2 AZR 966/12, BeckRS 2014, 70808 (Rn. 47).

1048 *Bohlen-Schöning*, KrV 2011, 85 (86); *Rolfs*, GuP 2013, 8 (9 f.); *Rolfs*, NZA 2013, 529 (531).

Satz 1 SGB V darüber hinaus auf weitere Mitarbeiter erstreckt, denen kein oder kein ordnungsgemäßes Unterbringungsangebot unterbreitet wurde.[1049]

Der verbleibende Abwicklungsbedarf nach der Schließung der Krankenkasse könnte allerdings der Beendigung der Arbeitsverhältnisse der Mitarbeiter, die ordnungsgemäße Unterbringungsangebote bei einer anderen Krankenkasse ablehnen, entgegenstehen. Denn es besteht tatsächlich eine Weiterbeschäftigungsmöglichkeit bei der Abwicklungskörperschaft bis zu ihrer vollständigen Abwicklung. Die sofortige Beendigung dieser Arbeitsverhältnisse nach § 164 Abs. 4 Satz 1 SGB V könnte daher trotz der Ablehnung ordnungsgemäßer Unterbringungsangebote zu einer unbilligen Härte führen. Systematische und teleologische Erwägungen sprechen jedoch für das in der Rechtsprechung und Literatur vertretene Verständnis, wonach bei Ablehnung ordnungsgemäßer Unterbringungsangebote die Beschäftigungsverhältnisse nach § 164 Abs. 4 Satz 1 SGB V mit dem Tag der Auflösung oder Schließung einer Krankenkasse enden. Für den Fall der Schließung einer Innungs- oder Ortskrankenkassen sichert das Gesetz sämtlichen Mitarbeitern ein Unterbringungsangebot zu. Es steht ihnen offen, dieses anzunehmen und dadurch die drohende Arbeitslosigkeit abzuwenden. Die Beendigungsanordnung verdeutlicht zugleich, dass den Mitarbeitern kein echtes Wahlrecht zwischen der Annahme des Unterbringungsangebots oder der Weiterbeschäftigung bei der Abwicklungskörperschaft zusteht. Im besten Fall erhalten sämtliche Krankenkassenbeschäftigten ordnungsgemäße Unterbringungsangebote. Dem verbleibenden Personalbedarf bei der Abwicklungskörperschaft ist dadurch Rechnung zu tragen, dass ein Teil der Belegschaft erst nach endgültigem Wegfall ihres alten Arbeitsplatzes auf die Unterbringungsstelle wechseln. Diese Lösung sichert die Mitarbeiter einerseits gegen die drohende Arbeitslosigkeit ab und stellt sie damit wesentlich besser als im Vergleich zur Schließung oder Insolvenz von Betrieben. Sie ermöglicht es der Abwicklungskörperschaft andererseits, eben diejenigen Mitarbeiter für einen bestimmten Zeitraum weiter zu beschäftigen, die zu einer schnellen, effektiven und kostengünstigen Abwicklung beitragen. Das dient mit Blick auf das Haftungskonzept dem Interesse der gesetzlichen Krankenversicherung, zusätzliche Kosten zu vermeiden. Diese dem Unterbringungsverfahren innewohnenden Überlegungen tragen letztendlich zu einer gleichmäßigen Verteilung der mit der Schließung einhergehenden Lasten auf allen Seiten bei. Ein Ablehnungsrecht mit der Folge, dass die Mitarbeiter bei der Abwicklungskörperschaft im Rahmen des möglichen Beschäftigungsbedarfs weiterbeschäftigt werden müssten, brächte dagegen diesen gleichmäßigen Ausgleich der gegenseitigen Interessen durcheinan-

[1049] Vgl. bspw. *Bohlen-Schöning*, KrV 2011, 85 (86); *Rolfs*, GuP 2013, 8 (9 f.); *Rolfs*, NZA 2013, 529 (531).

der. Die Abwicklungskörperschaft müsste unter Heranziehung sozialer Gesichtspunkte entscheiden, ob die ablehnenden Mitarbeiter bevorzugt für Abwicklungstätigkeiten in Betracht kommen. Dies führte nicht nur zu einem Mehraufwand, sondern durch ein solches Wahlrecht bestünde gleichzeitig die Gefahr, dass die eigentlich für Abwicklungstätigkeiten vorgesehenen Mitarbeiter sehr kurzfristig zur unterbringenden Körperschaft wechseln müssten, wenn ein aus sozialen Gründen schutzwürdigerer Beschäftigter ein ordnungsgemäßes Unterbringungsangebot ablehnt.

Die auftretenden Abwicklungsprobleme bei Einräumung von Weiterbeschäftigungsansprüchen nach Ablehnung eines ordnungsgemäßen Unterbringungsangebots sprechen damit gegen eine solche Auslegung des § 164 Abs. 4 Satz 1 SGB V. Hinzu kommt, dass für die Beendigungsanordnung im Schließungsrecht der Innungskrankenkassen kein Anwendungsfall mehr verbliebe. Es sind kaum Konstellationen denkbar, in denen Beschäftigte nach Ablehnung eines Unterbringungsangebots zumindest für einen kurzen Zeitraum nicht mehr für die Abwicklungskörperschaft weiterbeschäftigt werden könnten. Dies käme höchstens in Bezug auf Außendienstmitarbeiter in Betracht.[1050] Insofern weist auch das Bundesarbeitsgericht zutreffend darauf hin, dass nur dann von der Unmöglichkeit der Weiterbeschäftigung von Mitarbeitern im Sinne der Gesetzesbegründung auszugehen sei, wenn diese ein ordnungsgemäßes Unterbringungsangebot ablehnen.[1051]

c) Ablehnung nicht ordnungsgemäßer Unterbringungsangebote

Die Auffassungen zum Fortbestand der Arbeitsverhältnisse mit der Abwicklungskörperschaft und zur Auslegung der Beendigungsanordnung des § 164 Abs. 4 Satz 1 SGB V gehen dagegen in dem Fall weit auseinander, in dem ein unterbringungsberechtigter Mitarbeiter ein nicht ordnungsgemäßes Unterbringungsangebot ablehnt oder ihm ein solches überhaupt nicht unterbreitet wird.[1052] Die sich widersprechenden Ansichten in der juristischen

---

1050 *Gutzeit*, NZS 2012, 361 (365).

1051 BAG 21.11.2013 - 2 AZR 966/12, BeckRS 2014, 70808 (Rn. 47).

1052 Die Ablehnung eines „ordnungsgemäßen“ Unterbringungsangebots fordern beispielsweise BAG 21.11.2013 - 2 AZR 474/12, BeckRS 2014, 69409 (Rn. 54); BAG 21.11.2013 - 2 AZR 495/12, NJOZ 2014, 1548 (Rn. 54); LAG Baden-Württemberg 21.05.2012 - 1 Sa 3/12, BeckRS 2012, 71379 (Ls. 1); LAG Düsseldorf 07.09.2012 - 6 Sa 345/12, BeckRS 2013, 67563 (A II 2 a cc aaa (2)); LAG Hamburg 19.09.2012 - 5 Sa 17/12, BeckRS 2013, 67949 (II 2 c); LAG Berlin-Brandenburg 14.12.2012 - 8 Sa 980/12, 8 Sa 1248/12, BeckRS 2013, 67972 (1.2); LAG Düsseldorf 26.04.2013 - 6 Sa 1874/12, NZA-RR 2013, 515 (Ls.) = BeckRS 2013, 70899 (A II 2 a bb bbb) m.w.N. unter (A II 2 a bb bbb (1) (a) (aa)); *Klimpe-Auerbach*, SozSich 2011, 270 (272); *Rolfs*, GuP 2013, 8 (9); *Rolfs*, NZA 2013, 529 (531); *Winzer*, ArbRAktuell 2014, 362 (362); *Wolter*, FS Bepler (2012), S. 675 (680). Eine weite

Fachliteratur und die divergierenden Entscheidungen verschiedener Gerichte trugen nach der Schließung der City BKK und der BKK für Heilberufe zu einer großen Verunsicherung bei. Es liegt aber mittlerweile eine höchstrichterliche Klärung zur Frage des Fortbestands der Arbeitsverhältnisse bei nicht ordnungsgemäßen Unterbringungsangeboten vor. Dies dürfte dazu führen, dass künftig die in der Vergangenheit in allen Einzelheiten geführten Diskussionen um die Auslegung der Beendigungsanordnung des § 164 Abs. 4 Satz 1 SGB V nicht in der bisherigen Breite fortgeführt werden. Nicht zuletzt die vielen Gegenmeinungen[1053] veranlassen jedoch zu einer kritischen Auseinandersetzung mit dieser Rechtsprechung des Bundesarbeitsgerichts.

aa) Beendigung aller Arbeitsverhältnisse

Die ersten Literaturstimmen, die sich nach der Schließung der City BKK und der BKK für Heilberufe zur Auslegungsproblematik des § 164 Abs. 4 Satz 1 SGB V äußerten, legten die Beendigungsanordnung mehrheitlich weit aus.[1054] Diesem Verständnis schloss sich die Rechtsprechung vereinzelt an.[1055] Die Arbeitsverhältnisse aller unterbringungsberechtigten Mitarbeiter der geschlossenen Krankenkasse enden nach dieser Ansicht auch dann, wenn ihnen zuvor kein oder kein ordnungsgemäßes Unterbringungsangebot unterbreitet worden ist.[1056] Die Beendigungswirkung des § 164 Abs. 4 Satz 1 SGB V greife unabhängig von vorherigen Unterbringungsbemühungen ein.[1057] Teils bezieht sich die Argumentation zur Auslegung des § 164 Abs. 4 Satz 1 SGB V auf die mögliche Einbeziehung ordentlich kündbarer Mitarbeiter von Betriebskranken- und Ersatzkassen, denen gerade kein Unterbringungsanspruch zusteht. Sie ist aber auf die hier in Frage stehende Auslegung übertragbar, da sie nicht auf die Besonderheiten der eingeschränkten Verweise der § 155 Abs. 4 Satz 9 sowie § 171 Satz 1 SGB V eingeht.

Auslegung des § 164 Abs. 4 Satz 1 SGB V vertreten dagegen LAG Baden-Württemberg 18.5.2012 – 7 Sa 13/12, BeckRS 2012, 71380 (II 2 a bb); LAG Berlin-Brandenburg 12.09.2012 – 23 Sa 847/12, BeckRS 2013, 65236 (2.2); ArbG Hamburg 12.10.2011 – 3 Ca 240/11, BeckRS 2012, 69606 (II 1); *Bohlen-Schöning*, KrV 2011, 85 (86); *Bohlen-Schöning*, KrV 2012, 101 (103); *Grau/Sittard*, KrV 2012, 6 (10); *Gutzeit*, NZS 2012, 361 (364 ff.).

1053 Das LSG Hamburg 28.06.2012 – L 1 KR 148/11, BeckRS 2012, 70702 fasst kurz den Meinungsstand mitsamt sämtlicher vertretener Ansichten zum damaligen Zeitpunkt in den Gründen seiner Entscheidung zusammen.

1054 Insb. *Bohlen-Schöning*, KrV 2011, 85 (86); *Bohlen-Schöning*, KrV 2012, 101 (103); *Grau/Sittard*, KrV 2012, 6 (10); *Gutzeit*, NZS 2012, 361 (364 ff.).

1055 So etwa LAG Baden-Württemberg 18.5.2012 – 7 Sa 13/12, BeckRS 2012, 71380 (II 2 a bb); LAG Berlin-Brandenburg 12.09.2012 – 23 Sa 847/12, BeckRS 2013, 65236 (2.2); ArbG Hamburg 12.10.2011 – 3 Ca 240/11, BeckRS 2012, 69606 (II 1).

1056 *Bohlen-Schöning*, KrV 2011, 85 (86).

1057 *Bohlen-Schöning*, KrV 2011, 85 (86).

Die Ansicht beruft sich im Wesentlichen auf den Wortlaut[1058], die Systematik[1059] und den Telos[1060] der Beendigungsanordnung. Der Wortlaut des § 164 Abs. 4 Satz 1 SGB V knüpfe lediglich an einen etwaigen tatsächlichen Unterbringungserfolg an („untergebracht werden").[1061] Der Formulierung sei gerade nicht zu entnehmen, dass der gescheiterten Unterbringung auch ein Unterbringungsverfahren oder ein ordnungsgemäßes Unterbringungsangebot vorangegangen sein müsste.[1062] Sie enthalte keine Aussage darüber, aus welchen Gründen die Weiterbeschäftigung der Mitarbeiter bei einer anderen Krankenkasse oder dem Landesverband gescheitert sei.[1063]

Teilweise sieht diese Ansicht die Beendigungsanordnung auch als konsequente Fortführung der Abwicklungskonstruktion an.[1064] Die Krankenkasse verliere zum Schließungszeitpunkt ihre Existenz und setze sich nicht in Form der Abwicklungskörperschaft fort.[1065] § 164 Abs. 4 Satz 1 SGB V sorge lediglich insoweit für Rechtssicherheit, als dass auf Grundlage der Teilrechtsfähigkeit des § 155 Abs. 1 Satz 2 SGB V eigentlich nur die nicht mehr zur Abwicklung der geschlossenen Krankenkasse benötigten Arbeitsverhältnisse automatisch endeten.[1066] Die durch die Vorschrift des § 164 Abs. 4 Satz 1 SGB V implementierte „Tabula-Rasa"-Lösung[1067] erstrecke die Beendigungswirkung auf sämtliche Mitarbeiter der geschlossenen Krankenkasse und vermeide dadurch Streitigkeiten darüber, ob Mitarbeiter noch zur Abwicklung der geschlossenen Krankenkasse benötigt werden und ihre Arbeitsverhältnisse damit vom Umfang der Rechtsfähigkeit der Abwicklungskörperschaft noch gedeckt seien.[1068] Die Verweise der § 155 Abs. 4 Satz 9 sowie § 171 Satz 1 SGB V auf die Beendigungsanordnung des § 164 Abs. 4 Satz 1 SGB V sprächen aus systematischer Sicht ebenfalls für die Beendigung aller Arbeitsverhältnisse zum Schließungszeitpunkt.[1069] Diese liefen bezüglich der

---

1058 LAG Berlin-Brandenburg 12.09.2012 – 23 Sa 847/12, BeckRS 2013, 65236 (2.2); ArbG Hamburg 12.10.2011 – 3 Ca 240/11, BeckRS 2012, 69606 (II 1); *Grau/Sittard*, KrV 2012, 6 (19); *Gutzeit*, NZS 2012, 361 (364) zur Frage der Einbeziehung ordentlich kündbarer Mitarbeiter geschlossener Betriebskranken- oder Ersatzkassen.

1059 LAG Berlin-Brandenburg 12.09.2012 – 23 Sa 847/12, BeckRS 2013, 65236 (2.2).

1060 *Grau/Sittard*, KrV 2012, 6 (10).

1061 *Gutzeit*, NZS 2012, 361 (364); *Thomma*, KrV 2012, 27 (28).

1062 LAG Berlin-Brandenburg 12.09.2012 – 23 Sa 847/12, BeckRS 2013, 65236 (2.2); *Grau/Sittard*, KrV 2012, 6 (10).

1063 *Grau/Sittard*, KrV 2012, 6 (10).

1064 *Gutzeit*, NZS 2012, 361 (365).

1065 *Gutzeit*, NZS 2012, 361 (365).

1066 *Gutzeit*, NZS 2012, 361 (366). Vgl. zu den Folgen einer vermeintlichen Teilrechtsfähigkeit der Abwicklungskörperschaft Kap. C II 4 dieser Arbeit.

1067 Ebenso ausdrücklich *Gutzeit*, NZS 2012, 361 (366).

1068 So im Ergebnis auch *Thomma*, KrV 2012, 27 (29), der insb. auf die Gefahr kostenintensiver und langer Rechtsstreitigkeiten hinweist.

1069 *Gutzeit*, NZS 2012, 361 (364).

nicht unterbringungsberechtigten Mitarbeiter dann ins Leere, wenn man die Unterbreitung eines ordnungsgemäßen Unterbringungsangebots als Tatbestandsvoraussetzung des § 164 Abs. 4 Satz 1 SGB V ansähe.[1070]

Die Auffassung beruft sich zuletzt auf den Sinn und Zweck der Vorschrift, der ebenfalls für diese weite Auslegung der Beendigungsanordnung spreche.[1071] Sie diene den Interessen der gesetzlichen Krankenversicherung.[1072] Einer geschlossenen Krankenkasse solle ermöglicht werden, ihren Personalbestand auf Null[1073] zu setzen. Für die Zwecke der Abwicklung könne sie mit einzelnen Mitarbeitern in den Grenzen ihrer Teilrechtsfähigkeit neue befristete Anstellungsverhältnisse eingehen.[1074] Die dadurch gewährleistete Flexibilität spare einerseits Kosten, die mit der Weiterbeschäftigung nicht mehr benötigter Mitarbeiter oder aufgrund von Bestandsstreitigkeiten nach Schließung der Krankenkasse entstünden, und andererseits sorge sie für eine schnellere Abwicklung, indem eben die Mitarbeiter weiterbeschäftigt werden könnten, die für die Abwicklung benötigt würden.[1075] Dies diene auch dem weiteren übergeordneten Zweck der Regelung, nämlich dem Schutz des Gesundheitssystems.[1076] Die ausnahmslose Beendigung aller Arbeitsverhältnisse schone die nach § 155 Abs. 4 SGB V und § 164 Abs. 1 SGB V mithaftenden, anderen beteiligten Akteure.[1077] Die Vermeidung von Kostenrisiken sei besonders wichtig, drohe doch ein Domino-Effekt, wenn die übrigen Krankenkassen wegen ihrer Mithaftung selbst in finanzielle Schwierigkeiten gerieten.[1078]

Diese weite Auffassung sieht sich zuletzt auch durch parlamentarische Äußerungen im Nachgang der Gesetzgebung bestätigt.[1079] Auf Nachfrage eines Abgeordneten des Deutschen Bundestages nach den Unterschieden bei Schließung einer Betriebs-, Orts-, Innungskrankenkasse oder Ersatzkasse[1080] wies der Parlamentarische Staatssekretär im Jahr 2011 unter anderem darauf

---

1070 Sinngemäß *Gutzeit*, NZS 2012, 361 (364).

1071 *Grau/Sittard*, KrV 2012, 6 (10).

1072 Ebenfalls ArbG Hamburg 12.10.2011 – 3 Ca 240/11, BeckRS 2012, 69606 (II 2 a).

1073 Vgl. dazu den Vortrag der geschlossenen Krankenkasse im Verfahren vor dem LAG Berlin-Brandenburg 12.04.2012 – 5 Sa 2555/11, BeckRS 2012, 70363 (Tatbestand).

1074 *Grau/Sittard*, KrV 2012, 6 (10).

1075 So im Ergebnis *Grau/Sittard*, KrV 2012, 6 (10) („Gesetzeszweck einer möglichst unkomplizierten (...) arbeitsrechtlichen Abwicklung der geschlossenen Krankenkasse. (...) (D)a bei einer „Negativauswahl" über das Unterbringungsverfahren nicht sichergestellt wäre, dass fachlich entsprechend für die jeweiligen Abwicklungsaufgaben qualifizierte Mitarbeiter zur Verfügung stehen.").

1076 ArbG Hamburg 12.10.2011 – 3 Ca 240/11, BeckRS 2012, 69606 (II 2 a).

1077 *Grau/Sittard*, KrV 2012, 6 (10); *Thomma*, KrV 2012, 28 (29).

1078 ArbG Hamburg 12.10.2011 – 3 Ca 240/11, BeckRS 2012, 69606 (II 2 a); ArbG Hamburg 27.01.2012 – 13 Ca 172/11, BeckRS 2012, 69859 (3 a (1)).

1079 LAG Baden-Württemberg 18.5.2012 – 7 Sa 13/12, BeckRS 2012, 71380 (II 2 a bb).

1080 BT-Drucks. 17/5733, S. 6 Frage 16.

hin, dass § 164 Abs. 4 Satz 1 SGB V zur Beendigung aller Arbeitsverhältnisse zum Schließungszeitpunkt führe und zwar unabhängig davon, ob ihnen zuvor ein ordnungsgemäßes Unterbringungsangebot unterbreitet worden sei.[1081] Die Mitarbeiter der geschlossenen Krankenkasse seien in diesem Fall auf die Geltendmachung von Schadensersatzansprüchen verwiesen.[1082]

bb) Ordnungsgemäßes Unterbringungsverfahren erforderlich

(1) Tragende Argumente des Bundesarbeitsgerichts

Nach Auffassung des Bundesarbeitsgerichts enden die Arbeitsverhältnisse der unterbringungsberechtigten Mitarbeiter dagegen nur dann, wenn ihnen zuvor ein ordnungsgemäßes Unterbringungsangebot unterbereitet worden ist und sie dieses ablehnten.[1083] Die Rechtsprechung bezieht sich auf die Rechtslage nach Schließung einer Betriebskrankenkasse. Für die kassenübergreifende Auslegung der Beendigungsvorschrift ist es aber unbeachtlich, dass sich die Entscheidungen jeweils mit der Unterbringung von Beschäftigten einer Betriebskrankenkasse befassten. Das Gericht geht in den Gründen seiner Entscheidungen nicht auf die Unterschiede zwischen den Kassenarten ein und beschäftigt sich im Zusammenhang mit der Auslegung der Beendigungsanordnung ausschließlich mit der Vorschrift des § 164 SGB V.[1084] Die Rechtsprechung dürfte sich daher bei Schließung einer Krankenkasse einer anderen Kassenart nicht unterscheiden.

Das Bundesarbeitsgericht zieht im Wesentlichen systematische und teleologische Argumente zur Auslegung der Beendigungsanordnung heran.[1085] Es bestehe zwischen § 164 Abs. 4 und Abs. 3 SGB V ein untrennbarer systematischer Zusammenhang.[1086] Der Angebotszwang des Abs. 3 bewirke, dass jedem Beschäftigten ein ordnungsgemäßes Unterbringungsangebot zu unter-

---

1081 Plenarprotokoll des Bundestags 17/107, S. 12273.

1082 Plenarprotokoll des Bundestags 17/107, S. 12273; ArbG Hamburg 12.10.2011 – 3 Ca 240/11, BeckRS 2012, 69606 (II 1); ArbG Hamburg 27.01.2012 – 13 Ca 172/11, BeckRS 2012, 69859 (3 a); *Bohlen-Schöning*, KrV 2011, 85 (86). Ähnlich auch *Grau/Sittard*, KrV 2012, 6 (10), welche die Mitarbeiter infolge von Fehlern im Unterbringungsverfahren lediglich auf Schadensersatzansprüche verweisen. Für einen Erfüllungsanspruch spricht sich dagegen *Rolfs*, NZA 2013, 529 (531) aus.

1083 BAG 21.11.2013 – 2 AZR 474/12, BeckRS 2014, 69409 (Rn. 54); BAG 21.11.2013 – 2 AZR 495/12, NJOZ 2014, 1548 (Rn. 54).

1084 Vgl. BAG 21.11.2013 – 2 AZR 474/12, BeckRS 2014, 69409 (Rn. 58 ff.); BAG 21.11.2013 – 2 AZR 495/12, NJOZ 2014, 1548 (Rn. 58 ff.).

1085 BAG 21.11.2013 – 2 AZR 474/12, BeckRS 2014, 69409 (Rn. 60 ff.); BAG 21.11.2013 – 2 AZR 495/12, NJOZ 2014, 1548 (Rn. 61 ff.). Auf eine wortgetreue Wiedergabe der Entscheidungsgründe wird an dieser Stelle verzichtet.

1086 BAG 21.11.2013 – 2 AZR 474/12, BeckRS 2014, 69409 (Rn. 61).

breiten sei.[1087] Die Konstellation, dass ein Mitarbeiter im Sinne des Abs. 4 „nicht untergebracht werden“ könne, sei daher nur dann denkbar, wenn dieser das ihm unterbreitete ordnungsgemäße Unterbringungsangebot ablehne.[1088] Der Sinn und Zweck der Beendigungsanordnung bestätige dieses Auslegungsergebnis.[1089] Das Gericht ermittelt diesen unter Rückgriff auf die Gesetzesbegründung, wonach die Vertragsverhältnisse der Beschäftigten enden sollten, wenn eine Weiterbeschäftigung „nicht möglich“ sei.[1090] Dies sei eben nur bei Ausschlagung eines Unterbringungsangebots denkbar.[1091] Eine „Sicherung der Ansprüche“ im Sinne der Gesetzesbegründung[1092] setze außerdem voraus, dass die Arbeitsverhältnisse der Beschäftigten nur dann nach § 164 Abs. 4 Satz 1 SGB V endeten, wenn ihnen zuvor ein ordnungsgemäßes Unterbringungsangebot unterbreitet worden sei.[1093]

Das Bundesarbeitsgericht widerspricht ebenfalls dem Argument, dass die Beendigungsanordnung des § 164 Abs. 4 Satz 1 SGB V vor allem dem Schutz der gesetzlichen Krankenversicherung diene, indem der Abwicklungskörperschaft eine personelle Planungssicherheit verschafft und eine finanzielle Überforderung verhindert werden solle.[1094] Die sprachliche Ausgestaltung des Abs. 4 zwinge nicht zu einem derartigen Rückschluss, sondern lasse auch eine andere Leseart zu.[1095] Insbesondere ließe sich die ausdrückliche Bezugnahme auf Abs. 3 und damit auf die Unterbringungsverpflichtung nicht erklären, wenn die Vorschrift lediglich der Planungssicherheit dienen solle.[1096] Den angeblichen Schutz vor finanziellen Überforderungen widerlegt das Gericht mit der Begründung, finanzielle Belastungen drohten wegen des Haftungskonzepts gleichermaßen dann, wenn man von der Beendigung der Arbeitsverhältnisse unabhängig von der Ordnungsge-

---

[1087] BAG 21.11.2013 – 2 AZR 474/12, BeckRS 2014, 69409 (Rn. 63); BAG 21.11.2013 – 2 AZR 495/12, NJOZ 2014, 1548 (Rn. 63).

[1088] BAG 21.11.2013 – 2 AZR 474/12, BeckRS 2014, 69409 (Rn. 63); BAG 21.11.2013 – 2 AZR 495/12, NJOZ 2014, 1548 (Rn. 63).

[1089] BAG 21.11.2013 – 2 AZR 474/12, BeckRS 2014, 69409 (Rn. 64); BAG 21.11.2013 – 2 AZR 495/12, NJOZ 2014, 1548 (Rn. 64).

[1090] Vgl. BT-Drucks. 11/2237, S. 212; BAG 21.11.2013 – 2 AZR 474/12, BeckRS 2014, 69409 (Rn. 65); BAG 21.11.2013 – 2 AZR 495/12, NJOZ 2014, 1548 (Rn. 65).

[1091] BAG 21.11.2013 – 2 AZR 474/12, BeckRS 2014, 69409 (Rn. 65); BAG 21.11.2013 – 2 AZR 495/12, NJOZ 2014, 1548 (Rn. 65).

[1092] BT-Drucks. 16/9559, S. 19.

[1093] BAG 21.11.2013 – 2 AZR 474/12, BeckRS 2014, 69409 (Rn. 66); BAG 21.11.2013 – 2 AZR 495/12, NJOZ 2014, 1548 (Rn. 66).

[1094] BAG 21.11.2013 – 2 AZR 474/12, BeckRS 2014, 69409 (Rn. 67); BAG 21.11.2013 – 2 AZR 495/12, NJOZ 2014, 1548 (Rn. 67).

[1095] BAG 21.11.2013 – 2 AZR 474/12, BeckRS 2014, 69409 (Rn. 59); BAG 21.11.2013 – 2 AZR 495/12, NJOZ 2014, 1548 (Rn. 59).

[1096] BAG 21.11.2013 – 2 AZR 474/12, BeckRS 2014, 69409 (Rn. 67); BAG 21.11.2013 – 2 AZR 495/12, NJOZ 2014, 1548 (Rn. 67).

mäßheit der unterbreiteten Unterbringungsangebote ausgehe und die Betroffenen stattdessen auf Schadensersatzansprüche verweise.[1097] Einer engeren Auslegung der Beendigungsfiktion stünden außerdem keine Durchführungsschwierigkeiten im Unterbringungsverfahren entgegen.[1098] Zuletzt sei es auch unbeachtlich, dass der Gesetzgeber trotz diverser Anregungen auf eine klarstellende Änderung des § 164 Abs. 4 Satz 1 SGB V in den letzten Jahren verzichtet habe.[1099] Daraus könne nicht geschlossen werden, dass dieser die Beendigungsanordnung weit auslege.[1100]

(2) Ergänzende Erwägungen

Die herrschende Instanzrechtsprechung[1101] und Teile der juristischen Fachliteratur[1102] teilen die Auffassung des Bundesarbeitsgerichts. Der „untrennbare Zusammenhang"[1103] zwischen § 164 Abs. 4 und Abs. 3 SGB V findet ebenso Erwähnung[1104] wie die Tatsache, dass der Wortlaut der Vorschrift eben nicht nur auf den Unterbringungserfolg abstellt.[1105] Die Beschäftigten seien nicht lediglich auf einen verschuldensunabhängigen Schadensersatzanspruch zu verweisen.[1106] Das Argument, die Beendigungsanordnung solle für mehr Planungssicherheit sorgen und müsse daher in der Weise ausgelegt werden, dass sämtliche Arbeitsverhältnisse zum Schließungszeitpunkt ende-

---

1097 BAG 21.11.2013 – 2 AZR 474/12, BeckRS 2014, 69409 (Rn. 67): BAG 21.11.2013 – 2 AZR 495/12, NJOZ 2014, 1548 (Rn. 67). So aber bspw. Plenarprotokoll des Bundestags 17/107, S. 12273; ArbG Hamburg 12.10.2011 – 3 Ca 240/11, BeckRS 2012, 69606 (II 1); ArbG Hamburg 27.01.2012 – 13 Ca 172/11, BeckRS 2012, 69859 (3 a); *Bohlen-Schöning*, KrV 2011, 85 (86). Ähnlich auch *Grau/Sittard*, KrV 2012, 6 (10).

1098 BAG 21.11.2013 – 2 AZR 474/12, BeckRS 2014, 69409 (Rn. 70); BAG 21.11.2013 – 2 AZR 495/12, NJOZ 2014, 1548 (Rn. 70).

1099 BAG 21.11.2013 – 2 AZR 474/12, BeckRS 2014, 69409 (Rn. 68); BAG 21.11.2013 – 2 AZR 495/12, NJOZ 2014, 1548 (Rn. 68).

1100 BAG 21.11.2013 – 2 AZR 474/12, BeckRS 2014, 69409 (Rn. 68); BAG 21.11.2013 – 2 AZR 495/12, NJOZ 2014, 1548 (Rn. 68).

1101 Statt vieler LAG Baden-Württemberg 21.05.2012 – 1 Sa 3/12, BeckRS 2012, 71379 (Ls. 1); LAG Düsseldorf 07.09.2012 – 6 Sa 345/12, BeckRS 2013, 67563 (A II 2 a cc aaa (2)); LAG Hamburg 19.09.2012 – 5 Sa 17/12, BeckRS 2013, 67949 (II 2 c); LAG Berlin-Brandenburg 14.12.2012 – 8 Sa 980/12, 8 Sa 1248/12, BeckRS 2013, 67972 (1.2); LAG Düsseldorf 26.04.2013 – 6 Sa 1874/12, NZA-RR 2013, 515 (Ls.) = BeckRS 2013, 70899 (A II 2 a bb bbb) m.w.N. unter (A II 2 a bb bbb (1) (a) (aa)).

1102 *Klimpe-Auerbach*, SozSich 2011, 270 (272); *Rolfs*, GuP 2013, 8 (9); *Rolfs*, NZA 2013, 529 (531); *Winzer*, ArbRAktuell 2014, 362 (362); *Wolter*, FS Bepler (2012), S. 675 (680).

1103 *Rolfs*, GuP 2013, 8 (9).

1104 *Rolfs*, GuP 2013, 8 (9); *Rolfs*, NZA 2013, 529 (531).

1105 Statt vieler *Wolter*, FS Bepler (2012), S. 675 (677).

1106 *Rolfs*, NZA 2013, 529 (531).

ten, sei ebenfalls abzulehnen.[1107] Stattdessen bestünde bei der Beendigung sämtlicher Beschäftigungsverhältnisse zum Schließungszeitpunkt die Gefahr, dass für die erforderlichen Abwicklungsarbeiten nicht mehr ausreichend Personal zur Verfügung stehe.[1108] Die Stimmen greifen teils auf die existierenden Gesetzgebungsmaterialien zum Schicksal der Krankenkassenbeschäftigten bei Schließung einer Krankenkasse zurück und untermauern damit ihre Argumentation.[1109]

Die Auffassung verweist gegenüber der weiten Auslegung des § 164 Abs. 4 Satz 1 SGB V auch auf verfassungsrechtliche Bedenken.[1110] Das Grundrecht des Art. 6 Abs. 4 GG zwinge nach der „Warteschleifen-Rechtsprechung" des Bundesverfassungsgerichts[1111] zu einem besonderen Kündigungsschutz zugunsten von Schwangeren und Müttern.[1112] Die Auslegung der Beendigungsanordnung verstoße gegen diese Vorgaben und sei damit verfassungswidrig, wenn die Arbeitsverhältnisse auch dann endeten, obwohl zuvor kein ordnungsgemäßes Unterbringungsangebot unterbreitet worden sei.[1113]

cc) Stellungnahme

Die Rechtsprechung und die Literatur benannten bisher viele arbeitsrechtliche Problempunkte im Zusammenhang mit der Schließung von Krankenkassen. Sie verzichteten aber oftmals auf eine vertiefte Aufarbeitung der Einzelfragen. Insbesondere zum Ablauf des Unterbringungsverfahrens und den Anforderungen an die Unterbringung der Beschäftigten fehlt es an einer tiefgreifenden Auseinandersetzung und damit an konkreten, substantiierten Lösungsvorschlägen. Diese Feststellung ist nicht auf die Fragen rund um die Auslegung der Beendigungsanordnung des § 164 Abs. 4 Satz 1 SGB V übertragbar. Es finden sich dazu eine Reihe von Veröffentlichungen und Entscheidungen, die sich in der Tiefe mit der Auslegung dieser Vorschrift mit sehr unterschiedlichen Ergebnissen auseinandersetzen. Nachdem weder der Gesetzwortlaut noch die Gesetzesmaterialien eindeutig für eine der vertretenen Lösungsansätze sprechen, sind letztlich beide Auffassungen sehr gut vertretbar. Die überzeugenderen Argumente sprechen meines Erachtens

---

1107 LAG Baden-Württemberg 21.05.2012 - 1 Sa 2/12, BeckRS 2012, 71378 (B I 2 b cc); *Rolfs*, NZA 2013, 529 (531).

1108 LAG Baden-Württemberg 21.05.2012 - 1 Sa 2/12, BeckRS 2012, 71378 (B I 2 e aa).

1109 Sehr ausführlich bspw. LAG Baden-Württemberg 21.05.2012 - 1 Sa 3/12, BeckRS 2012, 71379 (B I 2 d).

1110 *Rolfs*, NZA 2013, 529 (531).

1111 BVerfG 24.04.1991 - 1 BvR 1341/90, NJW 1991, 1667 (C III 4).

1112 *Rolfs*, NZA 2013, 529 (531).

1113 So im Ergebnis *Rolfs*, NZA 2013, 529 (531).

allerdings gegen die sog. „Tabula-Rasa"-Lösung mit ihrem sehr weiten Verständnis der Beendigungsanordnung. Das folgt insbesondere aus der Gesetzgebungsgeschichte sowie dem Sinn und Zweck der Abwicklungsvorschriften.

(1) Wortlaut des § 164 Abs. 4 Satz 1 SGB V

Der Wortlaut des § 164 Abs. 4 Satz 1 SGB V lässt Raum für die „Tabula-Rasa"-Lösung.[1114] Danach enden die Arbeitsverhältnisse der Beschäftigten, die nicht nach § 164 Abs. 3 SGB V „untergebracht werden". Das Bundesarbeitsgericht stellt dazu zwar fest, dass der Wortlaut eine Deutung in beide Richtungen zulasse.[1115] Es ist allerdings nicht von der Hand zu weisen, dass die Formulierung eher dahingehend zu verstehen ist, dass sie an die tatsächliche Weiterbeschäftigung bei einer anderen Krankenkasse und damit ausschließlich an einen etwaigen Unterbringungserfolg anknüpft.[1116] Dies deckt sich insoweit auch mit der Gesetzesbegründung, nach der die Arbeitsverhältnisse nur dann enden sollen, wenn eine „Weiterbeschäftigung des Bediensteten nicht möglich ist"[1117].

(2) Entgegenstehende Systematik

Ein weites Verständnis des § 164 Abs. 4 SGB V wirft jedoch zwangsläufig die Frage auf, weshalb die Vorschrift eine Bezugnahme auf die Unterbringungsvorschriften des Abs. 3 Bezug enthält. Der Verweis wäre entbehrlich, wenn sämtliche Arbeitsverhältnisse ohne weiteres zum Schließungszeitpunkt enden sollten.[1118] Die Bezugnahme auf Abs. 3 ließe nur die Deutung zu, dass einzig die Arbeitsverhältnisse der erfolgreich untergebrachten Mitarbeiter fortbestehen. Dann müsste es aber zu einer Fortsetzung desselben Arbeitsverhältnisses und damit zu einem Eintritt in die Rechte und Pflichten der aufnehmenden Körperschaft kommen. Das Arbeitsrecht kennt dies insbesondere bei einem Betriebsübergang nach § 613a Abs. 1 Satz 1 SGB V. Wie bereits umfassend dargelegt[1119], kommt es im Rahmen des Unter-

---

[1114] *Gutzeit*, NZS 2012, 361 (364); *Thomma*, KrV 2012, 27 (28).

[1115] BAG 21.11.2013 – 2 AZR 474/12, BeckRS 2014, 69409 (Rn. 59); BAG 21.11.2013 – 2 AZR 495/12, NJOZ 2014, 1548 (Rn. 59); BAG 21.11.2013 – 2 AZR 598/12, BeckRS 2014, 70205 (Rn. 48); BAG 21.11.2013 – 2 AZR 966/12, BeckRS 2014, 70808 (Rn. 40); *Wolter*, FS Bepler (2012), S. 675 (677 f.).

[1116] So etwa *Gutzeit*, NZS 2012, 361 (364); *Thomma*, KrV 2012, 27 (28).

[1117] Vgl. BT-Drucks. 11/2237, S. 212.

[1118] Statt vieler BAG 21.11.2013 – 2 AZR 598/12, BeckRS 2014, 70205 (Rn 49), das ebenfalls den systematischen Zusammenhang zwischen Abs. 3 und 4 hervorhebt.

[1119] Vgl. Kap. C VII 2 a dieser Arbeit.

bringungsverfahrens aber gerade nicht zu einem Eintritt der aufnehmenden Körperschaft in das bestehende Arbeitsverhältnis. Der Wortlaut des § 164 Abs. 3 Satz 3 SGB V verdeutlicht stattdessen, dass die aufnehmende Körperschaft dem Mitarbeiter ein Angebot unterbreitet, das dieser annimmt, so dass ein neues Arbeitsverhältnis zustande kommt.[1120] Daraus folgt zugleich, dass zur Vermeidung von Doppelarbeitsverhältnissen „erst recht"[1121] die Arbeitsverhältnisse erfolgreich untergebrachter Krankenkassenmitarbeiter nach § 164 Abs. 4 Satz 1 SGB V enden.[1122] Die Bezugnahme auf den Abs. 3 lässt sich deswegen nicht damit begründen, dass einzig die Arbeitsverhältnisse der erfolgreich untergebrachten Mitarbeiter fortbestehen sollten. Der Gesetzeswiderspruch könnte nur damit zu erklären sein, dass man dem Verweis auf den Abs. 3 ein untechnisches Verständnis zugrunde legt: es enden zwar sämtliche Arbeitsverhältnisse zum Schließungszeitpunkt. Eine „Weiterbeschäftigung" erfolgreich untergebrachter Mitarbeiter erfolgt aber auf Grundlage eines neuen Arbeitsvertrages mit der aufnehmenden Körperschaft. Die Anforderungen des § 164 Abs. 3 SGB V zeichnen dabei die essentialia negotii des neuen Arbeitsvertrages vor.

(3) Sinn und Zweck der Unterbringungsvorschriften

Der Sinn und Zweck der Unterbringungsregelungen steht den Versuchen entgegen, dem Wortlaut und der Systematik der Vorschrift folgend von der Beendigung aller Arbeitsverhältnisse zum Schließungszeitpunkt auszugehen. Tatbestandliche Voraussetzung des § 164 Abs. 4 Satz 1 SGB V ist richtigerweise die Ablehnung eines ordnungsgemäßen Unterbringungsangebote durch den betroffenen Mitarbeiter.

Die Gegenauffassung, welche die Beendigung sämtlicher Arbeitsverhältnisse zum Schließungszeitpunkt unabhängig von einem zuvor durchgeführten Unterbringungsverfahren aus dem Sinn und Zweck der Beendigungsanordnung ableitet, überzeugt nicht. Mit der zutreffenden Begründung des Bundesarbeitsgerichts führt diese Auslegung schon nicht zu einer finanziellen Entlastung und bewirkt damit nicht den Schutz des Gesundheitssystems.[1123] Der Unterbringungsanspruch der Beschäftigten bliebe beste-

---

1120 Im Ergebnis auch *Grau/Sittard*, KrV 2012, 6 (7).

1121 ArbG Chemnitz 28.11.2011 - 11 Ca 1506/11, juris (II 2); *Gutzeit*, NZS 2012, 361 (367); *Thomma*, KrV 2012, 28 (29); *Wolter*, FS Bepler (2012), S. 675 (679).

1122 Dazu bereits Kap. C VII 3 dieser Arbeit sowie *Rolfs*, GuP 2013, 8 (9, Fn. 9 m.w.N.), der den strengen Gesetzeswortlaut des § 164 Abs. 4 Satz 1 SGB V über eine teleologische Interpretation auf die Arbeitsverhältnisse erfolgreich untergebrachter Mitarbeiter erstreckt.

1123 BAG 21.11.2013 - 2 AZR 474/12, BeckRS 2014, 69409 (Rn. 67); BAG 21.11.2013 - 2 AZR 495/12, NJOZ 2014, 1548 (Rn. 67); BAG 21.11.2013 - 2 AZR 598/12,

hen.[1124] Selbst die Vertreter der Gegenansicht gestehen dem unterbringungsberechtigten Beschäftigten, dem ein ordnungsgemäßes Unterbringungsangebot nicht unterbreitet wurde, wenigstens einen Schadensersatzanspruch zu.[1125] Damit verursacht die nicht ordnungsgemäße Unterbringung dieses Beschäftigtenkreises zumindest in Form von Schadensersatzansprüchen und den damit einhergehenden Rechtsstreitigkeiten zusätzliche Kosten, die letztlich von den auf Seiten der gesetzlichen Krankenversicherung stehenden mithaftenden Akteuren zu tragen sind.[1126] Die Erstreckung der Beendigungsanordnung auf sämtliche Mitarbeiter führte insofern zu keiner spürbaren finanziellen Entlastung des Gesundheitssystems.

Die Beendigung sämtlicher Arbeitsverhältnisse zum Schließungszeitpunkt[1127] lässt sich auch nicht mit dem Argument rechtfertigen, dass dies der Planungssicherheit der Abwicklungskörperschaft dienlich sei.[1128] Es finden sich nicht nur keine belastbaren Anhaltspunkte dafür, dass die Regelung zur Planungssicherheit der Abwicklungskörperschaft beitragen soll, sondern diesem Zweck liefe eine bedingungslose Beendigung aller Arbeitsverhältnisse zum Schließungszeitpunkt auch zuwider.[1129] Die Abwicklungskörperschaft benötigt für den Abwicklungszeitraum eine bestimmte Anzahl von Arbeitskräften.[1130] Nach der hier vertretenen Auffassung unterbreitet sie ihren Mitarbeitern zwar Unterbringungsangebote, doch erfolgt die tatsächliche Unterbringung der noch für die Abwicklung benötigten Mitarbeiter erst nach Wegfall ihres Arbeitsplatzes.[1131] Das sichert den Personalbedarf in der Abwicklungsphase vollständig ab. Die zur Abwicklung weiterhin benötigten Mitarbeiter könnten der vorübergehenden Weiterbeschäftigung bei der geschlossenen Krankenkasse nur dadurch entgehen, indem sie ihre Arbeitsverhältnisse kündigen oder zumutbare Unterbringungsangebote ab-

---

BeckRS 2014, 70205 (Rn. 57); BAG 21.11.2013 – 2 AZR 966/12, BeckRS 2014, 70808 (Rn. 49).

1124 *Rolfs*, GuP 2013, 8 (9); *Rolfs*, NZA 2013, 529 (531).

1125 Plenarprotokoll des Bundestags 17/107, S. 12273; ArbG Hamburg 12.10.2011 – 3 Ca 240/11, BeckRS 2012, 69606 (II 1); ArbG Hamburg 27.01.2012 – 13 Ca 172/11, BeckRS 2012, 69859 (3 a); *Bohlen-Schöning*, KrV 2011, 85 (86); *Grau/Sittard*, KrV 2012, 6 (10).

1126 So im Ergebnis auch BAG 21.11.2013 – 2 AZR 474/12, BeckRS 2014, 69409 (Rn. 67); BAG 21.11.2013 – 2 AZR 495/12, NJOZ 2014, 1548 (Rn. 67); BAG 21.11.2013 – 2 AZR 598/12, BeckRS 2014, 70205 (Rn. 57); BAG 21.11.2013 – 2 AZR 966/12, BeckRS 2014, 70808 (Rn. 49).

1127 Die Abwicklungskörperschaft solle mit einem „Personalbestand Null" die Abwicklungsarbeiten in Angriff nehmen können, vgl. *Gutzeit*, NZS 2012, 410 (413).

1128 Ebenso LAG Baden-Württemberg 21.05.2012 – 1 Sa 2/12, BeckRS 2012, 71378 (B I 2 e aa).

1129 LAG Baden-Württemberg 21.05.2012 – 1 Sa 2/12, BeckRS 2012, 71378 (B I 2 e aa).

1130 *Bohlen-Schöning*, KrV 2011, 85 (87).

1131 Vgl. Kap. C VI dieser Arbeit.

lehnen. Dies führte auch zum Entfall des Unterbringungsanspruchs, weshalb die Hemmschwelle hierfür hoch sein dürfte. Der hier präferierte Lösungsweg ermöglicht der Abwicklungskörperschaft eine flexible Personalplanung in der Abwicklungsphase und kommt den Mitarbeitern zugute, die zunächst weiterhin für die Abwicklungskörperschaft tätig sind und nach Abschluss ihrer Arbeiten abgesichert sind. Die Gegenauffassung führt dagegen zu keiner vergleichbaren Planungssicherheit.[1132] Für die Dauer der Abwicklung müssten neue befristete Arbeitsverträge abgeschlossen werden.[1133] Der Zeitraum, bis sich die gewünschten Mitarbeiter zum Abschluss befristeter Arbeitsverträge bereit erklären, kann sich leicht über mehrere Wochen erstrecken. Die gegenteilige Auslegung verhindert daher gerade eine frühzeitige Personalplanung.[1134]

Der tatsächliche Sinn und Zweck des § 164 Abs. 4 SGB V ergibt sich aus dem Zusammenspiel mit den Unterbringungsregelungen des § 164 Abs. 3 SGB V. Bereits die Instanzrechtsprechung wies zutreffend darauf hin, dass ein „untrennbare(r) Zusammenhang"[1135] zwischen der Beendigungsanordnung und der Unterbringungsverpflichtung bestehe.[1136] Auf der einen Seite belastet die Beendigungsanordnung des § 164 Abs. 4 Satz 1 SGB V die Beschäftigten, indem sie – ungeachtet des noch bestehenden Abwicklungsbedarfs – die automatische Beendigung von Arbeitsverhältnissen zum Schließungszeitpunkt anordnet. Auch der Mindestzeitraum von nur acht Wochen[1137] zwischen Erlass und Wirksamwerden des Schließungsbescheids stellt keinen adäquaten Ersatz zu den ansonsten geltenden Kündigungsfristen dar. Selbst bei der Insolvenz des Arbeitgebers räumt § 113 Satz 1 InsO den Arbeitnehmern eine längere Kündigungsfrist ein.

Die auf den ersten Blick ungerechtfertigte Benachteiligung der Mitarbeiter gegenüber anderen Abwicklungskonstellationen erklärt sich jedoch

---

1132 So im Ergebnis auch LAG Baden-Württemberg 21.05.2012 – 1 Sa 2/12, BeckRS 2012, 71378 (B I 2 e aa); *Rolfs*, NZA 2013, 529 (531), wobei *Rolfs* seine Auffassung damit begründet, dass die Vorschrift des § 164 Abs. 3 und Abs. 4 SGB V alleine dem Interesse der Arbeitnehmer diene.

1133 Dies schlagen insb. *Grau/Sittard*, KrV 2012, 6 (11) und *Gutzeit*, NZS 2012, 410 (413) vor. Ähnlich *Bohlen-Schöning*, KrV 2011, 85 (87), die „Individualabreden" mit den zur Abwicklung benötigten Mitarbeitern ins Spiel bringt, durch welche die Beendigungswirkung ausgeschlossen werden.

1134 Ebenfalls Ebenso LAG Baden-Württemberg 21.05.2012 – 1 Sa 2/12, BeckRS 2012, 71378 (B I 2 e aa).

1135 LAG Baden-Württemberg 21.05.2012 – 1 Sa 2/12, BeckRS 2012, 71378 (B I 2 b cc).

1136 LAG Berlin-Brandenburg 08.05.2012 – 7 Sa 2558/11, BeckRS 2012, 71055 (2.2.2.2); LAG Baden-Württemberg 21.05.2012 – 1 Sa 2/12, BeckRS 2012, 71378 (B I 2 b cc); LAG Düsseldorf 23.11.2012 – 6 Sa 660/12, BeckRS 2013, 68318 (A II 3 b aa aaa).

1137 § 146a Satz 2 SGB V (Ortskrankenkassen), § 153 Satz 2 SGB V (Betriebskrankenkassen), § 163 Satz 2 SGB V (Innungskrankenkassen) und § 170 Satz 2 SGB V (Ersatzkassen).

durch den systematischen Zusammenhang zwischen den Abs. 3 und 4 des § 164 SGB V. Der Unterbringungsanspruch sichert die Beschäftigten vor der andernfalls drohenden Arbeitslosigkeit ab und räumt ihnen damit Privilegien ein, die in dieser Form kaum an einer anderen Stelle des Gesetzes zu finden sind. Sozusagen als „Gegengeschäft“[1138] bürden ihnen die Unterbringungsvorschriften einmal die schnelle Unterbringung auf einer anderen Stelle und zum anderen die Beendigung der Arbeitsverhältnisse bei Ablehnung ordnungsgemäßer Unterbringungsangebote auf. Die Beschäftigten haben damit die Wahl, die neue, ihnen angebotene Stelle anzunehmen oder das Angebot abzulehnen. Letzteres hat allerdings den Verlust ihres Arbeitsplatzes zur Folge.

Diese Auslegung fügt sich auch in das bisherige Muster der Abwicklungsvorschriften ein, indem sie wiederum die Interessen aller Beteiligten in ausreichendem Maße berücksichtigt.[1139] Das Unterbringungsverfahren schützt die Mitarbeiter vor dem Verlust des Arbeitsplatzes zum Schließungszeitpunkt. Lehnen sie ein ihnen unterbreitetes ordnungsgemäßes Unterbringungsangebot ab, überwiegt allerdings das Interesse des Gesundheitssystems und der Abwicklungskörperschaft an einer sofortigen Beendigung der Arbeitsverhältnisse. Das System gewährleistet ihr, sich auf die erforderlichen Abwicklungsarbeiten zu konzentrieren und zu diesem Zwecke nur die Mitarbeiter zu einem späteren Zeitpunkt auf einer anderen Stelle unterzubringen, die zu einer schnellen und kostengünstigen Abwicklung der Krankenkasse beitragen können. Die Abwicklungskörperschaft hat sich nicht mit der Entlassung der übrigen Mitarbeiter auseinanderzusetzen und erspart sich damit die Durchführung einer aufwändigen Sozialauswahl, die Verhandlung mit Personalvertretungen sowie die Abwehr von Kündigungsschutzklagen. Die dadurch geförderte schnelle und effektive Abwicklung einer Krankenkasse reduziert die finanziellen Haftungsrisiken der übrigen Akteure des Gesundheitssystems. Die Beendigungsanordnung dient damit weder ausschließlich dem Interesse der Mitarbeiter noch des Gesundheitssystems, sondern sorgt im Zusammenspiel mit der Unterbringungsverpflichtung für einen gerechten Ausgleich aller widerstreitenden Interessen. Insofern liegt auch die Rechtsprechung richtig, indem sie den Kompensationsgedanken der Abwicklungsvorschriften hervorhebt.[1140]

1138 So *Wolter*, FS Bepler (2012), S. 675 (678).

1139 Der Schutzzweck des § 164 Abs. 4 SGB V wird uneinheitlich beurteilt, vgl. etwa *Rolfs*, NZA 2013, 529 (531) (Schutz der Beschäftigteninteressen) oder *Gutzeit*, NZS 2012, 410 (416) („Sicherung des Systems der gesetzlichen Krankenversicherung vor finanzieller Überforderung“).

1140 BAG 21.11.2013 – 2 AZR 598/12, BeckRS 2014, 70205 (Rn. 60); BAG 21.11.2013 – 2 AZR 966/12, BeckRS 2014, 70808 (Rn. 52); LAG Baden-Württemberg 21.05.2012 – 1 Sa 2/12, BeckRS 2012, 71378 (B I 1 d dd; B I 1 e cc).

(4) Gesetzesmaterialien

Die Gesetzesmaterialien enthalten keine belastbare Aussage in Bezug auf die Auslegung der Unterbringungsvorschriften. Ebenso wenig lassen sie einen eindeutigen Rückschluss auf den Sinn und Zweck der Beendigungsanordnung zu. Nichtsdestotrotz liefern sie Anhaltspunkte dafür, dass die vorherigen Ausführungen zum Sinn und Zweck der Unterbringungsvorschriften im Kern zutreffen.

Die Rechtsprechung setzte sich bereits ausführlich mit der Gesetzesbegründung auseinander.[1141] Von einer Wiederholung der bereits in zahlreichen Entscheidungen zitierten Passagen aus den Gesetzesmaterialien soll hier abgesehen werden. Die nur sehr oberflächlichen Aussagen des Gesetzgebers zu den arbeitsrechtlichen Schließungsvorschriften legen allerdings den Rückschluss nahe, dass es ihm insbesondere um die Sicherung von Beschäftigungsansprüche der unterbringungsberechtigten Mitarbeiter ging.[1142] Nur wenn eine Weiterbeschäftigung der Mitarbeiter nicht möglich ist, sollten deren Arbeitsverhältnisse enden.[1143] Das Bundesarbeitsgericht geht davon aus, dass von einer Unmöglichkeit der Weiterbeschäftigung nur dann auszugehen ist, wenn die Mitarbeiter ein ihnen unterbreitetes Unterbringungsangebot ablehnten.[1144] Im Ergebnis trifft dies zu. Das Gesetz ließ in der Vergangenheit zwar auch Raum für die Annahme, dass die zur Aufnahme verpflichteten Körperschaften nicht über ihren Bedarf hinaus Unterbringungsstellen zur Verfügung stellen müssen. Spätestens mit Einfügung des § 164 Abs. 3 Satz 4 SGB V, der sämtliche Krankenkassen dazu verpflichtet, „entsprechend ihrem Anteil an der Zahl der Versicherten" Unterbringungsangebote zu unterbreiten, ist ihnen dieser aber Weg versperrt. Die Unmöglichkeit in diesem Sinne scheitert daran, dass notfalls freie Stellen geschaffen werden müssen. Nach diesem Verständnis ist eine Unterbringung der Beschäftigten in Übereinstimmung mit der Rechtsauffassung des Bundesarbeitsgerichts nur bei Ablehnung eines ordnungsgemäßen Unterbringungsangebots durch die Beschäftigten unmöglich im Sinne der Gesetzesbegründung.[1145]

Die bereits dargestellten und von der Gegenauffassung herangezogenen gegenteiligen Äußerungen des Parlamentarischen Staatssekretärs im Jahr

---

[1141] Vgl. sehr ausführlich insb. LAG Berlin-Brandenburg 08.05.2012 – 7 Sa 2558/11, BeckRS 2012, 71055 (2.2.2.2).

[1142] BT-Drucks. 16/9559, S. 19.

[1143] BT-Drucks. 11/2237, S. 212.

[1144] BAG 21.11.2013 – 2 AZR 474/12, BeckRS 2014, 69409 (Rn. 63); BAG 21.11.2013 – 2 AZR 495/12, NJOZ 2014, 1548 (Rn. 63).

[1145] BAG 21.11.2013 – 2 AZR 474/12, BeckRS 2014, 69409 (Rn. 65); BAG 21.11.2013 – 2 AZR 495/12, NJOZ 2014, 1548 (Rn. 65).

2011 berühren diese Gesetzesauslegung nicht.[1146] Sie wurden erst deutlich nach Erlass der maßgeblichen Gesetzesregelungen getroffen und eignen sich bereits deswegen nicht zur Ermittlung des gesetzgeberischen Willens im Zeitpunkt der Gesetzgebung.[1147]

(5) Verfassungsrechtliche Bedenken

(i) „Tabula-Rasa"-Lösung

Die vielfach angestellten verfassungsrechtlichen Erwägungen bestätigen die hier geäußerten Bedenken gegen die „Tabula-Rasa"-Lösung.[1148] Diese gerät in den Konflikt mit den in der Warteschleifen-Rechtsprechung[1149] des Bundesverfassungsgerichts aufgestellten Grundsätzen.[1150] Der Einigungsvertrag vom 31. August 1990 beinhaltete Regelungen zum Schicksal der Angestellten des öffentlichen Dienstes der neuen Bundesländer nach der Wiedervereinigung der Bundesrepublik Deutschland (BRD) und der Deutschen Demokratischen Republik (DDR).[1151] Nach diesen Regelungen ruhten die Arbeitsverhältnisse der Verwaltungsorgane, die nicht in die BRD überführt wurden, für einen gewissen Zeitraum.[1152] Nach Ablauf einer Frist sollten sie automatisch enden, wenn die Mitarbeiter nicht anderweitig verwendet werden konnten.[1153] Das Bundesverfassungsgericht sah die sich aus dem Einigungsvertrag nach Ablauf einer bestimmten Frist enthaltene automatische Beendigung nicht per se als verfassungswidrig an.[1154] Es hob hervor, dass

---

1146 BAG 21.11.2013 - 2 AZR 598/12, BeckRS 2014, 70205 (Rn. 60); BAG 21.11.2013 - 2 AZR 966/12, BeckRS 2014, 70808 (Rn. 52).

1147 Ebenso BAG 21.11.2013 - 2 AZR 598/12, BeckRS 2014, 70205 (Rn. 60); BAG 21.11.2013 - 2 AZR 966/12, BeckRS 2014, 70808 (Rn. 52).

1148 Die Rechtsprechung und das Schrifttum befassten sich bereits umfassend mit der Verfassungsmäßigkeit der Abwicklungsvorschriften, insb. der Beendigungsanordnung des § 164 Abs. 4 Satz 1 SGB V, vgl. etwa statt vieler *Gutzeit*, NZS 2012, 410 (410 ff.). Im Mittelpunkt der verfassungsrechtlichen Diskussion stehen die Entscheidungen des BVerfG zum Einigungsvertrag (BVerfG 24.04.1991 - 1 BvR 1341/90, NJW 1991, 1667) und zur Privatisierung der Universitätskliniken Gießen und Marburg (BVerfG 25.01.2011 - 1 BvR 1741/09, NJW 2011, 1427).

1149 BVerfG 24.04.1991 - 1 BvR 1341/90, NJW 1991, 1667.

1150 *Rolfs*, GuP 2013, 8 (10); *Rolfs*, NZA 2013, 529 (531); *Wolter*, FS Bepler (2012), S. 675 (686). A.A. *Gutzeit*, NZS 2012, 410 (415).

1151 *Hauck-Scholz*, LKV 1991, 225 (225).

1152 *Hauck-Scholz*, LKV 1991, 225 (225); *Legerlotz*, NZA 1992, 201 (202).

1153 *Gutzeit*, NZS 2012, 410 (414 f.); *Hauck-Scholz*, LKV 1991, 225 (225); *Legerlotz*, NZA 1992, 201 (202).

1154 Ausführlich zur grundsätzlichen Zulässigkeit dieser Regelungen BVerfG 24.04.1991 - 1 BvR 1341/90, NJW 1991, 1667 (C III).

aus dem Grundrecht des Art. 12 GG keine Bestandsgarantie erwachse[1155] und die konkrete Ausgestaltung der sog. Warteschleife grundsätzlich verfassungsgemäß, insbesondere mit Art. 12 GG vereinbar sei.[1156] Als einen ungerechtfertigten Verstoß gegen Art. 6 Abs. 5 GG stufte es allerdings den fehlenden Schutz von Müttern und Schwangeren ein, deren Arbeitsverhältnisse gleichermaßen automatisch enden sollten, wenn eine weitere Verwendung nicht möglich war.[1157] Die Verfassung verlange stattdessen einen besonderen Schutz dieses Beschäftigtenkreises.[1158] Die Aushebelung des Schutzes nach Art. 6 Abs. 5 GG sei selbst dann nicht möglich, wenn ansonsten zusätzliche Belastungen eines bereits unter finanziellen Engpässen leidenden öffentlichen Arbeitgebers drohten.[1159]

Aus verfassungsrechtlicher Sicht verdeutlicht diese Rechtsprechung des Bundesverfassungsgerichts, dass die bedingungslose Erstreckung der Beendigungsanordnung des § 164 Abs. 4 Satz 1 SGB V zuvorderst in Bezug auf Schwangere und Mütter nicht mit den Vorgaben des Art. 6 Abs. 5 GG vereinbar ist.[1160] Daneben fällt auch eine Rechtfertigung des Eingriffs in das Grundrecht des Art. 12 Abs. 1 GG äußerst schwer, wenn die Arbeitsverhältnisse unabhängig von einem zuvor ordnungsgemäß unterbreiteten Unterbringungsangebot und damit unter Umständen ohne das gesetzlich vorgesehene „Gegengeschäft“[1161] und unabhängig von dem noch verbleibenden Beschäftigungsbedarf in der Abwicklungsphase enden sollen.[1162] Dies war nach den Regelungen des Einigungsvertrages erst nach Ablauf eines mehrmonatigen Zeitraums vorgesehen. Nachdem der Sinn und Zweck des Gesetzes sowie die Andeutungen im Gesetzgebungsverfahren dafür sprechen, dass die Arbeitsverhältnisse nur bei Ablehnung eines ordnungsgemäßen Unterbringungsangebots enden sollen, verfestigen die andernfalls bestehenden Bedenken in Bezug auf die Verfassungsmäßigkeit des § 164 Abs. 4 Satz 1 SGB V diese Sichtweise.[1163]

1155 BVerfG 24.04.1991 – 1 BvR 1341/90, NJW 1991, 1667 (C III 1).

1156 BVerfG 24.04.1991 – 1 BvR 1341/90, NJW 1991, 1667 (C III).

1157 BVerfG 24.04.1991 – 1 BvR 1341/90, NJW 1991, 1667 (C III 4).

1158 BVerfG 24.04.1991 – 1 BvR 1341/90, NJW 1991, 1667 (C III 4).

1159 BVerfG 24.04.1991 – 1 BvR 1341/90, NJW 1991, 1667 (C III 4).

1160 So auch *Rolfs*, GuP 2013, 8 (10); *Rolfs*, NZA 2013, 529 (531). Anders wohl *Grau/Sittard*, KrV 2012, 6 (9 f.); *Gutzeit*, NZS 2012, 410 (414 f.).

1161 Begriff nach *Wolter*, FS Bepler (2012), S. 675 (678).

1162 Ähnlich LAG Berlin-Brandenburg 02.08.2012 – 2 Sa 9/12, 2 Sa 245/12, BeckRS 2012, 75356 (2.2.1).

1163 So auch LAG Berlin-Brandenburg 02.08.2012 – 2 Sa 9/12, 2 Sa 245/12, BeckRS 2012, 75356 (2.2.1); *Boemke*, jurisPR-ArbR 38/2012 Anm. 2; ErfK/*Rolfs*, § 164 SGB V Rn. 4, die allesamt von der Verfassungswidrigkeit der anderweitigen Auslegung ausgehen.

(ii) Weitergehende Einschränkungen

Das Verfassungsrecht zwingt dagegen zu keinen weitergehenden Einschränkungen des § 164 Abs. 4 Satz 1 SGB V.[1164] Die Beendigungsanordnung verstößt insbesondere nicht gegen Art. 12 GG und Art. 9 Abs. 3 GG, wenn sie nur für den Fall der Ablehnung ordnungsgemäßer Unterbringungsangebote Anwendung findet.[1165]

Die insbesondere von *Klimpe-Auerbach* und *Wolter* vertretene gegenteilige Auffassung überzeugt nicht.[1166] § 164 Abs. 4 Satz 1 SGB V greift zwar auch dann in den Schutzbereich des Grundrechts der Berufsfreiheit[1167] ein, wenn man ihm das hier vertretene engere Verständnis zugrunde legt.[1168] Das Grundrecht wird trotz seines Wortlauts, der eine Unterscheidung zwischen der Berufsausübung und der Berufswahl nahelegt[1169], als „einheitliches Grundrecht (der Berufsfreiheit)“ [1170] verstanden. Einen ähnlichen Eingriff[1171] bestätigte das Bundesverfassungsgericht in Bezug auf die Regelung des Einigungsvertrags, welche die Arbeitsverhältnisse der Betroffenen zunächst ruhend stellte und nach Ablauf einer bestimmten Frist beendete.[1172] Die von Art. 12 Abs. 1 GG garantierte freie Wahl des Berufes umfasste auch den Schutz vor staatlichen Eingriffen, die zur Aufgabe des Arbeits-

---

1164 So wohl erst recht auch *Bohlen-Schöning*, KrV 2012, 101 (103); *Grau/Sittard*, KrV 2012, 6 (9 f.); *Gutzeit*, NZS 2012, 410 (410 ff.), welche der Beendigungsnorm allerdings ein anderes Verständnis zugrunde legen. Das BAG ließ die Frage der generellen verfassungsrechtlichen Vereinbarkeit der Schließungsvorschriften offen, vgl. BAG 21.11.2013 – 2 AZR 474/12, BeckRS 2014, 69409 (Rn. 71); BAG 21.11.2013 – 2 AZR 495/12, NJOZ 2014, 1548 (Rn. 71).

1165 *Bohlen-Schöning*, KrV 2012, 101 (103); *Grau/Sittard*, KrV 2012, 6 (9 f.). A.A. *Klimpe-Auerbach*, SozSich 2011, 270 (272 f.); *Wolter*, FS Bepler (2012), S. 675 (682 ff.). Ebenfalls an der Verfassungsmäßigkeit selbst der hier vertretenen engen Auslegung des § 164 Abs. 4 Satz 1 SGB V zweifelnd *Rolfs*, NZA 2013, 529 (531).

1166 *Klimpe-Auerbach*, SozSich 2011, 270 (272 f.); *Wolter*, FS Bepler (2012), S. 675 (682 ff.).

1167 Vgl. sehr ausführlich zum Grundrecht der Berufsfreiheit *Mann/Worthmann*, JuS 2013, 385 (385 ff.).

1168 Dies dürfte unstreitig sein, vgl. *Bohlen-Schöning*, KrV 2012, 101 (103); *Grau/Sittard*, KrV 2012, 6 (9 f.); *Klimpe-Auerbach*, SozSich 2011, 270 (272 f.); *Rolfs*, NZA 2013, 529 (531); *Wolter*, FS Bepler (2012), S. 675 (682 ff.), die allesamt die Frage der verfassungsrechtlichen Vereinbarkeit der Vorschrift auf die Rechtfertigungs- und Verhältnismäßigkeitsebene verlagern. Ebenso *Gutzeit*, NZS 2012, 410 (412) zumindest in Bezug auf die Mitarbeiter, deren Arbeitsverhältnisse nicht bereits wegen der nach seiner Auffassung zur automatischen Beendigung von Beschäftigungsverhältnissen führenden Teilrechtsfähigkeit enden.

1169 *Mann/Worthmann*, JuS 2013, 385 (387).

1170 BVerfG 11.06.1958 – 1 BvR 596/56, NJW 1958, 1035 (I 3 b).

1171 Zum Eingriffsbegriff vgl. *Mann/Worthmann*, JuS 2013, 385 (389).

1172 BVerfG 24.04.1991 – 1 BvR 1341/90, NJW 1991, 1667 (C III 2).

platzes zwingen.[1173] Die Rechtfertigung eines Eingriffs in das Grundrecht der Berufsfreiheit erfordert die Verfolgung eines legitimen Ziels mit einem geeigneten, erforderlichen und angemessenen Mittel.[1174] Die Rechtsprechung greift teilweise im Rahmen der Verhältnismäßigkeitsprüfung auf die sog. Dreistufentheorie[1175] zurück.[1176]

Nach einer Auffassung ist dieser Eingriff in die Berufsfreiheit der Mitarbeiter selbst unter Zugrundelegung der engeren Auslegung der Beendigungsnorm nicht gerechtfertigt.[1177] Die Arbeitsverhältnisse endeten nach § 164 Abs. 4 Satz 1 SGB V, ohne dass die sowohl auf individualer als auch auf kollektiver Ebene vorhandenen arbeitsrechtlichen Arbeitnehmerschutzvorschriften zur Anwendung kämen.[1178] Die Vorschrift ordne eine Beendigung zum Schließungszeitpunkt an und lasse dadurch den im Abwicklungszeitraum nach Schließung der Krankenkasse bestehen bleibenden Personalbedarf außer Acht.[1179] Auch dieses „(v)erfrühte(s) Ende des Arbeitsverhältnisses“[1180] führe zur Verfassungswidrigkeit und damit der Nichtigkeit der Vorschrift.[1181]

Die Schwäche dieser Argumentation liegt in der fehlenden Verknüpfung zwischen Unterbringungsangebot und Beendigungsanordnung. *Klimpe-Auerbach* ist ohne nähere Begründung der Auffassung, dass § 164 Abs. 4 Satz 1 SGB V ausschließlich dem Schutz des Haftungsverbunds diene und die Vorschrift nicht den Ausgleich gegenläufiger Interessen zum Ziel habe.[1182] Dies lässt den Unterbringungsanspruch der Beschäftigten unbeachtet. Mit der im Wortlaut des § 164 Abs. 4 Satz 1 SGB V enthaltenen Bezugnahme auf Abs. 3 kommt die vom Gesetzgeber bezweckte Verknüpfung der beiden Regelungen zum Ausdruck. Die Rechtfertigung der Beendigungsanordnung darf nicht isoliert und losgelöst von dem gleichzeitig zu unterbreitenden ordnungsgemäßen Unterbringungsangebot beurteilt werden.[1183] Die Arbeitsverhältnisse enden eben nur dann, wenn den Mitarbei-

---

1173 BVerfG 24.04.1991 – 1 BvR 1341/90, NJW 1991, 1667 (C III 1).

1174 *Mann/Worthmann*, JuS 2013, 385 (390).

1175 Näher zu den drei Stufen BVerfG 11.06.1958 – 1 BvR 596/56, NJW 1958, 1035 (I 3 d).

1176 *Mann/Worthmann*, JuS 2013, 385 (390).

1177 *Klimpe-Auerbach*, SozSich 2011, 270 (272 f.); *Wolter*, FS Bepler (2012), S. 675 (682 ff.).

1178 *Wolter*, FS Bepler (2012), S. 675 (684 f.).

1179 *Wolter*, FS Bepler (2012), S. 675 (686 f.).

1180 *Wolter*, FS Bepler (2012), S. 675 (686).

1181 *Wolter*, FS Bepler (2012), S. 675 (686 f.).

1182 *Klimpe-Auerbach*, SozSich 2011, 270 (273).

1183 So aber *Wolter*, FS Bepler (2012), S. 675 (684), der stattdessen die Angebotsunterbreitung nach § 164 Abs. 3 Satz 3 SGB V einer eigenen Zumutbarkeitsprüfung unterzieht. Bedenken in Bezug auf die Vereinbarkeit mit dem Grundrecht des Art. 12 GG bestünden nur dann, wenn die Mitarbeiter ohne Widerspruchsmöglichkeit in

tern zuvor ein ordnungsgemäßes Unterbringungsangebot unterbreitet wurde und sie dieses ablehnten. Insofern hinkt auch der Vergleich mit der Warteschleifen-Rechtsprechung des Bundesverfassungsgerichts. Das Gesetz sicherte den damals von den Regelungen des Einigungsvertrages betroffenen Mitarbeitern im Gegenzug zu der ihnen bevorstehenden Beendigung ihrer Arbeitsverhältnisse gerade keine andere Stelle zu. Auch wenn die Stellenangebotsverpflichtung nicht zu einem vollständigen Ausgleich des Verlustes des bisherigen Arbeitsplatzes führt, so ermöglicht die gesetzliche Regelung den Mitarbeitern doch, in Zukunft einer gleichwertigen und zumutbaren Beschäftigung nachzugehen. Dieses „Gegengeschäft"[1184] gleicht den durch die Beendigungsanordnung bewirkten Eingriff in die Rechte der Mitarbeiter im Ansatz aus.

Die dadurch verbleibende Beeinträchtigung der Rechtsposition der Mitarbeiter ist jedoch durch die Interessen der gesetzlichen Krankenversicherung an einer schnellen und kostengünstigen Abwicklung der geschlossenen Krankenkasse gerechtfertigt.[1185] Die Beendigungsanordnung ist dazu in jedem Fall geeignet und erforderlich, da die Abwicklung der Krankenkasse durch sie eine erhebliche Erleichterung erfährt.[1186] Darüber hinaus ist sie auch verhältnismäßig im engeren Sinne. Die Funktionsfähigkeit des Gesundheitssystems, insbesondere dessen Bezahlbarkeit, ist ein hohes Gut.[1187] Die im Optimalfall – also bei Unterbreitung ausschließlich ordnungsgemäßer Unterbringungsangebote – angeordnete Beendigung aller Arbeitsverhältnisse zum Schließungszeitpunkt ermöglicht der geschlossenen Krankenkasse die Abwicklung gerade unter Zuhilfenahme des Personals, das eine schnelle Abwicklung am besten bewerkstelligen kann und zu diesem Zwecke erst zu einem späteren Zeitpunkt bei einer anderen Krankenkasse seine Beschäftigung aufnimmt.[1188] Dieser Abwicklungsmechanismus befreit die

ein Arbeitsverhältnis mit einem neuen Arbeitgeber gedrängt würden, vgl. dazu die Rechtsprechung zur Verfassungsmäßigkeit der entsprechenden Vorschriften zum Betriebsübergang BverfG 25.01.2011 – 1 BvR 1741/09, NZA 2011, 400 (Rn. 73).

1184 *Wolter*, FS Bepler (2012), S. 675 (684).

1185 Das BVerfG prüft in seinen neueren Entscheidungen die Rechtfertigung eines Eingriffs in Art. 12 Abs. 1 GG nicht mehr am Maßstab der Drei-Stufen-Theorie, sondern stellt eine allgemeine Verhältnismäßigkeitsprüfung an. Der Eingriff muss damit geeignet, erforderlich und verhältnismäßig im engeren Sinne sein, vgl. dazu sehr anschaulich *Gutzeit*, NZS 2012, 410 (413).

1186 *Gutzeit*, NZS 2012, 410 (414).

1187 BVerfG 10.06.2009 – 1 BvR 706/08 u.a., NJW 2009, 2033 (Rn. 171 ff.); *Gutzeit*, NZS 2012, 410 (414).

1188 Ähnlich *Gutzeit*, NZS 2012, 410 (413), der den Zweck des § 164 Abs. 4 Satz 1 SGB V ausführlich analysiert. Neben der Planbarkeit des Abwicklungsverfahrens diene die Vorschrift insb. auch dem Schutz des Krankenversicherungssystems vor finanziellen Überforderungen (413 f.). Dessen Begründung ist in Teilen allerdings insofern unzutreffend, als er losgelöst von § 164 Abs. 4 Satz 1 SGB V von der automati-

Krankenkasse auch davon, die Beschäftigungsverhältnisse der das Unterbringungsangebot ablehnenden Mitarbeiter nach den allgemeinen arbeitsrechtlichen Vorschriften wie insbesondere der betriebsbedingten Kündigung zu beenden. Es vermeidet dadurch den andernfalls damit einhergehenden, nicht unerheblichen Verwaltungsaufwand. Die Interessen des Gesundheitssystems rechtfertigen insofern auch Abweichungen zur Rechtslage beim Betriebsübergang, nach der widersprechende Mitarbeiter Weiterbeschäftigungsansprüche beim Veräußerer haben und nur im Falle des Wegfalls des Beschäftigungsbedarfs betriebsbedingt gekündigt werden können. Die Berücksichtigung der Interessen sowohl der unterzubringenden Mitarbeiter als auch der Funktionsfähigkeit des Gesundheitssystems durch die Abwicklungsvorschriften als Gesamtes führt damit zu einer Vereinbarkeit der Beendigungsanordnung mit dem Grundrecht der Berufsfreiheit nach Art. 12 Abs. 1 GG, sofern man die Ablehnung eines ordnungsgemäßen Unterbringungsangebots als ihr Tatbestandsmerkmal versteht.

Die Beendigungsanordnung verstößt auch nicht gegen die Tarifautonomie.[1189] Mit Recht wird bereits ein Eingriff in den Schutzbereich des Art. 9 Abs. 3 GG durch die Beendigungsanordnung des § 164 Abs. 4 Satz 1 SGB V angezweifelt.[1190] Die Vorschrift engt die Möglichkeit der Tarifvertragsparteien, die Beendigung von Arbeitsverhältnissen zu regeln, ein. Sie umgeht beispielsweise einen tariflich vereinbarten Ausschluss der ordentlichen Kündbarkeit und verkürzt mittelbar tarifliche Kündigungsfristen, indem die automatische Beendigung der Arbeitsverhältnisse ohne Einhaltung einer Frist eintritt.[1191] Ein Eingriff in den Schutzbereich der Tarifautonomie ist allerdings abzulehnen, da die Regelungen keinen Kündigungssachverhalt betreffen und nicht jedwede arbeitsrechtliche Vorschrift in sie eingreift.[1192] Ein solcher wäre darüber hinaus in jedem Falle aus den bereits genannten Gründen gerechtfertigt. Die arbeitsrechtlichen Abwicklungsvorschriften dienen nicht nur dem Schutz der Mitarbeiter, die bei einer anderen Körperschaft unterzubringen sind. Sie sorgen mit ihrer kostensenkenden und ab-

---

schen Beendigung eines Teils der Arbeitsverhältnisse infolge der Teilrechtsfähigkeit der Abwicklungskörperschaft ausgeht.

1189 Ebenso LAG Berlin-Brandenburg 18.04.2012 – 23 Sa 109/12, BeckRS 2012, 75350 (II 2.4); LAG Baden-Württemberg 18.05.2012 – 7 Sa 13/12, BeckRS 2012, 71380 (A II 2 c bb); *Gutzeit*, NZS 2012, 410 (415), der sogar seine sehr weite Auslegung des § 164 Abs. 4 Satz 1 SGB V als verfassungskonform ansieht.

1190 LAG Baden-Württemberg 18.05.2012 – 7 Sa 13/12, BeckRS 2012, 71380 (A II 2 c bb); *Gutzeit*, NZS 2012, 410 (415).

1191 Vgl. auch *Gutzeit*, NZS 2012, 410 (415).

1192 So im Ergebnis ebenfalls LAG Berlin-Brandenburg 18.04.2012 – 23 Sa 109/12, BeckRS 2012, 75350 (II 2.4); LAG Baden-Württemberg 18.05.2012 – 7 Sa 13/12, BeckRS 2012, 71380 (A II 2 c bb); *Gutzeit*, NZS 2012, 410 (415).

wicklungsbeschleunigenden Wirkung auch für den Schutz des Krankenversicherungssystems.[1193]

d) Zwischenergebnis

Der höchstrichterlichen Rechtsprechung und der sich in letzter Zeit abzeichnenden herrschenden Auffassung ist zu folgen. Die Ablehnung eines ordnungsgemäßen Unterbringungsangebots ist ein zwingendes Tatbestandsmerkmal der Beendigungsanordnung des § 164 Abs. 4 Satz 1 SGB V. Unterbleibt ein solches, bestehen die Arbeitsverhältnisse mit der Abwicklungskörperschaft fort.[1194] Das Ergebnis folgt insbesondere aus dem Sinn und Zweck der arbeitsrechtlichen Schließungsvorschriften, an deren Verfassungsmäßigkeit andernfalls erhebliche Zweifel bestünden.

2. Sonstige Ansprüche bei fehlerhaftem Unterbringungsverfahren

a) Überblick

Das Fortbestehen der Arbeitsverhältnisse mit der Abwicklungskörperschaft sichert vorübergehend die wirtschaftliche Existenz der Krankenkassenbeschäftigten ab, wenn diesen kein ordnungsgemäßes Unterbringungsangebot unterbreitet worden ist. Wegen der nahenden vollständigen und endgültigen Auflösung der Abwicklungskörperschaft reicht dies alleine zur Sicherung der Rechtsposition der Beschäftigten nicht aus. Eine bedeutende Rolle spielt daher die Frage, welche sonstigen Ansprüche den Mitarbeitern im

---

1193 LAG Baden-Württemberg 18.05.2012 – 7 Sa 13/12, BeckRS 2012, 71380 (A II 2 c bb); *Gutzeit*, NZS 2012, 410 (415).

1194 BAG 21.11.2013 – 2 AZR 474/12, BeckRS 2014, 69409 (Rn. 54); BAG 21.11.2013 – 2 AZR 495/12, NJOZ 2014, 1548 (Rn. 54); statt aller LAG Baden-Württemberg 21.05.2012 – 1 Sa 3/12, BeckRS 2012, 71379 (Ls. 1); LAG Düsseldorf 07.09.2012 – 6 Sa 345/12, BeckRS 2013, 67563 (A II 2 a cc aaa (2)); LAG Hamburg 19.09.2012 – 5 Sa 17/12, BeckRS 2013, 67949 (II 2 c); LAG Berlin-Brandenburg 14.12.2012 – 8 Sa 980/12, 8 Sa 1248/12, BeckRS 2013, 67972 (1.2); LAG Düsseldorf 26.04.2013 – 6 Sa 1874/12, NZA-RR 2013, 515 (Ls.) = BeckRS 2013, 70899 (A II 2 a bb bbb) m.w.N. unter (A II 2 a bb bbb (1) (a) (aa)); *Klimpe-Auerbach*, SozSich 2011, 270 (272); *Rolfs*, GuP 2013, 8 (9); *Rolfs*, NZA 2013, 529 (531); *Winzer*, ArbRAktuell 2014, 362 (362); *Wolter*, FS Bepler (2012), S. 675 (680). A.A. LAG Baden-Württemberg 18.5.2012 – 7 Sa 13/12, BeckRS 2012, 71380 (II 2 a bb); LAG Berlin-Brandenburg 12.09.2012 – 23 Sa 847/12, BeckRS 2013, 65236 (2.2); ArbG Hamburg 12.10.2011 – 3 Ca 240/11, BeckRS 2012, 69606 (II 1); *Bohlen-Schöning*, KrV 2011, 85 (86); *Bohlen-Schöning*, KrV 2012, 101 (103); *Grau/Sittard*, KrV 2012, 6 (10); *Gutzeit*, NZS 2012, 361 (364 ff.), die von einer – unabhängig von einem zuvor durchgeführten Unterbringungsverfahren – automatischen Beendigung sämtlicher Arbeitsverhältnisse zum Schließungszeitpunkt ausgehen.

Falle eines fehlerhaften Unterbringungsverfahrens zustehen und inwieweit sie ihre Ansprüche vor Gericht verfolgen können.[1195]

b) Ansprüche gegenüber der Abwicklungskörperschaft

Ein fehlerhaftes Unterbringungsverfahren löst die Beendigungsanordnung des § 164 Abs. 4 Satz 1 SGB V nicht aus.[1196] Die Arbeitsverhältnisse der unterbringungsberechtigten Mitarbeiter setzen sich bei Verletzung der Unterbringungsverpflichtung mit der Abwicklungskörperschaft fort.[1197] Die Betroffenen können ihr gegenüber Weiterbeschäftigungsansprüche geltend machen. Verweigert sie diese, stehen ihnen Annahmeverzugslohnansprüche zu.[1198] Es besteht eine dem Persönlichkeitsrecht der Mitarbeiter entspringende tatsächliche Beschäftigungsverpflichtung des Arbeitgebers.[1199]

Die Abwicklungskörperschaft ist als Arbeitgeberin Schuldnerin sowohl des Weiterbeschäftigungs- als auch des Annahmeverzugslohnanspruchs. Diesbezügliche Klagen der Arbeitnehmer sind wie die sonstigen zwischen den Mitarbeitern und der Abwicklungskörperschaft bestehenden Ansprüche gegen sie selbst zu richten. Zum Zwecke der Abwicklung der gegenseitigen Ansprüche gilt sie nach § 155 Abs. 1 Satz 2 SGB V als fortbestehend. Erst wenn ihr Vermögen für eine Befriedigung der Mitarbeiter nicht ausreicht, findet das besondere Haftungskonzept Anwendung (§§ 155 Abs. 4, 164 Abs. 1 SGB V). Es kommt für die Haftung der übrigen Krankenkassen[1200] – wie auch für sämtliche weitere Ansprüche der Mitarbeiter gegen die ge-

---

1195 Auf diese Thematik gehen ebenfalls - wenn auch nur sehr kurz - u.a. *Bohlen-Schöning*, KrV 2012, 101 (103); *Grau/Sittard*, KrV 2012, 6 (8 f.); *Rolfs*, GuP 2013, 8 (9); *Rolfs*, NZA 2013, 529 (531) ein.

1196 BAG 21.11.2013 - 2 AZR 474/12, BeckRS 2014, 69409 (Rn. 54); BAG 21.11.2013 - 2 AZR 495/12, NJOZ 2014, 1548 (Rn. 54); LAG Baden-Württemberg 21.05.2012 - 1 Sa 3/12, BeckRS 2012, 71379 (Ls. 1); LAG Düsseldorf 07.09.2012 - 6 Sa 345/12, BeckRS 2013, 67563 (A II 2 a cc aaa (2)); LAG Hamburg 19.09.2012 - 5 Sa 17/12, BeckRS 2013, 67949 (II 2 c); LAG Berlin-Brandenburg 14.12.2012 - 8 Sa 980/12, 8 Sa 1248/12, BeckRS 2013, 67972 (1.2); LAG Düsseldorf 26.04.2013 - 6 Sa 1874/12, NZA-RR 2013, 515 (Ls.) = BeckRS 2013, 70899 (A II 2 a bb bbb) m.w.N. unter (A II 2 a bb bbb (1) (a) (aa)); *Klimpe-Auerbach*, SozSich 2011, 270 (272); *Rolfs*, GuP 2013, 8 (9); *Rolfs*, NZA 2013, 529 (531); *Winzer*, ArbRAktuell 2014, 362 (362); *Wolter*, FS Bepler (2012), S. 675 (680).

1197 Statt vieler BAG 21.11.2013 - 2 AZR 474/12, BeckRS 2014, 69409 (Rn. 54, 60).

1198 Die Situation unterscheidet sich dann nicht von anderen arbeitsrechtlichen Fällen, in denen der Arbeitgeber die Beschäftigung eines Mitarbeiters unberechtigt verweigert, dazu ErfK/*Preis*, § 611 BGB Rn. 567.

1199 Allgemein zur Beschäftigungspflicht des Arbeitgebers ErfK/*Preis*, § 611 BGB Rn. 563, die selbstverständlich auch dann eingreift, wenn das Anstellungsverhältnis nach Schließung der Krankenkasse fortbesteht.

1200 Beziehungsweise der Haftung der übrigen beteiligten Akteure nach dem abgestuften Haftungskonzept.

schlossene Krankenkasse – nicht darauf an, ob die Mitarbeiter selbst für die Abwicklung der Krankenkasse benötigt werden. Eine Auffassung stellt dies zwar mit Verweis darauf, dass die Abwicklungskörperschaft nach § 155 Abs. 1 Satz 2 SGB V nur teilrechtsfähig sei, zumindest in Bezug auf die erst nach der Schließung der Krankenkasse entstandenen Ansprüche nicht mehr benötigter Mitarbeiter in Frage.[1201] Dieser Auffassung liegt allerdings ein unzutreffendes Verständnis des § 155 Abs. 1 Satz 2 SGB V zugrunde.[1202] Die im Wortlaut der Vorschrift angelegte Beschränkung der Rechtsfähigkeit wirkt sich richtigerweise lediglich auf die Begründung neuer Rechte und Pflichten aus.[1203] Etwaige Ansprüche von Mitarbeitern, deren Arbeitskraft für die Abwicklung der Krankenkasse nicht mehr benötigt wird, waren bereits vor der Schließung dem Grunde nach angelegt und sind daher auch dann gegenüber den mithaftenden Körperschaften durchsetzbar, wenn sie erst aus der Zeit nach der Schließung beruhen.

Die Krankenkassenbeschäftigten müssten sich zur Befriedigung ihrer gegenüber der geschlossenen Krankenkasse bestehenden Ansprüche nach § 155 Abs. 4 Satz 5 SGB V (ggf. i.V.m. §§ 164 Abs. 1 Satz 6, 146a Satz 3, 171 Satz 2 SGB V) an den Spitzenverband Bund halten, wenn die Abwicklungskörperschaft selbst vermögenslos ist. Auf die Auslegung der Haftungsvorschrift des § 164 Abs. 5 SGB V kommt es damit an dieser Stelle noch nicht an, da weder ein Weiterbeschäftigungsanspruch noch ein Annahmeverzugslohnanspruch Verpflichtungen im Sinne der § 164 Abs. 2 bis 4 SGB V darstellen. Die Arbeitsgerichte sind für Klagen sowohl der Gruppe der übrigen Beschäftigten als auch der Dienstordnungsangestellten zuständig.[1204]

c) Ansprüche im Zusammenhang mit der Unterbringungsverpflichtung

aa) Erfüllungsanspruch

Die Unterbringungsansprüche sind gerichtlich durchsetzbar.[1205] *Rolfs* weist richtigerweise darauf hin, dass der durch verschiedene Stimmen diskutierte

---

1201 So etwa *Bohlen-Schöning*, KrV 2012, 101 (106).

1202 Dazu ausführlich Kap. C II 4 dieser Arbeit.

1203 Ebenfalls BAG 21.11.2013 – 2 AZR 474/12, BeckRS 2014, 69409 (Rn. 39); BAG 21.11.2013 – 2 AZR 495/12, NJOZ 2014, 1548 (Rn. 39); BAG 21.11.2013 – 2 AZR 598/12, BeckRS 2014, 70205 (Rn. 36); BAG 21.11.2013 – 2 AZR 966/12, BeckRS 2014, 70808 (Rn. 29); ArbG Berlin 23.11.2011 – 21 Ca 8139/11, BeckRS 2011, 78305 (A II 1); *Wolter*, FS Bepler (2012), S. 675 (680).

1204 Benz, SGb 2000, 53 (60). Der Rechtsweg für Klagen von Dienstordnungsangestellten war früher umstritten, vgl. dazu ausführlich Weber, ZBR 1955, 129 (131 ff.).

1205 So auch *Rolfs*, GuP 2013, 8 (9); *Rolfs*, NZA 2013, 529 (531).

Verweis auf Schadensersatzansprüche überflüssig ist.[1206] Bleibt ein ordnungsgemäßes Unterbringungsangebot aus, kann auf gerichtlichem Wege die Erfüllung des Unterbringungsanspruchs verlangt werden.[1207] Selbst wenn man die Anspruchsverfolgung nach ordnungswidrigem Unterbringungsverfahren auf der Sekundärebene verortet, ist ein etwaiger Schadensersatzanspruch ebenfalls auf die Unterbreitung eines Unterbringungsangebots gerichtet.[1208] Das erforderliche Verschulden bereitet bei diesem alternativen Lösungsweg Probleme, weshalb von verschiedener Stelle ein verschuldensunabhängiger Schadensersatzanspruch vorgeschlagen wird.[1209] Dieser Umweg erscheint allerdings nicht erforderlich, da die Mitarbeiter ihren Unterbringungsanspruch als Primäranspruch einklagen können und die Unterbringung nach der gesetzlichen Konzeption des § 164 Abs. 3 Satz 3 und 4 SGB V, das die Krankenkassen ausnahmslos zur Abgabe von Unterbringungsangeboten verpflichtet und ihnen einen gewissen Spielraum bezüglich der Stellenanforderung gibt, nicht unmöglich im Sinne des § 275 BGB ist.

bb) Richtiger Klagegegner

Die obigen Ausführungen[1210] zeichnen den Ablauf des Unterbringungsverfahrens bereits vor und offenbaren den richtigen Klagegegner zur Geltendmachung der Unterbringungsansprüche. Der Landesverband nimmt eine zentrale Rolle ein, was sich sowohl aus der Vorschrift des § 164 Abs. 3 SGB V als auch aus der Gesetzesbegründung ergibt. Die Mitarbeiter, denen kein oder kein ordnungsgemäßes Unterbringungsangebot unterbreitet wird, müssen ihre Ansprüche notfalls gerichtlich durchsetzen und im Anschluss vollstrecken können. Die Vollstreckbarkeit des Anspruchs auf Unterbringung bei einer anderen Krankenkasse oder dem Landesverband erfordert allerdings die Wahl eines Klagegegners, der gegenüber den zur Aufnahme verpflichteten Körperschaften die Abgabe von Unterbringungsangeboten erzwingen kann.

Einen vollstreckbaren Titel verspräche in erster Linie eine Leistungsklage gegen eine zur Unterbringung verpflichtete Krankenkasse.[1211] Nach § 164

1206 *Rolfs*, NZA 2013, 529 (531).

1207 *Rolfs*, GuP 2013, 8 (9); *Rolfs*, NZA 2013, 529 (531).

1208 *Rolfs*, NZA 2013, 529 (531).

1209 Vgl. etwa *Grau/Sittard*, KrV 2012, 6 (8), die den Unmöglichkeitseinwand zulassen und eine Angebotsverpflichtung über den tatsächlichen Beschäftigungsbedarf hinaus ablehnen.

1210 Dazu Kap. C VI dieser Arbeit.

1211 So im Ergebnis *Bohlen-Schöning*, KrV 2012, 101 (103), die scheinbar eine Klage sowohl gegen die unterbringungsverpflichteten Krankenkassen als auch den Landesverband zulässt.

Abs. 3 Satz 4 SGB V ist jede Krankenkasse „entsprechend ihrem Anteil an der Zahl der Versicherten aller“ Krankenkassen derselben Kassenart zum Nachweis beziehungsweise zur Abgabe von Unterbringungsangeboten verpflichtet. Sieht man die Adressaten der Unterbringungsverpflichtung als Gesamtschuldner im Sinne des § 421 BGB an, könnten die Beschäftigten ihre Unterbringungsansprüche gegenüber einer Krankenkasse ihrer Wahl geltend machen und durchsetzen.[1212]

Ein Klagerecht gegenüber den einzelnen zur Aufnahme verpflichteten Körperschaften fügt sich allerdings nicht in die Regelungssystematik der Abwicklungsvorschriften ein und ist abzulehnen. Es bestünde die Gefahr, dass sich die Beschäftigten andernfalls mit ihren Unterbringungsansprüchen vornehmlich an ortsnahe Krankenkassen wenden und diese damit einer großen Anzahl von Klagen und vor allem vollstreckbaren Unterbringungsurteilen ausgesetzt wären. Die Krankenkassen selbst haben darüber hinaus keinen Überblick darüber, wer seinen Unterbringungsverpflichtungen bereits nachgekommen ist. Nachdem die Koordination des Unterbringungsverfahrens dem Landesverband obliegt, stehen ihnen auch keine Informationen zum Ablauf des Unterbringungsverfahrens zur Verfügung. Diese wären allerdings erforderlich, um die im Streit stehende Ordnungsgemäßheit bereits unterbreiteter Unterbringungsangebote, insbesondere die Ausübung des billigen Ermessens im Einzelfall, beurteilen zu können.

Das besondere Haftungskonzept, auf das § 164 Abs. 5 SGB V für die Verpflichtungen aus den § 164 Abs. 2 bis 4 SGB V verweist, spricht ebenfalls gegen eine direkte Inanspruchnahme der zur Aufnahme verpflichteten Krankenkassen.[1213] Die Vorschriften sehen zwar unter bestimmten Voraussetzungen eine gesamtschuldnerische Haftung vor, wenn das Vermögen der geschlossenen Krankenkasse zur Befriedigung aller Ansprüche nicht ausreicht. Selbst wenn die Haftung dem Grunde nach eingreift, hat sich ein Gläubiger mit seinen Ansprüchen aber gemäß § 155 Abs. 4 Satz 5 SGB V (ggf. i.V.m. § 164 Abs. 1 Satz 6 SGB V) an den Spitzenverband Bund der Krankenkassen zu wenden, der seinerseits Rückgriff bei den mithaftenden Krankenkassen nehmen kann. Das Gesetz schließt damit, anders als bei einer klassischen Gesamtschuld nach dem Leitbild des § 421 BGB, die Möglichkeit des Gläubigers, die Forderung gegenüber einem Schuldner seiner Wahl geltend zu machen, ausdrücklich aus. Das lässt den Rückschluss zu,

1212 Kritisch *Rolfs*, NZA 2013, 529 (530).

1213 LAG Baden-Württemberg 18.05.2012 – 7 Sa 13/12, BeckRS 2012, 71380 (II 2 a bb). Ähnlich *Grau/Sittard*, KrV 2012, 6 (9) zur Inanspruchnahme des Landesverbands auf Schadensersatz bei Verletzung der Unterbringungsverpflichtung. Erst der Landesverband soll im Anschluss Regressansprüche gegenüber den gesamtschuldnerisch haftenden Krankenkassen geltend machen können, die ihre Pflichten aus § 164 Abs. 3 Satz 4 SGB V verletzten.

dass die mithaftenden Krankenkassen nicht in die Abwicklungsstreitigkeiten miteinbezogen werden sollen.

Der in der Vorschrift des § 164 Abs. 5 SGB V vorgesehene Verweis führt allerdings nicht dazu, dass die Unterbringungsansprüche gegenüber dem Spitzenverband Bund geltend zu machen sind. Die Haftung der übrigen Krankenkassen und damit die Klagemöglichkeit gegenüber dem Spitzenverband Bund setzt nach § 164 Abs. 1 Satz 2 SGB V nur dann ein, wenn das „Vermögen" der geschlossenen Krankenkasse zur Befriedigung der Forderungen nicht ausreicht. Die Bezugnahme auf das Vermögen der geschlossenen Krankenkasse verdeutlicht, dass die Vorschriften des § 164 Abs. 1 SGB V ausschließlich Zahlungsansprüche betreffen, die sich gegen die geschlossene Krankenkasse richten. Die Struktur des Unterbringungsanspruchs fügt sich nicht in dieses Leitbild der von § 164 Abs. 1 SGB V erfassten Forderungen ein. Es ist keine gegenüber der geschlossenen Krankenkasse bestehende Forderung, sondern richtet sich ausschließlich an die übrigen Krankenkassen derselben Kassenart und den Landesverband, die nach § 164 Abs. 3 SGB V zur Unterbringung der Mitarbeiter verpflichtet sind. Die Unterbringungsverpflichtung ist damit keine Verbindlichkeit der geschlossenen Krankenkasse, für welche die mithaftenden Krankenkassen bei Vermögenslosigkeit der geschlossenen Krankenkasse einstehen müssten. Die Vorschrift des § 164 Abs. 1 SGB V findet in Bezug auf die Geltendmachung der Unterbringungsverpflichtung keine Anwendung.

Richtiger Klagegegner ist stattdessen der für die Organisation[1214] des Unterbringungsverfahrens zuständige Landesverband. Die Zuständigkeit des Landesverbandes zur Unterbreitung von Unterbringungsangeboten gegenüber Dienstordnungsangestellten folgt aus dem Wortlaut des § 164 Abs. 3 Satz 1 SGB V. In Kombination dieser Vorschrift mit der Gesetzesbegründung, die den Landesverband als „koordinierende Instanz mit Durchgriffsbefugnissen"[1215] bezeichnet, wird deutlich, dass sich die Zuständigkeit des Landesverbands auch auf die Unterbringung der übrigen Beschäftigten nach § 164 Abs. 3 Satz 3 SGB V erstreckt. Die Regelung knüpft sprachlich an den Satz 1 an, der explizit den Landesverband für die Unterbreitung von Unterbringungsangeboten gegenüber Dienstordnungsangestellten für zuständig erklärt. Die Mitarbeiter müssen sich daher zur Durchsetzung ihrer Unterbringungsansprüche an den Landesverband als die zuständige Stelle wenden, die das Unterbringungsverfahren plant, Unterbringungsangebote einholt und den Mitarbeitern unterbreitet.

Die Einbeziehung des Landesverbands in etwaige Rechtsstreitigkeiten führt auch zur zweckmäßigsten Lösung. Er hat den Überblick darüber,

---

1214 *Bohlen-Schöning*, KrV 2011, 85 (86 f.).
1215 BT-Drucks. 16/9559, S. 19.

nach welchen Kriterien die Unterbringungsangebote unterbreitet wurden und welche Krankenkassen ihrer Unterbringungsverpflichtung ausreichend nachgekommen sind. Auch wenn der Landesverband nicht die Funktion der Aufsichtsbehörde wahrnimmt und daher nicht sämtliche Krankenkassen zur Aufnahme von Mitarbeitern zwingen kann, dürfte sich eine Befolgungspflicht der zur Aufnahme verpflichteten Akteure bereits aus der Vorschrift des § 164 Abs. 3 Satz 4 SGB V ergeben. Sollte eine Krankenkasse der Aufforderung des Landesverbands nicht nachkommen und eine passende zumutbare Stelle nicht zur Verfügung stellen, kann sie mithilfe der Aufsichtsbehörde dazu gezwungen werden. Die Aufsichtsbehörde trifft ausweislich der Gesetzesbegründung sowohl eine Überwachungs- als auch eine Durchsetzungspflicht im Zusammenhang mit der Einhaltung der Unterbringungsverpflichtungen der Krankenkassen.[1216]

Die Inanspruchnahme der geschlossenen Krankenkasse scheidet dagegen aus.[1217] Die Organisation des Unterbringungsverfahrens obliegt dem Landesverband. Die Einbeziehung der geschlossenen Krankenkasse in etwaige Unterbringungsstreitigkeiten widerspräche dem Willen des Gesetzgebers nach einer schnellen und kostengünstigen Abwicklung. Adressat der Unterbringungsverpflichtung ist außerdem nicht die geschlossene Krankenkasse.[1218] § 164 Abs. 3 SGB V verpflichtet gerade die übrigen Akteure unter Koordination des Landesverbands dazu, sich den Mitarbeitern anzunehmen.[1219] Die geschlossene Krankenkasse treffen im Unterbringungsverfahren lediglich Mitwirkungspflichten in der Form, als dass sie die Mitarbeiterdaten erfasst und an den Landesverband weiterleitet.[1220]

cc) Schadensersatzansprüche

Die schuldhafte Verletzung der Unterbringungsverpflichtung berechtigt die betroffenen Mitarbeiter außerdem zum Schadensersatz.[1221] Die Unterbringungsvorschriften begründen ein gesetzliches Schuldverhältnis, dessen Verletzung Schadensersatzansprüche nach den §§ 280 ff. BGB auslösen kann. Dagegen ist die Unterbringungsverpflichtung keine vertragliche Verpflich-

---

1216 BT-Drucks. 16/9559, S. 19.

1217 LAG Baden-Württemberg 18.05.2012 – 7 Sa 13/12, BeckRS 2012, 71380 (II 2 a bb); *Bohlen-Schöning*, KrV 2012, 101 (103). A.A. scheinbar ArbG Berlin 25.11.2011 – 33 Ca 7824/11, NZS 2012, 427 (Ls.) = BeckRS 2012, 65218 (III 1 b ff (1)), das im Zusammenhang mit der Unterbreitung von Unterbringungsangeboten die Abwicklungskörperschaft nennt.

1218 *Bohlen-Schöning*, KrV 2012, 101 (103).

1219 *Bohlen-Schöning*, KrV 2012, 101 (103).

1220 Ebenso *Bohlen-Schöning*, KrV 2012, 101 (103).

1221 LAG Baden-Württemberg 18.05.2012 – 7 Sa 13/12, BeckRS 2012, 71380 (II 2 a bb); *Grau/Sittard*, KrV 2012, 6 (9).

tung zwischen der geschlossenen Krankenkasse und ihren Mitarbeitern. Es handelt sich damit um keinen Anspruch, der nach den Vorgaben des in § 164 Abs. 1 SGB V und § 155 Abs. 4 SGB V vorgesehenen Haftungssystems gegenüber dem Spitzenverband Bund der Krankenkassen geltend zu machen ist. Ansprüche dürften wie auch der Erfüllungsanspruch gegen den Landesverband zu richten sein, der seinerseits bei den übrigen Krankenkassen Regress nehmen kann.[1222] Nachdem Fehler im Unterbringungsverfahren die Beendigung der Arbeitsverhältnisse nach § 164 Abs. 4 Satz 1 SGB V verhindern und damit den Mitarbeitern weiterhin Vergütungsansprüche gegenüber der Abwicklungskörperschaft zustehen, dürften allerdings Schadensersatzansprüche in der Regel mangels Schadens nicht bestehen.

3. Ergebnis

Entscheidendes Tatbestandsmerkmal der Beendigungsanordnung des § 164 Abs. 4 Satz 1 SGB V ist die Ablehnung eines ordnungsgemäßen Unterbringungsangebots. Diese engere Auslegung entspricht insbesondere dem Sinn und Zweck des Gesetzes und trägt einer sachgerechten Berücksichtigung der Interessen sowohl der geschlossenen Krankenkasse als auch ihren Mitarbeitern ausreichend Rechnung. Gegen eine weitere Auslegung der Vorschrift – nämlich einer Beendigung sämtlicher Arbeitsverhältnisse zum Schließungszeitpunkt unabhängig von der Ordnungsgemäßheit zuvor unterbreiteter Unterbringungsangebote – bestünden nicht zuletzt erhebliche verfassungsrechtliche Bedenken.

Die Mitarbeiter sind zur gerichtlichen Durchsetzung ihrer Unterbringungsansprüche berechtigt. Ihnen stehen nicht lediglich Schadensersatzansprüche zu. Der mit der Organisation des Unterbringungsverfahrens betraute Landesverband beziehungsweise die an seine Stelle tretende Körperschaft sind hierfür die richtigen Klagegegner.

IX. Rechtsfolgen der Schließung für nicht unterbringungsberechtigte Mitarbeiter

1. Problemaufriss

Der Gruppe der ordentlich kündbaren Mitarbeiter von Betriebskranken- und Ersatzkassen steht kein Unterbringungsanspruch zu, da das Gesetz lediglich mit Wirkung für die ordentlich unkündbaren Mitarbeiter dieser beiden Kassenarten auf die Vorschrift des § 164 Abs. 3 Satz 3 SGB V ver-

---

[1222] *Grau/Sittard*, KrV 2012, 6 (9).

weist.[1223] Das Schicksal dieses Beschäftigtenkreises richtet sich über § 155 Abs. 4 Satz 9 SGB V und § 171 Satz 1 SGB V ebenfalls nach den arbeitsrechtlichen Schließungsvorschriften der § 164 Abs. 2 bis 5 SGB V. Die Verweisungsnormen erklären jedoch die Unterbringungsverpflichtung des § 164 Abs. 3 Satz 3 SGB V für unanwendbar.

Der einschränkende Verweis der §§ 155 Abs. 4 Satz 9, 171 Satz 1 SGB V und der mögliche Fortbestand der unter diese Ausnahme fallenden Arbeitsverhältnisse über den Schließungszeitpunkt der Krankenkasse hinaus führt zu dem zweiten in der Rechtsprechung und Literatur bereits umfassend diskutierten arbeitsrechtlichen Streitpunkt bei Schließung gesetzlicher Krankenkassen.[1224] Das Problem ist darin zu sehen, dass das Gesetz lediglich die Vorschrift des § 164 Abs. 3 Satz 3 SGB V mit Wirkung für die ordentlich kündbaren Beschäftigten ausdrücklich ausschließt. Die §§ 155 Abs. 4 Satz 9, 171 Satz 1 SGB V verweisen dagegen auf die restlichen Regelungen der § 164 Abs. 2 bis 5 SGB V und damit insbesondere auf die besonders stark in die Rechtsstellung der Mitarbeiter eingreifende Beendigungsanordnung des § 164 Abs. 4 Satz 1 SGB V. Das könnte dazu führen, dass die Arbeitsverhältnisse dieses Beschäftigtenkreises gemäß §§ 155 Abs. 4 Satz 9, 171 Satz 1 i.V.m. § 164 Abs. 4 Satz 1 SGB V zum Schließungszeitpunkt enden, obwohl ihnen kein Unterbringungsangebot zu unterbreiten ist.[1225] Dies ruft nicht zuletzt mit Blick auf deren Grundrechte erhebliche Bedenken hervor.

Die Differenzierung zwischen ordentlich kündbaren Beschäftigten einer Innungs- und Ortskrankenkasse auf der einen Seite und einer Betriebskranken- und Ersatzkasse auf der anderen Seite geht zurück auf die unterschiedlichen Zeitpunkte, in denen der Gesetzgeber das Unterbringungsverfahren auf die Kassentypen erstreckte. Erst durch eine Gesetzesnovelle im Jahr 2008 erklärte er die Schutzbestimmungen des § 164 Abs. 3 SGB V mit Wirkung zum 1. Januar 2009 auch auf die Mitarbeiter von Betriebskranken- und Ersatzkassen für anwendbar, allerdings lediglich auf diejenigen, deren Arbeitsverhältnisse nicht durch Ausspruch einer ordentlichen Kündigung beendet werden konnten (§§ 155 Abs. 4 Satz 9, 171 Satz 1 SGB V).[1226]

Nachdem es auch an dieser Stelle unter anderem auf die Auslegung des § 164 Abs. 4 Satz 1 SGB V ankommt, ähnelt die Argumentation teils stark den

---

1223 So die ganz h.M., statt vieler BAG 21.11.2013 – 2 AZR 598/12, BeckRS 2014, 70205 (Rn. 52); BAG 21.11.2013 – 2 AZR 966/12, BeckRS 2014, 70808 (Rn. 44); *Rolfs*, NZA 2013, 529 (532); *Wolter*, FS Bepler (2012), S. 675 (682).

1224 Vgl. sehr ausführlich *Gutzeit*, NZS 2012, 361 (364 ff.); *Rolfs*, NZA 2013, 529 (532 ff.).

1225 Bejahend *Bohlen-Schöning*, KrV 2011, 85 (86); *Grau/Sittard*, KrV 2012, 6 (10); *Gutzeit*, NZS 2012, 361 (364 ff.); *Gutzeit*, NZS 2012, 410 (417); *Thomma*, KrV 2012, 28 (28 f.). Scheinbar auch *Bohlen-Schöning*, KrV 2012, 101 (103).

1226 BGBl. I, S. 2429 f.; dazu auch BT-Drucks. 16/9559, S. 19.

Ausführungen zur Frage, ob die Ablehnung eines ordnungsgemäßen Unterbringungsangebots als tatbestandliche Voraussetzung der Beendigungsanordnung anzusehen ist. Insofern wird auf die obigen Erwägungen verwiesen.[1227] Die Verweisungsnormen der §§ 155 Abs. 4 Satz 9, 171 Satz 1 SGB V könnten allerdings eine Abweichung des oben herausgearbeiteten Auslegungsergebnisses der Beendigungsanordnung in Bezug auf die ordentlich kündbaren Beschäftigten von Betriebskranken- und Ersatzkassen bewirken.

2. Beendigung sämtlicher Arbeitsverhältnisse zum Schließungszeitpunkt

Insbesondere die Vertreter der „Tabula-Rasa"-Lösung wenden die Beendigungsanordnung des § 164 Abs. 4 Satz 1 SGB V über den Verweis der §§ 155 Abs. 4 Satz 9, 171 Satz 1 SGB V auch auf die ordentlich kündbaren Mitarbeiter einer Betriebskranken- und Ersatzkasse an.[1228] Dies hat zur Folge, dass auch deren Arbeitsverhältnisse mit der geschlossenen Krankenkasse zum Schließungszeitpunkt enden, ohne dass hierfür die Unterbreitung eines ordnungsgemäßen Unterbringungsangebots erforderlich ist. Die Rechtsprechung der Landesarbeitsgerichte folgte dieser Auslegung mit Ausnahme einzelner Kammern nicht.[1229] Es ist zu beachten, dass die Befürworter dieser Auffassung allesamt – entgegen der in dieser Arbeit vertretenen Ansicht – die Beendigungsanordnung auf sämtliche Mitarbeiter der geschlossenen Krankenkasse erstrecken und zwar unabhängig davon, ob ihnen zuvor ein ordnungsgemäßes Unterbringungsangebot unterbreitet wurde. Das bewirkt bereits grundlegende Unterschiede in der Argumentation der beiden gegenteiligen Auffassungen, die sich letztlich bei der Frage des Schicksals der ordentlich kündbaren Mitarbeiter fortsetzen. Die Sichtweise, die sich für eine Beendigung sämtlicher Arbeitsverhältnisse ohne ein zuvor durchgeführtes Unterbringungsverfahren ausspricht,[1230] stützt ihr Verständnis insbesondere

[1227] Vgl. Kap. C VIII 1 c dieser Arbeit.

[1228] *Bohlen-Schöning*, KrV 2011, 85 (86); *Grau/Sittard*, KrV 2012, 6 (10); *Gutzeit*, NZS 2012, 361 (364 ff.); *Thomma*, KrV 2012, 28 (28 f.).

[1229] Vgl. nur LAG Baden-Württemberg 18.05.2012 – 7 Sa 13/12, BeckRS 2012, 71380 (A II 2 b); LAG Berlin-Brandenburg 12.09.2012 – 23 Sa 847/12, BeckRS 2013, 65236 (2.3). A.A. die herrschende Rechtsprechung und ein bedeutender Teil der Literatur BAG 21.11.2013 – 2 AZR 598/12, BeckRS 2014, 70205 (Rn. 45 ff.); LAG Berlin-Brandenburg 08.05.2012 – 7 Sa 2559/11, BeckRS 2012, 73489 (2.2.2); LAG Baden-Württemberg 21.05.2012 – 1 Sa 2/12, BeckRS 2012, 71378 (Ls. 1 und 2); LAG Baden-Württemberg 21.05.2012 – 1 Sa 3/12, BeckRS 2012, 71379 (Ls. 1 und 2); LAG Düsseldorf 26.04.2013 – 6 Sa 1874/12, NZA-RR 2013, 515 (Ls.) = BeckRS 2013, 70899 (A II 2 a bb bbb); *Boemke*, SGb 2014, 89 (94 f.); *Klimpe-Auerbach*, SozSich 2011, 270 (272); *Rolfs*, GuP 2013, 8 (11 f.); *Rolfs*, NZA 2013, 529 (534); *Wolter*, FS Bepler (2012), S. 675 (680).

[1230] Vgl. die ausführliche Darstellung der „Tabula-Rasa"-Lösung zur Auslegung des § 164 Abs. 4 Satz 1 SGB V unter Kap. C VIII 1 c aa dieser Arbeit.

auf den lediglich auf einen Unterbringungserfolg abstellenden Wortlaut des § 164 Abs. 4 Satz 1 SGB V[1231] sowie dessen Gesetzeszweck[1232].

Sie sieht sich in ihrer Auslegung durch eine Äußerung des Parlamentarischen Staatssekretärs aus dem Jahr 2011[1233] bestätigt.[1234] Eine Abgeordnete richtete in der 107. Fragestunde des Deutschen Bundestages zwei Fragen zur Auslegung der arbeitsrechtlichen Vorschriften bei Schließung einer Krankenkasse an die Bundesregierung.[1235] Eine Anfrage befasste sich mit den bestehenden Unterschieden bezüglich der Beendigung oder Weiterführung von Arbeitsverhältnissen zwischen den verschiedenen Kassentypen.[1236] Eine weitere Frage zielte unmittelbar auf die Gründe der unterschiedlichen Behandlung ordentlich kündbarer Mitarbeiter von Betriebskranken- und Ersatzkassen gegenüber den Beschäftigten einer Innungs- und Ortskrankenkasse ab.[1237] Der Parlamentarische Staatssekretär begründete diese mit einer vorangegangenen Abwägung zwischen den Beschäftigteninteressen und den Interessen der mithaftenden Krankenkassen.[1238] Zur Verhinderung einer wirtschaftlichen Überforderung sollten Letztere demnach nicht zur Weiterbeschäftigung von ordentlich kündbaren Mitarbeitern über den Schließungszeitpunkt hinaus verpflichtet sein.[1239] Diese Äußerungen des Parlamentarischen Staatssekretärs befinden sich auf einer Linie mit der „Tabula-Rasa"-Lösung. Sie enthalten den ordentlich kündbaren Beschäftigten zwar einen Unterbringungsanspruch vor. Ihre Beschäftigungsverhältnisse sollen aber nach § 164 Abs. 4 Satz 1 SGB V zum Schließungszeitpunkt ebenfalls enden.

Einen gleichen Rückschluss auf das gesetzgeberische Verständnis der Beendigungsvorschriften lässt unter Umständen auch eine ebenfalls im Jahr 2011 unterbliebene Gesetzesänderung zu.[1240] Im Laufe des Gesetzgebungsverfahrens zum GKV-Versorgungsstrukturgesetz regte der Bundesrat die Abschaffung der bestehenden Unterschiede und damit die Gleichstellung der ordentlich kündbaren Beschäftigten aller vier Kassenarten an, auf wel-

---

1231 LAG Baden-Württemberg 18.05.2012 – 7 Sa 13/12, BeckRS 2012, 71380 (A II 2 b cc); *Gutzeit*, NZS 2012, 361 (364 f.); *Thomma*, KrV 2012, 28 (29).

1232 LAG Baden-Württemberg 18.05.2012 – 7 Sa 13/12, BeckRS 2012, 71380 (A II 2 b dd); *Grau/Sittard*, KrV 2012, 6 (10).

1233 Ausführlich dazu LAG Baden-Württemberg 18.05.2012 – 7 Sa 13/12, BeckRS 2012, 71380 (A II 2 a aa).

1234 LAG Baden-Württemberg 18.05.2012 – 7 Sa 13/12, BeckRS 2012, 71380 (A II 2 b ee).

1235 BT-Drucks. 17/5733, S. 6.

1236 BT-Drucks. 17/5733, S. 6 Frage 16.

1237 BT-Drucks. 17/5733, S. 6 Frage 17.

1238 Plenarprotokoll des Bundestages der 107. Sitzung 17/107 vom 11.5.2011, S. 12273 f.

1239 Plenarprotokoll des Bundestages der 107. Sitzung 17/107 vom 11.5.2011, S. 12274.

1240 LAG Baden-Württemberg 18.05.2012 – 7 Sa 13/12, BeckRS 2012, 71380 (A II 2 a aa).

che die hier behandelten Schließungsvorschriften Anwendung finden.[1241] Die Bundesregierung gab an, den Vorschlag im weiteren Gesetzgebungsverfahren zu prüfen.[1242] Die angeregte Gleichstellung fand letztlich in der verabschiedeten Gesetzesfassung aber keinen Niederschlag.[1243]

Die Systematik des Gesetzes untermauert diese Auslegung.[1244] §§ 155 Abs. 4 Satz 9, 171 Satz 1 SGB V schließen gegenüber ordentlich kündbaren Mitarbeitern lediglich den Unterbringungsanspruch aus. Die Beendigungsanordnung findet damit gemäß §§ 155 Abs. 4 Satz 9, 171 Satz 1 i.V.m. § 164 Abs. 4 Satz 1 SGB V auf ordentlich kündbare Mitarbeiter der Betriebskranken- und Ersatzkassen Anwendung.[1245] Der Verweis liefe allerdings dann ins Leere, wenn man der gegenteiligen Ansicht des Bundesarbeitsgerichts folgt und die Beendigungsanordnung nur auf die Fälle anwendet, in denen ein Mitarbeiter ein ordnungsgemäßes Unterbringungsangebot ablehnt. Ordentlich kündbaren Mitarbeitern sind nämlich keine Unterbringungsangebote zu unterbreiten. Um die Vorschrift in Bezug auf diesen Beschäftigtenkreis nicht jedem Anwendungsfall zu berauben, könnte man den Verweis daher als bloßen Rechtsfolgenverweis[1246] ansehen, der die Beendigungswirkung auch ohne ein Stellenangebot auf ordentlich kündbare Mitarbeiter erstreckt. Selbst bei Ablehnung der sehr weiten „Tabula-Rasa"-Lösung käme man damit zum Ergebnis, dass ihre Arbeitsverhältnisse zum Schließungszeitpunkt enden.

Einige Stimmen sehen darüber hinaus in einer anderen Auslegung mit dem Ergebnis, dass einzig die Beschäftigtenverhältnisse ordentlich kündbarer Beschäftigter nicht zum Schließungszeitpunkt enden, einen (krassen[1247]) Wertungswiderspruch.[1248] Dies führte nämlich dazu, dass sich die gesetzli-

---

1241 BT-Drucks. 17/7274, S. 20 f. Dazu auch BT-Drucks. 17/6485, S. 2 ff.

1242 BT-Drucks. 17/7274, S. 33.

1243 So auch die Feststellung des LAG Baden-Württemberg 18.05.2012 - 7 Sa 13/12, BeckRS 2012, 71380 (A II 2 a aa), das sich ebenfalls sehr umfassend mit den zur Vorschrift existierenden Gesetzgebungsmaterialien aus dem Jahr 2011 auseinandersetzt.

1244 LAG Baden-Württemberg 18.05.2012 - 7 Sa 13/12, BeckRS 2012, 71380 (A II 2 b bb); *Gutzeit*, NZS 2012, 361 (364).

1245 LAG Baden-Württemberg 18.05.2012 - 7 Sa 13/12, BeckRS 2012, 71380 (A II 2 b bb); *Gutzeit*, NZS 2012, 361 (364).

1246 Dazu LAG Düsseldorf 07.09.2012 - 6 Sa 138/12, BeckRS 2012, 76175 (A II 2 a bb bbb (1)); LAG Düsseldorf 28.06.2013 - 6 Sa 549/12, BeckRS 2013, 72224 (A II 2 a bb bbb (1)); ErfK/*Rolfs*, § 164 SGB V Rn. 7; *Rolfs*, GuP 2013, 8 (12); *Rolfs*, NZA 2013, 529 (533), die allesamt ebenfalls die Frage aufwerfen, ob es sich um Rechtsfolgen- oder Rechtsgrundverweise handelt. Sie sprechen sich letztendlich gegen eine Auslegung als Rechtsfolgenverweis aus und lehnen eine Beendigung der Arbeitsverhältnisse zum Schließungszeitpunkt ab.

1247 *Thomma*, KrV 2012, 28 (29).

1248 LAG Baden-Württemberg 18.05.2012 - 7 Sa 13/12, BeckRS 2012, 71380 (A II 2 b cc); ArbG Hamburg 04.01.2012 - 22 Ca 168/11, BeckRS 2012, 65501 (III 1 a);

che Beendigungsanordnung ausschließlich auf die viel schutzbedürftigeren ordentlich unkündbaren Mitarbeiter erstrecke, während die restlichen Mitarbeiter über den Schließungszeitpunkt hinaus bei der Abwicklungskörperschaft weiter zu beschäftigen seien.[1249]

3. *Unanwendbarkeit der Beendigungsanordnung*

Eine andere Auffassung lehnt die Beendigung der Arbeitsverhältnisse nicht unterbringungsberechtigter ordentlich kündbarer Mitarbeiter zum Schließungszeitpunkt ab.[1250] Sie legt der Beendigungsanordnung des § 164 Abs. 4 Satz 1 SGB V die gleichen Maßstäbe zugrunde, die nach ihrer Ansicht bereits für den Fortbestand der Arbeitsverhältnisse von unterbringungsberechtigten Mitarbeitern gelten.[1251] Die Beendigungsanordnung verlange auch in Verbindung mit den §§ 155 Abs. 4 Satz 9, 171 Satz 1 SGB V die vorherige Ablehnung eines ordnungsgemäßen Unterbringungsangebots.[1252]

Die überwiegende Rechtsprechung der Landesarbeitsgerichte[1253] und zuletzt das Bundesarbeitsgericht[1254] folgen dieser Auslegung der Beendigungsvorschriften. In der Literatur kristallisiert sich diese Sichtweise mehr und mehr zur herrschenden Ansicht heraus.[1255] Nur wenige Autoren gehen allerdings auf die Frage ein, ob die Beendigungsanordnung gegenüber ordentlich

---

Grau/Sittard, KrV 2012, 6 (10); *Gutzeit*, NZS 2012, 361 (365); *Thomma*, KrV 2012, 28 (29).

1249 LAG Baden-Württemberg 18.05.2012 – 7 Sa 13/12, BeckRS 2012, 71380 (A II 2 b cc); ArbG Hamburg 04.01.2012 – 22 Ca 168/11, BeckRS 2012, 65501 (III 1 a); *Grau/Sittard*, KrV 2012, 6 (10); *Gutzeit*, NZS 2012, 361 (364); *Thomma*, KrV 2012, 28 (29).

1250 BAG 21.11.2013 – 2 AZR 598/12, BeckRS 2014, 70205 (Rn. 45 ff.); LAG Berlin-Brandenburg 08.05.2012 – 7 Sa 2559/11, BeckRS 2012, 73489 (2.2.2); LAG Baden-Württemberg 21.05.2012 – 1 Sa 2/12, BeckRS 2012, 71378 (Ls. 1 und 2); LAG Baden-Württemberg 21.05.2012 – 1 Sa 3/12, BeckRS 2012, 71379 (Ls. 1 und 2); LAG Düsseldorf 26.04.2013 – 6 Sa 1874/12, NZA-RR 2013, 515 (Ls.) = BeckRS 2013, 70899 (A II 2 a bb bbb); *Boemke*, SGb 2014, 89 (94 f.); *Klimpe-Auerbach*, SozSich 2011, 270 (272); *Rolfs*, GuP 2013, 8 (11 f.); *Rolfs*, NZA 2013, 529 (534); *Wolter*, FS Bepler (2012), S. 675 (680).

1251 BAG 21.11.2013 – 2 AZR 598/12, BeckRS 2014, 70205 (Rn. 50 ff.).

1252 BAG 21.11.2013 – 2 AZR 598/12, BeckRS 2014, 70205 (Rn. 47 ff.).

1253 LAG Berlin-Brandenburg 08.05.2012 – 7 Sa 2559/11, BeckRS 2012, 73489 (2.2.2); LAG Baden-Württemberg 21.05.2012 – 1 Sa 2/12, BeckRS 2012, 71378 (Ls. 1 und 2); LAG Baden-Württemberg 21.05.2012 – 1 Sa 3/12, BeckRS 2012, 71379 (Ls. 1 und 2); LAG Düsseldorf 26.04.2013 – 6 Sa 1874/12, NZA-RR 2013, 515 (Ls.) = BeckRS 2013, 70899 (A II 2 a bb bbb).

1254 BAG 21.11.2013 – 2 AZR 598/12, BeckRS 2014, 70205 (Rn. 45 ff.).

1255 *Boemke*, SGb 2014, 89 (94 f.); *Klimpe-Auerbach*, SozSich 2011, 270 (272); Becker/Kingreen/*Mühlhausen*, SGB V, § 164 Rn. 14; ErfK/*Rolfs*, § 164 SGB V Rn. 6; *Rolfs*, GuP 2013, 8 (11 f.); *Rolfs*, NZA 2013, 529 (534); *Wolter*, FS Bepler (2012), S. 675 (680).

kündbaren Mitarbeitern durch die freiwillige und überobligatorische Unterbreitung von zumutbaren Unterbringungsangeboten ausgelöst werden kann.[1256] Das Bundesarbeitsgericht verneint diese Möglichkeit.[1257] Nachdem das Unterbringungsverfahren gegenüber den ordentlich kündbaren Mitarbeitern einer Betriebskranken- beziehungsweise Ersatzkasse nicht statthaft sei, könnten deren Arbeitsverhältnisse nach Ansicht des Gerichts auch nicht automatisch zum Schließungszeitpunkt enden, selbst wenn ihnen ein überobligatorisches Unterbringungsangebot unterbreitet worden sei.[1258]

Die wesentlichen Argumente dieser Auffassung beziehen sich auf die Auslegung der Beendigungsanordnung des § 164 Abs. 4 Satz 1 SGB V und ähneln deswegen stark den bereits dargestellten Erwägungen, welche dafür sprechen, dass die Ablehnung eines ordnungsgemäßen Unterbringungsangebots tatbestandliche Voraussetzung der automatischen Beendigung eines Arbeitsverhältnisses zum Schließungszeitpunkt ist.[1259] Diese Voraussetzung sei auch gegenüber ordentlich kündbaren Beschäftigten von Betriebskranken- und Ersatzkassen nicht erfüllt.[1260]

Erst in einem zweiten Schritt widerlegt die Ansicht die Argumente der sich für eine Beendigung der Arbeitsverhältnisse aussprechenden Gegenauffassung.[1261] Hier spielt insbesondere die – im Ergebnis verneinte – Vereinbarkeit einer Erstreckung der Beendigungsanordnung auf nicht unterbringungsberechtigte Mitarbeiter mit deren Grundrechten eine entscheidende Rolle.[1262] Der Ausschluss dieses Beschäftigtenkreises aus dem Anwendungsbereich des § 164 Abs. 4 Satz 1 SGB V führe ebenso wenig zu einem Wertungswiderspruch, da die Mitarbeiter spätestens nach vollständiger Abwicklung der Krankenkasse mit dem Verlust ihres Arbeitsplatzes rechnen müssten.[1263] Aus den Gesetzgebungsmaterialien folge kein anderes Auslegungsergebnis.[1264] Weder die gegenteiligen Äußerungen des Parlamentarischen Staatssekretärs noch die unterbliebene Klarstellung durch den Gesetzgeber in den Jahren nach Erstreckung der Unterbringungsvorschriften auf die

---

1256 Dazu bspw. BAG 21.11.2013 – 2 AZR 598/12, BeckRS 2014, 70205 (Rn. 64); LAG Baden-Württemberg 21.05.2012 – 1 Sa 2/12, BeckRS 2012, 71378 (B I 2 g aa); LAG Hamburg 21.06.2012 – 1 Sa 2/12, BeckRS 2013, 67973 (2 b aa aaa bbbb); LAG Hamburg 21.06.2012 – 1 Sa 20/12, BeckRS 2012, 74854 (2 b aa aaa bbbb).

1257 BAG 21.11.2013 – 2 AZR 598/12, BeckRS 2014, 70205 (Rn. 64).

1258 Sinngemäß BAG 21.11.2013 – 2 AZR 598/12, BeckRS 2014, 70205 (Rn. 64).

1259 Vgl. ausführlich Kap. C VIII 1 c cc dieser Arbeit.

1260 Sinngemäß BAG 21.11.2013 – 2 AZR 598/12, BeckRS 2014, 70205 (Ls. 1).

1261 So etwa BAG 21.11.2013 – 2 AZR 598/12, BeckRS 2014, 70205 (Rn. 50 ff.).

1262 Ausführlich LAG Baden-Württemberg 21.05.2012 – 1 Sa 3/12, BeckRS 2012, 71379 (B I 2 f aa), vgl. auch LAG Berlin-Brandenburg 08.05.2012 – 7 Sa 2559/11, BeckRS 2012, 73489 (2.2.2.3); *Rolfs*, GuP 2013, 8 (12 f.); *Rolfs*, NZA 2013, 529 (534).

1263 BAG 21.11.2013 – 2 AZR 598/12, BeckRS 2014, 70205 (Rn. 61).

1264 BAG 21.11.2013 – 2 AZR 598/12, BeckRS 2014, 70205 (Rn. 60).

Mitarbeiter von Betriebskranken- und Ersatzkassen ließen einen solchen Rückschluss zu.[1265]

4. *Stellungnahme*

Den vorangestellten Auffassungen ist beiden nicht vollständig zu folgen. Die „Tabula-Rasa“-Lösung ruft insbesondere noch stärkere verfassungsrechtliche Bedenken hervor als dies schon bei Anwendung des § 164 Abs. 4 Satz 1 SGB V gegenüber unterbringungsberechtigten Mitarbeitern trotz fehlendem ordnungsgemäßen Unterbringungsangebot der Fall war. Die Gegenauffassung ist zwar überzeugender in Bezug auf die Auslegung der Beendigungsanordnung. Sie findet aber keine schlüssige Erklärung dafür, dass das Gesetz lediglich den Unterbringungsanspruch des § 164 Abs. 3 Satz 3 SGB V gegenüber ordentlich kündbaren Beschäftigten ausschließt, nicht aber die Beendigungsanordnung. Die vorzugswürdige Lösung liegt in einem Mittelweg. Er befindet sich eher auf einer Linie mit der höchstrichterlichen Rechtsprechung, weicht von ihr aber in einem entscheidenden Punkt ab.

a) Keine bedingungslose Erstreckung auf ordentlich kündbare Mitarbeiter

Die Verweise der §§ 155 Abs. 4 Satz 9, 171 Satz 1 SGB V bewirken keine automatische Beendigung der Arbeitsverhältnisse ordentlich kündbarer Betriebskranken- beziehungsweise Ersatzkassenbeschäftigter zum Schließungszeitpunkt.[1266]

aa) Ablehnung der „Tabula-Rasa“-Lösung

Diese Arbeit widerlegte die Argumente der „Tabula-Rasa“-Lösung zur Auslegung der Beendigungsanordnung bereits umfassend.[1267] Der Sinn und Zweck der Vorschrift besteht zwar auch in der Entlastung des Haftungsverbunds und der Förderung eines schnellen und effektiven Abwicklungsverfahrens. Sie soll daneben aber einen gerechten Ausgleich der Interessen so-

---

1265 BAG 21.11.2013 – 2 AZR 598/12, BeckRS 2014, 70205 (Rn. 60).

1266 Ebenso BAG 21.11.2013 – 2 AZR 598/12, BeckRS 2014, 70205 (Rn. 45 ff.); LAG Berlin-Brandenburg 08.05.2012 – 7 Sa 2559/11, BeckRS 2012, 73489 (2.2.2); LAG Baden-Württemberg 21.05.2012 – 1 Sa 2/12, BeckRS 2012, 71378 (Ls. 1 und 2); LAG Baden-Württemberg 21.05.2012 – 1 Sa 3/12, BeckRS 2012, 71379 (Ls. 1 und 2); LAG Düsseldorf 26.04.2013 – 6 Sa 1874/12, NZA-RR 2013, 515 (Ls.) = BeckRS 2013, 70899 (A II 2 a bb bbb); *Boemke*, SGb 2014, 89 (94 f.); *Klimpe-Auerbach*, SozSich 2011, 270 (272); *Rolfs*, GuP 2013, 8 (11 f.); *Rolfs*, NZA 2013, 529 (534); *Wolter*, FS Bepler (2012), S. 675 (680).

1267 Dazu ausführlich Kap. C VIII 1 c cc dieser Arbeit.

wohl des Gesundheitssystems als auch der betroffenen Mitarbeiter gewährleisten. Die Arbeitsverhältnisse enden deshalb nur dann, wenn den Mitarbeitern ein zumutbares „Gegengeschäft“[1268] angeboten wird, das ihnen eine Weiterbeschäftigung bei einer anderen Krankenkasse oder dem Landesverband auf einer gleichwertigen Stelle zusichert. Die Bezugnahme auf die Unterbringungsvorschrift des Abs. 3 wäre andernfalls auch inhaltslos, wenn sowieso sämtliche Arbeitsverhältnisse unabhängig von einem zuvor durchgeführten Unterbringungsverfahren endeten.[1269] Verfassungsrechtliche Schranken, insbesondere in Form des Grundrechts der allgemeinen Berufsfreiheit nach Art. 12 Abs. 1 GG, untermauern diese Auslegung.[1270]

Es führen – wie im Folgenden dargestellt – weder die Besonderheiten der Verweisungsnormen noch andere Gesichtspunkte zu einem anderen Verständnis der Vorschrift in Bezug auf die ordentlich kündbaren Mitarbeiter einer Betriebskranken- oder Ersatzkasse.

bb) Kein Wertungswiderspruch

Die Herausnahme ordentlicher kündbarer Mitarbeiter aus dem Anwendungsbereich des § 164 Abs. 4 Satz 1 SGB V führt zu keinem Wertungswiderspruch.[1271] Die Gegenauffassung[1272] begründet einen solchen in erster Linie damit, dass die Arbeitsverhältnisse ordentlich unkündbarer und damit unterbringungsberechtigter Mitarbeiter in jedem Fall zum Schließungszeitpunkt endeten. Tatsächlich erscheint es auf den ersten Blick als unbillig, eine automatische Beendigung einzig derjenigen Arbeitsverhältnisse zum Schließungszeitpunkt vorzusehen, die nur durch Ausspruch einer außeror-

---

1268 Den Zusammenhang zwischen Unterbringungsverpflichtung und Beendigungsanordnung bezeichnet bereits *Wolter*, FS Bepler (2012), S. 675 (678) zutreffend als „Gegengeschäft“.

1269 Statt vieler BAG 21.11.2013 – 2 AZR 598/12, BeckRS 2014, 70205 (Rn 49), das ebenfalls den systematischen Zusammenhang zwischen Abs. 3 und 4 hervorhebt.

1270 So auch LAG Berlin-Brandenburg 02.08.2012 – 2 Sa 9/12, 2 Sa 245/12, BeckRS 2012, 75356 (2.2.1); *Boemke*, jurisPR-ArbR 38/2012 Anm. 2; ErfK/*Rolfs*, § 164 SGB V Rn. 4, die allesamt von der Verfassungswidrigkeit der anderweitigen Auslegung ausgehen.

1271 So auch BAG 21.11.2013 – 2 AZR 598/12, BeckRS 2014, 70205 (Rn. 61); LAG Berlin-Brandenburg 12.04.2012 – 5 Sa 2554/11, BeckRS 2012, 70157 (2.2.3); LAG Berlin-Brandenburg 24.05.2012 – 18 Sa 2605/11, 18 Sa 116/12, BeckRS 2012, 70789 (II 1 b bb (3)); LAG Düsseldorf 07.09.2012 – 6 Sa 349/12, BeckRS 2013, 67565 (A II 2 c bb ddd); LAG Düsseldorf 26.04.2013 – 6 Sa 1874/12, NZA-RR 2013, 515 (Ls.) = BeckRS 2013, 70899 (A II 1 c bb bbb (1) (b) (dd)); *Rolfs*, GuP 2013, 8 (12); *Rolfs*, NZA 2013, 529 (533).

1272 Insb. LAG Baden-Württemberg 18.05.2012 – 7 Sa 13/12, BeckRS 2012, 71380 (A II 2 b cc); ArbG Hamburg 04.01.2012 – 22 Ca 168/11, BeckRS 2012, 65501 (III 1 a); *Grau/Sittard*, KrV 2012, 6 (10); *Gutzeit*, NZS 2012, 361 (365); *Thomma*, KrV 2012, 28 (29).

dentlichen Kündigung einseitig durch den Arbeitgeber beendet werden können.[1273] Der Sonderkündigungsschutz knüpft in der Regel an Kriterien an, die einen Mitarbeiter als besonders schutzbedürftig erscheinen lassen. Die ordentlich kündbaren Mitarbeiter erfüllen diese Kriterien nicht, könnten gegenüber der Abwicklungskörperschaft aber auch nach dem Schließungszeitpunkt Weiterbeschäftigungsansprüche geltend machen und ihren Arbeitsplatz bis zu dessen Wegfall anders als die unterbringungsberechtigten Beschäftigten behalten.

Ein Wertungswiderspruch bestünde allerdings nur dann, wenn der Fortbestand der Arbeitsverhältnisse ordentlich kündbarer Mitarbeiter zu einer Schlechterstellung der unterbringungsberechtigten und ordentlich unkündbaren Beschäftigten führte.[1274] Dem ist aber nicht so.[1275] Eine zu ihrem Nachteil abweichende Ungleichbehandlung ist selbst dann nicht erkennbar, wenn man – mit der nicht zu folgenden Auffassung[1276] – von der Beendigung sämtlicher Beschäftigungsverhältnisse ordentlich unkündbarer Mitarbeiter zum Schließungszeitpunkt unabhängig von einem zuvor durchgeführten Unterbringungsverfahren ausgeht. Diese Argumentation greift zu kurz. Sie misst der Unterbringungsverpflichtung des § 164 Abs. 3 SGB V, auf die selbst die Beendigungsanordnung ausdrücklich Bezug nimmt, zu wenig Bedeutung bei.[1277] Das Unterbringungsverfahren sichert den Adressaten des Unterbringungsanspruchs auf lange Sicht einen gleichwertigen anderen Arbeitsplatz zu.[1278] Der Zumutbarkeitsmaßstab sorgt dafür, dass sie ihren bisherigen Status, insbesondere ihre ordentliche Unkündbarkeit, beibehalten. Das Unterbringungsverfahren privilegiert damit die Berechtigten gegenüber vergleichbaren Fällen in besonderer Weise. Ein bestehender Sonderkündigungsschutz bewahrt die Mitarbeiter eines privatrechtlich oder öffentlich-rechtlich organisierten Unternehmens bei Abwicklung ihres Arbeitgebers in der Regel nicht vor dem Verlust ihres Arbeitsplatzes und einer

---

1273 Bspw. LAG Baden-Württemberg 18.05.2012 – 7 Sa 13/12, BeckRS 2012, 71380 (A II 2 b cc); *Gutzeit*, NZS 2012, 361 (365); *Thomma*, KrV 2012, 28 (29).

1274 Eine solche Schlechterstellung bejahend u.a. *Grau/Sittard*, KrV 2012, 6 (10); *Gutzeit*, NZS 2012, 361 (365).

1275 Ebenso BAG 21.11.2013 – 2 AZR 598/12, BeckRS 2014, 70205 (Rn. 61); LAG Berlin-Brandenburg 12.04.2012 – 5 Sa 2554/11, BeckRS 2012, 70157 (2.2.3); *Rolfs*, GuP 2013, 8 (12); *Rolfs*, NZA 2013, 529 (533).

1276 Siehe Kap. C VIII 1 c aa dieser Arbeit.

1277 Ähnlich LAG Düsseldorf 07.09.2012 – 6 Sa 138/12, BeckRS 2012, 76175 (A II 2 a bb bbb (4)); LAG Düsseldorf 07.09.2012 – 6 Sa 349/12, BeckRS 2013, 67565 (A II 2 c bb ddd); LAG Düsseldorf 26.04.2013 – 6 Sa 1874/12, NZA-RR 2013, 515 (Ls.) = BeckRS 2013, 70899 (A II 1 c bb bbb (1) (b) (dd)), die klarstellen, dass ein durchzuführender Günstigkeitsvergleich nicht ausschließlich die negative Beendigungsfolge des § 164 Abs. 4 Satz 1 SGB V zum Inhalt haben dürfe.

1278 BAG 21.11.2013 – 2 AZR 598/12, BeckRS 2014, 70205 (Rn. 61); LAG Baden-Württemberg 21.05.2012 – 1 Sa 2/12, BeckRS 2012, 71378 (B I 1 e cc).

anschließenden Arbeitslosigkeit. Im Vergleich dazu führt die Vorschrift des § 164 Abs. 4 Satz 1 SGB V zwar zu einer zeitlich vorgezogenen Beendigung des bisherigen Arbeitsverhältnisses. Das in der Unterbringungsverpflichtung zu sehende „Gegengeschäft“[1279] gleicht diesen Nachteil aber aus, da es eine gleichwertige Weiterbeschäftigung des Beschäftigten auf lange Sicht sichert.

Den Beschäftigungsverhältnissen der übrigen, nicht unterbringungsberechtigten Beschäftigten steht dagegen mit fortschreitender Abwicklung der geschlossenen Krankenkasse eine baldige und kompensationslose Beendigung durch Ausspruch betriebsbedingter Kündigungen bevor.[1280] Die Vorteile der Unterbringungsberechtigung überwiegen deswegen selbst dann, wenn die Beschäftigungsverhältnisse der Berechtigten – wie von der „Tabula-Rasa“-Lösung vertreten – zum Schließungszeitpunkt enden, obwohl ihnen noch kein zumutbares Unterbringungsangebot unterbreitet wurde. In der Zeit zwischen Beendigung der Arbeitsverhältnisse und erfolgter Unterbringung stehen ihnen Schadensersatzansprüche gegenüber den zur Aufnahme verpflichteten Körperschaften zu, die sich ihrerseits wegen der ausdrücklichen Verpflichtung des § 164 Abs. 3 Satz 4 SGB V nicht exkulpieren können. Der Unterbringungsanspruch selbst ist gegenüber dem Landesverband gerichtlich durchsetzbar.

Die Unterbringungsverpflichtung gleicht umso mehr die mit der Beendigungsanordnung einhergehenden Nachteile aus, wenn man mit der überzeugenderen und hier vertretenen Auffassung die Unterbreitung eines zumutbaren Unterbringungsangebots als tatbestandliche Voraussetzung der Beendigung von Arbeitsverhältnissen nach § 164 Abs. 4 Satz 1 SGB V ansieht. In diesem Fall enden die Arbeitsverhältnisse nur dann, wenn die Betroffenen eine ihnen zuvor angebotene gleichwertige und zumutbare Stelle bei einer anderen Krankenkasse oder dem Landesverband abgelehnt haben. Der durch die Beendigungsanordnung zeitlich auf den Schließungszeitpunkt vorgezogene Wechsel des Arbeitgebers kompensiert nicht nur die Nachteile gegenüber der Rechtsposition der nicht unterbringungsberechtigten Mitarbeiter allemal, sondern stellt die unterbringungsberechtigten Mitarbeiter wesentlich besser.[1281] Ein Wertungswiderspruch ist bei Fortsetzung

---

1279 Ebenfalls *Wolter*, FS Bepler (2012), S. 675 (678).

1280 LAG Berlin-Brandenburg 12.04.2012 – 5 Sa 2554/11, BeckRS 2012, 70157 (2.2.3); LAG Berlin-Brandenburg 24.05.2012 – 18 Sa 2605/11, 18 Sa 116/12, BeckRS 2012, 70789 (II 1 b bb (3)); LAG Düsseldorf 26.04.2013 – 6 Sa 1874/12, NZA-RR 2013, 515 (Ls.) = BeckRS 2013, 70899 (A II 1 c bb bbb (1) (b) (dd)); *Rolfs*, GuP 2013, 8 (12); *Rolfs*, NZA 2013, 529 (533).

1281 LAG Berlin-Brandenburg 24.05.2012 – 18 Sa 2605/11, 18 Sa 116/12, BeckRS 2012, 70789 (II 1 b bb (3)); LAG Düsseldorf 07.09.2012 – 6 Sa 349/12, BeckRS 2013, 67565 (A II 2 c bb ddd); LAG Düsseldorf 26.04.2013 – 6 Sa 1874/12, NZA-RR 2013, 515 (Ls.) = BeckRS 2013, 70899 (A II 1 c bb bbb (1) (b) (dd)); *Rolfs*, NZA 2013, 529 (533).

der Arbeitsverhältnisse ordentlich kündbarer Mitarbeiter mit der Abwicklungskörperschaft daher nicht zu erkennen.[1282]

cc) Keine Gleichstellung mit Insolvenz privatrechtlicher Unternehmen

Mit der Erstreckung der Beendigungsanordnung auf die ordentlich kündbaren Mitarbeiter einer Betriebskranken- oder Ersatzkasse entstünde auch kein Gleichlauf mit der Rechtsposition von Mitarbeitern im Falle der Insolvenz eines privatrechtlichen Unternehmens.[1283] Insofern ist die Anwendung des § 164 Abs. 4 Satz 1 SGB V nicht mit der allgemeinen Rechtslage bei Insolvenz anderer Rechtsträger zu begründen.[1284] Gegenteilige Überlegungen verkennen die hinter der Anwendung der automatischen Beendigungsanordnung auf nicht unterbringungsberechtigte Mitarbeiter bestehende Problematik.

Die Arbeitsverhältnisse bestehen im Falle der Insolvenz gemäß § 108 Abs. 1 Satz 1 InsO nach Eröffnung des Insolvenzverfahrens über das Vermögen eines Arbeitgebers ausdrücklich fort.[1285] Das Gesetz sieht lediglich mit der Vorschrift des § 113 InsO Kündigungserleichterungen vor, die bestehende Kündigungsfristen abkürzen und damit notwendig werdende Kündigungen im Laufe des Insolvenzverfahrens beschleunigen.[1286] Die Vorschrift stellt dagegen keinen selbstständigen Kündigungsgrund dar.[1287] Die Arbeitsverhältnisse der nicht mehr benötigten Mitarbeiter müssen auch nach Eröffnung des Insolvenzverfahrens unter Einhaltung der Voraussetzungen

---

1282 Ebenso BAG 21.11.2013 - 2 AZR 598/12, BeckRS 2014, 70205 (Rn. 61); LAG Berlin-Brandenburg 12.04.2012 - 5 Sa 2554/11, BeckRS 2012, 70157 (2.2.3); LAG Berlin-Brandenburg 24.05.2012 - 18 Sa 2605/11, 18 Sa 116/12, BeckRS 2012, 70789 (II 1 b bb (3)); LAG Düsseldorf 07.09.2012 - 6 Sa 349/12, BeckRS 2013, 67565 (A II 2 c bb ddd); LAG Düsseldorf 26.04.2013 - 6 Sa 1874/12, NZA-RR 2013, 515 (Ls.) = BeckRS 2013, 70899 (A II 1 c bb bbb (1) (b) (dd)); *Rolfs*, GuP 2013, 8 (12); *Rolfs*, NZA 2013, 529 (533). A.A. LAG Baden-Württemberg 18.05.2012 - 7 Sa 13/12, BeckRS 2012, 71380 (A II 2 b cc); ArbG Hamburg 04.01.2012 - 22 Ca 168/11, BeckRS 2012, 65501 (III 1 a); *Grau/Sittard*, KrV 2012, 6 (10); *Gutzeit*, NZS 2012, 361 (365); *Thomma*, KrV 2012, 28 (29).

1283 *Rolfs*, NZA 2013, 529 (533).

1284 So aber wohl *Bohlen-Schöning*, KrV 2011, 85 (86), die unter Bezugnahme auf die fehlende Absicherung der Mitarbeiter bei der Insolvenz eines privatrechtlich organisierten Unternehmens „dieselben Auswirkungen auf das Beschäftigungsverhältnis“ sehen will, wenn die Arbeitsverhältnisse der ordentlich kündbaren Beschäftigten zum Schließungszeitpunkt enden.

1285 Damit widerlegen auch *Klimpe-Auerbach*, SozSich 2011, 270 (272) sowie *Rolfs*, NZA 2013, 529 (533) gegenteilige Herleitungsversuche.

1286 BAG 25.04.2007 - 6 AZR 622/06, AP Nr. 23 zu § 113 InsO; Andres/Leithaus/Dahl/*Andres*, InsO, § 113 Rn. 1; Braun/*Beck*, InsO, § 113 Rn. 8; Nerlich/Römermann/*Hamacher*, InsO, § 113 Rn. 31; *Klimpe-Auerbach*, SozSich 2011, 270 (272); ErfK/*Müller-Glöge*, § 113 InsO Rn. 1.

1287 Nerlich/Römermann/*Hamacher*, InsO, § 113 Rn. 31; *Klimpe-Auerbach*, SozSich 2011, 270 (272).

zungen einer betriebsbedingten Kündigung beendet werden.[1288] Es kommt zu keiner automatischen Beendigung von Arbeitsverhältnissen.[1289] Stellt man sich daher auf den Standpunkt, dass der Gesetzgeber ordentlich kündbare Mitarbeiter im Falle der Schließung einer Betriebskranken- oder Ersatzkasse wie Mitarbeiter eines privatrechtlich organisierten Unternehmens stellen wollte, spricht dies entschieden gegen eine Erstreckung des § 164 Abs. 4 Satz 1 SGB V auf diesen Beschäftigtenkreis. Ein Vergleich mit den insolvenzrechtlichen Vorschriften ist stattdessen ein Beleg dafür, dass den nicht unterzubringenden Mitarbeitern gegenüber im Laufe des Abwicklungsverfahrens betriebsbedingte Kündigungen auszusprechen sind, sobald eine Weiterbeschäftigung nicht mehr möglich ist.

dd) Gesetzesmaterialien

Die Gesetzesmaterialien[1290] liefern ebenfalls keine Anhaltspunkte dafür, dass sämtliche Arbeitsverhältnisse ordentlich kündbarer Mitarbeiter zum Schließungszeitpunkt enden sollen.[1291] Sie befassen sich lediglich mit den Auswirkungen der Regelungen für die Dienstordnungsangestellten und ordentlich unkündbaren Beschäftigten der geschlossenen Krankenkasse und stellen klar, dass dieser Beschäftigtengruppe „eine ihrer bisherigen Stellung entsprechende Stelle anzubieten ist"[1292]. Sie enthalten dagegen keine Aussage zum Anwendungsbereich des § 164 Abs. 4 Satz 1 SGB V, und zwar weder in Bezug auf die unterbringungsberechtigten noch auf die übrigen Beschäftigten der geschlossenen Krankenkasse.[1293]

Wie bereits umfassend dargestellt, lassen entsprechende Äußerungen des Parlamentarischen Staatssekretärs sowie eine fehlende gesetzliche Klarstellung im Zusammenhang mit dem Schicksal ordentlich kündbarer Mitarbeiter im Jahr 2011 ebenfalls keinen belastbaren Rückschluss auf einen anderweitigen gesetzgeberischen Willen zu.[1294] Der Bundesrat wies zwar im Ge-

---

1288 Nerlich/Römermann/*Hamacher*, InsO, § 113 Rn. 118; *Klimpe-Auerbach*, SozSich 2011, 270 (272); *Rolfs*, NZA 2013, 529 (533).

1289 Andres/Leithaus/Dahl/*Andres*, InsO, § 108 Rn. 1; MAH Insolvenz und Sanierung/*Henn-Anschütz*, § 34 Rn. 156; *Klimpe-Auerbach*, SozSich 2011, 270 (272); *Rolfs*, NZA 2013, 529 (533).

1290 Insb. BT-Drucks. 16/9559, S. 19 zur Erstreckung der bereits zuvor im Geltungsbereich der Innungs- und Ortskrankenkassen existierenden arbeitsrechtlichen Schließungsvorschriften auf das Betriebskranken- und Ersatzkassenrecht.

1291 LAG Düsseldorf 07.09.2012 – 6 Sa 138/12, BeckRS 2012, 76175 (A II 2 a bb bbb (3)).

1292 BT-Drucks. 16/9559, S. 19.

1293 Ähnlich LAG Düsseldorf 07.09.2012 – 6 Sa 138/12, BeckRS 2012, 76175 (A II 2 a bb bbb (3)).

1294 BAG 21.11.2013 – 2 AZR 598/12, BeckRS 2014, 70205 (Rn. 60); LAG Baden-Württemberg 21.05.2012 – 1 Sa 2/12, BeckRS 2012, 71378 (B I 2 d dd). Vgl. dazu auch Kap. C IV 4 d aa (2) dieser Arbeit.

setzgebungsverfahren zum GKV-Versorgungsgesetz auf die seiner Ansicht nach durch die Beendigung der Arbeitsverhältnisse ordentlich kündbarer Mitarbeiter zum Schließungszeitpunkt hervorgerufene ungerechtfertigte Ungleichbehandlung gegenüber vergleichbaren Beschäftigten hin.[1295] Den Ausführungen lag aber lediglich die Rechtsauffassung des Bundesrats zugrunde, ohne dass diese die tatsächliche Rechtslage und insbesondere dem Willen des Gesetzgebers in den Jahren zuvor widerspiegeln musste.[1296] Der Gesetzgeber sicherte im Folgenden die Prüfung der vorgeschlagenen Angleichung der arbeitsrechtlichen Schließungsregelungen zu. Im weiteren Verlaufe des Gesetzgebungsverfahrens finden sich dazu aber keine Ausführungen mehr. Das Schweigen des Gesetzgebers hat keinen eindeutigen Aussagegehalt, sondern lässt mehrere Deutungen zu. Die zugesagte Prüfung könnte zwar tatsächlich ergeben haben, dass die vom Bundesrat beschriebenen Wirkungen der eingeschränkten Verweise zutreffen. Sie könnte aber ebenso gut darauf hinausgelaufen sein, dass die vom Bundesrat geäußerte Rechtsauffassung nicht der wahren Rechtslage entsprach und insofern kein Änderungsbedarf bestand. Zuletzt lässt sich nicht einmal eindeutig feststellen, ob sich der Gesetzgeber überhaupt mit der Stellungnahme des Bundesrats zur Änderung der § 155 Abs. 4 Satz 9 sowie § 171 Satz 1 SGB V befasste. Insgesamt lässt sich der Untätigkeit des Gesetzgebers im konkreten Fall kein Aussagegehalt entnehmen.[1297]

ee) Verfassungsrechtliche Bedenken

Gegen die bedingungslose Erstreckung der Beendigungsanordnung auf ordentlich kündbare Mitarbeiter einer Betriebskranken- und Ersatzkasse bestehen unüberwindbare verfassungsrechtliche Bedenken.[1298] Sie stehen einer Auslegung im Sinne der „Tabula-Rasa"-Lösung entgegen. Ein besonderes Augenmerk richtet sich auf die Vereinbarkeit dieser Auslegung mit den Grundrechten der Betroffenen nach Art. 12 GG und Art. 3 GG.

1295 BT-Drucks. 17/7274, S. 21.

1296 LAG Düsseldorf 07.09.2012 - 6 Sa 138/12, BeckRS 2012, 76175 (A II 2 a bb bbb (3)).

1297 Ebenfalls BAG 21.11.2013 - 2 AZR 598/12, BeckRS 2014, 70205 (Rn. 60); BAG 21.11.2013 - 2 AZR 966/12, BeckRS 2014, 70808 (Rn. 52); LAG Baden-Württemberg 21.05.2012 - 1 Sa 2/12, BeckRS 2012, 71378 (B I 2 d dd); LAG Düsseldorf 07.09.2012 - 6 Sa 138/12, BeckRS 2012, 76175 (A II 2 a bb bbb (3)).

1298 Vgl. dazu auch LAG Baden-Württemberg 21.05.2012 - 1 Sa 2/12, BeckRS 2012, 71378 (B I 2 f aa); ArbG Hamburg 12.10.2011 - 20 Ca 116/11, BeckRS 2011, 77682 (I 2 b aa (2)). Offen lassend BAG 21.11.2013 - 2 AZR 598/12, BeckRS 2014, 70205 (Rn. 62).

(1) Art. 12 GG

Die kompensationslose automatische Beendigung von Arbeitsverhältnissen der ordentlich kündbaren Mitarbeiter zum Schließungszeitpunkt verstieße gegen deren Grundrecht der Berufsfreiheit[1299] nach Art. 12 Abs. 1 GG.[1300] Die in den Schutzbereich des Grundrechts der Mitarbeiter eingreifende Beendigungsanordnung ist zwar geeignet und erforderlich[1301], dem in ihr zu sehenden legitimen Zweck zu dienen.[1302] Sie entlastet den aus den übrigen Krankenkassen bestehenden Haftungsverbund und das Gesundheitssystem durch die Begünstigung einer schnellen und kostengünstigen Abwicklung ebenso wie durch die sofortige Beendigung der kostenverursachenden Dienstverhältnisse.[1303] Ihre Erstreckung auf die ordentlich kündbaren Mitarbeiter ist allerdings nicht verhältnismäßig im engeren Sinne.[1304]

Im Mittelpunkt der Verhältnismäßigkeitsprüfung zur Beendigung von Arbeitsverhältnissen unterbringungsberechtigter Mitarbeiter nach § 164 Abs. 4 Satz 1 SGB V stand das nach Abs. 3 anzubietende „Gegengeschäft"[1305]. Bereits die im Wortlaut der Vorschrift angelegte Bezugnahme auf die Unterbringungsanforderungen verdeutlichte den Zusammenhang zwischen den beiden Regelungen.[1306] Der Unterbringungsanspruch privilegiert die Betroffenen in besonderer Weise, indem er ihnen trotz der Abwicklung ihres Arbeitgebers eine gleichwertige andere Stelle zusichert. Er kompensiert damit zugleich den durch die Beendigungsanordnung ausgelösten Eingriff in das bestehende Arbeitsverhältnis zur geschlossenen Krankenkasse, obwohl ein Personalbedarf zumindest für einen bestimmten Zeit-

---

[1299] Zum Prüfungsmaßstab vgl. *Mann/Worthmann*, JuS 2013, 385 (385 ff.).

[1300] So auch die h.M., statt aller LAG Baden-Württemberg 21.05.2012 – 1 Sa 2/12, BeckRS 2012, 71378 (B I 2 f aa); ArbG Hamburg 12.10.2011 – 20 Ca 116/11, BeckRS 2011, 77682 (I 2 b aa (2)). Offen lassend BAG 21.11.2013 – 2 AZR 598/12, BeckRS 2014, 70205 (Rn. 62).

[1301] Die Erforderlichkeit könnte man lediglich deswegen in Frage stellen, weil für den bestehenden Abwicklungsbedarf auch über den Schließungszeitpunkt hinaus noch Personal benötigt wird. Die Suche nach Mitarbeitern, die sich zum Abschluss eines befristeten Arbeitsvertrages bereit erklären, könnte sich ebenfalls schwierig gestalten und einer schnellen Abwicklung im Wege stehen, vgl. diese Bedenken des LAG Baden-Württemberg 21.05.2012 – 1 Sa 2/12, BeckRS 2012, 71378 (B I 2 f aa (2) (e) (bb)).

[1302] LAG Baden-Württemberg 21.05.2012 – 1 Sa 2/12, BeckRS 2012, 71378 (B I 2 f aa (2) (c, d)).

[1303] Ähnlich LAG Baden-Württemberg 21.05.2012 – 1 Sa 2/12, BeckRS 2012, 71378 (B I 2 f aa (2) (c, d)).

[1304] Ebenso LAG Baden-Württemberg 21.05.2012 – 1 Sa 2/12, BeckRS 2012, 71378 (B I 2 f aa (2) (e)).

[1305] *Wolter*, FS Bepler (2012), S. 675 (678).

[1306] BAG 21.11.2013 – 2 AZR 598/12, BeckRS 2014, 70205 (Rn 49) zur Auslegung der Bezugnahme auf Abs. 3.

raum für die durchzuführenden Abwicklungsarbeiten fortbesteht.[1307] Die Verknüpfung zwischen der zwingenden Unterbringungsverpflichtung und der Beendigungsanordnung schafft ein Regelungssystem, das die gegenseitigen Interessen zum Ausgleich bringt.

Ein entsprechender Interessenausgleich bestünde bei Anwendung der „Tabula-Rasa"-Lösung auf die ordentlich kündbaren Mitarbeiter einer Betriebskranken- und Ersatzkasse nicht.[1308] Ihre Arbeitsverhältnisse endeten allesamt zum Schließungszeitpunkt. Die verbleibenden Abwicklungsarbeiten und der deswegen noch für einen längeren Zeitraum bestehende Personalbedarf blieben unberücksichtigt. Trotz des unter Umständen für die Betroffenen bestehenden Weiterbeschäftigungsbedarfs endeten ihre Arbeitsverhältnisse im schlechtesten Fall mit einem Vorlauf von nur acht Wochen, wenn der in den Schließungsvorschriften vorgesehene Mindestzeitraum[1309] nicht überschritten wird.[1310] Dies dürfte für die Suche nach einer neuen Arbeitsstelle in der Regel nicht ausreichen, zumal die Mitarbeiter selbst nicht Adressat des Schließungsbescheids sind und deswegen noch Zeit verstreicht, bis sie persönlich von der Schließung Kenntnis erlangen.[1311] Der Lösungsweg der „Tabula-Rasa"-Lösung führt damit zu einem erheblichen Eingriff in die Rechte der nicht unterbringungsberechtigten Mitarbeiter. Sie verlören nicht nur ihre Arbeitnehmerschutzrechte[1312], sondern würden unabhängig von ihrer Schutzbedürftigkeit einer drohenden Arbeitslosigkeit ohne Einräumung einer den Kündigungsfristen entsprechenden Frist ausgesetzt.[1313]

1307 Ähnlich *Wolter*, FS Bepler (2012), S. 675 (678).

1308 Ebenso im Ergebnis LAG Baden-Württemberg 21.05.2012 – 1 Sa 2/12, BeckRS 2012, 71378 (B I 2 f aa (2) (e)), das ebenfalls eine Kompensation für die Beendigung der Arbeitsverhältnisse zum Schließungszeitpunkt verlangt. Der Zweck der Beendigungsanordnung des § 164 Abs. 4 Satz 1 SGB V wird – ähnlich wie in dieser Arbeit – in der „Sicherung eines bezahlbaren Krankenversicherungsschutzes" gesehen, vgl. LAG Berlin-Brandenburg 12.09.2012 – 23 Sa 847/12, BeckRS 2013, 65236 (3.1.1).

1309 Vgl. § 146a Satz 2 SGB V (Ortskrankenkassen), § 153 Satz 2 SGB V (Betriebskrankenkassen), § 163 Satz 2 SGB V (Innungskrankenkassen), § 170 Satz 2 SGB V (Ersatzkassen).

1310 LAG Baden-Württemberg 21.05.2012 – 1 Sa 2/12, BeckRS 2012, 71378 (B I 2 f aa (2) (e) (dd)). Einen Mindestzeitraum sah das Gesetz im Zeitpunkt der Schließung der City BKK noch nicht vor. Das führte zu einer weiteren Verkürzung des möglichen Zeitraums zwischen Verbescheidung und Schließung, vgl. LAG Berlin-Brandenburg 08.05.2012 – 7 Sa 2559/11, BeckRS 2012, 73489 (2.2.2.3). Die damalige Rechtslage verschärfte deswegen die Bedenken, die gegen eine Vereinbarkeit der „Tabula-Rasa"-Lösung mit dem Grundrecht des Art. 12 GG bestanden.

1311 LAG Berlin-Brandenburg 08.05.2012 – 7 Sa 2559/11, BeckRS 2012, 73489 (2.2.2.3).

1312 LAG Berlin-Brandenburg 08.05.2012 – 7 Sa 2559/11, BeckRS 2012, 73489 (2.2.2.3).

1313 LAG Baden-Württemberg 21.05.2012 – 1 Sa 2/12, BeckRS 2012, 71378 (B I 2 f aa (2) (e) (dd)).

Der Eingriff ist selbst unter Heranziehung der von der Warteschleifen-Rechtsprechung[1314] aufgestellten Maßstäbe nicht gerechtfertigt. Die Grundrechte gewähren Mitarbeitern nach Auffassung des Bundesverfassungsgerichts zwar auch im öffentlichen Recht keine Bestandsgarantie.[1315] Im Unterschied zu den hier in Frage stehenden Schließungsvorschriften sahen die Regelungen des Einigungsvertrages aber zunächst eine mehrmonatige Ruhezeit vor, die der Beendigung der Arbeitsverhältnisse vorgelagert war.[1316] Das Gesetz sicherte den Mitarbeitern darüber hinaus ein Wartegeld zu.[1317] Hinzu kommt, dass die Wiedervereinigung die Verwaltung vor erheblich größere Probleme stellte als dies bei Schließung einer Krankenkasse der Fall ist. Das Bundesverfassungsgericht hob neben diesen Punkten in seiner Warteschleifen-Rechtsprechung auch die besonders angespannte Lage in der damaligen Zeit hervor, da gleichzeitig sehr viele Verwaltungseinrichtungen nicht mehr benötigt wurden und ein erheblicher Überschuss an Personal bestand.[1318] Das Zusammenspiel dieser Faktoren führte letztlich dazu, dass die Beendigungsregelung des Einigungsvertrages grundsätzlich mit den Grundrechten vereinbar war.[1319]

Eine solche Ausnahmesituation liegt bei der Schließung einer Krankenkasse in der Regel nicht vor.[1320] Die Weiterbeschäftigung von Beschäftigten sowie die Planung und Durchführung betriebsbedingter Kündigungen verursacht zwar einen nicht unerheblichen Mehraufwand. Dieser erreicht aber kein derart unzumutbares Maß, als dass ein Eingriff in die Rechte der Arbeitnehmer, wie er in § 164 Abs. 4 Satz 1 SGB V vorgesehen ist, ohne jede Kompensation als verhältnismäßig bezeichnet werden könnte. Das gilt ins-

1314 Vgl. BVerfG 24.04.1991 – 1 BvR 1341/90, NJW 1991, 1667.

1315 BVerfG 24.04.1991 – 1 BvR 1341/90, NJW 1991, 1667 (C III 1).

1316 BVerfG 24.04.1991 – 1 BvR 1341/90, NJW 1991, 1667 (C III 3 d cc).

1317 BVerfG 24.04.1991 – 1 BvR 1341/90, NJW 1991, 1667 (C III 3 d cc).

1318 BVerfG 24.04.1991 – 1 BvR 1341/90, NJW 1991, 1667 (C III 3 c).

1319 Vgl. dazu die umfassende Verhältnismäßigkeitsprüfung des BVerfG 24.04.1991 – 1 BvR 1341/90, NJW 1991, 1667 (C III 3 d). Die verfassungsrechtliche Vereinbarkeit der Beendigungsregelung des Einigungsvertrags lehnte das BVerfG allerdings in Bezug auf ihre Erstreckung auf Schwangere und Mütter ab, vgl. BVerfG 24.04.1991 – 1 BvR 1341/90, NJW 1991, 1667 (C III 4).

1320 Selbst wenn es zur Schließung mehrerer Krankenkassen innerhalb einer kurzen Zeit kommt, rechtfertigt das keinen derartigen Eingriff in die Rechtsstellung der Mitarbeiter. Anders als nach der Wiedervereinigung, als der Gesetzgeber „unverschuldet" mit der Ausnahmekonstellation konfrontiert worden ist, ist die Schließung vieler Krankenkassen letztlich zurückzuführen auf eine zu geringe Finanzausstattung des Gesundheitssystems. Der Gesetzgeber müsste bei einer Häufung von Kassenschließungen anderweitig gegensteuern anstatt in die Rechte der Mitarbeiter in unverhältnismäßiger Art und Weise einzugreifen.

besondere deswegen, weil auch über den Schließungszeitpunkt hinaus ein Personalbedarf für die Abwicklungsarbeiten besteht, der für den Fall der Beendigung aller Arbeitsverhältnisse teils durch Abschluss befristeter Arbeitsverträge aufgefangen werden müsste.[1321] Anders als die arbeitsrechtlichen Vorschriften nach der Wiedervereinigung werden die Arbeitsverhältnisse der nicht unterbringungsberechtigten Mitarbeiter nach der „Tabula-Rasa"-Lösung nicht erst für einen bestimmten Zeitraum ruhend gestellt, sondern sofort beendet. Die arbeitsrechtlichen Schließungsvorschriften sähen damit noch schärfere Beeinträchtigungen vor als das Abwicklungskonzept des Einigungsvertrages, das zugunsten der Betroffenen mildernde Regelungen enthielt. Gerade diese Abmilderungsmaßnahmen gaben aber zur damaligen Zeit den Ausschlag dafür, dass das Bundesverfassungsgericht die Vorschriften grundsätzlich billigte. Nachdem eine mit der Wiedervereinigung vergleichbare Sondersituation bei Schließung einer Krankenkasse nicht vorliegt, ist die automatische Beendigung der Arbeitsverhältnisse nicht unterbringungsberechtigter Mitarbeiter ohne vorherige Ablehnung eines ihnen unterbreiteten ordnungsgemäßen Unterbringungsangebots unverhältnismäßig und verstößt gegen ihr Grundrecht der Berufsfreiheit nach Art. 12 GG.[1322]

(2) Art. 3 GG

Die automatische und kompensationslose Beendigung der Arbeitsverhältnisse nicht unterbringungsberechtigter Mitarbeiter zum Schließungszeitpunkt ruft auch unter dem Gesichtspunkt des allgemeinen Gleichheitssatzes des Art. 3 Abs. 1 GG große Bedenken hervor.[1323] Es lassen sich insbesondere drei Vergleichsgruppen von Mitarbeitern bilden. Der Eingriff benachteiligt die Betroffenen nicht nur gegenüber den ordentlich kündbaren Mitarbeitern einer geschlossenen Innungs- oder Ortskrankenkasse[1324] sowie ordentlich kündbaren Mitarbeitern bei Insolvenz einer Betriebskranken-

1321 Ebenso LAG Berlin-Brandenburg 08.05.2012 – 7 Sa 2559/11, BeckRS 2012, 73489 (2.2.2.3).

1322 Gegen eine Vereinbarkeit der ausnahmslosen automatischen Beendigung der Arbeitsverhältnisse ordentlich kündbarer Mitarbeiter mit deren Grundrecht nach Art. 12 GG auch LAG Berlin-Brandenburg 08.05.2012 – 7 Sa 2559/11, BeckRS 2012, 73489 (2.2.2.3).

1323 Von einem Verstoß dieser weiten Auslegung gegen Art. 3 GG ebenfalls ausgehend LAG Berlin-Brandenburg 08.05.2012 – 7 Sa 2559/11, BeckRS 2012, 73489 (2.2.2.3); LAG Hamburg 21.06.2012 – 1 Sa 2/12, BeckRS 2013, 67973 (2 b aa aaa bbbb). Offen lassend BAG 21.11.2013 – 2 AZR 598/12, BeckRS 2014, 70205 (Rn. 62); LAG Baden-Württemberg 21.05.2012 – 1 Sa 2/12, BeckRS 2012, 71378 (B I 2 f bb).

1324 *Klimpe-Auerbach*, SozSich 2011, 270 (273). Zweifelnd auch *Rolfs*, NZA 2013, 529 (534), wonach eine Rechtfertigung der Ungleichbehandlung nicht gerade auf der Hand liege.

oder Ersatzkasse[1325], sondern auch im Vergleich zu Arbeitnehmern, deren privatrechtlich organisierter Arbeitgeber Insolvenz anmeldet.[1326]

(i) Schließung einer Innungs- und Ortskrankenkasse

Die ordentlich kündbaren Mitarbeiter einer Innungs- und Ortskrankenkassen sind nicht zuletzt wegen der in den letzten Jahren erfolgten Angleichungen der verschiedenen Kassentypen als geeignete Vergleichsgruppe anzusehen. Der Schutz des Gesundheitssystems[1327] könnte zwar grundsätzlich als rechtfertigender, sachlicher Grund für die Ungleichbehandlung anzusehen sein. Die Finanzierungsgrundsätze unterscheiden sich aber nach den Reformen der letzten Jahre zwischen den unterschiedlichen Kassentypen nicht mehr entscheidend.[1328] Die für das System der gesetzlichen Krankenversicherung bestehenden finanziellen Risiken bestehen deswegen in gleichem Maße auch bei der Schließung einer Betriebs- statt einer Innungskrankenkasse. Das gleichgeschaltete Haftungskonzept nach Schließung der Krankenkasse sorgt ebenfalls dafür, dass alleine der Schutz des Gesundheitssystems und der einzelnen Krankenkassen keine unterschiedliche Behandlung der ordentlich kündbaren Mitarbeiter rechtfertigt. Andere sachliche Gründe, welche die Ungleichbehandlung rechtfertigen, sind spätestens seit Einführung des kassenübergreifenden Wettbewerbs zwischen den verschiedenen Krankenkassen und der damit einhergehenden Angleichung der Rahmenbedingungen nicht vorstellbar.[1329]

1325 Dazu Kap. C X 4 dieser Arbeit.

1326 Ebenso LAG Berlin-Brandenburg 08.05.2012 – 7 Sa 2559/11, BeckRS 2012, 73489 (2.2.2.3); LAG Hamburg 21.06.2012 – 1 Sa 2/12, BeckRS 2013, 67973 (2 b aa aaa bbbb). Vgl. *Wolter*, FS Bepler (2012), S. 675 (686) zu möglichen weiteren Ungleichbehandlungen.

1327 Zum Schutzzweck des § 164 Abs. 4 Satz 1 SGB V LAG Baden-Württemberg 21.05.2012 – 1 Sa 2/12, BeckRS 2012, 71378 (B I 2 f aa (2) (b)).

1328 Dazu ausführlich Kap. B II 1, 2 dieser Arbeit m.w.N.

1329 A.A. *Bohlen-Schöning*, KrV 2012, 101 (103), welche die Ungleichbehandlung der ordentlich kündbaren Mitarbeiter der unterschiedlichen Kassenarten „aufgrund der historisch gewachsenen besonderen Unterschiede und Rahmenbedingungen dieser Kassenarten gerechtfertigt" ansieht. Dem ist insbesondere deswegen entschieden entgegenzutreten, weil der Gesetzgeber in den letzten beiden Jahrzehnten mit einem großen Reformeifer dafür sorgte, gleiche Rahmenbedingungen für die unterschiedlichen Kassentypen zu schaffen und damit einen Wettbewerb um Versicherte zu ermöglichen. Vgl. dazu etwa die Begründung zur Einführung des Risikostrukturausgleichs, BT-Drucks. 12/3608, S. 69; *Jacobs*, NZS 1993, 194 (196); *Sodan/Gast*, NZS 1999, 265 (265 ff.); Hauck/Noftz/*Sonnhoff*, SGB V, § 173 Rn. 6.

(ii) Insolvenz einer Betriebskranken- und Ersatzkasse

Die weite Auslegung des § 164 Abs. 4 Satz 1 SGB V führt ebenfalls zu einer ungerechtfertigten Ungleichbehandlung der ordentlich kündbaren Mitarbeiter einer Betriebskranken- und Ersatzkasse im Falle der Schließung gegenüber der Insolvenz. Die Vorschrift des § 171d Abs. 1 Satz 5 SGB V verweist im Falle der Insolvenz für sämtliche Mitarbeiter auf die arbeitsrechtlichen Schließungsvorschriften des § 164 Abs. 2 bis 4 SGB V. Der Verweis schließt die ordentlich kündbaren Mitarbeiter mit ein, ohne wie bei einer Kassenschließung den Unterbringungsanspruch des § 164 Abs. 3 Satz 3 SGB V auszuschließen. Ordentlich kündbaren Mitarbeitern steht damit im Falle der Insolvenz ein Anspruch auf Unterbringung bei einer anderen Krankenkasse oder dem Landesverband nach § 171d Abs. 1 Satz 5 i.V.m § 164 Abs. 3 Satz 3 SGB V zu.[1330] Eine Beendigung ihrer Arbeitsverhältnisse nach § 171d Abs. 1 Satz 5 i.V.m. § 164 Abs. 4 Satz 1 SGB V kommt nach den zur Auslegung der Beendigungsanordnung gegenüber unterbringungsberechtigten Mitarbeitern herausgearbeiteten Grundsätzen nur in Betracht, wenn sie ein ihnen zuvor angebotenes ordnungsgemäßes Unterbringungsangebot ablehnen. Der Unterbringungsanspruch kompensiert die Beendigungsanordnung des § 164 Abs. 4 Satz 1 SGB V zu Gunsten der ordentlich kündbaren Mitarbeiter nach Eröffnung des Insolvenzverfahrens.[1331]

Das Gesetz sähe mit der teilweise vertretenen weiten Auslegung der Beendigungsanordnung bei Schließung der Krankenkasse keine vergleichbare Kompensation vor. Nachdem sowohl bei Schließung als auch der Insolvenz die übrigen Krankenkassen für die Verbindlichkeiten der geschlossenen Krankenkasse haften (§ 171d Abs. 1 Satz 4 SGB V) und mit Vorliegen der Insolvenzvoraussetzungen in aller Regel auch die gesetzgeberischen Vorgaben für die Schließung erfüllt sind, ist kein sachlicher Grund für die Rechtfertigung der Ungleichbehandlung ersichtlich.[1332] Damit verstieße die kompensationslose automatische Beendigung aller Arbeitsverhältnisse der ordentlich kündbaren Mitarbeiter zum Schließungszeitpunkt auch unter diesem Gesichtspunkt gegen den Gleichheitssatz des Art. 3 GG.[1333]

1330 Vgl. ausführlich zur Rechtslage bei Insolvenz einer Krankenkasse, insbesondere der Anwendbarkeit der arbeitsrechtlichen Schließungsvorschriften Kap. C X dieser Arbeit m.w.N.

1331 Ähnlich *Wolter*, FS Bepler (2012), S. 675 (678) – „Gegengeschäft".

1332 Ebenso LAG Berlin-Brandenburg 08.05.2012 – 7 Sa 2559/11, BeckRS 2012, 73489 (2.2.2.3) mit Hinweis auf die mögliche Haftung der übrigen Krankenkassen sowohl bei der Schließung als auch der Insolvenz einer Krankenkasse.

1333 LAG Berlin-Brandenburg 08.05.2012 – 7 Sa 2559/11, BeckRS 2012, 73489 (2.2.2.3).

(iii) Insolvenz eines privaten Unternehmens

Die Subsumtion der ordentlich kündbaren Mitarbeiter einer Betriebskranken- und Ersatzkasse unter die Beendigungsanordnung des § 164 Abs. 4 Satz 1 SGB V ohne das Erfordernis eines zuvor abgelehnten ordnungsgemäßen Unterbringungsangebots führte zuletzt auch zu einer Ungleichbehandlung gegenüber Beschäftigten privater Unternehmen.

Die Eröffnung des Insolvenzverfahrens über das Vermögen eines privaten Arbeitgebers lässt den Kündigungsschutz der Beschäftigten nicht entfallen. Die für einen begrenzten Zeitraum fortbestehende Weiterbeschäftigungsmöglichkeit schließt die Beendigung von sämtlichen Arbeitsverhältnissen zum Eröffnungszeitpunkt in der Regel aus. Die weite Auslegung des § 164 Abs. 4 Satz 1 SGB V stellt die ordentlich kündbaren Mitarbeiter damit auch wesentlich schlechter als diejenigen, die für einen privaten Arbeitgeber tätig sind. Rechtfertigungsversuche, die einen Vergleich mit der Kündigungserleichterung des § 113 InsO anstrengen, verkennen die arbeitsrechtlichen Vorschriften bei der Insolvenz eines Arbeitgebers in grobem Maße.[1334] Die Regelung des § 113 InsO verkürzt lediglich die tariflichen oder gesetzlichen Kündigungsfristen. Die Voraussetzungen einer betriebsbedingten Kündigung und damit die Möglichkeit zur einseitigen Beendigung von Arbeitsverhältnissen entfallen dann, wenn dem insolventen Arbeitgeber eine Weiterbeschäftigung der Mitarbeiter in der Abwicklungsphase möglich ist.

Die bezweckte finanzielle Entlastung des Gesundheitssystems[1335] stellt ebenfalls keinen sachlichen Grund für die Ungleichbehandlung der Betroffenen gegenüber Mitarbeitern privatrechtlicher Unternehmen dar.[1336] In beiden Fällen bestehen für die beteiligten Akteure finanzielle Risiken. Mit der Verkürzung der Kündigungsfristen und der Beschleunigung des Kündigungsverfahrens schafft das Gesetz eine interessengerechte Lösung, welche die betroffenen Mitarbeiter nicht schutzlos stellt.[1337] Dieses Mindestmaß an Arbeitnehmerschutz bei Abwicklung des Arbeitgebers und vor allem die Berücksichtigung eines fortbestehenden Beschäftigungsbedarfs, die Pflicht zur Durchführung einer Sozialauswahl und die Einräumung einer Kündigungsfrist von wenigstens drei Monaten brächte auch das Gesundheitssystems nicht ins Wanken, zumal der fortbestehende Beschäftigungsbedarf

---

1334 *Rolfs*, NZA 2013, 529 (533).

1335 Zum Zweck der Beendigungsanordnung vgl. u.a. LAG Berlin-Brandenburg 12.09.2012 – 23 Sa 847/12, BeckRS 2013, 65236 (3.1.1).

1336 LAG Hamburg 21.06.2012 – 1 Sa 2/12, BeckRS 2013, 67973 (2 b aa aaa bbbb).

1337 LAG Baden-Württemberg 21.05.2012 – 1 Sa 2/12, BeckRS 2012, 71378 (B I 2 f aa (2) (e) (dd)); MüKo/InsO/*Caspers*, Band 2, § 113 Rn. 15; APS/*Dörner/Künzl*, § 113 InsO Rn. 3 zum Schutzzweck der Vorschrift des § 113 InsO.

auch dann weitere Personalkosten verursacht, wenn man diesen durch den Abschluss befristeter Arbeitsverträge überbrücken will.[1338]

(iv) Fazit

Die Erstreckung der Beendigungsanordnung auf die ordentlich kündbaren Mitarbeiter einer Betriebskranken- und Ersatzkasse ohne vorherige Ablehnung eines ihnen unterbreiteten zumutbaren Unterbringungsangebots verstieße damit auch gegen Art. 3 GG.[1339]

ff) Zwischenfazit

Die Arbeitsverhältnisse der nicht unterbringungsberechtigten ordentlich kündbaren Mitarbeiter mit einer Betriebskranken- oder Ersatzkassen enden nicht allesamt und ohne vorheriges Unterbringungsverfahren gemäß §§ 155 Abs. 4 Satz 9, 171 Satz 1 i.V.m. § 164 Abs. 4 Satz 1 SGB V automatisch zum Schließungszeitpunkt.[1340] Die Argumente der gegenteiligen Auffassung sind teils rechtlich unzutreffend und überzeugen im Übrigen nicht. Die verfassungsrechtlichen Grenzen sprechen außerdem für einen Fortbestand der Arbeitsverhältnisse über die Schließung der Krankenkasse hinaus. Diese Lösung ist vom Wortlaut der Vorschrift mit ihrer ausdrücklichen Bezugnahme auf die Unterbringungsvorschriften gedeckt. Die Verweisungsnormen sind als Rechtsgrund- und nicht als Rechtsfolgenverweise zu verstehen.[1341]

1338 Ähnlich LAG Hamburg 21.06.2012 – 1 Sa 2/12, BeckRS 2013, 67973 (2 b aa aaa bbbb).

1339 Ebenso LAG Hamburg 21.06.2012 – 1 Sa 2/12, BeckRS 2013, 67973 (2 b aa aaa bbbb). A.A. *Bohlen-Schöning*, KrV 2012, 101 (103); *Grau/Sittard*, KrV 2012, 6 (7).

1340 Dies entspricht der herrschenden Auffassung in der Rechtsprechung und mehreren Stimmen in der Literatur BAG 21.11.2013 – 2 AZR 598/12, BeckRS 2014, 70205 (Rn. 45 ff.); LAG Berlin-Brandenburg 12.04.2012 – 5 Sa 2554/11, BeckRS 2012, 70157 (2.2.3); LAG Baden-Württemberg 21.05.2012 – 1 Sa 2/12, BeckRS 2012, 71378 (B I 2); LAG Hamburg 21.06.2012 – 1 Sa 2/12, BeckRS 2013, 67973 (2 b aa aaa bbbb); *Klimpe-Auerbach*, SozSich 2011, 270 (272 f.); *Rolfs*, GuP 2013, 8 (12); *Rolfs*, NZA 2013, 529 (532 f.); *Wolter*, FS Bepler (2012), S. 675 (680).

1341 LAG Düsseldorf 07.09.2012 – 6 Sa 138/12, BeckRS 2012, 76175 (A II 2 a bb bbb (4)).

b) Überobligatorische Unterbringungsangebote

aa) Überblick

Die herrschende Rechtsprechung und neuere Stimmen in der Literatur teilen die in dieser Arbeit geäußerten Bedenken gegen die „Tabula-Rasa"-Lösung und ihre Erstreckung auf die ordentlich kündbaren Mitarbeiter einer Betriebskranken- und Ersatzkasse.[1342] Sie leiten ihr Ergebnis weniger aus der Auslegung der Verweisungsnormen ab als vielmehr aus der Beendigungsanordnung des § 164 Abs. 4 Satz 1 SGB V.[1343] Der Verweis selbst wird als Rechtsgrundverweis angesehen.[1344] Nach den zum Schicksal der unterbringungsberechtigten Mitarbeiter aufgestellten Kriterien greift die Vorschrift allerdings nur nach vorheriger Ablehnung eines ordnungsgemäßen Unterbringungsangebots ein.[1345] Ein solches sei den ordentlich kündbaren Beschäftigten einer Betriebskranken- und Ersatzkasse nicht zu unterbreiten, weshalb eine Beendigung zum Schließungszeitpunkt nicht in Betracht komme.[1346]

Im Ergebnis erscheint eine einheitliche Auslegung der Beendigungsanordnung gegenüber sämtlichen Beschäftigten der geschlossenen Krankenkasse zutreffend. Die Abhandlungen, die sich mit der Auslegung der Vorschrift in Bezug auf die nicht unterbringungsberechtigten Beschäftigten befassen, lassen aber zu oft einen weiteren wichtigen Gesichtspunkt außer Acht. Sie enden mit der Feststellung, dass diesen Beschäftigten kein Unterbringungsangebot zu unterbreiten sei. Deswegen könnten sie auch kein Unterbringungsangebot ablehnen, das aber Voraussetzung der automatischen Beendigung der Arbeitsverhältnisse zum Schließungszeitpunkt sei. Es fehlt

[1342] BAG 21.11.2013 – 2 AZR 598/12, BeckRS 2014, 70205 (Rn. 45 ff.); *Klimpe-Auerbach*, SozSich 2011, 270 (272 f.); *Rolfs*, GuP 2013, 8 (12); *Rolfs*, NZA 2013, 529 (532 f.); *Wolter*, FS Bepler (2012), S. 675 (680).

[1343] Das zeigt sich insb. an den Entscheidungsgründen einer der Grundsatzentscheidungen des BAG 21.11.2013 – 2 AZR 598/12, BeckRS 2014, 70205 (Rn. 45 ff.).

[1344] BAG 21.11.2013 – 2 AZR 598/12, BeckRS 2014, 70205 (Rn. 50); LAG Düsseldorf 07.09.2012 – 6 Sa 138/12, BeckRS 2012, 76175 (A II 2 a bb bbb); *Rolfs*, GuP 2013, 8 (12); *Rolfs*, NZA 2013, 529 (533).

[1345] Ebenso BAG 21.11.2013 – 2 AZR 474/12, BeckRS 2014, 69409 (Rn. 54); BAG 21.11.2013 – 2 AZR 495/12, NJOZ 2014, 1548 (Rn. 54); LAG Baden-Württemberg 21.05.2012 – 1 Sa 3/12, BeckRS 2012, 71379 (Ls. 1); LAG Düsseldorf 07.09.2012 – 6 Sa 345/12, BeckRS 2013, 67563 (A II 2 a cc aaa (2)); LAG Hamburg 19.09.2012 – 5 Sa 17/12, BeckRS 2013, 67949 (II 2 c); LAG Berlin-Brandenburg 14.12.2012 – 8 Sa 980/12, 8 Sa 1248/12, BeckRS 2013, 67972 (1.2); LAG Düsseldorf 26.04.2013 – 6 Sa 1874/12, NZA-RR 2013, 515 (Ls.) = BeckRS 2013, 70899 (A II 2 a bb bbb) m.w.N. unter (A II 2 a bb bbb (1) (a) (aa)); *Klimpe-Auerbach*, SozSich 2011, 270 (272); *Rolfs*, GuP 2013, 8 (9); *Rolfs*, NZA 2013, 529 (531); *Winzer*, ArbRAktuell 2014, 362 (362); *Wolter*, FS Bepler (2012), S. 675 (680).

[1346] Statt vieler BAG 21.11.2013 – 2 AZR 598/12, BeckRS 2014, 70205 (Rn. 64).

hier aber an einer Auseinandersetzung mit der Frage, ob den nicht unterbringungsberechtigten Mitarbeitern ein freiwilliges, den Anforderungen des § 164 Abs. 3 Satz 3 SGB V entsprechendes Unterbringungsangebot unterbreitet werden kann, dessen Ablehnung die automatische Beendigung der Arbeitsverhältnisse zum Schließungszeitpunkt zur Folge hat.[1347] Das Bundesarbeitsgericht spricht sich kurz und ohne nähere Begründung gegen diese Möglichkeit aus.[1348] Das Landesarbeitsgericht Hamburg lässt dagegen die freiwillige Unterbreitung von Unterbringungsangeboten mit der Rechtsfolge des § 164 Abs. 4 Satz 1 SGB V zu.[1349]

bb) Gegenteilige Rechtsprechung des Bundesarbeitsgerichts

Die Argumente, die gegen eine automatische Beendigung aller Arbeitsverhältnisse von Mitarbeitern einer Betriebskranken- oder Ersatzkasse nach § 164 Abs. 4 Satz 1 SGB V ohne vorherige Ablehnung eines ordnungsgemäßen Unterbringungsangebots sprechen, sind hinreichend bekannt und wurden bereits dargestellt.[1350]

Folgt man der Rechtsprechung des Bundesarbeitsgerichts, verbleibt in Bezug auf die nicht unterbringungsberechtigten Mitarbeiter[1351] kein Anwendungsfall des § 164 Abs. 4 Satz 1 SGB V.[1352] Eine der vier Grundsatzentscheidungen vom 21. November 2013 befasste sich mit der Klage eines

---

1347 Vgl. bspw. insb. *Rolfs*, NZA 2013, 529 (533), der sich überzeugend gegen die generelle automatische Beendigung der Arbeitsverhältnisse ordentlich kündbarer Mitarbeiter zum Schließungszeitpunkt ausspricht. Er begründet dies damit, dass es sich bei den Verweisungsnormen um einen Rechtsgrundverweis handele und damit unter anderem die „gescheiterte Unterbringung“ erforderlich sei (533). Die automatische Beendigung der Arbeitsverhältnisse scheitere in Bezug auf die ordentlich kündbaren Beschäftigten daran, dass diese Mitarbeiter „ja nicht bei einer anderen Kasse untergebracht zu werden brauchen“ (533).

1348 BAG 21.11.2013 - 2 AZR 598/12, BeckRS 2014, 70205 (Rn. 64). Ebenso LAG Baden-Württemberg 21.05.2012 - 1 Sa 2/12, BeckRS 2012, 71378 (B I 2 g aa).

1349 LAG Hamburg 21.06.2012 - 1 Sa 2/12, BeckRS 2013, 67973 (2 b aa aaa bbbb); LAG Hamburg 21.06.2012 - 1 Sa 20/12, BeckRS 2012, 74854 (2 b aa aaa bbbb); LAG Hamburg 23.08.2012 - 7 Sa 108/11, BeckRS 2012, 73492 (II 2 aa (1) (b)).

1350 Vgl. dazu Kap. C VIII 1 c dieser Arbeit.

1351 Die Ausführungen des Gerichts zur Auslegung der Beendigungsanordnung gegenüber Betriebskrankenkassenmitarbeitern sind auf die Rechtsstellung ordentlich kündbarer Mitarbeiter einer Ersatzkasse übertragbar, da die beiden Verweisungsnormen § 155 Abs. 4 Satz 9 und § 171 Satz 1 SGB V insoweit einander entsprechen.

1352 BAG 21.11.2013 - 2 AZR 598/12, BeckRS 2014, 70205 (Rn. 52). Es verbleibt nach der Rechtsprechung der LAG Berlin-Brandenburg 12.04.2012 - 5 Sa 2554/11, BeckRS 2012, 70157 (2.2.3); LAG Baden-Württemberg 21.05.2012 - 1 Sa 2/12, BeckRS 2012, 71378 (B I 2 g aa); LAG Düsseldorf 07.09.2012 - 6 Sa 138/12, BeckRS 2012, 76175 (Ls. 2) ebenfalls kein Anwendungsfall der Beendigungsanordnung gegenüber ordentlich kündbaren Beschäftigten.

ordentlich kündbaren Mitarbeiters der City BKK.[1353] Dieser beantragte unter anderem die Feststellung, dass sein Arbeitsverhältnis entgegen der Auffassung der Abwicklungskörperschaft nicht mit Schließung der Krankenkasse endete. Die geschlossene Krankenkasse unterbreitete ihm ein Angebot zum Abschluss eines befristeten Arbeitsvertrages für die Dauer der erforderlichen Abwicklungsarbeiten. Der Kläger lehnte das Angebot ab.[1354] Das Bundesarbeitsgericht gab dem Mitarbeiter Recht und bestätigte die Rechtsprechung der Vorinstanz.[1355] Das Gericht beschäftigte sich nur sehr oberflächlich mit den Folgen des durch den Mitarbeiter abgelehnten, freiwillig unterbreiteten Angebots und führte zur Begründung des Fortbestands des Arbeitsverhältnisses mit der Abwicklungskörperschaft wörtlich aus:

> *„Etwas anderes gilt nicht deshalb, weil die Beklagte der Klägerin in der irrigen Annahme, ihr Arbeitsverhältnis sei bereits ordentlich unkündbar, ein „Unterbringungsangebot“ unterbreitet hat. Ein solches Angebot, das nach der gesetzlichen Konzeption gegenüber einem Arbeitnehmer, dessen Arbeitsverhältnis ordentlich gekündigt werden kann, nicht erforderlich ist, vermag die Beendigungsfolge des § 164 Abs. 4 Satz 1 SGB V nicht herbeizuführen. Durch ein überobligatorisches Anerbieten iSv. § 164 Abs. 3 Satz 3 SGB V ist die Beklagte nicht in der Lage, die gesetzliche Systematik und die an sie anknüpfenden unterschiedlichen Rechtsfolgen für die beiden Arbeitnehmergruppen zu verändern.“*[1356]

Der Begründung des Bundesarbeitsgerichts ist an dieser Stelle nicht zu folgen, wenngleich sie sich auch nach der hier vertretenen Auffassung nicht auf den Klageerfolg auswirkte. Die Beendigung des Arbeitsverhältnisses nach § 155 Abs. 4 Satz 9 i.V.m. § 164 Abs. 4 Satz 1 SGB V scheiterte in diesem Fall richtigerweise bereits daran, dass dem Beschäftigten kein Unterbringungsangebot im Sinne des § 164 Abs. 3 Satz 3 SGB V unterbreitet wurde. Es wurde ihm lediglich eine befristete Beschäftigung für die Abwicklungskörperschaft und eben nicht bei einer anderen Krankenkasse oder dem Landesverband in Aussicht gestellt. Ein solches Beschäftigungsangebot bei der Abwicklungskörperschaft widerspricht nicht nur dem Wortlaut des Abs. 3, sondern wird auch dem Gesetzeszweck, nämlich der dauerhaften Sicherung der Arbeitsverhältnisse untergebrachter Mitarbeiter, nicht gerecht. Denn spätestens mit der vollständigen Abwicklung der Krankenkasse endet ein befristetes Arbeitsverhältnis. Ein Angebot zur Unterbringung bei der Abwicklungskörperschaft stellt daher kein hinreichendes Gegengeschäft[1357] zur drohenden Beendigungswirkung des § 164 Abs. 4 Satz 1 SGB V bei Ablehnung desselben dar. Hinzu kommt, dass ein Angebot zum Abschluss ei-

---

[1353] BAG 21.11.2013 - 2 AZR 598/12, BeckRS 2014, 70205.

[1354] Vgl. BAG 21.11.2013 - 2 AZR 598/12, BeckRS 2014, 70205 (Tatbestand) zum hier wiedergegebenen Sachverhalt.

[1355] BAG 21.11.2013 - 2 AZR 598/12, BeckRS 2014, 70205 (Rn. 13 ff.).

[1356] BAG 21.11.2013 - 2 AZR 598/12, BeckRS 2014, 70205 (Rn. 64).

[1357] Diesen Begriff verwendet ebenfalls *Wolter*, FS Bepler (2012), S. 675 (678).

nes befristeten und damit zeitlich begrenzten Arbeitsvertrages mit einer unterbringungsverpflichteten Körperschaft nicht den bereits umfassend herausgearbeiteten Zumutbarkeitsanforderungen genügt.

Das Bundesarbeitsgericht wählte einen anderen Lösungsweg und beschäftigte sich nicht wie hier mit der Ordnungsgemäßheit des unterbreiteten Beschäftigungsangebotes. Es lehnt stattdessen generell die Möglichkeit ab, die Beendigungswirkung des § 164 Abs. 4 Satz 1 SGB V gegenüber ordentlich kündbaren Beschäftigten herbeizuführen.[1358] Nach Ansicht des Gerichts ändert daran selbst die freiwillige Unterbreitung eines zumutbaren Unterbringungsangebots nichts.[1359]

cc) Verweisungstechnik lässt Spielraum für andere Auslegung

Der in den Verweisungsnormen vorgesehene Ausschluss des § 164 Abs. 3 Satz 3 SGB V gegenüber ordentlich kündbaren Mitarbeitern zwingt nicht zu der Auslegung des Bundesarbeitsgerichts.[1360] Es spielt im Rahmen des § 164 Abs. 4 Satz 1 SGB V keine Rolle, ob das Gesetz den Betroffenen einen Anspruch auf Unterbringung bei einer anderen Krankenkasse oder dem Landesverband gewährt. Die Erklärung der gegenteiligen Auffassung überzeugt vor dem Hintergrund, dass die Verweisungsnormen der §§ 155 Abs. 4 Satz 9, 171 Satz 1 SGB V nur die Unterbringungsverpflichtung des § 164 Abs. 3 Satz 3 SGB V gegenüber ordentlich kündbaren Mitarbeitern ausschließen, nicht aber die Beendigungsanordnung, nicht.

Nach der Leseart des Bundesarbeitsgerichts findet die Beendigungsanordnung auf die ordentlich kündbaren Mitarbeiter einer Betriebskranken- und Ersatzkasse keine Anwendung[1361], obwohl die Verweisungsvorschriften nur die Unterbringungsverpflichtung des § 164 Abs. 3 Satz 3 SGB V ausschließen. Es handele sich um einen Rechtsgrundverweis.[1362] auf die Been-

---

[1358] BAG 21.11.2013 - 2 AZR 598/12, BeckRS 2014, 70205 (Rn. 64).

[1359] BAG 21.11.2013 - 2 AZR 598/12, BeckRS 2014, 70205 (Rn. 64).

[1360] Ebenso LAG Hamburg 21.06.2012 - 1 Sa 20/12, BeckRS 2012, 74854 (2 b aa aaa bbbb); LAG Hamburg 23.08.2012 - 7 Sa 108/11, BeckRS 2012, 73492 (II 2 aa (1) (b) (aa)).

[1361] Das folgt im Umkehrschluss aus der in BAG 21.11.2013 - 2 AZR 598/12, BeckRS 2014, 70205 (Rn. 64) geäußerten Auffassung.

[1362] BAG 21.11.2013 - 2 AZR 598/12, BeckRS 2014, 70205 (Rn. 50). Der Begründung des Gerichts, weshalb es sich um einen Rechtsgrundverweis handele, ist entschieden entgegen zu treten: Es zeige sich auch an der Bezugnahme auf § 164 Abs. 3 Satz 1 SGB V und damit auf das Unterbringungsverfahren der Dienstordnungsangestellten, die es aber bei den Betriebskrankenkassen nicht gebe (Rn. 51). Diese Erklärung überzeugt nicht. Der Gesetzgeber hat es schlicht übersehen, dass die Betriebskrankenkassen keine Dienstordnungsangestellten beschäftigen. Er führt ausdrücklich an, dass durch den Verweis auch die Beschäftigungsansprüche der Dienstordnungsandigungsanordnung, der unter Umständen zur Beendigung der Arbeitsverhältnisse von ordentlich unkündbaren Mitarbeitern führe.[1363] Die in § 164 Abs. 3 Satz 3 SGB V enthaltene Unterbringungsverpflichtung sieht es im Ergebnis als unabdingbare Voraussetzung der Beendigungsanordnung an.

Es ist zwar durchaus denkbar, wegen der Versagung des Unterbringungsanspruchs die Beendigungsanordnung gegenüber ordentlich kündbaren Mitarbeitern ebenfalls als gesperrt anzusehen. Naheliegender und transparenter wäre es unter Zugrundelegung der höchstrichterlichen Auslegung dann aber gewesen, gegenüber dieser Beschäftigtengruppe lediglich die Anwendbarkeit des Abs. 2 vorzuschreiben oder alternativ die Anwendbarkeit der Beendigungsanordnung des Abs. 4 ausdrücklich auszuschließen. Denn faktisch kommt nach dem Verständnis des Bundesarbeitsgerichts gegenüber den nicht zur Unterbringung berechtigten Mitarbeitern einer Betriebskranken- und Ersatzkasse nur § 164 Abs. 2 SGB V zur Anwendung. Die unklare Verweisungssystematik, die mit Wirkung gegenüber den ordentlich kündbaren Mitarbeitern ebenfalls auf die Beendigungsanordnung verweist, lässt Raum für eine andere, von der Rechtsprechung des Bundesarbeitsgerichts abweichende Auslegung. Unter Berücksichtigung der im Folgenden darzustellenden Gesichtspunkte kommt der vollständige Ausschluss ordentlich kündbarer Mitarbeiter aus dem Anwendungsbereich des § 164 Abs. 4 Satz 1 SGB V nicht in Betracht.

dd) Auslösung der Beendigungsanordnung durch Angebotsunterbreitung

Der Wortlaut der §§ 155 Abs. 4 Satz 9, 171 Satz 1 i.V.m. § 164 Abs. 4 Satz 1 SGB V lässt eine von der Rechtsprechung des Bundesarbeitsgerichts abweichende Auslegung zu, die sich auf einer Linie mit dem Telos und der Systematik des Gesetzes befindet. Es enden nach § 164 Abs. 4 Satz 1 SGB V die Arbeitsverhältnisse, „die nicht nach Absatz 3 untergebracht werden“. Der Wortlaut bezieht sich auf eine den Anforderungen des Abs. 3 entsprechende Unterbringung. Es spielt dagegen keine Rolle, wem gegenüber die Krankenkassen zwingend zur Unterbringung verpflichtet sind.[1364]

Der Sinn und Zweck der Abwicklungsvorschriften begünstigt diese Auslegung. Der in den §§ 155 Abs. 4 Satz 9, 171 Satz 1 SGB V vorgesehene Ausschluss des § 164 Abs. 3 Satz 3 SGB V und damit der Entfall der Verpflich-

---

gestellten gesichert seien (BT-Drucks. 16/9559, S. 20) und offenbart damit seinen Irrtum.

1363 BAG 21.11.2013 – 2 AZR 598/12, BeckRS 2014, 70205 (Rn. 53).

1364 So auch LAG Hamburg 21.06.2012 – 1 Sa 2/12, BeckRS 2013, 67973 (2 b aa aaa bbbb); LAG Hamburg 21.06.2012 – 1 Sa 20/12, BeckRS 2012, 74854 (2 b aa aaa bbbb).

tung, auch den ordentlich kündbaren Mitarbeitern ein zumutbares Stellenangebot bei einer anderen Krankenkasse oder einem Landesverband zu unterbreiten, dient den Interessen der übrigen Krankenkassen und dem Gesundheitssystem.[1365] Er verringert insbesondere das Risiko einer finanziellen Überforderung der übrigen mithaftenden Krankenkassen, die andernfalls selbst in wirtschaftliche Schwierigkeiten geraten könnten.[1366] Diesem Zweck widerspräche es nicht, wenn den ordentlich kündbaren Mitarbeitern freiwillige Unterbringungsangebote unterbreitet und damit auch die Folgen des § 164 Abs. 4 SGB V ausgelöst werden könnten. Dies gilt umso mehr deswegen, als insbesondere für die Abwicklung nicht mehr benötigte ordentlich kündbare Mitarbeiter auf anderen Stellen untergebracht werden und dadurch beschäftigungslose, kostenverursachende Übergangszeiten bis zum Ablauf der zwingend einzuhaltenden Kündigungsfrist nach Schließung der Krankenkasse vermieden werden könnten. Diese alternative Vorgehensweise vergrößert den Spielraum im Umgang mit den Beschäftigten im Abwicklungsverfahren und gibt den Trägern der Krankenversicherung ein weiteres Mittel an die Hand, um unnötige Kosten zu vermeiden. Die Anforderungen an das Unterbringungsangebot selbst privilegieren die betroffenen Mitarbeiter, die erheblich besser gestellt werden als Mitarbeiter privater Unternehmen oder öffentlich-rechtlicher Körperschaften, denen in einer vergleichbaren Situation der kompensationslose Verlust ihres Arbeitsplatzes bevorsteht.

Diese Lösung führt außerdem zur Beibehaltung des bereits dargestellten inneren systematischen Zusammenhangs der Beendigungsanordnung auf der einen Seite und der Unterbringungsverpflichtung auf der anderen Seite. Dieser ist darin zu sehen, dass die automatische Beendigung des Arbeitsverhältnisses zum Schließungszeitpunkt nur nach Ablehnung eines zuvor unterbreiteten ordnungsgemäßen Unterbringungsangebots gerechtfertigt ist. Für diesen Ausgleich der gegenseitigen Interessen spielt es dagegen wertungsgemäß keine Rolle, ob dem Mitarbeiter ein durchsetzbarer Unterbringungsanspruch zusteht. Unter Zugrundelegung dieses Interessenausgleichs lässt sich die Regelungssystematik der §§ 155 Abs. 4 Satz 9, 171 Satz 1 i.V.m. § 164 Abs. 4 Satz 1 SGB V besser einordnen. Die Verweisungsnormen schließen lediglich die Verpflichtung zur Unterbringung von ordentlich kündbaren Beschäftigten aus.[1367] Die Beendigungsanordnung, die aus-

---

1365 LAG Baden-Württemberg 18.05.2012 – 7 Sa 13/12, BeckRS 2012, 71380 (A II 2 c cc (2) (b)).

1366 So etwa LAG Baden-Württemberg 18.05.2012 – 7 Sa 13/12, BeckRS 2012, 71380 (A II 2 c cc (2) (b)), das unter anderem wegen dieses Überforderungsschutzes eine der „Tabula-Rasa“-Lösung im Wesentlichen entsprechenden Auslegung für verfassungsgemäß erachtet.

1367 Diese Argumentation entspricht im Wesentlichen der des LAG Hamburg 21.06.2012 – 1 Sa 2/12, BeckRS 2013, 67973 (2 b aa aaa bbbb); LAG Hamburg

drücklich auf Abs. 3 Bezug nimmt, bezieht dagegen die Möglichkeit der Unterbringung auf einer zumutbaren Stelle ausdrücklich mit ein. Selbst wenn man damit mit der zutreffenden Ansicht den Verweis als Rechtsgrundverweis ansieht, sind Anwendungsfälle der automatischen Beendigung der Arbeitsverhältnisse nicht unterbringungsberechtigter Mitarbeiter denkbar. Tatbestandliches Erfordernis des Abs. 4 ist lediglich die Ablehnung eines zuvor unterbreiteten zumutbaren Unterbringungsangebots. Für den durch den inneren systematischen Zusammenhang verfolgten Interessenausgleich der beiden Vorschriften ist es dagegen irrelevant, ob eine Unterbringungsverpflichtung gegenüber den Beschäftigten bestand.

Das Schweigen der Gesetzesbegründung zum Schicksal der ordentlich kündbaren Mitarbeiter zwingt zu keinem anderen Ergebnis.[1368] Sie widmet sich lediglich dem Schicksal der Dienstordnungsangestellten und der ordentlich unkündbaren Beschäftigten, indem sie deren Beschäftigungssicherung durch das ihnen zu unterbreitende Unterbringungsangebot besonders hervorhebt.[1369] Sie enthält dagegen keine Aussage in Bezug auf die übrigen Beschäftigten. Das könnte zwar tatsächlich die Deutung des Bundesarbeitsgerichts, wonach die §§ 155 Abs. 4 Satz 9, 171 Satz 1 SGB V die Rechtsstellung der ordentlich kündbaren Mitarbeiter überhaupt nicht berühren sollten, zulassen. Andererseits ist die Gesetzesbegründung an dieser Stelle derart oberflächlich und rechtlich widersprüchlich, dass sie insoweit nicht zur Auslegung der Vorschriften für die übrigen Beschäftigten herangezogen werden kann. Das zeigt sich bereits daran, dass der Gesetzgeber im Rahmen der Reformierung des Organisationsrechts der Betriebskranken- und Ersatzkassen Ausführungen zur Sicherung der Beschäftigungsansprüche von Dienstordnungsangestellten macht. Er verkennt dabei, dass diese beiden Kassenarten keine Dienstordnungsangestellte[1370] beschäftigen und insofern deren Beschäftigungsverhältnisse auch nicht gesichert werden können. Derartige Fehler in der Gesetzesbegründung schwächen ihren Aussagegehalt erheblich ab.

Zusammenfassend sieht das Gesetz mit den Regelungen der §§ 155 Abs. 4 Satz 9, 171 Satz 1 i.V.m. § 164 Abs. 4 Satz 1 SGB V, die ihrerseits auf Abs. 3 verweisen, die Beendigung von Arbeitsverhältnissen ordentlich kündbarer Mitarbeiter vor, wenn diese ein ihnen überobligatorisch unter-

---

21.06.2012 – 1 Sa 20/12, BeckRS 2012, 74854 (2 b aa aaa bbbb), das ebenfalls die freiwillige Unterbreitung von Unterbringungsangeboten zulässt, deren Ablehnung die Rechtsfolge des § 164 Abs. 4 Satz 1 SGB V auch zu Lasten ordentlich kündbarer Mitarbeiter einer Betriebskranken- und Ersatzkasse auslöst.

1368 So aber wohl BAG 21.11.2013 – 2 AZR 598/12, BeckRS 2014, 70205 (Rn. 54 ff.). Allerdings betrifft die Auseinandersetzung mit den Gesetzesmaterialien nicht die Frage der Zulässigkeit überobligatorischer Unterbringungsangebote gegenüber ordentlich kündbaren Beschäftigten.

1369 BT-Drucks. 16/9559, S. 19.

1370 *Rolfs*, GuP 2013, 8 (10 f.).

breitetes ordnungsgemäßes Unterbringungsangebots bei einer anderen Krankenkasse oder dem Landesverband ablehnen. Tatbestandlich ist die Unterbreitung eines zumutbaren Unterbringungsangebots und dessen Ablehnung auch gegenüber ordentlich kündbaren Mitarbeitern möglich, selbst wenn keine diesbezügliche Verpflichtung besteht.[1371] Der innere systematische Zusammenhang zwischen den beiden Regelungen besteht gleichermaßen bei der Unterbringung nicht unterbringungsberechtigter Mitarbeiter.

ee) Keine verfassungsrechtlichen Bedenken gegenüber dieser Lösung

Es bestehen keine verfassungsrechtliche Bedenken gegenüber der hier vertretenen Auslegung der §§ 155 Abs. 4 Satz 9, 171 Satz 1 i.V.m. § 164 Abs. 4 Satz 1 SGB V. Die Möglichkeit, den ordentlich kündbaren Mitarbeitern eine Unterbringungsstelle anzubieten, begünstigt die Betroffenen. Weiterhin gelten die gleichen Anforderungen an die Zumutbarkeit der angebotenen Stelle. Die Unterbringung auf einer gleichwertigen Stelle gleicht damit den durch die Beendigungsanordnung ausgelösten Nachteil aus.

Die Weiterbeschäftigungsmöglichkeit der ordentlich kündbaren Mitarbeiter bei der Abwicklungskörperschaft führt auch nicht zu einer ungerechtfertigten Ungleichbehandlung zu Lasten der ordentlich unkündbaren Mitarbeiter.[1372] *Wolter* bejaht eine solche, weil die ordentlich kündbaren Mitarbeiter bis zum Ausspruch einer Kündigung weiterhin für die Abwicklungskörperschaft tätig sein könnten. Die bereits ausführlich dargestellten[1373] Vorteile der verpflichtenden Unterbringung auf einer gleichwertigen Stelle bei einer anderen Krankenkasse oder dem Landesverband, welche die ordentlich unkündbaren Mitarbeiter gegenüber den übrigen Beschäftigten innehaben, gleichen den frühzeitigen erzwungenen Wechsel trotz des bestehenden Abwicklungsbedarfs allemal aus.

ff) Praktische Umsetzungsschwierigkeiten nicht ausschlaggebend

Praktische Umsetzungsschwierigkeiten könnten der freiwilligen Angebotsunterbreitung durch die Krankenkassen entgegenstehen. Die Vorschrift des § 164 Abs. 3 Satz 4 SGB V belegt die vom Gesetzgeber befürchtete Zurückhaltung der zur Aufnahme verpflichteten Krankenkassen, in ausreichender Anzahl Unterbringungsstellen zur Verfügung zu stellen. Die in

---

1371 So auch LAG Hamburg 21.06.2012 – 1 Sa 2/12, BeckRS 2013, 67973 (2 b aa aaa bbbb); LAG Hamburg 21.06.2012 – 1 Sa 20/12, BeckRS 2012, 74854 (2 b aa aaa bbbb). A.A. BAG 21.11.2013 – 2 AZR 598/12, BeckRS 2014, 70205 (Rn. 64).

1372 So aber wohl *Wolter*, FS Bepler (2012), S. 675 (687 f.).

1373 *Wolter*, FS Bepler (2012), S. 675 (688).

dieser Regelung enthaltene zahlenmäßige Verpflichtung zur Abgabe von Unterbringungsangeboten erstreckt sich nicht auf die lediglich überobligatorisch bei einer anderen Krankenkasse unterzubringenden Mitarbeiter. Der demographische Wandel führt aber zu starken Veränderungen auf dem Arbeitsmarkt. Konnten die Arbeitgeber früher ihre Wunschkandidaten aus einem großen Bewerberkreis auswählen, fällt es ihnen heutzutage immer häufiger schwer, überhaupt einen geeigneten Bewerber zu finden. Aus diesem Grund ist es nicht ausgeschlossen, dass die eine oder andere Krankenkasse den ordentlich kündbaren Beschäftigten der geschlossenen Krankenkasse, die bereits Berufserfahrung bei einer gesetzlichen Krankenkasse sammelten, eine Stelle anbietet.

Denkbare praktische Umsetzungsschwierigkeiten in der Form, dass sich schlicht keine Krankenkasse bereit erklärt, überobligatorische Beschäftigungsangebote abzugeben, schließen jedenfalls die hier vertretene Auslegung nicht aus. Dies führt nicht zur einer Schlechterstellung der Beschäftigten gegenüber der Auslegung des Bundesarbeitsgerichts. Die Beschäftigungsverhältnisse der ordentlich kündbaren Mitarbeiter bestehen in diesem Fall mit der Abwicklungskörperschaft fort und sind auf andere Weise, in der Regel durch Ausspruch betriebsbedingter Kündigungen unter Einhaltung der gesetzlichen oder tariflichen Kündigungsfristen, zu beenden.[1374]

5. Ergebnis

Das Gesetz spricht den ordentlich kündbaren Beschäftigten keinen Unterbringungsanspruch zu. Damit entfällt zugleich das rechtfertigende Gegengeschäft[1375] zur automatischen Beendigung von Arbeitsverhältnissen nach § 164 Abs. 4 Satz 1 SGB V. Die Arbeitsverhältnisse der ordentlich kündbaren Beschäftigten einer Betriebskranken- und Ersatzkasse bestehen in diesem Falle mit der Abwicklungskörperschaft fort und sind auf andere Weise zu beenden. Es verbleibt allerdings die Möglichkeit, den Mitarbeitern freiwillig die Unterbringung auf einer zumutbaren Stelle bei einer anderen Krankenkasse anzubieten. Die Ablehnung eines solchen ordnungsgemäßen Unterbringungsangebots hat nach §§ 155 Abs. 4 Satz 9, 171 Satz 1 i.V.m. § 164 Abs. 4 Satz 1 SGB V die automatische Beendigung des Arbeitsverhältnisses zum Schließungszeitpunkt zur Folge.

[1374] Von der Anwendbarkeit des allgemeinen Kündigungsschutzes gegenüber ordentlich kündbaren Mitarbeitern nach Schließung der Krankenkasse geht auch Becker/Kingreen/*Mühlhausen*, SGB V, § 164 Rn. 14 aus.

[1375] Diesen Begriff legt bereits *Wolter*, FS Bepler (2012), S. 675 (678) seinen Ausführungen zugrunde.

X. Insolvenz von Krankenkassen als Alternative zur Schließung

1. Überblick über die Vorschriften zur Insolvenz von Krankenkassen

Der Gesetzgeber führte die Insolvenzfähigkeit von Orts- Betriebs-, Innungskranken- und Ersatzkassen[1376] durch das GKV-OrgWG ein.[1377] In diesem Zusammenhang ist ein besonderes Augenmerk auf die Vorschrift des § 171b SGB V zu legen. Nach dessen Abs. 1 Satz 1 findet § 12 Abs. 1 Nr. 2 InsO auf Krankenkassen keine Anwendung mehr. § 12 Abs. 1 Nr. 2 InsO eröffnet dem Landesgesetzgeber die Möglichkeit, das Insolvenzverfahren über das Vermögen einer der Aufsicht eines Landes unterstehenden juristischen Person des öffentlichen Rechts auszuschließen. Die meisten Landesgesetze sahen vor den Reformen zur Insolvenzfähigkeit gerade eine solche Bestimmung für unter ihrer Aufsicht stehende Krankenkassen vor und sorgten damit für deren Insolvenzunfähigkeit.[1378] Dieser Weg ist ihnen mittlerweile durch die Vorschrift des § 171b Abs. 1 Satz 1 SGB V versperrt und die insolvenzrechtliche Rechtslage der unter Bundes- und Landesaufsicht stehenden Krankenkassen vereinheitlicht.[1379]

Die Insolvenzordnung findet nunmehr nach Maßgabe der in § 171b Abs. 2 bis 7 SGB V getroffenen Regelungen auf Krankenkassen entsprechend Anwendung.[1380] Es existiert damit kein gesondertes Insolvenzrecht für Krankenkassen, auch wenn das SGB V teilweise speziellere Regelungen trifft.[1381]

2. Tatbestandliche Voraussetzungen der Insolvenz

Die Voraussetzungen der Insolvenz von Krankenkassen finden sich in § 171b Abs. 2 SGB V. Nach § 171b Abs. 2 Satz 1 SGB V muss der Vorstand einer Krankenkasse eine Zahlungsunfähigkeit[1382], eine drohende Zahlungs-

---

1376 Die Landwirtschaftliche Krankenkasse und die Deutschen Rentenversicherung Knappschaft-Bahn See sind weiterhin ausgenommen und damit insolvenzunfähig, *Bultmann*, MedR 2009, 25 (27); *Poertzgen/Meyer*, MedR 2012, 301 (302); Becker/Kingreen/*Mühlhausen*, SGB V, § 171b Rn. 3.

1377 *Gaßner*, GesR 2009, 121 (127). Vgl. die Ausführungen unter Kap. B II 2 d dieser Arbeit. Zur Insolvenzfähigkeit von Krankenkassen vgl. *Harnisch*, BKK 2010, 110.

1378 *Bohlen-Schöning*, KrV 2009, 289 (289); *Lundberg/Sänger*, ZInsO 2012, 1556 (1557); *Odenbach*, KrV 2008, 169 (169); *Uwer*, GesR 2009, 113 (113).

1379 KassKom/*Peters*, § 171b SGB V Rn. 5.

1380 Krauskopf/*Baier*, Soziale Krankenversicherung, § 171b SGB V Rn. 4; *Krasney*, NZS 2010, 443 (444); Becker/Kingreen/*Mühlhausen*, SGB V, § 171b Rn. 4 f.

1381 Becker/Kingreen/*Mühlhausen*, SGB V, § 171b Rn. 4 f.

1382 Nach § 17 Abs. 2 InsO ist ein Schuldner zahlungsunfähig, wenn er nicht in der Lage ist, die fälligen Zahlungspflichten zu erfüllen. Zahlungsunfähigkeit ist in der Reunfähigkeit[1383] oder Überschuldung[1384] der zuständigen Aufsichtsbehörde unter Beifügung aussagefähiger Unterlagen unverzüglich anzeigen. Die Anzeige dient wiederum der frühzeitigen Information über die finanzielle Lage der Krankenkasse.[1385] Er macht sich unter Umständen nach § 307a SGB V strafbar[1386] und haftbar, wenn er diese Pflicht verletzt.[1387]

Stellt die zuständige Aufsichtsbehörde das Vorliegen dieser Voraussetzungen fest, kann nur sie die Eröffnung des Insolvenzverfahrens über das Vermögen der Krankenkasse nach § 171b Abs. 3 Satz 1 SGB V beantragen.[1388] Die Regelung modifiziert das Insolvenzrecht insofern, als dass § 13 Abs. 1 Satz 2 InsO eine Antragstellung normalerweise auch durch einen Gläubiger und einen Schuldner ermöglicht.[1389]

3. *Verhältnis zwischen Schließung und Insolvenz*

Die Neuregelungen zur Insolvenzfähigkeit führten nicht zur Abschaffung des Schließungsrechts.[1390] Der zuständigen Aufsichtsbehörde steht es offen, ob sie die Schließung der Krankenkasse verbescheidet oder nach § 171b

---

gel anzunehmen, wenn der Schuldner seine Zahlungen eingestellt hat. Zur Übertragbarkeit der Definition vgl. *Amshoff*, KrV 2010, 260 (262); *Bultmann*, MedR 2009, 25 (29 f.); *Gaßner*, GesR 2009, 121 (131 f.); *Krasney*, NZS 2010, 443 (444 ff.); *Lundberg/Sänger*, ZInsO 2012, 1556 (1559).

1383 Nach § 18 Abs. 2 InsO droht ein Schuldner zahlungsunfähig zu werden, wenn er voraussichtlich nicht in der Lage sein wird, die bestehenden Zahlungspflichten im Zeitpunkt der Fälligkeit zu erfüllen. Zur Übertragbarkeit der Definition vgl. *Amshoff*, KrV 2010, 260 (262); *Bultmann*, MedR 2009, 25 (30); *Gaßner*, GesR 2009, 121 (131 f.); *Krasney*, NZS 2010, 443 (447); *Lundberg/Sänger*, ZInsO 2012, 1556 (1559).

1384 Nach § 19 Abs. 2 Satz 1 InsO liegt eine Überschuldung vor, wenn das Vermögen des Schuldners die bestehenden Verbindlichkeiten nicht mehr deckt, es sei denn, die Fortführung des Unternehmens ist nach den Umständen überwiegend wahrscheinlich. Zur Übertragbarkeit der Definition vgl. *Amshoff*, KrV 2010, 260 (262); *Bultmann*, MedR 2009, 25 (30); *Gaßner*, GesR 2009, 121 (131 f.); *Krasney*, NZS 2010, 443 (446 f.); *Lundberg/Sänger*, ZInsO 2012, 1556 (1559).

1385 *Poertzgen/Meyer*, MedR 2012, 301 (302).

1386 § 307a Abs. 1 SGB V stellt lediglich die Verletzung der Anzeigepflicht bei Zahlungsunfähigkeit oder Überschuldung unter Strafe. Zeigt der Vorstand einer Krankenkasse eine nur drohende Zahlungsunfähigkeit nicht an, ist der Tatbestand des § 307a SGB V nicht erfüllt, vgl. Krauskopf/*Baier*, Soziale Krankenversicherung, § 307a Rn. 3 ff.; Hauck/Noftz/*Sonnhoff*, SGB V, § 307a Rn. 7 ff. (jeweils auch zu den einzelnen Voraussetzungen des § 307a SGB V).

1387 Bejahend *Poertzgen/Meyer*, MedR 2012, 301 (303 ff.).

1388 Ausführlich zu den Voraussetzungen und den Ablauf der Insolvenz von Krankenkassen insb. *Bultmann*, MedR 2009, 25; NZS 2010, 443; *Lundberg/Sänger*, ZInsO 2012, 1556; *Poertzgen/Meyer*, MedR 2012, 301. Zur Haftung bei Insolvenz einer Krankenkasse vgl. *Hoffmann*, GesR 2009, 135 (135 ff.).

1389 *Bultmann*, MedR 2009, 25 (26); *Gaßner*, GesR 2009, 121 (133).

1390 BT-Drucks. 16/9559, S. 16.

Abs. 3 Satz 1 SGB V einen Antrag auf Eröffnung des Insolvenzverfahrens über das Vermögen der Krankenkasse stellt, sofern für beide Maßnahmen die gesetzlichen Voraussetzungen gegeben sind.[1391] Das Nebeneinander dieser beiden Abwicklungsformen[1392] ruft die Frage hervor, in welchem Verhältnis sie zueinander stehen.

Nach dem in § 171b Abs. 3 Satz 2 SGB V geäußerten Willen des Gesetzgebers soll sich die Aufsichtsbehörde bei Vorliegen der Voraussetzungen sowohl der Schließung als auch der Insolvenz vorrangig für die Schließung der Krankenkasse entscheiden.[1393] Diese Vorschrift ist insbesondere deswegen von Bedeutung, weil bei Zahlungsunfähigkeit, drohender Zahlungsunfähigkeit oder Überschuldung regelmäßig auch die Leistungsfähigkeit der Krankenkasse nicht mehr auf Dauer gesichert ist und damit auch die Schließungsvoraussetzungen gegeben sind.[1394] Der vom Gesetzgeber präferierte Vorrang der Schließung einer Krankenkasse gegenüber ihrer Insolvenz führt dazu, dass die Einführung der Insolvenzfähigkeit aller Krankenkassen zwar viel Aufsehen erregte, tatsächlich aber die bereits zuvor mögliche Schließung einer Krankenkasse weiterhin der Regelfall bleibt.[1395]

Das Rangverhältnis zwischen der Schließung und der Insolvenz wirft die Frage auf, weshalb der Gesetzgeber die Insolvenzfähigkeit sämtlicher Krankenkassen einführte, wenn eigentlich die Schließung von der Aufsichtsbehörde bevorzugt werden soll. Die Gesetzesbegründung lässt dies offen.[1396] Eine Krankenkasse ist danach im Regelfall zu schließen, wenn nicht im Einzelfall sachliche Gründe für die Stellung eines Insolvenzantrages sprechen.[1397] Eine Erklärung, was unter sachlichen Gründen im Einzelfall zu verstehen ist, bleibt der Gesetzgeber schuldig.[1398]

1391 BT-Drucks. 16/9559, S. 16.

1392 *Vöcking*, GesR 2009, 138 (138).

1393 *Bultmann*, MedR 2009, 25 (26, 31); *Gutzeit*, NZS 2012, 361 (362); *Krasney*, NZS 2010, 443 (448); KassKom/*Peters*, § 171b SGB V Rn. 13.

1394 Krauskopf/*Baier*, Soziale Krankenversicherung, § 171b SGB V Rn. 12; *Bultmann*, MedR 2009, 25 (31); *Gaßner*, GesR 2009, 121 (131); KassKom/*Peters*, § 171b SGB V Rn. 13.

1395 So im Ergebnis auch *Gaßner*, GesR 2009, 121 (131); *Lundberg/Sänger*, ZInsO 2012, 1556 (1557). *Krasney*, NZS 2010, 443 (448) arbeitet Beispiele heraus, in welchen die Voraussetzungen der Insolvenz, nicht aber der Schließung vorliegen.

1396 Krauskopf/*Baier*, Soziale Krankenversicherung, § 171b SGB V Rn. 12.

1397 BT-Drucks. 16/9559, S. 20; Krauskopf/*Baier*, Soziale Krankenversicherung, § 171b SGB V Rn. 12; KassKom/*Peters*, § 171b SGB V Rn. 13.

1398 Krauskopf/*Baier*, Soziale Krankenversicherung, § 171b SGB V Rn. 12. Das Verhältnis zwischen Schließung und Insolvenz soll hier nicht näher vertieft werden, vgl. stattdessen *Bultmann*, MedR 2009, 25 (31); *Lundberg/Sänger*, ZInsO 2012, 1556 (1558 ff.).

4. *Arbeitsrechtliche Fragen bei der Insolvenz von Krankenkassen*

a) Überblick

Nach § 171d Abs. 1 Satz 5 SGB V finden die § 164 Abs. 2 bis 4 SGB V bei der Insolvenz einer Krankenkasse uneingeschränkt Anwendung. Der Verweis gilt für alle vier insolvenzfähigen Krankenkassenarten gleichermaßen. Damit ist das Schicksal der Beschäftigungsverhältnisse bei Schließung und Insolvenz nahezu gleich ausgestaltet.[1399]

Der Gesetzgeber begründet den Vorrang der Schließung vor der Insolvenz unter anderem damit, dass die Abwicklung einer Krankenkasse wegen der Auswirkungen für die Beschäftigten nur das letzte Mittel sein soll.[1400] Im Hinblick auf den uneingeschränkten Verweis des § 171d Abs. 1 Satz 5 SGB V auf die arbeitsrechtlichen Schließungsvorschriften könnte diese Aussage allerdings widersprüchlich sein.[1401]

b) Ungleichbehandlung durch § 171d Abs. 1 Satz 5 SGB V bei Schließung einer Betriebskranken- und Ersatzkasse

Der Verweis des § 171d Abs. 1 Satz 5 SGB V auf § 164 Abs. 2 bis 4 SGB V entspricht der Rechtslage zum Schicksal der Krankenkassenbeschäftigten bei Schließung einer Orts- und Innungskrankenkasse.[1402] Für den Fall der Schließung einer Ortskrankenkasse verweist § 146a Satz 2 SGB V ebenfalls uneingeschränkt auf den unmittelbar auf Innungskrankenkassen anwendbaren § 164 Abs. 2 bis 5 SGB V. Es macht für die Mitarbeiter dieser beiden Krankenkassentypen in Bezug auf eine mögliche Weiterbeschäftigung bei einer anderen Krankenkasse und einer drohenden Beendigung von Arbeitsverhältnissen keinen Unterschied, ob die Krankenkasse geschlossen oder über ihr Vermögen das Insolvenzverfahren eröffnet wird.[1403] In beiden Fällen sind die übrigen Krankenkassen verpflichtet, die Mitarbeiter nach Maßgabe der Unterbringungsvorschriften des § 164 Abs. 3 SGB V in ihren Reihen unterzubringen.

Anders gestaltet sich die Rechtslage bei der Schließung einer Betriebskranken- oder Ersatzkasse.[1404] Für einen Teil der Mitarbeiter besteht zwischen der Schließung und Insolvenz ein bedeutender Unterschied. Die

---

[1399] Vgl. bspw. Krauskopf/*Baier*, Soziale Krankenversicherung, § 171d SGB V Rn. 11.

[1400] BT-Drucks. 16/9559, S. 16; *von Lewinski*, Insolvenz und Staatsbankrott, S. 194.

[1401] Dieses Problem erkennen u.a. auch *Gutzeit*, NZS 2012, 361 (362); *Krasney*, NZS 2010, 443 (448); Becker/Kingreen/*Mühlhausen*, SGB V, § 171b Rn. 19.

[1402] *Krasney*, NZS 2010, 443 (448).

[1403] *Krasney*, NZS 2010, 443 (448).

[1404] *Krasney*, NZS 2010, 443 (448).

Vorschriften zur Schließung von Betriebskranken- und Ersatzkassen erklären zwar die § 164 Abs. 2 bis 5 SGB V ebenfalls für anwendbar, allerdings mit einer den arbeitsrechtlichen Bereich betreffenden entscheidenden Ausnahme. Die bei Schließung einer Krankenkasse maßgeblichen § 155 Abs. 4 Satz 9 SGB V und § 171 Satz 1 SGB V schließen nämlich die Vorschrift des § 164 Abs. 3 Satz 3 SGB V und damit die Unterbringungsverpflichtung mit Wirkung für die Beschäftigten, deren Arbeitsverhältnisse durch den Ausspruch einer ordentlichen Kündigung beendet werden können, ausdrücklich aus.[1405] Das Gesetz versagt den betroffenen ordentlich kündbaren Mitarbeitern damit einen Unterbringungsanspruch.[1406] Stellt die Aufsichtsbehörde demnach keinen Antrag auf Eröffnung des Insolvenzverfahrens und entscheidet sie sich stattdessen für den Erlass eines Schließungsbescheids, drohen den vom Verweis auf § 164 Abs. 3 Satz 3 SGB V ausgenommenen ordentlich kündbaren Beschäftigten von Betriebskranken- und Ersatzkassen Rechtsnachteile. Ein Unterbringungsanspruch stünde ihnen nur bei Eröffnung des Insolvenzverfahrens gemäß § 171d Abs. 1 Satz 5 i.V.m. § 164 Abs. 3 Satz 3 SGB V zu.[1407]

Die Vorschrift des § 171d Abs. 1 Satz 5 SGB V bewirkt damit eine Besserstellung von ordentlich kündbaren Arbeitnehmern einer Betriebskranken- und Ersatzkasse im Fall der Insolvenz gegenüber dem Fall der Schließung.[1408] Dieser Vorteil wird auch nicht durch eine mögliche Anwendbarkeit des § 164 Abs. 4 Satz 1 SGB V ausschließlich auf die Arbeitsverhältnisse der unterbringungsberechtigten Mitarbeiter kompensiert. Die Beendigungsanordnung sieht eine automatische Beendigung von Arbeitsverhältnissen der Mitarbeiter vor, die nicht nach § 164 Abs. 3 SGB V bei einer anderen Krankenkasse untergebracht werden konnten. Die Auslegung des § 164 Abs. 4 Satz 1 SGB V ist sehr umstritten und es ist bereits fraglich, ob die Beendigungsanordnung nur auf diejenigen Mitarbeiter anwendbar ist, die ein zumutbares Unterbringungsangebot ablehnen.[1409] Außerdem sichert ein Unterbringungsanspruch nach § 164 Abs. 3 Satz 3 SGB V die dauerhafte Unterbringung bei einer Krankenkasse und kompensiert damit die drohende Beendigung des Arbeitsverhältnisses nach Maßgabe des § 164 Abs. 4 Satz 1 SGB V.

1405 Becker/Kingreen/*Mühlhausen*, SGB V, § 171b Rn. 19. Vgl. die eingeschränkten Verweise der § 155 Abs. 4 Satz 9 SGB V und § 171 Satz 1 SGB V.

1406 *Krasney*, NZS 2010, 443 (448).

1407 Becker/Kingreen/*Mühlhausen*, SGB V, § 171b Rn. 19.

1408 LAG Baden-Württemberg 18.05.2012 – 7 Sa 13/12, BeckRS 2012, 71380 (II 2 c cc (2) (c)); *Krasney*, NZS 2010, 443 (448).

1409 Die Wirkungen der Vorschrift des § 164 Abs. 3 und 4 SGB V in Bezug auf die ordentlich kündbaren Mitarbeiter von Betriebskranken- und Ersatzkassen sind hoch umstritten, insb. die Frage der Anwendbarkeit des Abs. 4 trotz nicht erforderlichem Unterbringungsverfahren. Zu den Fragen rund um die Auslegung der Beendigungsanordnung wird auf die Ausführungen des Kap. C VII – IX dieser Arbeit verwiesen.

Die hier herausgearbeitete Ungleichbehandlung von ordentlich kündbaren Arbeitnehmern von Betriebskranken- und Ersatzkassen könnte damit gegen Art. 3 Abs. 1 GG verstoßen, da die Schließungsvoraussetzungen und die Voraussetzungen für die Eröffnung eines Insolvenzverfahrens in der Regel gleichzeitig vorliegen.[1410] Die Vergleichbarkeit der Beschäftigungsgruppe bei Schließung und Insolvenz wird ebenso durch den Verweis auf § 164 Abs. 2 bis 4 SGB V bekräftigt. Ungleichbehandlungen vergleichbarer Gruppen sind nur aus einem sachlichen Grund zulässig. Solche lassen sich allerdings weder aus der Gesetzesbegründung entnehmen noch sind sonstige Gründe ersichtlich, die diese Ungleichbehandlung rechtfertigen.

c) Gesetzesbegründung zum Vorrangverhältnis

Die Gesetzesbegründung enthält Ausführungen zum Vorrang der Schließung gegenüber der Insolvenz einer Krankenkasse. Sie könnte Rückschlüsse auf mögliche Rechtfertigungsgründe dieser Ungleichbehandlung ordentlich kündbarer Beschäftigter zulassen.

Die Schließung einer Krankenkasse geht ausweislich der Gesetzesbegründung auch wegen der mit der Abwicklung einer Körperschaft verbundenen Auswirkungen für die Beschäftigten der Eröffnung des Insolvenzverfahrens vor.[1411] Daraus könnte man schließen, dass eine Krankenkasse deswegen vorrangig zu schließen ist, weil die Beschäftigten im Insolvenzverfahren Nachteile zu erleiden haben.[1412] Tatsächlich befinden sich aber ordentlich kündbare Arbeitnehmer einer Betriebskrankenkasse oder Ersatzkasse nach Maßgabe der obigen Ausführungen in einer besseren Lage[1413], wenn sich die Krankenkasse in der Insolvenz statt im Schließungsverfahren befindet. Sie können sich ebenfalls auf den durch § 164 Abs. 3 Satz 3 SGB V eingeräumten Unterbringungsanspruch berufen, da § 171d Abs. 1 Satz 5 SGB V ihnen gegenüber keine Einschränkungen trifft.[1414]

1410 So auch LAG Baden-Württemberg 18.05.2012 – 7 Sa 13/12, BeckRS 2012, 71380 (II 2 c cc (2) (c)); *Krasney*, NZS 2010, 443 (448); Becker/Kingreen/*Mühlhausen*, SGB V, § 171b Rn. 19.

1411 BT-Drucks. 16/9559, S. 16.

1412 In diese Richtung auch *Krasney*, NZS 2010, 443 (448), der die Gründe des Vorrangs auf den Prüfstand stellt.

1413 In diesem Punkt widerspricht die Gesetzesbegründung (BT-Drucks. 16/9559, S. 16) vordergründig der tatsächlichen Rechtslage. Diesen Widerspruch erkennt auch *Krasney*, NZS 2010, 443 (448), der ebenfalls der hier vertretenen Auffassung, wonach die Vorschriften zur Insolvenz tatsächlich vorteilhafter sind, folgt. Mit weiteren Argumenten wird dabei die Rechtfertigung des normierten Vorrangs in Frage gestellt.

1414 *Bohlen-Schöning*, KrV 2011, 85 (88). Im Ergebnis ebenso *Krasney*, NZS 2010, 443 (448).

Ein genauerer Blick in die Gesetzesbegründung löst ihre scheinbare[1415] Diskrepanz zur tatsächlichen Rechtslage aber auf.[1416] Der Gesetzgeber führt wörtlich aus:

> *„Das Verhältnis beider Abwicklungswege zueinander wird dahingehend geregelt, dass die Aufsichtsbehörde vorrangig vom Schließungsrecht Gebrauch machen soll. Dies ist sachgerecht, da die Abwicklung einer leistungsunfähigen Krankenkasse insbesondere wegen ihrer Auswirkungen auf die Beschäftigten und die Versicherten der Krankenkasse nur Ultima Ratio sein soll. Da die Aufsichtsbehörde bei einer Schließung nach den Regelungen des SGB V die Verfahrenshoheit behält, hat sie die Möglichkeit, bis zum Wirksamwerden der Schließung zusammen mit dem Spitzenverband Bund der Krankenkassen durch die Organisation finanzieller Hilfen oder der Vereinigung mit einer anderen Krankenkasse die Abwicklung der betroffenen Krankenkasse zu verhindern."*[1417]

Die Lösung des Problems liegt im letzten Teil der Gesetzesbegründung.[1418] Mit dem Vorrang der Schließung verbindet der Gesetzgeber die Hoffnung, dass die Schließung nach Einleitung des Abwicklungsverfahrens noch abgewendet werden kann.[1419] Seines Erachtens stehen dafür die Chancen bei Wahl des Schließungsverfahrens gegenüber dem Insolvenzverfahren besser, da im Schließungsverfahren die Aufsichtsbehörde die Verfahrenshoheit beibehält und damit leichter beispielsweise finanzielle Hilfen im Sinne der §§ 265 ff. SGB V organisieren könnte.[1420]

Dieser Gedankengang ist zunächst nachvollziehbar. Die Aufsichtsbehörde kann bis zur endgültigen Auflösung der Krankenkasse ihre Abwicklung theoretisch noch abzuwenden.[1421] Mit Eröffnung des Insolvenzverfahrens erfolgt hingegen die Bestellung eines Insolvenzverwalters, § 171b Abs. 4 Satz 2 SGB V. Die Abwicklung der Krankenkasse liegt von diesem Moment an in den Händen des Insolvenzverwalters[1422], der insbesondere über weniger Kontakte und Erfahrungen im Krankenversicherungssystem verfügt als die Aufsichtsbehörde.[1423]

1415 Von der Widersprüchlichkeit geht *Krasney*, NZS 2010, 443 (448) aus.

1416 BT-Drucks. 16/9559, S. 16. Eine Auflösung dieses scheinbaren Widerspruchs folgt auch durch *Gutzeit*, NZS 2012, 361 (362).

1417 BT-Drucks. 16/9559, S. 16.

1418 So auch *Gutzeit*, NZS 2012, 361 (362).

1419 *Gutzeit*, NZS 2012, 361 (362).

1420 BT-Drucks. 16/9559, S. 16; KassKom/*Peters*, § 171b SGB V Rn. 13.

1421 *Gutzeit*, NZS 2012, 361 (362). Ähnlich Becker/Kingreen/*Mühlhausen*, SGB V, § 171b Rn. 13.

1422 Krauskopf/*Baier*, Soziale Krankenversicherung, § 171b SGB V Rn. 20. *Gutzeit* weist in diesem Zusammenhang darauf hin, dass ein Insolvenzverfahren „erfahrungsgemäß allenfalls marginale Sanierungschancen" biete, *Gutzeit*, NZS 2012, 361 (362).

1423 Das LAG Baden-Württemberg 18.05.2012 – 7 Sa 13/12, BeckRS 2012, 71380 (II 2 c cc (2) (c)) missversteht die Gesetzesbegründung. Der Vorrang der Schließung vor der Insolvenz sei auch deswegen begründet, weil die Aufsichtsbehörde zuständig bleibe und mit den Mitarbeitern sachgerechtere Lösungen finden könne. In der Sa-

Es ist aber zweifelhaft, ob die mit dem Vorrangverhältnis verbundene Hoffnung, eine von der Schließung bedrohte Krankenkasse könne in der Praxis zu einem so späten Zeitpunkt noch gerettet werden, begründet ist.[1424] Nach § 172 SGB V sind Maßnahmen zur Vermeidung der Schließung oder Insolvenz schon viel früher zu ergreifen. Ist die Aufsichtsbehörde dagegen an dem Punkt angelangt, sich zwischen der Verbescheidung der Schließung und der Stellung eines Antrags auf Eröffnung des Insolvenzverfahrens entscheiden zu müssen, sind in der Regel alle Rettungsversuche bereits ausgeschöpft und gescheitert. Das deckt sich auch mit den Begründungen des Bundesversicherungsamtes zur Schließung der City BKK und BKK für Heilberufe.[1425] Ist die Entscheidung für die Schließung einmal gefallen, liegt das Hauptaugenmerk eher auf der Abwicklung als auf der Organisation abschließender Rettungsversuche. In dem Zeitpunkt, in dem die Aufsichtsbehörde zwischen Stellung des Insolvenzantrages und Erlass eines Schließungsbescheids entscheiden muss, sollten diese Maßnahmen daher bereits eingeleitet worden und erfolglos geblieben sein. Es ist unwahrscheinlich, dass nach dem Wirksamwerden der Schließung noch mit einer Verbesserung der finanziellen Lage und einer Rettung der Krankenkasse zu rechnen ist.[1426]

Sicherlich könnte man stattdessen – entgegen der gesetzgeberischen Ansicht und unter Berücksichtigung der obigen Ausführungen – die Bestellung eines mit der Sanierung und Abwicklung von juristischen Personen ständig befassten Insolvenzverwalters auch als Chance begreifen und ihm nach Scheitern eigener Rettungsbemühungen durch die übrigen Beteiligten die Eignung für eine Rettung der Krankenkasse eher zusprechen. Auf diese Fragen kommt es hier jedoch letztlich nicht an. Die Gesetzesbegründung jedenfalls offenbart den hinter dem gesetzlich angeordneten Vorrangverhältnis stehenden Gedanken und ist deswegen nicht widersprüchlich.[1427]

Auf die Ungleichbehandlung ordentlich kündbarer Beschäftigter von Betriebskranken- und Ersatzkassen geht sie dagegen nicht ein. Sie nimmt zwar ausführlich zum Vorrangverhältnis der Schließung gegenüber der Insolvenz Stellung und begründet es mit besseren Abwendungsmöglichkeiten. Den Verweis auf § 164 Abs. 2 bis 4 SGB V kommentiert der Gesetzgeber dagegen

---

che ist die Aussage des Gerichts richtig. Der Gesetzesbegründung und ihren Hintergründen lässt sich dieser Gedankengang aber nicht entnehmen.

1424 Daran zweifelt auch *Gutzeit*, NZS 2012, 361 (362).

1425 *Sinß*, VW 2011, 682. Vgl. die Pressemitteilung des Bundesversicherungsamtes vom 02.11.2011, S. 1, Download verfügbar unter http://www.gkv-spitzenverband.de/presse/pressemitteilungen_und_statements/pressemitteilung_2190.jsp (zuletzt abgerufen am 31.01.2016).

1426 Ähnlich *Groß*, Krankenkassen, S. 198 f.; *Gutzeit*, NZS 2012, 361 (362).

1427 Anders dagegen *Krasney*, NZS 2010, 443 (448), der die Gesetzesbegründung dahingehend versteht, dass sie sich auf die Rechtsstellung der Beschäftigten nach der Kassenschließung bezieht.

nur kurz mit einem Hinweis auf die Sicherstellung von Beschäftigungs- und Versorgungsansprüche insbesondere von Dienstordnungsangestellten.[1428] Damit ergeben sich aus der Gesetzesbegründung keine Rechtfertigungsgründe für die Ungleichbehandlung ordentlich kündbarer Beschäftigter von Betriebskranken- und Ersatzkassen bei Schließung einer Krankenkasse.

d) Keine weiteren Rechtfertigungsgründe für die Ungleichbehandlung

Weitere Rechtfertigungsgründe für die Ungleichbehandlung von ordentlich kündbaren Beschäftigten von Betriebskrankenkassen und Ersatzkassen bei Schließung und Insolvenz sind nicht ersichtlich. Die Unterschiede des Unterbringungsverfahrens lassen sich insbesondere nicht mit haftungsrechtlichen Abweichungen[1429] erklären.

Das Gesetz gestaltet die jeweilige Haftung bei Schließung und Insolvenz ähnlich aus.[1430] Haftungsrechtliche Unterschiede bestehen insbesondere in Bezug auf den Umfang der Haftung.[1431] Er erstreckt sich bei der Insolvenz nach Maßgabe des § 171d SGB V nicht auf sämtliche Verbindlichkeiten der insolventen Krankenkasse.[1432] Die insolvenzrechtlichen Regelungen sehen außerdem mit der Vorschrift des § 171d Abs. 5 Satz 1 SGB V eine Deckelung der Haftung vor.[1433] Diese Unterschiede rechtfertigen allerdings keine Ungleichbehandlung im Zusammenhang mit der Unterbringung von Beschäftigten.[1434] Es geht bei ihr nicht um die Erfüllung noch ausstehender Verbindlichkeiten, sondern um das Schicksal der Anstellungsverhältnisse nach Schließung und Einleitung des Insolvenzverfahrens. Es sind zwar haftungsbegründende Pflichtverletzungen gegenüber Beschäftigten in dieser Phase denkbar, doch besteht diese Gefahr gleichermaßen auch dann, wenn man ordentlich kündbaren Beschäftigten von Betriebskranken- und Ersatzkassen keinen Unterbringungsanspruch zugesteht.

1428 BT-Drucks. 16/9559, S. 21.

1429 Dazu *Groß*, Krankenkassen, S. 202 ff.

1430 Juris-PK-SGB V/*Krasney*, § 171d Rn. 8 („in wesentlichen Fragen identisch").

1431 Ausführlich zu den haftungsrechtlichen Fragen bei der Insolvenz und der Schließung einer Krankenkasse *Groß*, Krankenkassen, S. 200 ff.

1432 *Groß*, Krankenkassen, S. 203 f.

1433 Juris-PK-SGB V/*Krasney*, § 171d Rn. 9.

1434 Ebenso *Krasney*, NZS 2010, 443 (448).

e) Fazit

Der scheinbare Widerspruch in der Gesetzesbegründung zum Vorrang der Schließung gegenüber der Insolvenz konnte aufgelöst werden.[1435] Der Gesetzgeber verbindet mit dem Schließungsverfahren die Hoffnung, dass die Krankenkasse durch vom SGB V bereitgestellte Maßnahmen[1436] doch noch erhalten werden kann.[1437] Das Vorrangverhältnis ist unter Berücksichtigung dieser Hoffnung auch nachvollziehbar.

Dieser in der Gesetzesbegründung niedergelegte Gedanke rechtfertigt aber die zwischen Schließung und Insolvenz bestehenden Unterschiede für ordentlich kündbare Mitarbeiter einer Betriebskranken- und Ersatzkasse nicht.[1438] Denn der Erfolg möglicher weiterer Rettungsversuche nach Wahl des Schließungsverfahrens hängt nicht von etwaigen Unterbringungsansprüchen einzelner Mitarbeiter ab. Diese wirken sich erst zum Schließungszeitpunkt aus. Die Gesetzesbegründung zu § 171d SGB V liefert ebenfalls keine Erklärung für die Ungleichbehandlung.[1439] Nach dieser stellt die entsprechende Anwendung des § 164 Abs. 2 bis 4 SGB V sicher, dass insbesondere die Beschäftigungs- und Versorgungsansprüche der Dienstordnungsangestellten durch einen Insolvenzfall nicht beeinträchtigt werden.[1440] Die unterschiedliche Behandlung der Mitarbeiter wird dagegen nicht thematisiert. Letztendlich liegt daher die Annahme auf der Hand, dass die unterschiedliche Rechtsposition ordentlich kündbarer Arbeitnehmer von Betriebskrankenkassen auf eine nicht durchdachte Gesetzgebung zurückzuführen ist, welche die ungleiche Behandlung der Arbeitnehmergruppen zwar zur Kenntnis genommen, diese aber nicht für regelungsbedürftig gehalten hat.

Diese Ungleichbehandlung ist verfassungswidrig.[1441] Bei Vorliegen der Voraussetzungen für die Einleitung eines Insolvenzverfahrens sind regelmäßig auch die Schließungsvoraussetzungen gegeben. Die Wahl des Abwicklungsverfahrens liegt dann im Ermessen der Aufsichtsbehörde, wobei die Schließung der Krankenkasse grundsätzlich Vorrang genießt und damit

---

[1435] So auch *Gutzeit*, NZS 2012, 361 (362), der ebenfalls darauf hinweist, dass der Gesetzgeber das Vorrangverhältnis nicht wegen einer vermeintlichen rechtlichen Besserstellung von Beschäftigten im Schließungsverfahren wählte.

[1436] Vgl. hierzu die Ausführungen unter Kap. B IV 1 dieser Arbeit.

[1437] *Gutzeit*, NZS 2012, 361 (362).

[1438] Ebenfalls kritisch *Krasney*, NZS 2010, 443 (448).

[1439] *Krasney*, NZS 2010, 443 (448).

[1440] BT-Drucks. 16/9559, S. 21.

[1441] So auch *Krasney*, NZS 2010, 443 (448); Becker/Kingreen/*Mühlhausen*, SGB V, § 171b Rn. 19. Zweifelnd *Rolfs*, GuP 2013, 8 (13) („eine Rechtfertigung für diese Ungleichbehandlung liegt nicht eben auf der Hand"). Offen lassend dagegen *Gutzeit*, NZS 2012, 410 (416).

auch der Entzug des Unterbringungsanspruchs. Es ist kein Grund ersichtlich, warum die ordentlich kündbaren Beschäftigten bei Schließung der Krankenkasse von Unterbringungsansprüchen ausgeschlossen sein sollen, während ihnen im Insolvenzverfahren solche zustehen.

Zusammenfassend ist zumindest für die ordentlich Kündbaren die Eröffnung des Insolvenzverfahrens durch die Aufsichtsbehörde vorteilhafter.[1442] Daraus resultiert nach der hier vertretenen Ansicht eine ungerechtfertigte Ungleichbehandlung der ordentlich kündbaren Mitarbeiter, deren Krankenkasse geschlossen wird.[1443]

1442 Ebenso *Groß*, Krankenkassen, S. 197; *Krasney*, NZS 2010, 443 (448). *Gutzeit*, NZS 2012, 361 (362) deutet diese Erkenntnis ebenfalls an und wirft die Frage auf, ob diese Annahme des Gesetzgebers nicht "allzu hoffnungsfroh" gewesen sei.

1443 LAG Baden-Württemberg 18.05.2012 – 7 Sa 13/12, BeckRS 2012, 71380 (II 2 c cc (2) (c)); *Krasney*, NZS 2010, 443 (448); Becker/Kingreen/*Mühlhausen*, SGB V, § 171b Rn. 19.

D. Kollektivarbeitsrechtliche Fragen bei Schließung von Krankenkassen

Die individualarbeitsrechtlichen Probleme bei Schließung einer gesetzlichen Krankenkasse nehmen den größten Raum der Abhandlungen der Literatur zum Thema ein.[1] Das liegt an den gerichtlichen Verfahren, die sich in erster Linie mit der von den Beschäftigten begehrten Weiterbeschäftigung bei der geschlossenen Krankenkasse befassten. Nichtsdestrotrotz wirft die Schließung einer Krankenkasse sowohl im Vorfeld als auch im Abwicklungszeitraum zwangsläufig kollektivarbeitsrechtliche Fragen im Personalvertretungs- und im Tarifrecht auf. Die Rechtsprechung beschäftigte sich bisher mit dem Bestehen eines Mitbestimmungsrechts des Personalrats bei der Aufstellung eines Sozialplans für den Fall der Kassenschließung.[2] Im Folgenden sollen nicht sämtliche personalvertretungsrechtliche Fragen im Zusammenhang mit der Auflösung einer Dienststelle behandelt werden. Die Darstellung beschränkt sich vielmehr auf diejenigen Problemfelder, bei denen sich im Vergleich zur Auflösung sonstiger Dienststellen bei der Schließung einer Krankenkasse Sonderfragen ergeben.

I. Besonderheiten des Personalvertretungsrechts bei Kassenschließungen

Die gesetzlichen Krankenkassen sind gemäß § 130 BetrVG als Körperschaften des öffentlichen Rechts (§ 4 Abs. 1 SGB V, § 29 Abs. 1 SGB IV) vom Anwendungsbereich des Betriebsverfassungsrechts ausdrücklich ausgenommen.[3] Bundesunmittelbare Körperschaften des öffentlichen Rechts unterfallen dem Geltungsbereich des Bundespersonalvertretungsrechts, landesunmittelbare Körperschaften den jeweiligen Landespersonalvertretungsgesetzen.[4] Die folgenden Ausführungen legen die Vorschriften des Bundespersonalvertretungsgesetzes zugrunde. Eine unterschiedliche Beurteilung ist

---

1 Zu den Problemen des kollektiven Arbeitsrechts bei Schließung einer Krankenkasse vgl. insb. *Grau/Sittard*, KrV 2012, 6 (11 ff.). Die übrigen Stimmen gehen in diesem Zusammenhang – wenn überhaupt – nur sehr kurz auf die kollektivarbeitsrechtlichen Probleme ein, vgl. bspw. *Bohlen-Schöning*, KrV 2011, 85 (88 f.); *Bohlen-Schöning*, KrV 2012, 101 (104); *Klimpe-Auerbach*, SozSich 2011, 270 (273 f.); *Neumann*, jurisPR-BVerwG 18/2013 Anm. 4; *Rehborn*, GesR 2013, 341.

2 BVerwG 28.11.2012 – 6 P 11.11, NZA-RR 2013, 330; dazu auch *Neumann*, jurisPR-BVerwG 18/2013 Anm. 4; *Rehborn*, GesR 2013, 341.

3 So auch klarstellend ErfK/*Kania*, § 130 BetrVG Rn. 4 in Bezug auf die Betriebskrankenkassen.

4 Zur Abgrenzung vgl. Richardi/Dörner/Weber/*Richardi*, Personalvertretungsrecht, § 1 BPersVG Rn. 18.

nach den Landespersonalvertretungsgesetzen durchaus möglich, insbesondere was die Frage der Sozialplanpflichtigkeit angeht.[5]

Aus personalvertretungsrechtlicher Perspektive sind die Beteiligungsrechte des Personalrats im Schnittbereich zu den besonderen arbeitsrechtlichen Regelungen des § 164 Abs. 3 und 4 SGB V von besonderem Interesse. Weiterhin ist zu klären, inwieweit die Schließung einer Krankenkasse eine Auflösung einer Dienststelle[6] im personalvertretungsrechtlichen Sinne darstellt und ob sowohl die organisatorischen als auch die arbeitsrechtlichen Unterschiede eine Abweichung von den allgemeinen mitbestimmungsrechtlichen Grundsätzen rechtfertigen.

1. *Personalratsbeteiligung im Vorfeld der Kassenschließung*

Im Vorfeld einer Kassenschließung kommen verschiedene Mitbestimmungs- und Mitwirkungsrechte des Personalrats in Betracht. Ein besonderes Augenmerk liegt hier auf einer möglichen Beteiligung des Personalrats bei der Schließungsentscheidung der Aufsichtsbehörde sowie bei der Aufstellung eines Sozialplanes. Das Unterbringungsverfahren wirft ebenfalls personalvertretungsrechtliche Fragen auf.[7]

a) Mitwirkungsrechte bei der Schließungsentscheidung

aa) Grundlagen zum Mitwirkungsrecht

Dem Personalrat könnte vor Erlass des Schließungsbescheids ein Mitwirkungsrecht zustehen.[8] Nach § 78 Abs. 1 Nr. 2 Var. 1 BPersVG wirkt er bei der Auflösung von Dienststellen mit. Diese, gegenüber der erzwingbaren Mitbestimmung schwächere Beteiligungsform[9], verpflichtet den Dienstherrn zur Anhörung des Personalrats, der seinerseits Einwendungen gegen die ge-

---

5 Ebenso ErfK/*Rolfs*, § 164 SGB V Rn. 9.

6 Eine gesetzliche Krankenkasse kann freilich aus mehreren Dienststellen und insoweit auch aus mehreren Personalräten bestehen, dazu *Andelewski/Brachmann*, NZA 2010, 1103 (1108).

7 Diese Arbeit beschränkt sich auf die Darstellung der schließungsspezifischen Besonderheiten des Personalvertretungsrechts. Bei Auflösung einer Dienststelle kommen nach den allgemeinen Grundsätzen weitere Beteiligungsrechte in Betracht, die aber nicht notwendigerweise im Zusammenhang mit der Schließung einer Krankenkasse stehen. Sie sollen an dieser Stelle nicht weiter behandelt werden.

8 Dazu auch *Grau/Sittard*, KrV 2012, 6 (12).

9 BVerwG 30.06.2005 – 6 P 9/04, NZA-RR 2005, 665 (II 3 a); BVerwG 07.02.2012 – 6 P 26/10, NZA-RR 2012, 389 (Rn. 27); *Ilbertz*, Personalvertretungsrecht, § 78 BPersVG Ziff. 3 a); Richardi/Dörner/Weber/*Kaiser*, Personalvertretungsrecht, Vorbem. zu §§ 75 ff. BPersVG Rn. 1; Schaub/*Anuschek/Koch*, Arbeitsrecht, § 268 Rn. 61.

planten Maßnahmen erheben und verfolgen kann.[10] Das Mitwirkungsrecht bleibt insofern hinter sonstigen Mitbestimmungsrechten zurück, als der Personalrat bei Streitigkeiten keinen Spruch der Einigungsstelle erzwingen kann.[11] Es ermöglicht ihm aber, auf die Entscheidung der Dienststelle Einfluss zu nehmen und die Belange der Mitarbeiter vorzutragen.[12]

Der Auflösungsbegriff des § 78 Abs. 1 Nr. 2 Var. 1 BPersVG entspricht dem betriebsverfassungsrechtlichen Begriff der Betriebsstilllegung im Sinne des § 111 BetrVG.[13] Die Schließung einer Krankenkasse lässt sich grundsätzlich darunter subsumieren. Das Mitwirkungsrecht setzt die Einstellung des durch die Dienststelle verfolgten Zwecks und die Auflösung der zugrunde liegenden Organisation voraus.[14] Mit Ablauf des im Schließungsbescheid vorgesehenen Termins gibt die zuvor werbend tätige Krankenkasse ihren Zweck endgültig auf, sie wandelt sich in eine Abwicklungskörperschaft und zwingt die Versicherten zum Wechsel zu einer anderen Krankenkasse.[15] Die Schließung der Krankenkasse führt damit zu tiefgreifenden Eingriffen in ihre Organisation. Sie verliert ihre Eigenschaft als Körperschaft des öffentlichen Rechts[16] und muss unter anderem den Wegfall des Verwaltungsrats[17] kompensieren. Der verbleibende Abwicklungsbedarf der geschlossenen Krankenkasse schließt ein Mitwirkungsrecht des § 78 Abs. 1 Nr. 2 BPersVG in Anbetracht dieser Änderungen hier nicht aus, auch wenn sich die Abwicklung je nach Größe der Krankenkasse noch über einen längeren Zeitraum erstrecken kann.

bb) Anwendbarkeit bei Kassenschließungen

Das Mitwirkungsrecht des bei der von der Schließung bedrohten Krankenkasse eingerichteten Personalrats könnte allerdings ausscheiden, weil die Entscheidung über den Erlass des Schließungsbescheids nicht der Kranken-

---

10 MünchArbR/*Germelmann*, Band II, § 277 Rn. 6.

11 MünchArbR/*Germelmann*, Band II, § 277 Rn. 6; Richardi/Dörner/Weber/*Weber*, Personalvertretungsrecht, Vorbem. zu § 69 BPersVG Rn. 6 f.

12 Zum weiteren Verfahrensverlauf bei Widerspruch oder Erhebung von Einwendungen des mitwirkungsberechtigten Personalrats vgl. Richardi/Dörner/Weber/*Weber*, Personalvertretungsrecht, Vorbem. zu § 69 BPersVG Rn. 6.

13 Richardi/Dörner/Weber/*Benecke*, Personalvertretungsrecht, § 78 BPersVG Rn. 14.

14 Richardi/Dörner/Weber/*Benecke*, Personalvertretungsrecht, § 78 BPersVG Rn. 14 m.w.N.

15 VGH Mannheim 27.09.2011 – PB 15 S 1026/11, BeckRS 2011, 55726 (II 2); *Bohlen-Schöning*, KrV 2012, 101 (102).

16 BT-Drucks. 16/9559, S. 20.

17 BT-Drucks. 16/9559, S. 18; Hauck/Noftz/*Engelhard*, SGB V, § 155 Rn. 8; *Gutzeit*, NZS 2012, 361 (366); Becker/Kingreen/*Mühlhausen*, SGB V, § 155 Rn. 12.

kasse selbst, sondern ihrer Aufsichtsbehörde obliegt, §§ 146a Satz 1, 153 Satz 1, 163 Satz 1, 170 Satz 1 SGB V.[18]

Der Verwaltungsgerichtshof Mannheim und das Bundesverwaltungsgericht befassten sich mit den Beteiligungsrechten des Personalrats bei der Schließung einer Krankenkasse.[19] Die Abwicklungskörperschaft wandte sich in diesen Verfahren gegen einen von der Einigungsstelle beschlossenen Sozialplan.[20] Dieser sah für den Fall einer Kassenschließung unter anderem Abfindungszahlungen an die Mitarbeiter vor.[21] Die Gerichte setzten sich sowohl mit den tatbestandlichen Voraussetzungen des § 75 Abs. 3 Nr. 13 BPersVG als auch mit der Zuständigkeit der Aufsichtsbehörde auseinander.[22] Die Gründe der Entscheidungen enthalten darüber hinaus wichtige Aussagen in Bezug auf das Bestehen eines Mitwirkungsrechts nach § 78 Abs. 1 Nr. 2 BPersVG, auch wenn es darauf letztlich nicht ankam.

Das Bundesverwaltungsgericht versagte dem Personalrat mit überzeugender Argumentation das Mitbestimmungsrecht des § 75 Abs. 3 Nr. 13 BPersVG.[23] Nach Auffassung des Gerichts löst nur eine Maßnahme einer innerhalb des Dienststellenorganismus stehenden Dienstbehörde ein Mitbestimmungsrecht bei Aufstellung eines Sozialplanes aus.[24] Es verweist diesbezüglich auf die Grundsätze des Personalvertretungsrechts, dessen Systematik, Entstehungsgeschichte sowie Sinn und Zweck.[25] Das Mitbestimmungsrecht des § 75 Abs. 3 Nr. 13 BPersVG komme aufgrund der Grundsätze der Dienststellenverfassung nicht zur Anwendung.[26] Der Bescheid der Aufsichtsbehörde löse die Krankenkasse auf.[27] Diese sei nicht die obere Dienstbehörde einer Krankenkasse, sondern stehe außerhalb deren Dienststellensystems.[28] Eine die Sozialplanpflichtigkeit auslösende Rationalisierungsmaßnahme setze aber entweder eine Entscheidung der Beschäftigungsdienststelle selbst oder wenigstens einer übergeordneten Dienststelle voraus, auch wenn dies nicht ausdrücklich geregelt sei.[29]

---

18 Dazu insb. *Grau/Sittard*, KrV 2012, 6 (12).

19 BVerwG 28.11.2012 – 6 P 11.11, NZA-RR 2013, 330; VGH Mannheim 27.09.2011 – PB 15 S 1026/11, BeckRS 2011, 55726 (II 2).

20 VGH Mannheim 27.09.2011 – PB 15 S 1026/11, BeckRS 2011, 55726 (I).

21 VGH Mannheim 27.09.2011 – PB 15 S 1026/11, BeckRS 2011, 55726 (I).

22 BVerwG 28.11.2012 – 6 P 11.11, NZA-RR 2013, 330 (Rn. 16 ff.); VGH Mannheim 27.09.2011 – PB 15 S 1026/11, BeckRS 2011, 55726 (II 2).

23 Ausführlich BVerwG 28.11.2012 – 6 P 11.11, NZA-RR 2013, 330 (Rn. 16 ff.).

24 BVerwG 28.11.2012 – 6 P 11.11, NZA-RR 2013, 330 (Rn. 17).

25 BVerwG 28.11.2012 – 6 P 11.11, NZA-RR 2013, 330 (Rn. 16 ff.).

26 BVerwG 28.11.2012 – 6 P 11.11, NZA-RR 2013, 330 (Rn. 16).

27 BVerwG 28.11.2012 – 6 P 11.11, NZA-RR 2013, 330 (Rn. 16).

28 BVerwG 28.11.2012 – 6 P 11.11, NZA-RR 2013, 330 (Rn. 27).

29 BVerwG 28.11.2012 – 6 P 11.11, NZA-RR 2013, 330 (Rn. 18).

Die Systematik des Gesetzes bestärkt das Bundesverwaltungsgericht in seiner Auffassung.[30] Die Entscheidungsgründe enthalten an dieser Stelle wichtige Aussagen zum Mitwirkungsrechts des Personalrats bei der Schließungsentscheidung der Aufsichtsbehörde.[31] Es bestehe ein systematischer Zusammenhang zwischen dem Mitbestimmungsrecht des § 75 Abs. 3 Satz 13 BPersVG und dem Mitwirkungsrecht des § 78 Abs. 1 Nr. 2 BPersVG.[32] Die Stufenvertretung wirke bei der Organisationsentscheidung der übergeordneten Dienststelle mit, durch die ein Mitbestimmungsrecht des örtlichen Personalrats bei der Beschäftigungsdienststelle bei Aufstellung eines Sozialplanes ausgelöst werde.[33] Diese Konstellation stelle ein „typisches Szenario"[34] dar. Es unterliege dabei aber keinen Zweifeln, „[d]ass die nach § 78 Abs. 1 Nr. 2 BPersVG mitwirkungsbedürftige organisatorische Maßnahme von der Beschäftigungsdienststelle selbst oder von einer ihr übergeordneten Dienststelle verfügt sein"[35] müssten. Das Gericht deutet mit dieser Aussage beiläufig an, dass ein Mitwirkungsrecht des Personalrats bei Schließung der Krankenkasse durch die Aufsichtsbehörde ausgeschlossen ist. Die Aufsichtsbehörde ist nicht die übergeordnete Dienststelle der geschlossenen Krankenkasse.[36] Ihre Entscheidung habe nicht den „Charakter einer innerdienstlichen Maßnahme"[37].

Grau/Sittard lehnen ein Mitwirkungsrecht des Personalrats ebenfalls ab und verweisen diesbezüglich auf den Sinn und Zweck des Beteiligungsrechts.[38] Die Erörterungspflicht diene der Beeinflussung der Entscheidung.[39] Diese obliege aber der Aufsichtsbehörde und nicht der Krankenkasse.[40] Der Sinn und Zweck der aus dem Mitwirkungsrecht erwachsenen Erörterungspflicht zwischen Arbeitgeber und Personalrat sei demzufolge bei der Schließung einer Krankenkasse nicht zu erreichen.[41]

Grau/Sittard liegen insofern ebenfalls richtig, wenn sie ein Mitwirkungsrecht des Personalrats vor dem Hintergrund des Sinns und Zwecks eines solchen Beteiligungsrechts ablehnen.[42] Ein Beteiligungsrecht ermöglicht nur dann die Berücksichtigung der Interessen der Beschäftigten, wenn der

---

30 Dazu BVerwG 28.11.2012 – 6 P 11.11, NZA-RR 2013, 330 (Rn. 19).
31 BVerwG 28.11.2012 – 6 P 11.11, NZA-RR 2013, 330 (Rn. 19).
32 BVerwG 28.11.2012 – 6 P 11.11, NZA-RR 2013, 330 (Rn. 19).
33 BVerwG 28.11.2012 – 6 P 11.11, NZA-RR 2013, 330 (Rn. 19).
34 BVerwG 28.11.2012 – 6 P 11.11, NZA-RR 2013, 330 (Rn. 19).
35 BVerwG 28.11.2012 – 6 P 11.11, NZA-RR 2013, 330 (Rn. 19).
36 BVerwG 28.11.2012 – 6 P 11.11, NZA-RR 2013, 330 (Rn. 27).
37 BVerwG 28.11.2012 – 6 P 11.11, NZA-RR 2013, 330 (Rn. 27).
38 *Grau/Sittard*, KrV 2012, 6 (12).
39 *Grau/Sittard*, KrV 2012, 6 (12).
40 *Grau/Sittard*, KrV 2012, 6 (12).
41 *Grau/Sittard*, KrV 2012, 6 (12).
42 *Grau/Sittard*, KrV 2012, 6 (12).

Arbeitgeber die Entscheidung in irgendeiner Weise beeinflussen kann.[43] Vor der Schließung einer Krankenkasse ist dies nicht vorgesehen. Es existiert damit keine Entscheidung der geschlossenen Krankenkasse oder der übergeordneten Dienststelle, die durch die Mitwirkung des Personalrats zugunsten der Beschäftigten beeinflusst werden könnte.[44] Andererseits widerspräche eine Mitwirkung des bei der betroffenen Krankenkasse gebildeten Personalrats auf der aufsichtsbehördlichen Ebene den Grundsätzen des Personalvertretungsrechts, die eine Beteiligung der Mitarbeitervertretung nur innerhalb des Dienststellenorganismus vorsehen. Mit der Auffassung des Bundesarbeitsgerichts zum Bestehen eines Mitbestimmungsrechts nach § 75 Abs. 3 Nr. 13 BPersVG[45] und der Literatur[46] scheidet ein Mitwirkungsrecht des Personalrats bei Erlass des Schließungsbescheids und damit der Entscheidung über die Schließung einer Krankenkasse durch die Aufsichtsbehörde aus.

b) Erzwingbarkeit eines Sozialplanes

Nach der bereits dargestellten Rechtsprechung des Bundesverwaltungsgerichts stehen das Mitwirkungsrecht nach § 78 Abs. 1 Nr. 2 BPersVG und das Mitbestimmungsrecht nach § 75 Abs. 3 Nr. 13 BPersVG nebeneinander, wenngleich jeweils ein anderer Personalrat zu beteiligen ist.[47] Die vorgehenden Ausführungen zum Bestehen eines Mitwirkungsrechts deuteten bereits auf den Ausschluss eines Anspruchs des Personalrats auf Abschluss eines Sozialplanes nach Schließung einer Krankenkasse hin. Nichtsdestotrotz sollen an dieser Stelle weitere Argumente entwickelt werden, welche dieses Ergebnis bekräftigen.

aa) Risiken eines Sozialplanes

§ 75 Abs. 3 Nr. 13 BPersVG gewährt dem Personalrat, vorbehaltlich einer bestehenden gesetzlichen oder tariflichen Regelung, bei der „Aufstellung von Sozialplänen (...) zum Ausgleich oder zur Milderung von wirtschaftli-

---

43 Ähnlich auch MünchArbR/*Germelmann*, Band II, § 277 Rn. 10, wonach ein Mitwirkungsrecht eine Entscheidungsmöglichkeit des Arbeitgebers voraussetzt. *Germelmann* weist ebenfalls darauf hin, dass bei Auflösung der Dienststelle durch Gesetz oder durch Entscheidung der Bundesregierung ein Mitwirkungsrecht des Personalrats entfällt.

44 So *Grau/Sittard*, KrV 2012, 6 (12).

45 BVerwG 28.11.2012 – 6 P 11.11, NZA-RR 2013, 330 (Rn. 16 ff.); VGH Mannheim 27.09.2011 – PB 15 S 1026/11, BeckRS 2011, 55726 (II 2).

46 *Grau/Sittard*, KrV 2012, 6 (12).

47 BVerwG 28.11.2012 – 6 P 11.11, NZA-RR 2013, 330 (Rn. 19).

chen Nachteilen, die dem Beschäftigten infolge von Rationalisierungsmaßnahmen entstehen"[48], ein Mitbestimmungsrecht. Es schließt nach § 70 Abs. 1 BPersVG ein Initiativrecht des Personalrats mit ein.[49] Die Mitbestimmung ermöglicht es ihm, auf Verhandlungen über den Abschluss eines Sozialplanes hinzuwirken und für den Schutz der von den Rationalisierungsmaßnahmen betroffenen Mitarbeiter zu sorgen.[50] Er kann die Einigungsstelle anrufen, wenn keine Einigung über den Abschluss des Sozialplanes erzielt wird. Bei den nachfolgenden Ausführungen ist allerdings zu berücksichtigen, dass alleine finanzielle Belastungen, die mit Sozialplänen einhergehen, den Ausschluss von Mitbestimmungsrechten nicht rechtfertigen.

Ein im Zusammenhang mit der Kassenschließung bestehendes Mitbestimmungsrecht nach § 75 Abs. 3 Nr. 13 BPersVG birgt sowohl für die betroffene als auch für die übrigen Krankenkassen erhebliche Gefahren. Es zwingt die Krankenkasse möglicherweise zum Eintritt in die Verhandlungen über den Abschluss eines Sozialplanes. Diese binden Personal und verursachen zusätzliche Kosten, welche die Schließungsgefahr der finanziell bedrohten Krankenkasse noch weiter erhöhen. Finanzielle Risiken gehen zusätzlich von dem Sozialplan selbst aus. Der im Zusammenhang mit der Schließung der City BKK beschlossene Sozialplan gewährte den Mitarbeitern beispielsweise Abfindungsansprüche im Falle der Beendigung ihrer Arbeitsverhältnisse.[51] Nachdem das Vermögen der geschlossenen Krankenkasse zur Erfüllung der bestehenden Verbindlichkeiten in der Regel nicht ausreicht, erhöhen die vorgesehenen Abfindungszahlungen an die Mitarbeiter das Haftungsrisiko für die übrigen mithaftenden Krankenkasse nicht nur unerheblich. Das vergrößert die Gefahr des im Zusammenhang mit den Kassenschließungen von verschiedener Seite erwähnten Domino-Effekts[52].[53]

Hinzu kommt, dass durch einen Sozialplan der zwischen der Unterbringungsverpflichtung des § 164 Abs. 3 SGB V auf der einen Seite und der Beendigungsanordnung des § 164 Abs. 4 Satz 1 SGB V auf der anderen Seite bestehende innere Zusammenhang möglicherweise gestört wird. Die durch die Verknüpfung der beiden Regelungen bezweckte finanzielle Entlastung

48 § 75 Abs. 3 Nr. 13 BPersVG.

49 Richardi/Dörner/Weber/*Kaiser*, Personalvertretungsrecht, § 75 BPersVG Rn. 480.

50 Zum Normzweck ausführlicher BVerwG 26.03.1986 – 6 P 38.82, PersV 1986, 510 (II); *Altvater/Baden/Berg/Kröll/Noll/Seulen*, BPersVG, § 75 Rn. 219; Richardi/Dörner/Weber/*Kaiser*, Personalvertretungsrecht, § 75 BPersVG Rn. 458.

51 Vgl. näher VGH Mannheim 27.09.2011 – PB 15 S 1026/11, BeckRS 2011, 55726 (II 2).

52 *Amshoff*, KrV 2010, 260 (261); *Amshoff*, KrV 2010, 351 (356); *Gutzeit*, NZS 2012, 410 (414).

53 Sozialpläne können weitere Regelungen als Abfindungsansprüche beinhalten, welche die geschlossene Krankenkasse ebenfalls belasten. Vgl. beispielhaft zu den möglichen Inhalten eines Sozialplanes *Altvater/Baden/Berg/Kröll/Noll/Seulen*, BPersVG, § 75 Rn. 224.

des Gesundheitssystems bei gleichzeitiger Weiterbeschäftigung der Beschäftigten auf einer anderen gleichwertigen Stelle würde unterlaufen. Gewährt ein Sozialplan den Mitarbeitern für den Fall der Ablehnung ordnungsgemäßer Unterbringungsansprüche und der automatischen Beendigung ihrer Arbeitsverhältnisse nach § 164 Abs. 4 Satz 1 SGB V Abfindungsansprüche, belastet das die übrigen Krankenkassen entgegen der Systematik des Gesetzes. Gleichzeitig beseitigt dies insbesondere gegenüber älteren Mitarbeitern Anreize, die Unterbringungsangebote anzunehmen. In Abhängigkeit von der Höhe der gewährten Abfindung könnten sie stattdessen den Verlust ihres Arbeitsplatzes in Kauf nehmen.

Zusammenfassend birgt ein Sozialplan erhebliche finanzielle Risiken für die übrigen Krankenkassen und stört die arbeitsrechtliche Abwicklungssystematik des § 164 Abs. 3 und 4 SGB V in hohem Maße. Nichtsdestotrotz ist dem Personalrat bei Vorliegen der gesetzlichen Voraussetzungen ein entsprechendes Mitbestimmungsrecht nicht zu versagen. Finanzielle Nachteile und Belastungen für den betroffenen Rechtsträger alleine rechtfertigen die Versagung von Mitbestimmungsrechten nicht. Diese sind logische Konsequenz der Arbeitnehmermitbestimmung. Die Aufstellung eines Sozialplanes ist allerdings nur dann möglich, wenn das Gesetz eine entsprechende rechtliche Grundlage hierfür schafft.[54] In Betracht kommt im vorliegenden Fall ausschließlich das Mitbestimmungsrecht des § 75 Abs. 3 Nr. 13 BPersVG.[55]

bb) Entscheidung außerhalb der Dienststellenverfassung

Die durch die Aufsichtsbehörde der Krankenkasse zu treffende Schließungsentscheidung steht dem Mitbestimmungsrecht des Personalrats nach § 75 Abs. 3 Nr. 13 BPersVG entgegen. Die zuvor zur Mitwirkung des Personalrats nach § 78 Abs. 1 Nr. 2 BPersVG dargestellte verwaltungsgerichtliche Rechtsprechung[56] bezog sich auf die Wirksamkeit eines im Rahmen der Kassenschließung von der Einigungsstelle beschlossenen Sozialplans.[57] Das Bundesverwaltungsgericht bestätigte richtigerweise die durch die Vorinstanzen verfügte Aufhebung des Sozialplans aus den bereits genannten Gründen.[58] Es leitete dieses Ergebnis nicht nur aus den Grundsätzen des Personalvertretungsrechts und dem systematischen Zusammenhang zwischen

54 *Grau/Sittard*, KrV 2012, 6 (12).
55 VGH Mannheim 27.09.2011 – PB 15 S 1026/11, BeckRS 2011, 55726 (II 2); *Grau/Sittard*, KrV 2012, 6 (12).
56 BVerwG 28.11.2012 – 6 P 11.11, NZA-RR 2013, 330; VGH Mannheim 27.09.2011 – PB 15 S 1026/11, BeckRS 2011, 55726.
57 Dazu Kap. D I 1 dieser Arbeit.
58 BVerwG 28.11.2012 – 6 P 11.11, NZA-RR 2013, 330 (Rn. 10).

dem Mitwirkungsrecht und dem Mitbestimmungsrecht ab, sondern untermauerte seine Ansicht durch eine Bezugnahme auf die Entstehungsgeschichte[59] und den Sinn und Zweck[60] des in der Vorschrift des § 75 Abs. 3 Nr. 13 BPersVG geregelten Mitbestimmungsrechts. Die Entscheidung der außerhalb des Dienststellenorganismus stehenden Aufsichtsbehörde stelle damit schon keine Rationalisierungsmaßnahme dar.[61] Auf die Gründe der Entscheidung und die obigen Ausführungen wird verwiesen.[62]

cc) Keine Rationalisierungsmaßnahme der Sache nach

Der Ausschluss des Mitbestimmungsrechts nach § 75 Abs. 3 Nr. 13 BPersVG ergibt sich zusätzlich aus den inhaltlichen Anforderungen an eine Rationalisierungsmaßnahme der Sache nach.[63] Das Gesetz definiert den Begriff der Rationalisierungsmaßnahme nicht.[64] Die Rechtsprechung des Bundesverwaltungsgerichts geht von einer Rationalisierungsmaßnahme im personalvertretungsrechtlichen Sinne dann aus, wenn durch „sie die Leistungen des Betriebes bzw. der Dienststelle verbessert werden sollen, indem der Aufwand an menschlicher Arbeit oder auch an Zeit, Energie, Material und Kapital herabgesetzt wird“[65]. Ein teilweise in der Literatur abweichend vertretenes Begriffsverständnis[66] wirkt sich auf die hier vorzunehmende Auslegung nicht aus.[67]

Die Krankenkassenschließung lässt sich nicht unter dieses Verständnis einer Rationalisierungsmaßnahme definieren.[68] Sie müsste eine Effizienz-

---

59 BVerwG 28.11.2012 – 6 P 11.11, NZA-RR 2013, 330 (Rn. 20 ff.).

60 BVerwG 28.11.2012 – 6 P 11.11, NZA-RR 2013, 330 (Rn. 24 f.).

61 BVerwG 28.11.2012 – 6 P 11.11, NZA-RR 2013, 330 (Rn. 32).

62 BVerwG 28.11.2012 – 6 P 11.11, NZA-RR 2013, 330 (Rn. 16 ff.). Vgl. Kap. D I 1 a bb dieser Arbeit.

63 So auch BVerwG 28.11.2012 – 6 P 11.11, NZA-RR 2013, 330 (Rn. 33).

64 *Altvater/Baden/Berg/Kröll/Noll/Seulen*, BPersVG, § 75 Rn. 220.

65 BVerwG 17.06.1992 – 6 P 17.91, AP Nr. 40 zu § 40 BPersVG; BVerwG 28.11.2012 – 6 P 11.11, NZA-RR 2013, 330 (Rn. 14); *Grau/Sittard*, KrV 2012, 6 (12); Richardi/Dörner/Weber/*Kaiser*, Personalvertretungsrecht, § 75 BPersVG Rn. 468. Ähnlich auch BVerwG 28.11.2012 – 6 P 11.11, NZA-RR 2013, 330 (Rn. 33); VGH Mannheim 27.09.2011 – PB 15 S 102611, BeckRS 2011, 55726 (II 2) zur Einordnung der Kassenschließung als Rationalisierungsmaßnahme.

66 *Altvater/Baden/Berg/Kröll/Noll/Seulen*, BPersVG, § 75 Rn. 220, welche die Begriffsdefinition der Rechtsprechung als zu eng erachten. Die weitere Begriffsdefinition schließt Anpassungen des Personalbedarfs an die vorhandenen Gegebenheiten mit ein.

67 So auch VGH Mannheim 27.09.2011 – PB 15 S 1026/11, BeckRS 2011, 55726 (II 2).

68 BVerwG 28.11.2012 – 6 P 11.11, NZA-RR 2013, 330 (Rn. 12); VG Stuttgart 02.03.2011 – PB 21 K 4633/10, BeckRS 2013, 46048 (II); *Bohlen-Schöning*, KrV 2011, 85 (89); *Bohlen-Schöning*, KrV 2012, 101 (104); *Grau/Sittard*, KrV 2012, 6 (12); *Wolter*, FS Bepler (2012), S. 675 (685).

steigerung bezwecken.[69] Eine Steigerung der Effizienz scheidet in Bezug auf die betroffene Krankenkasse durch die Schließung aber aus.[70] Sie bewirkt die endgültige Aufgabe der Zweckbestimmung als gesetzliche Krankenkasse. Der verringerte Personalbedarf nach Wirksamwerden des Schließungsbescheids ist nicht auf Einsparungen zurückzuführen, sondern auf den vollständigen Wegfall der zuvor wahrgenommenen Aufgaben der Krankenkasse in ihrer Eigenschaft als Krankenversicherungsträger.[71] Nicht eine künftig effizientere und kostengünstigere Aufgabenerfüllung durch die betroffene Krankenkasse ist Ziel der Schließungsentscheidung, sondern ihre endgültige Abwicklung.[72] Es fehlt damit an den von der Rechtsprechung geforderten Leistungsverbesserungen der Dienststelle selbst.[73]

Die durch die Schließungsentscheidung der Aufsichtsbehörde bezweckte und tatsächlich bewirkte Effizienzsteigerung in Bezug auf das gesamte Krankenversicherungssystem erfüllt die Anforderungen an den Begriff der Rationalisierungsmaßnahme im Sinne des § 75 Abs. 3 Nr. 13 BPersVG ebenfalls nicht.[74] Das Bundesverwaltungsgericht lehnt eine solche Gesamtbetrachtung unter Einbeziehung aller Krankenkassen bereits deswegen ab, weil der gesetzliche Schließungstatbestand nicht an Effizienzsteigerungen anknüpfe, sondern alleine an die nicht mehr auf Dauer gesicherte Leistungsfähigkeit der betroffenen Krankenkasse.[75] In Bezug auf die tatbestandlichen Schließungsvoraussetzungen der §§ 146a Satz 1, 153 Satz 1, 163 Satz 1, 170 Satz 1 SGB V ist dies zwar der Sache nach zutreffend. Das Gericht verkennt aber den übergeordneten Zweck der Schließungsvorschriften. Die Schließung einer ineffizienten und verschuldeten Krankenkasse verhindert, dass eine einzelne Krankenkasse über Jahre hinweg Defizite erwirtschaftet, welche die übrigen Krankenversicherungsträger auszugleichen haben. Gleichzeitig ist es ein erklärtes Ziel des Gesetzgebers, durch die Verringerung der Krankenkassenanzahl für mehr Effizienz im Gesundheitssystem zu sorgen.[76] Man könnte daher die Schließungsmöglichkeit durchaus als

---

69 VG Stuttgart 02.03.2011 – PB 21 K 4633/10, BeckRS 2013, 46048 (II).

70 VG Stuttgart 02.03.2011 – PB 21 K 4633/10, BeckRS 2013, 46048 (II).

71 So im Ergebnis auch VGH Mannheim 27.09.2011 – PB 15 S 1026/11, BeckRS 2011, 55726 (II 2); VG Stuttgart 02.03.2011 – PB 21 K 4633/10, BeckRS 2013, 46048 (II).

72 VG Stuttgart 02.03.2011 – PB 21 K 4633/10, BeckRS 2013, 46048 (II); *Grau/Sittard*, KrV 2012, 6 (12).

73 Ebenso VG Stuttgart 02.03.2011 – PB 21 K 4633/10, BeckRS 2013, 46048 (II); *Bohlen-Schöning*, KrV 2011, 85 (89).

74 So im Ergebnis auch VGH Mannheim 27.09.2011 – PB 15 S 1026/11, BeckRS 2011, 55726 (II 2). Das Gericht beschäftigt sich auch mit vergleichbaren Fällen und hebt richtigerweise hervor, dass in anderen Fällen die jeweilige Dienststelle weiterexistierte.

75 BVerwG 28.11.2012 – 6 P 11.11, NZA-RR 2013, 330 (Rn. 33).

76 BT-Drucks. 16/3100, S. 155 f.; Krauskopf/*Baier*, Soziale Krankenversicherung, § 171a SGB V Rn. 2; KassKom/*Peters*, § 171a SGB V Rn. 3 zum gewünschten Zusammenschluss von kleineren Krankenkassen.

Maßnahme zur Steigerung der Effizienz im gesamten Gesundheitssystem ansehen. Gegen dieses Verständnis sprechen auch nicht die Schließungsvoraussetzungen, da sie letztlich an die Folgen einer ineffizient geführten Krankenkasse anknüpfen.

Im Ergebnis ist der von der Rechtsprechung abgelehnten Anknüpfung an Effizienzsteigerungen des gesamten Gesundheitssystems aber zuzustimmen. Richtigerweise stellt die Begriffsdefinition des Bundesverwaltungsgerichts auf etwaige Effizienzsteigerungen der Dienststelle ab. Das Krankenversicherungssystem kennt insofern keine Einheitskrankenkasse mit vielen in einzelnen Krankenkassen aufgegangenen Außenstellen, sondern es basiert auf einzelnen miteinander im Wettbewerb stehenden Selbstverwaltungskörperschaften.[77] Der Systematik sowohl des Krankenversicherungssystems als auch des Personalvertretungsrechts widerspräche es, wenn man in Bezug auf das Mitbestimmungsrecht des § 75 Abs. 3 Nr. 13 BPersVG diese Trennung zwischen den einzelnen Krankenkassen verwässern würde. Insofern ist bezüglich möglicher Effizienzsteigerungen ausschließlich auf die betroffene Krankenkasse selbst abzustellen, nicht aber auf das Krankenversicherungssystem in seiner Gesamtheit.[78] Die Krankenkasse stellt ihre Tätigkeit als Krankenkasse für die Zukunft ein. Es ist zwar auch noch nach Schließung der Krankenkasse eine Sanierung und eine Wiederaufnahme der Tätigkeit als Krankenversicherungsträger denkbar.[79] Der Erlass des Schließungsbescheids, der die endgültige Abwicklung der Krankenkasse in Gang setzt, zielt darauf aber nicht ab. Die Schließung bezweckt damit keine Effizienzsteigerungen in Bezug auf die betroffene Krankenkasse und stellt somit auch der Sache nach keine Rationalisierungsmaßnahme im Sinne des § 75 Abs. 3 Nr. 13 BPersVG dar.[80]

dd) Fazit

Ein Initiativrecht des Personalrats auf Aufstellung eines Sozialplanes besteht nicht. Die Voraussetzungen des Mitbestimmungsrechts nach § 75 Abs. 3 Nr. 13 BPersVG sind nicht erfüllt. Der verwaltungsgerichtlichen Rechtsprechung zum Schließungsrecht von Krankenkassen ist insofern zu-

---

77 Hieran knüpft ebenfalls der VGH Mannheim 27.09.2011 - PB 15 S 1026/11, BeckRS 2011, 55726 (II 2) an.

78 VGH Mannheim 27.09.2011 – PB 15 S 1026/11, BeckRS 2011, 55726 (II 2).

79 So der Einwand einer Beteiligten im Verfahren vor dem VGH Mannheim 27.09.2011 – PB 15 S 1026/11, BeckRS 2011, 55726 (II 2). Der VGH schließt bereits die Sanierungsmöglichkeit aus und widerlegt damit die Argumentation der Beteiligten.

80 Ebenso BVerwG 28.11.2012 – 6 P 11.11, NZA-RR 2013, 330 (Rn. 31 ff.); VGH Mannheim 27.09.2011 – PB 15 S 1026/11, BeckRS 2011, 55726 (II 2); VG Stuttgart 02.03.2011 – PB 21 K 4633/10, BeckRS 2013, 46048 (II).

zustimmen. Der Anerkennung dieses Mitbestimmungsrechts stehen nicht nur die drohenden hohen Kosten für die übrigen Krankenkassen entgegen, die sich unter Umständen nicht mit dem Gebot der Sparsamkeit nach § 69 SGB IV vereinbaren ließen.[81] Die geschlossene Krankenkasse und der Personalrat könnten außerdem Abfindungsansprüche für den Fall der Beendigung von Arbeitsverhältnissen infolge der Kassenschließung vorsehen, welche das vom Gesetzgeber geschaffene und als abschließend anzusehende arbeitsrechtliche Abwicklungssystem aushebeln könnten. Insofern könnte man – unter Bezugnahme auf eine nach der Wiedervereinigung ergangene Rechtsprechung zur Auflösung von Einrichtungen auf Grundlage des Einigungsvertrages[82] – so weit gehen, als dass man die Abwicklungsvorschriften des § 164 Abs. 3 und 4 SGB V als abschließende Regelungen ansieht. Dies sperrt die Möglichkeit, einen Sozialplan aufzustellen. Letztlich kann allerdings die Frage einer solchen Sperrwirkung offen bleiben, da bereits die tatbestandlichen Voraussetzungen des Mitbestimmungsrechts nach § 75 Abs. 3 Nr. 13 BPersVG nicht vorliegen. Eine Sozialplanpflichtigkeit im Falle der Schließung einer Krankenkasse ist damit abzulehnen.[83]

c) Personalrat im Unterbringungsverfahren

Das Unterbringungsverfahren führt nach § 164 Abs. 3 und 4 SGB V zum Wechsel der Mitarbeiter zu einer anderen Krankenkasse und zur Beendigung von Arbeitsverhältnissen zum Schließungszeitpunkt. Es beginnt bereits vor der tatsächlichen Schließung der Krankenkasse, da andernfalls eine rechtzeitige Unterbringung der Mitarbeiter nicht möglich ist. Das verdeutlicht auch der Zeitpunkt der Beendigungsanordnung. Ihr Wortlaut („enden mit dem Tag der Auflösung oder Schließung“) setzt denknotwendig vorherige Unterbringungsbemühungen voraus. Die Beteiligungsrechte des Personalvertretungsrechts sind nicht auf die arbeitsrechtlichen Schließungsvorschriften zugeschnitten. Es ist daher fraglich, ob sie auf das besondere Abwicklungskonzept des § 164 Abs. 3 und 4 SGB V Anwendung finden.

---

81 Die durch das Gebot der Sparsamkeit gesetzten Grenzen thematisierte auch der VGH Mannheim 27.09.2011 – PB 15 S 1026/11, BeckRS 2011, 55726 (II 2). Das Gericht ließ diese Frage aber letztlich offen, da der Sozialplan bereits aus anderen Gründen aufzuheben war.

82 Vgl. BVerwG 19.12.1991 – 6 P 30.91, AP Nr. 3 zu Art. 38 Einigungsvertrag.

83 Ebenso BVerwG 28.11.2012 – 6 P 11.11, NZA-RR 2013, 330 (Rn. 31 ff.); VGH Mannheim 27.09.2011 – PB 15 S 1026/11, BeckRS 2011, 55726 (II 2); VG Stuttgart 02.03.2011 – PB 21 K 4633/10, BeckRS 2013, 46048 (II); *Bohlen-Schöning*, KrV 2011, 85 (89); *Grau/Sittard*, KrV 2012, 6 (12); Becker/Kingreen/*Mühlhausen*, SGB V, § 164 Rn. 13; *Rolfs*, GuP 2013, 8 (12); *Rolfs*, NZA 2013, 529 (533).

aa) Beteiligungsrechte der Personalvertretung der zu schließenden Krankenkasse

(1) Mitwirkung bei der Vorbereitung von Verwaltungsanordnungen

Eine Mitwirkung des bei der zu schließenden Krankenkasse gebildeten Personalrats bei der Vorbereitung des Unterbringungsverfahrens nach § 78 Abs. 1 Nr. 1 BPersVG scheidet aus. Es liegt keine „Vorbereitung von Verwaltungsanordnungen einer Dienststelle für die innerdienstlichen, sozialen und persönlichen Angelegenheiten der Beschäftigten ihres Geschäftsbereiches“[84] vor. Die Unterbreitung von Unterbringungsangeboten erfüllt schon nicht die Anforderungen an eine Verwaltungsanordnung. Der Begriff der Verwaltungsanordnung im personalvertretungsrechtlichen Sinne ist zwar weiter als dessen verwaltungsrechtliches Pendant.[85] Es handelt sich aber um interne Anweisungen des Dienstherrn mit dem Ziel, den Beschäftigten ein Tun oder Unterlassen aufzuerlegen oder ihnen Rechte und Befugnisse zu verleihen.[86] Sie ist damit eher als allgemeine Weisung zu verstehen.[87] Diesem Verständnis entspricht die Unterbreitung eines Angebots auf Abschluss eines Arbeitsvertrages mit einer anderen Krankenkasse nicht. Die Unterbringung der Beschäftigten stellt darüber hinaus keine innerdienstliche Angelegenheit[88] dar, da gerade eine Weiterbeschäftigung mit einem anderen Arbeitgeber bezweckt ist.

Hinzu kommt, dass nach der hier vertretenen Ansicht sowohl die Organisation des Unterbringungsverfahrens als auch die Unterbreitung der Beschäftigungsangebote dem Landesverband obliegt.[89] Die von der Schließung betroffene Krankenkasse wirkt am Unterbringungsverfahren lediglich mit. Sie stellt insbesondere die erforderlichen Informationen über die bisherige Rechtsstellung der unterbringungsberechtigten Mitarbeiter bereit.[90] Die bloße Weitergabe dieser Informationen ist nicht als eigene Verwaltungsanordnung im Sinne des § 78 Abs. 1 Nr. 1 BPersVG einzuordnen.

---

[84] § 78 Abs. 1 Nr. 1 BPersVG.

[85] Richardi/Dörner/Weber/*Benecke*, Personalvertretungsrecht, § 78 BPersVG Rn. 3.

[86] *Ilbertz*, Personalvertretungsrecht, § 78 BPersVG Ziff. 1 a).

[87] Richardi/Dörner/Weber/*Benecke*, Personalvertretungsrecht, § 78 BPersVG Rn. 3.

[88] Zum Verständnis der innerdienstlichen Wirkung vgl. *Altvater/Baden/Berg/Kröll/Noll/Seulen*, BPersVG, § 78 Rn. 8; Richardi/Dörner/Weber/*Benecke*, Personalvertretungsrecht, § 78 BPersVG Rn. 4.

[89] Ausführlich zur Zuständigkeitsverteilung im Unterbringungsverfahren vgl. Kap. C VI dieser Arbeit.

[90] Ähnlich *Grau/Sittard*, KrV 2012, 6 (8).

(2) Mitbestimmung bei Übertragung neuer Tätigkeiten

Ein Mitbestimmungsrecht des Personalrats ergibt sich auch nicht aus § 75 Abs. 1 Nr. 2 BPersVG, der eine Mitbestimmung bei der Eingruppierung, der Höher- und Rückgruppierung sowie bei Übertragung einer höher oder niedriger zu bewertenden Tätigkeit vorsieht. Der Vorschrift entsprechende Statusänderungen sind zwar nach Unterbringung der Beschäftigten bei einer anderen Krankenkasse in den Grenzen der Unterbringungsanforderungen des § 164 Abs. 3 SGB V möglich. Allerdings findet hier keine Änderung der Beschäftigungsbedingungen innerhalb des bestehenden Vertragsverhältnisses zwischen der zu schließenden Krankenkasse und des Beschäftigten statt. Mögliche Statusänderungen treten erst nach Anstellung bei einer anderen Krankenkasse oder dem Landesverband ein. Ein Mitbestimmungsrecht des Personalrats der geschlossenen Krankenkasse ist insofern schon deswegen abzulehnen, da kein Sachverhalt in seinem Wirkungsbereich betroffen ist.

(3) Mitbestimmung bei Versetzungen

Die Voraussetzungen des Mitbestimmungsrechts bei Versetzungen nach § 75 Abs. 1 Nr. 3 BPersVG liegen ebenfalls nicht vor. Eine „Versetzung im personalvertretungsrechtlichen Sinne ist eine Anordnung des Arbeitgebers, durch die dem Arbeitnehmer nicht nur vorübergehend ein Arbeitsplatz bei einer anderen Dienststelle desselben Arbeitgebers unter Fortsetzung des bestehenden Arbeitsverhältnisses zugewiesen wird“[91]. Die Unterbringung der Beschäftigten bei einer anderen Krankenkasse stellt keine Versetzung im Sinne dieser Vorschrift dar.[92] Es kommt zwischen dem unterzubringenden Mitarbeiter und der aufnehmenden Körperschaft ein neuer Arbeitsvertrag zustande.[93] Die durch den Wechsel zu einer anderen Krankenkasse automatisch bewirkte Beendigung des Arbeitsvertrages ist stattdessen als eine Einstellung im Sinne des § 75 Abs. 1 Nr. 1 BPersVG anzusehen.[94]

Ein Mitbestimmungsrecht des bei der geschlossenen Krankenkasse gebildeten Personalrats wegen der Einstellung der Mitarbeiter bei einer anderen Körperschaft besteht ebenfalls nicht. Dieses Mitbestimmungsrecht fällt in den Zuständigkeitsbereich des bei der aufnehmenden Körperschaft bestehenden Personalrats.

---

91 *Altvater/Baden/Berg/Kröll/Noll/Seulen*, BPersVG, § 75 Rn. 55.
92 Ebenso *Bohlen-Schöning*, KrV 2011, 85 (88).
93 *Grau/Sittard*, KrV 2012, 6 (7); *Rolfs*, NZA 2013, 529 (531).
94 *Altvater/Baden/Berg/Kröll/Noll/Seulen*, BPersVG, § 75 Rn. 55.

(4) Keine analoge Anwendung der Mitbestimmungsrechte

Eine entsprechende Anwendung der Mitbestimmungsrechte des § 75 Abs. 1 BPersVG, insbesondere der in § 75 Abs. 1 Nr. 2 und 3 BPersVG vorgesehenen Beteiligungsrechte, scheidet ebenfalls aus. Es fehlt an einer vergleichbaren Interessenlage. Die Mitbestimmungsrechte ermöglichen dem Personalrat die Überwachung der innerhalb der Dienststelle vorgenommen Maßnahmen. Sie betreffen Sachverhalte und Vorgänge, die sich innerhalb der Körperschaft abspielen.[95] Der Personalrat kann unter anderem dafür sorgen, dass kein Mitarbeiter gegenüber den übrigen Beschäftigten benachteiligt wird und bei personellen Entscheidungen die Belange der Beschäftigten ausreichend berücksichtigt werden. Die Unterbringung der Beschäftigten bei einer anderen Körperschaft führt dagegen zur Begründung ganz neuer Beschäftigungsverhältnisse[96], die sich lediglich im Rahmen des Zumutbarkeitsmaßstabs des § 164 Abs. 3 Satz 3 SGB V an der vorherigen Tätigkeit bei der geschlossenen Krankenkasse orientieren. Die Eingliederung der Betroffenen bei der neuen Körperschaft fällt dagegen in den Zuständigkeitsbereich der aufnehmenden Körperschaft sowie der dort gebildeten Personalvertretung.

(5) Mitwirkung bei der Kündigung

(i) Ausspruch einer Kündigung vor der Kassenschließung

Nach den allgemeinen Regeln ist der Personalrat nach § 79 BPersVG zu beteiligen, wenn sich die Krankenkasse zum Ausspruch von Kündigungen noch vor dem Schließungszeitpunkt entschließt. § 164 Abs. 4 Satz 2 SGB V stellt ausdrücklich klar, dass die Krankenkasse den Mitarbeitern unter Beachtung der allgemeinen Grenzen des Kündigungsschutzrechts zu einem früheren Zeitpunkt kündigen kann. Das Schließungskonzept entfaltet insofern keine absolute Sperrwirkung gegenüber einer anderweitigen Beendigung der Arbeitsverhältnisse.

(ii) Analoge Anwendung des Beteiligungsrechts bei der Beendigung auf Grundlage der Beendigungsanordnung

Ein Mitwirkungsrecht des Personalrats im Unterbringungsverfahren könnte sich aus einer analogen Anwendung des § 79 BPersVG ergeben. Die Vorschrift regelt die Beteiligungsrechte der Personalvertretung bei Ausspruch

---

95 Ähnlich *Bohlen-Schöning*, KrV 2011, 85 (88 f.).

96 *Grau/Sittard*, KrV 2012, 6 (7); *Rolfs*, NZA 2013, 529 (531).

von Kündigungen. Eine direkte Anwendung des Mitwirkungsrechts scheitert an der automatischen Beendigungswirkung des § 164 Abs. 4 Satz 1 SGB V, die das Erfordernis einer Gestaltungserklärung entfallen lässt. Die betroffenen Arbeitsverhältnisse enden automatisch und nicht infolge einer Kündigung, wie es aber der Tatbestand des § 79 BPersVG ausdrücklich fordert.[97]

Für eine analoge Anwendung des Beteiligungsrechts spricht, dass sich die Fragen, die dem Personalrat nach § 79 Abs. 1 Satz 3 BPersVG das Erheben von Einwendungen erlauben, auch im Unterbringungsverfahren stellen. Das trifft insbesondere auf § 79 Abs. 1 Satz 3 Nr. 1 BPersVG zu. Danach kann der Personalrat gegen die Kündigung Einwendungen erheben, „wenn nach seiner Ansicht bei der Auswahl des zu kündigenden Arbeitnehmers soziale Gesichtspunkte nicht oder nicht ausreichend berücksichtigt worden sind". Nach den bereits herausgearbeiteten Anforderungen an eine ordnungsgemäße Unterbringung unterbreitet der Landesverband den unterbringungsberechtigten Mitarbeitern nicht willkürlich irgendein Angebot bei einer anderen Körperschaft, sondern er berücksichtigt nach den Grundsätzen des billigen Ermessens die sozialen Kriterien der einzelnen Beschäftigten. Ein Mitwirkungsrecht des Personalrats könnte möglichen Auswahlfehlern vorbeugen und den ausreichenden Schutz der Mitarbeiter, die selbst keinen vergleichbaren Einblick in das Auswahlverfahren bekommen, sicherstellen.

Trotz dieser Aspekte, die für eine analoge Anwendung der Beteiligungsrechte sprechen, ist diese im Ergebnis abzulehnen. Es ist bereits fraglich, welche Rechtsfolgen die Erhebung von Einwendungen hervorrufen soll. Eine Weiterbeschäftigung des gegen die Beendigung seines Arbeitsverhältnisses klagenden Mitarbeiters nach § 79 Abs. 2 Satz 1 BPersVG verursacht zusätzliche Kosten, welche die für Rechtssicherheit schaffende Beendigungsanordnung des § 164 Abs. 4 Satz 1 SGB V gerade verhindern soll. Hinzu kommt der Unterschied, dass im Falle der Kassenschließung die Arbeitsverhältnisse automatisch nach § 164 Abs. 4 Satz 1 SGB V enden. Der entscheidende Gesichtspunkt, der gegen eine analoge Anwendung der Beteiligungsrechte bei der Beendigung von Arbeitsverhältnisse aufgrund der Beendigungsanordnung spricht, ist allerdings die Tatsache, dass keine mitwirkungsfähige Entscheidung der Dienststelle existiert. Eine Beteiligung des Personalrats käme lediglich bei der Auswahlentscheidung des Landesverbands in Betracht. Das verstieße aber gegen das Prinzip, dass die Personalvertretung nur an Entscheidungen der eigenen Dienststelle zu beteiligen ist. Insbesondere dieser Punkt spricht gegen die analoge Anwendung des für den Fall von arbeitgeberseitigen Kündigungen bestehenden Mitwirkungsrechts im Zusammenhang mit der automatischen Beendigung von Arbeitsverhältnissen nach § 164 Abs. 4 Satz 1 SGB V.

---

97 Ebenso *Wolter*, FS Bepler (2012), S. 675 (685).

bb) Beteiligungsrechte der Personalvertretungen der aufnehmenden Krankenkassen

Der Personalvertretung der aufnehmenden Krankenkasse oder des Landesverbands steht insbesondere nach § 75 Abs. 1 Nr. 1 BPersVG ein Mitbestimmungsrecht bei der Einstellung neuer Mitarbeiter zu.[98] Dies umfasst auch die Aufnahme der unterzubringenden Beschäftigten der geschlossenen Krankenkasse. Die Unterbringungsverpflichtung des § 164 Abs. 3 Satz 3 SGB V bindet allerdings den Personalrat in gleichem Maße wie die zur Aufnahme verpflichtete Körperschaft. In der Praxis dürfte er der Zuweisung von Beschäftigten durch den Landesverband kaum etwas entgegenbringen können. Er dringt insbesondere mit dem Einwand nicht durch, dass für das geplante Tätigkeitsfeld eigene Mitarbeiter zur Verfügung stehen. Die Unterbringungsverpflichtung besteht unabhängig vom eigenen Personalbedarf.[99] Die mögliche Besetzung der den unterbringungsberechtigten Mitarbeitern angebotenen Stellen mit eigenen Mitarbeitern ist kein zulässiger Einwand des Personalrats gegen die Aufnahme der Beschäftigten.

d) Zwischenergebnis

Das arbeitsrechtliche Abwicklungskonzept des § 164 Abs. 3 und 4 SGB V sieht keine Beteiligung des bei der geschlossenen Krankenkasse gebildeten Personalrats im Unterbringungsverfahren und den an die Ablehnung ordnungsgemäßer Unterbringungsangebote angeknüpften Rechtsfolgen vor. Der Kassenschließung liegt eine Entscheidung der außerhalb des Dienststellenorganismus stehenden Aufsichtsbehörde zugrunde. Sie fügt sich dadurch nicht in das Beteiligungssystem des Personalvertretungsrechts ein. Es existiert bereits kein Entschluss der Dienststelle oder einer übergeordneten Dienststelle, den der Personalrat durch ein Beteiligungsrecht beeinflussen kann.

---

98 So auch *Klimpe-Auerbach*, SozSich 2011, 270 (274).

99 Ebenso BAG 21.11.2013 – 2 AZR 474/12, BeckRS 2014, 69409 (Rn. 62); BAG 21.11.2013 – 2 AZR 495/12, NJOZ 2014, 1548 (Rn. 62); BAG 21.11.2013 – 2 AZR 598/12, BeckRS 2014, 70205 (Rn. 49); BAG 21.11.2013 – 2 AZR 966/12, BeckRS 2014, 70808 (Rn. 41).

2. *Personalvertretung nach Schließung der Krankenkasse*

a) *Schicksal der Personalvertretung nach Schließung der Krankenkasse*

aa) *Personalrat nach Auflösung der Dienststelle im öffentlichen Recht*

(1) *Problemaufriss*

Die regelmäßige Amtszeit des Personalrats beträgt vier Jahre, § 26 Satz 1 BPersVG. Der untrennbare Zusammenhang zwischen der Dienststelle und dem Personalrat führt zu einer Abhängigkeit des Personalrats vom Bestand der Dienststelle.[100] Seine Amtszeit verkürzt sich denknotwendig dann, wenn es zu ihrer Auflösung, Eingliederung oder Zusammenlegung mit einer anderen Dienststelle kommt.[101]

Der Begriff der Auflösung in diesem Sinne wirft allerdings Probleme auf. Eine Auflösung der Dienststelle erfolgt nicht erst nach ihrer vollständigen Abwicklung. Sie setzt bereits zu einem früheren Zeitpunkt ein. Nach der bereits dargestellten Definition löst sich die Dienststelle mit der Einstellung des durch sie verfolgten Zwecks und der Auflösung der zugrunde liegenden Organisation auf.[102] Zu diesem Zeitpunkt ist die Dienststelle in aller Regel noch nicht vollständig abgewickelt. Es ist insbesondere praktisch unmöglich, dass eine Einstellung des ursprünglich verfolgten Zwecks erst mit der tatsächlichen Beendigung des letzten Arbeitsverhältnisses erfolgt.[103] Aus personalvertretungsrechtlicher Sicht droht deshalb eine mitbestimmungsfreie Abwicklung der Dienststelle. Endet die Amtszeit des Personalrats bereits mit Auflösung der Dienststelle vorzeitig und damit vor ihrer vollständigen Abwicklung, existiert zwischen diesen beiden Ereignissen keine Personalvertretung und damit keine Interessenvertretung der verbleibenden Belegschaft. Das erscheint insbesondere vor dem Hintergrund bedenklich, als dass gerade in der Phase der Abwicklung einer Krankenkasse die Rechte der Mitarbeiter besonders gefährdet sind, da sämtliche Arbeitsverhältnisse früher oder später enden.

---

[100] BVerwG 21.09.2005 – 2 A 5/04, BeckRS 2006, 22159 (Rn. 25 m.w.N.); VGH Mannheim 20.12.2011 – PB 15 S 2128/11, NZS 2012, 381; *Altvater/Baden/Berg/Kröll/Noll/Seulen*, BPersVG, § 26 Rn. 8a; *Ilbertz*, Personalvertretungsrecht, § 26 BPersVG Ziff. 3 c); Richardi/Dörner/Weber/*Schwarze*, Personalvertretungsrecht, § 26 BPersVG Rn. 23.

[101] *Altvater/Baden/Berg/Kröll/Noll/Seulen*, BPersVG, § 26 Rn. 8a; *Lorenzen/Etzel/Gerhold u.a.*, BPersVG, § 26 Rn. 6; Richardi/Dörner/Weber/*Schwarze*, Personalvertretungsrecht, § 26 BPersVG Rn. 23 m.w.N.

[102] Richardi/Dörner/Weber/*Benecke*, Personalvertretungsrecht, § 78 BPersVG Rn. 14 m.w.N.

[103] Richardi/Dörner/Weber/*Schwarze*, Personalvertretungsrecht, § 26 BPersVG Rn. 24.

(2) Restmandat des Betriebsrats

Das Betriebsverfassungsrecht trägt dieser besonderen Schutzbedürftigkeit der Mitarbeiter im Abwicklungsstadium mit der Regelung des § 21b BetrVG Rechnung. Die Vorschrift erteilt dem Betriebsrat für den Fall der Stilllegung, Spaltung oder Zusammenlegung des Betriebes ein Restmandat. Er bleibt in diesen Fällen „so lange im Amt, wie dies zur Wahrnehmung der damit im Zusammenhang stehenden Mitwirkungs- und Mitbestimmungsrechte erforderlich ist“[104]. Das Restmandat verhindert eine mitbestimmungsfreie Zeit zwischen der Auflösung des Betriebes und dessen vollständiger Abwicklung.[105] Es nimmt der Betriebsrat wahr, der sich im Zeitpunkt der Auflösung des Betriebes im Amt befindet.[106] Dessen Amt endet auch dann nicht, wenn die Abwicklung des Betriebes die regelmäßige Amtszeit überschreitet, da nach Stilllegung, Spaltung oder Zusammenlegung eines Betriebes eine Neuwahl des Betriebsrats nicht mehr vorgesehen ist.[107] Zielt die Organisationsentscheidung nicht auf die endgültige Abwicklung des Betriebes ab, verhindert das sog. Übergangsmandat gemäß § 21a BetrVG mitbestimmungsfreie Zeiten.[108]

Das Restmandat bleibt inhaltlich hinter dem Vollmandat zurück.[109] Die Beteiligungsrechte des Betriebsrats beschränken sich auf die Mitbestimmungsrechte, die im Zusammenhang mit der Auflösung des Betriebes und dessen vollständiger Abwicklung stehen.[110] Der Schwerpunkt der wahrzunehmenden Beteiligungsrechte dürfte in der Praxis regelmäßig in Fragen rund um die Beendigung der Arbeitsverhältnisse liegen.[111] Die Gesetzesbegründung verweist insbesondere auf die in dieser Phase möglichen Vereinbarungen eines Interessenausgleichs und eines Sozialplanes nach den §§ 111 ff. BetrVG.[112] Das Restmandat umfasst hingegen keine Beteiligungsrechte, für die in der Abwicklungsphase kein überdauernder Regelungsbedarf mehr besteht.[113]

---

104 § 21b BetrVG.

105 BT-Drucks. 14/5741, S. 27; ErfK/*Koch*, § 21b BetrVG Rn. 1; APS/*Reichold*, § 21b BetrVG Rn. 1.

106 APS/*Reichold*, § 21b BetrVG Rn. 12.

107 APS/*Reichold*, § 21b BetrVG Rn. 14. Ebenso im Personalvertretungsrecht, vgl. Richardi/Dörner/Weber/*Schwarze*, Personalvertretungsrecht, § 26 BPersVG Rn. 25.

108 Näher dazu *Kittner*, NZA 2012, 541 (541 ff.); *Rieble*, NZA 2002, 233 (233 f.).

109 *Fuhlrott/Hoppe*, ArbRAktuell, 2010, 81 (83); APS/*Reichold*, § 21b BetrVG Rn. 9.

110 APS/*Reichold*, § 21b BetrVG Rn. 9.

111 APS/*Reichold*, § 21b BetrVG Rn. 10.

112 BT-Drucks. 14/5741, S. 39; APS/*Reichold*, § 21b BetrVG Rn. 9; Richardi/*Thüsing*, BetrVG, § 21b Rn. 1.

113 BAG 14.08.2001 – 1 ABR 52/00, NZA 2002, 109 (B II d); Richardi/*Thüsing*, BetrVG, § 21b Rn. 9.

Der kurze Überblick über die Rechtslage bei Stilllegung, Spaltung oder Zusammenlegung eines Betriebes verdeutlicht die im Anwendungsbereich des BetrVG erstrebte lückenlose Interessenvertretung der Mitarbeiter durch den Betriebsrat. In den Grenzen des Regelungsbedarfs nimmt er auch in der Abwicklungsphase die Interessen der verbleibenden Belegschaft wahr und löst sich erst mit der vollständigen Abwicklung des Arbeitgebers auf.

(3) Entsprechende Anwendung im Geltungsbereich des Personalvertretungsrechts

Das BPersVG enthält kein personalvertretungsrechtliches Pendant zu den betriebsverfassungsrechtlichen Vorschriften der §§ 21a, 21b BetrVG, die sowohl ein Rest- als auch ein Übergangsmandant des Betriebsrats vorsehen.[114] Bei strenger Anwendung des Gesetzes bestünde demnach in dem Zeitraum zwischen Auflösung der Dienststelle und ihrer vollständigen Abwicklung keine Personalvertretung der Mitarbeiter mehr. Diese gegenüber dem Betriebsverfassungsrecht bestehende ungleiche Rechtslage könnte mit den Besonderheiten des öffentlichen Rechts gerechtfertigt werden. Die Abwicklung eines privatrechtlich organisierten Arbeitgebers geht in aller Regel zu Lasten privater Gläubiger und Eigentümer, während die Auflösung einer Dienststelle unter Umständen die Staatskasse und den öffentlichen Haushalt belastet. Die Beteiligungsrechte des Personalrats erhöhen die mit der Auflösung anfallenden Kosten. Unter diesem Gesichtspunkte könnte sich der Gesetzgeber durchaus bewusst für die abweichende Rechtslage des Personalvertretungsrechts bei Auflösung einer Dienststelle entschieden haben. Allerdings bleibt zu beachten, dass nicht jeder Stilllegung und Auflösung einer Dienststelle finanzielle Engpässe zugrunde liegen. Andere Gründe als die Vermeidung der besonderen finanziellen Entlastung des öffentlichen Haushalts rechtfertigen aber die Versagung der Beteiligungsrechte des BPersVG in der Abwicklungsphase nicht.

Die ganz herrschende Auffassung[115] spricht allerdings mit der Rechtsprechung[116] der bei der Dienststelle gebildeten Personalvertretung ein solches Restmandat zu. Dieser Ansicht ist zuzustimmen. In der Abwicklungsphase sind auch die Beschäftigten einer Dienststelle besonders schutzbedürftig. Der Verweis auf die besondere Belastung des öffentlichen Haushalts rechtfertigt den generellen Ausschluss aller Beteiligungsrechte des Personalrats

114 *Lorenzen/Etzel/Gerhold u.a.*, BPersVG, § 1 Rn. 108 ff.

115 *Altvater/Baden/Berg/Kröll/Noll/Seulen*, BPersVG, § 26 Rn. 10; *Lorenzen/Etzel/Gerhold u.a.*, BPersVG, § 26 Rn. 6; Richardi/Dörner/Weber/*Schwarze*, Personalvertretungsrecht, § 26 BPersVG Rn. 25; *Schwarzburg*, öAT 2010, 79 (79).

116 BVerwG 21.09.2005 – 2 A 5/04, BeckRS 2006, 22159 (Rn. 25); VGH Mannheim 20.12.2011 – PB 15 S 2128/11, NZS 2012, 381.

und damit das Entstehen eines mitbestimmungsfreien Zeitraums nicht. Das wird umso deutlicher mit Blick auf das ebenfalls nicht normierte, aber anzuerkennende, Übergangsmandat des Personalrats.[117] Die Zusammenlegung von Dienststellen führt ebenfalls zur Beendigung des Personalratsamtes. Sie besteht nicht mehr in der bisherigen Form fort. Anders als bei der vollständigen Stilllegung gilt es nur eine Übergangszeit bis zur Neuwahl eines Personalrats zu überbrücken. Es besteht auch in dieser Zeit eine Regelungslücke, weil die Mitarbeiter der betroffenen Dienststelle aufgrund anstehender Umstrukturierungen und möglichen Entlassungen besonders schützenswert sind. Es existiert außerdem kein allgemeiner Erfahrungssatz, dass eine Zusammenlegung von Dienststellen stets aus einer angespannten Haushaltslage heraus vollzogen wird.

Zusammenfassend ist auch im Geltungsbereich des Personalvertretungsrecht ein Restmandat des Personalrats anzuerkennen.[118] Die aus dem Betriebsverfassungsrecht bekannten Grenzen lassen sich übertragen. Dem Personalrat steht in der Abwicklungsphase nicht ein mit der vorherigen Personalratstätigkeit vergleichbares Vollmandat zu.[119] Seine Beteiligungsrechte beschränken sich auf die Fragen, die sich in Verbindung mit der vollständigen Abwicklung der Dienststelle stellen.[120]

bb) Stellung des Personalrats der geschlossenen Krankenkasse

Die vorgehenden Ausführungen zur Rechtslage bei der Auflösung einer Dienststelle im öffentlichen Recht lassen Rückschlüsse auf die Stellung des Personalrats nach Schließung einer Krankenkasse zu. Aus den folgenden Gründen steht sie in personalvertretungsrechtlicher Hinsicht der Auflösung einer Dienststelle gleich.

(1) Kein Vollmandat des Personalrats

Klimpe-Auerbach spricht sich für ein unbeschränktes Fortbestehen des Personalratsamtes als Vollmandat nach Schließung der Krankenkasse aus.[121] Es könne bei über 200 fortbestehenden Arbeitsverhältnissen keine Rede von

---

[117] Für ein Übergangsmandat auch *Altvater/Baden/Berg/Kröll/Noll/Seulen*, BPersVG, § 26 Rn. 9; Richardi/Dörner/Weber/*Schwarze*, Personalvertretungsrecht, § 26 BPersVG Rn. 26.

[118] Ebenso *Altvater/Baden/Berg/Kröll/Noll/Seulen*, BPersVG, § 26 Rn. 9 f.; *Lorenzen/Etzel/Gerhold u.a.*, BPersVG, § 26 Rn. 6; Richardi/Dörner/Weber/*Schwarze*, Personalvertretungsrecht, § 26 BPersVG Rn. 25; *Schwarzburg*, öAT 2010, 79 (79).

[119] *Lorenzen/Etzel/Gerhold u.a.*, BPersVG, § 1 Rn. 109.

[120] *Lorenzen/Etzel/Gerhold u.a.*, BPersVG, § 1 Rn. 109.

[121] *Klimpe-Auerbach*, SozSich 2011, 270 (274).

einer Auflösung der Dienststelle sein.[122] Dieser Sichtweise liegt allerdings die in dieser Arbeit nicht präferierte Auffassung zugrunde, wonach die Beendigungsanordnung des § 164 Abs. 4 Satz 1 SGB V verfassungswidrig sei und demzufolge sämtliche Arbeitsverhältnisse mit der geschlossenen Krankenkasse über den Schließungszeitpunkt hinaus fortbestünden.[123] Denn die durch die Schließung bewirkten Veränderungen wiegen derart schwer, dass selbst eine Vielzahl fortbestehender Arbeitsverhältnisse über den Schließungszeitpunkt hinaus der Auflösung der Krankenkasse im personalvertretungsrechtlichen Sinne nicht entgegenstehen. Eine vermeintliche Verfassungswidrigkeit der arbeitsrechtlichen Schließungsvorschriften berührt die im Übrigen zum Schließungszeitpunkt eintretenden organisatorischen Änderungen der Krankenkasse nicht. Die Krankenkasse ist nach ihrer Schließung nicht mehr als gesetzliche Krankenkasse tätig. Die Versichertenverhältnisse enden.[124] Der Zweck der Abwicklungskörperschaft ist nach Schließung der Krankenkasse einzig darin zu sehen, die Krankenkasse vollständig abzuwickeln.[125] Das verdeutlicht die Regelung des § 155 Abs. 1 Satz 2 SGB V, die ein Fortbestehen der Krankenkasse nur insoweit vorsieht, als es der „Zweck der Abwicklung" erfordert.[126] Die Abwicklungskörperschaft erhält damit eine vollkommen andere Zweckbestimmung.[127]

Die weitreichenden Veränderungen im grundlegenden Aufbau der Krankenkasse bekräftigen diese Auslegung. Die vormalige Organisationsstruktur der Krankenkasse ändert sich zum Schließungszeitpunkt grundlegend. Die Amtszeit des Verwaltungsrats endet zum Schließungszeitpunkt.[128] Es sprechen außerdem gewichtige Gründe dafür, dass die vormals als Körperschaft des öffentlichen Rechts organisierte Krankenkasse mit ihrer Schließung ihre öffentlich-rechtliche Eigenschaft verliert.[129] Die Finanzierung der Abwicklungskörperschaft erfolgt nicht mehr durch Zuweisungen aus dem Gesundheitsfonds[130], sondern die übrigen Krankenkassen haften für die Verbindlichkeiten, wenn das verbleibende Vermögen der geschlossenen Krankenkasse nicht ausreicht.[131] Insofern überzeugt auch der Einwand nicht, wonach die Vielzahl der fortbestehenden Arbeitsverhältnisse einer Auflösung entgegen-

---

122 *Klimpe-Auerbach*, SozSich 2011, 270 (273 f.).

123 *Klimpe-Auerbach*, SozSich 2011, 270 (274).

124 Becker/Kingreen/*Mühlhausen*, SGB V, § 164 Rn. 12.

125 VGH Mannheim 20.12.2011 – PB 15 S 2128/11, NZS 2012, 381 (381).

126 So auch VGH Mannheim 20.12.2011 – PB 15 S 2128/11, NZS 2012, 381 (382).

127 VGH Mannheim 20.12.2011 – PB 15 S 2128/11, NZS 2012, 381 (381).

128 Hauck/Noftz/*Engelhard*, SGB V, § 155 Rn. 8; *Gutzeit*, NZS 2012, 361 (366); Becker/Kingreen/*Mühlhausen*, SGB V, § 155 Rn. 12.

129 Vgl. BT-Drucks. 16/9559, S. 20; *Bohlen-Schöning*, KrV 2012, 101 (102). Ausführlich Kap. C II 4 c dd dieser Arbeit.

130 Insb. *Bohlen-Schöning*, KrV 2012, 101 (104).

131 Statt vieler *Bohlen-Schöning*, KrV 2012, 101 (105).

stünde. Die Organisationsstrukturen ändern sich erheblich. Die Anzahl der noch fortbestehenden Arbeitsverhältnisse vermindert sich sehr schnell. Selbst ein hoher Mitarbeiterbestand zum Schließungszeitpunkt steht einer Auflösung im personalvertretungsrechtlichen Sinne deswegen nicht entgegen.

Der Gedanke der Rechtssicherheit spricht ebenfalls für die Auflösung der Krankenkasse zum Schließungszeitpunkt. Befürwortet man zunächst ein unverändertes Fortbestehen der Dienststelle und damit des Personalrats, fällt die Bestimmung des Auflösungszeitpunkts auf personalvertretungsrechtlicher Ebene schwer. Der Schließung folgt die schleichende Abwicklung, in der sich der Personalbestand entsprechend des noch verbleibenden Bedarfs nach und nach verringert. Es fehlt damit an weiteren nach außen erkennbaren Ereignissen, die als Auflösung der Dienststelle, die zur Beendigung der Amtszeit des bei ihr gebildeten Personalrats führt, verstanden werden können. Die Abwicklungskörperschaft löst sich insbesondere nicht erst mit der vollständigen Abwicklung der Krankenkasse auf. Ein solches Verständnis ist nicht mit dem Auflösungsbegriff vereinbar. Zusammenfassend besteht damit kein Vollmandat des Personalrats über den Schließungszeitpunkt der Krankenkasse hinaus fort.

(2) Restmandat des Personalrats

Der Verwaltungsgerichtshof Mannheim[132] und Teile der Literatur[133] sprechen sich für ein Restmandat des Personalrats der geschlossenen Krankenkasse in der Abwicklungsphase aus. Unter Berücksichtigung der vorgehenden Ausführungen zur Auflösungswirkung der Kassenschließung im personalvertretungsrechtlichen Sinne ist dieser Ansicht zuzustimmen. Es besteht kein entscheidender Unterschied zwischen der Schließung einer Krankenkasse und der Auflösung einer anderen Dienststelle im öffentlichen Recht.

Die strukturellen Besonderheiten bei einer Kassenschließung rechtfertigen keine Abweichung von der im Personalvertretungsrecht vertretenen Sichtweise zur Anerkennung eines Restmandats in der Abwicklungsphase. Das Haftungskonzept und die besondere Bedeutung eines funktionstüchtigen Gesundheitssystems gebieten keine mitbestimmungsfreie Abwicklung der Krankenkasse. Der Gesetzgeber entschied sich für den Fall der Kassenschließung bewusst für eine umfassende Auffanghaftung der übrigen Krankenkassen und sah davon ab, das Haftungsrisiko durch Einschränkungen in

---

132 VGH Mannheim 20.12.2011 – PB 15 S 2128/11, NZS 2012, 381. Ebenso VG Hamburg 24.06.2011 – 23 FBE 9/11, n.V.

133 *Bohlen-Schöning*, KrV 2012, 101 (104). Wohl auch *Grau/Sittard*, KrV 2012, 6 (11) für den Fall, dass man die Figur des Restmandats trotz einer fehlenden gesetzlichen Regelung auch im Personalvertretungsrecht anerkennt.

mitbestimmungsrechtlicher Hinsicht zu mindern. Die drohenden höheren Kosten belasten zwar die übrigen mithaftenden Krankenkassen unter Umständen erheblich. Es überzeugt allerdings nicht, unter dem Deckmantel des Schutzes des Gesundheitssystems die allgemein anerkannten Prinzipien des Mitbestimmungsrechts auszuhebeln. Die Kündigung eines Mitarbeiters ruft die Mitbestimmungsrechte der Personalvertretung hervor, die unter anderem Einwendungen gegen die Auswahl der zu kündigenden Mitarbeiter erheben kann. Diese Rechtslage ist nicht mit Verweis auf die Bedeutung des Gesundheitssystems abdingbar, da auch die Mitarbeiter einer Krankenkasse gegenüber sonstigen Bediensteten im öffentlichen Recht nicht benachteiligt werden dürfen. Die Beteiligung des Personalrats in der Abwicklungsphase nach Auflösung einer Dienststelle erhöht auch in anderen Bereichen des öffentlichen Rechts das Risiko, dass der öffentliche Haushalt zusätzlich belastet wird.

Die Frage nach den möglichen Mitbestimmungsrechten bei einem bestehenden Regelungsbedarf ist außerdem nicht mit der bereits behandelten Problematik vergleichbar, die sich mit den Beteiligungsrechten des Personalrats im Unterbringungsverfahren und der automatischen Beendigung von Arbeitsverhältnissen befasste. Die Vorschrift des § 164 Abs. 3 und 4 SGB V privilegiert in erster Linie die unterbringungsberechtigten Mitarbeiter, indem sie ihnen die Weiterbeschäftigung auf einer gleichwertigen Stelle bei einer anderen Krankenkasse zusichert. Der Unterbringungsanspruch kompensiert den Nachteil der automatischen Beendigung der Arbeitsverhältnisse bei Ablehnung ordnungsgemäßer Unterbringungsangebote durch die Beschäftigten. Der Gesetzgeber schuf damit für sämtliche Mitarbeiter einer zu schließenden Innungs- und Ortskrankenkasse sowie für die ordentlich unkündbaren Mitarbeiter einer Betriebskranken- und Ersatzkasse ein besonderes arbeitsrechtliches Abwicklungssystem. Es stellt sicher, dass bei Unterbreitung eines ordnungsgemäßen Unterbringungsangebots deren Arbeitsverhältnisse – entweder durch eine erfolgreiche Unterbringung oder durch die Ablehnung der Beschäftigungsangebote – auf jeden Fall zum Schließungszeitpunkt enden.

Das Restmandat des Personalrats umfasst dagegen die Mitbestimmung der nach dem Schließungszeitpunkt fortbestehenden Arbeitsverhältnisse. Darunter fallen die nicht unterbringungsberechtigten Mitarbeiter sowie die Beschäftigten, denen der Landesverband kein ordnungsgemäßes Unterbringungsangebot unterbreitete. Das besondere arbeitsrechtliche Abwicklungssystem findet auf diese Beschäftigungsverhältnisse keine Anwendung. Es existiert keine mit den privilegierenden Abwicklungsregelungen des § 164 Abs. 3 und 4 SGB V vergleichbare Kompensation. Die betroffenen Mitarbeiter sind daher ebenso schutzwürdig wie andere Beschäftigte einer aufgelösten Dienststelle im öffentlichen Recht auch. Es wäre deswegen unbillig, die Mitbestimmungsrechte zu versagen, obwohl deren Voraussetzungen zweifelsfrei vorliegen.

(3) Beendigung der Dienstverhältnisse der Personalratsmitglieder

Die Beendigung der Arbeitsverhältnisse von Personalratsmitgliedern steht dem Restmandat des Personalrats nicht entgegen.[134] Es spielt dabei auch keine Rolle, ob die Arbeitsverhältnisse aufgrund einer gegenüber den Betroffenen ausgesprochenen Kündigung, dem Abschluss eines Aufhebungsvertrages oder aufgrund des Eingreifens der Beendigungsanordnung des § 164 Abs. 4 Satz 1 SGB V enden. Das Restmandat besteht nach dem Sinn und Zweck der personalvertretungsrechtlichen Vertretung in der Abwicklungsphase unabhängig vom Bestand des Arbeitsverhältnisses bis zur vollständigen Abwicklung der geschlossenen Krankenkasse fort.[135]

cc) Fazit

Zusammenfassend ist kein Grund für eine Aberkennung eines Restmandats nach Auflösung einer Dienststelle bei Schließung einer Krankenkasse erkennbar. Die Schließung einer Krankenkasse führt zur Auflösung einer Dienststelle im personalvertretungsrechtlichen Sinne.[136] Diese gibt ihren bisher verfolgten Zweck zum Schließungszeitpunkt auf und wandelt sich in eine Abwicklungskörperschaft. Die Amtszeit des Personalrats endet zum Schließungszeitpunkt. Es besteht über diesen Zeitpunkt hinaus kein Vollmandat fort. Die personalvertretungsrechtliche Ausgangslage entspricht damit derjenigen, die bei Auflösung einer anderen Dienststelle im öffentlichen Recht gilt. Unter Berücksichtigung der überzeugenden herrschenden Auffassung zum Bestehen eines Restmandats steht im Zusammenhang mit der Schließung einer Krankenkasse dem vor dem Schließungszeitpunkt im Amt befindlichen Personalrat[137] ein Restmandat zu.

---

[134] VGH Mannheim 20.12.2011 – PB 15 S 2128/11, NZS 2012, 381 (382); *Grau/Sittard*, KrV 2012, 6 (11). So auch die generellen Ausführungen zur Rechtslage bei Anerkennung eines Restmandats des Personalrats nach Auflösung der Dienststelle, vgl. Richardi/Dörner/Weber/*Schwarze*, Personalvertretungsrecht, § 26 BPersVG Rn. 25.

[135] VGH Mannheim 20.12.2011 – PB 15 S 2128/11, NZS 2012, 381 (382).

[136] Siehe bereits Kap. D I 1 a aa dieser Arbeit.

[137] In personeller Hinsicht übt der sich im Schließungszeitpunkt im Amt befindliche Personalrat das Restmandat aus, vgl. allgemein *Lorenzen/Etzel/Gerhold u.a.*, BPersVG, § 1 Rn. 109.

b) Fortgeltung bestehender Dienstvereinbarungen

Die Schließung der Krankenkasse beeinflusst nicht nur das Personalratsamt, sondern wirkt sich ebenfalls auf die bestehenden Dienstvereinbarungen im Sinne des § 73 BPersVG aus. Ihr räumlicher Geltungsbereich ist grundsätzlich – wie auch das Amt des Personalrats – auf die Dienststelle beschränkt.[138] Die Kassenschließung könnte daher zur Beendigung der in den Dienststellen geltenden Dienstvereinbarungen führen.

Die Rechtsprechung[139] und die Literatur[140] beschäftigten sich bisher lediglich mit der Fortgeltung von Dienstvereinbarungen nach der Fusion von Krankenkassen. § 144 Abs. 4 Satz 1 SGB V ordnet die Schließung der beiden Krankenkassen zum Zeitpunkt ihrer Vereinigung an. Die zu den Auswirkungen der Fusion auf die Dienstvereinbarungen vertretenen Auffassungen könnten auch einen Rückschluss auf die Rechtslage nach Schließung einer Krankenkasse auf Grundlage der §§ 146a Satz 1, 153 Satz 1, 163 Satz 1, 170 Satz 1 SGB V zulassen. Nach der Rechtsprechung des Bundesverwaltungsgerichts bewirkt nicht jede Vereinigung zweier Krankenkassen die Beendigung der in den Dienststellen zuvor geltenden Dienstvereinbarungen.[141] Das Schicksal der Dienstvereinbarung hänge von der Fortexistenz der Dienststelle ab.[142] Die Identität der Dienststelle vor und nach der organisatorischen Maßnahme entscheidet nach den höchstrichterlich aufgestellten Grundsätzen im Wesentlichen über den Fortbestand der Dienstvereinbarung.[143] Diese gelte so lange fort, wie die „Dienststelle ihrem Wesen und ihren Aufgaben nach erhalten bleib[e]“[144].

Der entscheidende Unterschied zwischen der Vereinigung und der Schließung von Krankenkassen könnte eine andere Beurteilung als die eben dargestellte Rechtsprechung rechtfertigen. Das Bundesverwaltungsgericht stellte unter anderem klar, dass sich bei Fusion zweier Krankenkassen die qualitativen Aufgaben der Dienststellen nicht zwingend ändern.[145] Sie

---

138 Richardi/Dörner/Weber/*Weber*, Personalvertretungsrecht, § 26 BPersVG Rn. 25. Zum Schicksal der Dienstvereinbarungen bei Schließung einer Krankenkasse auch *Grau/Sittard*, KrV 2012, 6 (11 f.).

139 BVerwG 25.06.2003 – 6 P 1.03, AP Nr. 84 zu § 75 BPersVG; OVG Hamburg 06.12.2002 – 7 Bf 305/01, BeckRS 2003, 24040.

140 *Andelewski/Brachmann*, NZA 2010, 1103 (1106 ff.); *Andelewski/Steinbring*, KrV 2012, 192 (192 ff.); *Ruge/Maerker*, ZTR 2007, 663.

141 BVerwG 25.06.2003 – 6 P 1.03, AP Nr. 84 zu § 75 BPersVG (II 3).

142 BVerwG 25.06.2003 – 6 P 1.03, AP Nr. 84 zu § 75 BPersVG (II 3 b).

143 BVerwG 25.06.2003 – 6 P 1.03, AP Nr. 84 zu § 75 BPersVG (II 3 b); *Andelewski/Steinbring*, KrV 2012, 192 (193).

144 BVerwG 25.06.2003 – 6 P 1.03, AP Nr. 84 zu § 75 BPersVG (II 3 b).

145 BVerwG 25.06.2003 – 6 P 1.03, AP Nr. 84 zu § 75 BPersVG (II 3 c bb (1)). *Andelewski/Steinbring*, KrV 2012, 192 (193) stellen bei der Beurteilung einer durch die Fu-

nähmen weiterhin die Aufgaben einer gesetzlichen Krankenversicherung wahr.[146] Solche qualitative Aufgabenänderungen liegen bei der endgültigen Schließung einer Krankenkasse allerdings vor. Vom Schließungszeitpunkt an bestehen zu der Abwicklungskörperschaft keine Versichertenverhältnisse mehr. Sämtliche Organisationseinheiten dienen ausschließlich dem Zweck, zur endgültigen Abwicklung der vormals als gesetzliche Krankenkasse tätigen Abwicklungskörperschaft beizutragen. Das führt zwangsläufig zur Neuverteilung der Aufgaben unter den verbleibenden Mitarbeitern und zu einem Abbau von Stellen. Das in Verbindung mit der Fusion von Krankenkassen vorgebrachte Argument, wonach auch die neu entstandene Krankenkasse künftig als gesetzliche Krankenkasse die gleichen Aufgaben übernehme, lässt sich damit auf die Schließung einer Krankenkasse nach den §§ 146a Satz 1, 153 Satz 1, 163 Satz 1, 170 Satz 1 SGB V nicht übertragen.

Nach der hier vertretenen Auffassung wirkt sich damit die Schließung einer Krankenkasse durch Bescheid der Aufsichtsbehörde auf den Fortbestand der Dienstvereinbarungen aus.[147] Das bedeutet allerdings nicht, dass sämtliche Dienstvereinbarungen zum Schließungszeitpunkt ihre Wirkung verlieren. Nachdem der Personalrat in der Abwicklungsphase ein Restmandat ausübt, gelten auch die Dienstvereinbarungen insoweit weiter, als dass sie mit der Abwicklung und der Auflösung der geschlossenen Krankenkasse in Verbindung stehen.[148] Das zeigt sich auch durch die Vorschrift des § 155 Abs. 1 Satz 2 SGB V, die ausdrücklich das Fortbestehen der Abwicklungskörperschaft fingiert, soweit es der Zweck der Abwicklung erfordert. Dienstvereinbarungen gelten daher insbesondere dann und insoweit in der Abwicklungsphase fort, wenn sie gerade anlässlich der Schließung abgeschlossen wurden. Es liegt außerdem nahe, bei Anerkennung eines Restmandats des Personalrats Dienstvereinbarungen dann fortgelten zu lassen, wenn ihr Regelungsgehalt keinen Bezug zum Tätigwerden als gesetzliche Krankenkasse aufweist. Denn für die Regelung in Bezug auf die Mitarbeiter spielt es in der Regel keine Rolle, ob diese inhaltlich mit der Abwicklung der Krankenkasse beschäftigt sind.

---

sion hervorgerufenen Identitätsänderung in erster Linie ebenfalls darauf ab, ob sich die Aufgaben der Dienststelle ändern.

146 BVerwG 25.06.2003 - 6 P 1.03, AP Nr. 84 zu § 75 BPersVG (II 3 c bb (1)).

147 Vgl. auch *Grau/Sittard*, KrV 2012, 6 (12), die allerdings unter Verweis auf die arbeitsrechtlichen Schließungsvorschriften an der Identität und damit an der Fortwirkung von Dienstvereinbarungen Zweifel anmelden.

148 So auch *Schwarzburg*, öAT 2010, 79 (80 f.), allerdings ohne Bezug zur Frage der Schließung von Krankenkassen.

c) Umfang der Mitbestimmungsrechte nach Schließung der Krankenkasse

Das Restmandat des Personalrats in der Abwicklungsphase unterscheidet sich inhaltlich nicht von dem eines Personalrats bei Auflösung einer anderen Dienststelle. Die Beteiligungsrechte beschränken sich auf die Maßnahmen, die im Zusammenhang mit ihrer Abwicklung stehen.[149] Es stellen sich damit nach der Kassenschließung die gleichen mitbestimmungsrechtlichen Fragen.

Der Schwerpunkt der verbleibenden Personalratsarbeit liegt in der Regel in der Mitwirkung vor Ausspruch betriebsbedingter Kündigungen. Die Mitbestimmung des Personalrats beim Abschluss befristeter Arbeitsverträge nach § 75 Abs. 1 Nr. 1 BPersVG nimmt nach der mittlerweile ergangenen Rechtsprechung des Bundesarbeitsgerichts zum Fortbestand von Arbeitsverhältnissen bei Unterbreitung unzumutbarer Unterbringungsangebote künftig eine deutlich geringere Bedeutung ein.[150] Die Arbeitsverhältnisse der Beschäftigten enden entweder mit ihrer erfolgreichen Unterbringung bei einer anderen Krankenkasse oder mit der Ablehnung ordnungsgemäßer Unterbringungsangebote. Die übrigen Arbeitsverhältnisse bestehen mit der Abwicklungskörperschaft über den Schließungszeitpunkt hinaus fort. Der Abschluss neuer befristeter Arbeitsverträge ist nicht erforderlich.

3. Ergebnis

Die Krankenkasse wird durch den Bescheid der Aufsichtsbehörde zum Schließungszeitpunkt im personalvertretungsrechtlichen Sinne aufgelöst. Der Personalrat ist an der Schließungsentscheidung jedoch nicht zu beteiligen, da die Aufsichtsbehörde außerhalb des Dienststellenorganismus steht. Aus dem gleichen Grund erwächst aus der Auflösungsentscheidung kein Anspruch auf Erzwingung eines Sozialplanes.

Das Restmandat sichert den verbleibenden Beschäftigten eine personalvertretungsrechtliche Interessenvertretung über den Schließungszeitpunkt hinaus zu. Die Beteiligungsrechte beschränken sich nach den allgemeinen Grundsätzen allerdings auf die mit der Abwicklung im Zusammenhang stehenden Maßnahmen. Insofern gleicht die Rechtslage nach Schließung einer

[149] BVerwG 21.09.2005 – 2 A 5/04, BeckRS 2006, 22159 (Rn. 25); *Schwarzburg*, öAT 2010, 79 (79). Vgl. auch BAG 12.01.2000 – 7 ABR 61/98, NZA 2000, 669 (II 2 d aa) zum Umfang des Restmandats des Betriebsrats nach Stilllegung eines Betriebs.

[150] *Klimpe-Auerbach*, SozSich 2011, 270 (274) weist richtigerweise darauf hin, dass die Abwicklungskörperschaft nach Schließung der Krankenkassen im Jahr 2011 den Personalrat beim Abschluss befristeter Arbeitsverträge zu Unrecht nicht beteiligte.

Krankenkasse in personalvertretungsrechtlicher Hinsicht derjenigen, die bei Auflösung einer anderen Dienststelle maßgeblich ist.

II. Besonderheiten des Tarifrechts bei Kassenschließungen

1. Übersicht

Die tarifrechtlichen Besonderheiten bei einer Krankenkassenschließung sind überschaubar. Weder die Rechtsprechung noch die Literatur widmeten diesem Themenbereich bisher große Aufmerksamkeit.[151] Die vorliegende Arbeit beschränkt sich auf Überlegungen zu den Auswirkungen bestehender tarifvertraglicher Bindungen auf das Unterbringungsverfahren. Dieses stellt im deutschen Arbeitsrecht eine Besonderheit dar. Ansprüche der Beschäftigten ergeben sich möglicherweise auch aus den im Krankenversicherungsrecht existierenden Rationalisierungstarifverträgen.

2. Tarifvertragliche Bindungen und Unterbringungsverfahren

a) Tarifbindung der Krankenkassen

Die Auswirkungen der erfolgreichen Unterbringung bei einer anderen Krankenkasse auf die geltenden tarifvertraglichen Regelungen sind aufgrund existierender Tarifverträge[152] zwangsläufig bei jeder Krankenkassenschließung zu behandeln. Die starke Verbreitung von Tarifverträgen im Krankenversicherungssystem[153] führt aber zu einem weitgehenden Gleichlauf der in den Krankenkassen derselben Kassenart herrschenden tariflichen Regelungen. Das gilt unabhängig von der Frage, ob die tariflichen Regelung normativ oder kraft Inbezugnahme auf die jeweiligen Arbeitsverhältnisse Anwendung finden. In den meisten Fällen unterfallen die Arbeitsverhältnisse sowohl bei der geschlossenen als auch bei der aufnehmenden wenn nicht sogar dem gleichen, dann doch wenigstens ähnlich ausgestalteten Tarifverträgen. Die Entscheidung zwischen der Fortgeltung der bisherigen oder der Anwendbarkeit der bei der Aufnahme existierenden Tarifverträge nach der Unterbringung von Beschäftigten fällt hier in der Praxis nicht oder kaum ins Gewicht.

---

151 Ausführlich *Grau/Sittard*, KrV 2012, 6 (12 f.).

152 Hänlein/Kruse/*Hänlein*, SGB V, § 4 Rn. 6; vgl. zu Betriebskrankenkassen auch *Wolter*, FS Bepler (2012), S. 675 (687). Allgemein zur dominierenden Stellung von Tarifverträgen im öffentlichen Dienst *Conze/Karb/Wölk*, Einf. Rn. 7.

153 Hänlein/Kruse/*Hänlein*, SGB V, § 4 Rn. 6; vgl. zu Betriebskrankenkassen auch *Wolter*, FS Bepler (2012), S. 675 (687).

Die folgenden Ausführungen betreffen insbesondere die Gruppe der übrigen Mitarbeiter. Tarifverträge können auch gegenüber Dienstordnungsangestellten Geltung erlangen.[154] Enthält die Dienstordnung aber entsprechende Regelungen, geht sie einem Tarifvertrag vor.[155] Die vorliegende Arbeit befasste sich bereits im Rahmen der Anforderungen an die Zumutbarkeit der Unterbringungsangebote mit vielen hier sich stellenden Fragen.[156] Die Ordnungsgemäßheit von Beschäftigungsangeboten hängt in erster Linie von den auf die neuen Arbeitsverhältnisse Anwendung findenden Arbeitsbedingungen ab. Sofern ein Tarifvertrag auf ein Arbeitsverhältnis normativ oder kraft Inbezugnahme Anwendung findet, ergeben sich diese zu einem Teil nicht aus den arbeitsvertraglichen Bestimmungen, sondern aus den Regelungen des Tarifvertrags.

Nach der Unterbringung von Mitarbeitern bei einer anderen Krankenkasse, die nicht an denselben Tarifvertrag gebunden ist, sind verschiedene Wege zur Lösung tarifrechtlicher Fragen denkbar. Der bisherige auf das Arbeitsverhältnis mit der geschlossenen Krankenkasse unmittelbar anwendbare Tarifvertrag könnte fortgelten. Alternativ könnten dessen Regelungen – ähnlich wie bei einem Betriebsübergang – Inhalt des Arbeitsvertrages selbst werden, dabei aber ihre kollektivrechtliche Wirkung[157] beibehalten.[158] Möglich ist auch die alleinige Anwendung des bei der aufnehmenden Körperschaft geltenden Tarifvertrags. Zuletzt kommt nach Abschluss des neuen Arbeitsvertrages die Ablehnung der Tarifbindung insgesamt in Betracht.

b) Fortgeltung der Tarifverträge nach erfolgter Unterbringung

Die zwischen der geschlossenen Krankenkasse und dem jeweiligen Mitarbeiter kraft beidseitiger Tarifgebundenheit geltenden Tarifverträge finden nicht automatisch nach ihrer Unterbringung auf das neue Arbeitsverhältnis Anwendung, es sei denn, die aufnehmende Körperschaft ist an den gleichen Tarifvertrag gebunden. Eine dafür erforderliche beidseitige Tarifbindung sowohl bei der geschlossenen als auch bei der aufnehmenden Krankenkasse kommt allerdings insbesondere bei Firmentarifverträgen nicht in Betracht. § 164 Abs. 3 SGB V verpflichtet die übrigen Krankenkassen und den Landesverband lediglich zur Abgabe von Unterbringungsangeboten. Sie treten gerade nicht in die bisherige Arbeitgeberposition der geschlossenen Krankenkasse ein, son-

---

[154] Krauskopf/*Krauskopf*, Soziale Krankenversicherung, § 351 RVO Rn. 6; *Müller/Preis*, Arbeitsrecht, Zweiter Abschnitt B IV Rn. 129.

[155] Krauskopf/*Krauskopf*, Soziale Krankenversicherung, § 351 RVO Rn. 6.

[156] Dazu Kap. C III – IV dieser Arbeit. Die an dieser Stelle folgenden rechtlichen Ausführungen enthalten daher teils Wiederholungen.

[157] So BAG 22.04.2009 - 4 AZR 100/08, NZA 2010, 41 (Rn. 30).

[158] ErfK/*Preis*, § 613a BGB Rn. 112.

dern es kommt ein neues Arbeitsverhältnis zustande.[159] Die Weitergeltung der bestehenden Tarifverträge unter Verzicht der beidseitigen Tarifbindung im neuen Arbeitsverhältnis entspräche nicht einmal der Rechtslage beim Betriebsübergang und lässt sich dogmatisch nicht begründen.

c) Transformation der bisherigen Tarifverträge

Eine automatische Weitergeltung der bisherigen Tarifverträge auf vertraglicher Ebene scheidet ebenfalls aus. Die Transformation der tarifvertraglichen Regelungen in das Arbeitsverhältnis zwischen Arbeitnehmer und Erwerber eine Betriebes unter Beibehaltung ihres kollektivrechtlichen Charakters[160] folgt beim Betriebsübergang aus der Vorschrift des § 613a Abs. 1 Satz 2 BGB.[161] Die das Kollektivarbeitsrecht betreffende Regelung ist deswegen nötig, weil es sich bei Tarifverträgen nicht um die nach § 613a Abs. 1 Satz 1 BGB automatisch auf den Erwerber übergehenden Rechte und Pflichten handelt.[162] Das Regelungssystem beim Betriebsübergang verdeutlicht, dass die kollektivrechtlichen Regelungen bei einem Arbeitgeberwechsel nicht automatisch fortbestehen, sondern hierfür eine ausdrückliche gesetzliche Übergangsvorschrift vonnöten ist. Die krankenkassenspezifischen Unterbringungsvorschriften enthalten dagegen keine vergleichbare Transformationsregelung. Es fehlt damit bereits an einer gesetzlichen Grundlage, welche die vertragliche Weitergeltung bisheriger tarifvertraglicher Regelungen festlegt.

d) Keine Anwendungspflicht aufgrund des Zumutbarkeitserfordernisses

Der Zumutbarkeitsmaßstab des § 164 Abs. 3 Satz 3 SGB V könnte die aufnehmende Körperschaft zur Berücksichtigung der bisherigen Tarifverträge zwingen. Gewichtige Argumente sprechen allerdings gegen die Verpflichtung der aufnehmenden Rechtsträger, im Rahmen der den Mitarbeitern zu unterbreitenden Unterbringungsangebote Regelungen vorzusehen, die eine Anwendung der bisher geltenden Tarifverträge sicherstellen.[163] Dies gilt sowohl für den Fall, dass sich die beidseitige Tarifbindung nach der Unterbringung von Mitarbeitern bei der aufnehmenden Körperschaft fortsetzt als auch bei Entfall der beidseitigen Tarifbindung.

---

159 *Grau/Sittard*, KrV 2012, 6 (7); *Rolfs*, NZA 2013, 529 (531).

160 BAG 22.04.2009 - 4 AZR 100/08, NZA 2010, 41 (Rn. 30); ErfK/*Preis*, § 613a BGB Rn. 112.

161 ErfK/*Preis*, § 613a BGB Rn. 112.

162 ErfK/*Preis*, § 613a BGB Rn. 111.

163 Eine Bindung an die bei der geschlossenen Krankenkasse geltenden Tarifverträge könnte beispielsweise durch eine in den Arbeitsvertrag aufgenommenen statischen Bezugnahme erzielt werden.

aa) Beidseitige Tarifbindung nach Unterbringung

Ist der Mitarbeiter nach der erfolgreichen Unterbringung bei einer anderen Körperschaft ebenfalls an den dort geltenden Tarifvertrag gebunden, findet nur dieser, nicht aber der bisherige bei der geschlossenen Krankenkasse geltende Tarifvertrag auf das neue Arbeitsverhältnis kraft beidseitiger Tarifbindung Anwendung. Ein weitergehender Schutz der Rechtsstellung der untergebrachten Mitarbeiter in Form von Vereinbarungen, die den bisherigen Tarifvertrag in Bezug nehmen, ist nicht geboten. Es liefe dem Interesse des aufnehmenden Arbeitgebers an einheitlichen Arbeitsbedingungen gegenüber sämtlichen Beschäftigten zuwider. Das Gesetz schützt das Vereinheitlichungsinteresse des Arbeitgebers an verschiedener Stelle. Es kommt insbesondere im Zusammenhang mit dem Schicksal von Tarifverträgen beim Arbeitgeberwechsel infolge eines Betriebsübergangs zum Ausdruck.[164] Dort transformiert § 613a Abs. 1 Satz 2 BGB tarifvertragliche Regelungen zwar in das zwischen dem Erwerber und dem Arbeitnehmer zustande kommende Arbeitsverhältnis.[165] Nach § 613a Abs. 1 Satz 3 BGB steht der Transformation aber die beidseitige Tarifgebundenheit[166] bezüglich eines anderen Tarifvertrages im neuen Arbeitsverhältnis entgegen.[167] Diese Wertung ist auf das Unterbringungsverfahren übertragbar. Besteht eine beidseitige Tarifbindung nach Unterbringung eines Mitarbeiters bei einer anderen Krankenkasse, besteht kein Bedürfnis für die Inbezugnahme des bisherigen Tarifvertrags.

bb) Keine beidseitige Tarifgebundenheit

In den Fällen, in denen eine beidseitige Tarifbindung nicht besteht, findet auch der vormals bei der geschlossenen Krankenkasse geltende Tarifvertrag keine Anwendung. Eine solche Transformation im Unterbringungsverfahren ist gesetzlich nicht vorgesehen.

Es besteht weiter keine Verpflichtung der zur Unterbringung verpflichteten Krankenkassen, im Rahmen der zu unterbreitenden Unterbringungsan-

---

164 BAG 21.02.2001 – 4 AZR 18/00, NZA 2001, 1318 (B I 2 b cc) zur Vereinheitlichung und Anpassung der Arbeitsbedingungen, die mit der Regelung des § 613a Abs. 1 Satz 3 BGB bezweckt werden.

165 ErfK/*Preis*, § 613a BGB Rn. 112.

166 Ob im Rahmen des § 613a Abs. 1 Satz 3 BGB die einseitige Tarifbindung des Arbeitgebers ausreicht, ist streitig. Eine weit verbreitete Auffassung und das Bundesarbeitsgericht fordern richtigerweise eine beidseitige Tarifgebundenheit, BAG 21.02.2001 – 4 AZR 18/00, NZA 2001, 1318 (B I 2 b); BAG 11.05.2005 – 4 AZR 315/04, NZA 2005, 1362 (I 2 a); Däubler/*Lorenz*, TVG, § 3 Rn. 201; Wiedemann/*Oetker*, TVG, § 3 Rn. 253 m.w.N.

167 Ausführlicher dazu und zu den weiteren Fragen der Harmonisierung von Arbeitsbedingungen durch den Erwerber *Freckmann/Wörz*, BB 2013, 2549 (2549 ff.).

gebote Bezugnahmen auf die zuvor anwendbaren Tarifverträge vorzusehen und diesen somit Geltung zu verschaffen. Der Zumutbarkeitsmaßstab des § 164 Abs. 3 Satz 3 SGB V schützt die Mitarbeiter selbst vor einer geringfügigen Verschlechterung der zuvor maßgeblichen arbeitsvertraglichen Bedingungen nicht. Dies gilt ebenso für etwaige tarifvertraglich begründete Rechte. Nach Maßgabe der Zumutbarkeitsanforderungen sind den Mitarbeitern aber die wesentlichen Rechte des Tarifvertrages zumindest auf individualvertraglicher Ebene einzuräumen. Ein Unterbringungsangebot hat beispielsweise einen Ausschluss der ordentlichen Kündigung dann vorzusehen, wenn eine solche vor Unterbringung des Mitarbeiters aufgrund von Bestimmungen eines auf das Arbeitsverhältnis zur Anwendung kommenden Tarifvertrags ebenfalls ausgeschlossen war. Kleinere Abweichungen gegenüber vorherigen tarifvertraglich gewährten Rechten führen allerdings nicht in jedem Falle zur Unzumutbarkeit des Unterbringungsangebots. Wie bereits herausgearbeitet, bedarf es in diesem Fall einer Abwägung der Interessen der Mitarbeiter mit den Interessen der aufnehmenden Körperschaft sowie des gesamten Gesundheitssystems. Dabei spielt sicherlich das Vereinheitlichungsinteresse der aufnehmenden Krankenkasse eine entscheidende Rolle. Dieses tritt nur in Ausnahmefällen hinter dem Interesse der Beschäftigten an der vertraglichen Implementierung abweichender tarifrechtlicher Regelungen nach ihrer Unterbringung bei einer anderen Krankenkasse zurück. Selbiges gilt für die Fälle, dass Tarifverträge auf das Arbeitsverhältnis unterzubringender Mitarbeiter nicht aufgrund beidseitiger Tarifbindung, sondern aufgrund von Bezugnahmeklauseln anwendbar waren.

e) Anrechnung erlangter Besitzstände

Die Zumutbarkeitsanforderungen des § 164 Abs. 3 Satz 3 SGB V erfordern eine Anrechnung erlangter Besitzstände, an welche insbesondere die bei der Unterbringungskörperschaft geltenden Tarifverträge anknüpfen. [168] Die mögliche Anrechnung nach der erfolgreichen Unterbringung der Mitarbeiter berührt nur mittelbar tarifrechtliche Fragen. Es geht darum, ob die Be-

---

[168] So im Ergebnis wohl auch LAG Baden-Württemberg 21.05.2012 - 1 Sa 2/12, BeckRS 2012, 71378 (B I 2 g bb); LAG Baden-Württemberg 21.05.2012 - 1 Sa 3/12, BeckRS 2012, 71379 (I 2 g bb); ArbG Berlin 23.11.2011 - 21 Ca 7861/11, BeckRS 2011, 78303 (A II 2 b); ArbG Berlin 23.11.2011 - 21 Ca 8139/11, BeckRS 2011, 78305 (A II 2 b); ErfK/*Rolfs*, § 164 SGB V Rn. 6, die sich in Bezug auf die Berücksichtigung der Vorbeschäftigungszeiten äußern; hinsichtlich eines bestehen bleibenden Sonderkündigungsschutzes auch Krauskopf/*Baier*, Soziale Krankenversicherung, § 164 SGB V Rn. 18 (aber kein Anspruch auf Besitzstandswahrung); *Grau/Sittard*, KrV 2012, 6 (7). Vgl. dazu bereits Kap. C IV 3 b dd dieser Arbeit in Bezug auf die Anrechnung von Vorbeschäftigungszeiten.

schäftigungszeiten und Anwartschaften bei der geschlossenen Krankenkasse auf tatbestandlicher Ebene nach ihrer erfolgreichen Unterbringung Berücksichtigung finden, wenn Ansprüche daran anknüpfen. Der wichtigste Anwendungsfall ist der tarifvertraglich begründete Sonderkündigungsschutz, der die ordentliche Kündbarkeit der Mitarbeiter nach einer näher festgelegten Beschäftigungsdauer ausschließt.[169] Eine solche Regelung enthielt beispielsweise § 20 Abs. 1 MTV[170] mit Wirkung für die geschlossene City BKK.[171] Sie schloss die ordentliche Kündigung eines Mitarbeiters nach Erreichen des 50. Lebensjahres und einer Beschäftigungsdauer von zehn Jahren aus.[172]

Der Sinn und Zweck der Berücksichtigung von Vorbeschäftigungszeiten liegt insbesondere darin, die infolge einer langen Beschäftigungsdauer entstehende besondere Verbundenheit mit dem Arbeitgeber sowie der in aller Regel abnehmenden geografischen Flexibilität[173] und Qualifikation in der Breite gerecht zu werden.[174] Die mittelbare Anknüpfung an das Lebensalter kompensiert daneben auch die schwerer werdende Wiedereingliederung älterer Arbeitnehmer in den Arbeitsmarkt bei Verlust des Arbeitsplatzes.[175] Dieser Gedanke läuft bei unterzubringenden Mitarbeitern nicht selten ins Leere. Sie wechseln den Arbeitgeber, sind eventuell mit neuen Aufgaben betraut und unter Umständen zu einem Ortswechsel gezwungen.

Ein zumutbares Unterbringungsangebot erfordert trotz der Tatsache, dass dieser Zweck nicht in allen Fällen übertragbar ist, die Anrechnung von Vorbeschäftigungszeiten bei der geschlossenen Krankenkasse.[176] Es spielt dabei keine Rolle, ob dies durch Bezugnahme auf einen Tarifvertrag oder

---

169 Damit wurden auch die Gerichte nach den beiden Schließungen im Jahr 2011 konfrontiert, da die geltenden Tarifverträge einen Sonderkündigungsschutz nach einer bestimmten Beschäftigungsdauer vorsahen, vgl. statt vieler BAG 21.11.2013 – 2 AZR 474/12, BeckRS 2014, 69409 (Rn. 3).

170 Manteltarifvertrag für die Beschäftigten der Betriebskrankenkassen vom 15. März 2010.

171 BAG 21.11.2013 – 2 AZR 474/12, BeckRS 2014, 69409 (Rn. 3).

172 BAG 21.11.2013 – 2 AZR 474/12, BeckRS 2014, 69409 (Rn. 3). Die für die BKK für Heilberufe maßgeblichen tarifvertraglichen Regelungen gewährten den Mitarbeitern nach einer zwanzigjährigen Beschäftigungsdauer und ab Erreichen des 40. Lebensjahres einen tariflichen Sonderkündigungsschutz, *Rolfs*, NZA 2013, 529 (532).

173 A.A. OVG Bremen 15.07.2013 – 2 B 101/13, NZA-RR 2013, 611 (II), wonach das Merkmal der Dauer der Betriebszugehörigkeit nicht den Schutz vor einem Ortswechsel bezwecke.

174 OVG Bremen 15.07.2013 – 2 B 101/13, NZA-RR 2013, 611 (II).

175 So *Eylert/Sänger*, RdA 2010, 24 (39).

176 Ebenso LAG Baden-Württemberg 21.05.2012 – 1 Sa 3/12, BeckRS 2012, 71379 (I 2 g bb); ArbG Berlin 23.11.2011 – 21 Ca 7861/11, BeckRS 2011, 78303 (A II 2 b); ArbG Berlin 23.11.2011 – 21 Ca 8139/11, BeckRS 2011, 78305 (A II 2 b); ErfK/*Rolfs*, § 164 SGB V Rn. 6. A.A. Krauskopf/*Baier*, Soziale Krankenversicherung, § 164 SGB V Rn. 18 (kein Anspruch auf Besitzstandswahrung); *Grau/Sittard*, KrV 2012, 6 (7).

aufgrund individualvertraglicher Vereinbarung geschieht. Der Ausschluss der ordentlichen Kündigung verleiht den Mitarbeitern einen besonderen Bestandsschutz, der ihre Rechtsstellung bei der geschlossenen Krankenkasse entscheidend prägt. Der Verlust dieses Sonderkündigungsschutzes beeinträchtigt die Rechtsstellung der Mitarbeiter erheblich und ist den unterzubringenden Mitarbeitern nicht mehr zumutbar im Sinne des § 164 Abs. 3 Satz 3 SGB V.[177] Zusammenfassend ergibt die zur Beurteilung der Zumutbarkeit von Unterbringungsangeboten durchzuführende Interessenabwägung, dass die bei der geschlossenen Krankenkasse erworbenen Besitzstände, insbesondere die Dauer der Beschäftigung, nach der Unterbringung bei der aufnehmenden Körperschaft wie Vorbeschäftigungszeiten beim neuen Arbeitgeber zu behandeln sind.[178] Das gilt auch für die übrigen Besitzstände und die daran anknüpfenden Ansprüche.

Das schließt aber keine nachteiligen Abweichungen gegenüber den vorher geltenden Tarifverträgen aus. Gewährte beispielsweise der bei der geschlossenen Krankenkasse geltende Tarifvertrag nach zehn Beschäftigungsjahren einen Sonderkündigungsschutz und verlangt dagegen der bei der aufnehmenden geltende Tarifvertrag dazu eine Vorbeschäftigung mit der Dauer von 20 Jahren, überwiegt das Vereinheitlichungsinteresse der aufnehmenden Krankenkasse. Das entspricht auch der Rechtslage im Falle eines Betriebsübergangs.[179] Der Tarifvertrag setzt sich bei kongruenter Tarifbindung sowohl des Arbeitnehmers als auch der aufnehmenden Krankenkasse selbst dann durch, wenn er insgesamt für den Arbeitnehmer nachteiligere Regelungen enthält.[180]

f) Zwischenergebnis

Die bei der geschlossenen Krankenkasse geltenden Tarifverträge wirken nicht automatisch nach der Unterbringung der Beschäftigten bei einer anderen Krankenkasse fort. Besteht nach der erfolgreichen Unterbringung eine beidseitige Tarifbindung, findet der bei der aufnehmenden Krankenkasse geltende Tarifvertrag Anwendung. Etwaige nachteilige Abweichungen än-

---

177 LAG Baden-Württemberg 21.05.2012 - 1 Sa 3/12, BeckRS 2012, 71379 (I 2 g bb).

178 So auch zur Anrechnung von Vorbeschäftigungszeiten LAG Baden-Württemberg 21.05.2012 - 1 Sa 3/12, BeckRS 2012, 71379 (I 2 g bb); ArbG Berlin 23.11.2011 - 21 Ca 7861/11, BeckRS 2011, 78303 (A II 2 b); ArbG Berlin 23.11.2011 - 21 Ca 8139/11, BeckRS 2011, 78305 (A II 2 b); ErfK/*Rolfs*, § 164 SGB V Rn. 6. A.A. *Grau/Sittard*, KrV 2012, 6 (7).

179 Dazu ErfK/*Preis*, § 613a BGB Rn. 123.

180 Ebenfalls ausdrücklich ErfK/*Preis*, § 613a BGB Rn. 123 zur Rechtslage beim Betriebsübergang, die sich m.E. an dieser Stelle auf die Rechtslage bei Schließung von Krankenkassen übertragen lässt.

dern daran nichts. Eine fehlende beidseitige Tarifbindung führt ebenso wenig zur Fortgeltung der bisherigen Tarifverträge. Es fehlt dafür an einer gesetzlichen Grundlage. Besondere Schutzrechte sind den Mitarbeitern aber im Rahmen des Zumutbarkeitsmaßstabs auf individualvertraglicher Ebene weiter zu gewähren. Die bisherigen Besitzstände, insbesondere die Vorbeschäftigungszeiten bei der geschlossenen Krankenkasse, sind dagegen auf das neue Arbeitsverhältnis anzurechnen.[181] Andernfalls drohen den Mitarbeitern erhebliche Nachteile, da Rechte aus Tarifverträgen nicht selten das Erreichen bestimmter Besitzstände tatbestandlich voraussetzen.

3. *Fortwirkung der Tarifverträge bei der Abwicklungskörperschaft*

Die Bindung an bestehende Tarifverträge in Bezug auf die Mitarbeiter, die nach der Schließung der Krankenkasse bei der Abwicklungskörperschaft weiterbeschäftigt werden, entfällt nicht zum Schließungszeitpunkt. Die Ausführungen zur Fortgeltung von Dienstvereinbarungen verdeutlichten, dass die bestehenden kollektivrechtlichen Regelungen zumindest insoweit weitergelten, als sie auch in der Abwicklungsphase einen sinnvollen Regelungsgehalt haben. Die Tarifverträge verlieren nach der hier vertretenen Auffassung ähnlich wie bei der Insolvenz[182] nicht ihre Geltung.[183] Selbst wenn man dies ablehnt und eine Beendigung der Verbandsmitgliedschaft zum Schließungszeitpunkt befürwortet, wirken die bisherigen Tarifverträge gemäß § 3 Abs. 3 TVG, dessen Voraussetzungen gegeben wären, nach.[184] Die Abwicklungskörperschaft ist insbesondere mit der geschlossenen Krankenkasse personenidentisch.[185] § 155 Abs. 1 Satz 2 SGB V fingiert das Fortbestehen der Krankenkasse bis zu ihrer vollständigen Abwicklung.

Ein ersatzloser Entfall jeglicher Bindungen an Tarifverträge nach Schließung der Krankenkasse führte andernfalls zu unlösbaren Problemen. Die bei den gesetzlichen Krankenkassen üblichen Tarifverträge beeinflussen die gegenseitigen Rechte und Pflichten erheblich. Insofern bestünden Regelungslücken in Bezug auf die Arbeitsverhältnisse, die über den Schließungszeitpunkt hinaus fortbestehen.

---

181 Ebenso hinsichtlich der Pflicht, die bisherigen Dienstzeiten anzurechnen LAG Baden-Württemberg 21.05.2012 – 1 Sa 2/12, BeckRS 2012, 71378 (B I 2 g bb).

182 Dazu Nerlich/Römermann/*Hamacher*, InsO, Vorbem. zu §§ 113 ff. InsO Rn. 40 ff.; Däubler/*Lorenz*, TVG, § 3 Rn. 92.

183 Offen lassend dagegen *Grau/Sittard*, KrV 2012, 6 (12).

184 Zu den Voraussetzungen der Weitergeltung von Tarifverträgen nach § 3 Abs. 3 TVG vgl. Däubler/*Lorenz*, TVG, § 3 Rn. 83 ff.

185 Zum Erfordernis der Personenidentität Däubler/*Lorenz*, TVG, § 3 Rn. 85.

4. *Maßnahmen zur Abmilderung wirtschaftlicher Nachteile*

Die Tariffähigkeit der Krankenkasse endet nicht zum Schließungszeitpunkt. Wie bei der Liquidation und Abwicklung anderer juristischer Personen könnten sich aus Tarifverträgen Regelungen ergeben, welche die wirtschaftlichen Nachteile der Beschäftigten abmildern. In diesem Zusammenhang ist insbesondere von Interesse, ob die auch im Krankenversicherungsrecht existierenden Rationalisierungstarifverträge auf die Kassenschließung Anwendung finden.[186] Fasst man die Kassenschließung nicht unter den tarifvertraglichen Begriff der Rationalisierung, stünde es den Gewerkschaften möglicherweise trotz bereits vereinbarter Rationalisierungstarifverträge offen, den Abschluss von Tarifverträgen mit dem Ziel, die wirtschaftlichen Nachteile der betroffenen Mitarbeiter abzumildern, zu erstreiken.[187] Andernfalls bewirkten bereits abgeschlossene Rationalisierungstarifverträge eine Friedenspflicht, die Streiks in der Abwicklungsphase verhinderten.[188]

a) Rationalisierungstarifverträgen bei betriebsbedingten Kündigungen

Eine Rationalisierungsmaßnahme löst nicht nur auf personalvertretungsrechtlicher Ebene ein Beteiligungsrecht des Personalrats aus, sondern ruft in der Regel auch die Gewerkschaften auf den Plan. Rationalisierungstarifverträge sind bei den gesetzlichen Krankenkassen weit verbreitet.[189] Sie gewähren Mitarbeitern, die von einer Rationalisierungsmaßnahme betroffen sind, insbesondere bei Ausspruch betriebsbedingter Kündigungen Abfindungsansprüche. Die Gewerkschaften nehmen dadurch mittelbar Einfluss auf die Entscheidungen des Arbeitgebers und sichern ihre Mitglieder vor den mit einer Rationalisierung einhergehenden wirtschaftlichen Nachteilen ab.

Die Auslegung des personalvertretungsrechtlichen Rationalisierungsbegriffs führte zu dessen Unanwendbarkeit bei Kassenschließungen.[190] Legt man den Tarifverträgen dasselbe Begriffsverständnis zugrunde, finden diese ebenfalls bei Kassenschließungen und den in diesem Zusammenhang ausgesprochenen Kündigungen keine Anwendung. Die in den Tarifverträgen enthaltenen Regelungen bei Durchführung von Rationalisierungsmaßnahmen sind aber auszulegen.[191] Folgt aus der Auslegung der Tarifnormen,

---

[186] *Grau/Sittard*, KrV 2012, 6 (12).
[187] Auf die Gefahr solcher Streiks weisen ebenso *Grau/Sittard*, KrV 2012, 6 (13) hin.
[188] Dazu *Grau/Sittard*, KrV 2012, 6 (12).
[189] *Grau/Sittard*, KrV 2012, 6 (12).
[190] Vgl. ausführlich Kap. D I 1 b cc dieser Arbeit.
[191] Zur Auslegung von Tarifverträgen vgl. BAG 28.8.2013 – 10 AZR 701/12, NZA-RR 2014, 112 (Ls.) = NJOZ 2014, 159 (Rn. 13); *Löwisch/Rieble*, TVG, § 1 Rn. 1459 ff.; *Schaub*, NZA 1994, 597; *Wank*, RdA 1998, 71.

dass nach dem Verständnis der Tarifvertragsparteien eine Rationalisierung nicht zwingend Maßnahmen beinhaltet, die auf Effizienzsteigerungen abzielen, fällt auch eine Kassenschließung darunter.[192]

b) Abfindungsansprüche bei Ablehnung ordnungsgemäßer Unterbringungsangebote

Es stellt sich zuletzt die Frage, ob die Tarifvertragsparteien Abfindungsansprüche für den Fall einer automatischen Beendigung von Arbeitsverhältnissen nach § 164 Abs. 4 Satz 1 SGB V vereinbaren können.[193] Der Zweck der arbeitsrechtlichen Abwicklungsvorschriften könnte der tarifvertraglichen Gewährung von Abfindungen bei Ablehnung ordnungsgemäßer Unterbringungsangebote entgegenstehen. Die verfassungsrechtlich garantierte Tarifautonomie spricht für die Zulässigkeit solcher Regelungen. Sie entbindet die Tarifvertragsparteien allerdings nicht von der Beachtung der zwingend geltenden Gesetze, von denen auch auf tarifvertraglicher Ebene nicht abgewichen werden kann.[194]

Bedenken gegen die tarifvertragliche Gewährung von Abfindungsansprüchen bei automatischer Beendigung der Arbeitsverhältnisse infolge des krankenkassenspezifischen arbeitsrechtlichen Abwicklungssystems bestehen deswegen, weil dadurch der Gesetzeszweck durch Tarifverträge konterkariert werden könnte. Das Gesetz ist in Bezug auf die Beendigungsanordnung des § 164 Abs. 4 Satz 1 SGB V abschließend. Es ist insbesondere gesetzlich nicht vorgesehen, den betroffenen Mitarbeitern eine Alternative zur Unterbringung bei einer anderen Krankenkasse dadurch zu bieten, indem zwar ihre Arbeitsverhältnisse bei Ablehnung eines zumutbaren Unterbringungsangebots enden, die Beendigung jedoch durch die Gewährung einer hohen tarifvertraglich begründeten Abfindung wirtschaftlich ausgeglichen wird. Die mithaftenden Krankenkassen trügen die finanziellen Lasten solcher Regelungen, obwohl sie willens sind, die Mitarbeiter in den eigenen Reihen unterzubringen. Diese Erwägungen könnten tarifvertraglich vereinbarten Abfindungsansprüchen zur Abmilderung der wirtschaftlichen Nachteile, die infolge der Ablehnung ordnungsgemäßer Unterbringungsangebote und der automatischen Beendigung von Arbeitsverhältnissen führen, vollständig entgegenstehen.[195]

---

192 *Grau/Sittard*, KrV 2012, 6 (12) gehen ebenfalls davon aus, dass Tarifverträge für den Fall der Kassenschließung Regelungen zur Abmilderung der wirtschaftlichen Nachteile für die Mitarbeiter vorsehen können.

193 Dazu *Grau/Sittard*, KrV 2012, 6 (13).

194 So im Ergebnis Däubler/*Schiek*, TVG, Einl. Rn. 309 ff., vgl. dort auch ausführlich zum Verhältnis zwischen Tarifverträgen und Gesetzen mit Beispielen.

195 Ähnlich *Bohlen-Schöning*, KrV 2011, 85 (89), die die Berücksichtigung der Wertungen des § 164 SGB V verlangt. A.A. *Grau/Sittard*, KrV 2012, 6 (13), die Abfindungsansprüchen aber Grenzen setzen und lediglich ihre generelle Zulässigkeit befürworten.

Weniger weit gehen hingegen *Grau/Sittard*, die trotz dieser Bedenken von der generellen Zulässigkeit solcher Abfindungsvorschriften ausgehen.[196] Diese Auffassung ist insbesondere vor dem Hintergrund des Art. 9 Abs. 3 GG vorzugswürdig. Sie setzen aber der Ausgestaltung der Abfindungsansprüche Grenzen.[197] Das Gebot der Wirtschaftlichkeit und Sparsamkeit nach § 69 Abs. 2 SGB IV sei zu beachten.[198] Nicht zuletzt wegen der Haftung der übrigen Krankenkassen sei in Bezug auf die Höhe möglicher Abfindungsansprüche Zurückhaltung geboten.[199] Sie schlagen vor, die aus dem Insolvenzrecht stammende Obergrenze des § 123 InsO, die den Umfang eines Sozialplanes einschränkt, auf die Abfindungsansprüche nach Schließung einer Krankenkasse zu übertragen.[200] Ein derartiger Tarifvertrag soll ihres Erachtens außerdem nur zulässig sein, wenn er zu „greifbaren Vorteilen insbesondere im Hinblick auf die rechtssichere Beendigung der Arbeitsverhältnisse, die Vermeidung von potentiell massiven Annahmeverzugslohn- und Prozesskostenrisiken sowie die Vermeidung erheblicher Störungen der Abwicklungstätigkeit führ[e]"[201]. Auch solche Beschränkungen tariflicher Regelungen der Höhe nach für den Fall der Ablehnung ordnungsgemäßer Unterbringungsangebote sind angesichts des Art. 9 Abs. 3 GG abzulehnen. Es fehlt insbesondere an einer gesetzlichen Grundlage, die den Tarifvertragsparteien solche Grenzen auferlegt.

5. Ergebnis

Aus tarifrechtlicher Perspektive sind insbesondere das Unterbringungsverfahren sowie die Möglichkeit des Abschlusses von Rationalisierungstarifverträgen von Interesse. Im Übrigen gleicht die Rechtslage bei Kassenschließungen derjenigen, die bei der Abwicklung anderer Rechtsträger maßgeblich ist. Diesbezüglich verzichtet diese Arbeit auf eine umfassende Darstellung aller denkbaren Fragen. Die im Krankenversicherungsrecht weit verbreitete Bindung an Tarifverträge dürfte allerdings dazu führen, dass die tarifrechtlichen Probleme in der Praxis keine großen Probleme hervorrufen, da eine beidseitige Tarifbindung sowohl zwischen den Mitarbeitern und der geschlossenen Krankenkasse als auch mit der aufnehmenden Körperschaft besteht. Die tariflich vorgesehenen Mindeststandards und Rechte bleiben somit erhalten. Die

---

[196] *Grau/Sittard*, KrV 2012, 6 (13), wobei die Autoren nicht zwischen Abfindungsansprüchen, die durch Ausspruch einer betriebsbedingten Kündigung und solchen, die infolge der Beendigungsfiktion ausgelöst werden, unterscheiden.
[197] *Grau/Sittard*, KrV 2012, 6 (13).
[198] *Grau/Sittard*, KrV 2012, 6 (13).
[199] *Grau/Sittard*, KrV 2012, 6 (13).
[200] *Grau/Sittard*, KrV 2012, 6 (13).
[201] *Grau/Sittard*, KrV 2012, 6 (13).

Besitzstände der Mitarbeiter sind nach der Begründung des neuen Arbeitsverhältnisses mit der aufnehmenden Körperschaft so zu behandeln, als ob sie bei ihr erlangt worden seien. Andernfalls drohen den Mitarbeitern im Vergleich zur bisherigen Rechtsstellung nicht zumutbare Nachteile.

Die Gewerkschaften sind berechtigt, im Falle des Ausspruchs betriebsbedingter Kündigungen mit der geschlossenen Krankenkasse Tarifverträge zur Abmilderung der wirtschaftlichen Nachteile auszuhandeln. Bestehende Rationalisierungstarifverträge umfassen diese Konstellation nur dann, wenn die Kündigung von Arbeitsverhältnissen in Folge der Kassenschließung ausdrücklich als Rationalisierungsmaßnahme benannt ist oder auf das Merkmal der Effizienzsteigerung verzichtet wird. Andernfalls besteht in der Abwicklungsphase keine Friedenspflicht. Tarifvertragliche Regelungen, die den Mitarbeitern bei Ablehnung ordnungsgemäßer Unterbringungsangebote Abfindungen gewähren, bringen zwar das mit den arbeitsrechtlichen Regelungen des § 164 Abs. 3 und 4 SGB V installierte Abwicklungssystem durcheinander und stellen erhebliche finanzielle Risiken für die übrigen mithaftenden Krankenkasse dar, sind aber aufgrund von Art. 9 Abs. 3 GG zulässig.

E. Ergebnis in Thesen

I. Grundlagen zu Kassenschließungen

1. Die Gefahr von Kassenschließungen erhöhte sich wegen der Reformen der letzten beiden Jahrzehnte erheblich. Diese Reformen verschärften den Wettbewerb zwischen den verschiedenen gesetzlichen Krankenkassen und zwangen diese fortan an dazu, ihre Ausgaben zu verringern. Die Erhöhung ihrer Einnahmen durch die Einführung eines Zusatzbeitrages setzte in der Vergangenheit einen Teufelskreis in Gang. Dieser negative Effekt droht sich auch in der Zukunft fortzusetzen, wenngleich die seit dem Jahr 2015 geltende Rechtslage dazu führt, dass die Krankenkassen flächendeckend Zusatzbeiträge in unterschiedlicher Höhe erheben.

2. Der auf die Krankenkassen durch den Wettbewerb ausgeübte Kostendruck liegt im Interesse des Gesetzgebers. Die Verringerung der Gesamtzahl der gesetzlichen Krankenkassen ist nicht eine bloße Begleiterscheinung der neuen Rechtslage, sondern war ein Ziel der Gesetzgebung. Ineffizient wirtschaftende Krankenkassen können ihre Tätigkeit nicht auf Kosten der beitragszahlenden Versicherten fortsetzen, sondern sind gezwungen, ihre Ausgaben zu senken und somit im Wettbewerb mit den anderen Krankenkassen zu bestehen.

3. Die Schließung einer Krankenkasse ist nicht das präferierte Mittel zur Verringerung der Krankenkassenanzahl. Die meisten Krankenkassen, die sich in ihrer finanziellen Leistungsfähigkeit bedroht sehen, fusionieren zu größeren Krankenkassen. Deswegen ist auch in Zukunft nicht mit einer Welle von Kassenschließungen zu rechnen.

4. Das nach der Schließung einer Krankenkasse geltende Haftungskonzept birgt erhebliche Gefahren für das gesamte Krankenversicherungssystem. Es ordnet die Mithaftung der übrigen Krankenkassen an und erhöht damit das Risiko, dass einer Kassenschließung alsbald weitere folgen. Dies darf bei der Auslegung von arbeitsrechtlichen Vorschriften nicht außer Acht gelassen werden.

5. Die Schließungsvorschriften der Orts-, Betriebs-, Innungskrankenkassen und Ersatzkassen finden sich größtenteils in jeweils eigenen Titeln des SGB V. Die vom Gesetzgeber angewandte Verweisungstechnik sorgt allerdings aus arbeitsrechtlicher Perspektive für einen weitgehenden Gleichlauf der maßgeblichen Regelungen. Eine wichtige Ausnahme hiervon machen die §§ 155 Abs. 4 Satz 9, 171 Satz 1 mit Wirkung für die ordentlich kündbaren Mitarbeiter von Betriebskranken- und Ersatzkassen.

6. Der Sozialgerichtsweg eröffnet den Mitarbeitern keine weitere Möglichkeit, auf gerichtlichem Wege den Erhalt ihrer Arbeitsplätze bei der geschlossenen Krankenkasse zu erzwingen. Die für die Anfechtung des Schließungsbescheids erforderliche Klagebefugnis liegt nicht vor. Mit der höchstrichterlichen Rechtsprechung des Bundessozialgerichts kommt den Schließungsvorschriften der §§ 146a, 153, 163, 171, 171b SGB V kein drittschützender Charakter zugunsten der Krankenkassenbeschäftigten zu. Der Schutzcharakter des § 164 Abs. 2 bis 4 SGB V spielt dagegen bei dieser Frage keine Rolle, da die Vorschrift nicht der Schließung einer Krankenkasse zugrunde liegt. Sie regelt lediglich deren Folgen. Das Grundrecht der Berufsfreiheit nach Art. 12 GG ändert nichts an der fehlenden Klagebefugnis. Es verleiht dem Einzelnen auch im öffentlichen Recht keine Bestandsgarantie.

II. Auswirkungen der Abwicklungskonstruktion auf die Arbeitsverhältnisse

1. Die Arbeitsverhältnisse der Beschäftigten enden nicht bereits aufgrund der vom Gesetzgeber gewählten Abwicklungskonstruktion.

2. Die Krankenkasse und die nach ihrer Schließung fortbestehende Abwicklungskörperschaft sind personenidentisch. Die Ansicht, die eine Beendigung der Arbeitsverhältnisse daraus herleitet, dass es sich um zwei verschiedene Rechtsträger handele, findet keine Stütze im Gesetzeswortlaut. Gesetzessystematische Erwägungen untermauern diese Schlussfolgerung. Das SGB V enthält weder Errichtungsvorschriften noch ergibt die mit der Vorschrift des § 164 Abs. 4 Satz 1 SGB V normierte Beendigungsanordnung einen Sinn, wenn sämtliche Arbeitsverhältnisse bereits infolge einer fehlenden Rechtsträgeridentität zum Schließungszeitpunkt automatisch enden. Historische Argumente sprechen ebenfalls für dieses Ergebnis.

3. Die (mögliche) Teilrechtsfähigkeit der Abwicklungskörperschaft steht einer Fortsetzung sämtlicher Arbeitsverhältnisse mit dieser ebenfalls nicht entgegen. Mit der neueren Rechtsprechung zum Liquidationsverein wirken sich Beschränkungen der Rechtsfähigkeit in der Abwicklungsphase einer juristischen Person nicht auf die Existenz bestehender Dauerschuldverhältnisse aus. Darunter fallen auch Arbeitsverhältnisse der Beschäftigten aus der Zeit vor der Kassenschließung. Es bestünden andernfalls angesichts der unklaren rechtlichen Beziehungen der geschlossenen Krankenkasse zu ihren Vertragspartnern erhebliche praktische Probleme in der Abwicklungsphase. Die Übereinstimmungen im Wortlaut der vereinsrechtlichen und schließungsrechtlichen Vorschriften rechtfertigen einen Rückgriff auf die dort anerkannten Grundsätze.

III. Unterbringungsverpflichtung

1. Das Unterbringungsverfahren ist eine Eigenheit des Schließungsrechts der Krankenkassen. Es besteht eine generelle und gerichtlich durchsetzbare Pflicht zu dessen Durchführung, soweit die Beschäftigten unter die Regelung des § 164 Abs. 3 SGB V fallen. Die arbeitsrechtlichen Schließungsvorschriften sichern sie vor der drohenden Arbeitslosigkeit ab, obwohl die Voraussetzungen des Betriebsübergangs bei der Schließung einer Krankenkasse nicht vorliegen.

2. Die Anforderungen an ein ordnungsgemäßes Unterbringungsangebot gegenüber Dienstordnungsangestellten sowie den übrigen Beschäftigten unterscheiden sich wegen der beamtenrechtsähnlichen Ausgestaltung des Dienstordnungsanstellungsverhältnisses. Die Interessen der zur Aufnahme verpflichteten Krankenkassen sowie des Krankenversicherungssystems sind aber in beiden Fällen zu berücksichtigen.

3. Die ordnungsgemäße Unterbringung eines Dienstordnungsangestellten erfordert grundsätzlich das Anerbieten einer mit seiner bisherigen Rechtsstellung gleichwertigen neuen Stelle. Die in der Regelung des § 164 Abs. 3 Satz 1 SGB V vorgesehene Wendung des „auffälligen Missverhältnisses" drückt einerseits aus, dass Verschlechterungen des Dienstordnungsamts nach der Unterbringung des Angestellten nicht ausgeschlossen sind. Andererseits verhindert es allzu große Beeinträchtigungen für die betroffenen Mitarbeiter. Solche sind nur dann zulässig, wenn es das Interesse der aufnehmenden Körperschaft oder des Krankenversicherungssystems erfordert.

4. Die Anforderungen an ein ordnungsgemäßes Unterbringungsangebot gegenüber einem Dienstordnungsangestellten lassen sich nicht anhand einzelner Merkmale isoliert bestimmen. Erforderlich ist eine Gesamtbetrachtung der neuen Stelle aus statusrechtlicher Perspektive. Einzelne Arbeitsbedingungen und Rechte des Betroffenen sind allerdings unantastbar. Ein mit der Unterbringung verbundener nachteiliger Wechsel der Laufbahngruppe wird den Anforderungen des § 164 Abs. 3 Satz 1 SGB V nicht gerecht. Der Wechsel der Laufbahn selbst ist dagegen nicht per se unzulässig. Der Dienstordnungscharakter der Anstellung ist beizubehalten. Eine unterschiedliche Besoldung der neuen Stelle spielt eine nur untergeordnete Rolle. Dieser Aspekt findet lediglich aus statusrechtlicher Sicht Berücksichtigung, da die Ausgleichsregelung des § 164 Abs. 3 Satz 2 SGB V den finanziellen Besitzstand der Dienstordnungsangestellten vollständig absichert. Dieser Regelungsmechanismus sorgt gleichzeitig dafür, dass die Schwelle noch zulässiger niedriger besoldeter Stellen weniger streng ist. Ein Anspruch auf Beibehaltung des bisherigen Aufgabengebietes besteht nicht.

Die inhaltliche Ausgestaltung der neuen Stelle muss lediglich aus statusrechtlicher Sicht vergleichbar sein. Ein Wechsel des Dienstortes, auch über die Ländergrenzen hinweg, ist zulässig.

5. Die übrigen Beschäftigten der Orts- und Innungskrankenkassen sind im Schließungsfall unter den in § 164 Abs. 3 Satz 3 SGB V genannten Voraussetzungen unterzubringen. Die Zumutbarkeit des Unterbringungsangebots ist im Wege einer am Einzelfall orientierten Abwägung aller Gesamtumstände und unter Berücksichtigung der Interessen der unterzubringenden Mitarbeiter auf der einen Seite und den zur Aufnahme verpflichteten Rechtsträgern sowie der Funktionsfähigkeit des Krankenversicherungssystems auf der anderen Seite zu beurteilen. Daraus folgt, dass geringe Einschränkungen ihrer bisherigen Rechtsstellung nicht generell unzulässig sind.

6. Es verbietet sich wiederum, die Zumutbarkeit eines Unterbringungsangebots im Sinne des § 164 Abs. 3 Satz 3 SGB V losgelöst von den übrigen Umständen anhand einer isolierten Betrachtung einzelner Punkte zu bestimmen. Es lassen sich jedoch Untergrenzen ermitteln, die nicht unterschritten werden dürfen. Unterschiede in der Besoldung der Beschäftigten spielen mangels eines Ausgleichsanspruchs eine weitaus größere Rolle als dies im Unterbringungsverfahren der Dienstordnungsangestellten der Fall ist. Das bisherige Tätigkeitsfeld kann sich ebenso ändern wie der Beschäftigungsort. Die Vorbeschäftigungszeiten der Beschäftigten sind nach Antritt der neuen Stelle anzurechnen.

7. Die Mitarbeiter von Betriebskranken- und Ersatzkassen, deren Arbeitsverhältnisse nicht durch Ausspruch einer ordentlichen Kündigung beendet werden können, sind ebenfalls nach §§ 155 Abs. 4 Satz 9, 171 Satz 1 i.V.m. § 164 Abs. 3 Satz 3 SGB V bei einer anderen Krankenkasse oder dem Landesverband unterzubringen. Die Anforderungen an ein ordnungsgemäßes Unterbringungsangebot entsprechen denen, die im Unterbringungsverfahren der Beschäftigten von Orts- und Innungskrankenkassen maßgeblich sind. Als ordentlich unkündbar in diesem Sinne gilt ein Arbeitnehmer dann, wenn das Gesetz, eine kollektiv- oder individualvertragliche Regelung die ordentliche Kündigung ausschließt. Personalratsmitglieder und andere Arbeitnehmervertreter sind unter Berücksichtigung des § 15 Abs. 4 KSchG nicht unterbringungsberechtigt, da ihre ordentliche Unkündbarkeit bei einer Betriebsschließung entfällt. Die Krankenkassenschließung ist als eine solche anzusehen. Mitarbeiter, für die ein Kündigungsverbot mit Erlaubnisvorbehalt vorgesehen ist, gelten dagegen als ordentlich unkündbar im Sinne der Schließungsvorschriften. Das entspricht auch dem Sinn und Zweck des Unterbringungsverfahrens. Die besonders schutzbedürftigen Mitarbeiter sollen gerade vor der andernfalls drohenden Arbeitslosigkeit geschützt werden.

8. Eine Verpflichtung zur Unterbringung der ordentlich kündbaren Beschäftigten von Betriebskranken- und Ersatzkassen besteht nicht. Der in den Verweisen der §§ 155 Abs. 4 Satz 9, 171 Satz 1 SGB V vorgesehene Ausschluss der Regelung des § 164 Abs. 3 Satz 3 SGB V steht sowohl einer direkten als auch einer analogen Anwendung der Unterbringungsvorschriften entgegen. Das führt zugleich zur Verfassungswidrigkeit der Vorschriften. Sie verstoßen gegen den Gleichheitssatz des Art. 3 Abs. 1 GG. Die Ungleichbehandlung lässt sich insbesondere vor dem Hintergrund der strukturellen Parallelen der unterschiedlichen Kassentypen seit den Reformen der letzten beiden Jahrzehnte nicht rechtfertigen. Ein Verstoß gegen Art. 3 GG hat allerdings keine anspruchsbegründende Wirkung. Aus der Verfassungswidrigkeit der Vorschriften alleine entspringt kein Unterbringungsanspruch.

9. Das Gesetz sichert den unterbringungsberechtigten Mitarbeitern die Weiterbeschäftigung bei einer anderen Krankenkasse oder dem Landesverband zu. Der eindeutige Wortlaut steht den teilweise unternommenen Versuchen entgegen, den zur Aufnahme verpflichteten Körperschaften ein Ablehnungsrecht dann zuzugestehen, wenn sie andernfalls Mitarbeiter über ihren Beschäftigungsbedarf hinaus aufnehmen müssten. Sie sind insoweit auf Personalanpassungsmaßnahmen nach Abschluss des Unterbringungsverfahrens verwiesen.

10. Der Unterbringungsanspruch ist als Erfüllungsanspruch gerichtlich durchsetzbar. Die Mitarbeiter sind bei dessen Verletzung nicht nur auf Schadensersatzansprüche in Geld zu verweisen.

IV. Unterbringungsverfahren

1. Das Auswahlverfahren der Beschäftigten im Unterbringungsverfahren nimmt eine bedeutende Rolle ein. Die Mitarbeiter haben ein Interesse daran, keine allzu großen Einschränkungen ihrer Rechtsstellung in Kauf nehmen zu müssen und nicht an einem Dienstort untergebracht zu werden, der sich in weiter Entfernung zum bisherigen befindet. Der gesetzlich verankerte Unterbringungsmechanismus verdeutlicht allerdings, dass selbst einer bundesweiten Unterbringung keine Bedenken entgegenstehen. Es kommt demzufolge entscheidend darauf an, nach welchen Kriterien die vorteilhafteren Stellen auf die unterzubringenden Mitarbeiter zu verteilen sind. Die Dienstordnungsangestellten sind wegen der beamtenrechtsähnlichen Ausgestaltung des Dienstordnungsanstellungsverhältnissen nach beamtenrechtlichen Grundsätzen, die bei der Versetzung maßgeblich sind, auszuwählen. Das Auswahlverfahren der übrigen Beschäftigten erfolgt nach

Maßgabe billigen Ermessens. Die persönlichen Umstände der Betroffenen finden dabei ebenfalls Berücksichtigung.

2. Der Ablauf des Unterbringungsverfahrens ist gesetzlich nicht vorgegeben. Es beginnt bereits vor der Kassenschließung. Die rechtzeitige Unterbringung der Beschäftigten ist andernfalls nicht sichergestellt. Die Organisation übernimmt der Landesverband, der von den übrigen beteiligten Akteuren nach den Grundsätzen der Zusammenarbeit unterstützt wird. Er sorgt dafür, dass für sämtliche Mitarbeiter passende Stellen zur Verfügung stehen. Die Abgabe der Unterbringungsangebote erfolgt direkt gegenüber den betroffenen Mitarbeitern. Erst mit der Annahme des Unterbringungsangebots durch die Unterbringungsberechtigten (§§ 145 ff. BGB) kommt ein neues Anstellungsverhältnis zustande. Die Mitarbeiter treten ihre neue Beschäftigung möglicherweise erst nach der Schließung an, sofern ihre Arbeitskraft zur Abwicklung der geschlossenen Krankenkasse für einen bestimmten Zeitraum benötigt wird.

3. Mit der erfolgreichen Unterbringung eines Mitarbeiters bei einer anderen Krankenkasse geht dessen Arbeitsverhältnis nicht auf die aufnehmende Körperschaft über, sondern wird auf eine neue vertragliche Grundlage gestellt. Die Vorgaben an ein ordnungsgemäßes Unterbringungsangebot erfordern es aber, dass bereits erlangte Besitzstände, insbesondere die Vorbeschäftigungszeiten, im neuen Arbeitsverhältnis erhalten und angerechnet werden. Ein umfassender und über den vorherigen hinausgehender Kündigungsschutz zu Gunsten aller untergebrachten Mitarbeiter im Anschluss an ihre Eingliederung bei der aufnehmenden Körperschaft ginge allerdings zu weit.

V. Beendigung von Arbeitsverhältnissen

1. Die Beendigungsanordnung des § 164 Abs. 4 Satz 1 SGB V steht in einem inneren Zusammenhang mit der Unterbringungsverpflichtung des § 164 Abs. 3 Satz 3 SGB V. Das wirkt sich entscheidend auf die Auslegung der Regelung aus. Sie bewirkt bei Vorliegen ihrer Voraussetzungen die automatische Beendigung der Arbeitsverhältnisse zum Schließungszeitpunkt. Eine Gestaltungserklärung der geschlossenen Krankenkasse ist dafür nicht erforderlich.

2. Das Gesetz enthält im Falle der erfolgreichen Unterbringung der Mitarbeiter nach § 164 Abs. 3 SGB V eine Regelungslücke. Die Beendigungsanordnung des § 164 Abs. 4 Satz 1 SGB V regelt lediglich den Fall, dass die Unterbringung des Mitarbeiter nicht möglich war. Der Sinn und Zweck sowie die Systematik der Schließungsvorschriften rechtfertigen allerdings eine analoge Anwendung der Beendigungsanordnung auf die erfolgreich

bei einer anderen Körperschaft untergebrachten Mitarbeiter. Die Anstellungsverhältnisse bestehen nicht in ruhender Form mit der Abwicklungskörperschaft fort, sondern enden ebenfalls automatisch.

3. Die Rechtsfolgen der erfolglosen Unterbringung der unterbringungsberechtigten Mitarbeiter zogen in der Vergangenheit sowohl in der Literatur als auch in der Rechtsprechung zum Schließungsrecht der Krankenkassen die meiste Aufmerksamkeit auf sich. Die Beendigungsanordnung des § 164 Abs. 4 Satz 1 SGB V erfasst den Fall, dass ein Mitarbeiter ein ihm unterbreitetes ordnungsgemäßes Unterbringungsangebot ablehnt. Die Ablehnung des ordnungsgemäßen Unterbringungsangebots hat die Beendigung des Arbeitsverhältnisses zum Schließungszeitpunkt nach § 164 Abs. 4 Satz 1 SGB V zur Folge. Die Ablehnung eines nicht ordnungsgemäßen Unterbringungsangebots führt hingegen nicht zur automatischen Beendigung des Arbeitsverhältnisses zum Schließungszeitpunkt. Die gegenteilige „Tabula-Rasa"-Lösung ist weder aus Sicht der Gesetzessystematik noch unter Berücksichtigung des Zwecks der arbeitsrechtlichen Schließungsvorschriften gerechtfertigt. Das Arbeitsverhältnis setzt sich in diesem Fall mit der Abwicklungskörperschaft fort.

4. Die Arbeitsverhältnisse der nicht unterbringungsberechtigten ordentlich kündbaren Mitarbeiter von Betriebskranken- und Ersatzkassen enden nicht allesamt nach § 164 Abs. 4 Satz 1 SGB V zum Schließungszeitpunkt. Auch wenn die in §§ 155 Abs. 4 Satz 9, 171 Satz 1 SGB V enthaltenen Verweise lediglich die Unterbringungsverpflichtung des § 164 Abs. 3 Satz 3 SGB V ausschließen, bleibt die Ablehnung eines ordnungsgemäßen Unterbringungsangebots auch ihnen gegenüber ein zwingendes Tatbestandsmerkmal der grundsätzlich anwendbaren Beendigungsanordnung des § 164 Abs. 4 Satz 1 SGB V. Anders als durch die Rechtsprechung des Bundesarbeitsgerichts angedeutet, kann den Betroffenen allerdings ein ordnungsgemäßes Unterbringungsangebot freiwillig unterbreitet werden. Dessen Ablehnung hat die Beendigung ihrer Arbeitsverhältnisse zum Schließungszeitpunkt zur Folge. Diese Lösung ist vorzugswürdig, insbesondere liegt ihr ein einheitliches Verständnis der Tatbestandsvoraussetzungen der Beendigungsanordnung zugrunde und bietet eine Erklärung dafür, dass §§ 155 Abs. 4 Satz 9, 171 Satz 1 SGB V auf die Vorschrift des § 164 Abs. 4 Satz 1 SGB V verweisen.

VI. Parallelen zur Kasseninsolvenz

1. Die Krankenkassen sind insolvenzfähig. Es steht im Ermessen der zuständigen Aufsichtsbehörde, ob sie die Schließung verbescheidet oder nach § 171b Abs. 3 Satz 1 SGB V einen Antrag auf Eröffnung des Insolvenzverfahrens über das Vermögen der Krankenkasse stellt, sofern für beide Maß-

nahmen die tatbestandlichen Voraussetzungen gegeben sind. Der Verweis des § 171d Abs. 1 Satz 5 SGB V sorgt im zweiten Fall dafür, dass die Rechtslage aus arbeitsrechtlicher Perspektive weitgehend mit derjenigen übereinstimmt, die bei der Schließung einer Krankenkasse gilt.

2. Die Eröffnung des Insolvenzverfahrens über das Vermögen der Krankenkasse ist für die ordentlich kündbaren Mitarbeiter einer Betriebskranken- und Ersatzkasse gegenüber ihrer Schließung vorzugswürdig. Diesbezüglich durchbrechen die nur eingeschränkten Verweise der § 155 Abs. 4 Satz 9 SGB V und § 171 Satz 1 SGB V auf die Vorschrift des § 164 Abs. 3 Satz 3 SGB V die in der vorgehenden Ziffer dargestellten Übereinstimmungen. Die betroffenen Mitarbeiter sind im Falle der Insolvenz ebenfalls bei einer anderen Krankenkasse oder dem Landesverband unterzubringen, während ihnen ein solcher Anspruch im Falle der Schließung verwehrt bleibt. Diese Ungleichbehandlung ist nicht gerechtfertigt, da keine Rechtfertigungsgründe ersichtlich sind. In beiden Fällen sind (i) die Ansprüche der Gläubiger in ähnlicher Weise durch die Mithaftung der übrigen Krankenkassen abgesichert, ist ii) die betroffene Krankenkasse abzuwickeln, sind (iii) die Mitarbeiter gleichermaßen schutzwürdig und sind (iv) die gleichen Belastungen durch die Unterbringungsverpflichtung zu erwarten.

VII. Besonderheiten des Personalvertretungsrechts bei Kassenschließungen

1. Der Personalrat der geschlossenen Krankenkasse ist weder vor der Schließungsentscheidung der Aufsichtsbehörde noch im Unterbringungsverfahren zu beteiligen. Es fehlt an einem Entschluss einer übergeordneten Dienststelle. Auch eine Sozialplanpflichtigkeit besteht nicht. Neben den vorgenannten Gründen scheitert eine solche auch daran, dass die Kassenschließung keine Rationalisierungsmaßnahme im Sinne des § 75 Abs. 3 Nr. 13 BPersVG darstellt. Sie bezweckt keine Effizienzsteigerung der betroffenen Krankenkasse, sondern die endgültige Aufgabe ihres Zwecks und ihre anschließende Abwicklung. Die Personalvertretungen der aufnehmenden Körperschaften sind dagegen im Wege der Unterbringung der Mitarbeiter nach den allgemeinen Regeln zu beteiligen. Sie sind aber an die Unterbringungsvorschriften gebunden, weshalb auch sie die Aufnahme von Mitarbeitern der geschlossenen Krankenkasse nicht verhindern können.

2. Nach der Schließung einer Krankenkasse besteht ein Restmandat des Personalrats im Abwicklungszeitraum fort. Es handelt sich dabei nicht um ein Vollmandat. Die Beteiligungsrechte der Personalvertretung beschränken sich auf die Maßnahmen, die im Zusammenhang mit der Abwicklung stehen.

VIII. Besonderheiten des Tarifrechts bei Kassenschließungen

1. Die Tarifbindung der Arbeitsverhältnisse setzt sich nach der Unterbringung bei einer anderen Körperschaft nicht automatisch fort. Dem steht der Umstand entgegen, dass zwischen der aufnehmenden Körperschaft und den Mitarbeitern ein neues eigenständiges Arbeitsverhältnis zustande kommt. Es findet auch keine Transformation der tariflichen Regelung in das Arbeitsverhältnis nach dem Vorbild des § 613 Abs. 1 Satz 2 BGB statt. Nach Maßgabe der Zumutbarkeitsanforderungen sind den Mitarbeitern aber die wesentlichen Rechte des Tarifvertrages zumindest auf individualvertraglicher Ebene einzuräumen. Dies gilt allerdings dann nicht, wenn ein anderer Tarifvertrag nach Unterbringung der Beschäftigten auf das Arbeitsverhältnis Anwendung findet. Die Pflicht zur vertraglich vereinbarten Anrechnung der Vorbeschäftigungszeiten sowie sonstiger Besitzstände folgt ebenfalls aus den Anforderungen an ein ordnungsgemäßes Unterbringungsangebot. Dieser Punkt ist besonders wichtig, da gesetzliche oder tarifliche Rechte nicht selten an das Erreichen einer bestimmten Beschäftigungsdauer anknüpfen.

2. Bestehende Tarifverträge wirken in der Abwicklungsphase der geschlossenen Krankenkasse mit Ausnahme der Regelungen fort, die sich auf die Tätigkeit als gesetzliche Krankenkasse beziehen. Andernfalls entstünden Regelungslücken, da insbesondere die mit der Abwicklungskörperschaft fortbestehenden Arbeitsverhältnisse durch tarifvertragliche Regelungen ausgefüllt werden.

3. Die Tarifvertragsparteien können Maßnahmen zur Abmilderung der wirtschaftlichen Nachteile der Beschäftigten im Schließungsfall vereinbaren. Bereits existierende Rationalisierungstarifverträge finden dagegen nur insoweit Anwendung, als dass die Schließung der Krankenkasse unter deren Rationalisierungsbegriff subsumiert werden kann. Dies ist eine Frage ihrer Auslegung. Jedenfalls können Abfindungen zu Gunsten von Mitarbeitern vorgesehen werden, deren Arbeitsverhältnisse nicht nach § 164 Abs. 4 Satz 1 SGB V automatisch zum Schließungszeitpunkt enden. Im Anwendungsbereich der Beendigungsanordnung ist die Vereinbarung von Abfindungen für den Fall, dass ein Mitarbeiter ein ordnungsgemäßes Unterbringungsangebot ablehnt und dessen Arbeitsverhältnis endet, ebenfalls zulässig. Eine solche Vereinbarung ist zwar angesichts des Regelungszusammenhangs zwischen der Unterbringungsverpflichtung des § 164 Abs. 3 SGB V und der Beendigungsanordnung des § 164 Abs. 4 Satz 1 SGB V problematisch, aufgrund des Art. 9 Abs. 3 GG aber möglich.

WÜRZBURGER RECHTSWISSENSCHAFTLICHE SCHRIFTEN

ISSN 1432-0339

Herausgegeben von der
Juristischen Fakultät der
Universität Würzburg

1-61 | Informationen entnehmen Sie bitte unserer Homepage: www.ergon-verlag.de

62 | Benkert, Christopher
Die Juristische Fakultät der Universität Würzburg 1914-1960. Ausbildung und Wissenschaft im Zeichen der beiden Weltkriege
2005. XVIII/312 S. Kt. € 42,00
ISBN 978-3-89913-481-0

63 | Bausback, Winfried – Irmscher, Tobias H. (Hrsg.)
Recht und Menschlichkeit. Reden zur akademischen Gedächtnisfeier für Dieter Blumenwitz
2006. 61 S. Kt. € 12,00
ISBN 978-3-89913-502-2

65 | Harke, Jan Dirk
Freigiebigkeit und Haftung
2006. 92 S. Kt. € 14,00
ISBN 978-3-89913-513-8

66 | Horn, Matthias
Gegen § 78 Halbs. 2 GmbHG verstoßende Handelsregisteranmeldungen und die Beseitigung ihrer Eintragung
2006. XLII/238 S. Kt. € 36,00
ISBN 978-3-89913-520-6

67 | Schwertmann, Malte
Gesetzgebung und Repräsentation im frühkonstitutionellen Bayern. Die Beteiligung der Ständeversammlung an der Gesetzgebung in der parlamentarischen Praxis von 1819 bis 1848
2006. XXX/262 S. Kt. € 37,00
ISBN 978-3-89913-526-8

68 | Sauer, Barbara
Das Recht der Vollzugspolizeien von Bund und Kantonen in der Schweiz. Eine vergleichende Untersuchung aus der Perspektive der bundesdeutschen Polizeirechtsordnung
2007. XXVI/419 S. Kt. € 55,00
ISBN 978-3-89913-549-7

69 | Wagner, Reinhard
Die Entwicklung des Transparenzgebotes im Lauterkeitsrecht
2007. 283 S. Kt. € 38,00
ISBN 978-3-89913-562-6

70 | Harke, Jan Dirk
Das Sanktionensystem des Codex Ḫammurapi
2007. 96 S. Kt. € 15,00
ISBN 978-3-89913-574-9

71 | Braun, Stephanie
Die Fortgeltung von Betriebsvereinbarungen beim Betriebsübergang
2007. 219 S. Kt. € 32,00
ISBN 978-3-89913-577-0

72 | Möllmann, Peter
Die steuerliche Privilegierung gemeinnütziger Körperschaften im Spannungsfeld von Verfassungsrecht und europäischen Grundfreiheiten
2007. XVIII/217 S. Kt. € 32,00
ISBN 978-3-89913-590-9

73 | Szczesny, Michael
Ausgewählte Probleme zum Anwendungsbereich des § 175 Abs. 1 S. 1 Nr. 2 AO
2008. XII/255 S. Kt. € 35,00
ISBN 978-3-89913-610-4

ERGON-VERLAG · WÜRZBURG

WÜRZBURGER RECHTSWISSENSCHAFTLICHE SCHRIFTEN

ISSN 1432-0339

Herausgegeben von der
Juristischen Fakultät der
Universität Würzburg

74 | Schmitt, Marco
Einwendungen und Einreden gegen revokatorische Ansprüche im Rahmen der Rückabwicklung von Rechtsgeschäften, die nach §§ 1365, 1366 BGB nichtig sind
2008. XL/222 S. Kt. € 35,00
ISBN 978-3-89913-614-2

75 | Bender, Bodo
Grundlagen und Kriterien des steuerlichen Fremdvergleichs bei schenkweise eingeräumten Beteiligungen an Familienpersonengesellschaften
2008. XVI/188 S. Kt. € 28,00
ISBN 978-3-89913-627-2

76 | Langheim, Hagen
Die Einbringung von Unternehmensteilen nach der Fusionsrichtlinie und ihre Umsetzung im deutschen Umwandlungssteuergesetz. Unter besonderer Berücksichtigung des europäischen Teilbetriebsbegriffs
2008. XXVI/302 S. Kt. € 44,00
ISBN 978-3-89913-645-6

77 | Hilgendorf, Eric (Hrsg.)
Eigenverantwortung, Engagement und Solidarität. 10 Jahre Würzburger Juristen Alumni
2009. 43 S. Kt. € 15,00
ISBN 978-3-89913-628-9

78 | Peterek, Jörg
Der Schutz erwachsener Verbraucher vor der Ausnutzung ihrer geschäftlichen Unerfahrenheit oder Leichtgläubigkeit gemäß § 4 Nr. 2 UWG
2008. XXXIV/179 S. Kt. € 32,00
ISBN 978-3-89913-649-4

79 | Mohr, Martin
Grenzüberschreitende Verlustberücksichtigung im Fall EG-ausländischer Direktinvestitionen
2008. XXVIII/298 S. Kt. € 42,00
ISBN 978-3-89913-648-7

80 | Laubenthal, Klaus (Hrsg.)
Festgabe des Instituts für Strafrecht und Kriminologie der Juristischen Fakultät der Julius-Maximilians-Universität Würzburg für Rainer Paulus zum 70. Geburtstag am 20. Januar 2009
2009. VII/218 S. Fb. € 38,00
ISBN 978-3-89913-672-2

81 | Engert, Jochen Paul
Eigenkapitalersatzrecht nach dem MoMiG. Die Behandlung von Gesellschafterdarlehen nach der GmbH-Reform 2008
2010. XIV/207 S. Kt. € 28,00
ISBN 978-3-89913-751-4

82 | Hilgendorf, Eric – Laubenthal, Klaus – Zieschang, Frank (Hrsg.)
Gedächtnisschrift für Günter Spendel
2011. 53 S. Fb. € 12,00
ISBN 978-3-89913-827-6

83 | Bouquet, Stefanie
Die Auswirkungen der europäischen Regelungen zur Altersdiskriminierung auf das französische Arbeitsrecht
2011. XVIII/175 S. Fb. € 32,00
ISBN 978-3-89913-870-2

84 | Hilgendorf, Eric – Eckert, Frank (Hrsg.)
Subsidiarität – Sicherheit – Solidarität. Festgabe für Franz-Ludwig Knemeyer zum 75. Geburtstag
2012. 857 S. Ln. € 89,00
ISBN 978-3-89913-889-4

ERGON-VERLAG · WÜRZBURG

WÜRZBURGER RECHTSWISSENSCHAFTLICHE SCHRIFTEN
ISSN 1432-0339
Herausgegeben von der
Juristischen Fakultät der
Universität Würzburg

85 | Dönges, Flemming Vasco
Die §§ 21 ff. WpHG als Schutzgesetze im Sinne des § 823 Abs. 2 BGB
2012. 149 S. Kt. € 25,00
ISBN 978-3-89913-934-1

86 | Bauer, Christoph
Diskriminierungen und Belästigungen von Arbeitnehmern durch Kollegen und Dritte. Eine Untersuchung der Haftung des Arbeitgebers nach BGB und AGG
2013. 311 S. Kt. € 42,00
ISBN 978-3-89913-969-3

87 | Jatho, Stefanie Herta
Die Stellung der Tendenzunternehmen und der Religionsgemeinschaften im deutschen und europäischen Recht der Arbeitnehmerbeteiligung
2013. XXXVI/267 S. Kt. € 38,00
ISBN 978-3-89913-972-3

88 | Konzal, Carolin
Die Vorbenutzung im deutschen, europäischen und internationalen Kennzeichenrecht
2014. 333 S. Fb. € 42,00
ISBN 978-3-95650-027-5

89 | Zapf, Benjamin Wilhelm
Verbraucherschutz beim Abschluss von Hypothekarkreditverträgen. Unter besonderer Berücksichtigung des Richtlinienvorschlags der Europäischen Kommission für Wohnimmobilienkreditverträge vom 31.03.2011
2014. 431 S. Kt. € 54,00
ISBN 978-3-95650-049-7

90 | Knoch, Susanne
Rechnungslegung einer Limited mit Verwaltungssitz in Deutschland. Rechtsvergleichende Gegenüberstellung der britischen, deutschen und internationalen Rechnungslegungsvorschriften im Kontext des auf eine Limited im Verwaltungssitz in Deutschland anwendbaren Rechts
2014. 423 S. Kt. € 54,00
ISBN 978-3-95650-059-6

91 | Geis, Sebastian
Die Auswirkungen der Reform des AÜG im Jahr 2011 auf die konzerninterne Arbeitnehmerüberlassung
2014. 292 S. Kt. € 38,00
ISBN 978-3-95650-061-9

92 | Hofmann, Alexander
Entgeltflexibilisierung und AGB-Kontrolle
2014. XIV/205 S. Kt. € 28,00
ISBN 978-3-95650-078-7

93 | Knemeyer, Franz-Ludwig (Hrsg.)
Pro universitate et ecclesia. Festgabe für Dieter Salch zum 75. Geburtstag
2015. 261 S. Ln. € 38,00
ISBN 978-3-95650-090-9

94 | Fischer, Jan-Erik
Zur Auslegung von Unberührtheitsklauseln
2015. XXII/253 S. Fb. € 42,00
ISBN 978-3-95650-113-5

95 | Hartmann, Sebastian
Die Vereinbarkeit der sogenannten Pkw-Maut mit dem Recht der Europäischen Union
2016. 114 S. Kt. € 25,00
ISBN 978-3-95650-153-1

ERGON-VERLAG · WÜRZBURG

WÜRZBURGER RECHTSWISSENSCHAFTLICHE SCHRIFTEN

ISSN 1432-0339

Herausgegeben von der
Juristischen Fakultät der
Universität Würzburg

96 | Eichhorn, Konrad Friedrich
Die Auswirkungen des MoMiG auf die Übertragung von GmbH-Geschäftsanteilen
2017. 386 S. Kt. € 49,00
ISBN 978-3-95650-266-8

97 | Schneider, Philipp
Die Wirkung arbeitsvertraglicher Bezugnahmeklauseln nach einem Betriebsübergang i.S.d. § 613a BGB
2017. 310 S. Kt. € 48,00
ISBN 978-3-95650-275-0

98 | Epe, Daniel
Die neue kapitalmarktrechtliche Beteiligungstransparenz. Eine Analyse der §§ 25, 25a WpHG und der Art. 13 ff. der Transparenz-Änderungsrichtlinie
2017. 319 S. Kt. € 39,00
ISBN 978-3-95650-276-6

99 | Fähnle, Patrick
Die Schließung gesetzlicher Krankenkassen aus arbeitsrechtlicher Sicht
2017. 431 S. Kt. € 55,00
ISBN 978-3-95650-276-7

100 | Manzanza Lumingu, Yves-Junior
Regelung des Streikrechts in Bereichen der Daseinsvorsorge in der Bundesrepublik Deutschland. Mit vergleichendem Überblick über ausgewählte ausländische Rechtsordnungen
2017. 290 S. Kt. € 38,00
ISBN 978-3-95650-281-1

ERGON-VERLAG · WÜRZBURG

FSC
www.fsc.org
MIX
Papier | Fördert
gute Waldnutzung
FSC® C083411

Kolibri 360 GmbH
Ferdinand-Jühlke-Straße 7
99095 Erfurt, Deutschland
produktsicherheit@kolibri360.de